羅斯柴爾德家族

THE HOUSE OF ROTHSCHILD

歐洲金融帝國
橫跨三世紀的神祕傳奇

The World's Banker
1849-1999

世界銀行家 1849-1999

NIALL FERGUSON

尼爾·弗格森——著　辛亞蓓——譯

目錄

第一部
叔伯與姪子

第二部
堂表親

第三部
後代

邁爾・阿姆謝爾（1744-1812年）
1770年娶　古蒂勒・舒納波（1753-1849年）

- 潔奈特（1771-1859年）1795年嫁* 班乃迪克・摩西・沃姆斯（1772-1824年）
- 阿姆謝爾（1773-1855年）1796年娶 艾娃・哈瑙（1779-1848年）
- 薩羅蒙（1774-1855年）1800年娶 卡洛琳・史特恩（1782-1854年）
  - 安謝姆（1803-1874年）1826年娶 夏洛特（1807-1859年）
    - 邁爾・安謝姆・里昂（1827-1828年）
    - 茱莉（1830-1907年）1850年嫁 阿道夫（1823-1900年）
    - 漢娜・瑪蒂德（1832-1924年）1849年嫁 威廉・卡爾（1828-1901年）
    - 莎拉・露意絲（1834-1924年）1858年嫁* 雷蒙多・弗朗切堤男爵（1829-1905年）
    - 納坦尼爾（1836-1905年）
    - 費迪南（1839-1898年）1865年娶 艾芙琳娜（1839-1866年）
    - 薩羅蒙・阿爾伯特（1844-1911年）1876年娶 貝蒂娜（1858-1892年）
      - 格奧爾格（1877-1934年）
      - 阿爾豐斯（1878-1942年）1912年娶 克拉瑞斯・塞巴格－蒙提費歐里（1894-1967年）
        - 阿爾伯特（1922-1938年）
        - 貝蒂娜（1924-2012年）1943年嫁* 馬修・盧拉姆（1921年出生）
        - 格溫多琳（1927-1972年）1948年嫁* 羅蘭・奧蓋（1920-1985年）
      - 路易（1882-1955年）1946年娶 赫德嘉・奧爾斯伯格（1895-1981年）
      - 尤金（1884-1976年）1925年娶 凱蒂・申博恩－布赫海姆（婚前姓沃爾夫，1885-1946年）1952年再娶 珍妮・史都華（1908-2003年）
      - 夏洛特・埃絲特（1885年出生和夭折）
      - 瓦倫汀（1886-1969年）1911年嫁* 西格西蒙德・斯普林格（1875-1928年）
      - 奧斯卡（1888-1909年）
    - 愛麗絲（1847-1922年）
  - 貝蒂（1805-1886年）1824年嫁 詹姆斯（1792-1863年）
- 納坦（1777-1836年）1806年娶 漢娜・巴倫特・科恩（1783-1850年）
  - 夏洛特（1807-1859年）1826年嫁 安謝姆（1803-1874年）
  - 萊昂內爾（1808-1879年）1836年娶 夏洛特（1819-1884年）
    - 里歐諾拉（1837-1911年）1857年嫁 阿爾豐斯（1827-1905年）
    - 艾芙琳娜（1839-1866年）1865年嫁 費迪南（1839-1898年）
    - 納坦尼爾（納弟；1840-1915年）1867年娶 艾瑪（1844-1935年）
      - 沃爾特（1868-1937年）
      - 伊芙琳娜（1873-1947年）1899年嫁* 克萊夫・貝倫斯（1871-1935年）
      - 查爾斯（1877-1923年）1907年娶 蘿西卡・韋特海姆施泰因（1870-1940年）
        - 米利安（1908-2005年）1943年嫁* 喬治・萊恩（1915-2010年）
        - 伊麗莎白（1909-1988年）
        - 維克多（1910-1990年）1933年娶 芭芭拉・哈欽森（1911-1989年）1946年再娶 德蕾莎・邁爾（1915-1996年）
          - 莎拉（1934-2012年）*
          - 雅各（1936年出生）1961年娶 瑟琳娜・鄧恩（1935-2019年）
            - 漢娜（1962年出生）1994年嫁 威廉・布魯克菲爾德（1959年出生）
            - 貝絲（1964年出生）1991年嫁 安東尼奧・托馬西尼（1959年出生）
            - 艾蜜莉（1967年出生）1998年嫁 朱利安・弗里曼－阿特伍德（1953年出生）
            - 納特（1971年出生）1995年娶 安娜貝爾・尼爾森（1969-2018年）
          - 米蘭達（1940年出生）1962年嫁* 鮑傑馬・布馬扎（1930-1964年）1967年再嫁 伊恩・華森（1942年出生）
          - 艾瑪（1948年出生）1991年嫁 阿馬蒂亞・森（1933年出生）
          - 班傑明（1952年出生和夭折）
          - 維多利亞（1953年出生）1997年嫁 賽門・葛瑞（1936-2008年）
          - 阿姆謝爾（1955-1996年）1981年娶 安妮塔・吉尼斯（1957年出生）
            - 凱特（1982年出生）2003年嫁 班傑明・詹姆斯・葛斯密德（1980年出生）
            - 愛麗絲（1983年出生）
            - 詹姆斯（1985年出生）
        - 凱薩琳（1913-1988年）1935年嫁* 朱爾斯・柯尼斯瓦特（1904-1995年）
    - 阿爾弗烈德（1842-1918年）
    - 利奧波德（利奧，1845-1917年）1881年娶 瑪麗・佩魯賈（1862-1937年）
      - 萊昂內爾（1882-1942年）1912年娶 瑪麗－露意絲・畢爾（1892-1975年）
        - 蘿絲瑪莉（1913-2013年）1934年嫁* 丹尼士・高莫・貝里（1911-1983年）1942年再嫁* 約翰・安東尼・賽斯（1914-1989年）
        - 埃德蒙（1916-2009年）1948年娶 伊莉莎白・萊特納（1923-1980年）1982年再娶 安妮・哈里森（1921-2012年）
          - 凱瑟琳（1949年出生）1971年嫁* 馬克斯・阿吉斯（1946年出生）
          - 尼古拉斯（1951年出生）1985年娶 卡羅琳・達瓦爾（1955年出生）
            - 克蘿伊（1990年出生）
          - 夏洛特（1955年出生）1900年嫁 尼格爾・布朗（1935-2021年）
          - 萊昂內爾（1955年出生）1991年娶 露意絲・威廉斯（1955年出生）
            - 伊麗莎白（1992年出生）
            - 利奧波德（1994年出生）
            - 阿姆謝爾（1995年出生）
        - 娜歐蜜（1920-2007年）1941年嫁* 吉恩・皮耶爾・萊納赫（1915-1942年）1947年再嫁* 貝特朗・葛舒密特（1912-2012年）
      - 伊夫林・阿基里（1886-1917年）
  - 安東尼（1810-1876年）1840娶 露易莎・蒙提費歐里（1821-1910年）
    - 康斯坦絲（1843-1931年）1877年嫁 西里爾・弗勞爾（第1代巴特西男爵，1843-1907年）

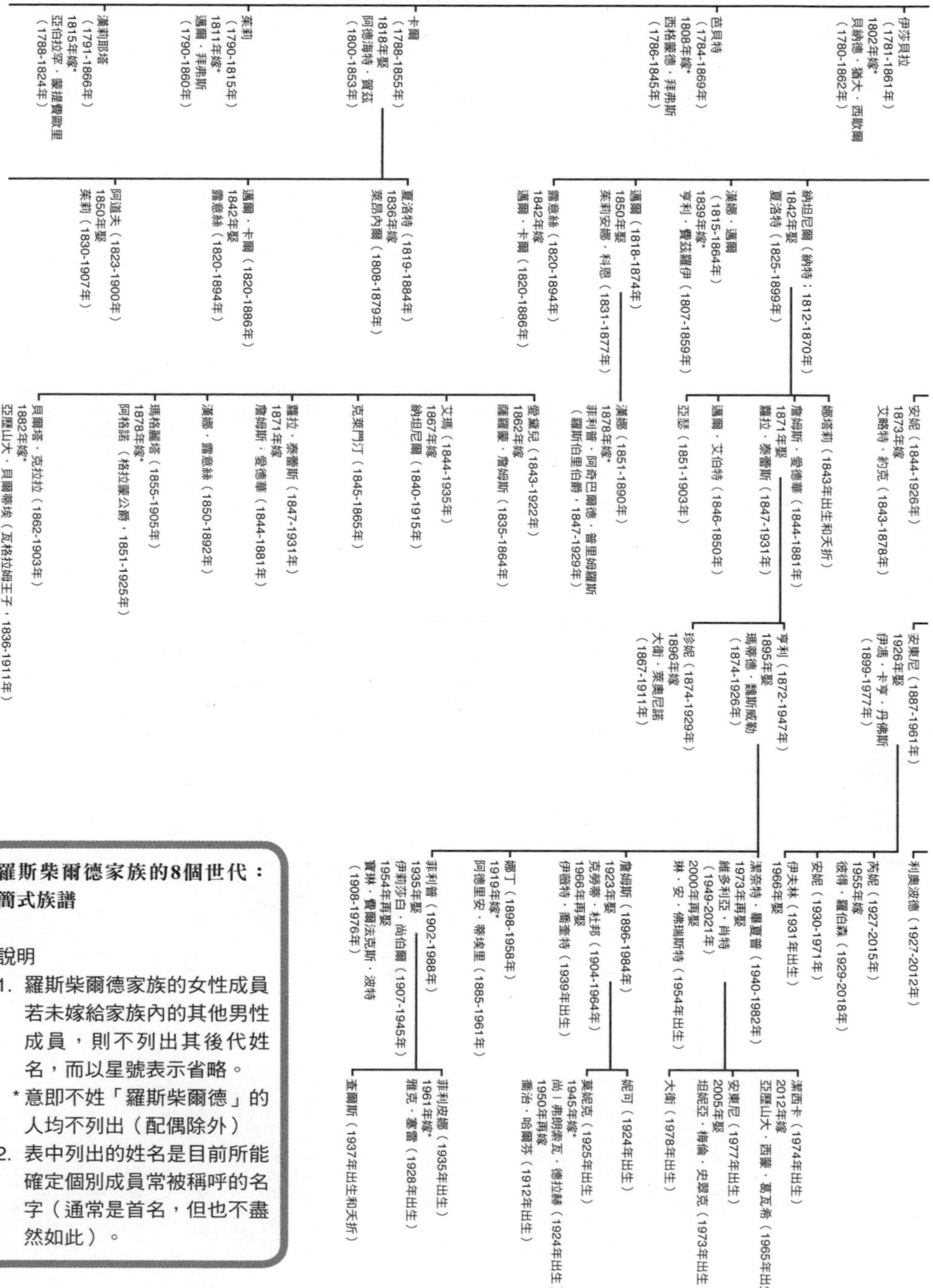

羅斯柴爾德家族的8個世代：簡式族譜

說明

1. 羅斯柴爾德家族的女性成員若未嫁給家族內的其他男性成員，則不列出其後代姓名，而以星號表示省略。
   * 意即不姓「羅斯柴爾德」的人均不列出（配偶除外）
2. 表中列出的姓名是目前所能確定個別成員常被稱呼的名字（通常是首名，但也不盡然如此）。

- 詹姆斯（1792-1868年）1824年娶 貝蒂・馮・羅斯柴爾德（1805-1886年）
  - 威廉・卡爾（1828-1901年）1849年娶 漢娜・瑪蒂德（1832-1924年）
    - 喬吉妮・莎拉（1851-1869年）
    - 阿德海特（1853-1935年）1877年嫁 埃德蒙（1845-1934年）
    - 米娜・卡羅琳（1857-1903年）1878年嫁* 馬克斯・葛舒密特（1843-1940年）
  - 安謝姆・亞歷山大（1835-1854年）
  - 夏洛特（1825-1899年）1842年嫁 納坦尼爾（1812-1870年）
  - 阿爾豐斯（1827-1905年）1857年娶 里歐諾拉（1837-1911年）
    - 貝蒂娜（1858-1892年）1876年嫁 薩羅蒙・阿爾伯特（1844-1911年）
    - 瑞尼（1861年出生和夭折）
    - 碧翠斯（1864-1934年）1883年嫁 莫里斯・埃夫魯什（1849-1916年）
    - 愛德華（1868-1949年）1905娶 吉爾曼娜・哈爾芬（1884-1975年）
      - 阿爾豐斯（1906-1911年）
      - 蓋伊（1909-2007年）1937年娶 阿里克斯・謝伊・馮・柯羅姆拉（1911-1982年）1957年再娶 瑪麗｜伊蓮娜，尼古拉伯爵夫人（婚前姓祖伊倫・德・尼維特，1927-1996年）
        - 大衛（1942年出生）1974年娶 奧林皮婭・阿爾多布蘭迪尼（1955年出生）
          - 拉維尼亞（1976年出生）
          - 史蒂芬妮（1977年出生）2005年嫁 奧古斯丁・布費馮（1975年出生）
          - 亞歷山大（1980年出生）2009年娶 奧莉維亞・波爾多・格魯特（1983年出生）
          - 路易斯（1989年出生）
        - 愛德華（1957年出生）1981年娶 瑪蒂德・阿卜迪（1952年出生）1991年再娶 阿里爾・瑪麗・馬拉德（1963年出生）
      - 賈桂琳（1911-2012年）1930年嫁 羅伯特・卡爾曼－列維（1899-1982年）1937年再嫁* 格雷戈爾・皮亞季戈斯基（1903-1976年）
      - 貝特莎比（1914-1999年）1948年嫁 唐納・布魯明黛（1913-1954年）
  - 古斯塔夫（1829-1911年）1859年娶 賽西兒・安斯帕赫（1840-1912年）
    - 奧克塔夫（1860年出生和夭折）
    - 柔伊・露西（1863-1916年）1882年嫁* 利昂・蘭伯特男爵（1851-1919年）
    - 艾琳（1867-1909年）1887年嫁* 愛德華・沙遜爵士（1855-1912年）
    - 貝爾塔・茱莉葉特（1870-1896年）1892年嫁 伊曼紐爾・萊奧尼諾男爵（1864-1936年）
    - 安德烈（1874-1877年）

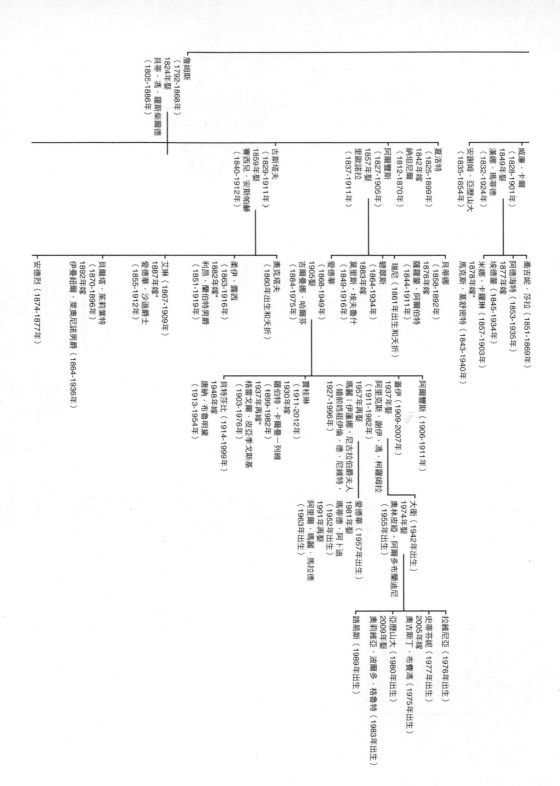

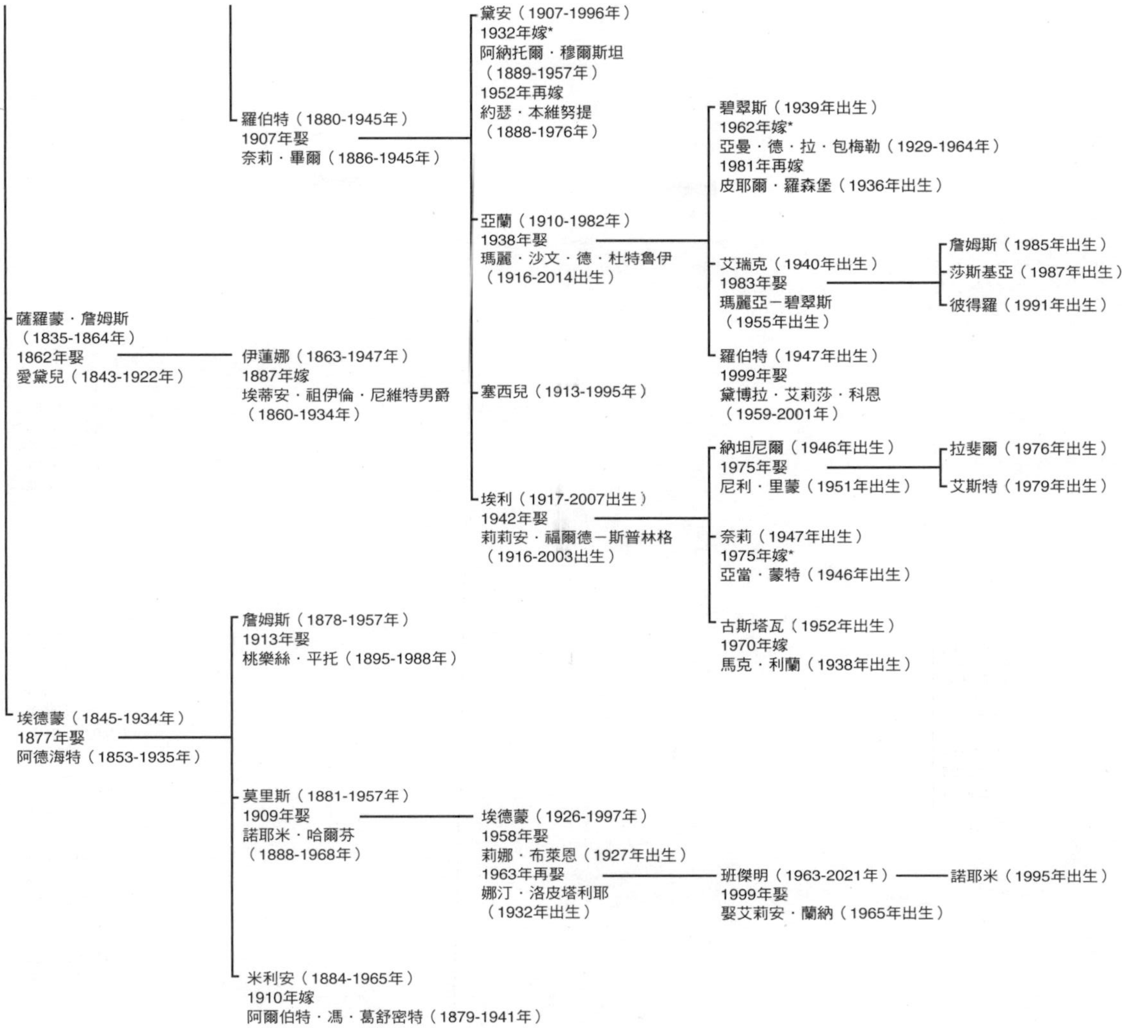

薩羅蒙・詹姆斯（1835-1864年）
1862年娶
愛黛兒（1843-1922年）
羅伯特（1880-1945年）
1907年娶
奈莉・畢爾（1886-1945年）
黛安（1907-1996年）
1932年嫁*
阿納托爾・穆爾斯坦（1889-1957年）
1952年再嫁
約瑟・本維努提（1888-1976年）
碧翠斯（1939年出生）
1962年嫁*
亞曼・德・拉・包梅勒（1929-1964年）
1981年再嫁
皮耶爾・羅森堡（1936年出生）
亞蘭（1910-1982年）
1938年娶
瑪麗・沙文・德・杜特魯伊（1916-2014出生）
艾瑞克（1940年出生）
1983年娶
瑪麗亞－碧翠斯（1955年出生）
詹姆斯（1985年出生）
莎斯基亞（1987年出生）
彼得羅（1991年出生）
羅伯特（1947年出生）
1999年娶
黛博拉・艾莉莎・科恩（1959-2001年）
塞西兒（1913-1995年）
埃利（1917-2007出生）
1942年娶
莉莉安・福爾德－斯普林格（1916-2003出生）
納坦尼爾（1946年出生）
1975年娶
尼利・里蒙（1951年出生）
拉斐爾（1976年出生）
艾斯特（1979年出生）
奈莉（1947年出生）
1975年嫁*
亞當・蒙特（1946年出生）
古斯塔瓦（1952年出生）
1970年嫁
馬克・利蘭（1938年出生）
伊蓮娜（1863-1947年）
1887年嫁
埃蒂安・祖伊倫・尼維特男爵（1860-1934年）
埃德蒙（1845-1934年）
1877年娶
阿德海特（1853-1935年）
詹姆斯（1878-1957年）
1913年娶
桃樂絲・平托（1895-1988年）
莫里斯（1881-1957年）
1909年娶
諾耶米・哈爾芬（1888-1968年）
埃德蒙（1926-1997年）
1958年娶
莉娜・布萊恩（1927年出生）
1963年再娶
娜汀・洛皮塔利耶（1932年出生）
班傑明（1963-2021年）
1999年娶
娶艾莉安・蘭納（1965年出生）
諾耶米（1995年出生）
米利安（1884-1965年）
1910年嫁
阿爾伯特・馮・葛舒密特（1879-1941年）

如果我們把一七八九至一八四八年期間視為「革命時代」，那麼羅斯柴爾德家族無疑是最大的受惠者。可以肯定的是，一八四八至四九年的政治動盪使他們付出了沉重的代價。儘管一八三〇年的革命規模較大，但這期間的種種革命都導致受影響的公債價值暴跌。對羅斯柴爾德家族而言，他們的龐大財富有很大一部分是以債券的形式持有，這代表資本虧損嚴重。更糟的是，位於維也納和巴黎的銀行因此瀕臨破產邊緣，使倫敦、法蘭克福及那不勒斯的銀行不得不幫忙紓困。羅斯柴爾德家族甚至挺過了一八一五至一九一四年間最嚴重的這場金融危機，也是當時規模最大的革命。當然，倘若他們沒有撐過去會是個奇怪的諷刺，畢竟沒有革命的話，他們本來就沒什麼損失。

法國大革命在一七九六年摧毀了法蘭克福貧民區的圍牆，使羅斯柴爾德家族展開非凡、空前、無人能及的經濟崛起。在一七八九年之前，邁爾・阿姆謝爾・羅斯柴爾德和家人的生活受到歧視性法規的限制。猶太人被禁止耕作或從事武器、香料、葡萄酒及穀物的交易，他們不能在貧民區以外的地方生活，而且晚上、週日及基督教慶祝活動期間都不能外出。他們也被徵收歧視性稅收。無論邁爾・阿姆謝爾多麼努力工作（先是銷售稀有錢幣，然後擔任票據經紀人、商業銀行家），總是有嚴格的限制決定著他取得的成就高度。法國人把革命帶到德國南部時，一切都變了。不只是猶太巷對外開放，限制法蘭克福猶太人的大部分法規也被廢除。這主要歸功於邁爾・阿姆謝爾對拿破崙的萊茵蘭親信卡爾・達爾伯格造成的財政影響力。儘管法國人及其同黨被驅逐後，法蘭克福的非猶太籍人士努力想回到過去，但以前與種族隔離相關的居住制度和社交限制已經再也無法完全恢復。

此外，革命性戰爭為羅斯柴爾德家族帶來了意料之外的商機。隨著法國及其他歐洲國家之間的衝突規模和損失擴大，參戰國家的借貸需求也隨之增加。同時，既定的貿易和銀行業模式遭到破壞，為有野心的冒險者創造了空間。於是，拿破崙決定把黑森－卡塞爾的選帝侯驅逐出境，使邁爾．阿姆謝爾（從一七六九年起便是選帝侯的其中一位「宮廷代理人」）當上重要的基金經理人，收取從法國人手中逃漏的資產利息，並運用這些資金再投資。這是相當有風險的事：因為法國警方相當懷疑邁爾．阿姆謝爾進行的活動，因此審問了他和他的家人，但最終沒有起訴他。另一方面，利潤與風險成比例，羅斯柴爾德家族不久後就掌握了保密的技巧。

同樣地，革命和戰爭使邁爾．阿姆謝爾盛氣凌人的兒子納坦有機會從原本在曼徹斯特出口英國紡織品，進階到為英國倫敦市的戰事提供資金。在正常情況下，納坦無疑是成功的布商：他降價、增加產量的策略很有效；他的精力、野心及工作能力也令人印象深刻（「我不讀書，」他在一八一六年告訴他的兄弟，「也不玩牌，又不上戲院，唯一的樂趣就是我的生意。」）。但英法之間的戰爭為大膽有創意的新成員創造了特別有利的條件。一八〇六年，拿破崙禁止英國對歐洲大陸的出口之後，風險大幅增加，但也抬高了像納坦這種願意突破防線者的潛在收益。法國當局欣然允許英國的金塊越過英吉利海峽，使納坦有機會接觸更有利可圖的行業。他在一八〇八年離開曼徹斯特，前往倫敦。當時，倫敦是從拿破崙占領阿姆斯特丹以來位居世界第一大的金融中心。

使納坦一躍成為商業銀行家第一個盟友的「妙舉」，便是他利用黑森－卡塞爾選帝侯在英國的投資來擴充自己的資源。一八〇九年，納坦獲得授權後，便用選帝侯現有投資組合賺取的利息購買英國債券。在接下來的四年，他購買了價值超過六十萬英鎊的證券。在太平盛世時期，這麼做能使他成為重要的基金經理人；在戰爭的混亂中，他能夠把選帝侯的債券當成自己的資本。無意間，流亡的選帝侯成了「NM羅斯柴爾德家族銀行」（N. M. Rothschild）這家新銀行的匿名合夥人（在法蘭克福的銀行業務方面，他的部長布德魯斯是更積極的投資人）。因此，英國政府竭力資助威靈頓倒數第二場對抗拿破崙的活動時，納坦就能在一八一三年為英國政府提供可靠的服務。這就是卡爾後來提到「老爺子」（指選帝侯威廉）讓我們賺了大錢」的原因。

事實上，他們可能更要歸功於自家「老爺子」的勤勉和敏銳特質。一八一〇年，邁爾・阿姆謝爾設計出了能持續將近一世紀的合夥人制度。這套制度經過改良之後，本質維持不變，將四代以上的男性成員團結起來，嚴格排除了家族中的女性成員及其配偶。邁爾・阿姆謝爾教導兒子務實的商業準則：「跟有困難的政府交易好過跟那些運氣好的往來」、「如果不能讓別人愛你，那就讓人怕你」、「一旦身居高位的人與猶太人成為（金融）合作夥伴，他便屬於那個猶太人了」。最後一項建議是這些兄弟靠著禮物、貸款、投資竅門、公然賄賂等手段結交在政治方面有權勢者的真正原因。最重要的是，邁爾・阿姆謝爾教導兒子要重視團結。「阿姆謝爾，」他在一八一二年臨終時告訴長子，「只要你們兄弟團結一致，你們就會成為德國最有錢的人。」三十年後，他的兒子依然將這些準則傳遞給下一代，那時他們都已經是世界首富，也是歷史上最富有的家族。

在一八一四和一五年的業務活動中，納坦和兄弟們不只為威靈頓、英國的歐洲大陸盟友籌集大量金塊，更在金融和政治歷史上開創了新的時代。羅斯柴爾德家族的信用擴張到極限，有時候會完全忽略資產和負債，為政府佣金、利息支出、匯率和債券報酬率波動帶來的投機性收益賭上自己擁有的一切。光是在一八一五年，納坦與英國政府往來的帳戶總額就將近一千萬英鎊，這在當時是一筆巨款。當利物浦伯爵說納坦是「很有用的朋友」時，用的是誇張的英式保守說法。如其他同時代的人所說，如果不是因為拿破崙的財務問題，以拿破崙的將才是不可能被擊敗的。柏爾納恰如其分地稱這些兄弟是「金融界的拿破崙」，而納坦的哥哥薩羅蒙也承認納坦是他們的「總指揮官」。雖然法國在滑鐵盧戰役中潰敗時，他們險些破產（戰爭結束得比納坦預期的還快），但羅斯柴爾德家族在一八一五年成了英國的大富豪。不久後，納坦進行了生涯中算是最成功的一次交易：大額投資英國公債（永續債券），藉機把握政府戰後財務的穩定狀態帶來的回升，在市場達到最高點前獲利了結。這是納坦最重要的傑作，一下子就變現了二十五萬英鎊以上的利潤。

一八二〇年代是政治和財政進行重建的時期。歐洲大陸的被廢黜者多半重返王位，在梅特涅親王的帶領下，歐洲大陸各強國聯合起來抵制任何可能出現的新革命舉動。無庸置疑，羅斯柴爾德家族為復位提供了資金，使奧地利、普魯士、俄羅斯等神聖同盟的成員及復辟的法國波旁家族能夠以過去只有英國與荷蘭才能享有的利率發行債券。這使得梅特涅親王更容易「監控」歐洲，尤其因為奧地利和法國的干涉是為了恢復那不勒斯和西班牙的波旁政權，因此羅斯柴爾德家族是「神聖同盟的主要盟友」這句嘲諷的話不無道理。該家族的貸款也援助了當時許多「**高階人士**」的私人財務狀況，包括梅特涅親王、喬治四世及其女婿薩克森－科堡的利奧波德，即後來的比利時國王。柏爾納曾抱怨：「羅斯柴爾德家族讓貴族有權力戕害自由、讓人民失去反抗暴力的勇氣……恐懼的大祭司……在恐懼女神的聖壇上，自由、愛國心、榮譽和一切公民價值都拿來獻祭。」

然而，羅斯柴爾德家族對復辟的看法始終存在矛盾。他們很難認同保守派菁英重掌政權，再度把二等公民的身分強加在猶太人身上，尤其是在德國。納坦並不是根據意識形態拒絕好生意的那種人，而神聖同盟對西班牙或義大利革命運動的干涉不一定對商業有利：戰爭使債券市場動盪不安，尤其因為戰爭會對國家的預算產生有害影響。在西班牙、巴西、希臘等國家出現的新政權也算是潛在的新客戶。根據歷史，君主立憲制似乎比專制政權更適合當債權人。值得注意的是，羅斯柴爾德家族很想借錢給西班牙的自由派，卻在斐迪南七世（Ferdinand VII）恢復絕對權力後拒絕資助他。如拜倫在《唐璜》中提到的，羅斯柴爾德家族對保皇派和自由派都有影響力。海因里希．海涅進一步稱羅斯柴爾德家族是與羅伯斯比爾差不多的革命者，因為：

> 羅斯柴爾德家族……將公債系統的力量提升到最高，進而摧毀了擁有土地的優勢，也藉此提高了動產與收入的力量，同時將先前屬於土地的特權交給了金錢。

海涅也明確宣稱：「金錢是我們這個時代的神，而羅斯柴爾德家族就是先知。」羅斯柴爾德家族對經濟史付出了最重要的貢獻，亦即確實創造了真正的國際債券市場。當然，以前也有跨國資本流動：荷蘭人在十八世紀投資英國公債時，羅斯柴爾德家族的法蘭克福勁敵貝特曼家族則在同時期大舉發行奧地利債券。但在此之前，公債不曾以這麼吸引人的條件在多個市場同時發行（例如一八一八年普魯士的例子）：按英鎊計價、在簽發地點支付利息、設立償債基金。

發行債券並不是羅斯柴爾德家族的唯一業務。他們的業務也涵蓋已貼現的商業票據、擔任貴重金屬的經紀人、從事外匯交易、直接參與商品貿易、涉足保險，甚至為個別的菁英客戶提供私人銀行服務。他們在金銀市場中的地位舉足輕重：正是羅斯柴爾德家族擔當「最終貸方的最終救命貸方」角色，阻止了英格蘭銀行在一八二五年暫停兌換機制。但最重要的依然是債券市場，此外，在不同的次要市場買賣債券幾乎與發行債券一樣是重要的利潤來源，而這就是羅斯柴爾德兄弟們參與的主要投機買賣形式。

羅斯柴爾德家族與對手的差別有一部分在於業務的跨國性質。納坦的長兄阿姆謝爾繼續在法蘭克福經營原本的家族生意時，年紀最小的弟弟詹姆斯則在巴黎安頓下來。一八二〇年代晚期，薩羅蒙與卡爾在維也納和那不勒斯設立了法蘭克福的分行。五家銀行形成獨特的合夥關係，在大型交易中共同行動、共享利潤並分擔費用。定期的詳盡通信方式克服了地理位置分隔的障礙，夥伴們每隔幾年見一次，尤其是局勢發生變化、必須修改合約內容時。

這種跨國組織為羅斯柴爾德家族帶來了幾項重要的優勢。首先，他們能夠進行套利，譬如利用倫敦和巴黎等市場之間的價差。其次，在流動性或償付能力受限的情況下，他們可以相互紓困。歐洲各地不曾同時發生同樣嚴重的金融危機，甚至在一八四八年也沒有發生過。英國在一八二五年遭殃時，詹姆斯可以幫助納坦脫離財務困境；巴黎在一八三〇年面臨危機時，納坦可以報答上次的恩惠。如果維也納的銀行獨立存在，肯定會在一八四八年破產。只有在其他銀行願意核銷大筆款項時，薩羅蒙的兒子安謝姆才能挽回局面。

透過迅速累積資本（不分配利潤，滿足於個人合夥股份的低利息），羅斯柴爾德家族不久便能以空前的規模執行這類業務。他們無疑經營著世界第一大銀行；到了一八二五年，他們的銀行規模已經是勁敵巴爾林兄弟的十倍，因此讓他們能夠調整商業策略。經過最初幾年的高風險和高報酬，他們此時已能滿足於較低的獲利能力，而不損害其本身的市場主導地位。這種脫離利潤最大化的轉變確實有助於說明羅斯柴爾德家族合夥企業的長壽原因。他們一次又一次遇到的競爭對手雅克・拉菲特便是復辟期間的經典例子：市場高漲時，拉菲特冒著更大的風險，因此超越了他們，卻在週期崩跌時失敗了。

財富能帶來地位。在同時代的人眼中，羅斯柴爾德家族是暴發戶的象徵：他們是教育程度不高的粗俗猶太人，但是在幾年內累積的帳面財富淨額遠遠超過了大多數的貴族財產。表面上，這些野心家似乎很渴望受到舊菁英的認可。如卡爾記得「我們一起睡在一間小小的閣樓房間」，彷彿是為了消除那段日子的回憶，他們在皮卡迪利大街、拉菲特大街等買下漂亮的連棟房屋，後來在甘納斯伯瑞、費律耶及席勒斯多夫買下他們的第一棟鄉間別墅。他們在屋子內擺滿十七世紀的荷蘭畫作及十八世紀的法國家具，並舉辦奢華的晚宴和華麗的舞會。他們追求頭銜及其他榮譽：相貌平平的雅各・羅斯柴爾德成了詹姆斯・德・羅斯柴爾德男爵、駐巴黎的奧地利總領事，也取得了法國榮譽軍團的騎士勛位。他們把兒子培養成紳士，讓兒子享受在貧民窟裡體驗不到的樂趣：騎馬、打獵及藝術。他們的女兒也跟著蕭邦學鋼琴。迪斯瑞利、海涅、巴爾札克等文人雅士都來尋求這個新出現的名門望族庇護，不過卻在自己的作品中諷刺他們。

然而，羅斯柴爾德家族私下卻對自身社會地位的提升有些嘲弄。頭銜與榮譽是「走後門的一部分」，有助於兄弟們通往決策的權力核心。雖然當東道主是很難受的職責，但殊途同歸，用現代的說法來說，主要是為了商業應酬。甚至連下一代的仕紳化現象也很表面，他們的兒子依然是在「會計室」接受務實的教育。

羅斯柴爾德家族對社會同化抱持著懷疑的態度，尤其在宗教方面。與許多在一八二〇年代選擇皈依基督教的富有歐洲猶太人不同，羅斯柴爾德家族仍然堅定地信仰祖先的宗教。雖然他們的個人宗教虔誠程度各不相同（阿姆謝爾嚴謹奉行，而詹姆斯馬馬虎虎），但這些兄弟都認為追名逐利的成功與猶太教密切相關。詹姆斯說，宗教代表「一切，我們的財富和福祉都是因信仰而來。」一八三九年，納坦的女兒漢娜・邁爾為了嫁給亨利．費茲羅伊而皈依基督教時，她幾乎遭到所有親戚排擠，連她的母親也排斥她。

羅斯柴爾德家族相信，對猶太教的忠誠是他們取得世俗成就的必要部分，這種信念的必然結果是他們持續關注著「更貧窮的同信仰者」的命運。這種對更廣泛猶太社群的承諾超越了傳統的慈善捐贈，轉而擁抱為猶太人解放而進行的條理分明的政治遊說。邁爾．阿姆謝爾在拿破崙時期確立的做法是，利用羅斯柴爾德家族的資金來保障或捍衛猶太人的民權和參政權，大概持續了整個世紀。一八四〇年，大馬士革的猶太人被不實指控進行「活人獻祭」時，羅斯柴爾德家族策劃了成功的遊說活動來終止他們遭到的迫害，這只是眾多案例中最著名的例子。羅斯柴爾德家族提供給教皇的貸款也被當成一種手段，用來改善教宗國裡的猶太人命運。諷刺的是，負責英國分行的羅斯柴爾德家族在國內的努力沒什麼成效。納坦和妻子漢娜早在一八二九年就參與了終止猶太人被排除在國會之外的遊說活動；納坦於七年後去世時，依然無所作為。爾後，他的兒子萊昂內爾接手帶領爭取英裔猶太人解放的運動，而這正是本冊第一章的主題。

儘管如此，羅斯柴爾德家族對更廣泛猶太群體的認同感並不是絕對的。不只是他們的財富，就連他們的族譜也有別於其他歐洲猶太人。他們奉行內婚制，不只限於同信仰者，更僅限於直系親屬，只有羅斯柴爾德家族成員才可以共結連理：一八二四至七七年，在阿姆謝爾後代的二十一次婚姻中有多達十五次是直系後代之間的婚姻。典型的例子是納坦的兒子萊昂內爾在一八三六年娶了卡爾的女兒夏洛特，而這是一次不太合適的婚姻安排。這種策略背後的根本原因是為了加強金融夥伴關係的凝聚力，它確實奏效了，不過在現代人眼裡會認為那段時期的族譜充滿遺傳疾病的風險。堂表親婚姻能確保家族的資本不會分散，就像在合夥關係的神聖書籍中排除女兒與女婿的嚴格規定，以及阿姆謝爾為了維護兄弟團結而一再進行的祈禱，這一切都是為了防止羅斯柴爾德家族步上托瑪斯．曼筆下衰落的布登布洛克家族後塵的手段。當然，其他王朝也有類似的行為。堂表親婚姻在猶太商業家庭中相當普遍，不限於猶太人；英國的貴格會教徒也實行堂表親婚姻。甚至連歐洲的皇室家族也利用表親婚姻來鞏固政治關係。然而，羅斯柴爾德家族實行內婚制的程度連薩克森－科堡家族也比不上，因此海涅稱他們為「非比尋常的家族」。事實上，其他猶太人將該家族視為一種希伯來王室，是「猶太人之王」，也是「列王中的猶太人」。

一八三〇年的革命揭示了兩件重要的事。首先，羅斯柴爾德家族並非與神聖同盟緊密相關，他們也非常樂意為自由派、甚至為革命性政權提供金融服務。其實詹姆斯克服了革命最初帶來的嚴重衝擊之後，發現與路易・菲利普的「中產階級君主」做生意更容易。新成立的比利時政府也很親切，尤其是它（如希臘般）接納性格「溫和」的德國王子來擔任君主（已是羅斯柴爾德家族的客戶），並服從強國的集體國際規定。其次，羅斯柴爾德家族樂見強國達成這些協議，相信他們能在其中發揮財務槓桿的作用。

革命的爆發導致法國長期公債的價格大幅下跌（法國的永久債券就如同英國的永續債券）。這次的暴跌讓詹姆斯始料未及，讓他的資產負債表陷入赤字危機。但在一八三〇年代早期的歐洲金融市場之所以如此不穩定，甚至長期公債在還算穩定的君主立憲制確立後遲遲不回升的原因是，人們擔心法國革命會像一七九〇年代一樣引發歐洲戰爭，正是這種引起金融危機蔓延的擔憂在不受革命影響的國家中也推高了債券殖利率。

在一八三〇年代初期的不同階段，比利時、波蘭或義大利都有爆發戰爭的風險。此時羅斯柴爾德家族的關係網絡良好，能夠在每個特殊場合中擔起和平使者的角色。他們獨特快速的通訊網路（主要靠私人信差來回收發信件）此時也被歐洲大陸的重要政治家用作郵政快遞服務，讓家族擁有傳播消息的權力。詹姆斯會見路易・菲利普，聽完他的意見後，接著把這些意見寫在給薩羅蒙的信中。薩羅蒙去找梅特涅時，再把這些意見告訴他。接著，整個流程逆向重複一遍：路易・菲利普得知梅特涅的回覆之前，需要經過至少兩個家族成員的轉述。更不用說信差有可能在過程中稍微曲解了訊息的意思，或者在消息傳達之前便有人在證券交易所採取行動。

同時，羅斯柴爾德家族在國際債券市場的主導地位給了他們第二種權力。由於任何認真考慮交戰的國家都必須借錢，該家族察覺到可以行使否決權的可能性：沒有和平，就拿不到資金。正如奧地利外交官普洛凱許・馮・歐斯登伯爵在一八三〇年十二月說過：「這完全只是手段、方法還有羅斯柴爾德怎麼說的問題，而他不會為了戰爭掏出一塊錢。」

這並不是那麼乾脆地發揮作用。儘管同時代的人都相信羅斯柴爾德家族光是揚言要限定信貸範圍就能維持歐洲和平，但一八三〇年代沒有爆發戰爭其實還有其他原因。不過羅斯柴爾德家族在某些時候還是能透過財政手段行使政治權力。即使沒有挫敗，梅特涅的好鬥性格多少也因為薩羅蒙在一八三二年明確拒絕提供一筆新的貸款而緩和許多。至於新成立的希臘和比利時政府，則是由羅斯柴爾德家族融資的方式承保，由強國擔保並由該家族籌資創辦公司的貸款形式辦理。

納坦在一八三六年突然不幸去世時，羅斯柴爾德家族已經建立起強大的企業，擁有無可比擬的資源和地域範圍。他們能夠透過其他歐洲市場、甚至是世界各地的代理商和聯營銀行進一步擴大影響力，包括從馬德里的魏斯威勒到聖彼得堡的加瑟，再到紐約的貝爾蒙。他們的勢力讓同時代的人著迷，主因是他們的近代出身很卑微。一位美國觀察家描述這五位兄弟：「他們能與君王並肩，地位還高過皇帝，整片大陸盡在他們掌心。羅斯柴爾德家族宰制著基督教世界。……沒有他們的建議，內閣就不會輕舉妄動……羅斯柴爾德男爵……手握鑰匙能決定是和平或戰爭。」這段描述有些誇大，但不全然是幻想。然而，這麼龐大又強勢的組織在本質上仍然是家族企業，儘管以私人合夥企業（極機密）的形式經營，主要業務其實是管理家族的自有資本。

第三代加入合夥企業後，企業的發展勢力並沒有減弱，五家銀行之間的關係反而變得更加緊密。某種程度上，詹姆斯繼承了納坦的遺志，擔起領頭羊的角色。他也是個能幹的人，孜孜不倦地投入事業，沉浸於票據經紀和套利的謀生之道，也著迷於能帶來豐厚利潤的大規模債券發行。他很長壽，使法蘭克福貧民區的精神特質一直延續到一八六〇年代。然而，詹姆斯不曾像納坦那樣控管其他分行。納坦的兒子納特在巴黎成了讓他頭痛的助理，而其他人不聽他的指揮。顯然，萊昂內爾是個像父親一樣的成功商人，差別在於他總是輕聲細語，而納坦性情暴躁。薩羅蒙的兒子安謝姆也是個意志堅強的人。此外，詹姆斯無法有效地控管哥哥，尤其是薩羅蒙比較關注奧地利政府和其他維也納銀行的利益，經常忽略了夥伴的期望。

在某些方面，家族內部從君主制轉為寡頭制的改變更有利，使羅斯柴爾德家族面對世紀中期的金融新契機能做出比納坦容許的更靈活反應。譬如，薩羅蒙、詹姆斯及阿姆謝爾能夠在奧地利、法國及德國的鐵路融資中發揮領導作用，而納坦顯然在英國忽略了這一點。

納坦傾向將一八二〇年代的做法延續到一八三〇年代。隨著歐洲大國的財政狀況趨於穩定，他在更遠的地方尋找新客戶，諸如西班牙、葡萄牙及美國。然而，成為比利時的「金主」是一回事，在伊比利亞或美國重複這套流程是另一回事。西班牙和葡萄牙的不穩定政治狀態導致羅斯柴爾德家族發行的債券有違約的尷尬情形；而美國的問題出在財政和貨幣機構的分權管理，羅斯柴爾德家族希望聯邦政府能證實是良好的業務來源，但聯邦政府往往把國外借貸的業務交給各州。同樣地，他們期望美國銀行能發展成美式英格蘭銀行。可惜，由於政權損害和財務管理不善的問題，美國銀行在一八三九年破產了。該家族無法在美國取得一席之地，對自己在華爾街任命的代理人沒有足夠的信心，結果他們第一次犯下歷來最嚴重的策略性錯誤。

在熟悉的政府財務領域發生了重大逆轉，這使得分散投資風險合乎常理，因此，決定取得歐洲水銀市場的控制權有一部分算是對政府違約風險的回應。透過控管阿爾馬登礦場（當時是世界第一大礦場）這類有形資產，羅斯柴爾德家族能以最低的風險資助西班牙政府，從水銀的託運預支資金。參與汞礦的開採還有另一層面的考量，因為銀礦的提煉必須使用水銀。在一八一五年之前，羅斯柴爾德家族早已是經驗豐富的貴重金屬經紀商，也開始涉足鑄造硬幣。

另一方面，鐵路融資是很令人振奮的新領域。在大多數歐洲國家之中，政府在鐵路建設方面扮演重要角色，他們直接為建設提供資金（例如俄羅斯和比利時），或是提供補助（例如法國及德國某些邦）。這代表為鐵路公司發行股票或債券與發行政府債券並沒有太大的區別，只不過鐵路股票的波動性更大。首先，羅斯柴爾德家族試圖扮演純粹的金融角色，但他們難免會捲入更密切的參與關係，畢竟從鐵路公司發行股票到實際開通鐵路線中間有很長的時間間隔，更別提支付股利了。到了一八四〇年代，萊昂內爾的弟弟安東尼和納特花了不少時間監督叔叔詹姆斯的法國鐵路股份。納特強烈批評詹姆斯偏好北方鐵路、倫巴底線等鐵路線時，顯露了第三代對風險更反感的跡象。當事故發生時，例如一八四六年在方普發生的意外，納特便感覺他的夢魘成真。然而，詹姆斯的判斷很準確：十九世紀期間，歐洲大陸鐵路股份的資本利得是法國分行後來超越英國分行的主因。十九世紀中期，羅斯柴爾德家族已經順利地建造出高利潤的全歐洲鐵路網。

但從某方面來看，納特的恐懼很合理。與公債管理不同的是，鐵路管理直接並具體地影響到一般人的生活，因此，羅斯柴爾德家族對鐵路的參與使他們受到前所未有的公眾批評。偏激的社會主義作家開始以危言聳聽的筆調描繪他們是「人民」的剝削者，追求著資本利得和利潤，不惜犧牲納稅人和一般旅客的利益。羅斯柴爾德家族以前也遭受過輿論攻擊，但在一八二〇和三〇年代，他們遭到的指控主要是資助政治的保守派勢力，或被商業對手指責商業手段狡猾。在一八四〇年代，對財富的敵意、對猶太人的敵意交織在一起，反資本主義和反猶太主義互補，羅氏家族便成了完美的箭靶。

隨著煽動性爭論的展開，一八四〇年代中期的經濟蕭條狀況是政治動盪的預兆。與一八三〇年不同的是，一八四八年的革命老早就能預測。羅斯柴爾德家族並沒有忽視革命的到來，只是低估了危機的嚴重性。問題是，在經濟不景氣時減少稅收會使政府的財政赤字增加，這在短期內意味著該家族有了難以抗拒的新業務，因此薩羅蒙和詹姆斯都在叛亂前夕承擔了大量貸款。然而，隨著革命從巴黎向東蔓延，薩羅蒙的工業債券、鐵路債券及股票根本無法出售，他承擔奧地利國家的合約義務也無法履行。而詹姆斯只能針對近期的貸款合約與在財政方面不夠熟練的新政府協商進行重大的更動，以期能順利度過這場風暴。

由於羅斯柴爾德家族有跨國組織、龐大資源及有效的政治人脈，他們能夠撐過一八四八至四九年的動盪時期。在幾乎全面損失的情況下，他們的相對地位卻可能略為提升。然而，歐洲經濟的復甦及並非巧合的政治回穩狀態，都帶來了新的挑戰。

首先，革命的一個不起眼的成就是削弱了國家官僚政治對形成合股公司和有限責任的抵制。公司的形成變得容易時，進入金融業的新企業數量便開始增加。佩雷爾兄弟一開始是鐵路愛好者，他們有技術方面的願景，但沒有足夠的資金實現，因此他們在一八三〇年代與羅斯柴爾德家族建立起了從屬關係。到了一八五〇年代，他們開始有能力擇脫困境，便調動了許多散戶的資源為動產信貸銀行籌款。

國家財政與債券市場之間的關係變化與佩雷爾兄弟代表的挑戰有關。一八五〇年代，各個政府首次認真嘗試以公開認購的方式出售債券，不是經過銀行家中介或是由銀行家擔任承銷商直接買新債券。撇開其他不談，各個政府開始為了削減佣金利用私人銀行和合股銀行之間日益激烈的競爭。雖然羅斯柴爾德家族在債券市場上依然占有一席之地，但他們的地位不再那麼具有壟斷性。電報的傳播進一步削弱了他們的控制力，結束了他們的信差在競爭中領先傳遞市場敏感消息的時期。

然而，對羅斯柴爾德家族而言，對其金融支配權最重大的威脅也許在政治方面。拿破崙三世在法國取得的勝利為歐洲外交帶來了不一樣的不確定性，直到一八七〇年，他仿效叔叔的可能性才完全消失。與此同時，國際遊戲規則也因其他地方的政治家（尤其是帕默斯頓、加富爾及俾斯麥）傾向將國家私利提升到國際「標準」之上，以及對大砲的重視不亞於會議，因而產生了微妙的變化。相較於一八一五至四八年相對平靜的三十三年，接下來的三十三年歐洲發生了一連串的戰爭（更別提美國了），使羅斯柴爾德家族發現，即使盡力而為也無法阻止這些戰爭爆發。

一八四八年五月，夏洛特．德．羅斯柴爾德相當確信自己對「充滿光明的歐洲與羅斯柴爾德的未來」的信念，她相信法國革命時代即將結束，而這並非毫無根據。十九世紀下半葉，君主政體和中產階級經濟遭受的威脅確實減弱了，但羅斯柴爾德家族的輝煌未來取決於家族迎接新挑戰的能力。其中，民族主義和社會主義都證實了是最大的挑戰，尤其是兩者結合時。

第1部

叔伯與姪子

一、夏洛特之夢（一八四九－一八五八）

我五點睡覺，六點醒來。我夢到巨大的吸血鬼貪婪地吸我的血……顯然投票結果公布時，上議院響起了熱烈的歡呼聲……當然，我們不該承受那麼多仇恨。

——夏洛特・羅斯柴爾德，一八四九年五月

儘管羅斯柴爾德家族設法在金融方面度過難關，但一八四八年仍證實了這是個無可挽回的轉折點，而原因與經濟、政治並無關聯。在革命結束後的幾年內，家族和公司的制度備受質疑。讀他們的信件時，很容易忘記邁爾・阿姆謝爾的其餘四個兒子已經是老人了。到了一八五〇年，阿姆謝爾已經七十七歲，薩羅蒙七十六歲，而卡爾是病弱的六十二歲，只有五十六歲的詹姆斯依然充滿幹勁。

另一方面，長壽是羅斯柴爾德家族的特徵：儘管他們的父親在六十八歲時就去世，但他們母親在一七五三年出生，壽命久遠到曾見過統一的德國王冠由在家鄉的國民議會交給普魯士國王。事實上，古蒂勒・羅斯柴爾德在一八四〇年代已經成了一種代名詞，如《泰晤士報》的報導：

法蘭克福那邊的羅斯柴爾德夫人令人敬佩。她現在快一百歲了。上週，她覺得身體不太舒服，以親切的語氣提醒醫生說他開的處方無效。「夫人，妳的需求是什麼呢？」醫生說：「遺憾的是我們沒辦法讓妳變年輕。」「醫生，你誤解我的意思了。」機智的夫人回答：「我沒有要求你幫我變年輕，我想變老。」

發表的漫畫標題有兩種版本，一個是《老夫人的九十九歲生日》（*Grandmother's 99th Birthday*），描繪的是古蒂勒位在背景後方，而詹姆斯告訴一群祝福者：「各位，等她滿一百歲時，我就會捐十萬荷蘭盾給政府。」（參見圖1.i）另一個版本是醫生向夫人保證她一定能活到一百歲。「你說的話是什麼意思啊？」古蒂勒厲聲說：「如果上帝能讓我活到八十一歲，就不會只讓我活到一百歲！」

夫人固執地不肯離開以前在猶太巷的老房「綠盾」，這件事引起了同時代人的興趣，認為羅斯柴爾德家族驚人的經濟成功源自於一種猶太式的禁欲主義。早在一八二七年，柏爾納就便對此讚許：「看吧，她住在那裡，就住在那間小房子裡……儘管她的王室兒子行使著遍及全世界的統治權，她也不願意離開猶太地區那世襲的小城堡。」當查爾斯·葛萊維爾於十六年後到訪法蘭克福時，驚訝地發現「羅斯柴爾德家族的老母親從黑暗又腐朽的宅邸走出來……她的住處與『猶太街上』的其他屋子完全沒兩樣」：

> 在狹窄又陰暗的街道上，簡陋的房屋前方有一輛裝飾著藍絲綢的高檔馬車，穿藍色制服的男僕站

圖1.i：佚名畫家，《老夫人的九十九歲生日》，約1848年

> 在門口。不久後，屋子的門開了，老太太由身旁的孫女，查爾斯・羅斯柴爾德（Charles Rothschild）男爵夫人攙扶著，沿著黑暗又狹窄的樓梯走下來。查爾斯的馬車在街尾候著。兩名男僕和幾名女僕在旁邊扶著老太太上車，還有一些居民聚在對面看她上車。我從來沒見過這麼奇特、鮮明的對比：老太太和年輕女士的服裝、馬車及制服，這一切都與老太太堅持居住的破舊場所形成對比。❶

然而，在一八四九年五月七日，她九十六歲時，健在的兒子在床邊為她送終。

這是家族接連傳出的其中一則離世消息。前一年，阿姆謝爾的妻子艾娃過世了。一八五〇年，納坦的遺孀漢娜及其最小的孫子（納特的次子邁爾・艾伯特〔Mayer Albert〕）也相繼去世，令巴黎的羅斯柴爾德家族成員悲痛欲絕。卡爾的妻子阿德海特在一八五三年過世，一年後則是薩羅蒙的妻子卡洛琳過世。可想而知，這些消息對第二代年老的家族成員造成什麼樣的影響。邁爾・卡爾注意到阿姆謝爾深受母親去世的影響：「伯伯受到很大的打擊……我沒辦法描述最近我們有多少時間備受煎熬。他把自己關在房間裡，直到最初的可怕衝擊過後才感覺好一點。」家人們聚在法蘭克福參加古蒂勒的喪禮時，阿姆謝爾才「平靜了一些」。實際上，他與弟弟薩羅蒙在晚年孤苦伶仃，待在會計室的時間也越來越短，反而更常待在自己的花園。

對日耳曼邦聯議會恢復後的新上任普魯士代表，亦即善變、極端保守的地主之子俾斯麥而言，阿姆謝爾像個可悲的老人。「從金融的角度來看」，阿姆謝爾當然是法蘭克福社會中「最傑出人士」。俾斯麥抵達城鎮後不久告訴妻子：「但從他那群法蘭克福市民身上拿掉資金和薪水，妳會發現他們有多平庸。」阿姆謝爾提前十天邀請這個新上任的代表吃晚餐並等候他的確認答覆時，俾斯麥的回答特別惹人厭：「如果到時候我還活著的話就會出席。」阿姆謝爾收到回覆時，大驚失色。他不斷告訴不同人：「他怎麼會活不了，怎麼會死呢？他還年輕力壯呀！」由於個人收入有限，薪水微薄，這位地主之子外交官肯定也對餐桌上擺放「一英擔[1]重的銀器、金製叉子與湯匙、新鮮桃子與葡萄以及上等葡萄酒」印象深刻，卻也十分反感。他們吃完飯後，阿姆謝爾自豪地炫耀心愛的花園，俾斯麥忍不住流露出不屑：

我欣賞他，因為他是老奸巨猾的猶太人，從不裝腔作勢。他是嚴謹的正統派教徒，用餐時只吃符合猶太教規的食物。他帶我參觀養著溫馴的鹿的花園時，告訴僕人：「約翰，拿點麵包給鹿吃。」接著，他對我說：「先生，這株植物花了我兩千荷蘭盾。你沒聽錯，真的是兩千荷蘭盾，我可以算你半價。如果你不想買，我也可以送你，約翰會幫忙送到你家。你應該知道，我很重視你，因為你是個一表人才的好漢。」他又矮又瘦，幾乎滿頭白髮。他是長子，在宮中卻是個窮人、膝下無子的鰥夫，被僕人欺騙，被精明的法國化、英國化姪子及姪女鄙視，他們以後會繼承他的財富，卻不愛他，也不感激他。❷

俾斯麥準確地推測出最後一個「誰該繼承財富」的問題是年老的羅斯柴爾德家族成員最關心的事，因此他們花了不少時間修改自己的遺囑。幾年前，阿姆謝爾於一八一四年曾開玩笑說，富有的德國猶太人和富有的波蘭猶太人之間的差別在於，後者在虧錢的時候死去，而富有的德國猶太人則是在擁有龐大財富時死去。四十年後，阿姆謝爾果然證實了自己的刻板印象。他擁有的家族企業股份價值將近二百萬英鎊，但是誰該繼承這筆財產呢？他長久以來都盼不到兒子出生，於是開始思考十二個姪子的功績，尤其是在法蘭克福定居的姪子：主要是卡爾的兒子邁爾．卡爾與威廉．卡爾。最後，他分配股份的方式是：詹姆斯分到四分之一，安謝姆分到四分之一，納坦的四個兒子總共分到四分之一，卡爾的三個兒子分到剩下的四分之一。

---

1 譯注：一英擔相當於五〇．八公斤。

❶ 葛萊維爾表示，古蒂勒經常享受類似的短途旅行，也時常去看歌劇或戲劇。顯然，她不像柏爾納與其他人以為的那樣禁欲。

❷ 後來，阿姆謝爾提議把位於博根海默蘭登街上的房子租給俾斯麥，但俾斯麥回絕了，因為他覺得阿姆謝爾的提議不過只是討好。另一個極端保守派分子漢諾威國王說：「每次外國王子、大臣或重要人物來法蘭克福時，阿姆謝爾都會拍馬屁。在他邀請的晚宴上，盤子和奢侈品展現了奢華的品味，但他會告訴大家自己是去哪裡買魚和肉，以及他為這個場合砸了多少錢……他經常展現出自己是個暴發戶、心胸狹窄的放款人以及匯票貼現經紀人。」

當然，薩羅蒙的繼承人和女兒在巴黎衣食無虞。但也許是因為革命危機處於嚴重狀態時，他們曾在維也納互相說了重話，因此使薩羅蒙試圖避免讓安謝姆成為唯一的繼承人。他反而制定了複雜的條款，打算把大部分的私人財富直接交給孫輩。起初，他似乎考慮將大部分財產（一百七十五萬英鎊）留給女兒貝蒂的孩子（兒子各分到四十二萬五千英鎊，夏洛特只分到五萬英鎊，她與納特結婚時，薩羅蒙已給她五萬英鎊），只將三棟房子留給安謝姆及其兒子，也只給已婚的女兒漢娜．瑪蒂德八千英鎊。他告訴安謝姆：「我還會把巴黎的飯店交給你和你的兒子……我再講一遍，飯店是給**你和你的兒子**。我考慮過了，還加了一項條款，為的就是確保你的兒子擁有這項地產長達一百多年，我的女婿和女兒都無權過問。」某種程度上，這算是一種刻意的策略，目的是要發揮過世後的最大影響力，如同邁爾．阿姆謝爾在一八一二年的做法。事實上，薩羅蒙沿用了父親排除女性成員的想法；但與父親不同的是，他決定最後只讓一位孫子從安謝姆那裡繼承家族企業的股份，這算是家族原先對所有男性繼承人一視同仁的新發展。在他於一八五三年註明的最後遺囑中，他在最後一項附加條款中刪除了讓安謝姆有權決定繼承人的條款，並指定長孫納坦尼爾（Nathaniel）繼承安謝姆的財產（卻未果）。最終，薩羅蒙的計畫都落空了。實際上，安謝姆在繼承他的財產後便決定了哪位兒子是繼承人。俾斯麥也說中了一點：年輕的羅斯柴爾德家族成員會奚落上了年紀的叔伯，他們最怕去探望「鬱鬱寡歡」的卡爾伯伯。也許在一八五五年，他們曾在薩羅蒙、卡爾及阿姆謝爾相繼在九個月內去世時傷心欲絕，但至今沒有這方面的紀錄。

一連串的家族成員過世在羅斯柴爾德家族的金融事務出現翻天覆地的劇變後隨之而來。如我們已知的，維也納分行破產後必須核銷的巨款令人印象深刻，尤其是倫敦的合夥人非常擔心叔叔的魯莽經營方式，而他們的擔憂似乎得到了證實。不幸的是，企業結構顯示薩羅蒙遭受的損失必須由集體承擔，他擁有的個人股份與占公司總資本的比例並沒有相應減少。這說明了為什麼在革命剛結束的期間，空前的離心力有可能打破邁爾．阿姆謝爾約四十年前為了使兒孫團結起來而建立的紐帶。尤其是倫敦合夥人試圖從給歐洲大陸四家分行的承諾中

「解放」自己，因為這些承諾在革命結束之後使他們付出了沉重的代價。納特於一八四八年七月說道，他和兄弟希望能達成協議，讓每個分支家族各自獨立。難怪「商業暨金融大會」的展望於一八四八年八月首次提出時，夏洛特會擔心地說：「阿姆謝爾伯伯因喪妻而變得虛弱和鬱悶，薩羅蒙伯伯因賠錢而喪志，詹姆斯叔叔因法國的不穩定局勢而發愁，我的父親（卡爾）很緊張，而我的丈夫很了不起，但他有理的時候會變得很固執。」

一八四九年一月，詹姆斯到法蘭克福探望兄長和姪子時，貝蒂滿心期待大會能「改變各分支的基礎，並依據倫敦分支的做法，在與政治活動不一致的團結中授予相互的自由……」而巴黎與倫敦之間的緊張關係有一大特徵：當年度的下半年，詹姆斯聽說阿姆謝爾「命令」其中一位戴維森兄弟「**不要**寄黃金到法國」，這種英國至上的主張使他忍無可忍，因此發生了爭執。另外，納特與詹姆斯在巴黎經常有摩擦。納特向來比叔叔謹慎得多，但就像我們已知的，革命幾乎摧毀了他身為商人的勇氣。「我建議你們做生意時，要加倍小心，」危機演變得很嚴重時，他在平常的信件中告誡兄弟：

> 至於我，我很討厭做生意，真希望以後不要再有任何形式的交易……看看世界各地發生的情況、在短時間內爆發的革命，還有在意想不到的時候，為了賺點錢就讓自己陷入水深火熱，簡直是瘋狂的行為。我們親愛的叔伯們做生意只是因為他們喜歡做生意，真是可笑。因為他們受不了別人做其他事，所以也不讓別人如願。我確定巴爾林（在西班牙水銀）的進展方面沒什麼風險，如果他決定要做，就讓他去做吧。我們都該放心，**放輕鬆一點**。

貝蒂看出了其中的影響力。她表示：「我們親愛的（阿姆謝爾）伯伯無法容忍我們的財富變少，為了恢復我們以前的財富水準，他會毫不猶豫地讓我們回到有風險的事件混亂中。」但詹姆斯對納特優柔寡斷的個性越來越沒有耐性。夏洛特懷疑詹姆斯希望姪子退出生意，以便讓較年長的兒子阿爾豐斯與古斯塔夫有更多參與生意的機會（他們自一八四六年開始在信件中被提及）。貝蒂描述得很貼切：「兄弟聯盟原本的緊密關係」有一段時間「似乎就快要瓦解了」。

家族像一盤散沙的根源並非只有這些。甚至在一八四八年的革命前夕，法蘭克福就傳出對倫敦分支態度的抱怨。安謝姆抱怨：「當個謙卑至極的僕人，甚至在無法從西班牙的信函中了解接下來會發生什麼事時就直接執行你們的指令，這是件讓人很不愉快的事。我們確實不值得列入考慮。長久以來，我們一直被排在不同分支團體的支線中。」安謝姆的話語透露了他認為自己身為下一代的長兄，理應在法蘭克福接替阿姆謝爾的位置，然而維也納分支的破產改變了一切，因為他有了永久接任父親在奧地利的職位的壓力。同樣地，卡爾希望長子邁爾．卡爾在義大利繼承他的事業，但沒有子女的阿姆謝爾更堅定地認為邁爾．卡爾應該接替他在法蘭克福的工作，讓他能力較差的弟弟阿道夫去那不勒斯。如詹姆斯觀察到的，類似的爭執不只發生在老一輩的兄弟之間，也發生在兄弟的兒子和姪子之間。他們顯然都在爭奪法蘭克福銀行的控制權，因為該銀行持續掌控著維也納分支和那不勒斯分支：「安謝姆與邁爾．卡爾不和，而邁爾．卡爾的意見又與阿道夫不一致。」儘管夏洛特明顯偏袒年紀最大的弟弟，但她在日記中詳述了這種競爭關係產生的敵意。

> 邁爾．卡爾……是個成熟、見過世面、有國際觀的公民。他正處於壯年期及不容小覷的權力巔峰。他迷人的舉止、開朗的個性以及機智的談吐，使他比安謝姆更受歡迎。他在法蘭克福的人緣確實很不錯，比我的連襟在過去、目前或未來都更討喜。我懷疑他可能沒有安謝姆那般扎實的知識廣度與深度，我也無法評估他是不是經驗豐富的商人，或是他在重要事件方面的判斷力是否可靠，以及他是不是優秀的作家和演說家。但……安謝姆對我弟弟的態度很傲慢，這是很不合理的，因為要找到這麼有天分的年輕人需要走遍天涯海角。或許他不具備追求理智思維的科學分科所必備的深入研究與長時間學習的天資，但他是見過世面的銀行家，也是歐洲社會中有教養、有學識的一員（他能與不同民族和階級相處融洽），因此我認為他是無可匹敵的。安謝姆如此蔑

視他，既不公平也不配。

最後必須牢記的是，在一八四八年的潰敗後，倫敦分行與巴黎分行對維也納分行產生了怒意。有時候，詹姆斯說起話來彷彿他不在意與維也納分行斷絕關係。「我對維也納分行不感興趣，」他在一八四九年十二月寫信給新廷，「其他人把政府當成投機工具，維也納的成員卻沒那麼聰明，只是不幸的窮商人。他們總是認為做生意是為了政府的利益。」

然而，合夥關係終究在一八五二年延續下去。一八四四年的制度只進行了些微調整，合夥關係在接下來的二十年一如既往地順利發揮作用。原因是什麼呢？羅斯柴爾德家族的銀行之所以能夠以跨國合夥企業的形式存活下來，最合理的解釋是，詹姆斯在消除代溝、使日益分化的家族支系再度團結起來方面扮演了十分重要的角色。一八四九年，夏洛特在法蘭克福見到詹姆斯時，這位叔叔已經從一八四八年的危機中走了出來，對生活和事業的欲望依然強烈。夏洛特表示：

> 我很少見過這麼機靈、世故又精明的人。他的心智與生理都很活躍，渾身幹勁。我一想到他在法蘭克福的猶太巷成長，不曾在童年和青少年時期享受過高雅文化的好處時，我很驚訝，對他的欽佩之情難以言表。他能從所有事物中發現樂趣，並自得其樂。他每天都寫兩三封信，口述至少六封信，閱讀法文報紙、德文報紙及英文報紙，然後沐浴。他在上午會小睡一小時，然後玩惠斯特（whist）紙牌遊戲三到四個小時。

這些是詹姆斯**離開**巴黎時的日常。年輕的股票經紀人費多在拉菲特街遇到的詹姆斯就像在鼎盛時期的海涅，散發出一股天生的力量。要說有什麼區別的話，那就是年齡的增加使詹姆斯變得更強大。

儘管詹姆斯洋溢著年輕的活力，但依然沉浸在父親時代的家族風氣中。早在一八四八年之前，他便已經開始為五家銀行之間的不和跡象感到擔憂。一八四七年四月，他提醒萊昂內爾，帳目的分歧將導致「各人自掃門前雪的情勢，會造成很不愉快的結果。」「我只關心家族的名譽、幸福及凝聚力，」他寫道，呼應了邁爾·阿姆謝爾慣常的告誡，「正因為有生意的往來，我們才能保持團結。如果我們每天都能共享帳目的資訊，在情況順利的條件下便可以保持團結一致。」詹姆斯在一八五〇年夏季滿懷熱情地回到這一點，而這封信很重要，值得詳盡地引述：

> 拆開一件東西比重新組裝更容易。我們有夠多的孩子繼續經營事業一百年，因此我們不該互相作對……我們不該欺騙自己：當一家公司不復存在時，也就是我們在生意中不再團結和合作的時候。在世人眼中，團結一致的事業能賦予我們真正的力量，若同舟共濟的那天不再存在，我們各奔東西後，年老的阿姆謝爾會說：「我的事業有兩百萬英鎊，但現在我要提款。」我們能做什麼事來阻止他呢？一旦不再有多數（決策的機制），他可以與葛舒密特家族的人結婚，並且說：「我要把錢投資到自己喜歡的地方。」到時我們自責也來不及了。親愛的萊昂內爾，我也相信我們兩個是法蘭克福最有影響力的人，必須努力讓所有（夥伴）恢復和平共處的狀態。……我們一不小心，就可能讓高達三百萬英鎊的資本落入外人的手中，而不是傳給我們的孩子。萬一發生這種事，我們豈不是瘋了？也許你會說我老了，只是想增加資本利息罷了。但首先，謝天謝地，我們的預備金比上次訂立合夥契約時更龐大。其次，就像我抵達這裡的那天告訴你的，你會發現我是個可靠的叔叔，因為我會盡力實現必要的妥協方案。因此，我相信我們要遵循這些論點，雙方都要讓步，盡力保持能保護我們免於不幸的團結精神，感謝全能的上帝。我們每個人都要為了實現這個目標，試試看自己有多大的能耐。

這些是詹姆斯在一八五〇和五一年反覆強調的話題。「我向你保證，」他告訴萊昂內爾的妻子夏洛特（他把夏洛特當成盟友），「家庭最重要。在上帝的幫助下，家庭是我們擁有幸福的唯一泉源，也是我們對彼此的牽掛和團結的泉源。」

鑑於詹姆斯的團結運動，一八五二年的合夥契約應被理解為，不是削弱分行之間的緊密關係，而是透過折衷的方式來**維護**關係。英國合夥人放棄完全獨立的要求以換取更高的資本報酬率，早在一八五〇年，詹姆斯就提出了這種妥協的條件，用納特的話來說，就是「提高我們資本的利息，前提是倫敦分行永遠比其他分行獲得更多利潤」，這也是上述他寫給萊昂內爾的信中要點。這個做法最終在一八五二年達成一致意見。英國夥伴收到了各種不同的甜頭，他們不但能從企業的資本份額中提取二十六萬二百五十英鎊，股份利息（占總額的百分之二十）也提高到百分之三．五；相比之下，詹姆斯是百分之三，卡爾是百分之二．六二五，阿姆謝爾與薩羅蒙則是百分之二．五。此外，關於共同商業行為的規則也放寬了：此後，任何合夥人都不需因多數決策而出差，而不動產的投資也不再由集合式基金提供資金。為了回報這些妥協，英國夥伴接受了新的合作制度。根據協議的第十二項條款，「為確保合作方式坦誠又親切，並促進互惠的共同商業利益」，夥伴要互相告知價值超過一千萬荷蘭盾（約八十三萬英鎊）的交易，並在互惠的基礎上提供高達百分之十的參與權。此外，新契約上未具體更改的昔日協議條款仍舊有效，例如共同的會計程序。這無疑代表一種分權管理的方法，但考慮到另一種替代方案（次年認真討論過）是徹底清算集體企業，詹姆斯基本上是打了勝仗。

一八五二年的協議並沒有決定法蘭克福的繼承權（除了排除阿道夫）：此後，安謝姆、邁爾．卡爾以及威廉．卡爾都能繼承法蘭克福的銀行（而阿爾豐斯與古斯塔夫有權力繼承巴黎分行）。直到詹姆斯的兄弟在一八五五年去世後，企業的新結構才出現（參見表格1a）。儘管薩羅蒙在遺囑中提出了前述條款，但他占集體資本的股份都轉給了安謝姆（出於一些不明原因，詹姆斯針對這個結果只是馬虎地代表妻子提出質疑）。卡爾的股份扣除了給女兒夏洛特的七分之一後，其餘平均分配給兒子。最後，阿姆謝爾的股份分配方式很果斷：詹姆斯與安謝姆各得到四分之一，而納坦的兒子和卡爾的兒子也都得到四分之一。這一切的最終結果是給了安謝姆、詹姆斯以及在英國出生的夥伴幾乎同等的權力，同時削弱了卡爾兒子們的影響力。讓阿道夫掌管那不勒斯分行、把法蘭克福留給邁爾．卡爾及其虔誠的弟弟威廉．卡爾的決定，進一步減弱了他們的影響力。

這是個行之有效的折衷方案。一八五二年後，詹姆斯變得更尊重姪子的意願，新廷不再聽命於詹姆斯，從他在一八四八年後寫給倫敦分行的信件內容減少便可推斷出這點。他漸漸在寄給納特的信上只草草寫著一句附言，而且他在總結商業相關的建議時，通常會加上一句強而有力的話，似乎是在提醒自己不再有所謂的**領頭羊**了：「親愛的姪子，去做你們想做的事吧。」這對萊昂內爾而言當然是個好消息，但是一八五二年的折衷辦法意味著五家銀行實際上恢復了一八四八年前的合作制度，只是稍微進行了分權管理。巴黎分行和倫敦分行的資產負債表顯示出相互依賴的程度，儘管比不上一八二〇年代，卻依然很重要。舉個例子，一八五一年十二月，巴黎分行有百分之十七．四的資產是其他羅斯柴爾德家族分行的欠款，尤其是倫敦分行。

此外，倫敦合夥人認為倫敦分行比其他分行更有獲利潛力的假設，後來證實是不自量力。雖然那不勒斯和法蘭克福的銀行經常持平不前（主要是因為阿道夫和邁爾．卡爾的掌控），但一八五二年後的策略大多出自

表格1a：羅斯柴爾德家族資本合併後的個人股份，1852-1855

1852年	£	£	百分比	1855年	£	£	百分比
萊昂內爾	464,770.75	1,859,083.00	20.05	萊昂內爾	85,536.86	2,742,147.44	25.80
安東尼	464,770.75			安東尼	85,536.86		
納特	464,770.75			納特	85,536.86		
邁爾	464,770.75			邁爾	85,536.86		
阿姆謝爾		1,859,083.00	20.05				
薩羅蒙		1,859,083.00	20.05	安謝姆		2,742,147.44	25.80
詹姆斯		1,847,083.00	19.92	詹姆斯		2,727,987.43	25.67
卡爾		1,847,083.00	19.92	邁爾．卡爾	805,540.66	2,416,621.99	22.74
				阿道夫	805,540.66		
				威廉．卡爾	805,540.66		
總額		9,271,415.00	100,00	總額	10,628,904.28		100.0

注：一八五五年的數據是根據那不勒斯分行和倫敦分行的數據估算得出（缺乏法蘭克福、維也納及巴黎分行的數據紀錄）。一八五二至五五年，那不勒斯分行的資本成長了百分之十三．五，倫敦分行的資本成長了百分之二十二．八。我將這些數字的平均值（百分之十八）應用於所有項目。

資料來源：CPHDCM，637/1/7/115-120，合夥協議書，一八五二年十月三十一日，阿姆謝爾、薩羅蒙、卡爾、詹姆斯、萊昂內爾、安東尼、納特以及邁爾簽署；AN，132 AQ 3/1，未標日期的文件，約於一八五五年十二月，重新分配阿姆謝爾與卡爾的股份。

詹姆斯之手，他成功地拓展歐洲大陸的鐵路事業，因此在他的人生最後階段，巴黎分行的資本遠遠超過了其他夥伴。至於受到打擊的維也納分行，安謝姆也出乎意料地證明自己擅長恢復生機。事實證明，倫敦的夥伴分享這些在歐洲大陸的成功並不是壞事。因此，新的制度開啟了倫敦分行和巴黎分行之間地位平等的新時代，而維也納分行也重現生機，法蘭克福和那不勒斯分行的影響力則減弱。

與過去相似的是，羅斯柴爾德家族不只透過合夥協議和遺囑來維持完善的家族企業，內婚制持續發揮著關鍵作用。一八四八至七七年，家族內的婚姻不少於九次，其明顯目的是加強不同支系之間的連結。一八四九年，卡爾的第三個兒子威廉・卡爾娶了堂妹，安謝姆的次女漢娜・瑪蒂德；一年後，威廉的哥哥阿道夫娶了漢娜的姊姊茱莉。一八五七年，詹姆斯的長子阿爾豐斯在甘納斯伯瑞娶了堂妹，萊昂內爾的女兒里歐諾拉。其他不在此列出，以免太繁瑣。❸一八六七年，萊昂內爾的兒子納坦尼爾（小名納弟）娶了邁爾・卡爾的女兒艾瑪（Emma）。一八七一年，納特的兒子詹姆斯・愛德華娶了邁爾・卡爾的女兒蘿拉・泰蕾斯。一八七六年，安謝姆的么子薩羅蒙・阿爾伯特（Salomon Albert，小名薩伯特）娶了阿爾豐斯的女兒貝蒂娜。最後，詹姆斯的么子埃德蒙在一八七七年娶了威廉・卡爾的女兒阿德海特。除了一八七三年以前的一個例外，那些沒有與其他羅斯柴爾德家族成員結婚的人並沒有脫離猶太「堂表親關係」。❹一八五〇年，邁爾擊敗了競爭者約瑟・蒙提費歐里（Joseph Montefiore）的求婚，娶了茱莉安娜・科恩，而他的姪子古斯塔夫在一八五九年與賽西兒・安斯帕赫（Cécile Anspach）結婚。如果威廉・卡爾娶得不是羅斯柴爾德家族成員，那他可能會娶舒納波家族的女人，也就是祖母古蒂勒家族的一員。

❸ 一八六二年，詹姆斯的兒子薩羅蒙・詹姆斯（Salomon James）娶了邁爾・卡爾的女兒愛黛兒。一八六五年，安謝姆的兒子費迪南娶了萊昂內爾的女兒艾芙琳娜。

❹ 唯一的例外是安謝姆的女兒莎拉・露意絲（Sarah Louise），她在一八五八年嫁給托斯卡納的貴族雷蒙多・弗朗切堤（Raimondo Franchetti）男爵。

近兩代以來，促成這些婚姻關係是家族中的女性成員最關心的事，夏洛特對她們關心的理由毫不諱言。她聽到弟弟威廉・卡爾要和漢娜・瑪蒂德訂婚的消息時興奮不已：「我親愛的父母一定會很高興，因為他沒有決定娶一個陌生人。對我們這些猶太人來說，尤其是我們這些羅斯柴爾德家族成員，最好不要遇到其他家族，以免發生不愉快或需要花錢的事。」在這種情況下，認為虔誠的新郎或擅長音樂的新娘結婚是出於自願的想法其實是無稽之談。夏洛特的堂姊貝蒂對婚事則有不同的看法，她告訴兒子：「可憐的瑪蒂德只能無奈地嫁給威廉。她現在準備像天使般地順從，犧牲年輕心靈中的寶貴幻想。不得不說，成為威廉終身伴侶的前景無法吸引像她這種有教養又有想法的年輕女子。」尚待解決的問題是，貝蒂的兩個兒子阿爾豐斯與古斯塔夫應該娶誰。瑪蒂德似乎愛著古斯塔夫，而她的姊姊茱莉希望嫁給阿爾豐斯。但貝蒂在這個話題上取笑了兒子後，表示：

> 爸爸是個坦率又誠實的人……他爽快地提起這個話題時，向可憐的媽媽表達遺憾……不讓她抱著幻想，因為渴望成功可能會帶來誤導性的鼓勵。他要求她看在自己的利益和女兒的幸福份上，另尋媳婦。

這對夏洛特而言是個好消息，因為她正計劃著幫貝蒂的兒子和自己的女兒里歐諾拉與艾芙琳娜安排雙雙對對的婚事。她在日記中冷靜地權衡兩位假定女婿的個別優點：

> 古斯塔夫是個優秀的年輕人。他有一顆善良又溫暖的心，對父母很孝順，對兄弟姊妹及親戚也很仁慈。他有強烈的責任感，而且他的忠誠度可以作為他那一代年輕一輩的榜樣。我無法保證他是否有才華，因為雖然他享有良好教育的諸多好處和優勢，但他聲稱自己很愚蠢、容易受到驚嚇，在陌生人面前無法好好說話。有些人說他擅長數學，但我不了解這門學科，無法下定論。
>
> 他的哥哥阿爾豐斯身上散發著（詹姆斯）叔叔的非凡精力和活力，也擁有貝蒂的語言天賦。他是不錯的讀者、傾聽者及觀察者，也能記住自己吸收過的資訊。他能以輕鬆的態度談論當天的話題，不賣弄學問，總是

以直接、敏銳又有趣的方式談論話題，讓人覺得相處愉快。別人無法從他那裡獲得可靠的意見，因為他從來不發表意見，應該說他根本沒有意見。但聽他說話是一件愉快的事，因為他說話時不帶情緒，語調迷人又輕快。

迪斯瑞利夫人說古斯塔夫很英俊，我不確定自己是否認同她的看法。古斯塔夫是詹姆斯一世時期家系中獨享先天優勢的成員，有著眼神柔和的藍綠色大眼睛。在他年紀還小時，眼神就像其他羅斯柴爾德家族成員一樣呆滯，但現在已經沒有童年時的缺點，除了一點懶洋洋的氣息。他的眉毛很精緻，額頭光潔飽滿，留著一頭柔滑的深棕色頭髮，鼻子高挺。他有一張大嘴，但表現不值得稱讚，因為他的嘴說好聽一點很溫和，但既沒有表現出理解，也沒有展現感情的深度。他的身材修長，儀態從容，舉止流露著上流社會的風範。我真想看看他站在聖壇上的側影。

夏洛特的分析只有一半準確：九年後，她在聖壇上看到的是阿爾豐斯的側影，旁邊是她的女兒里歐諾拉。那時，她對新郎的看法有了轉變，覺得現在他看起來「像個十五年裡有十年都在環遊世界的人，對很多事情早已習以為常，不再懂得欣賞或付出愛。但他要求新娘全心全意奉獻，像奴隸一樣地奉獻」。不過，她得出的結論是：「這樣也好，一個喪失熱情、不再有新鮮感和深情的男人可能是個可靠的丈夫。他的妻子應該能從履行義務的過程中發現幸福，她會痛苦地醒悟，但這種痛苦不會持久。」話說回來，夏洛特表示自己的女兒「很重視世俗地位，不願意從原本嚮往的家族寶座上屈尊嫁給地位較低的男人」。❺此觀點無疑是基於夏洛特的親身經歷，讓我們了解到許多關於這種父母安排下的婚姻特性。

當然，不應該被誇大父母的武斷決定。夏洛特沒有順利讓另一個女兒嫁給阿爾豐斯的弟弟，此一事實表明了父母把擇偶結果強加在孩子身上的能力大不如前。安謝姆的女兒茱莉也順利地回絕了堂哥威廉・卡爾的追

❺這對夫妻的草率蜜月似乎證實了她的顧慮，引起媒體的負面評論。

求，以及血緣關係更遠的親戚納坦尼爾・蒙提費歐里（Nathaniel Montefiore）的追求。另一方面，儘管茱莉的最終選擇是阿道夫，卻受到父親和未來岳父的嚴格牽制。他們花了幾個月擬定茱莉的婚約，雖然類似的協議通常涉及個別為準新娘準備一些錢，使準新娘有一定程度的經濟獨立能力，但這個做法不該被誤解為某種原型女性主義（Proto-feminism）。[6] 羅斯柴爾德家族成員讓女兒承受的痛苦是有限度的，尤其是老阿姆謝爾在妻子過世後不久就宣布自己希望再婚，而且結婚對象是還不滿二十歲的孫女（很多人追的茱莉）時，這一點就變得相當明顯。其餘家族成員在他的醫生支持下，一致反對這個想法。至於他們的反對原因究竟是出於擔心阿姆謝爾的健康狀況，還是關心年輕女士的幸福，則不得而知。詹姆斯似乎很擔心，萬一阿姆謝爾的提議被拒絕得太突然，他有可能從公司撤出資金並娶一個陌生人。

正統派與改革派

夏洛特強調，內婚制仍然在羅斯柴爾德家族的猶太教中發揮著部分功用，而家族政策依然規定兒女不能與信仰不同的人結婚。（即使對方的社會地位比宗教相同的人更高，也不能與他們結婚。）不該低估羅斯柴爾德家族在這段時期的宗教投入程度，他們的態度其實與一八二〇和三〇年代相比更加虔誠，而這也是家族在一八四八年之後保持團結的另一個重要來源。詹姆斯仍然是家族中最不講究儀式的人。「祝你們度過美好的安息日，」一八四七年，他寫信給姪子和兒子，「希望你們玩得愉快、打獵順利。你們有沒有像親愛的叔叔和爸爸所希望的那樣吃飽喝足、睡得安穩？」正如這封信本身證實的，他認為在安息日坐在書桌前無可厚非，因此卡爾和他去猶太會堂時也顯得特別古怪（與妻子形成對比）。

然而，詹姆斯還是堅定地相信家族的猶太身分具有實用的重要性，如同他在漢娜・邁爾叛教的那段日子所抱持的態度。雖然一八五〇那年，他差點忘了逾越節是哪一天，但他還是願意為了讀《哈加達》（*Haggadah*）而取消到倫敦的出差行程。一八六〇年，他高興地收下法蘭克福拉比利奧波德・施泰因

（Leopold Stein）的新書（但沒有他捐款給施泰因的紀錄）。他的妻子貝蒂也有一樣的世俗思維，但貝蒂有強烈的意識，認為即使遵守戒律不是精神上的當務之急，也算是一種社會責任。於是當她聽說兒子阿爾豐斯參加了紐約的猶太教徒聚會時，她高興極了，並表示：

> 這是好事，我的乖兒子，不只是基於宗教情懷，也是基於愛國情操。對我們這種位高權重的人來說，愛國情操能激勵忘記愛國主義的人，也能鼓勵依然重視愛國精神的人。這樣一來，你可以與那些可能責備我們的人和解，即使他們的想法跟我們一樣，也能確保自己獲得信仰不同信念者的高度敬重。

話雖如此，阿爾豐斯自願去猶太會堂顯然讓她有點吃驚。

與此同時，威廉・卡爾仍然是年輕一代中唯一的正統派信徒。他延續阿姆謝爾伯伯反抗法蘭克福社群的改革傾向運動，贊成為正統派信徒創建新的以色列宗教社群，並為了在舒澤街建立新的猶太會堂而捐贈大量資金。然而，他反對新社群拉比薩姆森・拉斐爾・赫希（Samson Raphael Hirsch）倡導的徹底分裂，赫希希望所有追隨者完全撤出法蘭克福的主要社群。雖然威廉・卡爾是正統派信徒，卻贊同羅斯柴爾德家族的觀點，慣例的差異不應該損害猶太社群的團結。

他的英國堂親也依舊認為自己是「虔誠的猶太人」，不但遵守宗教節日的習俗，也不在安息日工作。詹姆斯參訪巴黎時，曾嘲笑安東尼喜歡翻閱祈禱書。一八四九年，他的姪子也在贖罪日恭順地禁食，證實了他虔誠的印象，儘管他（錯誤地）擔心當時有霍亂席捲巴黎，禁食在醫學上並不可取。他在巴黎過逾越節時，萊昂內爾和他一如既往地給納特吃無酵餅。即使是在布萊頓度假，萊昂內爾也會和家人一起慶祝贖罪日，並在這一天禁食和禱告。但在倫敦出生的四個兄弟並不像威廉・卡爾是正統派信徒。一八五一年，迪斯瑞利不假思索地

❻ 納特與妻子希望在安謝姆的女兒漢娜・瑪蒂德嫁給威廉・卡爾時，能給她一萬英鎊的永續債券。

把波特蘭公爵給的一大塊鹿肉送給夏洛特和萊昂內爾：

我們的組織解散了，我不知道要拿這怎麼辦，但我認為把鹿肉送給羅斯柴爾德夫人是一件好事，畢竟我們經常在她那邊用餐，卻不曾真正一起坐著吃飯。我從來沒想過自己送出去的鹿肉不潔淨。雖然我擔心鹿肉很髒，但我提到了送我鹿肉的人；他們很喜歡貴族……所以我猜他們會吃下鹿肉。❼

迪斯瑞利似乎說得沒錯，但吃下鹿肉不太可能反映出對貴族的偏好。實際上，萊昂內爾的家庭與詹姆斯的家庭都一樣不甚嚴格地遵守猶太教規。事實上，邁爾很愛吃鹿肉，他曾於一八六六年在福克斯通（Folkestone）的政治演講中為獵殺雄鹿的論點辯護！❽

在更廣泛的宗教問題方面，英國兄弟偏向支持改革運動，英國當地的風氣也是如此。一八五三年，有人試圖將傾向於改革的西倫敦猶太會堂代表排除在代表委員會之外，原因是這些代表與保守派的首席拉比發生了衝突，於是萊昂內爾公然反對他所謂的「教皇制度」。「他十分尊重教會的權威人士，」萊昂內爾宣稱，「但他不會接受他們的領導，就像他也不會接受天主教神父的領導。或許這些權威人士是博學多聞的人，但他們沒有權力詢問他能否守住兩天節日。」這就是改革派和正統派慣例之間的重要區別。類似的觀點也許可以用來說明，法蘭克福的改革派團體在前一年與占主導地位的正統信仰發生鬥爭時，曾向萊昂內爾求助的原因。

這種改革派傾向在他們的妻子身上更明顯，原因可能是傳統的猶太會堂禮拜儀式是男性負責的事：有證據指出，羅斯柴爾德家族的女性不太懂希伯來語。例如，安東尼的妻子露易莎（Louisa）贊同改革派運動努力使猶太教的敬奉形式現代化，正是因為猶太會堂的禮拜儀式比不上教會的禮拜儀式。「不能去教堂聽布道，多麼可惜啊。」她在一八四七年感嘆道，為自己不懂希伯來語而感到沮喪。但這不代表叛教的傾向。反之，她決心讓孩子接受更好的指導，使孩子有能力與教友一起參與公開禮拜。因此，她的女兒康斯坦絲和安妮（Annie）都是在猶太教信條和聖公會形式的強烈融合下成長。安息日那天，她在家裡做了簡短的家庭禮拜後，她會教女兒讀聖經，並在她們研究「以色列人的歷史與文學」等科目時，用那天的其他時間讀猶太教文學和非猶太教文學。一八六一年，康斯坦絲在日記中提到贖罪日的儀式很莊嚴。而她的母親在一八五七年出版了有關安息日的訓誡，章節主題包括「誠實」、「家庭和諧」及「慈善」，其中有不少內容也可能出現在當代聖公會的布道書中：

> 主啊，祢讓我變得更幸福了。祢賜予我的福氣勝過無數生靈，我不知道該怎麼回報祢。我只能向祢禱告，求祢讓我對受苦的人和窮人保有慈悲和憐憫之心，使我不再自私，也不再只想到滿足私欲。主啊，請在我的心中注入這些願望和意向：只要我有能力和財產，就給飢餓的人糧食，給光著身子的人衣服，安慰悲傷的人。如此一來，我不至於辜負祢給我的所有恩惠，也配得上祢的寵愛和仁慈的保護，我的主啊，阿們。

露易莎的女兒從小聽這些內容長大，因此她們和母親一樣偏好西敏寺，比較不喜歡猶太會堂，自然不足為奇了。更不尋常的是，夏洛特在法蘭克福的正統派風氣中成長，照理說應該也有類似的傾向。她寫給兒子利奧（Leo）的信中透露，她經常參與非猶太教的禮拜儀式和習俗，她認為以地主的身分參與英國聖公會的事務沒什麼不妥。一八六六年，她在甘納斯伯瑞附近的阿克頓教堂祝聖儀式上，聽完牛津主教布道後，承認自己被布道的內容迷住了，雖然倫敦主教為伊靈教堂執行同樣的職務時，她沒那麼印象深刻。在這方面，她並非特例：邁爾的妻子茱莉安娜對蒙特莫爾莊園授予的聖職很感興趣，於是她迫使一名現任者辭職。❾夏洛特也受到盎格魯大公主義（Anglo-Catholicism）的流行圈子吸引，在一年多內見證了天主教市集、曼寧（Manning）

---

❼ 鹿肉本身符合猶太教規，但如果是在狩獵中殺死而得，則是不潔淨的肉。信中提到的鹿肉幾乎可以肯定是獵捕割下的鹿肉。

❽ 一八五九年，麥考利（Macaulay）在萊昂內爾家吃完飯後，表示：「所有形式的豬肉都不能上桌。」他眼前的菜色是「圃鵐慕斯搭配鵝肝醬與香檳醬……以及約翰山堡的美酒。」

❾ 「我希望，」夏洛特說，「分歧的問題能夠解決，因為在宗教激動人心的時代，基督教牧師和猶太教授予聖職者之間的爭執令人不快。」

大主教為拿撒勒宮（Nazareth House）舉行的祝聖儀式、在肯辛頓的加爾默羅小教堂舉行的禮拜儀式，以及在慈悲修女會（Sisters of Mercy）舉行的另一場禮拜儀式。她在每一個場合感謝天主教朋友的邀請，例如洛錫安（Lothian）夫人、林德赫斯特（Lyndhurst）夫人。

夏洛特經常把自己在這些場合的見識與類似的猶太集會進行比較，雖然這種比較方式不一定對她的信仰有害，但她經常帶著強烈的批判眼光。她參加猶太自由學校的頒獎儀式時，觀察到：

> 參與猶太兒童儀式的人，與在（天主教）慈善機構見證類似集會的高級教士、贊助人、朋友及訪客，兩者形成的鮮明對比讓我很難受。……阿德勒（Adler）醫生（可能是首席拉比的兒子赫爾曼〔Hermann〕、貝斯沃特〔bayswater〕猶太會堂的第一任神職人員）說完幾句話後，匆匆離開了，彷彿有瘟疫在大樓裡蔓延。格林（A. L. Green）先生（中央會堂的拉比，也是她的施賑員）則是從側門逃走了，離開前也沒有告訴任何人。現場沒有男訪客，也沒有女訪客。偌大的空間擺滿空椅子，使我對自己占據這一大片區域感到羞怯，不得已只好退到歌唱班附近的角落。無論別人怎麼描述天主教徒卑躬屈膝、外在的華麗儀式，他們做的事和善行既崇高又脫俗。相比之下，我們缺乏誠心誠意。

根據這點，基督教機構明確地向羅斯柴爾德家族成員尋求財務支援就顯得沒那麼奇怪了。這些請求有時候很順利，例如一八七一年，天主教神父說服夏洛特為他在布倫特福成立的學校捐五十英鎊。

這表明了羅斯柴爾德家族主要還是透過慈善事業來持續表現出他們對宗教的展現，而男性從事慈善的傳統的形式特別持久。在維也納，安謝姆平日早上九點半開始審閱「討錢信」，並決定給每個乞求者的金額。他平常到美泉宮（Schönbrunn）動物園散步強身時，也有銀行員陪他發硬幣給路上的乞丐。在法蘭克福，雅各·羅森海姆（Jacob Rosenheim）在威廉·卡爾身邊擔任「乞討者的秘書」，但威廉·卡爾還是會自己做決定。他的兒子回憶說：

每天晚上，經常在八點或九點時，爸爸會去法爾加斯路的商業場所見男爵，有時也會親自到綠堡交出一份由我媽媽細心起草的清單給男爵。單子上列出來自猶太人圈子的請願（平均有二十至三十項請願案）、私人求助，以及來自各國備受尊敬的拉比、東方與西方的**葉史瓦**及福利機構的信函。男爵會根據每項個案，親自決定合適的金額。對了，他還會滿足地讀每一封感謝信。在他將自己決定的結果交給男爵之前，每一項請求的資訊必須經由世界各地受男爵信任的拉比認可。每一項資訊都要記錄下來，逐字逐句抄寫成冊。

對每項案例小心翼翼的程度令人印象深刻。然而，特別是在東歐的貧窮猶太移民漸漸增加後，這種老派的做法不能再用來管理大量的求助案。像萊昂內爾這樣的人在處理幾百萬美元的事務時，指望他親自授權捐款是個荒謬的想法，例如希望他仿照在一八五〇年為「窮困外國人救濟院的成立基金」支付一百英鎊，或兩年後阿姆謝爾伯伯要求他捐給法蘭克福某所猶太女子學校的相當金額。因此，這些事多半開始交由其他人執行。在倫敦，來自蘇格蘭的醫生艾雪・艾雪（Asher Asher）在一八六六年後擔任大猶太會堂（Great Synagogue）的秘書。根據當時的資料，他是萊昂內爾的無償「私人施賑員」，依據當時的消息來源，他實際上是新廷的「慈善部」經理。同樣地，費多回憶在巴黎也有「特殊的辦公室……幾名職員專門記錄求助內容、研究請求，並蒐集求助者的實際處境相關資訊」。慈善事業逐漸變成與銀行的單調業務沒什麼區別的苦差事。一八五九年後，有些工作可以轉交給新成立的猶太窮人救濟監護委員會（Board of Guardians），或至少由該委員會進行協調。例如在一八六八年，伊曼紐爾・斯佩林（Emanuel Sperling）是個有四名孩子的父親，也是個「值得推薦的體面人士」，他「想開一家小店，為此獲得了一點錢」。蘇菲・班德海姆（Sophie Bendheim）是戴維森家族的遠親女兒，她需要一些錢來買女兒的嫁妝。然而，這些都無法替代家族和企業的慈善活動。

家族中的女性成員可以更積極地參與慈善活動。就某種程度而言，慈善事業已經成為她們的工作，就像她們的丈夫在銀行一樣勤奮。從納坦的時代開始，猶太自由學校一直是羅斯柴爾德家族捐款的重要焦點。在一八五〇和六〇年代，自由學校不只開始吸引資金，還吸引了夏洛特與露易莎親自參與事務（露易莎的丈夫安東尼於一八四七年當上理事會會長）。露易莎在一八四八年初次參觀自由學校時，發現這家優良機構為大約九百名來自社會底層的貧困兒童提供免費教育，但教育水準很低。她的妯娌夏洛特對「貝爾巷的年幼學生」很灰心，並告訴兒子：「他們邋遢又骯髒，而且粗魯得難以形容。」她在一八六五年宣稱：「不斷努力幫助高加索[10]阿拉伯人，卻沒看過他們有任何進步，真令人沮喪。」她每週都會到貝爾巷，但她「覺得難受無比」，因為「天氣不好的時候，我們社區裡的下層階級會變得很髒，衣衫襤褸」。另一方面，她覺得自己和髒兮兮的窮小孩混在一起後，不可能對他們的進步和整體發展漠不關心。到了一八七〇年代，她與妹夫安東尼的努力，再加上馬修．阿諾德（Matthew Arnold）的定期視察，終於改造了學校：學生人數增加兩倍多，年度預算增加二十倍，教師人數增加二十五倍。

羅斯柴爾德家族女性成員感興趣的其他教育機構包括在一八五五年成立的猶太學院、宗教知識傳播協會的安息日學校、邁爾的妻子茱莉安娜於一八六七年在倫敦南部成立的自治鎮猶太學校。像過去一樣，她們也努力減輕病人的痛苦。露易莎不但成為猶太婦女慈善貸款協會（Jewish Ladies Benevolent Loan Society）和婦女慈善機構（Ladies Benevolent Institution）的成員，還設立了猶太療養院（Jewish Convalescent Home），食物由夏洛特資助的火砲巷（Artillery Lane）專用廚房供應。此外，夏洛特設立了老年絕症之家（Home for Aged Incurables），重新整頓倫敦的分娩慈善機構，並擔任婦女慈善貸款協會和倫敦東區產婦縫紉協會（Needlework Guild for the East End Maternity Home）的會長。另外，白教堂（Whitechapel）有羅斯柴爾德家族為猶太嬰兒設立的日間托兒所，而諾丁丘（Notting Hill）的沃爾默路也有猶太聾啞之家（Jews' Deaf and Dumb Home）。最後，夏洛特試著加入新成立的監護委員會。例如在一八六一年，她讓拉比格林贈送十台縫紉機給委員會；這些縫紉機是用來出租或賣給想靠著裁縫工作賺錢的貧窮移民婦女。後來，她每年捐一百到二百英鎊給格林設立的女孩工作室（Girls' Workroom）。

一八八四年，赫爾曼·阿德勒在夏洛特的追悼會布道時，回憶起夏洛特出版的《祈禱與冥想》（*Prayers and Meditations*）與《致幼童》（*Addresses to Young Children*，原本是為女子自由學校而作）的主題內容：「那些受苦的人、需要幫助的人應該在我們身邊，我們應同情他們。富人必須理解窮人的需求，『不只是捐錢，也要投入時間，而時間就是生命。』」夏洛特確實做了這些事。阿德勒告訴會眾，她臨終前說過：「要把窮人放在心上。」她指的窮人主要是窮困的猶太人。然而，阿德勒沒有提到夏洛特成年以來做過的慈善性質的施捨，和特定宗教性質的捐贈之間有什麼重要差別。一八六四年，夏洛特和拉比格林的對話透露了這點。當時，格林

> 為他的猶太會堂索取新的律法書卷。他說以前有些信徒很慷慨，也有一些既不富有、也不開明的迷信者出於敬畏和恐懼的心理，願意捐錢給會堂。但文明已經消滅了迷信，虔誠的猶太人也不再慷慨，慷慨的以色列人則大方地讓財富流入世間。他說得沒錯。我寧願捐二十英鎊給一所學校，也不肯花二十英鎊買律法書卷。

換句話說，真誠地關注猶太社群的物質需求，可能會伴隨著針對有組織的猶太教的批判立場。同樣值得注意的是，猶太菁英階層對東歐移民率上升感到不安的最初跡象。一八五六年，夏洛特成立了「援助猶太移民貸款協會基金的業餘音樂會」，她的孩子艾芙琳娜與阿爾弗烈德在音樂會上表演，而露易莎是該協會的委員會成員。這個組織的意圖很容易推斷出來。我們會看見，從東歐和中歐移民到英國的貧窮猶太人越多，就有越多猶太菁英希望移民到其他地方。

或許在這段時期，羅斯柴爾德家族對慈善事業態度的最明顯改變顯現在詹姆斯身上。這可能是對一八四

❿ 夏洛特經常使用「高加索」這個詞來表示猶太人，這是她寫信時一個不尋常的特點。「高加索」是十八世紀的解剖學家約翰·弗里德里希·布魯門巴赫（Johann Friedrich Blumenbach）創造的詞，用來描述他測量頭骨形狀辨別出的五個種族類型之一。其他種族是蒙古人、衣索比亞人、美國人以及馬來人，顯然他是想把所有歐洲人和中東人都包括在內。

〇年代事件的反應，該事件揭露了兩大要點：法國社會中整體反猶太情緒的程度，以及詹姆斯在巴黎窮人中不受歡迎的程度。一八四八年之前，在邁爾・阿姆謝爾的五個兒子當中，詹姆斯最不常參與猶太集體生活。儘管他在一八四〇年與提也爾的拚搏中曾代表大馬士革的猶太人挺身而出，但他為巴黎猶太人做的事比較少。情況在革命之後改變了。詹姆斯在一八五〇年告知巴黎的宗教法庭，他打算在皮克布街（Picpus）七十六號設立猶太醫院，以取代一八四一年於巴黎成立但不夠完善的「以色列貧民救濟院」。兩年後，該醫院在一八五二年十二月二十日正式開幕，其寬敞的新大樓由尚－亞歷山大・帝埃里（Jean-Alexandre Thierry）設計，《以色列環球期刊》（*Univers Israélite*）描述它在「我們第一次慶祝猶太教的盛大儀式之一」之後開幕。這場儀式的出席者包括公共工程部長、宗教部董事以及塞納河的地方行政長官。

大約在此時，詹姆斯也為新的羅馬－拜占庭猶太會堂做出重大貢獻，該會堂是帝埃里為拿撒勒聖母街（Notre-Dame-de-Nazareth）的宗教法庭而建造的。另外，他還為了在薔薇路（Rosiers）和蘭布拉迪街（Lamblardie）設立兩間孤兒院而大量捐款。第二間孤兒院以薩羅蒙與卡洛琳的名字命名。

這些善行恰好與羅斯柴爾德家族對法國猶太人機構的參與不謀而合。一八五〇年，阿爾豐斯成了中央宗教法庭的成員。兩年後，古斯塔夫被選為巴黎宗教法庭的成員，並於一八五六年擔任主席。一八五八年後，巴黎宗教法庭將資金存入羅斯柴爾德兄弟銀行（Rothschild Frères）。在拿破崙三世的統治下，詹姆斯身為政治「局外人」的自我意識似乎讓他有信心勝任猶太社區的外行領袖，而他的兄弟和姪子已經在其他地方扮演這個角色。但他也謹慎地不顧教義，分發了一些錢，在里沃利路（Rivoli）設立長期的流動廚房。

或許沒有什麼事比羅斯柴爾德家族為耶路撒冷的新醫院付出的貢獻度，更能說明該家族為比較貧窮的教友所做的努力了。這家醫院在一八五〇年代由艾伯特・科恩設立，至少有十一位羅斯柴爾德家族成員的名字出現在醫院和相關設施的當代捐贈者名單上：夏洛特成立了工業培訓機構，每年寄一張支票給該機構、安謝姆資助一家小型銀行、貝蒂為孕婦提供服裝、阿爾豐斯與古斯塔夫資助四十名青年接受手工藝培訓。該家族也付了總共十二萬二千八百五十皮亞斯特的「自願捐獻金」。家族各個支系的成員都加入捐贈者的行列，此一事實提醒我們，雖然他們的善行主要是在國家層次上進行（更確切地說是在都市進行），但是該家族對更廣泛的「普遍」猶太社群依舊有責任感。⑪

萊昂內爾參選

要完整描述羅斯柴爾德家族的歷史，就不能不討論萊昂內爾在確保虔誠的猶太人擔任下議院議員的權利方面發揮的決定性作用。然而，重點在於不單獨考慮這個特定問題，也不將它當做英國憲法進展中目的取向的輝格黨歷史中的小插曲。制度上的障礙使當選國會議員的猶太人無法在下議院取得席位（含有「基於基督徒的忠實信仰」字眼的公開〈棄絕誓言〉），這只是羅斯柴爾德家族成員在一八四〇和五〇年代試圖挑戰的其中一項障礙。⑫對他們而言，牛津大學的入學許可和從劍橋大學畢業的障礙也同樣重要。

此外，雖然有些社會機構在形式上沒有排擠猶太人，卻不曾真正接納他們。洞悉這些機構和推翻形式上的法律障礙同樣重要。考慮到十九世紀的英國政治結構，下議院的席位本身價值很有限，地方性的政治權力也很重要，在某種程度上更是議會代表權的先決條件。另外，在以都市選票和鄉村選區為基礎的地方權力之間有重要的社會差異，因為許多重要的政治決定並不是在西敏寺做出，而是在鄉下做決定，貴族的郊區宅邸組成了複雜的圈子，而政治菁英會在這裡度過一年中的大半時間。即使是在城鎮，國會也絕非唯一的政治論壇：如果議員不是皮卡迪利街和帕摩爾街（Pall Mall）附近聚集的倫敦俱樂部成員，政治生涯便不會長久。當然，進入

---

⑪ 這些付出並未廣受讚賞。《泰晤士報》指出：「眾所周知，（耶路撒冷）那座城市的猶太會堂成員很排斥創新和整體的進步，他們宣布了對所有應該參與捐款的猶太人革除教籍的判決，無論這些人的身分是收藏家或捐獻者。目前在歐洲，為了在耶路撒冷……為男女不拘的成人和兒童設立大規模的醫院和學校而開放捐款。在被革除教籍的人當中，有羅斯柴爾德家族企業各個分公司的經理，他們為這項慈善事業捐了十萬法郎。」

⑫ 一七〇七年的法案也允許選民立下同樣的誓言，但沒有嚴格執行。

下議院並不能保證為猶太人開啟上議院的大門。

為什麼羅斯柴爾德家族想改善進入這些英國機構的途徑呢？最嚴謹的有效解釋是，他們希望增加自己的政治影響力，以充分提升對政府造成的槓桿作用。但這種說法其實站不住腳。可以肯定的是，當時有許多倫敦市的非猶太居民家族在下議院有代表，尤其是巴爾林家族。但到了一八四〇年代，羅斯柴爾德家族已經穩固地確立是都市中的卓越私人銀行。儘管家族與英格蘭銀行的關係在納坦去世後變得疏遠，但是在英國政府要求借錢的罕見狀況下顯然還是會求助於新廷。此外，該家族進入下議院後，似乎很少使用相關設施，例如議事會場。更有說服力的說法是，萊昂內爾受到母親的影響，希望為猶太人爭取目前一直被剝奪的特權，這對他來說是原則問題。在歐洲大陸的親戚持續支持他爭取進入國會的機會：詹姆斯認為姪子正代表**所有**猶太人進行象徵性的戰鬥，而這場戰鬥延續了邁爾．阿姆謝爾於四十年前在法蘭克福進行的戰鬥。話雖如此，萊昂內爾的自由主義不容置疑，即便當時的大多數政治家更傾向於把他歸類為輝格黨成員，包括約翰．羅素勛爵。導致他和兄弟遠離托利黨的原因不只是「猶太人問題」，還有一八四〇年代更重要的著名案例，與自由貿易相關的因素。一八四六年，托利黨反抗首相皮爾後，自由貿易被認定與自由派有關聯。

這就是一八四八年最大的矛盾之一：羅斯柴爾德家族被歐洲大陸自由主義者普遍貶低為守舊勢力的後盾時，他們在英國爭取法律平等的典型自由主義運動中發揮著主導作用。畢竟，猶太解放運動是法蘭克福國會的成就之一，即便後來在一八五二年被廢除，地點也正是法蘭克福。就連貝蒂這種反革命的忠實奧爾良派成員也不得不承認：「我們猶太人……不應該抱怨這場偉大的運動和利益的轉移。解放運動在任何地方都打破了中世紀的枷鎖，並把人道和平等的權利還給了狂熱又偏執的棄民。我們應該為此感到慶幸。」

但是這麼做也需要符合條件。首先，如我們已知的，革命運動有明顯的反猶太成分。對猶太人實施的暴行確實是在一八四八至四九年最讓羅斯柴爾德家族感到厭惡的革命現象之一。其次，在某些方面事關羅斯柴爾德家族在英國猶太社會中的地位。與其他猶太菁英的競爭關係無疑是一股強大的動力，尤其是與大衛．薩洛門斯的競爭。事實上，大多數在英國的貧窮猶太人（在歐洲大陸更明顯）認為在國會有代表權的概念就像在劍橋大學讀書一樣遙不可及。就猶太人集體鬥爭的詞彙來說，羅斯柴爾德家族多少是以家庭身分追求本身的利益，特別是因為他們自稱為猶太教的皇室家族。

鑑於隨後發生的事件，令人印象深刻的是《猶太大眾報》在一八三九年對羅斯柴爾德家族發起的猛烈攻擊，指責他們嚴重損害猶太解放運動的志業：

> 讓我們沮喪的是，猶太人在德國遭到厭棄的現象本來在解放戰爭時期快消失了，後來卻隨著羅斯柴爾德家族人數的增加而惡化。該家族及其夥伴的龐大財富對猶太人的志業產生了不利的影響，因此前者的發展會導致後者進一步衰落，我們必須徹底隔開猶太志業和整個羅斯柴爾德家族及其夥伴。

然而，該家族當時似乎確實忽視了歐洲猶太人的廣大利益。為英國猶太人的政治權利志業贏得早期勝利的不是該家族的成員，而是他們的商業對手：倫敦西敏銀行的大衛·薩洛門斯。一八三五年，他當選倫敦市的治安官，同時他和輝格黨支持者確保了一項議案通過，該議案廢除了當選的治安官須簽署包含「基於基督徒的忠實信仰」等字眼的聲明。第一個取得律師資格的猶太人不是羅斯柴爾德家族的成員，而是法蘭西斯·亨利·葛斯密德（Francis Henry Goldsmid）。先被封為爵士，接著被封為準男爵，讓詹姆斯讚嘆「提升猶太人在英國地位」的人也不是羅斯柴爾德家族的成員，而是姻親摩西·蒙提費歐里。領導民權與特權猶太人協會的人也不是該家族的成員，而是艾薩克·里昂·葛斯密德（Isaac Lyon Goldsmid）。

然而，經過一八四〇年的大馬士革事件後，羅斯柴爾德家族對解放問題又產生了興趣。利用羅斯柴爾德家族的影響力，在包容度較低的歐洲國家改善猶太人的生活條件，此慣例在一八四〇年代期間持續存在。一八四二年，詹姆斯為了「波蘭猶太人的事」去找基佐時，安謝姆試圖利用媒體來對抗普魯士提出的反猶太新議案。一八四四年，尼古拉一世（Nicholas I）提出了一項「糟糕的」新議案，要進一步減少猶太隔離屯墾帶，並讓俄羅斯的猶太人學校和社區歸於政府的直接控管。此舉促使萊昂內爾在沙皇參訪倫敦之前會見了艾伯丁勛爵和皮爾首相。蒙提費歐里為了抗議政府對待猶太人的方式而前往俄羅斯時，萊昂內爾再次與皮爾面談，並請他寫介紹信給涅謝爾羅德伯爵。同樣地，我們已知羅斯柴爾德家族如何在一八四八至四九年利用羅馬的政治危機，要求教皇對城市裡的猶太人做出讓步。

然而，最著名的爭取猶太人權利運動是在英國進行，最終取得了勝利。英國是對宗教相當寬容的國家，當時猶太人在英國的地位在許多方面都是破例。以中歐的標準來看，這反映出了猶太群體相對較小。一八二八年，不列顛群島的猶太總人口只有二萬七千人；三十二年後（整個國家經過幾十年空前的人口成長後），也只有四萬名猶太人，約占人口的百分之〇．二，其中有一半以上居住在倫敦。以歐洲大陸的標準來看，並且比較對待天主教徒的普遍態度（尤其是愛爾蘭的天主教徒），英國對猶太人的敵意較溫和。儘管法令全書幾乎是一紙空文，但是仍然有各種障礙涉及禁止猶太人擁有地產或資助學校的規定。更重要的是，如前所述，各種公職都需要基督論相關的誓言，其中最重要的公職便是國會成員。於是廢除此誓言成了羅斯柴爾德家族政治活動的首要目標。

納坦受到妻子漢娜的影響，在天主教解放議案順利通過後，於一八二九至三〇年著手處理猶太人的政治權利問題。羅斯柴爾德家族對托利黨越來越失望的事實可以追溯到這段時期，當時輝格黨顯然更有可能支持對猶太人的平等議案。政治上的重組在納坦過世後仍持續，而羅伯特．格蘭特提出的一系列解放議案在遭到大部分托利黨人的反對下被下議院否決了。到目前為止被忽略的紀錄表明：納特在一八四一年失敗的政治運動中發揮了輔助作用，該運動是要讓外地企業的猶太議員宣讀與薩洛門斯擔任倫敦治安官時相同、經過修正的誓言。托利黨在上議院反對這項議案（羅斯柴爾德家族對此密切關注）並無法改善與該家族之間的關係。一八四一年，保守黨大選獲勝後，該家族的老朋友何瑞斯提醒新上任的部長亨利．古爾本（Henry Goulburn），他可能會面臨來自倫敦市的「猶太人和經紀人」的反對：

> 你最好記住，這些仕紳可能不像以前那樣對你有利了。瓊斯．羅伊德、山姆．葛尼（Sam Gurney）、羅斯柴爾德家族等人在倫敦市選舉中扮演的角色表明他們對保守黨沒有好感，他們不會讓內心的感受對自己的利益造成太大阻礙，不過他們也不會原諒讓猶太人成為市議會成員的議案遭到否決，那些貨幣市場的強者在促進或阻礙金融議案方面比其他擁有更多資本的人具備更大的權力。

根據某位政黨激進分子的來信，邁爾確實參與了倫敦市的選民登記事宜，目的是要提高自由黨的支持率。[13]皮爾後來要求威靈頓為政府爭取支持時，威靈頓公爵也同樣悲觀。「羅斯柴爾德家族並不是沒有政治目標，」他提醒皮爾，「尤其是老太太（漢娜）和萊昂內爾先生，他們長期支持著猶太人在政治特權方面受到認可的請願。」「雖然皮爾現在比以前在倫敦時更像個托利黨人」，但納特強調自己對皮爾的支持有嚴格條件：「我相信他會大方地對待我們這些可憐的猶太人。如果他解放我們，我一定會支持他。」對納特而言，猶太問題正是使羅斯柴爾德家族與保守主義疏遠的原因。一八四二年，他有點嚴肅地寫道：

> 你們應該要知道，雖然我在英國是個忠實的輝格黨人，但在這裡是個激進的保守分子。我猜，要不是組織拿掉了一小部分，而那個部分比利（安東尼）尤其覺得重要無比，你們也會採取保守的思維方式，因為妨礙了我們行使與其他處於不同境況者同樣的權利和特權。

整體來看，安東尼的觀點傾向於自由派。果然，他支持皮爾及其夥伴在下議院遇到的困難，並相信他們會讓他「更自由（後來證明他是對的）」一點，我也相信羅伯特爵士的為人，他能為可憐的猶太人做一些事」。

[13] 值得注意的是，邁爾在一八四一年也被選為布魯克斯俱樂部（Brooks's Club）的會員，而他的哥哥安東尼直到一八五二年才成為會員，兄弟倆也是有明顯政治色彩的改革俱樂部（Reform Club）會員。同樣地，阿爾豐斯在一八五二年成為高級巴黎賽馬會（Jockey Club）的會員，同時也是聯盟俱樂部（Cercle de l' Union）的會員。

至於萊昂內爾，他在一八四三年十月的倫敦市補選中毫不猶豫地支持自由黨候選人詹姆斯．帕特森（James Pattison），呼籲猶太選民為了投票違反安息日的規矩。這些選票很重要，因為帕特森只以些微差距擊敗托利黨對手，而對手正是羅斯柴爾德家族的一位宿敵湯瑪斯．巴爾林（Thomas Baring）。

但萊昂內爾不願意仿效大衛．薩洛門斯直接參與政治活動。對於這種猶豫態度最明確的解釋合乎實際情況：政治會占據大量時間，對於羅斯柴爾德家族銀行這種大型銀行的資深合夥人而言，不容易有多餘的時間做其他事。也許萊昂內爾很認同詹姆斯早在一八一六年表達的觀點：「商人過度參與公共事務後，便很難再繼續進行銀行事業。」另一方面，家族成員（包括詹姆斯）要求他做些事來提升家族在英國的政治形象，給了他不少壓力。詹姆斯對政治活動的概念依然根植於一八二〇年代的親身經歷，當時他和哥哥討好有生意往來的各國君主，藉此積極地累積頭銜和勳章。一八三八年，他試著鼓勵姪子在英國也這樣做。他告訴萊昂內爾，他

> 和比利時國王談了很久。他保證會寫信給英國女王，也會請妻子寫信邀請你們參加舞會……國王已經下達命令給四個兄弟……如果你們，我親愛的姪子渴望獲得勳章，我保證你們下次能如願。願上帝保佑，即便在英國通常沒有人戴著勳帶。

比較不老派的安謝姆的希望則是，「一兩年後，真希望能祝賀你們當中有取得國會席位的人，並欣賞到他的口才。」一八四一年，艾薩克．葛斯密德被封為第一位猶太準男爵時，安東尼從巴黎寫信說，他「本來應該很喜歡萊昂內爾，他應該試著欣賞萊昂內爾。」同樣地，薩羅蒙在一八四三年被授予維也納的「榮譽公民」時，安東尼明確期望這件事能「在老英格蘭造成影響」。

一八四五年，當大衛．薩洛門斯在其他方面有優良的表現之後，壓力增加了。他在有爭議的波特索肯（Portsoken）市議員選舉中獲勝，接著他在面對「基於基督徒的忠實信仰」的誓言時不肯宣誓，結果市議員法院便宣布他的選舉結果無效。他向皮爾抱怨後（果然像安東尼預料的那樣），皮爾現在更有同理心，指示大

法官林德赫斯特起草議案，要消除所有依然影響著猶太人的市政障礙。該議案於一八四五年七月三十一日頒布。[14]事實上，萊昂內爾在確保該議案通過方面發揮了作用，他是代表委員會派出的五位委員之一，針對此問題說服皮爾。但薩洛門斯獲得了榮譽，這讓萊昂內爾好勝的兄弟產生了嫉妒的情緒。「如果是你當上倫敦市的上議院議員和國會議員，該有多令人高興啊，」他的弟弟納特寫道，「親愛的萊昂內爾，你應該朝著東印度公司的方向去拉票。」一年後，他仍然反覆談論同一個話題：「我們的法國守舊者都說你就要進下議院，正在做準備了。」薩洛門斯取得成就後不久到訪巴黎。漢娜的反應很冷淡：「我們要讓他好好享受（公益事業）成功的滿足感。」她寫信給夏洛特，「我們也要盡力參與自己真心希望並相信能為所屬社群帶來好處的事，我認為個人的功勞和努力會在其中得到應有的重視。」[15]一八四六年，摩西．蒙提費歐里的準男爵爵位使安東尼希望，「或許輝格黨起作用時……他們會認為自己應該為你的榮譽做點事。」皮爾的政府才剛垮台，納特就力勸兄弟「站出來聲明你支持倫敦市」，他也建議「晚上邀請一些精明的夥伴一起讀書一小時左右，在家裡多了解一些關於政治經濟學的不同問題。」

並不是只有家人激勵萊昂內爾在政治領域更積極。一八四一年，愛爾蘭領導人丹尼爾．歐康諾的政治夥伴邀請他以「你可敬的國家中最有影響力的人物之二」的身分在「錨酒館（Anchor Tavern）的埃克塞特大廳（Exeter Hall）」參加公開會議，並提議討論「猶太人的政治立場」。兩年後，他得到援助的前提是他本人想參加倫敦市的補選。

萊昂內爾還是很不情願。其他兄弟毫不猶豫地進入薩洛門斯創造的突破口，包括在二月當上白金漢郡高級治安官的邁爾[16]，但萊昂內爾什麼都沒做。甚至當新上任的首相約翰．羅素勛爵授予他準男爵爵位時，他也

[14] 同年廢除了禁止猶太人擁有財產的舊法規。
[15] 一八四七年十二月，薩洛門斯再次當選為科德沃恩區（Cordwainer Ward）的市議員，並於一八五五年成為倫敦市長。

頑固地拒絕了，此舉讓他的親戚感到失望。[17]從他的自述可以看出這樣做的原因與任性有關：他不願意接受另外兩位猶太人已獲得的榮譽，而他獲得貴族頭銜就心滿意足了。艾伯特親王表示萊昂內爾說過：「你沒辦法給我更好的頭銜嗎？」這句話有他父親的直率影子，但他的母親漢娜很憤怒：

> 我認為你拒絕並不是好主意。你朋友（應該是羅素）也說過，還能授予你什麼榮譽呢？如果不宣誓就不能獲得貴族頭銜，我相信你不會這樣做。你應該要尊敬大人物的個人讚美，他們的讚美可能會帶來其他好處，拒絕可能會引起憤怒。接受榮譽不代表會失去原本的頭銜，也許徽章能凸顯你有多麼優秀。我認為另外兩位紳士之前得到的認可與你的榮譽無關，絕對不會使你得到的讚賞減少。這是我的見解，請別介意我直言不諱。

他的兄弟都欣然接受榮譽，所以對他的反應感到困惑。納特爽快地寫道：「如果我是你，我會接受英國的準男爵爵位，總比德國男爵好吧。老比利覺得安東尼爵士聽起來很不錯，如果你不想要爵位可以給他。我們都能留下好名聲，蒙特莫爾的邁爾爵士也能在戀情中閃閃發光。」詹姆斯也發表看法：

> 親愛的萊昂內爾，我祝你好運。感謝上帝，親切的女王那麼欣賞你。但你要小心，不要引起艾伯特親王的嫉妒心。同時，我想勸你接受爵位，因為沒有人應該拒絕（這般榮譽），也不該讓這種機會溜走。部長的職位很容易被取代，我以前在這裡想成為什麼都很容易，但現在困難重重。

但萊昂內爾不為所動。最後，擺脫僵局的唯一辦法是讓安東尼接受榮譽。[18]就連他最後的讓步（他同意在一八四七年以自由黨候選人的身分參加大選）也是在「猶豫」後做出的決定。

萊昂內爾競選國會議員的決定是羅斯柴爾德家族歷史上的分水嶺。一八四七年六月二十九日，他被自由黨倫敦登記協會選為候選人。由於他的決定，「羅斯柴爾德」這個稱號與猶太人的政治權利運動密切相關。在接下來的十年間，他花了大把時間投入一連串激烈的選舉和國會鬥爭。為什麼這位不情願的公眾人物要這樣做？他本來可以輕易地把戰場交給薩洛門斯，或交給（違背長兄意願）在海斯（Hythe）的邁爾。答案顯然是因為家族帶來的壓力終究無法抵擋。第二種可能性是，說服他參選的人不是親友，而是約翰・羅素勛爵。後者是倫敦市的現任議員，可能希望為自己爭取猶太人的選票。第三種可能是萊昂內爾不期待勝選，最終成為轟動事件的其實本來就是一種象徵性姿態。有些同時代的人認為他會敗選，覺得他只不過是被輝格黨找來支付所有費用，另外值得注意的是，其他猶太候選人都沒有當選。這是一場勢均力敵的競賽，若非托利黨分裂，輝格黨和激進黨在下議院只有勉強過半的多數派。

維多利亞時代的倫敦市選舉政治很複雜，會讓人對勝選喪失信心。該選區向東延伸到哈姆雷特塔區（Tower Hamlets），這是一個可選出四名國會議員的大選區（一八四七年有將近五萬張有效選票）。當時有九名候選人：四名自由黨候選人，一名皮爾黨候選人，三名貿易保護主義者，以及一名獨立候選人。競選非常激烈，一個月內就有大約十二場造勢大會。乍看之下，萊昂內爾的政綱很普通：除了宗教「良心自由」的顯著議題，他還宣稱自己支持自由貿易。顯然他沒有採納納特「比約翰・羅素勛爵走得更遠一點」的建議，以及「盡量保持自由開明」。經過更仔細的觀察，會發現他的立場可能對自己不利：他主張降低菸草和茶葉的稅，並推出房地產稅。他的立場受到沒有選舉權的窮人歡迎，卻很難贏得有產階級的選民支持。儘管有魄力的天主教神父勞奇（Lauch）明確表態支持（萊昂內爾似乎也接受了），但他還是宣布自己反對增加給梅努斯天主教學院（Maynooth Catholic college）的撥款，儘管他對政府資助教派的普遍原則抱持模稜兩可的態度。猶太人

⑯ 他立即在白鹿飯店（White Hart Hotel）舉辦了為期一週的奢華晚宴，請來一批法國廚師精心策劃，目標是滿足上流鄰居的胃口。當地媒體翻印了菜單，敬畏地評論：「盡是最美味的佳餚。」

⑰ 在羅素交給維多利亞女王的三人名單上，萊昂內爾是其中一位。女王在日誌中提到：「另外兩人是弗格森（Fergusson）上校和……我忘了叫什麼名字。」可見女王不太重視這件事（資料來源：皇家藝術研究院，維多利亞女王的日誌，一八四六年十一月十四日）。其實，另一位是孟加拉政府的部長弗雷德里克・柯里（Frederick Currie）。也許萊昂內爾不屑與這些不重要的皇室官員來往。

⑱ 特別的是，羅斯柴爾德家族規定，如果安東尼沒有生出男性繼承人，該頭銜將歸於萊昂內爾的長子。

的選票也不一定像一般人想像的那麼重要，因為當時也沒有多少猶太人有投票資格或登記投票。雖然萊昂內爾贏得了至少一名猶太保守黨人的支持，他的母親也向他保證「猶太人……會穿著體面，全體投給你」，但皮爾黨的馬斯特曼仍設法確保了選票，儘管他宣布反對解放。

另一方面，萊昂內爾有兩大優勢。新聞界在倫敦扮演的角色比在英國大部分地區更重要，而他與新聞記者的交情也迅速成長。可以確定的是，專屬的猶太報刊還處於萌芽階段。一八四一年，他和其他人投資了雅各・富蘭克林（Jacob Franklin）的《雅各之聲》（*Voice of Jacob*），但不久就被《猶太紀事報》（*The Jewish Chronicle*）取代。然而，萊昂內爾背後有影響力更大的支持者：《泰晤士報》的二十九歲編輯約翰・塔德烏斯・德拉內（John Thadeus Delane）。德拉內被說服幫萊昂內爾草擬競選演講稿，他相信自己確保了萊昂內爾的勝選。選舉結果出爐後，夏洛特「欣喜若狂、感激涕零」，納特和安東尼也「連聲道謝」。《經濟學人》（*The Economist*）也表態支持。另外，解放運動的反對者也有影響力差不多的新聞記者在背後力挺，歷史學家詹姆斯・弗勞德（J. A. Froude）回想起他與湯瑪斯・卡萊爾站在皮卡迪利街一四八號門前時，卡萊爾說：

> 我的意思不是希望國王約翰回來。但如果你問我對待這些人的模式中，哪種最接近上帝的旨意，是為他們建造宮殿，還是為他們取得實用工具，那我的答案是後者……有人問：「如果政府需要你拿出你靠著融資累積的幾百萬美元。你不願意嗎？沒關係。」他扭了一下對方的手腕，接著問：「現在你願意了嗎？」說著又多扭了手腕幾下，最後對方便交出了幾百萬元。

有點不可思議的是，卡萊爾聲稱如果他能寫一本支持消除障礙的小冊子，萊昂內爾就會給他豐厚的報酬。他應該告訴過萊昂內爾：「這是不可能的事……我也發現自己無法理解為什麼他和他朋友本來應該留意希洛（Shiloh）的到來，卻要在排除猶太人的立法機構尋求席位。」他在寫給議員蒙克頓・米爾尼斯（Monckton Milnes）的信中表達同樣的觀點：「猶太人確實很糟糕，但什麼叫冒牌的猶太人呢？真正的猶太人怎麼可能努力成為參議員，甚至成為任何國家的公民？他們只有可悲的巴勒斯坦，他們的所有思想、手段及努力都是為了這個地方。」[19]卡萊爾的態度與薩克萊形成了鮮明對比。薩克萊與羅斯柴爾德家族有社交往來，因此他對這個話題的態度有所轉變。[20]

如卡萊爾表明的態度，萊昂內爾享有的第二大、可能也較重要的優勢是金錢。根據輝格黨戰爭部長格雷勛爵的說法：「他毫不掩飾自己靠錢勝選的決心。」後來納特從巴黎寄來的信表明，他哥哥確實「花了不少錢」。到頭來，此舉很可能扭轉局面。選舉結果是萊昂內爾以六千七百九十二票位居第三，羅素獲得七千一百三十七票，帕特森獲得七千零三十票，馬斯特曼獲得六千七百七十二票，只以三票的差距擊敗了自由黨的拉彭（Larpent）。萊昂內爾的天主教代理人勞奇認為是自己幫他挽回了局面，但他支持某位羅斯柴爾德家族成員的動機純粹只是貪圖利益。[21]

對該家族的其他成員而言，這是他們渴望已久的政治勝利。納特寫道，這是「我們家族最偉大的勝利之一，也是德國、甚至全世界的貧窮猶太人的一大優勢」。他的妻子說這是「猶太民族的新時代開端，有了像你這麼傑出的鬥士」。「既然已經找到突破口，」貝蒂高興地說，「非難、偏見及不寬容的障礙顯然正在瓦解。」梅特涅也祝賀他（也許梅特涅不認為這是自由主義的勝利，而自由主義將在一年內使他流亡到英國）。但在興高采烈的情緒背後所忽略的事實是：如果萊昂內爾想取得國會議員的席位，還是得「基於基督徒的忠實

---

[19] 值得注意的是，卡萊爾此時與哈莉特·艾許伯頓（Harriet Ashburton）夫人發展了戀情，她是亞歷山大·巴爾林的妻子。但卡萊爾似乎沒有將他對萊昂內爾的反對意見公之於眾，而是把這部分交給了《晨鋒報》（*Morning Herald*）等報紙，該報表示萊昂內爾是「外國人」。托利黨的某位候選人則表示，適合萊昂內爾的位置是「猶大王國中的一位猶大王子」。

[20] 尤其是他似乎對安東尼的妻子露易莎有好感，他為自己在一八四八年的攻擊態度向她道歉。一八五〇年二月，他與羅斯柴爾德家族一同用餐時，發覺該家族的女性很親切。一八五六至五七年期間，他偶爾與露易莎保持著友好的通信聯繫。她也出現在《潘登尼斯》（*Pendennis*）裡，其形象是「猶太女士……膝邊有個孩子。她的臉龐散發著天使般的溫柔光芒，照耀在孩子身上，似乎讓彼此沐浴在某種光彩下。我要聲明，我自己也可能跪在她面前……」

信仰」宣誓就職，除非政府能夠通過十一年前顯然不可能通過的議案，也就是取消那句誓言的議案。而羅素已經承諾要提出議案。事實上，唯有上議院與下議院以多數票贊成這項議案，萊昂內爾的勝利才算完整。

迪斯瑞利

萊昂內爾當選引起的議題讓英國政治菁英分成迷人又難以預測的陣營。不足為奇的發展是，羅素提出要消除國會障礙的議案不但贏得自己這一邊的議院支持，還贏得了分裂後的托利黨兩派支持。一八四七年十二月，他提出該議案時，主要的皮爾黨人格萊斯頓、貿易保護主義領袖喬治．本廷克勛爵以及迪斯瑞利都表態支持。在這些人當中，即使迪斯瑞利的動機和行為比想像中更複雜，但他對此議案最有個人興趣。

此時，迪斯瑞利認識羅斯柴爾德家族將近十年了。他最早與該家族來往的社交紀錄可追溯至一八三八年。一八四二年，他參訪巴黎時，家族成員親切地接待他，如今他們的關係已經變得相當良好。一八四四至四五年間，他與妻子瑪麗．安妮（Mary Anne）也時常和該家族一起用餐：一八四四年五月一次，一八四五年六月兩次，另一次是同年夏季在布萊頓。到了一八四六年，萊昂內爾幫助迪斯瑞利進行法國鐵路的投機生意，後來還協助他解決債務糾葛（此時已超過五千英鎊）。然而，他們的友誼不限於迪斯瑞利欽羨該家族的財富，也不限於該家族欣賞他的智慧。這段期間是迪斯瑞利身為小說家最具創造力的時期。他的作品《康寧斯比》在一八四四年出版，《西比爾》（*Sybil, or The Two Nations*）在一八四五年出版，《坦可里德》在一八四七年出版。眾所周知，他與該家族的交情促成了這些作品問世，卻依然遭到低估。

迪斯瑞利之所以接受洗禮，主因是他的父親伊薩克（Isaac）與猶太會堂鬧翻了，但他認為自己是鄉紳，終其一生著迷於猶太教。敵人試圖利用他的出身攻擊他，但他大膽地將別人眼中的劣勢轉化為優勢。尤其是在一八四〇年代的小說中，他開始調和基督教信仰與自認有用的猶太特徵，主張他實際上享有兩者的好處。無庸置疑，與羅斯柴爾德家族保持聯繫對他刻劃猶太教的方式有很大的影響。萊昂內爾與夏洛特無疑是一對有魅力的夫妻，前者有錢有勢，後者聰明又美麗。但最吸引迪斯瑞利的是他們的猶太血統，當然迷人的夏洛特也很吸引他。對沒有子女的迪斯瑞利夫婦而言，萊昂內爾與夏洛特的五個孩子使他們更加有魅力。迪斯瑞利寫道，他們是「美麗的孩子」（一八四五年六月，迪斯瑞利邀請他們到海德公園〔Hyde Park〕的格羅夫納門〔Grosvenor Gate〕觀看遊行）。

三個月後，歇斯底里的瑪麗・安妮突然拜訪這一家人，撲向夏洛特的懷裡，說完迪斯瑞利和她都筋疲力盡，因此他們準備前往巴黎的開場白（「我這陣子忙著校對。出版社好煩……迪斯瑞利很可憐，整晚都在趕稿」）後，安妮宣布要讓夏洛特六歲的女兒艾芙琳娜成為他們遺囑的唯一受益人，使夏洛特大吃一驚：

迪斯瑞利夫人深深地嘆了一口氣說：「這可能是最後一次拜訪了。也許我再也見不到你們了，人生充滿未知數啊……迪斯瑞利和我有可能在鐵路或汽船上被炸死。在這世上，沒有人真心愛我。我也只關心自己深愛的老公，其他人對我來說都不重要。但我真的很喜歡你們這個光榮的種族。」

我試著讓這位訪客靜下心來。她將私人財產一一列舉出來，然後從口袋掏出一張紙說：「這是我的遺囑，妳一定要讀完，並交給男爵看。要幫我保管喔。」

㉑ 勞奇寫的信值得引用，因為能反映出當時的政治形勢：「坦白說，我認同大家說的話。親愛的男爵，天主教徒幫助你回歸，他們支持你的正直志業決定了你的勝利。兩個月前你派人來找我，謙遜地請我在即將到來的鬥爭中支援，這是你的高明之處！儘管你不該幫我，讓我要自己的機構忠實又熱情地協助你，我決定在你的面前展現我身為天主教神父的光榮特質……首先，我的大計是確定全體天主教選民會投給你。你一定想像不到，我為此付出了多大的痛苦和麻煩，總是透過不同代理人行事，但很少發揮個人的影響力，以免讓偏見影響到他們的決定。就在我開始絕望時，我們辦到了！因為不論是征服，還是躲避強大的對手，我們都遇到一大阻力……這一切都是在我隨時可能因債務被逮捕，或眼看著要被依法處決的情況下進行。同樣地，我寫給你的一字一句都是實際的神聖真理。我告訴你這些，只是為了強調：你沒有虧欠我，我不求回報。天主教代理人也不期望你報答。我自己承擔所有費用。除了我在一年前請你給我的協助，當時你和我都沒有想到競選之外，不管是現在或其他時候，我可以坦白又自豪地告訴你，我沒有任何請求。我已經對你盡了責任……我一點都不懷疑你以後也會對我盡責。」萊昂內爾應該沒有達到勞奇期待的盡責程度，但他似乎讓勞奇與流亡的梅特涅取得聯繫。

夏洛特溫柔地告訴她自己「沒辦法承擔這麼重要的任務」時，瑪麗．安妮攤開遺囑，大聲地朗讀：「如果我心愛的丈夫比我早過世，我所有的私人財產將留給艾芙琳娜．羅斯柴爾德。」她接著說，「我欣賞猶太人，我很喜歡你們的孩子，我最喜歡艾芙琳娜，她最適合配戴我的蝴蝶（瑪麗．安妮的造型珠寶）。」

隔天早上，瑪麗．安妮收回了遺囑，在這之前她與迪斯瑞利似乎「吵得很難看」，但這對夫妻對羅斯柴爾德家族的興趣絲毫沒有變淡的跡象。利奧在一八四五年出生時，迪斯瑞利在從巴黎寄來的信中表達期望：「他會證明自己配得上這純潔又神聖的種族，並配得上出色的哥哥和姊姊。」「我的寶貝。」瑪麗．安妮見到利奧後，感嘆道：「這麼迷人的嬰兒說不定是我們能指望的未來救世主。誰知道呢？以後你的異性緣一定很好。」

夏洛特與迪斯瑞利之間的關係經常有一種欲求不滿的吸引力，夏洛特也對他的妻子瑪麗．安妮產生難以忍受的嫉妒情緒，而迪斯瑞利並沒有拒絕這種吸引力。「我這一生遇過許多掙扎，」一八六七年三月，他告訴夏洛特，「我們與愛人產生的共鳴是一種慰藉。我最愛的人是妳。」我們有理由認為，這不只是迪斯瑞利式的誇飾法。有一次，夏洛特拜訪迪斯瑞利夫婦時，顯然瑪麗．安妮大鬧了一場，迪斯瑞利急忙道歉（「偷偷」寫信）：

> 我認為……雖然我對於造成妳的不便感到後悔，但其實妳們昨天沒有見面比較好。她長期睡眠不足或其他因素導致她很容易激動，所以現在我不在晚上見她。
>
> 她……還是很喜歡妳……我也想向妳傳達愛意，但我早已這麼做了。

奇怪的是，瑪麗．安妮對夏洛特產生的情感可能是一種忌妒心的過度補償。一八六九年，瑪麗．安妮生病時，迪斯瑞利潦草地寫便條給夏洛特：「她吵著要我寫信給妳。」羅斯柴爾德家族的反應則是從皮卡迪利街的廚房送去為病人特製的佳餚。然而，在安妮過世之後輪到夏洛特眼紅了，因為迪斯瑞利越來越常拜倒在布拉福（Bradford）夫人的石榴裙下。夏洛特的回應是送給他「六大籃英國草莓、兩百把巨大的巴黎**蘆筍**，還有**最大、最頂級**的史特拉斯堡鵝肝」，巧妙地提醒迪斯瑞利，她擁有的資源永遠勝過那位「富有的老婦人」。

但他們的關係最奇特之處或許在於宗教方面的含糊。夏洛特回想起，迪斯瑞利對自己的猶太背景總是抱持模稜兩可的態度。「我忘不了，」她在一八六六年寫道，「當我大膽主張，透過蒙提費歐里家族、莫卡塔家族及林多（Lindo）家族，露易莎有幸成為他的表親時，迪斯瑞利先生露出一臉茫然的驚訝表情，搬出了天堂降臨的藉口。雖然他有許多親戚在倫敦，卻沒把他們放在眼裡。」但兩人討論宗教問題時，發現彼此有很多共同點。一八六三年，迪斯瑞利寄給她一本歐內斯特・勒南（Ernest Renan）剛出版、備受爭議的書《耶穌的一生》（*Life of Jesus*）。她發現勒南「令人愉悅地」試著去除基督的神話色彩，不過她對勒南描述的猶太背景有些存疑：

> 這本書讀起來像一首美好的詩，彷彿是熱情的詩人受到啟發，為了揭露真相而寫。他抒寫的方式既溫柔、敬畏又狂熱。我相信對開明的猶太人而言，該書缺乏主要人物，即基督教（主導世界一千八百年的宗教）的偉大創始人的相關新奇之處。但勒南的描寫手法太過冷酷和令人反感，會使我們的許多同教信徒深感痛苦。大家以為偏見減少時，卻發現長期受迫害的國家被冷靜的讀者、認真的思想家嘲笑太過卑劣、冷漠、狡猾，甚至頑固、無情、氣量狹小，這是更加令人不安的事。這位偉大的作家表達觀點時，表面上很公正，斷力準確，情感純淨且高尚；但他不該高傲地以深沉的陰影使自己的美好想像更加光彩奪目。似乎是他覺得有必要誹謗猶太人，以他對人類最偉大、最崇高的主題的任意妄為來補償宗教界。

十年後，迪斯瑞利感謝她寄來的《致辭》（*Addresses*）。「我懷著同情心和欽佩之情讀了妳的小書，」他寫道，「書中瀰漫著溫柔的語氣，其中虔誠又崇高的情感一定能打動所有信徒的心。昨晚是神聖的安息日，我有幸大聲朗讀內文。虔誠和能言善道的特色深深地打動我的聽眾……」

讀迪斯瑞利的小說時需要考慮到這些因素。布萊克勛爵（Lora Blake）說過，《康寧斯比》裡的席多尼亞這個角色融合著萊昂內爾和迪斯瑞利本人的特徵。更確切地說，他有萊昂內爾的出身背景、職業、宗教、性情，甚至長相（「膚色蒼白，濃眉，充滿智慧的深色眼睛」），但他的政治與哲學觀點與迪斯瑞利一樣。所以我們會讀到，他的父親在半島戰爭賺到錢後，決定移民到英國。他在英國建立了不少商業人脈。巴黎沒有戰事後，他帶著大筆資金來到這裡。他把所有資金押在滑鐵盧的貸款上，此事使他成為歐洲最偉大的資本家之一。戰後，他和兄弟把錢借給歐洲各國（「法國需要一些、奧地利需要更多錢、普魯士需要一點點，而俄羅斯需要幾百萬」），然後他成了世界貨幣市場的主宰者。年輕的席多尼亞則具備銀行家所需的技能，他是有造詣的數學家，並「精通各種歐洲的主要語言」。他到德國、巴黎及那不勒斯遊歷時，磨練了這些技能。他十分冷靜，這項特質在書中有詳盡的描述，例如「他迴避感性的部分，經常用諷刺的方式來逃避」。我們也能得知，「他對野外運動的熱愛……是發洩精力的方式」。我們還能從詳細的描述了解，羅斯柴爾德家族在巴黎擁有的飯店是什麼樣子。有趣的是，席多尼亞也是主人翁的情敵，主人翁誤以為心愛的伊迪絲是席多尼亞的心上人。但後來證實，冷酷的席多尼亞才是其他人暗戀的對象。

在這樣的背景下，《康寧斯比》中最有趣的段落是關於席多尼亞的宗教信仰。他一開始的信仰「與使徒宣稱追隨主宰者之前的信仰相同」，後來他「堅定地遵循偉大立法者的準則，宛如西奈半島上依舊響起的小號」。他「對自己的出身感到自豪，也對出身相仿者的未來充滿信心」。在重要的方面，席多尼亞比萊昂內爾更像迪斯瑞利，因為他是西班牙瑪拉諾（Marrano）的後裔塞法迪猶太人，表面上信奉天主教，但私下仍然遵守猶太人的習俗。迪斯瑞利喜歡幻想自己的家族是塞法迪猶太人。但在其他方面，他顯然受到了羅斯柴爾德家族的啟發。因此，年輕時的席多尼亞被學校拒之門外，這些學校對古典哲學知識的最初知識都來自他祖先的學問和事業。此外，「他的宗教信仰使他與一般公民的追求目標隔絕開來」。然而「世俗的考量因素」都無法吸引他藉著與非猶太人結婚，進而「損害他引以為榮的種族純正性」。只有在席多尼亞對「種族」的看法有詳細說明時，迪斯瑞利的聲音才會取代萊昂內爾出現：

希伯來人是血統純正的種族……這個一流組織的純粹民族是最自然的貴族……席多尼亞的廣泛旅遊包括拜訪和調查世界上的希伯來社群。他發現普遍的下層階級都墮落了，而上層階級沉浸在利慾薰心的追求中。但他認為智育方面並沒有受到損害。這給了他希望。他相信組織能禁得住迫害。他回想起這些人經歷過的事時，其種族沒有滅絕讓他覺得不可思議……即使經過了幾個世紀，甚至是幾十個世紀的墮落，猶太人的思想仍對歐洲事務產生巨大的影響。我說的不是你還在遵守的法規，也不是指你浸淫其中的文學作品，而是活躍的希伯來智慧。

但即使是在這裡，羅斯柴爾德家族的影響力也顯而易見。迪斯瑞利試著說明猶太人的影響有多廣的觀點時，直接引用了該家族的近代史，借席多尼亞的口說出：

「我剛剛告訴你，我明天要到鎮上去，因為我習慣在國家大事發生時參一腳。但如果是其他事，我不願意干涉。我從報紙上讀到和平或戰爭的消息時，不曾驚慌過，唯一的例外是我聽說君主需要更多財寶的時候……

幾年前，我們和俄羅斯扯上關係；現在，聖彼得堡法院和我的家人沒有交情，但那個法院有能夠提供援助的荷蘭人脈。波蘭希伯來人是人數眾多的民族，卻也是飽受痛苦和最墮落的部族，而我們對他們的支持使沙皇不太高興。然而，羅曼諾夫家族間的情況很相似，於是我決定親自前往聖彼得堡。我抵達之後，會見了俄羅斯的財政部長康克林伯爵，也見到一位立陶宛猶太人的兒子。貸款與西班牙的事務有關，我決定離開俄羅斯前往西班牙。我一到西班牙，就立刻見到西班牙的部長蒙迪扎貝爾。我還見到一個跟我很像的人：努沃．克里斯亞諾的兒子，他是亞拉岡的猶太人。在馬德里發生的事促使我直接到巴黎找法國議會的會長商議。我見到了一位法國猶太人的兒子（應該是蘇爾特）。……所以，我親愛的康寧斯比，你可以從這裡了解到，統治世界的大人物與不在幕後的人所想像的大不相同。」

先不談迪斯瑞利如何幻想這些傑出人士是猶太人，這無疑是從羅斯柴爾德家族獲得的靈感。還有一針見血、有關時事的影射：在政治方面，猶太人「與平等主義者、自由主義者站在同一陣營，準備好支持可能危及其性命和財產的政策，而不是繼續服從試圖貶低他身分的制度。托利黨在關鍵時刻輸掉了重要的選舉，猶太人站出來投票反對他們……但康寧斯比，基本上，猶太人屬於托利黨。其實，托利主義只不過是模仿了塑造歐洲的強大原型」。我們不難看出漢娜喜歡《康寧斯比》的原因。她寫信給夏洛特：「他講述席多尼亞的優良民族特質以及他為這些人的解放提出許多論點時，巧妙地提到我們可能體認到的許多情況。此外，他把人物刻畫得很細膩……我已經寫了紙條給他，表達我們對這部神聖作品的欽佩。」

如果說《康寧斯比》含有間接為萊昂內爾而寫的內容，那麼《坦可里德》也有間接為他的妻子而寫的部分。倫敦的場景再次以詳盡的羅斯柴爾德家族故事為背景，於是我們能參觀「塞坎宮」（Sequin Court）以及席多尼亞的華麗房子，而時事話題還包括席多尼亞努力收購稱作大北方的法國鐵路。席多尼亞再次成為迪斯瑞利理論的代言人，試著將基督教重新定義成猶太教的變體或發展結果。

「我相信（席多尼亞聲明）上帝在何烈山對摩西說過話。你也相信他以耶穌的身分被釘在各各他山的十字架上。兩人在肉體上都算是以色列之子。他們對希伯來人講希伯來語。先知都是希伯來人；使徒都是希伯來人。已消失的亞洲教會是由本地的希伯來人設立。據說會永遠存在的羅馬教會，已使這座島嶼皈依摩西和基督的信仰……也是由土生土長的希伯來人創立。」

但艾娃（Eva）這個角色在這方面做出了大膽至極的聲明。當然，她身為敘利亞與猶太混血的公主，從表面上來看和夏洛特沒有什麼相似之處，但說到相貌，夏洛特就是迪斯瑞利的參考原型。同樣地，雖然夏洛特的觀點似乎與艾娃沒有相似之處，但我們不應該排除借鑑的可能性。例如，她對異教通婚和改變信仰的想法採用了羅斯柴爾德家族的厭惡立場。「希伯來人不曾與征服者混在一起。」她感嘆道，接著說：「我絕不當基督徒！」同樣地，迪斯瑞利喜歡的主題（猶太教和基督教的共同起源）也呼應了她對話的內容。「你是欣賞猶太女人的法蘭克人呢，」艾娃在聖地的綠洲初次見到坦可里德時便這麼問，「還是謾罵猶太女人的人？」她提醒他：「耶穌是偉大的人，但他是猶太人，而你崇拜他。」因此，「有一半的基督教徒欣賞猶太女人，而另一半欣賞猶太人。」另外一段具有羅斯柴爾德家族風格的內容是艾娃問坦可里德：

「歐洲最棒的城市是哪一個？」

「當然是我國的首都倫敦。」

……「在那裡備受尊敬的人一定很有錢！他是基督徒嗎？」

「我認為他屬於你們的種族，也和你們有相同的信仰。」

「那巴黎呢，誰是巴黎最富有的人？」

「我猜是倫敦最有錢的人的兄弟。」

「我很了解維也納，」女士笑著說，「凱撒讓我的同胞成為帝國的貴族，畢竟沒有他們支持，帝國一週內就會分崩離析。」

迪斯瑞利沒有提及夏洛特的地方則充滿裝模作樣的論點（令當時的人不快）：耶穌被釘在十字架上「成為受害者和犧牲者時」，猶太人實現了上帝的「仁慈意圖」並「拯救了人類」。夏洛特也不會接受他在《西比爾》寫的論點：「基督教是圓滿的猶太教，不然它一點都不重要……沒有基督教，猶太教就不算完整。」[22]

迪斯瑞利在小說中概述的論點反映出他對羅素提出障礙議案的看法。在第一場辯論的兩週前，迪斯瑞利準備以托利黨的條件支持該議案，他告訴萊昂內爾、安東尼以及他們的妻子：「我們要爭取的是權利和特權，不是讓步和信仰自由。」他的話使圍桌而坐的自由黨人感到不安。露易莎形容迪斯瑞利以「古怪的坦可里德風格」說話，也「不確定他是否有勇氣以同樣的方式對下議院講話」。他做到了。夏洛特的反應很熱情。「在表達方面，」一八四八年三月，她告訴德拉內：「不可能有人比我們的朋友迪斯瑞利更聰慧……更有力、更機智或更有創意。」

國會與議員

迪斯瑞利面臨的問題是，作為小說出售的東西幾乎和實際政治一樣糟糕。不到一年前，他和貿易保護主義領袖本廷克使政黨產生分裂，並把皮爾從托利黨領袖的位置趕下台。為了支持羅素的議案，他們得再次冒著分崩離析的風險。起初，他們似乎都沒有料到惹上的麻煩有多麼嚴重。本廷克特別不在乎，他在一八四七年九月告訴克羅克（Croker）：

> 我相信自己一直都很支持猶太人。我說我相信，是因為我不曾為這個問題費心，也不太清楚自己會如何投票。我看待此問題的角度與看待羅馬天主教的問題截然不同，我認為後者是國家大事……我把猶太人的事當成私事，如同我看待一大筆私人財產或離婚法案的方式……這就像，影響天主教徒的問題對貿易保護主義者而言應該是開放性問題。我可能會默默做決定，維持自己一貫支持猶太人的立場，但不冒犯黨內的多數人。我猜，他們的意見與我相反。當然，迪斯瑞利會熱情地支持猶太人，首先因為他天生就偏好猶太人，其次是因為他和羅斯柴爾德家族是關係不錯的盟友……該家族有高尚的品格，而且倫敦市已經推選萊昂內爾擔任其中一位代表。這種公眾輿論的表達，讓我認為政黨討論不利猶太人的問題並沒有好處。[23]

至於迪斯瑞利，他在十一月十六日自信地向本廷克和約翰・曼納斯（John Manners）保證：「危險並非迫在眉睫，……明年以前也不會開戰。」㉔

兩人都太樂觀了。其實，只有另外兩位貿易保護主義者與他們一起投票支持該議案：一位是米爾恩斯・蓋斯凱爾（Milnes Gaskell），另一位應該是站在皈依者立場的湯瑪斯・巴爾林。在羅伯・英格利斯爵士（Sir Robert Inglis）等頑固分子的帶領下，多達一百三十八人投下反對票，使政黨陷入另一波動盪。奧古斯都・斯塔福德（Augustus Stafford）想知道：「迪斯瑞利宣稱將耶穌釘在十字架的人和跪在受難耶穌面前的人並沒有區別時，我一定要為他歡呼嗎？」本廷克辭職了，將他現在所謂的「沒有教皇制度就沒有猶太黨」的領導權交給史丹利伯爵。可以理解的是，迪斯瑞利後來在下議院討論此事時，試著讓自己的觀點聽起來溫和一些；值得注意的是，在當時和此後被公認是「不知廉恥」（狄更斯的用詞）的人並沒有悄悄放棄支持解放。他的行為經常受到批評並不公平，尤其是遭到夏洛特和露易莎的批評。一八四七年，迪斯瑞利持續表態支持，偶爾也站在和過去同樣的立場發言。當然，刻薄的觀點是，這段期間他在財務方面對萊昂內爾的依賴阻止了大轉變，這正

㉒ 值得注意的是，迪斯瑞利在三十多年後把夏洛特的角色描繪成《恩迪彌翁》裡的紐沙特夫人。有趣的是，他間接提到她性格中特有的忿恨隨著年紀增長益發明顯，並暗示她與萊昂內爾的婚姻不幸：「埃德里安在很年輕的時候就娶了他父親選擇的淑女，這個對象看起來相當好，她是一名傑出銀行家的女兒，而且自己也占了很大股份，不過這點不太重要。她相當有才華，十分有教養。儘管她長得不算漂亮，卻很風趣，她那雙褐色的明亮眼睛也流露迷人的風情。但是紐沙特夫人並不滿足，雖然她很欣賞丈夫大部分的性格，甚至對他是敬愛有加，但是她卻很難靠自己的特質讓丈夫感到幸福。……埃德里安……實在太沉浸於自己的宏圖大業，他妻子腦海中那份過度修飾的幻想根本影響不了他的人生規劃。」令人費解的是，迪斯瑞利決定設定紐沙特家族屬於瑞士血統，以便迴避猶太教。但他們的歷史（在法國戰爭期間是流亡者的財富保管人）以及有關海諾大宅的描寫使人物原型更加明確。

㉓ 根據本廷克的說法，迪斯瑞利指望羅斯柴爾德家族憑著在國會的影響力，從破產的白金漢公爵手中取得斯托莊園；他也相信羅素的行為是為了團結輝格黨和皮爾黨。漢諾威國王把本廷克的態度歸因於以前經常造訪當地，與希伯來人頗有淵源。

㉔ 迪斯瑞利誤解了憲法的立場。他認為「如果羅斯柴爾德家族入席，並進行了天主教徒宣誓，他們就不能拒絕他，他可以取得席位。『基督徒的信仰』這句話只出現在棄絕宣誓中，因為羅馬人（在一八二九年）就從中解脫了」。直到一八四八年四月，他還表達了虛妄的期望，以為接納猶太議案可能使保守黨的派系團結起來。

是夏洛特質疑的部分。一八四八年五月，她與瑪麗．安妮碰面時又顯得很尷尬，因為瑪麗．安妮告訴她，萊昂內爾還沒回覆迪斯瑞利的信。其中一封信透露：「她的丈夫仍然深陷債務問題，被貸方窮追不捨，因此請求我丈夫協助並支援。」這兩個女人又碰面後，萊昂內爾決定再借迪斯瑞利一千英鎊。㉕

皮爾黨陣營也出現分歧。羅素在一八四七年十二月提出議案時，另一個表態支持的人是皮爾的高教會派（High Church）門徒格萊斯頓，他之前反對猶太解放運動。雖然他覺得這個決定很「棘手」（也在日記中吐露他可能因此被迫離開國會），但他的邏輯很嚴謹：既然都容許天主教徒、貴格會教徒、摩拉維亞教徒、分離主義者以及一位論派教徒進入下議院，也容許猶太人進入地方政府，那麼主張限制猶太議員的有效禁令並不合理。一八四八年二月，皮爾在隨後的辯論中表態支持，其他九位支持者也跟著贊同；但他們的同事古爾本（皮爾的前大臣）表示反對，他認為不合格的候選人當選是對國會的革命性挑戰，另外四十位皮爾黨人的投票觀點也與他一致。進行二讀時，皮爾黨人再度分裂成不同派別，有二十九張贊成票、四十三張反對票。然而，托利黨和皮爾黨的反對不足以阻止羅素的議案：在一讀之前就以六十七票的多數票通過；二讀時，以七十三票的多數票通過；三讀時，以六十一票的多數票通過。

但是議案在上議院缺乏支持。經過溫和的勸說後，有些輝格黨人表態支持。與庫茨這類銀行不同的是，羅斯柴爾德家族的貴族債務人比較少，艾爾斯伯里夫人是罕見的例外，因此他們本季的槓桿有限。像德文郡公爵、蘭斯當侯爵這樣的輝格黨大人物值得信賴，而倫敦德里侯爵在一八四八年初被說服了。但漢娜在貝德福公爵家見到牛津伯爵（Earl of Orford）時，他告訴漢娜，他持相反的立場（但他保證萊昂內爾最後能「獲益」）。另一個反對者是艾許利勛爵（Lord Ashley）即未來的沙夫茨伯里伯爵，他負責當時某些非常重要的社會立法。在主教當中，亦可預見頑強的抵抗。一八四八年五月，羅素的議案進行辯論時，牛津的主教威伯福斯（Wilberforce）強烈反對。坎特伯里（Canterbury）大主教、阿馬（Armagh）大主教以及十六位主教也加入他的行列。只有約克（York）大主教、四位輝格黨主教投了贊成票。萊昂內爾、安東尼、邁爾、漢娜及她的妹妹朱蒂絲・蒙提費歐里（Judith Montefiore）在旁聽席看著，該議案以三十五票的多數票被否決。

夏洛特在日記中生動地描述了這場辯論的影響力以及對家族造成的結果。凌晨三點半，她和露易莎還在等丈夫從西敏回來：

> 他們走進來，萊昂內爾笑容滿面，他總是一副堅定又有自制力的模樣，而安東尼和邁爾漲紅著臉……他們說講詞可恥，建議我不要唸出來。我五點睡覺，六點醒來，夢到巨大的吸血鬼貪婪地吸我的血……顯然投票結果公布時，上議院響起了熱烈的歡呼聲。當然，我們不該承受這麼多仇恨。由於情緒太過激動，我在週五那天哭泣著。

世俗貴族反對解放的觀點，可以從女王的叔叔坎伯蘭公爵（Duke of Cumberland，目前的漢諾威國王）針對此議題而寫的信件中找到一點蹤跡。在某種程度上，他認同主教的觀點：「接納那些否定我們救世主存在的人」是一件「可怕的事」。但他的焦慮有一部分屬於社會性質，他預測：「國家的所有財富將逐漸落入猶太人、製造商及棉布製造商的手中。」他也舉出阿姆謝爾在法蘭克福進行的娛樂活動為例，說明猶太人的社交虛榮。他了解自己在說什麼，因為他幾年前在漢娜家用餐過，而這種虛偽的勢利行為和這段期間發表的相關粗俗漫畫沒什麼太大區別。《猶太解放運動的好處之一》（*One of the Benefits of the Jewish Emancipation*）描繪年老的服裝經銷商將一隻還沒斷奶的豬帶回家給妻子看，並叫道：「親愛的，看看我帶什麼回來了！待烤的豬和藥（羅斯柴爾德和皮爾）。」（參見圖1.ii）

㉕ 此時，安妮與夏洛特顯然互看不順眼。萊昂內爾與迪斯瑞利吃完晚餐後在後者的書房談話，安妮抱怨：「我老公過去幾年太投入志業，但他在思想、文筆及談吐方面的付出沒有回報。我很不滿，不想保持沉默。雖然他沒有失去任何東西，卻也沒有得到好處。」幾週後，萊昂內爾請妻子詢問瑪麗・安妮，為什麼迪斯瑞利每次見到他都不主動談話，為什麼總是他主動走過去開口說話，讓他覺得迪斯瑞利愛擺架子。此時是羅斯柴爾德家族成員和迪斯瑞利之間的關係最糟的時刻。

結果，萊昂內爾似乎決定採用羅斯柴爾德家族老一輩在一八二〇和三〇年代用過的有效方法（用在沒那麼崇高的目標上）。一八四六年十二月二十三日，納特寫信給哥哥，意思很明確：

> 我遺憾地得知，你認為有必要採用某種手段來確保上議院的選票。這並不可取，我希望看到的是另一種情況。我們最近目睹了**腐敗的過程**後，很難再參與類似的事而不去戰鬥。但重點是在這種情況下，可敬的叔叔以及你的下屬都認為我們不該太苛求，如果有必要確保議案順利，我們不該介意做出犧牲。我們確定不了金額，你一定比我們更清楚需要多少錢。我希望如你說的，只要所需金額的一半就夠了。無論如何，我們親愛的叔叔已授權我寫信傳達：他會擔起責任，滿足家族的需求。不管你的決定是什麼，他相信都是出於好意，你可以在銀行記下這筆錢。當然，在上議院通過議案之前，你能去清點帳目。你也不必討價還價或在乎誰拿到錢，我們認為這樣太聽任某個人來左右議案能否通過，而你對此卻一無所知。我不會把錢用在支援請願或用在與我們無關的其他事，我們該做的事就是在議案通過時把錢交給幸運者。我認為你在處理這項任務方面不夠謹慎，因此我不明白你怎麼能向朋友提出認購，託辭是什麼？你認為他們能給你什麼？如果回報很少，那就不值得給他們。如果他們願意付大錢也不問細節，那麼我當然會收下，因為這是雙贏的局面。

圖I.ii：佚名，《猶太解放運動的好處之一》。

簡而言之，萊昂內爾提議在上議院收買選票。更令人震驚的是，他曾經試著以類似的方式贏得艾伯特親王的支持（他在上議院的影響力很大），艾伯特應該已經表示支持，萊昂內爾早在展開政治生涯的一八四七年就持續與他保持聯繫。到了一八四八年，納特寫下了這句：「真高興得知艾伯特親王對你有好感，而且他支持我們的議案。」但他也建議萊昂內爾「偶爾去拜訪並勸誘艾伯特」。「你現在應該去說服法院，」他在二月十四日寫道，「讓你那位朋友（艾伯特親王）發揮影響力，或許（議案）就會通過。」在實務上，這部分是解放故事中相當吸引人，但至今被忽略的橋段之一。

此時，羅斯柴爾德家族與艾伯特親王的早期聯繫（身為歐洲菁英的郵差）已經發展成更嚴肅的金融往來。例如一八四二年，詹姆斯為艾伯特的顧問史托克瑪男爵（Baron Stockmar）投資十萬法郎到北方鐵路的股票。三年後，艾伯特打算到科堡與哥哥討論財務問題時，史托克瑪轉達了萊昂內爾的請求：「羅斯柴爾德家族有幸在德國以銀行家的身分滿足陛下在旅程中可能遇到的財務需求。」一八四七年，羅斯柴爾德家族給艾伯特的窮困巴伐利亞親戚路德維希・馮・奧廷根－華勒斯坦（Ludwig von Oettingen-Wallerstein）王子一筆三千英鎊的貸款，這筆貸款由艾伯特親自擔保。因此，奧廷根王子在一年後違約時，他成了債務人，只留下賣不出去的藝術收藏品作為擔保品。這說明了為什麼納特希望哥哥「清點帳目」才能確保贏得艾伯特的支持，即便出於財務原因，他和叔叔在巴黎的革命爆發後，便強烈反對支付任何款項。五月時，艾伯特召安東尼到宮裡，「為他的哥哥科布林茲（Coblenz）公爵（應該是科堡）和（自己？）申請一筆一萬兩千至三千英鎊的貸款（後來提高到一萬五千英鎊）」。納特清楚地表達了反對意見：

你問我對於艾伯特親王一萬五千英鎊貸款有何建議，我認為沒有理由同意這樣做。你們會發現我們與他的關係會變成像是我們與路易・菲利普。親愛的哥哥，如果我沒記錯，他已經欠你五千英鎊了，我們付了巴伐利亞大臣（奧廷根王子）這筆錢。考慮到目前的情況，我認為你沒有資格預支一大筆錢，而且你應該讓他了解情況。沒有任何恭維他的必要。我相信無論你給不給錢，都不會對猶太人議案的結果造成任何影響。我再次強調，我堅決反對預付。就目前的情況來看，我認為你沒有資格答應。

我們無法確定萊昂內爾是否採納弟弟的意見，但我們知道艾伯特在納特寫信的十天後，以兩千英鎊買下巴摩拉城堡（Balmoral Castle）的租賃權及其約四十萬公頃的地，不過在羅斯柴爾德家族檔案庫中沒有任何與此事有關的證據。另一方面，一八四九年一月，萊昂內爾確實曾在溫莎堡見過艾伯特和史托克瑪。有可能在一八五〇年七月（就在萊昂內爾試著根據修改後的《舊約聖經》宣誓就職的十一天前），萊昂內爾捐了五萬英鎊資助艾伯特喜愛但長期缺乏資金的萬國工業博覽會專案。三年後，明顯來自「皇室」（艾伯特和史托克瑪）的壓力促使艾伯丁勛爵放棄了反對解放的立場，轉而在皮爾黨人和輝格黨人之間建立聯盟關係。證據很完整，但為了「讓……艾伯特親王發揮影響力」而動了手腳的推斷似乎很是合理。

但無論萊昂內爾在這方面做了任何嘗試，總是有不足的地方：想藉著給「皇家派」好處來克服上議院的反對立場，或許一直都是不切實際的想法。羅素曾刻薄地說：「你有一個糟糕的習慣，那就是賦予任何東西金錢價值，你似乎認為原則也可以用錢買到。目前全國各地反對你的議案的政黨主要是高教會派和低教會派的成員。現在，如果可以的話，就盡量讓他們的機關為你戰鬥吧，因為他們的反對態度很認真。」[26]首相認為最佳的方法是說服，而不是賄賂。雖然羅素在一八四九年夏季提出另一項議案，下議院也通過了該議案，但如他之前預料到的，該議案再次被上議院以九十八票對二十五票否決了。

這促使萊昂內爾最終「接受齊爾滕百戶（Chiltern Hundreds）職位的管理責任」，迫使倫敦市進行補選。他在《泰晤士報》發表的〈致倫敦市選民〉（To the Electors of the City of London）聲明文中宣布此一舉措：「現在，這場競賽是介於上議院和你們之間。他們試圖保留宗教不寬容的殘餘部分，而你們想消除這部分……我相信你們已經準備好維護眼前激烈的憲法鬥爭了。」其實在羅素提出的第一個議案於一年多前被駁回時，萊昂內爾一些更為激進的朋友就曾勸他強制執行補選，尤其是議員約翰・阿貝爾・史密斯（J. Abel Smith）和約翰・羅巴克（John Roebuck），所以這個行動是預料中的事，是萊昂內爾的挑釁用詞引發了夏洛特描述的批評風波。

要了解為什麼會發生這種情況，必須牢記這些事件發生的主要歐洲背景。一八四八年一月一日，阿爾豐斯在寫給萊昂內爾的信中表達，希望在新的一年見證「宗教平等戰勝迷信和偏執的（腐敗）原則」。當然，那一年見證的事不只這點。儘管一八四八年的革命確實為一些歐洲國家的猶太人帶來法律上的平等（即便是暫時的），然而對英國解放運動產生的最終效果卻可能是負面的。正如從巴黎、法蘭克福及維也納寄來的信表明，許多革命促成了個別卻驚人的民眾反猶太的暴力事件，例如在德國的部分農村地區及匈牙利。但與此同時，許多認為自己是革命領袖的激進自由主義者本身是猶太人，因此邁爾・卡爾認為是「猶太人自己挑起了反猶太主義」。由此可見，解放問題與歐洲大陸的革命聯合起來有加倍的破壞性。萊昂內爾的言論向許多輝格黨與托利黨的支持者表明，當激進分子譴責羅斯柴爾德家族為匈牙利革命失敗提供資金時，自己的家族也決定加入激進主義，甚至加入憲章運動！

無論萊昂內爾喚起支持者產生哪一種保留態度，他的策略在選舉中的確發揮了搶占先機的作用。他以六千零十七票對二千八百一十四票擊敗了托利黨的對手約翰・曼納斯勛爵。曼納斯的參選似乎是被說服站出來做做樣子而已。[27]然而，萊昂內爾與激進分子結盟後，就只能聽從他們的下一個策略性建議了：到下議院爭取席

㉖ 在這封有趣的信中，羅素提出支持解放的理由：「我相信這個國家需要上帝的祝福，而祂的祝福只賜予在這第二次分配中支持天選之民的國家。」他的理由與激進分子的動機形成對比，他認為後者只是樂於以別人為代價來解決政治問題。

㉗ 事實上，在曼納斯被要求參選之前，他與萊昂內爾一起吃過飯，但邁爾似乎已經猜到他會參選。顯然，迪斯瑞利一直都有把政黨的意圖告訴萊昂內爾。如迪斯瑞利看透的，麥納斯以前是蒲賽主義者（Puseyite），他參選主要是為了說服其餘的貿易保護主義者相信他在政界的可靠度。他只是眾多樂意與羅斯柴爾德家族一起用餐的其中一位保守黨人，同時一再投票反對該家族加入國會。

位。基本上，這是要仿效大主教的歐康諾和貴格會的皮斯（Pease），也代表了萊昂內爾至今最挑釁的一步。皮爾明確地警告他不要這樣做，因此他有些猶豫，花了整整一年試著說服羅素提出別的議案。但在一八五〇年七月二十五日，於倫敦酒館舉行的一場擁擠又熱鬧的城市自由黨（City Liberals）會議上，他公開抨擊政府無法「推行改革和改進的措施」，也無法「推動公民自由和宗教自由的志業」。隔天十二點二十分，會議上一致通過決議，他現身在喧鬧的下議院。書記官問他想以新教誓言還是天主教誓言宣誓時，他回答：「我想以《舊約聖經》起誓。」托利黨的頑固分子羅伯・英格利斯爵士起身抗議時，議長指示萊昂內爾退下。隨後展開了一場主要涉及程序的辯論。週末過後，萊昂內爾被問到為什麼要以《舊約聖經》起誓，他回答：「因為我認為這種宣誓形式最能約束我的良心。」他再次被要求退下。激烈的辯論結束後，一百一十三票對五十九票同意他按照自己的需求立誓。[28]隔天（七月三十日），萊昂內爾又出現了，並正式拿到《舊約聖經》。他宣誓效忠並服從最高權力，但書記官提到「基於基督徒的忠實信仰」時：

男爵停頓了一下，一、兩秒後說道：「我省略這些話，因為我的良心不受此約束。」然後他戴上帽子，親吻了一下《舊約聖經》，接著說：「上帝保佑我。」此舉受到下議院的自由黨人熱烈歡呼。他也拿起筆，準備在國會的羊皮名冊上簽名。但弗雷德里克・泰西格（Frederick Thesiger）爵士站了起來，各方都很激動，議長也說這位榮譽成員必須退下（大喊著「不行！」、「請坐下！」、「主席！」、「維持秩序！」）。男爵又再次退下了。

雖然虎頭蛇尾，卻可能是個明智的決定。當然，這意味著再次失敗。辯論在八月五日重新展開時，政府通過了一項決議：萊昂內爾必須完整地以棄絕誓言來起誓，否則不得任職。過了大約一年後，政府才根據需求提出一項修改誓言的議案。[29]大衛・薩洛門斯在格林威治的補選中獲勝之後試圖加快腳步，但沒有成功，形象也不再那麼莊嚴。他在沒有完整宣誓三種誓言的情況下入席，議長命令他退下，但他拒絕。一項要求他退出的動議通過時，他還是回絕，並發言反對、投票反對。直到議長要求警衛把他趕走，他才離開下議院。最終的結果仍是一樣，進一步的投票確認他和萊昂內爾都不能入席，除非他們宣誓放棄信仰。薩洛門斯的唯一成就是一八五二年六月的一項法案，成功廢除了在法庭對他提出訴訟後，原則上可能因他非法行為而施加的過時懲罰。

薩洛門斯在一八五二年的大選中被徹底擊敗時，選民似乎對他的策略做出了定論。相比之下，萊昂內爾又贏了，拖延戰術再次開始，不久後就能看出解放運動在下議院依舊存在分歧，在上議院也不受歡迎。實際上，影響猶太人的議題在國會中出現時（例如政府在一八五一至五二年資助猶太學校，或拉比離婚案在一八五七年不受民事離婚法庭管轄），萊昂內爾就像沒有席位的議員，只能在議院外進行遊說。在法律上還是陷入僵局。不過，還有另一項議案在上議院被駁回。一八五五年，羅斯柴爾德家族的宿敵湯瑪斯・鄧孔甚至巧妙地嘗試以政府的克里米亞戰爭貸款使萊昂內爾簽訂公職合約為由，強制舉行另一場倫敦市補選。

實至名歸

直到一八五七年大選結束後（萊昂內爾再次回到倫敦市，這次他領先了與自由黨幹部會議發生爭執的羅素），這場戰鬥才在國會重新展開。帕默斯頓得到多數人的支持，他認為「由於倫敦市與萊昂內爾男爵的選舉有關，讓國會在這次會期中早有機會再次考慮接納猶太人的問題，而由政府提出這類提議最有可能成功」。一項議案於五月十五日正式提出，在三讀時以一百二十三票的多數票通過。讓支持者滿意的是，一些資深的托利黨人現在出現了改變主意的跡象，尤其是約翰・帕金頓爵士（Sir John Pakington）、費茲羅伊・凱利爵士

㉘ 迪斯瑞利針對此一動議的投票觀點與大多數人一致：反對自己所屬的政黨。但在辯論前，他提出白金漢郡的一些選民反對讓猶太人進入國會的請願書，在辯論期間幾乎沒有貢獻，還支持己方提出的反對動議：直接問萊昂內爾是否會宣誓這三種誓言。該議案以些微差距被否決了。

㉙ 這次，上議院針對激進分子的抨擊進行審慎的辯護後，迪斯瑞利勇敢地重申了自己對解放正義的信念。諷刺的是，萊昂內爾的兒子納弟在上議院帶頭反對「人民預算」。

（Sir Fitzroy Kelly）以及最重要的史丹利勛爵（該黨領袖、德比伯爵的兒子）。至於上議院，倫敦的新主教也表態支持，共有一百三十九位上議院成員投票贊成。但又讓萊昂內爾失望的是贊成票只占少數。政府不願透過單邊決議駁回上議院的決定，而是提出新的宣誓生效修正案（Oaths Validity Act Amendment Bill）時，萊昂內爾再度決定放棄席位，並針對議題進行補選。他的回歸沒有遭到反對，他還發起另一次猛烈的抨擊，對象是不常與人民互動的人。他們「不知民間疾苦」，只關心自己的快樂和娛樂。[30]

然而，最終打破僵局的並不是民眾相對議員的重新呼籲，而是（矛盾的）保守黨少數派政府的出現。此時身為財政部部長和下議院黨魁的迪斯瑞利，終於說服不情願的德比相信上議院必須妥協，由此他才能償還欠羅斯柴爾德家族的債務，他的做法是讓反對黨在下議院有決定權。一八五八年四月二十七日，羅素的宣誓修正案在上議院的委員會審議階段遭到猛烈抨擊，而且重要的第五項條款被刪除了。兩週後，羅素提出「不同意」上議院的動議，並以一百一十三票的多數票通過。更令人吃驚的是，下議院也以五十五票通過特立獨行的鄧孔提出的動議，任命萊昂內爾為下議院委員會的成員，該委員會的成立目的是要解釋其不同意的「理由」。然後，羅素提議透過與上議院召開的會議來傳達這些理由。上議院對此點的同意是關鍵的轉折點。五月三十一日，盧坎伯爵（Earl of Lucan）提出了有效的解決方案：下議院能夠經由決議來改變其入席誓言，前提是先透過國會合法化。這使上議院能闡明不同意下議院的理由，儘管德比「繃著臉又很無奈」，他還是在七月一日表示支持。在二十三日那天，折衷方案以兩項法令的形式成為法規，其中一項合併三種誓言（迄今對此有所需的職務宣誓效忠、至高權力及棄絕），另一項法令允許猶太人省略「基於基督徒的忠實信仰」的字眼，前提是他們想加入的機構同意。七月二十六日星期一，萊昂內爾再次出現於下議院，這是他最後一次被迫退下，因為下議院要討論兩項重要的決議，以便他能夠進行簡短的宣誓。基本上，這是塞繆爾・華倫（Samuel Warren）、史賓賽・沃波爾（Spencer Walpole）等頑固分子記載他們反對「褻瀆神聖者入侵」的最後機會。這項關鍵的決議以三十二票通過，而萊昂內爾最終以新誓言與《舊約聖經》立誓為議員。有趣的是，儘管他先前採用了某種手段，但他在反對黨前席坐定後，最先投票的第一項法規竟然是《防止腐敗之延期法案》（*The Corrupt Practices Prevention Act Continuance Bill*）。

詹姆斯曾寫道，萊昂內爾獲准進入國會「為家族帶來實至名歸的榮耀」。在次年的大選中，他的哥哥邁爾隨著他進入下議院（薩洛門斯也是）。一八六五年，他的兒子納弟當選。夏洛特高興地提過，在一八六四年七月那場勢均力敵的投票中，帕默斯頓政府是「被猶太人拯救」的。萊昂內爾的當選對整個猶太社群也產生更廣泛的迴響，代表委員會發表了決議，表達其「誠摯的滿足感……尊重及感激之情」。此後，萊昂內爾進入下議院的週年紀念日就是猶太自由學校的頒獎日，不過他「紀念自己取得席位的方式」是提供倫敦市學校「貴重的公開獎學金」，明確強調自己對宗教寬容的投入。

不過很少人了解這場勝利背後的政治意義。萊昂內爾以自由黨人的身分獲勝，長期的競選活動使他與一小批有影響力的自由黨議員建立了政治與社交關係。根據他的日記，在一八五六至六四年期間，格萊斯頓與他或他的哥哥邁爾一起用餐四次，並與家族成員至少有過四次通信往來或會面。夏洛特在一八六〇年代寫的信中透露，經常造訪皮卡迪利街一百四十八號的其他自由黨人包括伍爾弗漢普頓（Wolverhampton）的議員查爾斯・維利爾斯（在一八五九至六六年期間擔任濟貧會的會長）、格萊斯頓的第一任內閣大臣羅伯特・羅威（Robert Lowe）。[31]萊昂內爾在名冊上簽名並與議長握手後的第一個舉動並非毫無意義：他與迪斯瑞利握手，後者對這場戰鬥最後階段的貢獻很可能是決定性因素。從一八五〇年代初期開始，迪斯瑞利和羅斯柴爾德家族之間的關係逐漸變好。在一八五八年的關鍵幾週，萊昂內爾其實也一直與迪斯瑞利保持密切聯繫。一月時，他曾在甘納斯伯瑞與紅衣主教懷斯曼（Wiseman）和一群奧爾良派流亡者一起用餐。五月時，政府勉強避開了在印度政策上的失敗後，有人聽到迪斯瑞利說：「男爵對這件事有什麼看法？他知道很多事！」兩個月

[30] 諷刺的是，萊昂內爾的兒子納弟在上議院帶頭反對「人民預算」時，勞合・喬治（Lloyd George）也以類似的方式謾罵他。

後，萊昂內爾在七月十五日到大臣的辦公室，「畢竟從議案交給下議院後，就沒再遇到他了。」萊昂內爾發現：

> 大臣興高采烈地表示，一切如期順利進行……我告訴他，我希望議案能在下週一通過，他們要盡快設法讓女王同意。他說沒辦法給我確定的答案，因為這取決於其他人。他們有可能不等委員會在會期結束後處理議案，或者，如果他們成立了專門的委員會，我就能在（下議院）開完會前就定位，我敢說自己能處理這件事……迪斯瑞利今天又提到我們的議案進行二讀時，我們很有可能把分歧轉化為支持，而非對我們不利。他說，他已經為我們盡了全力。

萊昂內爾的反應是問迪斯瑞利願不願意與羅素等人一同用餐，但是：

> 迪斯瑞利明智地拒絕了。他說他的部長身分會把聚會搞砸。幸好我問了他，不然他就有藉口說我們忽視他。我告訴他，我們迫不及待得知女王及時批准議案，好讓我今年能取得席位。但你也知道，他很會胡說八道。他談到慣例，沒有做出任何承諾……迪斯瑞利太太在邁爾家用餐時舊事重提。她提到迪斯瑞利為我們做了多少事，以及我們之前不相信他說的話讓他非常生氣。

萊昂內爾的描述語氣有懷疑的意味，但我們不能斷定迪斯瑞利在一八五八年沒有盡力而為。反之，他的影響力一定是德比不願意讓步的原因。萊昂內爾進入國會後，兩人的密切關係證實了羅斯柴爾德家族不再有理由質疑迪斯瑞利的誠意，儘管他必須在強大的政治束縛下辦事，但席多尼亞和艾娃的創造者並沒有辜負他的「族人」。

劍橋

比較這段時期關於接納猶太人進入國會的公然鬥爭，以及允許他們在劍橋大學讀書的務實蒙混方式，相當具有啟發意義。羅斯柴爾德家族在這方面也發揮了先驅的角色，他們成功避開了劍橋大學仍然保有的宗教限制，確實能說明為什麼他們對上議院不妥協的態度感到吃驚。將他們在這兩種情況下採用的策略相比是非常有啟發性的事。

應該要強調的是，羅斯柴爾德家族**不需要**去劍橋大學，更不需要去牛津大學，就像他們不需要出席下議院。十九世紀，羅斯柴爾德子女接受的教育通常比古代英國公立學校和大學提供的教育更國際化，該家族持續聘請私人家教，並將孩子送到國外大量學習，主要是為了確保他們能維持家族的多種語言能力。至於學習銀行業務唯一的辦法，便是直接在銀行工作。若說到劍橋大學能帶來什麼，那就是分散了他們對家族企業首要目標的注意力。此外，如同在一八二〇和三〇年代，羅斯柴爾德家族持續重視女兒的教育，不像一般公立學校和大學直到二十世紀末還是男性占優勢。安東尼的女兒康斯坦絲和萊昂內爾的兒子納弟多少都接受過程度差不多的德語教育，夏洛特則大力提倡讓女兒和姪女接受正統的教育。不過，邁爾就讀劍橋大學的事實開了先例，使夏洛特認為自己的兒子都該追隨邁爾的腳步。問題在於，猶太人在劍橋大學的地位依然不明確：在一八五六年之前，他們被禁止攻讀學位，但如果他們願意履行學院要求大學生參加禮拜儀式的義務，便可成為大學的一員。

㉛ 關於夏洛特在皮卡迪利街舉行的「沙龍」可以寫成一篇論文。「沙龍」這個詞可以用來描述她在信中提到的不同社交圈，最重要的賓客當然是羅斯柴爾德家族和遠親（尤其是科恩、蒙提費歐里這兩家人）。資深職員和代理人的家人（戴維森兄弟、鮑爾、魏斯威勒、夏芬伯格及貝爾蒙），還有瓦格、赫爾伯特等在倫敦市關係密切的家族，偶爾也會進入這個親密的場合。除了格萊斯頓和迪斯瑞利，夏洛特的政界朋友不只有上述的自由黨人，也包括小說家兼哈特福郡議員鮑沃爾．利頓（Bulwer Lytton）、奇徹斯特（Chichester）議員暨迪斯瑞利的第一任公共工程專員亨利．倫諾克斯（Henry Lennox）勛爵等保守黨人。《泰晤士報》的編輯德拉內顯然也是這個政治圈的一員。與此重疊卻又有區別的是外交圈：由大使和流亡的奧爾良派皇室成員組成。在社交方面，夏洛特的貴婦朋友可與這個圈子媲美，例如薩瑟蘭公爵夫人、新堡公爵夫人及聖艾爾本斯公爵夫人。

奇怪的是，與宣誓放棄不同，這基本上是羅斯柴爾德家族準備在原則上履行的基督教義務，前提是他們出席禮拜堂的形式簡約且被動。如我們所見，邁爾在一八三〇年代根據此基礎就讀三一學院。一八四九年秋季，萊昂內爾在補選中擊敗曼納斯之後，邁爾母親那邊的表親亞瑟・科恩（Arthur Cohen）決定到劍橋大學研讀數學，他認為類似的安排是可能實現的。於是邁爾透過萊昂內爾的一位積極政治支持者約翰・阿貝爾・史密斯，試著說服基督教禮拜堂的院長詹姆斯・卡特梅爾（James Cartmell）看在科恩的份上改變禮拜堂的規定。根據卡特梅爾的說法，邁爾的想法是：「如果我接納科恩先生，那除了我之外，沒有人需要知道他的宗教信念是什麼。」邁爾還告訴卡特梅爾：「科恩先生已經準備好參加學院禮拜堂的神聖儀式。」但卡特梅爾不為所動。隱瞞科恩的宗教「對社群而言，是一種違反誠信的行為」，他說：「強迫科恩先生在表面上遵從，但他的內心完全否認也不相信，這種做法讓我很反感，也違背了我對正當行為的看法。」

對邁爾來說，這代表可以創下先例以避免「明確排除某個宗教團體的成員享有劍橋大學教育的好處」。因此，他和摩西・蒙提費歐里求助於艾伯特親王（當時的大學校長），請他將科恩的案例交給抹大拉（Magdalene）學院院長處理。這位院長也是溫莎教長。一八三〇年代，邁爾因參加禮拜儀式的問題被迫離開學院，當時羅斯柴爾德家族給予的壓力無效，如今皇室則施壓成功了。基於與教長之間的協議，科恩正式被錄取，如同科恩回報的：「他告訴我，星期三和星期五的禮拜儀式只有十分鐘。他建議我只在這兩天參加儀式，同時告知我不必參加星期日的聖禮。」

從一八五九年的納弟開始，羅斯柴爾德家族的下一代上大學時都必須在三一學院進行這類協商。此時，一八五四和五六年的法案意味著猶太人現在可以攻讀學位（神學除外），但宗教義務的問題在大學階段持續存在。雖然納弟的家教約瑟・萊特福特（Joseph Lightfoot，一八六一年擔任赫爾斯講座的神學教授）「承諾盡其所能處理禮拜堂的事」，但威廉・惠威爾（William Whewell）院長仍是「改革路上的絆腳石」。一八六二年，納弟告訴父母：「三一學院的教師……變得很不討喜，因為他們揚言要限制不肯在拜堂參與聖禮的人外出。這項新規定造成的結果是，有很多人不參與禮拜儀式，以後也會因為違反學校的重要規定而陷入麻煩。」納弟明顯感覺到一八五〇年代的改革幾乎沒什麼實際成果。「為了使改革產生效果，」他抱怨道，

> 有必要等待一段時間，因為只要大學被視為英格蘭教會的神學院或該教會的一部分，就不可能再做其他事……應當廢除的是在七年後擔任聖職的必要性，或完全放棄獎學金……認真的人很難被剝奪獎學金，就因為他不會宣布自己是英格蘭教會的成員。我一直不明白為什麼這類國家機構，這類通往法律、政治及教會的晉升墊腳石要由牧師管理，彷彿是耶穌會的神學院或塔木德經文學校……

出席禮拜堂並不是他們在劍橋大學唯一的妥協。第二年的考試名稱是「小試身手」，他們必須充分了解威廉・裴利（William Paley）寫的《基督教的證明》（*Evidences of Christianity*）。從一封夏洛特寫給利奧的憤怒的信可以看出這是一個多大的障礙，但也透露她認為利奧應該要能克服障礙：

> 你在考試中犯下莫名其妙的錯誤，讓我很生氣。當然，你並未也不能侮辱擔任主考人的牧師，認識你的人都不可能認為你對神職人員缺乏尊重，或對信仰不敬。即使不是你的信仰，或者是你不了解信條，你還是要尊重宗教，畢竟有幾百萬人崇敬上帝。但你犯的錯應該受到譴責，不可饒恕。不管從什麼角度來看，你犯的錯只會留給別人壞印象。如果年輕人在參議院不能反對基督教證據的檢驗，那就應該主動了解問題。如果你身邊有負責指導的牧師，我本來應該給你一些建議，但我認為你應該有基本常識去拜託導師教你概略或大綱，甚至基督教信仰的歷史。別人會把你當成很無知、粗心又膚淺的人，我對此感到難過，但我只能遺憾地告訴你：沒有辯解的餘地。

從利奧的角度來看，「神學的奧祕和……不同見解」使他感到困惑。某天晚上，他與一群愛爭辯的教師一同用餐時，他「困惑得不敢開口說話」（一位在場的朋友擔心「他們可能會忽略我在場，說一些攻擊猶太

人的話」）。即使是在議事會場這種更有年輕活力的環境中，羅斯柴爾德家族也感到不自在。納弟回憶道：「某天晚上，有人在學生自治會將通過的《猶太人法案》當成下議院權力過大的唯一例子」，這使他「怒火中燒」。「我希望以後不會再有這種情況，因為如果我當下發言可能會激起宗教狂熱，不容易平息。」

因此，與萊昂內爾希望在下議院取得的勝利相比，羅斯柴爾德家族成員在劍橋大學就讀只能算是一部分的勝利。（直到一八七一年，各古老大學才廢除期末的宗教考試）。他的哥哥和兒子願意參與學院的禮拜儀式並研讀裴利的作品，以及他不肯以包含基督教信仰的誓詞宣誓，這兩者之間有著難以解釋的明顯對比。假如大學生被要求參加聖禮，情況可能就不同了。

博覽會和水晶宮

軍事勝利的紀念碑通常不在戰爭勝利之前建造。然而，羅斯柴爾德家族在萊昂內爾終於能在西敏任職的幾年前，就開始為他們的政治優勢地位建造紀念碑。至少這能解釋建築活動在一八五〇至六〇年間突然增加的原因，當時該家族建造了多達四棟龐大的鄉間宅邸，並改建第五棟宅邸：分別位於蒙特莫爾、阿斯頓克林頓（Aston Clinton）、費律耶、普雷尼（Pregny）以及布洛涅。

當然，如我們已知的，納坦和兄弟們早在其發達階段就開始買鄉間宅邸。到一八四八年革命爆發時，費律耶、敘雷納、布洛涅、甘納斯伯瑞、席勒斯多夫以及綠堡的房子和莊園已經在家族手中多年。一八五〇年代，他們對這些鄉村別館的態度也沒有改變的跡象。一八四八年後，倫敦合夥人在白金漢郡買新土地時，尤其是在阿斯頓克林頓的農場，他們在經濟上仍然像父親和叔伯以前一樣理性：除非農地能賺到買價的百分之三．五，否則他們不感興趣。「如果你認為阿斯頓克林頓的價值是二萬六千英鎊，」萊昂內爾在一八四九年寫信給邁爾道，「我不反對你的提議，但我認為我們應該能持續靠三又二分之一的利潤清償所有費用。這不像高檔地段，你必須用投資的角度考慮。」他在一八四九年參訪席勒斯多夫時評論道，「這是一筆壯觀的地產。雖然

（薩羅蒙叔叔）為此付出了不少錢，但如果管理得當，他就能得到豐厚的利息。」

一八四〇年代中期的農業大危機結束後，羅斯柴爾德家族買土地時正是逢低進場。一八四八年，白金漢公爵終於宣布破產。一年後，邁爾收到愛爾蘭房地產經紀人的情報，得知那裡有不錯的機會。有一則消息說道：「馬鈴薯不好賣，自由貿易害慘了許多人。」「愛爾蘭完蛋了，現在正是或快到了要偷偷買不動產的時機。得到國會的頭銜後，可以購入再用非常高的溢價轉售。」其實他和兄弟們對這種投機取巧的行徑不感興趣，正如他們的母親曾表示的，他們對不動產的興趣反映出了一個事實：一八四九年十二月，永續債券的殖利率已降至百分之三·一。「資金充裕時最適合（買土地）。儘管長期資產的利息可能會減少，土地卻能持續保值。」但是這類投資並不能被視為創業精神衰退的跡象。在法國的羅斯柴爾德家族收購釀造葡萄酒的莊園時也是如此：納特在一八五三年收購了木桐酒莊（Château Brane-Mouton，後來更名為木桐－羅斯柴爾德〔Mouton-Rothschild〕酒莊），而詹姆斯在波雅克（Pauillac）附近爭奪拉菲酒莊（Château Lafite）控管權的長期鬥爭，得益於對高品質紅葡萄酒需求的明智評估。一八六八年，年邁的詹姆斯終於以十七萬七千六百英鎊取得拉菲酒莊的控管權，但他隨即開始哄抬這款新葡萄酒的價格。

然而，為農地花費二萬六千英鎊與為了富麗堂皇的新房子花費同等的金額，這兩者是有區別的。我們很容易忘記，很少有十九世紀的英國地主會為自己建造新的「豪華家宅」，因為人們已經買不起在一百年前買得起的東西。另一方面，羅斯柴爾德家族認為錢不是問題。一八五二年，倫敦合夥人從企業的共同資本提出二十六萬二百五十英鎊時（主要是為建築專案提供資金），比例不到總金額的百分之三，但蒙特莫爾的新房子報價只有一萬五千四百二十七英鎊。在一八五三至七三年間，建築商喬治·邁爾斯（George Myers）為該家族承攬了大量工作，但總共只拿到三十五萬英鎊。

但他們負擔得起的事實並不能說明他們**為什麼**決定把錢花在大房子上，這些房子顯然無法帶來投資報酬。或許普通的解釋就已經足夠：羅斯柴爾德家族喜歡在鄉村度日，而鐵路的出現意味著他們可以實現這種生活方式，同時不忽略都市的工作。倫敦與西北鐵路路線讓萊昂內爾和兄弟們可以方便地在蒙特莫爾和尤斯頓（Euston）通勤，萊昂內爾可以在鄉村「疾馳」，還能及時趕到下議院參加晚上的議會。一八四九年五月，史特拉斯堡到利尼（Ligny）的鐵路線開通後，也讓詹姆斯和他的兒子在費律耶享受到同樣的服務。然而，還有其他值得參考的必要解釋：新房子展現了他們的貴族地位。早在一八四六年，萊昂內爾就說過準男爵的爵位配不上他，在他認清自己無法獲得貴族頭銜後，他才開始爭取進入下議院的機會。但這並不是「封建」的跡象，並非墮落的中產階級向不合時宜的上流社會價值觀屈服。我們不該忘記，在蒙特莫爾建造的時期，萊昂內爾正公開挑戰上議院的立法角色。羅斯柴爾德家族在英國爭取貴族地位的態度很堅定，沒有其他事比該家族為自己建造的房屋更具體地展現這一點。這些房子不只是仿照十八世紀的鄉間別墅，更是為家族的權力打廣告，是專為有權勢的賓客打造的五星級飯店，也算是私人美術館。簡言之，這些宅邸是企業招待中心。

他們挑選的建築師有重要的意義。約瑟．帕克斯頓（Joseph Paxton）自一八三〇年代就與羅斯柴爾德家族相識。在一八四〇年代，他為露意絲在軍特堡的住宅提供建議，但似乎是他為萬國工業博覽會設計的水晶宮讓這家人願意委託他做一些改造以外的工作。蒙特莫爾的工程於一八五一年八月展開，也就是舉行博覽會那年。儘管帕克斯頓的靈感取自伊莉莎白時代，將沃拉頓（Wollaton）和哈德威克（Hardwick）的宅邸當成範例，但以當時的標準來看，這棟房屋相當創新，大廳有著巨大的玻璃屋頂，也有熱水和中央暖氣系統。基本上它並非用作邁爾和妻女的家庭住宅，因為光是在一樓就有二十六個房間，實際上可以用作招待和容納眾多客人的飯店。他們期望客人記得東道主的國際影響力：內部有像獎盃般的歐洲君主頭像，由義大利雕塑家拉斐爾．蒙蒂（Raphael Monti）製作，這多少成了羅斯柴爾德家族的商標。但這棟蒙特莫爾建築也是美術館，成立的宗旨是將該家族的現代權力與歷史上德高望重的人士聯結起來，因此才有最初為威尼斯總督建造的三盞大提燈，還有緙織壁毯、十六世紀義大利和十八世紀法國的古董家具收藏品。

在建造蒙特莫爾宅邸的過程中，邁爾為其他家族成員立下了標竿。帕克斯頓的女婿喬治．亨利．斯托克斯（George Henry Stokes）於一八五四至五五年間為安東尼改造的阿斯頓克林頓宅邸則是一團糟。斯托克斯嘗試擴建現有的房屋，卻無法實現露易莎期待的樣貌，雖然她希望「自己會喜歡上這個小地方，不過我第一眼看到的卻是世界上最醜的房子」。相較之下，詹姆斯下定決心要在費律耶勝過蒙特莫爾。令法國建築界懊惱的是，他請來了帕克斯頓和邁爾斯，更別提當地的石匠有多麼失望。但帕克斯頓和邁爾斯不只一次後悔接受委託，因為詹姆斯徵求了法國建築師安托萬－朱利安．赫納爾（Antoine-Julien Hénard）的補充意見後，直接拒絕了帕克斯頓最初的設計。同時，英國工人和法國工人在工地發生的摩擦導致罷工，最後因工資差異引起暴力事件。最終的成果直到一八六〇年才完成，建築是法國、義大利及英國風格兼容並蓄。龔固爾兄弟等精於此道者表示反感：「在一座價值一千八百萬元的城堡周圍，花幾百萬元設計樹木和供水系統，簡直就是愚蠢又可笑的揮霍行為。混搭各種風格就像把所有紀念碑合而為一，都是愚蠢的野心造成的結果！」俾斯麥認為房子看起來像翻倒的五斗櫃，詩人暨外交官威爾弗里德．史考文．布朗特（Wilfrid Scawen Blunt）形容房子是「巨大的帕摩爾俱樂部，裝飾風格散發著路易．菲利普的驚人品味」，反猶太主義者愛德華．德呂蒙則將房子貶低成像是一間不可思議的古董店。

儘管如此，這是一場高水準的活動。詹姆斯為了不讓客人注意到廚師在工作，特地將廚房搬到離房子約九十公尺遠的地方，並建造小型地下鐵路將廚房與餐廳樓下的地下室連接起來。與蒙特莫爾的相似之處在於，房屋的一部分作為廣告（擺放查爾斯－亨利．科迪爾〔Charles-Henri Cordie〕創作的女像柱，象徵羅斯柴爾德家族支配全球四大區），一部分是飯店（有超過八十個房間），一部分是畫廊，而大廳則是詹姆斯日常堆積的雜亂「私人博物館」。如艾芙琳娜所說，「這個地方太豪華了，應該安排哨兵。」這裡頗具規模，卻散發著異國情調和戲劇性，因為室內設計主要是由舞台設計師尤金．拉米（Eugène Lami）負責，拉米還為吸菸室設計了有點俗氣的威尼斯壁畫。相較之下，斯托克斯在一八五八年為阿道夫建造的普雷尼堡是一棟不起眼的建築。這座路易十六風格的建築俯瞰著日內瓦湖，主要是為了展示阿道夫收藏的畫作和**藝術品**，例如奇特的水晶、寶石及木雕。一八五五年，阿爾曼·貝特林（Armand-Auguste-Joseph Berthelin）在布洛涅完成的住宅與普雷尼堡的品質相似，差別在於貝特林的靈感取自路易十四的凡爾賽宮。

羅斯柴爾德家族住宅周圍的花園在一八五〇與六〇年代也有重大轉變。在帕克斯頓指示下，費律耶宅邸的新池塘有觀賞用的橋樑，另有精緻的溫室和冬季花園。雖然夏洛特的女兒艾芙琳娜比較喜歡甘納斯伯瑞和蒙特莫爾宅邸的庭園，但夏洛特充滿熱情地描述這段時期的費律耶宅邸：

> 灌木、樹、花、太陽加熱型溫室、人工加熱型溫室，還有更多美好的事物。我覺得費律耶宅邸像仙境……詹姆斯叔叔從世界各地收集了不少鴨子、天鵝及野雞……除了沒有風景如畫的遼闊景觀，這裡什麼都不缺，有橘子園、暖房、水晶宮、葡萄園、溫室、果園、花園、農場、動物珍藏品、野生動物、溫順的動物……費律耶是無與倫比的……這裡就像阿拉丁宮殿，有仙境般的花園、奇妙的鳥舍、美妙的鯉魚溪，以及充滿美味水果和鮮豔花朵的水晶宮。

園藝景觀設計師波爾（Poyre）在布洛涅建造了精緻的水庭園，園內有小瀑布和浪漫的假山庭園。詹姆斯在收集到的異國動物群中又增添了羽毛捲曲的鵜鶘、白鴨、埃及驢及會說話的鸚鵡。在普雷尼，阿道夫也有飼養巴塔哥尼亞野兔、袋鼠及羚羊的動物園。就連老房子的花園也重新設計過，儘管安謝姆不常去席勒斯多夫的庭園，還是將庭園改造成西利西亞式攝政公園風格。他還增加了一池湖水吸引野鴨，並為莊園員工建造了許多英式小屋，這是羅斯柴爾德家族早期在該國的家長作風例子。而收集各種動物和鳥類等習慣，後來也激發了該家族對動物學的熱情。

他們也沒有忽視位於歐洲大城市的住宅。萊昂內爾從議員費茲羅伊·凱利那裡收購了皮卡迪利街一百四十八號附近的房子，並委託納爾遜（Nelson）和伊恩斯（Innes）在兩棟房子的位置上改建一棟更大的新房子。在工程進行期間，他則搬到騎士橋（Knightsbridge）的金士頓宅邸（Kingston House）去。[32]如果想對完工的建築有個印象（過了一世紀，為了方便通行而拓寬道路，公園巷被拆除了），只需要走進倫敦一間大型俱樂部就可以：地下室是男僕的住處，並充當酒窖；一樓是寬敞的大廳，樓梯間由大量的大理石製成，通往一樓的大型接待室；二樓是私人房間；閣樓是女僕的住處；而廚房被移到花園的露天平台下方。巴黎各種飯店的規模與此相似，基本的架構都相同。㉝

當然，用合適的家具和裝飾品填滿這些房子的任務不曾完成。夏洛特在巴黎進行了典型的購物考察，列出一份可能購買的清單，包括要價二千英鎊的一組大理石、四個小雕像、一盞水晶吊燈、四座羅馬皇帝半身像、還有兩件雕刻精美的古典紅花瓶，上面刻著海神涅普頓，身邊圍繞著其他海神和海仙，要價五千幾尼，以及要價一百五十英鎊的桌子。一年後，倫敦的藝術品經銷商給了夏洛特一幅魯本斯的畫作，還有「伊尼戈．瓊斯（Inigo Jones）製作的精美壁爐架、約書亞．雷諾茲爵士所畫的甜美女人美麗畫作……還有很重要的，羅素先生承諾已久的日本或中國收藏品」。像龔固爾兄弟這樣的勢利眼很喜歡嘲笑羅斯柴爾德家族對藝術經紀人的依賴。其中一則帶有惡意的傳聞如此描述：安謝姆給眼鏡商三萬六千法郎，要他發明出「一種能讓他以品味高雅的視角看待事物的長柄眼鏡」。另一則傳聞則是想像詹姆斯給經紀人的女兒一件洋裝，以便用合理的價格買到委羅內塞（Veronese）的畫作。現實的情況是，羅斯柴爾德家族當時已經躋身藝術品收藏菁英之列，甚至可能是菁英中的佼佼者。「一小幅中看不中用的拉斐爾畫作要價十五萬法郎，庫普的畫作也要價九萬二千法郎，」一八六九年，納特在巴黎拍賣會上告訴兄弟，「買家現在都必須花大錢買畫了。」他的堂親古斯塔夫也

㉜ 就連這種臨時住所也讓麥考利覺得像「樂園」，萊昂內爾為這棟房子及其約三百二十五至四百零五公頃花園的報價是三十萬英鎊，但麥考利回絕了。

㉝ 在一八五〇、六〇年代，納特的巴黎住宅（一八五六年收購）位於聖奧諾雷市郊路（Faubourg-Saint-Honore）三十三號。阿爾豐斯的住宅位於聖佛倫丁路（Saint-Florentin）四號、古斯塔夫的住宅位於馬里尼大道（Avenue Marigny）二十三號、薩羅蒙．詹姆斯的住宅位於墨西拿路（Messine）三號至五號；一八六八年，阿道夫從尤金．佩雷爾（Eugène Péreire）手中買下的住宅位於蒙梭路四十五號至四十九號。

說：「錢一下子就花光了。」但是，除了羅斯柴爾德家族，誰有那麼多錢呢？

在上述的諸多建築計畫之後，新廷辦公室於一八六〇年代早期的改建似乎是事後才想到的。可以肯定的是，夏洛特認為這棟新大樓「棒極了，可用來幹一番大事業」。而今後政治（更別提藝術和建築）會在多大程度上分散羅斯柴爾德家族年輕一代實現這個目標的注意力，還有待觀察。

二、變動時代（一八四九－一八五八）

我很樂意為阻礙我們的猶太人創造生存空間。

——加富爾

對羅斯柴爾德家族而言，一八五〇年代是個艱困的時期，至少就傳統的觀點而言是如此。首先，詹姆斯長期質疑的拿破崙三世廢除了共和政體的憲法，並自封為帝，成為叔叔的直系繼承人。其次，詹姆斯的金融界勁敵艾許勒．富爾德當上財政部長。他是貝諾瓦的弟弟，而貝諾瓦是海涅的「左岸鐵路大拉比」。根據維爾－卡斯特伯爵（Horace de Viel-Castel）經常引用的話，富爾德告訴拿破崙：「陛下，您絕對要擺脫羅斯柴爾德家族的監控，因為他們可是當著您的面掌權。」第三，動產信貸銀行（詹姆斯以前的合作夥伴佩雷爾兄弟的智慧結晶）這種新的「全能」銀行[2]漸漸出現，威脅到了羅斯柴爾德家族在法國及歐洲各地的主導地位。最後一點，一八五〇年代是國際局勢不穩定的時期：從一八一五年開始，羅斯柴爾德家族最不想面對的強國大戰首度噩夢成真，先是在克里米亞半島開戰（英國與法國為了爭奪土耳其而對抗俄羅斯），接著在義大利開戰（法國為了爭奪義大利而對抗奧地利）。

然而，這段敘述在兩個方面偏離了事實，因為歷史學家過度依賴有偏見的資料來源，例如亞龐尼伯爵的奧地利大使繼任者胡伯納伯爵（Count Hübner）的日記，因而誇大了詹姆斯在拿破崙統治下經歷的困境。此

2 譯注：參與多種銀行業務的銀行類型，既是投資銀行，也是商業銀行，同時提供保險等其他金融服務。

外，日記的敘述凸顯了法國中心主義，畢竟在羅斯柴爾德家族的其他銀行蓬勃發展之際，不應該單獨審視詹姆斯遇到的難關。

兩位君主

胡伯納伯爵故意將貝蒂與尚加尼爾將軍之間的關係描繪成戀情。事實上，近年發現了貝蒂於阿爾豐斯不在美國期間寫給他的信，信中透露她對尚加尼爾的第一印象不太好。這位將軍留給她的印象是「身高中等、消瘦又醜陋的男人，全身上下只有鬍子散發著軍人氣概。初次見面時，他看起來蒼老又疲憊」。一八四九年一月，他與他們用餐時，「給人的感覺是很好相處的夥伴，也喜歡討好別人」，但是「他的這一面不夠討喜。我從他身上看不到別人經常讚美他的坦率、忠誠特質，反而覺得他很虛偽……」漢娜告訴迪斯瑞利，尚加尼爾很古板，因為他一口回絕與羅斯柴爾德家族及知名歌劇演唱家一同用餐的邀約，並「責備（貝蒂）邀請知名歌手入席」。直到當時，貝蒂還沒排除與拿破崙達成和解的可能性。她在四月告訴兒子：「總統表現得不錯，每天都證明了他對秩序和法定權威原則（的信念）」。她很放心她「終於打破了僵局，並出席總統的社交聚會。如果我不表現出對政治的不滿，就很難找到藉口離開」。

另一方面，尚加尼爾說話得體，有效地安撫了比家人更強烈反對革命的女子。「他是保守分子，」貝蒂滿意地寫道，「前幾天他談到旗子上象徵第三種美德的標誌時告訴我：『我很討厭兄弟會。如果我有交情不錯的夥伴，寧可叫他一聲表哥。』」不久後，她向阿爾豐斯保證「我的朋友尚加尼爾知道怎麼控管瘋子」，並補充道：「整個家族都受到可敬的尚加尼爾保護。」六月時，她表示，「說到優秀的尚加尼爾，他是個值得信賴的朋友。他了解周遭發生的事，也不會立刻讓我們知道（有麻煩）。我不知道該怎麼用言語形容他多麼值得敬佩，有著多麼高尚又忠誠的精神以及豁達的心態。這位昔日英雄散發著騎士般的勇氣，目標堅定又有決心，必定會功成名就。」如果她是在公共場合說這番話，那麼胡伯納覺得她在戀愛與政治手段方面受到尚加尼爾吸引或許就不足為奇了。她的阿姨漢娜謹慎地評論道：「尚加尼爾對家族很忠實，也很賞識貝蒂的天賦和能力，並欣賞家族在革命時期展現的勇氣和作風，而且他似乎很關注他們的福利。」詹姆斯則是敬佩又困惑地評論說，雖然尚加尼爾願意提供敏感的政治情報（例如有關唐・帕西菲科事件[3]的法國政策），但他自己從未藉此進行投機買賣：「尚加尼爾（對投機買賣）從不含糊，也沒對我說過他想進行投機買賣。其實我相信，如果我向他或副官提出建議，他就不會再接待我或接受我的邀請。他是我遇過最古怪的人了！」相比之下，拿破崙比較樂於進行投機買賣，只是不會和詹姆斯合作。

一八五〇年期間，詹姆斯努力讓兩人和解。他漸漸注意到拿破崙占上風，這可能會帶來麻煩。「也許總統認為我冤枉他了，」他在一八五〇年一月表示，「我在他的心目中應該不太重要，更何況富爾德不會願意幫我，好險我也不需要他。」這表明了他不信任富爾德的事實（即使他的配偶不是猶太人也沒有幫助）。不過，我們不該誤解他們之間的競爭關係。他們經常見面，其中一方感受到另一方的態度不夠尊重。詹姆斯說過，一位是銀行家，而另一位是財政部長，兩人相處起來並不和諧。詹姆斯明顯感覺到自己在商業與政治方面處於劣勢。「不幸的是，」他抱怨道，「我惱怒地看著生意被搶走，今非昔比。」但是，如果說他無法解決在一八五〇年底發生的長期公債問題是財政影響力逐漸減弱的徵兆，那可是大錯特錯。實際上，詹姆斯已經準備好投標，卻因為納特的四歲兒子邁爾・艾伯特去世，喪禮剛好與財政部長的拍賣會同時舉行，他才沒有參加拍賣會。詹姆斯哀悼時，也不禁竊喜自己的缺席會搞砸富爾德的拍賣會。「他們現在明白了，沒有人能像富爾德想做的那樣，把羅斯柴爾德家族排除在外。」他說。

事實上，詹姆斯的主要疑慮是外交，其次才是財政。即使沒有戰爭的問題，他也擔心總統朝令夕改的外

3 譯注：為砲艦外交的著名例子，起因是英國籍猶太裔商人唐・帕西菲科（Don Pacifico）遭到反猶暴徒襲擊後，希臘警方沒有採取行動。於是英國外交部長決定派遣皇家海軍艦隊封鎖希臘的主要港口。最後，希臘政府屈服並賠償帕西菲科的損失。

交政策可能導致法國及其他大國不和，例如英國（涉及唐．帕西菲科事件）或普魯士（涉及德國）。根據奧古斯特．在希拉克（Auguste Chirac）的描述，詹姆斯在一八五〇年末與拿破崙、尚加尼爾開會時試圖讓法國政策緩和下來，這聽起來符合事實。「讓我想一下這場關於德國的爭議是怎麼回事。」據說詹姆斯表示，「天哪，讓我們來達成協議，來達成協議吧。」但拿破崙直接拒絕了他。詹姆斯在一八五〇和五一年確實見過拿破崙幾次，但他不曾聲稱自己成功地影響拿破崙的政策。他反而抱怨：「總統最喜歡當無名小卒了……他是個終究會讓全世界跟他作對的笨蛋。」尤其是法國可能會插手奧地利和普魯士在一八五〇年下半年出現的爭端，這讓詹姆斯有不祥的預感。雖然他還是很擔心最終「落入紅軍手中」，但如果拿破崙因外交政策有差錯，而「像路易．菲利普一樣被趕下台」，他也不會感到可惜。

這說明了波拿巴主義者[4]政變的可能性增加時，為何詹姆斯會感到緊張。早在一八五〇年十月，他便開始匯寄黃金到倫敦的銀行，並向姪子解釋：「我寧願讓金子在那裡賺百分之三的存款利息，也不要把金子用在長期公債或放在地窖，因為像（拿破崙）那樣的人可能會找藉口說我是尚加尼爾的朋友而奪走我的財富。我不害怕，但我做事很謹慎。從政治的角度來看，這真是個可悲的國家。」與此同時，尚加尼爾遭到軍隊和國民兵司令部免職後，詹姆斯依然與他保持聯繫，進而提升了自己在政界的知名度。一八五一年十月，詹姆斯告訴姪子，「我們的將軍」抱著「很大的希望」。「我猜，在美夢成真之前，」他不安地繼續說，「巴黎可能已經血流成河，而我也賣掉了所有長期公債。」因此，詹姆斯擔心政變在十二月一至二日晚上發生時，他可能會與尚加尼爾和其他共和黨領導人一起被逮捕，便是合情合理的事了。在盧比孔行動（Operation Rubicon，該場政變的代號）發生的前一週，他恰巧從樓梯摔下來，扭傷了腳踝，因此當波拿巴主義者展開行動時，他根本束手無策。難怪在政變後，他寄到倫敦的信件沒有提到半點有關政治的事，他解釋自己有理由擔心他們被攔截。幸好，歷史學家發現貝蒂見到亞龐尼時沒那麼謹言慎行，因此我們能藉此了解她的憤怒反應：

她相信總統不過是順利拯救了紅軍，他可能必須採取拉鋸戰政策，最終變成紅軍的煽動工具。「總統為了繼續走自己選擇的路，只好用（極左派的）煽動手段嚇唬我們，結果他無法完全杜絕這種行為。所以，我擔心他不但無法拯救社會，還會任由自己的統治方式摧毀社會。」她說。

然而，詹姆斯不曾把自己的政治偏好與商業利益混為一談。儘管他對尚加尼爾有好感，但他對共和政體並不忠誠。此外，用胡伯納的話來說，詹姆斯「莫可奈何」地接受了新情勢。銀行家臨時聚在拉菲特街，而佩雷爾向他們說明情況，想讓他們放心。

在場的人並沒有明確指責拿破崙在一八五二年前制定憲法的決定。大家都認為這件事遲早會發生，但也擔心這是一場危險的賭注。有人說幾名將軍被逮捕了，接著大家擔心此事會導致軍隊內部不和。據說無論誰獲勝，法國都會走向滅亡。有些人連珠炮似地問了佩雷爾許多問題，以下是他描述當時的情形：官員心情愉快，士兵精神抖擻，軍事力量快速發展，讀公告的人淡然處之；儘管早上有出人意料之外的消息，巴黎仍保持一片寧靜。金融家聽到這則令人放心的消息後，都很高興。

此外，不久後就可以發現拿破崙在擊潰共和黨左派並表態支持擴張性信貸政策時，營造出金融樂觀主義的氛圍。而長期公債的價格有明顯的改變：在政變前夕，百分之三長期公債的報價為五十六元，百分之五的報價為九十．五元；緊接著價格分別升至六十四元和一〇二．五元。到一八五二年底，拿破崙在政變一週年之際稱帝時，百分之三的價格達到八十三元，從共和政體轉變成帝國的資本利得接近百分之五十（參見圖表2.i）。曾有鐵路的總投資額也出現同樣的情況：在一八四八至五一年的停滯期後，投資額在一八五六年增長了五倍。

4 譯注：希望恢復波拿巴王朝及其政府風格的人，也就是積極在十九世紀的法國參與保守主義、君主主義及帝國主義等派別的人。

圖表2.i：利率百分之三與百分之五的法國長期公債的每週收盤價，1835-1857

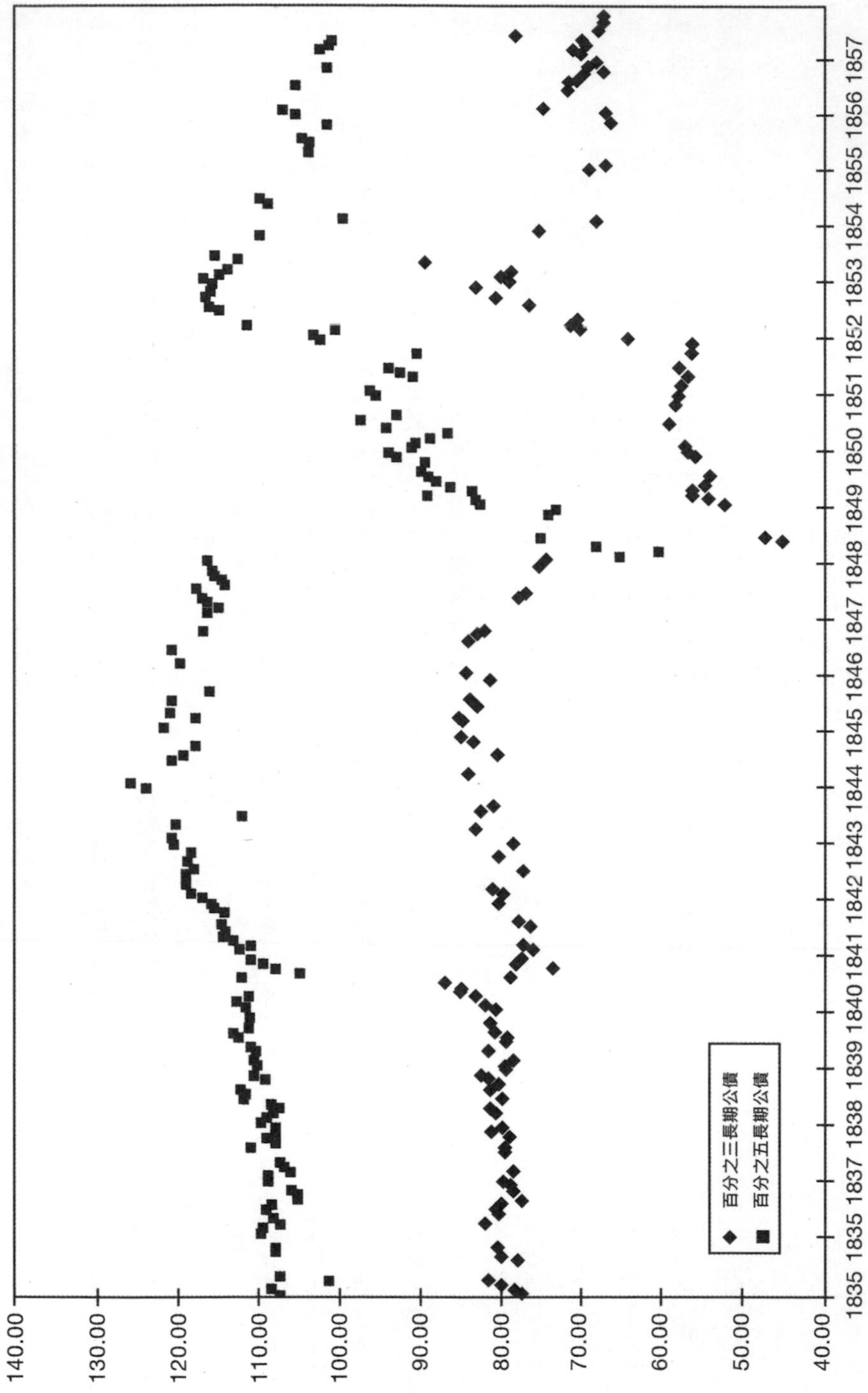

一段時間，詹姆斯注意到經濟和政治的活動不同步：即使是戰爭恐慌和政變前的國內恐懼氛圍，也沒有像他預期的那麼不穩定。「聽政治家說話時，」他在一八五〇年表示：「你會覺得一切都完蛋了，但金融家說的話則會給你完全相反的感受。」然而，從十二月二日起，政府有意使其本身及證券交易所的運作狀況保持一致，因此政治和經濟都恢復了和諧。

對詹姆斯而言，拿破崙的統治方式絕非理想結果，他應該更希望尚加尼爾為奧爾良派的復辟鋪路。不過，拿破崙顯然不打算私下懲罰他，所以他可以接受這樣的結果。他在一八五〇年十月總結自己的立場時，已有先見之明：「我們終究需要一個君主，這件事將隨著戰爭結束。如果我沒那麼怕戰爭，也許我會成為帝國主義者。」政變爆發後不久他就意識到，如果別人認為他與不復存在的共和黨有密切關係，那麼對手便會捷足先登。雖然貝蒂可以回到費律耶境內流亡，藉此表達她對拿破崙的「失望」，但她的丈夫只能（再度）跟上時代。「我認為拿破崙處於得勢的階段，」政變結束後三週，他向倫敦的眾人表示，「雖然大人物不肯接受他的邀請。難道妳認為我們也該徹底離開嗎？」他的心中早有答案。即使是羅斯柴爾德家族的女性成員也不能無限期地維持社交方面的聯合抵制，其實她們的態度早在十二月底前就開始放軟。「在羅斯柴爾德家族中，」亞龐尼與納特的妻子夏洛特及貝蒂會面後，刻薄地說：「保持冷靜的心態是因為他們投資組合中的所有債券和股票暴漲，帶來了眼前的可觀收益。」

這是詹姆斯定居巴黎後至少第五次政權更替，顯然他很難認真看待這類事件。「親愛的姪子，你們對不值錢的法國憲法有什麼看法？似乎在附近的街上就可以買到。」專制的政府「並不好，但你可以在這裡做自己喜歡的事，沒人會管你們」，他這麼說。早在一八五二年十月，詹姆斯就愉快地表示：「我和君主與其他人都保持著最佳關係。」兩個月後，拿破崙才正式稱帝。幾天後，拿破崙在波爾多發表著名的演講，並表明「帝國象徵和平」。這句話似乎排除了貿然侵犯比利時中立的態度，或者對普魯士前兩年在萊茵蘭的統治所引起的關切提出挑戰，這說明了為何其他列強認為拿破崙就是說一套做一套。

當然，事情沒那麼容易：一八五三年一月，詹姆斯依然很難見到新君主。但他有兩種進入新廷的途徑。首先，他仍然是奧地利總領事，因此能刻意穿上緋紅的制服，提醒那些忘了他有外交身分的人。一八五二年八月，他終於順利把新任奧地利君主法蘭茲・約瑟夫（Franz Joseph）的親切訊息轉達給拿破崙。雖然胡伯納竭力破壞詹姆斯在巴黎代表維也納發言的主張，但只要羅斯柴爾德家族依然是奧地利的銀行家，他就沒有機會驅逐詹姆斯。詹姆斯討好拿破崙的第二種方式是支持冒險家歐珍妮・德・蒙提荷的志業。她有一半西班牙、一半蘇格蘭的血統，被許多勢利的巴黎人視為拿破崙的下一個情婦。一八五〇年，有人把拿破崙介紹給她認識。一八五二年的年底，拿破崙迷戀上她。他與霍恩洛厄（Hohenlohe）家族的阿德海特公主（Adelaide，維多利亞女王的姪女）之間的外交聯姻計畫失敗後，便衝動地決定娶歐珍妮為妻，使身邊的大臣很失望。

然而，這項決定在一月十二日那天仍然是個祕密。當歐珍妮挽著詹姆斯的手來到杜樂麗宮的舞會時，胡伯納提到：「詹姆斯早就對那位年輕的安達盧西亞人深深著迷，現在比以前更迷戀她。他是個相信婚姻的人。」詹姆斯的一個兒子（應該是阿爾豐斯）陪同著母親。一夥人進入馬雷肖大廳（Salle des Marechaux）準備帶這兩位女士入座時，外交部長特羅恩（Drouyn de Lhuys）的妻子傲慢地告知歐珍妮，那些座位是為部長夫人們預留的。拿破崙碰巧聽到了這句話，便走到兩位女士面前，將她們帶至大型高台上入座。兩小時後，拿破崙與歐珍妮走進大殿，離開了其他人的視線，後來又互挽著手回來。三天後，他向歐珍妮求婚了。他們在二十二日那天對外公開婚約消息，一週後舉行了婚禮。「我比較喜歡讓我心動又想珍惜的年輕女人。」拿破崙聲明。「男人可以愛上女人而不珍惜她，」不久，安謝姆的妻子夏洛特表示，「但男人只會娶一個讓自己感到光榮並敬重的女人。」這句恭維話適當地轉達給了這對皇室夫婦。但從羅斯柴爾德家族區分浪漫戀情與婚姻的習慣來看，這句話顯得很牽強。

當然，不應該誇大這句話的涵義。另一方面，現代讀者很容易忘記當代的人如何認真看待十九世紀宮廷生活的複雜儀式，尤其是因政變登上王位、以精心控管的公民投票建立其合法性的意外竄升者的宮廷。

動產信貸銀行

當然，決定詹姆斯在法蘭西第二帝國的命運並不是杜樂麗宮或貢比涅（Compiègne，拿破崙打獵的地方），而是證券交易所和鐵路會議室。在這方面，法蘭西第二帝國見證了通常被描述為十九世紀其中一場大規模的企業戰：羅斯柴爾德家族和動產信貸銀行奮戰到最後一刻的戰爭。

某種程度上，因為動產信貸銀行於一八五二年十一月二十日成立，與法蘭西第二帝國於十二月二日的正式聲明很接近，因此這家新銀行的重要性經常遭到誤解。例如，許多作家將新銀行描寫成對羅斯柴爾德家族支配法國公共財政的主要政治挑戰，是拿破崙三世對富爾德想「解放自我」、擺脫羅斯柴爾德家族監管的回應。第二個錯誤觀念是動產信貸銀行代表一種革命性的新銀行，有別於羅斯柴爾德家族象徵的「過時」私人銀行。

事實上，在公開募集股本的基礎上，設立銀行的想法並不是新鮮事。從一八二六年開始，合資銀行在英國就是合法的，而國家地方銀行（National Provincial）、倫敦西敏銀行（皆於一八三三年成立）等銀行早在佩雷爾兄弟轉攻銀行業之前，就揭示了這種新形式的可能性。動產信貸銀行成立時，英格蘭和威爾斯大約有一百家合資銀行，是倫敦私人銀行數量的兩倍。說英國的合資銀行不借錢給企業也不準確（但這些銀行不傾向進行長期投資，而是經常以長期有效的方式延長透支和貼現票據的期限）。無論如何，長期企業投資並不是動產信貸銀行的業務，儘管亞歷山大．格申克龍（Alexander Gerschenkron）、龍多．卡梅隆（Rondo Cameron）等經濟歷史學家聲稱，長期企業投資不僅推進了法國工業化的速度，還推動了整個歐洲大陸工業化。佩雷爾兄弟在法國的嘗試也有先例，若忽略約翰．羅（John Law）的大眾銀行（Banque Générale），則最早的例子是拉菲特街的工商銀行（Caisse Générale du Commerce et de l'industrie）。藍迪斯說過，羅斯柴爾德家族和其他巴黎老牌銀行在應對動產信貸銀行的挑戰時，並不是採取老派作風，他們也發現了長期投資採用合資形式的基本原理。雖然他們與佩雷爾兄弟不同，資本完全屬於自己，但法國和奧地利羅斯柴爾德家族成員運用資本的方式與動產信貸銀行運用債券持有者和儲戶的資金大致相同，而且從長遠來看更有效。還有一個很明顯卻經常被忽視的重點：動產信貸銀行的規模沒有羅斯柴爾德家族的銀行大。前者的創辦資本是二千萬（後來是六千萬）法郎；一八五二年，羅斯柴爾德兄弟銀行的創辦資本超過八千八百萬法郎，而羅斯柴爾德家族的銀行總資本多達二億三千萬法郎。在動產信貸銀行的創辦資本中，佩雷爾兄弟只占了大約百分之二十九。

實際上，並不是他們做了什麼事，而是他們做事的方式，使同時代的人及後來的歷史學家相信，羅斯柴爾德家族的銀行和動產信貸銀行之間有巨大的差異，只有不熟悉巴黎的人才會像俾斯麥那樣把「羅斯柴爾德、富爾德及佩雷爾」混為一談。佩雷爾兄弟繼續沿用聖西門主義的老生常談，談論工業投資的集體利益，甚至在他們進行長期公債和鐵路股份的投機生意，或是私吞利潤時也是如此。相比之下，羅斯柴爾德家族則毫不掩飾投機和獲利的事實，並將他們對所屬社群的貢獻視為慈善活動，與做生意截然不同。一八五〇年，卡斯泰朗（Maréchal de Castellane）初次見到安東尼時，對他的抱怨感到驚訝不已：「你在倫敦可以靠任何東西賺錢，無論是棉花或長期公債，你想賺多少就賺多少。但在這裡（巴黎），除了長期公債，你幾乎賺不到錢。」聖西門主義者不會這樣說話，因為他們認為這是帶動全法國的積蓄去追求蒸汽驅動的烏托邦。股票經紀人費多在回憶錄中生動地描述其風格的差異，他認為詹姆斯與佩雷爾兄弟不同，「就只是個可靠、機智又精明的『資本商人』。」

> 對他而言，追求可觀財富報酬最大化的唯一任務便是不分晝夜地工作。每次月底的結算都是一場戰鬥，他為保護家園、維護名譽、維持權力而戰。他對世界各地的風吹草動瞭若指掌，包括政治、金融、商業及企業的消息。他憑著直覺，盡力從這些情報獲利。不管機會多麼渺茫，他不放過任何獲利的機會。

如我們已知的，與詹姆斯這樣的人做生意對費多這種小人物來說是吃力不討好。不管任何人去動產信貸銀行的辦公室，都會發現他們與羅斯柴爾德家族形成非常鮮明的對比。在佩雷爾兄弟的辦公室，你不用怕聽到苛刻的話，也不用怕有人情緒失控。他們很有禮貌，對仇恨避而遠之，做事總是專心致志、精神緊繃，想法不太靈活，有自戀傾向，身邊經常有朋友相伴。這些朋友會認真聽贊助者的投資情報、買哪些股票、買進或賣出。動產信貸銀行的員工會在樓梯間等你，問你是否要下單。所有人不惜任何代價都想致富，每個人都要向大師學習，朝著同一個方向努力。

詹姆斯顯然喜歡這種對比。有一次，他在法蘭西第二帝國統治時期展現特有的諷刺式幽默，委託費多替他進行一筆投機交易：買進動產信貸銀行的一千股。他做這件事情多達五次，讓經紀人吃驚的是，他在清算時全額付清了。費多表現出懷疑態度時，詹姆斯則假裝很驚訝：

年輕人，你說的話是什麼意思？……我不是在嘲笑你。聽著：我對佩雷爾兄弟的事業很有信心，他們是世上最優秀的金融家。我是個有家室的人，我很高興能把一部分微薄的財產交給他們處理。我只後悔一件事，那就是我無法把所有資金託付給這麼機靈的人。

有時候當時的人會將這種風格的差異歸因於兩家人的不同文化背景，尤其是金融家朱爾．伊薩克．米雷斯在落魄後的見解，他來自德國嚴酷束縛的環境。他指出，「北方的猶太人」在自私地追求財富的過程中很「冷漠」、「有條不紊」，對政府的利益漠不關心。但法國「南部的猶太人」不但有「更高尚」的「拉丁式」直覺，也從法國對猶太人更寬容的待遇得到好處，因此能以更無私、公益的方式做生意。其他人則從偏向政治的層面來看待這種差異，羅斯柴爾德家族象徵著「富裕的貴族」和「金融封建主義」，而他們的對手代表「金融民主制和經濟上的『一七八九年』」。

實際上，兩者之間的競爭關係源自鐵路特許權的普通領域。對鐵路愛好者而言，共和制可以說是一段不愉快的插曲。投資和建設停滯不前，因為政治家沒完沒了地爭論誰該取得特許權。利率高、證券交易處於低迷的狀態，而雇主對勞資糾紛小心翼翼。只有一條主線開始運作：從凡爾賽到雷恩（Rennes）的法國西部線。拿破崙政變的直接後果包括結束這一切。就在掌權的隔天，從里昂到地中海的路線特許權通過授予；兩天後，某個財團得到了從巴黎到里昂的路線特許權，而巴黎和倫敦那邊的羅斯柴爾德家族成員都是該財團的成員。北方鐵路公司的特許權也重議，條款對該公司非常有利。帝國就是鐵路企業家的致富之源：在一八五二至五七年間，總共有多達二十五項特許權被授予，在一八七〇年之前又陸續增加三十項特許權。

其中，拿破崙的同母異父私生弟弟莫尼（Morny）公爵扮演著影響深遠的角色。莫尼認為新政權是讓自己發財的大好機會，並大力支持將許多小型鐵路公司合併成幾條主要路線。詹姆斯在一八五二年初聯繫了莫尼，很欣賞莫尼的想法。有趣的是，此時法國分行的資產負債表顯示詹姆斯持有不同鐵路公司的股票，價值超過二千萬法郎（約占巴黎分行總資產的百分之十五）。隨著投資者對新政權的鼓勵做出反應，這些股票的價值急劇上升：亞龐尼估計詹姆斯在一八五二年四月的一週內，「不花一分錢」就能賺到一百五十萬法郎。鑑於巴黎分行在一八五〇年代的資本大幅增加，這個數字似乎並非不可能。值得注意的是，在六大法國路線中，羅斯柴爾德家族控管的北部路線的使用程度最為密集、利潤最高：長度只占法國鐵路網總長度的百分之九，卻承載百分之十四貨運量和逾百分之十二的客運量。一八五〇年代，票價和運費與成本的比率為二．七，而交通量從一八五〇至六〇年代增加了一倍多。

然而，詹姆斯和佩雷爾兄弟的分歧越來越大，他們意見不合的跡象最初於一八四九年顯露。當時，佩雷爾兄弟在沒有提及羅斯柴爾德家族的情況下，為自己提出的「巴黎－里昂－亞維儂」專案籌款。程序在一八五二年持續迅速進行，但很難確定關鍵性決裂發生在何時。詹姆斯決定加入「巴黎－里昂」路線的聯盟時，與佩雷爾兄弟分離便是邁出重要的一步。他持有大約百分之十二的股份（其他股東包括巴托羅尼、奧廷格及巴爾林。塔拉博雖然不是指定的受惠人，但他似乎發揮了帶頭作用），這代表明確地否定了佩雷爾兄弟的競爭方案。詹姆斯在一系列富有啟發性的信件中，向姪子解釋這樣做的理由：

如果里昂被排除在外，而且其他兩家公司達到了目標，這會對北方鐵路造成很大的損害。我告訴奧廷格，我們會獲得像其他分行一樣大的份額。如果巴爾林要在倫敦安排認購，就應該與你們一起完成。簡而言之，我不希望新政府在沒有我們參與的情況下發起重大行動。如果沒有我們，這類行動卻成功地實現目標，那麼就有人會說：「我們不再需要羅斯柴爾德家族了。」既然我們可以隨心所欲地索取，那我們最好盡力維繫友誼……相關紳士都受到部長的歡迎。

輕描淡寫間，兄弟中有一人被稱為「傻瓜」，表示他與詹姆斯的關係正迅速惡化。但他們的合夥關係還沒結束。實際上，伊薩克・佩雷爾被任命為詹姆斯在「巴黎－里昂」路線新公司董事會的代表。此外，他的哥哥埃米爾繼續發揮北方鐵路公司董事會主席的領導作用，參與重議該公司的特許權，並在一八五二年一月完成另一項重要鐵路交易。該公司發行不記名債券，藉此籌集四千萬法郎，並用這筆錢收購「布洛涅－亞眠路線」以及設立新的支線，例如通往莫伯日（Maubeuge）的支線。交換條件是特許權延長九十九年，政府可在一八七六年買斷該公司。當年的下半年，詹姆斯再次支持塔拉博時，分道揚鑣的時候到了。

塔拉博此時的目標是合併新的「巴黎－里昂」公司與他通往南方的路線（亞維儂－馬賽、馬賽－土倫〔Toulon〕以及加爾〔Gard〕和埃羅〔Hérault〕的小型路線），並仿照佩雷爾兄弟最初設想的路線，設立大型的地中海公司。詹姆斯決定在這家雄心勃勃但財政拮据的實體持有二千股，並疏遠佩雷爾兄弟（莫尼是另一個股東的事實肯定會讓人懷疑這個簡單的概念，即佩雷爾兄弟獲得新政權的支持得以對抗羅斯柴爾德家族）。最後一擊是，詹姆斯不肯為佩雷爾兄弟的法國南部公司提供類似的金融支援。儘管他認購的三百三十萬法郎不容小覷，但阿爾豐斯離開董事會卻代表著不信任。因此，佩雷爾兄弟成立了動產信貸銀行，以回應他們被排除在塔拉博與羅斯柴爾德新聯盟之外的情況，而該聯盟由莫尼代表的政權支持。

佩雷爾兄弟不必費心尋找鐵路融資替代來源的模式，因為有兩家成功的半公立銀行在動產信貸銀行被構思出來之前就已經自立門戶了。第一家是富爾德家族的土地信貸銀行（Crédit Foncier）：這家抵押銀行在政府的支持下於一八五二年二月成立，透過向儲戶出售抵押債券（在十九世紀是很熱門的投資形式）提供長期貸款給地主。直到一八五三年的年底，該銀行的資本已經增加至六千萬法郎，並發放了總計二千七百萬法郎的貸款。值得注意的是，詹姆斯對土地信貸銀行的敵意不亞於他對動產信貸銀行的敵意。一八五三年十月，他認為土地信貸銀行的貸款利息太高，而且發行的債券在農村地區引起許多人懷疑，以至於無法履行預期目標。該銀行不但沒有支持農業經營者，反而為都市的不動產開發提供資金，其中大部分屬於投機性質：

> 打從一開始我們就很了解這些問題。正因如此，我們拒絕牽涉其中，即便有人一再向我們提議……土地信貸銀行涉及有風險的業務。目前為止，這些業務有盈利……但這並不是健全的企業。

另一家新銀行是聯合基金（Caisses des Actions Réunies）。一八五〇年，當時擔任《鐵路雜誌》（*Journal des Chemins de Fer*）編輯的朱爾・米勒（Jules Mires）以五百萬法郎的資本設立這家信託機構。雖然直到一八五三年，米勒才將聯合基金改造成更宏大的鐵路基金（Caisse Générale de Chemins de Fer），但他隨後聲稱是該銀行讓貝諾瓦・富爾德產生了更大膽的想法：

> 我告訴自己，或許米勒先生能獨自創造一種由重要人士組成的協會。那這個象徵著強大金融組織的協會，注定要同時進行重大的金融業務和企業計畫。我（從巴登）回來後，想找合適的人參與這項專案，這才發現沒有人比……米勒和佩雷爾兄弟更合適。於是，動產信貸銀行誕生了。

另一種說法是，內政部長佩爾西尼（Duc de Persigny）多少迫使動產信貸銀行的概念通過，不顧艾許勒・

富爾德的堅決反對，雖然可能是富爾德家族想在動產信貸銀行破產後否認責任。事實上，富爾德家族和佩雷爾兄弟是平等的合夥人，共同持有大半的股權。

動產信貸銀行有什麼特點呢？儘管佩雷爾兄弟的初衷如此，但法蘭西銀行不允許該銀行自稱銀行。基本上，這家投資信託機構由佩雷爾兄弟帶領的團隊成立，其資本為二千萬（後來是六千萬）法郎，主要功能是吸引一般散戶將積蓄投資到鐵路上。一八四〇年代，有多家鐵路公司發行許多波動大的股票，使不少投資者蒙受損失。動產信貸銀行簡化了問題：提供投資者不同期限的標準化債券，並將資金用來投資董事認為合適的股票和股份。簡言之，這家機構是債券市場和股票市場之間的媒介，可以說是一家發行債券而非不可轉讓定期存款單的存款銀行。十一月二十日，最終公布的銀行章程是由比較謹慎的政府部長和佩雷爾兄弟妥協的結果：經常收支和出售短期債券後得到的資金不得超過企業實收資本的兩倍，即財政部指定水準的兩倍；來自長期債券的資金不得超過六億法郎，即其資本的十倍。

動產信貸銀行通常被視為是對羅斯柴爾德兄弟銀行權力的直接挑戰，而這兩家企業確實在不久後於商業方面展開激烈的競爭。詹姆斯也對以前下屬的自命不凡感到不滿，尤其是他們買下了費律耶旁邊約三十三萬一千五百公頃的阿曼維利耶（d'Armainvilliers）莊園、木桐酒莊旁邊的帕爾默（Palmer）葡萄園，甚至買下納特於聖奧諾雷市郊路住宅隔壁的房子！他也沒有保留自己對新銀行的看法。十一月十五日，他私下寫信給拿破崙，表示該銀行既有強大的影響力，面對危機時卻又不堪一擊。而這個論點並不像佩爾西尼後來表示的那麼矛盾。

詹姆斯提出的第一個反對意見是針對合資公司的典型保守看法。他認為董事是「匿名」和「不負責任」的，也可能為了支配別人的錢而濫用權力。詹姆斯更進一步推測，新銀行還會發展出「工業與商業的駭人統治」。「從他們的投資規模來看，」他提醒道，「這家公司的董事將在市場中制定法律，而且是難以控管和超越競爭關係的法律……並掌握國家的大部分財富……這會是一場災難……銀行處於十分活躍的狀態時，會變得比政府更強大。」同時，新銀行的優勢寄託於不穩固的基礎，這正是災難降臨的前兆。儘管銀行會提供投資者支付固定利息的債券，但銀行本身在股票方面的投資卻「充滿變數和疑慮」。危機來臨時，該銀行會把經濟形勢帶往「深淵」。詹姆斯理所當然地認為，這家新銀行無法維持充足的預備金。他預測，萬一銀行陷入困境，政府就必須選擇「一般性破產」或是暫停金銀的兌換機制。雖然這些誇張的擔憂都是為了恫嚇拿破崙三世，但我們接下來會發現這些擔憂並非毫無根據。

然而，詹姆斯反對動產信貸銀行的事實不見得代表有人在針對他。或許佩雷爾兄弟是真心想要提供他新事業的股份，而他的拒絕也不能證明佩雷爾兄弟對他懷有敵意。詹姆斯不在巴黎的期間，也不該曲解《環球箴言報》（*Moniteur Universel*）刊登該銀行特權資訊這件事。在義大利和德國，與羅斯柴爾德家族密切往來的夥伴（如托隆尼亞、歐本海姆及海涅）是股東的事實，也削弱了反羅斯柴爾德的論點，因為激怒詹姆斯的話，這些人會有很大的損失。

事實上，雖然動產信貸銀行公開自稱是維護公眾利益的金融「中心」，但這對法蘭西銀行而言更像是挑戰。一八五四年，佩雷爾兄弟表明新機構的成立宗旨是為了「引進新媒介的流通，也就是帶有每日利息的新型信託貨幣」。這意味著他認為其債券具有類似貨幣的功能。最重要的是，如更精明的當代評論家察覺到的，這是對法蘭西銀行於一八四八年革命後實行的緊縮貸款政策的回應：在一八五二年之前，法蘭西銀行不肯以鐵路股票作為抵押貸款，而是用相對高的百分之六利率長期公債作為抵押貸款。一八五二年十一月，長期公債的殖利率已降至百分之三・六，動產信貸銀行的出現也就讓人更容易理解。詹姆斯的反對意見便是由此而來：一八五二年，羅斯柴爾德兄弟銀行持有法蘭西銀行價值一百一十三萬一千零七十八法郎的股票，但是股票因為動產信貸銀行的成立而貶值了。我們可以由此看出羅斯柴爾德家族和法蘭西銀行聯盟的開端，並且會在一八五五年由阿爾豐斯負責掌管該銀行時達到巔峰。

動產信貸銀行一開始就大放異彩，其五百法郎的股票開盤價為一千一百法郎，四天後上漲至一千六百法郎。一八五六年三月，股價達到最高點時，成交價為一千九百八十二法郎。對原來的股東而言，這些資本利得相當可觀，因此很難讓人相信詹姆斯並不嫉妒。股利看起來也很豐厚，從一八五三年的百分之十三，上升至一八五五年的百分之四十（可見有百分之四和百分之十的收益）。這般結果似乎使詹姆斯的災難預言不攻自破。它們也不是獨創性會計的產物，而是法國鐵路建設的輝煌時期帶來的成果：一八五一至五六年，其總投資增加五倍，而一八五〇年代開通的軌道數量是一八四〇年代的兩倍以上。此外，票價、運費與營業費用的比率創下歷史新高。動產信貸銀行存在的原因是讓佩雷爾兄弟能夠從蓬勃發展的市場分一杯羹，而該銀行在這方面的表現很出色。

然而，不該誇大動產信貸銀行的成功程度。佩雷爾兄弟從該銀行籌集到的資金確實使其能在龐大的鐵路公司網中增強股權，對法國南部的「波爾多－塞特」路線、經過波旁（Bourbonnais）的「巴黎－里昂」路線以及法國西部線（合併巴黎－羅恩、盧恩－勒阿弗爾、迪耶普〔Dieppe〕－費康〔Fécamp〕，以及凡爾賽－雷恩的路線）進行主導。但羅斯柴爾德家族持續控管北部鐵路線，並持有巴黎－里昂路線的最大單一股份，該路線後來在一八五七年與大中央鐵路合併為「巴黎－里昂－地中海」路線，更別提他們持有法國南部和亞爾丁瓦茲（Ardennes-et-Oise）的較小股份。佩雷爾兄弟在法國各鐵路公司的董事會中占有八個席位，而羅斯柴爾德家族占有十四個席位。此外還有許多新參與者，尤其是莫尼（在一八五三年成立大中央鐵路公司），但並不是所有參與者都能成為佩雷爾兄弟的盟友。他們路線之間的爭鬥也若一般人經常說的那麼明顯：查爾斯．拉菲特不但是佩雷爾兄弟在西部鐵路線的合作夥伴，也是北部鐵路線的重要股東；加列拉公爵（Duc de Galliera）不但是動產信貸銀行的創辦人，也是北部鐵路線的董事會成員。佩雷爾兄弟可能在東部線的形成過程中占主導地位，但一八五四年在倫敦為該公司發行價值二百五十萬英鎊債券的卻是當地的羅斯柴爾德家族企業。

我們能夠確定的是，米勒後來表示詹姆斯在一八五五年面對「新銀行」的競爭時已經「棄權」的這個說法站不住腳。事實上，動產信貸銀行正冒著擴張過度的風險。雖然詹姆斯說該銀行的資本「微不足道」確實有些誇張，但與佩雷爾兄弟的抱負相比，說該銀行資本不足是有道理的。早在一八五三年，這家公司就試圖發行價值一億二千萬法郎的債券以期增加可支配的資金，但政府行使了否決權。一八五五年，佩雷爾兄弟再次嘗試，又被政府阻撓。結果，動產信貸銀行漸漸發現它必須依賴六千至一億法郎的一般存款，而這些存款主要來自鐵路公司等相關企業。上述的限制可以解釋創辦人所聲明的意圖與實際投資策略之間的顯著差異。事實上，該銀行的投資組合特點是相對較高的周轉率，其總資產在一八五四年只落在五千萬法郎左右，一年後達到二億六千六百萬法郎。

如果佩雷爾兄弟把活動限制在法國，那麼他們和羅斯柴爾德家族之間的著名「戰爭」是否會不只是小紛爭？這點有所疑慮。但他們並非僅在法國活動。對詹姆斯而言，使動產信貸銀行看似有威脅性的是他們在法國以外擴張以及成為全歐洲奇蹟的潛力。一八五三年四月二日，沙夫豪森銀行（Schaffhausenscher Bankverein）的亞伯拉罕・歐本海姆（Abraham Oppenheim）、古斯塔夫・梅維森（Gustave Mevissen）等科隆銀行家獲得黑森－達姆施塔特大公（Duke of Hesse-Darmstadt）的許可，設立了一家專門貼現和開狀的銀行。他們將這家新銀行稱作達姆施塔特貿易與工業銀行（Darmstädter Bank für Handel und Industrie），預期資本為二千五百萬荷蘭盾（約五千四百萬法郎），並具有佩雷爾兄弟風格的特權，顯然其目標是要成為德式的動產信貸銀行。實際上，這是對羅斯柴爾德家族在自己老家的挑戰，因為達姆施塔特距離法蘭克福以南不到三十三公里，而歐本海姆和梅維森決定在那裡設立新銀行的唯一理由是法蘭克福和科隆當局都不願意給他們許可證。他們的九位董事中有四人來自法蘭克福，其中包括羅斯柴爾德家族的宿敵莫里茲・貝特曼。

但更令人擔憂的是，佩雷爾兄弟和富爾德家族直接參與了新事業。如我們已知的，歐本海姆是動產信貸銀行的其中一位原有股東（他持有五百股），也曾派哥哥西蒙（Simon）到巴黎吸引法國人的興趣，而他達成了超越期望的協議。在最初的四萬股中，創辦人與董事保有四千股，另外四千股由法蘭克福的貝特曼發行，一萬股按票面價值賣給動產信貸銀行的股東，其餘股票由歐本海姆、梅維森、富爾德及動產信貸銀行共同持有。

但事實證明，這是確保新事業成功的唯一途徑。若非法國人在五月發行期間買進這些股票，或許股價已經低於票面價值了（這項弱點難免被歸咎於羅斯柴爾德家族的陰謀）。買進股票的效果是，動產信貸銀行獲得了大半股權。沒過多久，便有傳聞其他國家要架設相似的衛星銀行。早在一八五三年七月，詹姆斯就覺得有必要告誡皮埃蒙特（Piedmontese）的銀行家博米達（Bolmida）不要在杜林設立動產信貸銀行，並提醒他這種銀行「不討喜的可能性」大於「可取的優勢」。同樣在一八五三年，佩雷爾兄弟首次嘗試設立西班牙的動產信貸銀行，不久後也想開辦比利時的動產信貸銀行；到了一八五四年，他們甚至想開辦奧地利的動產信貸銀行。這些舉措引起了令人擔憂的可能性：動產信貸銀行可能以跨國公司的性質出現，挑戰羅斯柴爾德家族至今在歐洲金融領域的獨特地位。

不過這則故事不該被過度簡化。在一八五〇年代，不是只有佩雷爾兄弟意識到合資銀行業的可能性。在倫敦也有一些類似的機構，例如英國土地信貸暨動產銀行（Credit Foncier and Mobilier of England）、國際土地企業（International Land Company）及國際金融協會（International Financial Society），但這些機構沒什麼進展。光是在一八五五和五六年，就有十三家類似的銀行在德國各邦成立，包括大衛・漢澤曼的折扣公司（Disconto-Gesellschaft）、柏林商業銀行（Berliner Handels-Gesellschaft）、聯合銀行（Vereinsbank）以及北德銀行（Norddeutsche Bank），最後兩家都位於漢堡（Hamburg）。我們也不該忽視同樣重要的新銀行。這些新銀行採用更傳統的私人與商業銀行結構，在許多方面對羅斯柴爾德家族的卓越地位構成更持久的威脅。在倫敦，巴爾林兄弟與羅斯柴爾德家族銀行（尤其是在承兌市場）的主導地位受到施羅德、福林與戈申（Frühling & Goschen）等現有投資銀行的發展，以及更新的企業出現所帶來的挑戰，尤其是漢布羅企業（C. J. Hambro & Son，一八三九年成立）、奧弗倫－格尼公司（Overend Gurney）以及克萊沃特與科恩（Kleinwort & Cohen，一八五五年成立）。在法蘭克福的情況也差不多，M A羅斯柴爾德父子銀行遇到來自厄蘭格父子銀行（Erlanger & Söhne，由皈依猶太教的勒布・摩西・厄蘭格〔Löb Moses Erlanger〕）創立，以及來自雅各・史特恩銀行（Jacob S. H. Stern）、拉扎德・施派爾－埃利森銀行（Lazard Speyer-Ellissen）、莫里茲・葛舒密特銀行（一八五一年成立）以及蘇爾茨巴赫兄弟銀行（Gebrüder Sulzbach，一八五六年成立）的新競爭形勢。在巴黎，於一八五四年成立的拉扎德兄弟企業（Lazard Frères）是一股新勢力。

除了一八五〇年代早期的繁榮盛況，新銀行大量湧現是因為電報的出現帶來了通訊革命。雖然最初的發現可追溯到十八世紀，並且在一八三〇年代成功地展現應用範圍，但直到一八四八年後，電報才真正對國際金融產生了影響。一八五〇年，電報線在美國、英格蘭、普魯士、法國及比利時應用於商業經營，但直到一八五一年，多佛至加萊的海底電纜才算是真正的轉折點。早在鋪設電纜之前，尤利烏斯・路透（Julius Reuter）[1]寫信給新廷：「如果你們喜歡我們傳送柏林和維也納匯率的服務，我們能保證不提供這項服務給其他倫敦分行。如果電報沒有按時傳送，我們也會退款給你們。」然而，這種壟斷性的安排早已在歐洲大陸消失，在倫敦也沒維持多久。

這說明了詹姆斯對本來應該接受的創新方式懷有某種出乎意料的敵意。一八五〇年代，他一再抱怨「電報毀了我們的事業」。事實是，電報讓羅斯柴爾德家族以前設法做到的事變得更容易，也就是在附屬銀行之間進行遠距離的金融業務。許多競爭對手都借助電報把他們當成學習的榜樣，一八六〇年代，施派爾、史特恩及厄蘭格等位於法蘭克福的家族在倫敦和巴黎設立分支機構，而施派爾家族也在紐約設立分支。「看來，昨天有許多德國的惡棍利用電報在倫敦出售法國的鐵路股份。」一八五一年四月，詹姆斯抱怨道，「自從有了電報，人們的工作量就增加了。他們每天十二點發送電報，包括發送微不足道的交易，在當天收盤前賺取利潤。」羅斯柴爾德家族以前憑著無可匹敵的送信制度和信鴿能比對手搶先一步，但現在所有人都可以取得情報了。詹姆斯發現除了「做同樣的事」也別無選擇，但他依然認為「設立電報是一件可恥的事」。也就是說，即使他在夏天的假期做水療也無法放鬆心情，不去想事業的問題。「泡澡時還要思考那麼多事可不是好事。」他說。直到一八七〇年代，詹姆斯的兒子還是有類似的怨言。雖然羅斯柴爾德家族別無選擇，只能善用新技術，但他們一直對這項技術傳播金融消息的方式感到惋惜，並繼續以他們習慣的方式互相寫信，直到第一次世界大戰。

淘金熱

然而，不該誇大這種抱怨的意義。實際情況是，儘管羅斯柴爾德家族在歐洲面臨日益激烈的競爭，但他們依然是獨一無二、貨真價實的國際企業。一八五〇年代，因為電報無法觸及各大陸，所以讓他們的事業確實有顯著的進展。一直到一八六六年才有從歐洲通往北美洲或印度的電報線路，通往拉丁美洲的電報線路在一八六九年才有，而一八七三年才有通往澳洲的電報線路。在這些地區，羅斯柴爾德家族的半自主代理人的傳統制度仍然無可比擬。他們有定期的書信往來，但平常互不聯繫。當然，歐洲代理人持續做好分內的工作：在馬德里有魏斯威勒和鮑爾；薩繆爾．蘭伯特（Samuel Lambert）在布魯塞爾（Brussel）接替了岳父里希騰貝格的職位；還有近期的新人，例如曾在君士坦丁堡和義大利服務的赫拉斯．蘭多（Horaz Landau）。但是如今他們擔任情報蒐集者的角色不再像以前那麼重要了。當然，機密的政治情報還是很重要，只要代理人的人脈夠廣，就能取得相關情報。然而，更偏遠的代理人在這段期間扮演的角色具有更重要的戰略意義。

一八四八年的危機揭露了橫跨大西洋做生意的困難，尤其是個別代理人在紐約擁有獨立權力的時候。那年十月，詹姆斯派阿爾豐斯到紐約，部分原因是為了讓羅斯柴爾德的完全合夥人取代貝爾蒙。貝蒂在寫給兒子的信中表明了這個意圖的嚴重性，她建議兒子耐心等待，直到他在處理美國事務方面有足夠的經驗：

> 你不妨說大人物的語言。最重要的是有禮貌，但如果禮貌沒用，至少要有活力，並維護與地位和權力相

---

❶ 原名為以色列．貝爾．約沙法（Israel Beer Josaphat）。他在叔叔的哥廷根銀行擔任行員，從此展開職涯，並在當地遇見電報先驅卡爾．弗里德里希．高斯（Karl Friedrich Gauss）。一八四〇年，他開始在查理斯．哈瓦斯（Charles Havas）設在巴黎的卡尼爾通訊（Correspondence Garnier）工作。該公司將國外媒體的報告翻譯成法文，並在一八五〇年遷到倫敦。他在倫敦成立了路透社。

稱的尊嚴，才不會顯得「德不配位」。此後如果貝爾蒙先生還是想掌權，不容你討價還價，那麼你可以請這位先生慢走，不送了……

一八四九年春季，事態顯然到了緊要關頭。「貝爾蒙的處境撐不住了」，貝蒂在三月二十四日寫道：

他不配得到別人的信任。別人應該在不辜負自己的利益和尊嚴下遠離他，哪怕是找藉口也行……問題是，在紐約設立一家以我們的名字命名的分行，對家族的未來不是很有幫助嗎？對那些選擇思考這點的人而言，美國的未來似乎不切實際。我自豪地相信自己的兒子能奠定分行的基礎，為家族帶來榮譽。你會飛黃騰達，並一躍成為卓越的分行領袖。

貝蒂在五月告訴他：「我打算讓你在美國立足……並從代理人的愚蠢和貪婪中解脫，實現美好的未來……我再說一遍：留在新世界吧。萬一最糟的情況發生，萬一舊世界崩潰了，在這種上帝不樂見的情況下，新世界就能成為我們的新祖國。」

一八四九年，她的兒子（本來是暫時）回到歐洲後，仍然有人繼續談論這個想法。「阿爾豐斯……決定回來了，」萊昂內爾在維爾德巴特見到堂親後說，「我們大概討論了一下美國的生意，沒談別的事。詹姆斯叔叔和阿爾豐斯都認為在美國可以賺到很多錢，也希望繼續經營事業，所以不管怎樣，阿爾豐斯都會回到工作崗位。」阿爾豐斯也提到回到美國時，要「讓那邊的事情處理起來更方便」。卡斯泰朗相信他不久後為了在紐約找住處又要離開巴黎，而在紐約有許多人知道阿爾豐斯男爵要來美國。

但這一切卻沒有發生。這個疏忽可以說是羅斯柴爾德家族犯了嚴重的策略性錯誤，而且很難說清楚為何會發生這種情形。不過貝蒂的信件顯示，有一種可能是阿爾豐斯捨不得放棄巴黎的舒適生活，改選擇紐約那種較不精緻的生活型態。母親想說服兒子，而且為了讓自己的想法聽起來更有說服力，她建議兒子在最初兩年過後，把規劃中的新分行的日常管理事宜「委託給臨時代理人，直到有家族成員或你的兄弟想偶爾逗留幾個月。等到分行正式成立後，你很快就能回到我們身邊，並且監督那個要從遠方來取代你的人」。倫敦的合夥人對這件事不怎麼感興趣，但他們一直懷疑貝爾蒙「用他們的錢做投機生意」。根據貝蒂的說法，萊昂內爾和兄弟「對這項計畫抱持悲觀的態度」，他們「擔心巴黎從中得到的好處太多，寧可在巴黎安排一位代理人，但這個代理人只能是戴維森，因為他十分符合他們的利益」。

不過，最有說服力的解釋或許是貝爾蒙終於成功說服詹姆斯相信自己無可取代。當前他在美國是信譽良好的人物，社會地位和政治影響力的發展速度幾乎與私人財富的增加速度一樣快。一八四九年，他宣布與美國海軍准將馬修・培里（Matthew Calbraith Perry）的女兒卡洛琳・培里（Caroline Perry）訂婚，而貝爾蒙強調她也是「我們最優秀的家庭成員之一」。四年後，在出乎意料的角色互換中，貝爾蒙以美國駐海牙（Hague）大使的身分來到歐洲。也許是這些世俗的成功跡象（在法國受教育的羅斯柴爾德年輕人得花時間達成）最後說服了詹姆斯不再批判貝爾蒙，貝蒂也認可貝爾蒙「為自己創造了強大又獨立的地位。他對國家的所有資源瞭如指掌，也掌握著商界所有玩弄手段的關鍵」。「我的觀點如下，」她的丈夫在一八五八年不情願地總結：

> 我們應該把美國業務的管理事宜都交給貝爾蒙，因為我們對他非常有信心，而且他熟悉美國的業務。只要我們這樣做，就不必再無休止地忍受我們是否能接受不同銀行帳單的抱怨和問題。

不過七年之前，他當時憤恨地抱怨貝爾蒙不讓他看紐約代辦處的帳簿。

當然，貝爾蒙只負責美國東岸的業務，主要是紐約、賓州及俄亥俄州等確立已久的東北部各州以及伊利諾中央鐵路等大型鐵路發行的債券。但一八五〇年代，西海岸越來越有吸引力。班傑明・戴維森從墨西哥被派往西海岸，一聽到有人在加州發現黃金，便準備了四萬英鎊的總貸款。羅斯柴爾德家族再次對於把自身利益託付給遠方市場的人感到不安，「文明發展程度較低的地方，處理事務要承擔個人風險。」於是，他們決定從法蘭克福派遣一位名叫梅（May）的行員到舊金山與戴維森共事。詹姆斯很欣賞梅：「他是個聰明的傢伙，也是法蘭克福猶太人，我對像他這樣的人很有信心。」但他不久就大失所望。才過了一年多，在梅和戴維森決定花二萬六千到五萬英鎊購買新屋時，爆發了一場爭吵。戴維森的哥哥站出來為他辯護，指出加州辦公室在短短兩年內賺取了三萬七千七百六十二英鎊的利潤，考慮到舊金山的生活費很高，經營費用是合理的。而且買新屋之前，他一直住在「建在地窖上方的簡陋小屋，過得像豬圈裡的豬。他每次外出買餐點時都戰戰兢兢，生怕發生火災，而他趕回家滅火卻被火燒死了」。

如同與其他代理人的糾紛，這場爭吵終將平息，而戴維森和梅都**留在原地**。十年後，他們依然沒有搬遷。此時，梅要求返鄉獲准，他在信中闡明了羅斯柴爾德家族與美國代理人之間的關係：

> 我的年紀越來越大，目前三十六歲，該是我決定要繼續過著孤獨的生活，在遠離家人的地方度過餘生，或是返鄉定居的時候了。在任何國家，不管是誰，尤其是歐洲人，即使他對文明和社交沒什麼要求，也不可能待在某個地方很多年。年輕人沒什麼想法，但年紀越大的人通常越有其他想法。你別以為我在國內累積了這麼多財富，我就會決定退出這個行業……你給我職位確實是出於好意，而我永遠不會忘記這份恩情。我這輩子都對你心存感激。這個職位對我有很大的好處，但是……你的利益沒有因此受到影響，而你的事業始終是當務之急，也是你最關心的事。

後來在一八五〇年代，他們決定派另一位戴維森——納坦尼爾．戴維森（Nathaniel Davidson）到墨西哥取代班傑明的位置。儘管當地的政治局勢不穩定，仍有望把握重要的商機：除了貸款給長期無力償債的國家，還投資水銀、煤礦及鑄鐵廠。墨西哥成為法國帝國的目標時，其持續存在的重要性在一八六〇至六一年增加了。與此同時，夏芬伯格仍留在古巴。美國政府試著向西班牙收買古巴時，古巴的政治重要性暫時提升。貝爾蒙也參與了收買的計畫，卻因美國的政治反對聲浪而失敗。

最後，值得一提的是羅斯柴爾德家族在美洲的其他傳統利益範圍：巴西。這是納坦在一八二〇年代很喜歡談論的話題，但二十年來，倫敦和里約（Rio）之間的業務往來一直很有限，一部分是因為連續幾屆政府都沒有求助於倫敦的資本市場。隨著阿根廷和烏拉圭在一八五一年爆發戰爭，這種情況發生改變，戰爭的成本迫使巴西在隔年經由羅斯柴爾德家族銀行發放一百零四萬英鎊的貸款。該國鐵路網的快速發展也產生了新的財務需求。在一八五一年的貸款之後，不久又有一筆為巴伊亞州與舊金山鐵路公司（Bahia and San Francisco Railway Company）發放的一百八十萬英鎊貸款，而另一筆給政府的一百五十萬英鎊貸款也是為了資助鐵路，這兩筆都是發生於一八五八年。一八五九年則有一筆給聖保羅鐵路公司的二百萬英鎊貸款，還有另一筆略低於一百四十萬英鎊的貸款給政府。而一八六〇年的貨幣危機及巴西債券的價格下滑，需要一段時期的整合。一八六三年，一筆三百八十萬英鎊新貸款則主要用於轉換可追溯至一八二〇和四〇年代的早期債務。然而，巴西與巴拉圭在一八六五年爆發戰爭，使巴西的財政再度面臨壓力。萊昂內爾與巴西部長莫里拉（Moriera）進行漫長的談判後，才同意提供一筆不到七百萬英鎊的新貸款。這場戰爭在一八六九至七〇年接近尾聲時，聽說又出現了另一筆貸款。這只是巴西政府和倫敦分行之間專屬財務關係的開端，後者在一八五二至一九一四年發行了價值高達一億四千二百萬英鎊的債券。

幾十年來，巴西和美國一直是羅斯柴爾德家族的活動範圍。相比之下，亞洲多少有點像是未知的領域。但一八五〇年代也是擴張時期。繼一八三九至四二年的鴉片戰爭之後（戰爭名稱由來是中國禁止從英國控管的印度進口鴉片），香港被英國吞併，並開放另外五個中國商埠給歐洲商人。這加速了中國茶葉、絲綢與西方白銀、印度鴉片的交易過程，並為英國的生意創造了具有吸引力的新商機，同時削弱了吳秉謙等中國商人的權力。有歷史學家稱這些商人是「東方的羅斯柴爾德」。一八五三年，倫敦分行與位於上海的克蘭普頓企業（Cramptons, Hanbury & Co.）定期保持書信往來，並定期從墨西哥和歐洲運送白銀給這家商行。雖然倫敦分行也對印度鴉片感興趣，並將其中一些鴉片向西運往君士坦丁堡，但白銀顯然是最受關注的問題。一八五〇年代晚期，倫敦分行與加爾各答的舒尼企業（Schoene, Kilburn & Co.）保持定期的書信往來。因此，像一八五○年代的中國叛亂、一八五七年的印度兵變等周邊危機，使新廷產生了昔日亞洲動亂所沒有產生的共鳴，讓倫敦分行首次參與大英帝國的商業活動，而這是以前交給其他人負責的領域。因此，如果有人說「整個宇宙都在向羅斯柴爾德家族致敬，他們在中國、印度，甚至在更不文明的國家都設有辦事處」，這種誇張的說法是可以理解的。這就是羅斯柴爾德家族和以歐洲為中心的佩雷爾兄弟之間的顯著差異。

白銀大量流向東方是十九世紀中期的世界經濟特點，這有助於說明一八四○年代加州和澳洲發現黃金引起轟動的原因。發現黃金所造成的強大影響力不言而喻。一八四六年，世界黃金產量約為一百四十萬金衡盎司，其中一半以上來自俄羅斯。一八五五年，黃金總產量上升至六百四十萬盎司，其中有一半來自北美洲，另一半來自澳洲。我們已經知道，羅斯柴爾德家族從墨西哥派遣班傑明．戴維森到北部參與加州的淘金熱。他們也對澳洲的土地感興趣。一八五一年，有人在新南威爾斯州和維多利亞州發現黃金之後，該家族便受到敦促：「你們可以在這裡開一間一開始就能充分供應硬幣的分行，從中構成東、西半球中規模最大和最富有的機構之一。」他們並沒有採納這項建議，如同上海和加爾各答的案例，他們最初認為依靠獨立企業就夠了，並且讓企業發揮墨爾本辦事處的功用，雖然企業在這種情況下是由雅各．蒙提費歐里和他的兒子萊斯利（Leslie）經營，但事實證明血緣關係並不能保證辦事能力。一八五五年，蒙提費歐里企業（Montefiore & Co.）因虧欠倫敦分行一大筆錢而破產，不得不派合適的羅斯柴爾德代理人傑佛瑞．庫倫（Jeffrey Cullen）去挽救局勢，此事似乎證實了邁爾．阿姆謝爾蔑視姻親的觀點何以備受尊崇。

庫倫家族從滑鐵盧戰役時期開始便在羅斯柴爾德家族銀行工作，因此庫倫相當了解雇主的需求。甚至在他為蒙提費歐里家族解決複雜的事務之前，就急切地爭取水銀託運和殖民地需要的其他貨物（尤其是酒，無論是啤酒、威士忌或波特酒）。「如果你幫我寄送，」他不自覺地呼應了年輕紡織商納坦寫信的筆調寫道，「我一定會盡力用你滿意的方式成交。」九月時，他要求「每艘郵船五千英鎊或一萬英鎊」的貸款條件。為了親自參觀金礦區，他也要求「稱職的金融家協助，因為整個殖民地都沒有這種服務，連政府首腦也對業務一竅不通，而我不只一次被財政部派去解釋一些有關貨幣的瑣事」。

如果說庫倫處於羅斯柴爾德家族的新生金銀帝國邊緣，那麼帝國中心則是該家族在這段時期收購的不同提煉廠和鑄幣廠。早在一八二七年，詹姆斯就開始在巴黎經營自己的提煉廠，並將工廠遷到瓦爾米碼頭（Quai de Valmy）的新大樓。一八三八年，他在米歇爾・貝諾瓦・波薩（Michel Benoît Poisat）的指示下成立了兩合公司。一八四三年，他與巴黎鑄幣廠的廠長迪利克斯（Dierickx）結成夥伴關係，一直持續到一八六〇年。金礦的新發現使提煉廠和鑄幣廠的活動大幅增加，用詹姆斯的話來說則是「貨幣市場的革命」。因此，萊昂內爾在一八四九年決定讓倫敦分行直接參與鍊金業務時，其實追隨了叔叔的腳步。

在納坦的時代，倫敦除了有皇家鑄幣廠附設的提煉廠，還有四家私人提煉廠：布朗與溫格羅夫（Browne & Wingrove）、強森與斯托克斯（Johnson & Stokes）、培卡爾・諾頓・強森（Percival Norton Johnson）以及考克斯與梅爾（Cox & Merle）。其中，布朗與溫格羅夫廠執行英格蘭銀行大部分的提煉業務。然而，在加州和澳洲的發現大幅增加了該銀行的黃金交易量：一八五二年，黃金購買量達到一千五百三十萬英鎊的最高值，其中有三分之二以上是金條，遠遠超出布朗與溫格羅夫廠的能力範圍。為了填補空缺，萊昂內爾提議出租皇家鑄幣廠附設的提煉廠。從一八二九年開始，這家提煉廠持續在廠長麥席森（Mathison）的領導下使用硫酸分離系統。從一八四九年九月開始，他「反覆」告訴政治盟友約翰・阿貝爾・史密斯和約翰・羅素勛爵，「必須改變鑄幣廠的體制」。專門檢查鑄幣廠活動的皇家委員會適時採納了這項建議。「我希望部長有勇氣做出改變，」萊昂內爾告訴兄弟，「我們也要做得到，這將會是一筆大生意。」納特說得很貼切：「有這麼多硬幣從加州和墨西哥運來，當然有必要做出有別於過去的改變。」

麥席森果然試著抵制這種「私有化」的行徑，然而卻徒勞無功。但是對羅斯柴爾德家族而言，培卡爾・諾頓・強森沒有聽從新夥伴喬治・馬西（George Matthey）的勸告去參加競標是一件好事。一八五二年一月，安東尼取得提煉廠的租賃權；十二月，萊昂內爾正式允許銀行董事湯瑪斯・漢基（Thomas Hankey，另一位政治盟友）「直接把我帶領提煉和熔化的金條、銀條交給英格蘭銀行」。在執行的第一年，提煉廠處理了超過三十萬盎司的澳洲黃金和四十五萬盎司的加州黃金。一八六二年，狂熱的金銀通貨主義者格萊斯頓造訪英格蘭銀行後，便直接參觀了提煉廠，可見提煉廠的重要性。馬克・弗蘭德羅（Marc Flandreau）指出，他們對英吉利海峽兩岸的提煉和鑄造產能的控管，使羅斯柴爾德家族能經營獨特的套利「系統」，因此倫敦分行購買美國或澳洲的黃金是記在法國銀行的帳上，然後透過倫敦的貴重金屬經紀人將黃金轉交到巴黎。同時，巴黎分行為新廷買下白銀，而新廷經由倫敦或南安普敦將白銀轉交到東部。這麼做不僅有利可圖，也在一八五〇年代晚期成了金銀複本位制的國際貨幣體制必不可少的一部分。

公共財政與克里米亞戰爭

幾十年來，羅斯柴爾德家族把一場歐洲大戰視為對財政狀況的最大威脅，甚至比革命更嚴重。一八五四年三月，戰爭爆發了。令人難以置信的是，克里米亞戰爭的起因是天主教與正統派修道士為了所謂的耶路撒冷聖地而起的爭執。實際上，這是俄羅斯應該對日漸衰落的鄂圖曼帝國，尤其是摩爾達維亞和瓦拉幾亞（Wallachia）的多瑙河公國，以及黑海行使多大權力的這個老問題的重現。這次與一八四〇年不同的是，法國和英國聯合了起來：前者是為了解散神聖同盟，而後者只是為了打擊沙皇。眾多自由主義者認為沙皇應該受到打擊，因為他在一八四九年鎮壓匈牙利革命。五年前，沙皇是中歐的仲裁者，如今他發現自己被神聖同盟的其他成員拋棄了。奧地利突然對西方列強感興趣，其他成員幾乎都參與了戰爭，而普魯士繼續執行沒有成效、無關緊要的政策。皮埃蒙特加入了反俄陣營，堅信任何戰爭都會削弱奧地利在義大利的地位。

由於俄羅斯人很快就屈服於聯盟的要求，所以這場戰爭的曠日持久便顯得很是奇特。首先，一八五三年夏季發生了重大的軍事行動，當時沙皇命令軍隊進入多瑙河公國，而英國與法國的海軍則接近達達尼爾海峽

（Dardanelles）。俄羅斯和土耳其在十月爆發戰爭時，俄羅斯人基本上已經放棄其吹噓的主張：在鄂圖曼帝國中成為基督教徒的唯一保護者。因此，法國和英國勢必要為各公國和黑海開戰。但是沙皇在一八五四年六月向奧地利人承諾，他將從各個公國完全撤退，戰爭屆時只限於黑海。於是考量到「歐洲權力平衡的利益」，有必要修訂一八四一年的海峽公約，而英法聯軍在克里米亞半島登陸的實際目標是要占領塞凡堡（Sevastopol）。早在一八五四年十一月，俄羅斯政府就同意了這一點（唯恐奧地利參與），但由於法國和英國仍需確定實際的意義，所以戰爭一拖再拖。尼古拉一世在一八五五年三月去世後，各方透過談判達成協議的嘗試以失敗告終。反之，俄羅斯人輕率地決定對其黑海制海權的限制，驅使西方列強結束戰爭。塞凡堡市於九月八日陷落後，法國人提出了一些新的戰爭目標。最後，這場危機於一八五六年二月至四月在巴黎和會解除了，黑海中立化，俄羅斯失去了一大塊比薩拉比亞（Bessarabia）領土，即現在的摩爾多瓦（Moldova），而法國和英國都同意擔保土耳其未來的獨立。事實上，這些條款持續到俄羅斯從失敗中復原過來大約花了二十年之久，畢竟沙皇制度的行政缺陷得要付出慘痛的高昂代價。勝利者最長久的成就則是，藉由多瑙河各公國的合併，羅馬尼亞於一八五九年建立，而這是他們當初沒有想過的事。

克里米亞戰爭的確切起因和重要性並沒有引起羅斯柴爾德家族的特別關注。他們何必關心？羅馬與希臘的修道士為了基督教文物而發生爭吵，並沒有引起耶路撒冷猶太醫院建造者的興趣，他們也沒有在多瑙河公國取得鐵路相關的利益。至於黑海的國際地位，純粹出於經濟因素，倫敦分行慎重地決定不參與奧德薩（Odessa）的穀類出口。重要的是，強權之間的任何戰爭一定會對國際金融市場造成破壞性影響。實際的例子如表格2a所示：

在外交觀察者眼中，羅斯柴爾德家族似乎很煩惱，這可以理解。一八五三年六月，聖彼得堡的通信者向他們保證不會發生戰爭，而他們也相信了。就在政府指示海軍上將鄧達斯（Dundas）越過海峽的消息洩露後不久，英國的外交部長克拉倫登（Clarendon）在九月二十七日見到萊昂內爾時告訴他：「我在倫敦沒遇過這樣的日子。」一八五四年一月，西部海軍終於進入黑海時，胡伯納發現詹姆斯意志消沉，阿姆謝爾也留給他同樣的印象。一八五四年二月，俾斯麥聽到俄羅斯大使被召回巴黎的消息時說：「我思考了一下自己最能嚇唬誰，然後我的目光落在阿姆謝爾．羅斯柴爾德身上。他得知這則消息後，臉色變得蒼白。他說的第一句話是：『要是我今天早上知道這件事就好了。』第二句話是：『你明天要和我做個小買賣嗎？』我親切地拒絕他的提議，向他道謝，然後讓他繼續陷入焦慮的思考。」約翰．布萊特（John Bright）是倫敦其中一位反戰態度強烈的人。三月三十一日，他聽到萊昂內爾嚴肅地說：「背負八億英鎊債務的國家在捲入另一場戰爭前，應當慎重考慮。」

然而，克里米亞戰爭並沒有削弱羅斯柴爾德家族的地位，反而產生了相反的效果，凸顯出該家族在公共財政領域的主導地位，這點其實說明了羅斯柴爾德家族多年來一直在誇大戰爭造成的金融風險。實際上，戰爭創造了金融商機，尤其是一八五四至七一年特有的短期戰爭。該家族憑著獨特的跨國體系，特別適合利用這些機會。即使是沒有直接參戰的強權，克里米亞戰爭讓軍事費用超出稅收水準（參見表格2b）的事實也迫使相關強權進入債券市場，連吝嗇的英國也不例外。儘管他們的競爭對手嘗試過，包括動產信貸銀行，但都沒有對手能成功挑戰羅斯柴爾德家族在債券市場的傳統卓越地位。

當然，宿敵巴爾林兄弟不幸成了失利的銀行家，讓羅斯柴爾德家族的日子更好過了。一八五〇年，俄羅斯政府將一筆五百五十萬英鎊的新貸款委託給巴爾林家族，這看起來是失敗之舉。由於大量的超額認購，以百分之二

表格2a：克里米亞戰爭對金融的影響

	最高價格	日期	最低價格	日期	百分比變化
英國百分之三永續債券	101.38	1852年12月	85.75	1854年4月	-15
法國百分之四．五長期公債	105.25	1853年2月	89.75	1854年3月	-15
奧地利百分之五金屬	84.62	1852年12月	64.25	1854年12月	-24
普魯士百分之三．五債券	94.50	1852年12月	84.25	1854年12月	-11

注：英國與法國的數據是根據在倫敦報價的每週收盤價，奧地利與普魯士的數據是根據在法蘭克福報價的年底價格。

資料來源：*Spectator*, Heyn, "Private Banking and Industrialisation", pp. 358-72

溢價開盤時，讓喬書華・貝茲和湯瑪斯・巴爾林獲得了十萬五千英鎊的佣金。❷但兩年後，隨著外交關係惡化，霸菱銀行陷入面臨風險的處境，被下議院的帕默斯頓譴責為沙皇的「代理人」，而許多人也誤以為該銀行涉及了俄羅斯在一八五四年的戰爭貸款。❸

這有助於說明羅斯柴爾德家族在英國戰爭金融領域享有幾近壟斷的地位。戰爭爆發時，大臣格萊斯頓以特有的嚴厲風格發誓反對「透過貸款為戰爭籌集必要資金的制度」，理由是這種制度「是對人民實施大規模有條理的欺騙手段」。英國仍背負著拿破崙戰爭留下來的大筆債務。如萊昂內爾所言，戰爭前夕的國債約為七億八千二百萬英鎊。雖然相對於國民生產總值（GNP）而言，債務的負擔逐漸減少（從一八二〇年的百分之兩百五十降至一八五四年的百分之一百一十五左右），不過當代的政治家並沒有意識到這點。因此，格萊斯頓建議增加所得稅（先從每英鎊七便士增加到十・五便士，最後增加到十四便士）與一些消費稅，藉此為戰爭提供資金。但這還不夠。他辭職後，由喬治・路易斯爵士（Sir George Lewis）接任，而政府已經在一八五四年累積了六百二十萬英鎊的赤字（藉著出售短期國庫券來籌措資金），並在隔年面臨將近四倍的資金短缺。路易斯又

❷ 科布登（Cobden）依然代表匈牙利人強烈抗議。他指責：「這是不合理的無恥交易。」事實上，如同這段時期的許多貸款，籌集的資金也專門用於鐵路建設。

❸ 不過霸菱銀行的確持續為先前的俄羅斯債券支付利息，英國外交部長克拉倫登並沒有想到禁止這種做法，即便他了解狀況。而俄羅斯的債券戰爭期間仍於倫敦進行交易。

表格2b：公共開支增加，1852-1855（以數百萬國家貨幣計算）

	奧地利（荷蘭盾）	英國（英鎊）	法國（法郎）	俄羅斯（盧布）
1852	310	55	1,513	280
1853	321	56	1,548	313
1854	407	83	1,988	384
1855	441	93	2,309	526
百分比增幅	**42**	**69**	**53**	**88**

資料來源：Mitchell, “*European Historical Statistics*”, pp. 734f.

徵收了五百五十萬英鎊的新稅，但一八五五年的赤字依然是二千二百七十萬英鎊。政府別無選擇，只好求助於倫敦市。霸菱銀行不受歡迎之後，焦點便轉移到了羅斯柴爾德家族的新廷。

一八五五年，倫敦分行端走了價值一千六百萬英鎊的貸款。次年二月戰爭結束時，該分行參與五百萬英鎊貸款的投標。五月時，該分行擔保最後一筆五百萬英鎊。在一八五五年的兩筆貸款中，萊昂內爾一開始提供的金額略低於大臣指定的最低額度，但他毫不猶豫地接受政府的條件。很難說這種交涉到底有多大意義，彼此同意的條件只比目前市場上的永續債券收益率高一些，因此沒有銀行賺取不正當利潤的問題。也許萊昂內爾是為了鞏固自己進入國會的機會，既想塑造愛國的形象，又想謀取利益。另一方面，一八五六年的貸款有嚴重的超額認購問題（二月增加將近六倍，五月增加八倍）。帕默斯頓認為這是倫敦市對政府有信心的跡象，但也可能證實了大臣在勝選後太過慷慨。

羅斯柴爾德家族早在戰爭爆發前就於法國恢復了對公共財政的影響力。一八五二年三月十四日，拿破崙宣布大規模的轉換作業，打算將大部分的國債到期利息從百分之五降低到百分之四．五，希望藉此降低償債成本。[4]投資者有二十天的時間決定，是要接受新的百分之四．五，或是將百分之五兌換成現金。政府從宏觀經濟學的角度證明此舉的合理性，作為降低利率和促進商業活動的部分策略。然而，新任的財政部長尚．布羅（Jean Bineau）在面對價格突然下滑百分之五時（在短短十天內從一〇三降至九十九），擔心會有大量的債券持有人要求贖回而非轉換長期公債，所以被迫求助於銀行家。在隨後的支援作業中，持有最大股份的是奧廷格銀行和羅斯柴爾德兄弟銀行，而不是佩雷爾兄弟。這兩家銀行增加持有百分之五股份，將股價推回票面價值以上。法蘭西銀行擴大了針對長期公債的折扣，讓這些銀行在買進時更方便。這項策略發揮成效，大部分靠利息生活的人都接受了新債券。

兩年後，法國和英國向俄羅斯發出最後通牒，要求俄羅斯從多瑙河公國撤出時，詹姆斯自然預期法國財政部會再次召見他。一八五四年三月四日，他告訴艾伯特親王的哥哥，也就是薩克森－科堡－哥達公爵恩斯特二世（Ernest II）：「若要與俄羅斯開戰，無論多少錢都可以動用，『不論要幾百萬』他都可以立刻到手。」到目前為止，動產信貸銀行接受了挑戰。三天後，政府宣布要借入二億五千萬法郎時，兩方的競爭幾乎無可避免。後來米勒聲稱是他說服布羅和拿破崙以公開認購的方式直接出售債券，也許他說的是實話。但他誇大地宣稱這筆錢以及隨後在一八五五年發放的五億法郎戰爭貸款，「將法國政府從暴政中解放，而這種暴政與普選權形成的王朝尊嚴互不相容。」一八五五年四月，由於政府又需要七億五千萬法郎，新任的財政部長皮埃爾．馬涅（Pierre Magne）只好告訴拿破崙國內市場已達飽和。結果一八五五年的大部分貸款是在倫敦發放，而且拿破崙決定恢復法國政府與傳統銀行家的關係。雖然動產信貸銀行得到這次發行債券的一大部分，但羅斯柴爾德家族卻重掌了大權：巴黎分行處理約六千萬法郎，而倫敦分行收到總計二億八百五十萬法郎的認購請求。

羅斯柴爾德家族在戰後的貨幣危機中扮演了協助法蘭西銀行的角色（有一部分的危機是政府在戰爭期間向該銀行短期借款的後果），從而更凸顯出詹姆斯的支配地位。一八五六年四月，詹姆斯寫的信件透露出他對政權的困境感到欣喜：「君主得知王子的誕生與和平協議無法使政府信用產生更好的效果後，覺得很不高興，或許他是因為缺錢才必須和解吧。」貨幣市場確實變得較為緊縮，以至於如果詹姆斯要到布魯塞爾出差，別人可能會以為他要把所有資本帶到那裡。詹姆斯巧妙地嘲弄政權在財政方面依賴他，而這肯定不是最後一次。

另一個向羅斯柴爾德家族借錢的好鬥強權是土耳其。這個例子也有競爭關係，但不難理解，因為該家族當時尚未與樸特（Porte）建立認真的財務關係，唯一的例外是希臘賠款。一八五四年，比斯紹夫桑（Bischoffsheim）家族的葛舒密特獲得了第一筆土耳其的戰爭貸款，但結果非常失敗。詹姆斯受到土耳其銅礦的描述吸引，而且他對土耳其的看法可能也像納坦之前對西班牙的看法，因此他決定接手。克里米亞戰爭爆發前不久，赫拉斯．蘭多以羅斯柴爾德家族的代理人身分被派到君士坦丁堡，這便是一個詹姆斯選擇能幹談判

❹ 當時的國債約為五十億一千二百萬法郎，轉換作業影響了其中約三十七億四千萬法郎，也代表每年可省下約一千九百萬法郎。

好手的例子。一八五五年，當土耳其人需要更多資金時，羅斯柴爾德家族已經做好了充分的準備。

一八五五年二月，在戰事暫時平息期間，蘭多開始巧妙地在蘇丹部長福阿德・帕夏（Fuad Pasha）和西方外交官之間穿針引線提出新的貸款，這次由法國和英國擔保，同時分批提供政府短期預付款，這也是羅斯柴爾德家族的經典策略。倫敦分行在八月通知蘭多，給土耳其的五百萬英鎊貸款已經得到英法兩國擔保，因此能夠提供超出預期的條件。戰爭剛結束，阿爾豐斯就被派往君士坦丁堡，討論在當地設立新銀行的可能性，他遇到了來自英國的小銀行競爭，這次是萊亞德（Layard）家族。然而，一八五七年的經濟危機爆發，加上人們意識到土耳其的金融風險比原本預期的更大，導致接下來幾年有從君士坦丁堡撤退的跡象。❺儘管蘭多依然同意分批提供小筆預付款，但「土耳其國家銀行可能會變成羅斯柴爾德家族的分支機構」（一八五七年《泰晤士報》）的想法已被擱在一旁。

奧地利沒有參與克里米亞戰爭，但為了多瑙河公國的相關問題，若要支持與俄羅斯進行更強硬的外交談判，奧地利必須做好充分的軍事準備。此外，大概在一八四八至四九年之間，奧地利的金融與貨幣體系很脆弱，即使影響力不大，也相當於直接對法國經濟宣戰。如同表格2a與表格2b所示，奧地利債券受到戰爭的影響其實比法國債券更嚴重。儘管奧地利採取不干涉政策，開銷的漲幅卻變小了。這是財政虛弱的「悲劇」第一幕，從許多方面來看，這是在一八五七年過後的十年內降臨奧地利的災難關鍵。過去和現在的軍事費用為奧地利的預算帶來沉重的負擔，因此國防開支和債務占總額的百分之六十至百分之八十。即使嘗試節省開支，新的軍事危機還是會讓這些嘗試徒勞無功。即使提高稅收並出售國有資產，政府還是得透過借貸來應付開銷。當政府從國家銀行短期借入資金時，匯率便下跌了（匯率在一八四八年與白銀脫離關係）：一八五三年中期至一八五四年中期，荷蘭盾從低於票面價值的百分之九下降到百分之三十六以下。政府從薄弱的債券市場長期借款後，產生的影響是排斥了私人投資。一八四八至六五年間，長期借款的公債總額從十一億荷蘭盾上升到二十五億荷蘭盾，平均每年增加八千萬左右，但就像一八五〇年代中期一樣達到破壞性的最大值。不斷惡化的財政與貨幣政策共同抑制了經濟成長，導致稅基停滯而繼續惡性循環。

有什麼補救的辦法嗎？一八五一年十一月，奧地利財政部長克勞斯（Krauss）寫信給詹姆斯「深表懊悔，並尋求他的建議，請求他解釋當前的情況」。亞龐尼讀完這封信後，便敦促詹姆斯「別只是解釋，你要發揮影響力，因為只有你能做到。你要設法讓我們擺脫所有廢紙般的貨幣」。詹姆斯和合夥人嘗試了。儘管羅斯柴爾德家族在一八四八年後大可以關閉維也納分行，但安謝姆開始重建父親試著建造卻失敗的專案。這是件吃力不討好的苦差事，尤其是安謝姆的妻子不肯在她厭惡的城市定居。安謝姆只能單打獨鬥，一開始只是追隨父親的腳步：拜訪返回的梅特涅，為君主支持的志業公開捐款，甚至有一搭沒一搭地支持奧地利的外交政策。但父親垮台的經歷困擾著安謝姆，因此他支援奧地利財政的付出感覺都是以注定失敗為前提。一八五三年十二月拜訪梅特涅時，安謝姆的心情很陰鬱：

> 安謝姆說，奧地利的財務狀況免不了面臨危機，除非我們能想出避開危機的好方法。他還說本來以為克勞斯的繼任者保加納（Baumgartner）先生會在財政部長的職位上有更好的表現，但保加納不切實際，無法勝任職務……我們的談話後來被來訪的聖座大使打斷了。安謝姆向我告別。我跟著他走到門口時，他對我說：「你要記住我說的話，我們就快要陷入危機了。如果我們不採取預防措施，就會在新年之前遭殃！」

儘管如此，還是有一些鮮為人知的成功案例使羅斯柴爾德家族在維也納的傳統影響力得以延續。一八五二年，倫敦分行和法蘭克福分行共同以百分之五利率提供保加納價值三百五十萬英鎊的貸款。一八五四年四月，政府面對貨幣擠兌的情形再度求助於安謝姆。安謝姆設法說服了其他分行進一步參與三千四百萬荷蘭盾的

❺ 有趣的是，法國政府鼓勵巴黎分行成立擬議的銀行，而不是把機會留給位於英國首都的倫敦分行，但倫敦分行對土耳其的經濟前景抱持更加懷疑的態度。

信貸，雖然其中將近一半由富爾德提供。

簡言之，克里米亞戰爭直接或間接產生的債券，主要由羅斯柴爾德家族處理。表格2c是一份概要，只提供了倫敦分行的數據。

在所有強國中，普魯士在克里米亞危機中的貢獻最少，以至於出席巴黎和會的英國代表團要求把普魯士排除在和談之外。然而，普魯士的開銷在這段時期其實增加得很快：一八五七年的開銷總額比十年前高出大約百分之四十五。雖然普魯士政府比奧地利政府擁有更多穩健的收入來源，卻依然需要借貸，羅斯柴爾德家族也可以在此重建其金融影響力。早在一八五一年，詹姆斯就親自前往柏林，與普魯士的財政部長波德施溫（Bodelschwingh）商討新發行的百分之四債券。

一八五〇年代初期，俾斯麥挑起一場沒意義的爭吵，多少破壞了與柏林之間的關係。這場爭吵的關鍵是日耳曼邦聯與法蘭克福分行有長期存款的往來（「保衛要塞資金」），俾斯麥是被派往日耳曼邦聯的普魯士代表，他認為自己的職責是盡力使奧地利對手圖恩伯爵（Count Thun）的日子難過。圖恩提議，日耳曼邦聯應該以保衛要塞資金的名義，向阿姆謝爾借二十六萬荷蘭盾，以便付款給即將廢除的德國海軍。這項提議給了俾斯麥絕佳的機會。其實涉及的資金總額微不足道，真正的問題在於，恢復後的日耳曼邦聯是否能以奧地利帶領的舊模式運作。圖恩作為資深代表，在一八五一年一月獲得初步預付款的批准後，俾斯麥就宣布普魯士認為這是非法使用聯邦資金的行為

表格2c：MA羅斯柴爾德家族銀行發行的主要債券，1850-1859

	國家	發行的面額（英鎊）	票面利率（百分比）	價格
1852	奧地利	3,500,000	5	90.00
1853	英國	16,000,000	3	100.00
	法國	30,000,000	4.5或3	89.46 或63.23
	土耳其	5,000,800	4	102.62
1856	英國	8,890,000	3	90.00
	英國	5,400,000	3	93.00
1859	奧地利	6,000,000	5	80.00

資料來源：Ayer, "*Century of Finance*", pp.42-9

（但這筆錢其實不是從保衛要塞帳戶提取）。讓阿姆謝爾感到驚恐的是，他發現自己被捲入奧地利與普魯士代表強制指令的爭端中。

圖恩揚言要把日耳曼邦聯的生意交給另一位銀行家，而俾斯麥說要把普魯士代表團的帳號轉交給貝特曼。圖恩努力討好俾斯麥，而俾斯麥的代理人韋策爾（Wetzel）則明確指示不付款，阿姆謝爾認為別無選擇，只能按照圖恩的指示行事。從圖恩在一月十二日寫給施瓦岑貝格的信，可以看出雙方在隨後爭論中的語氣相當激動。他在信中譴責普魯士：

普魯士採取卑劣的手段是為了呼籲猶太人反抗國會。我認為他們的行動讓立場變得很尖銳，不可能有理解與和解的情形。國會當然不會接受這種立場。如果羅斯柴爾德不同意付款，我就不能再把這件事擱置到隔天，即便免不了要開戰也沒辦法。

「我承認，」他寫信給俾斯麥，「只要我還活著，一想到這件事就會感到慚愧。某天晚上議員韋策爾給我看（給羅斯柴爾德的）抗議書時，我差點像個孩子為我們共同祖國的恥辱而哭泣。」俾斯麥也認真回應他：

如果就像你說的，國會因為與猶太人爭論而造成名譽受損，那這不是我們的錯。如果要怪罪，應該要歸罪給那些利用國會與猶太人之間的商業關係的人。他們用違憲的方式挪用猶太人保管的資金，使這筆錢不能用於指定的用途。

俾斯麥向普魯士總理曼陀菲爾伯爵（Count von Manteuffel）報告時，將阿姆謝爾的態度描述成「急著設法討好奧地利政府……總是立即通知奧地利代表他為出席國會的普魯士代表團收到的每一筆匯款」。

有一次圖恩伯爵告訴我，在我收到任何官方的通知之前，羅斯柴爾德家族早就接到指示要付款。該家族

> 與這次抗議有關的行為，使我不去理會住在這裡的羅斯柴爾德先生提出的所有邀請，我盡力讓他明白，他的行為已經引起普魯士政府的反感……我只能說，合適的做法是普魯士的國會代表團與該家族的商業關係應該中斷，相關業務也應該轉移到另一家企業。

事實上，圖恩和俾斯麥都高估了自己的影響力。施瓦岑貝格指責圖恩倉促地解雇了聯邦財政部一位也反對羅斯柴爾德貸款的普魯士官員。在柏林，波德施溫和普魯士中央銀行總裁都明確表示，貝特曼無法替代羅斯柴爾德家族，後者不但握有普魯士中央銀行的大筆存款，也是一八五〇年普魯士貸款的主要銀行。

這些是俾斯麥能夠理解的論點。雖然他很喜歡激怒圖恩，但他始終明白經濟私利在政治中的重要性。在海軍爭端解決後的幾個月內（同意把船賣掉），他的語氣完全變了。此時，他代表羅斯柴爾德家族發言，大力反對法蘭克福天主教徒在奧地利支持下抗議一八四八和四九年的法規，這些法規賦予了鎮上猶太人充分的公民權利。❻現在，法蘭克福分行要求普魯士宮廷授予「宮廷銀行家」的頭銜時（曼陀菲爾同意這項請求：「因為羅斯柴爾德多少會把熱忱轉移到改善維也納的貨幣之上，也會支持我們考慮籌集的鐵路貸款。」），俾斯麥表態支持，用他特有的冷嘲熱諷態度淡化了有關海軍貸款的爭執：

> 羅斯柴爾德家族不曾真的反普魯士。我們和奧地利發生爭執時……他們比較害怕奧地利，而不是我們。既然我們不能指望這個家族展現出勇氣，引導堅定、正直的人反抗像圖恩伯爵這種呼籲錯誤理念的人，以及該家族的其他成員後來為阿姆謝爾男爵的態度道歉，藉口是他上了年紀，我認為考慮到其金融勢力能夠提供的服務，可以很快忘掉他們這次的過失。

俾斯麥甚至提議授予邁爾．卡爾普魯士的榮譽「三等紅鷹」，理由是這項榮譽能把羅斯柴爾德家族從奧地利吸引過來。這引發了中歐官僚體制典型的理想王國辯論：如果這項榮譽晚一點給他，羅斯柴爾德家族會不會表現出更多的善意？是否應該重新設計這項榮譽，用其他更適合猶太人的標誌取代傳統的十字形圖案？但重點是，普魯士人需要羅斯柴爾德家族，曼陀菲爾駁回了波德施溫的意見。讓貝特曼懊惱的是，宮廷銀行家的頭銜被授予之後，他仍是普魯士的領事。

預期的效果實現了。不久之後，邁爾．卡爾暗示俾斯麥：「如果他知道可能擁有百分之三．五的投資報酬率，他會非常感激。」一八五四年春季，普魯士似乎也有可能捲入戰爭，曼陀菲爾派出顧問尼布爾（Niebuhr）與羅斯柴爾德家族協商一千五百萬塔勒幣的貸款。儘管他們在海德堡進行了長時間的談判，但這項方案確實失敗了。詹姆斯和納特曾到海德堡找邁爾．卡爾和尼布爾，六月時又去了漢諾威。波德施溫也擋下了由法蘭克福分行支付目前的普魯士貸款利息的提議，但是邁爾．卡爾在一八五六年返回後，發放了七百萬塔勒幣的普魯士新貸款。此外，俾斯麥現在支持的想法是，以典型的現實主義作風託管普魯士的利息支出：「當然，我們可以假設銀行提出這樣的建議自有道理，他們不會出於對普魯士的奉獻而承擔所有作業。這家銀行和我們追求相同的利益，但我認為這個事實不是我們忽視本身利益的理由。」一八六〇年，請求終於獲准，當時波德施溫已經離職。俾斯麥還用其他方式捍衛了羅斯柴爾德的利益。邁爾．卡爾成為例外接受紅鷹勳章（三等與二等榮譽，以橢圓形的設計代替常見的十字形）不久後，俾斯麥便否認了他以前認為要戴上基督教樣式的主張。詹姆斯也在一八六一年收到普魯士的勳章。❼

---

❻ 圖恩在不久後被取代，法蘭克福的抗議也被擱置。俾斯麥把奧地利的大轉變歸因於「羅斯柴爾德家族的努力」：「我認為奧地利成功地享有羅斯柴爾德家族的金融服務，這表明在某些情況下，其他純粹的商業考量是羅斯柴爾德家族在金融業務方面之態度的決定性因素，因為我相信除了透過這類交易獲得的經濟利益外，帝國咨政院（Imperial Government）能夠對法蘭克福猶太人的問題發揮影響力，這深刻地影響了該家族。」

❼ 俾斯麥說：「邁爾．卡爾不參加大型活動。說到佩戴勳章，他比較喜歡希臘的救世主勳章或天主教伊莎貝拉勳章。我親自為腓特烈．威廉王子殿下的婚禮舉行正式招待會時，他本來應該穿制服出席，但他以身體不適為由推辭了。他覺得為非基督徒佩戴紅鷹勳章是一件痛苦的事，因為他必須在那個場合這樣做。他每次和我一起用餐時，我從他的扣眼只戴著紅鷹勳章的勳帶就能得出類似的推論。」詹姆斯勸布萊希羅德不要讓柏林的媒體報導授勳的事，擔心會招惹敵對的評論。

一八五〇年代晚期，羅斯柴爾德家族重新確立了他們在歐洲貸款給政府的傑出地位。英國、法國、土耳其、奧地利及普魯士都曾透過該家族一間以上的銀行發行債券，而且不只這些地方這樣做。這段時期的其他重要客戶包括比利時（但這裡的業務比以前更需要與新的國家銀行分擔）[8]、黑森－拿騷（法蘭克福分行多少壟斷了該地的財政）[9]以及教宗。羅斯柴爾德家族早就採取了行動，以確保為教皇修復城市提供的資金，換來對羅馬猶太人的讓步。然而，談判過程比預期更困難，因為梵蒂岡極力反對貸款正式以猶太解放的同等限制措施為條件，雖然教皇另外承諾詹姆斯之後會廢除貧民區。[10]財務條款也難以達成共識。雖然卡爾準備在返回羅馬前只預付一千萬法郎給教皇，但教皇要求更多錢，連卡爾提出以教會土地抵押來擔保的要求也遭到拒絕。

最後，考慮到教皇的破產紀錄和不穩定紀錄，詹姆斯只好制定出格外慷慨的條款。整體來看，教皇在返回之前（一八五〇年四月）買了票面價值五千萬法郎的百分之五利率債券，隨後又兩次分期買了二千八百萬法郎。接著，一八五三年又有貸款：以二千六百萬法郎購買面額九十五的百分之八利率的債券。一八五七年八月，為了鞏固教皇的債務並且使羅馬貨幣穩定下來，也有一次雄心勃勃的嘗試：在巴黎市場上發行新的百分之五利率債券，總價值為一億四千二百萬四千法郎，相當於教皇債務總額的百分之四十左右（約三億五千萬法郎）。而羅斯柴爾德和教宗關係之間的矛盾之處在於，只要聖座不改革財政就能獲得豐厚的利潤，但是若聖座無法改革財政，就不可能改革對猶太人的待遇。羅斯柴爾德家族在聯合抵制梵蒂岡（失去他們對教皇向外借款的壟斷）與接受猶太人問題的挫敗之間，最後選擇了後者。

除了俄羅斯之外（基於明顯的原因避開了俄羅斯），在金融主導的統治之下有兩個例外。其中一個例外是西班牙：西班牙在一八五六年透過米勒發放一筆貸款，但羅斯柴爾德家族對於是否願意重新進入西班牙的債券市場抱有疑慮，他們在很久以前就退出了這個市場，並且偏好水銀預付制度。更重要的例外（雖然只是部分）則是皮埃蒙特－薩丁尼亞王國。

一八四九年，詹姆斯設法掌控給皮埃蒙特的大筆貸款，而他採用的方法讓野心勃勃的年輕金融家和有抱負的政治家加富爾感到失望。皮埃蒙特兩次嘗試讓奧地利脫離義大利卻以失敗告終，國債因此增加了兩倍，自然成為羅斯柴爾德的金融滲透目標。一八五〇年，詹姆斯與皮埃蒙特的財政部長康斯坦提諾・尼格拉（Constantino Nigra）洽談另一筆貸款時，加富爾只能厭惡地在一旁作為旁觀者。對於尼格拉對詹姆斯的「可悲」依賴，我們應該審慎地解讀：事實是皮埃蒙特的信用在這個關鍵時刻並不可靠，而不是詹姆斯刻意壓低債券的價格。另一方面，詹姆斯看待皮埃蒙特的方式無疑像是農夫先把一頭營養不良的母牛養肥，接著才擠奶。他高興地告訴姪子，一八五〇年的貸款「是我做過最出色的交易」。除了百分之二・五的佣金，這基本上是對未來的投資：新發行的百分之五利率長期公債總額為一億二千萬里拉，而詹姆斯以面額八十五的價格買斷二千萬，同意在巴黎以政府的名義出售另外六千萬，並將其餘的部分交給尼格拉。實際上，他過沒多久就把最初二千萬的一半以上交給杜林的當地銀行家，打算慢慢等皮埃蒙特的信用變得可靠，而他也對自己的期待有信心。

不久之後，加富爾的機會來了。一八五〇年十月，他當上農業、貿易暨運輸部長，並在兩個月後首次嘗試挑戰剛形成的羅斯柴爾德壟斷，當時他得知了關於長期公債的進一步發行消息（償還杜林中央銀行給奧地利的賠款）。加富爾急切地在法蘭克福和維也納為新發行的長期公債找買家，並催促他的朋友德拉魯（De La Rue）聯繫葛舒密特和辛納。他宣稱：「能捉弄那個把我們逼得走投無路的猶太人會讓我覺得很開心。」一八五一年四月，加富爾被任命為財政部長，徹底決裂的機會來了。當時的財務處境令人卻步，除了他欠詹姆斯二

❽ 這段時期的主要業務包括一八五三年多少無效的轉換；一八五四年的三千萬法郎貸款由國家銀行、羅斯柴爾德家族以及法國興業銀行共同承擔；一八六二年的一千五百萬法郎貸款由同樣的三間銀行處理。

❾ 從一八四九到六一年，給公國的貸款總共是一千九百四十萬荷蘭盾。

❿ 卡爾要求讓猶太人按照意願居住在教宗國的任何地方，也要求廢除宮廷內的所有特別稅和不同程序。一月時，庇護九世透過巴黎的羅馬教皇大使，以書面形式向詹姆斯保證這些事是可以做到的。但卡爾在四個月後造訪羅馬時，發現幾乎沒什麼進展。次年，羅馬猶太人正式向詹姆斯提出申訴。一八五七年，安謝姆代表羅馬猶太人發出另一項呼籲。就像大馬士革猶太人以及後來的耶路撒冷基督徒，羅馬的猶太人成了強國間的政治難題，例如本例中的奧地利和法國，羅斯柴爾德家族似乎順利地挑撥離間，但沒有為教友達到多少成果。

千五百萬里拉的各種短期預付款以長期分批提供給尼格拉，他還面臨大約二千萬里拉的預算赤字，以及總共六千八百萬里拉的其他債務，因此他必須迅速行動好擺脫羅斯柴爾德的控制。他在杜林的貨幣市場籌集了一千八百萬來度過困難時期後，他請倫敦的大使尋找一位願意為皮埃蒙特的大量新貸款提供資金的新銀行家。「無論如何，我們一定要擺脫羅斯柴爾德家族讓我們陷入的痛苦處境，」他堅稱，「在英格蘭達成協議的貸款是我們恢復獨立的唯一途徑……如果我們不能快速與倫敦達成貸款協議，就會被迫再次跨越羅斯柴爾德家族的『卡夫丁峽谷』。」為了協助大使，加富爾調遣以前的對手雷維爾伯爵（Count Revel）。雷維爾發覺巴爾林很不情願，但漢布羅的新分行願意做這筆生意，並以面額八十五的價格發行三百六十萬英鎊的皮埃蒙特債券。

毋庸置疑，詹姆斯在了解情況後便盡力阻礙新貸款。加富爾認定詹姆斯是《泰晤士報》某篇關於皮埃蒙特財務狀況負面報導的幕後黑手，他肯定竭盡全力在出售皮埃蒙特的債券。事實上，粗糙（但當時代的人認為多少具有破壞性）的文字遊戲將成為他在法蘭西第二帝國統治下的標記：「貸款已開放，但未經認購。」詹姆斯差一點就贏了，因為債券在巴黎打折出售時，加富爾陷入了焦慮之中。然而，詹姆斯最後還是無法無限期地抵制市場，尤其是他一開始就負責為皮埃蒙特的債券創造市場。「我們可以做想做的事，」他告訴姪子，「但我們無法阻止皮埃蒙特的債券增加，因為是我們以面額八十五的價格發行債券。」他在經濟方面也沒有失去理智，因此當整個市場的價格上升時，他並沒有繼續出售債券。到了一八五一年年底，他持有的皮埃蒙特債券依然維持在大約一百萬法郎左右，所以加富爾聲稱詹姆斯「賣掉所有債券」並不正確。

然而，加富爾不曾打算立即與羅斯柴爾德決裂，只是想讓詹姆斯明白，沒有他也能把事情做好。詹姆斯不禁佩服起加富爾，他很少這樣讚美政治家，但他認為這個人很有「個性」。一八五二年，加富爾強調了自己的觀點，當時阿爾豐斯被派到杜林，提出以面額九十二的價格取得尼格拉在一八五〇年剩餘的長期公債（約四千萬里拉）。皮埃蒙特的議會得知加富爾不需要這筆錢之後，駁回了這項提議，因此加富爾能客氣地把阿爾豐斯打發；但他預料到，自己在不久的將來得再次求助於羅斯柴爾德家族。一直以來，他很努力提升自己的談判立場，因此詹姆斯在一八五三年一月返回，再度提出前一年的報價時，此時已經成為總理的加富爾能夠將四千萬的報價從最初的面額八十八提高到九十四．五。加富爾後來提出另一項貸款時，他同時聯繫漢布羅、巴黎的富爾德以及詹姆斯，而詹姆斯又把阿爾豐斯派往杜林。對加富爾而言，這場競爭很寶貴。不斷加劇的克里米亞危機壓低了所有債券的價格，包括皮埃蒙特的債券：關於新發行的百分之三利率債券，漢布羅的報價不超過面額六十五，富爾德的報價則高一些。但阿爾豐斯決定爭回父親喜歡的客戶，他的報價是面額七十以及百分之二佣金。加富爾說：「富爾德的競爭值幾百萬。」詹姆斯隨後抱怨自己蒙受了天大的損失。與此同時，在克里米亞危機初期，加富爾需要詹姆斯幫忙支付漢布羅的貸款利息，直到皮埃蒙特加入對抗俄羅斯的戰爭，英國政府給他補助金後，他才脫離財務困境。

一八五五年一月，「如果要幫詹姆斯說句公道話，」加富爾輕描淡寫地表示，「他從來沒有跟別人要過錢。這是他的優點。」加富爾想證明的是，在一八五〇年代競爭更激烈的金融市場上，貨比三家的政府更有機會發現更好的一面。讓佩雷爾兄弟失望的是，詹姆斯在皮埃蒙特的新投資銀行以主要外國股東之姿現身時，再度於杜林得到支持。加富爾於一八五六年二月寫道：「佩雷爾很生氣，但詹姆斯似乎很高興。他說自己想與義大利有信貸關係：『因為你也知道，你必須拉攏義大利。要快點，因為（俄羅斯和西方大國）達成和平協議後，它必須立即採取行動。』」他和加富爾都認為新銀行是「義大利的事，而非皮埃蒙特的事」。憑著驚人的先見之明，詹姆斯已經準備為下一場歐洲戰爭提供資金，因為他預料到了奧地利和皮埃蒙特之間的戰爭。這是他第二次暗示加富爾，他會在這類衝突中支持他。

反撲

羅斯柴爾德家族曾在經濟景氣回升時面臨競爭。經濟低迷時，他們往往會擊退競爭對手，一八五〇年代也不例外。在某種程度上，新銀行和鐵路公司對國際資本市場的需求，加上涉及克里米亞戰爭的政府借貸，已經無法再維持，也無法再與貨幣穩定性保持一致，而且早在戰爭結束前就有明顯的放緩跡象。一八五七年八月發生崩盤，當時俄亥俄州信託企業（Ohio Life and Trust Co.）停止付款，引發一連串美國銀行倒閉的事件。這場危機迅速蔓延到大西洋彼岸的格拉斯哥及利物浦，至少有四家銀行倒閉，漢堡也受到波及。如果沒有英格蘭銀行的八十萬英鎊貸款，倫敦的皮博迪企業（Peabody & Co.）英美分行可能已經破產了。目前能確定的是，這場危機並沒有對羅斯柴爾德家族的任何銀行造成嚴重影響。一八五七年，倫敦分行的利潤大幅下降（下降到區區八千英鎊），但仍有利潤。那不勒斯分行的情況較佳，但業績在一八五八年變得很不好。

在這段艱困時期，法國的貨幣政策在許多方面是羅斯柴爾德對佩雷爾兄弟的主張進行反擊的關鍵，但很少人了解這一點。他們競爭的重要轉折點在於一八五五年阿爾豐斯擔任法蘭西銀行的董事。如果嚴謹地從羅斯柴爾德家族身為該銀行股東的重要性來看，該家族成員擔任銀行董事是很自然的事。一八五二年，巴黎分行持有該銀行一千股以上。普萊西斯（Plessis）指出這個數字有上升的趨勢：在一八五七年達到一千四百九十九股，而在一八六四年達到一千六百一十六股。此外，各個家庭成員在私人的投資組合中持有多達二百股。即使考慮到股權高度集中，羅斯柴爾德家族也可能是該銀行的最大股東。

儘管如此，阿爾豐斯當上董事還是有許多引起爭議的原因。首先，雖然羅斯柴爾德家族持有大量股份，但他們在一八五五年之前並沒有獲准參與該銀行的年度大會，大概是因為詹姆斯嚴格來說仍是外國人。其次，雖然已經改變信仰的德希塔比他早當過董事，但阿爾豐斯仍是第一個當上董事的猶太人。第三，也是最重要的一點：他被任命的時間點恰逢一場可能很重要的辯論，而辯論主題是關於該銀行的未來。這說明了為什麼一八五五年一月二十二日的會議（阿爾豐斯被提名為未來的董事）是當時出席人數最多的會議，一百三十八位參與投票的人包括米勒和佩雷爾兄弟。非常特別的是，選舉進入第二輪之後，阿爾豐斯才以不容置疑的多數票贏過其他兩位候選人。雖然董事並不是法國政治傳說中的高級銀行階層，但阿爾豐斯的當選仍是重要的分水嶺，最終使羅斯柴爾德家族與馬列家族、達維耶家族以及奧廷格家族不相上下。更重要的是，羅斯柴爾德家族因此在關鍵時刻有了該銀行的代表，或許因此讓阿爾豐斯在一八六〇年代可以對該銀行的審議做出更多正式的貢獻。但在一八五〇年代，羅斯柴爾德家族對法國貨幣政策的影響力不言而喻，並且在該家族和佩雷爾兄弟之間的衝突中發揮重要作用。

問題的本質是，法蘭西銀行在影響法國貨幣市場的做法應該要變得多像英格蘭銀行。一八四八年的危機期間，前者為鞏固地位做了不少事，消滅了發行證券的區域性銀行，但它仍是相對小型的實體（一八五二年的資本約為七千萬法郎，比羅斯柴爾德兄弟銀行少），而且動產信貸銀行構成了嚴重的威脅。一八五五年，銀行業和鐵路的繁榮盛況達到巔峰，再加上克里米亞戰爭的財政需求和成效不佳的緣故，法蘭西銀行承受著巨大壓力。一八五五年八月，為了補充已耗盡的預備金，總裁被迫私下從羅斯柴爾德兄弟銀行購買三千萬法郎的黃金和二千五百萬法郎的白銀。一年後，形勢嚴重惡化，總裁只好請求允許暫停貨幣的兌換機制。有不少董事贊成此舉，但阿爾豐斯不同意。在財政部長馬涅的支持下，他和父親順利地主張提高貼現率並買進更多黃金和白銀（包括進一步從羅斯柴爾德家族內部提供八千三百萬法郎），以便維持現金付款。從一八五五至五七年，巴黎分行提供法蘭西銀行價值七億五千一百萬法郎的黃金，而這些黃金是透過新廷以大約百分之十一的溢價購得。

因此，關於更新法蘭西銀行章程的辯論便發生在總裁越來越依賴羅斯柴爾德家族補充預備金的時候。雖然阿爾豐斯在當年的上半年沒有待在法蘭西銀行，但他的父親似乎在這些辯論中發揮了一點作用，反對佩雷爾兄弟徹底重組該銀行的方案。這項方案的目的是使銀行更適應有大量股票投資組合的新投資銀行。基本上，辯論的最終結果是保守派獲勝：它接受政府的一億法郎長期公債，因而獲准讓資本增加一倍，並能夠在貨幣緊縮似乎不可避免時將貼現率提高到百分之六以上。換句話說，當務之急是維持匯率的穩定，而不是國內金融市場的流動性。這對動產信貸銀行而言是實實在在的約束。

一八五六年，就在這場體制之戰爆發時，詹姆斯創辦了留尼旺集團（Réunion Financière），打算將計就計挑戰佩雷爾兄弟。基本上，該機構是由私人銀行與巴托羅尼、皮萊特－威爾（Pillet-Will）、布朗特以及塔拉博等結盟的鐵路金融家組成的鬆散聯盟。實際上，他想把留尼旺集團當作參考的基礎，成立一家類似動產信貸銀行的新合資銀行⓫，但這項計畫遭到馬涅阻撓。一八五六年初期，馬涅臨時禁止新公司成立，作為使經濟降溫、為政府的迫切財務需求提供自由資本的部分努力。米勒認為（他的計畫也受到禁令影響）佩雷爾兄弟似乎獲勝了。不可否認的是，留尼旺集團掌控的鐵路資本比佩雷爾兄弟及其盟友更少（四千九百萬法郎比九千四百萬法郎）。但有明顯的跡象顯示，至少從現在開始，法國的羅斯柴爾德家族已經準備考慮採用佩雷爾式的投資銀行模式。

事實上，國內資本市場受到的限制不久就顯而易見，再加上法蘭西銀行更嚴謹的貼現政策，佩雷爾兄弟受到的約束比羅斯柴爾德家族更大。沒有什麼比佩雷爾兄弟在一八五七年六月無法阻止大中央鐵路線與羅斯柴爾德控管的「巴黎－奧爾良」路線合併，更能說明這一點了。這個挫折使佩雷爾兄弟痛心地指控針對他們及其事業的陰謀。「為了讓我們顯得很無能，」他們向拿破崙訴苦，「他們就說我們是萬能的。」事實是，隨著一八五七年的金融危機加劇，佩雷爾兄弟蒙受了更多損失。在所有的鐵路線中，北方鐵路在危機中的適應力最強；而法蘭西銀行給其他鐵路公司的預付款以及弗蘭克維爾（Franqueville）協定（政府藉此保障股利，並補貼無利可圖的支線建設），回應了「新」銀行而非「舊」銀行的漏洞。

這解釋了在一八五六與五七年之後，佩雷爾兄弟在全歐洲的鐵路特許權爭奪賽中容易屈居第二的原因。鐵路業務在這段時期變得真正國際化，卻經常被低估為國際關係中的其中一個因素。認為鐵路透過創造整體的全國市場來支持民族主義的想法是一種迷思，因為歐洲的鐵路地圖很快就跨越國家邊界成為跨國網路。在西班牙、義大利北部、哈布斯堡帝國及俄羅斯投資於鐵路的大部分資本，不是來自英國就是來自法國。在鐵路國際化的同時，軍事規劃者也逐漸意識到鐵路可以在運送軍隊、貨物及旅客方面發揮重要的戰略作用。因此，鐵路控管成了政治暨財政問題，也是促成義大利和德國「聯合」的重大事件之一。

這種模式在比利時、西班牙、皮埃蒙特、那不勒斯、奧地利、多瑙河公國、俄羅斯、甚至是土耳其都不斷以各種變化重複著。首先，這些經濟體制競相嘗試成立動產信貸銀行風格的銀行，接著又出現同一群人爭奪鐵路特許權。在比利時，羅斯柴爾德家族的老朋友利奧波德國王積極鼓勵詹姆斯成立動產信貸銀行風格的銀行，但詹姆斯確定佩雷爾兄弟不打算這麼做之後就打消了這個念頭。只有在需要阻撓對手的時候，他才會採取行動。實際上，像法國興業銀行等現有的比利時金融機構讓佩雷爾兄弟顯得有點多餘，因此詹姆斯能自行將北方鐵路公司的影響力擴大到比利時鐵路網的重要部分，進而取得「那慕爾－列日」路線的控制權，並與法國興業銀行組成財團來經營「蒙斯（Mons）－歐蒙（Hautmont）」路線。他也以東部路線董事的身分，間接參與了盧森堡鐵路的收購，這是連接奧斯坦德、安特衛普與萊茵蘭的比利時港口的重要紐帶。競爭的氛圍在瑞士更為強烈：佩雷爾兄弟在日內瓦湖的西部路線累積了大量股權，但更重要的中部與東北部路線依然由瑞士人掌控，直到留尼旺集團收購後者的股份，並與南部的其他路線合併，創辦了聯合瑞士鐵路公司（United Swiss Railway Company）。在那不勒斯，國王似乎在要授予佩雷爾兄弟銀行執照時，曾出現短暫的恐慌，但很快就過去了。波旁政權對經濟的創新抱持強烈懷疑的態度，甚至不肯在西西里島修建鐵路。

佩雷爾在其他地方構成的威脅更嚴重，並引起羅斯柴爾德一連串的果斷回應。一八五五年十二月，合資銀行合法化後，他們在西班牙成功設立西班牙動產信貸銀行（Crédito Mobiliario Español）。他們並不是唯一這樣做的法國銀行家。貼現銀行總公司（Compagnie Générale des Caisses d'Escompte）的創辦人阿道夫・普羅斯特（Adolphe Prost）成立了信貸公司（Compañía General de Crédito），而羅斯柴爾德家族的回應則是設立西班牙商業暨工業協會（Sociedad Española Mercantil e Industrial）。這些銀行在規模和目標上大致相似。

⓫ 詹姆斯提議成立新的大眾帝國銀行（Comptoir imperial des rravaux publics），但他盡力強調：「與動產信貸銀行不同的是，大眾帝國銀行不會因本身利益而直接干預其他業務或企業。」換句話說，他的構想更像是一家存款銀行，專門以各種證券作為抵押品來發放貸款給企業，而法蘭西銀行沒有這種做法。

佩雷爾兄弟夢想著從他們自己法國南部路線終點站巴約納（Bayonne）資助一條鐵路線，越過庇里牛斯山，經過馬德里通往西南部的加的斯。羅斯柴爾德的反應很迅速：一八五五年，詹姆斯與有勢力的莫尼合作後，從薩拉曼卡侯爵（marqués de Salamanca）那裡取得了「馬德里－阿爾曼薩（Almansa）」路線的特許權。兩年後，他創立馬德里、薩拉戈薩與阿利坎特鐵路公司（Madrid, Zaragoza and Alicante Railway Company），第一段鐵路馬德里－阿利坎特（Alicante）路線於一八五八年五月開通。同時，莫尼搶下了經由雷阿爾城（Ciudad Real）和巴達霍斯（Badajoz）通往馬德里和葡萄牙，以及經由哥多華（Córdoba）通往馬拉加（Málaga）和格拉納達（Granada）鐵路的特許權。如此一來，佩雷爾兄弟只剩下最初設計的頭和尾。「巴約納－馬德里」路線於一八五八年十二月組成西班牙北部公司（Norte de España），並且與查爾斯．拉菲特合作建設了「哥多華－塞維亞（Seville）」路線。雖然這意味著羅斯柴爾德集團無法保住西班牙和法國之間的路線網，但重點是佩雷爾兄弟的進展緩慢，顯然他們在一八五七年遇到的困境阻礙了法國以外的計畫。此外，引人注目的是詹姆斯此時與莫尼合作，甚至也與爭取到「潘普洛納（Pamplona）－薩拉戈薩」路線的米勒合作。他們會與詹姆斯合作或許也令人吃驚。[12]

羅斯柴爾德在皮埃蒙特的勝利更明顯，即便在某些方面需要付出慘重代價。一八五五年十二月，加富爾和佩雷爾兄弟（詹姆斯認為後者「很能幹」）似乎準備要結盟，這對詹姆斯而言是個沉重的打擊。但佩雷爾兄弟想要的顯然太多了。「這分明是壟斷。」加富爾抱怨。詹姆斯比較敏銳，他獲得了一八五六年二月在杜林成立的工商基金（Cassa del Commercio e delle Industrie）的主要外資股權（百分之三十三）。該銀行是皮埃蒙特唯一的特許合資銀行。事實證明，詹姆斯在杜林開設「一間義大利銀行」的計畫太過倉促。一八五七年的金融危機恰逢該銀行的董事路易吉．博爾米達（Luigi Bolmida）過世，使得銀行陷入困境，在一八五八年差點倒閉。不過在博爾米達過世後不久，我們可以從一八五七年四月詹姆斯造訪杜林的一段義大利文敘述中，推斷出兩人一直以來想達到的目標：「他想恢復博爾米達的計畫項目。這些計畫主要包括從加富爾先生那裡獲得皮埃蒙特所有國有鐵路的動產信貸銀行（工商基金）授權，以便建造大中央鐵路的路線，並為自己爭取到兩條里維耶拉（Riviera）大鐵路的特許權。」換句話說，在西班牙的新銀行是羅斯柴爾德鐵路帝國擴張的一種手段。顯然詹姆斯不只希望取得由查爾斯・拉菲特和亞歷山大・比克西歐（Alexandre Bixio）在一八五三年成立的維克多鐵路公司，將杜林與法國、瑞士連接起來，還希望取得將馬賽與尼斯（Nice）、熱那亞（Genoa）連接起來的特許權。儘管他只實現了後者（與法國金融家古斯塔夫・德拉漢特〔Gustave Delahante〕合作），但是不應該低估他在皮埃蒙特取得的勝利。此外可以看出，如同在法國北部和比利時，詹姆斯建造的跨邊境鐵路網不久後就會變成戰略要地：拿破崙三世覬覦的薩伏依（Savoy）和尼斯，以及皮埃蒙特－倫巴底（Lombardy）邊境。值得注意的是，從義大利北部越過阿爾卑斯山脈的天然鐵路途徑並非從杜林出發，而是從奧地利控管的米蘭或威尼斯出發。

這說明了羅斯柴爾德在奧地利領土方面採用的策略。一八五五年一月，佩雷爾兄弟比羅斯柴爾德家族搶先一步，說服財務拮据的奧地利政府將一部分國有鐵路網賣給他們（位於波西米亞的布拉格－布爾諾路線，以及從馬赫費爾德〔Marchfeld〕向東延伸至匈牙利的路線），這是另一種預先私有化的過程。⓭雖然羅斯柴爾德家族仍然控管著薩羅蒙的北部鐵路，但從一八四八年以來，他們對奧地利的鐵路就不太感興趣，於是這些鐵路漸漸由國家修建和控管。但佩雷爾兄弟出乎意料的行動激勵了安謝姆。佩雷爾設法建立起強大的財團，他們剛成立的皇家特許奧地利國有鐵路公司（Imperial and Royal Chartered Austrian State Railway Company，簡稱國

⓬ 佩雷爾的銀行授權資本是六千萬法郎，羅斯柴爾德的銀行授權資本是八千萬法郎，但後者實際上只支付了二千四百萬法郎，金額後來又減少了。相比之下，佩雷爾兄弟在一八六二年時已經盡全力投入資本，不僅投資鐵路，也投資馬德里的煤氣廠及不同礦場。值得注意的是，羅斯柴爾德的銀行在一八六八年停業，時間點是在佩雷爾構成的威脅消失之後。

⓭ 從一八五五至五九年，奧地利政府拋售哈布斯堡鐵路網的國有部分，籌集到一億一千八百萬荷蘭盾，但這個數字不包括收購路線的企業隨後支付的款項。相比之下，同期的預算赤字總額為五億七千六百萬荷蘭盾。

鐵）董事會包括莫尼、富爾德、路德維希．佩萊拉以及維也納銀行家辛納和艾斯可里斯（已掌控維也納－拉布〔Raab〕路線）等人。[14]此外，他們似乎已經達成協議：只花七千七百萬荷蘭盾買下路線，並花九千四百萬荷蘭盾修建。他們也支援拿破崙三世的外交政策：這次收購被公認是鞏固一八五四年十二月的奧法同盟，並受到巴黎胡伯納的積極鼓勵。安謝姆抱怨道：「這是可恥的生意。」確實很可恥，而他不久後就開始嘗試模仿。佩雷爾兄弟向政府提議在維也納設立動產信貸銀行，目的顯然是要收購其餘的國營路線，他和詹姆斯都同意要出價競標。鑑於相關路線能連接維也納與的里雅斯特（南部鐵路）、米蘭與威尼斯（倫巴底線），不難看出他們的擔憂。

羅斯柴爾德家族有四大決定性優勢。首先，事實證明奧地利和法國之間的協定無法長久維持。其次，隨著法國的財務狀況惡化，政府規定外國證券不能在證券交易所發行，這對佩雷爾兄弟而言無疑是致命的一擊。相比之下，詹姆斯依然可以依靠新廷和倫敦市場。第三，羅斯柴爾德家族能夠召集一群大人物擔起合作夥伴的角色，尤其是丘泰克伯爵及施瓦岑貝格、費斯騰貝格（Fürstenberg）、奧爾斯佩格（Auersperg）等王子，他也邀請在布拉格頗具影響力的銀行家利奧波德．拉梅爾（Leopold Lämel）當合夥人。最後，因為商貿部長布魯克男爵（Baron Bruck）的緣故，他們很可能知道了佩雷爾兄弟的投標，因此擬定了更有吸引力的類似替代方案，資本幾乎增加一倍（一億荷蘭盾對比佩雷爾兄弟的五千六百六十萬荷蘭盾），而且更明顯偏重於奧地利。一八五五年十月底，這個問題解決了。十一月六日，皇家奧地利工商信貸協會（Imperial and Royal Austrian Credit Institute for Commerce and Industry，一間信貸銀行）正式獲得特許執照。一個月後發行了第一批股票，羅斯柴爾德家族及其合夥人保留了其中至少百分之四十。

這間信貸銀行在布拉格、布達佩斯、布爾諾、克隆斯塔特（Kronstadt）與後來的里雅斯特和利沃夫（Lemberg）都設有分行，迅速確立了在哈布斯堡帝國的主要金融機構地位。直到一戰前夕，該銀行都持續維持著無與倫比的卓越地位，沒有什麼比這更能重建羅斯柴爾德家族在中歐的經濟影響力了。信貸銀行在多大程度上代表佩雷爾兄弟的方法雖敗猶榮，儘管詹姆斯之前批評投資銀行的概念，但是為了打敗他們也只好加入他們，正如他向俄羅斯國務委員會的新主席奧爾洛夫伯爵（Count Orlov）承認：

> 每次政府徵求我們的意見時，我們都會盡力指出這些信貸機構造成的風險，但是當我們的觀點沒有說服力時……只能參與這些事業，畢竟對那些從業人員而言是好事……我們不可能完全迴避。

信貸銀行的設計幾乎在各方面都仿照動產信貸銀行。若要說有什麼不同，那就是許可證賦予信貸銀行更大的自由度，可以投資任何資產，或是以各種資產作為抵押貸款（工業股票、國債、土地，甚或大宗商品），也可以用各種方式籌款、發行股票和債券、接受存款。因此，羅斯柴爾德在維也納重整旗鼓的關鍵便是大膽採用勁敵的方法。

信貸銀行很快就穩住了羅斯柴爾德家族在發展中的中歐鐵路網絡之中尋求的主導地位。一八五六年，在爭奪義大利北部與中部的重要路線戰役中，佩雷爾兄弟再次打了敗仗。他們的前盟友加列拉投靠羅斯柴爾德，對他們的努力造成嚴重的打擊。此時，羅斯柴爾德家族進入倫敦資本市場的機會也開始發揮作用：新的帝國鐵路公司（Imperial Lombardo Venetian and Central Italian Railway Company）成立時，倫敦分行帶領的英國集團認購了六百萬股中的一百二十萬股，倫敦分行也為該公司發行價值三百一十萬英鎊的債券。巴黎分行提供的資金略低於所需資金的一半，而其餘部分則由信貸銀行提供。因此，羅斯柴爾德家族及其合作夥伴掌管了六百英里以上的義大利鐵路，其中二百六十英里已經在運作。

同樣重要的是從奧地利向西延伸到巴伐利亞的路線。法蘭克福分行曾牽涉早期的德國南部鐵路，即所謂的陶努斯路線，連接法蘭克福和威斯巴登（Wiesbaden），於一八五三年延伸至拿騷。一八五五年，透過與

⓮ 該公司也收購了多瑙河左岸一條行經布達佩斯，通往斯格德（Szeged）的路線，以及各種採礦與冶金股份。

赫希、埃希薩爾、比斯紹夫桑及其他人合夥，該分行增加了鐵路股份，為巴伐利亞的東部鐵路提供資金。東部鐵路連接了紐倫堡、雷根斯堡、慕尼黑，以及位於奧地利邊境的帕紹（Passau）。它也將這條路線向北延伸，越過施維因富特（Schweinfurth）直到貝布拉（Bebra）。由此，羅斯柴爾德集團取得連接維也納、林茨（Linz）及薩爾茨堡（伊麗莎白皇后西部鐵路）的特許權是順理成章的事。這次，巴黎分行和維也納分行從六千萬荷蘭盾的資本中提供了三千萬。通往哈布斯堡帝國東部的路線比較棘手。在這方面，佩雷爾兄弟率先確立領先地位，取得了維也納－布達佩斯路線向東延伸到塞格德和蒂米什瓦拉（Timisoara，法蘭茲東部鐵路）的特許權，這條路線連接著國營的南部鐵路。然而，缺乏資金的事實再次證明是他們失敗的原因。除了收購匈牙利多瑙河輪船公司（Hungarian Danube Steamship Company），羅斯柴爾德集團也向南進攻當今的斯洛維尼亞（Slovenia）和克羅埃西亞，透過塔拉博收購了通往薩格勒布（Zagreb）和錫薩克（Sisak）的路線。它也與歐本海姆家族有一些合作，後者取得了將奧地利的菲拉赫（Villach）和克拉根福（Klagenfurt）連接到斯洛維尼亞的馬里波爾（Maribor）的特許權。

一八五八年八月，藉由吞併法蘭茲東部鐵路和南部鐵路讓不同分支與維也納和的里雅斯特連接起來的「大案件」概念，讓詹姆斯不住「發抖」。即便如此，他還是辦到了：一個月後，他和塔拉博花了一億荷蘭盾，向奧地利政府買下南部鐵路，然後讓南部鐵路與義大利北部路線、法蘭茲東部鐵路合併，形成了獨特的鐵路龍頭企業，也就是南奧地利鐵路公司（South Austrian Lombardo Venetian and Central Italian Railway Company）。據說，他們也打算在瓦拉幾亞和摩達維亞現在的自治公國修建一條從哈布斯堡、外西凡尼亞（Transylvania）連接到布加勒斯特（Bucharest）的鐵軌。[15]羅斯柴爾德家族感興趣的鐵路網延伸到君士坦丁堡和黑海沿岸似乎只是早晚的事。

此時，需要注意的是，在信貸銀行成立、鐵路合併程序開始後，難免削弱了羅斯柴爾德的控制權。我們不能假定上述的所有步驟都由詹姆斯或安謝姆推動，甚或完全贊同。詹姆斯顯然對修建通往布加勒斯特的路線有不同看法。從哈布斯堡邊境沿路的擬訂路徑判斷，這個計畫的目標偏重於軍事用途，而非商業用途。一八五八年夏季，安謝姆揚言要辭去信貸銀行董事會的職務，「因為他不贊成生意運作的方式。」隔年這個警告成真。這不代表銀行和創辦人之間的永久裂痕，因為他的兒子納坦尼爾在一八六一年接替了他的職位。但這表示將羅斯柴爾德和信貸銀行相提並論時要謹慎，就像是如果要以「羅斯柴爾德集團」來描述接管奧地利鐵路系統的鬆散投資者聯盟，或者描述羅斯柴爾德家族及其在法國的商業夥伴，我們也必須小心。

羅斯柴爾德家族只把歐洲的某個主要區域割讓給對手：俄羅斯。克里米亞戰爭結束後，新沙皇的政府收到了一些關於興建新鐵路網的提案。然而，詹姆斯似乎甘願讓佩雷爾兄弟採取主動，因為他得到了關於新路線獲利可能性的悲觀報告。巴爾林兄弟試著在倫敦為連接華沙和聖彼得堡的俄羅斯大型鐵路新公司籌集約二百八十萬英鎊時，這種悲觀得到了證實。這個計畫失敗了，並且讓霸菱銀行受到仇俄媒體的更多指責。奇怪的是，詹姆斯似乎於一八五八年暫時恢復了在聖彼得堡設立羅斯柴爾德分行的想法，但他偶然建議阿爾豐斯或古斯塔夫「花幾年時間」在「聖彼得堡設立單位」，純粹是因為他認為這樣做有助於猶太人的解放，而不是因為他受到商機吸引。

一八五八年年底，羅斯柴爾德家族克服了其地位在法國，甚至在整個歐洲大陸面臨的挑戰。很大程度上是因為佩雷爾兄弟的資源基本上傾向於巴黎，而羅斯柴爾德家族卻是真正的跨國企業。他們的商業帝國在一八五〇年代擴張，遠至加州與澳洲的新金礦區，他們的優越資源使自己有機會在克里米亞戰爭時期重建支配歐洲公共財政的地位。同時，他們與法蘭西銀行的聯盟確保了一八五六至五七年經濟陷入低迷時，仍可以維持貨幣的可兌換性，而原本可以緩解佩雷爾兄弟擴張過度的改革則遭到否決。因此，隨後中歐與南歐鐵路網控制權的爭奪戰是不平等的。但是為了確保連接奧地利、德國、義大利、匈牙利以及巴爾幹半島的重要鐵路線，羅斯柴

⓯ 這次的合併對佩雷爾兄弟而言有利可圖，他們能以尚未完工的法蘭茲東部鐵路換取價值九千六百萬法郎的羅斯柴爾德新公司股份。

爾德家族只好模仿佩雷爾兄弟的做法，在杜林及更重要的維也納設立自己規劃的動產信貸銀行。羅斯柴爾德的商業帝國變得越來越複雜，因此在這段時期過後很難讓人將其視為單一的完整實體，但詹姆斯當然還是認為這個帝國是單一的實體。一八五九年之前，羅斯柴爾德家族在某個重要方面非常幸運：他們把錢借給了克里米亞戰爭的勝利者，而非失敗者。真正的考驗在一八五九至七〇年期間出現，那時他們將會發現自己在關鍵性衝突中經常涉入雙方的立場，而這些衝突即將改變歐洲的版圖。

三、民族主義與跨國企業（一八五九－一八六三）

如果奧地利取得倫巴底，就等於他失去了奧地利的鐵路以及貸款紅利！

——沙夫茨伯里伯爵，一八五九年

一八五八年一月十四日星期四晚上，駐巴黎的奧地利大使正在阿爾豐斯位於聖弗洛朗坦街（Saint-Florentin）的家中用餐，羅斯柴爾德辦公室的職員突然傳來緊急消息。詹姆斯也在場，他離開後不久又回來了。「他的臉色蒼白。」胡伯納透露。詹姆斯聚集在現場的人，告訴他們義大利的恐怖分子企圖殺害拿破崙三世和歐珍妮皇后。詹姆斯是否察覺到這起事件會演變成法國干涉義大利事務的另一個催化劑？這次是否果斷地支持革命，反抗奧地利？似乎不可能。更合理的預期是，安然無恙的帝王會反抗義大利的民族主義運動，而這似乎就是他最初的做法。

然而，就在拿破崙默許處決潛在的刺客菲利斯．奧西尼（Felice Orsini）時，他決定把這當成一種對民族主義志業表達同情的古怪管道。據說奧西尼寫的兩封信在他被處決前公諸於世，第一封信宣示：「在義大利恢復獨立前，陛下和歐洲都無法保證和平。」就算拿破崙不親自起草戰鬥號令，也一定會做出回應，他隨即向皮埃蒙特政府提議。七月二十日，他在普隆比耶爾（Plombières）與加富爾會面，討論如何重新規劃義大利的版圖。為了換取薩伏依，加富爾建議拿破崙幫助皮埃蒙特建立「從阿爾卑斯山脈到亞得里亞海」的義大利北部王國，然後與教宗國、兩西西里及義大利中部的其他幾州組成義大利聯邦。事實上，法國和皮埃蒙特直到一八五九年一月才針對這些路線達成正式協議，以維克多．伊曼紐爾（Victor Emmanuel）的女兒克洛蒂德（Clotilde）嫁給拿破崙名聲不佳的表親傑洛姆（Jérôme）王子作為象徵（尼斯也為了更大的利益而獻給法國）。然而，這幾個月的外交策略伴隨著法國媒體對奧地利的反覆攻擊，使詹姆斯越來越擔憂，至少表面看起來是如此。

十二月五日，詹姆斯去找拿破崙，抱怨前一天的《箴言報》有一篇影響財政信心的文章，而他不知道撰文者是傑洛姆。經過一陣尷尬的沉默後，拿破崙向他保證自己「不打算在義大利做出改變」，儘管他反對奧地利的政策，但他「並不認同求和的意圖」。但是一個月後，拿破崙對胡伯納說的話卻也只是如果（法國和奧地利的）關係不如他希望的那麼好，那也不影響他對自身統治的態度。詹姆斯並沒有因此感到放心。隔天，他與英國大使考利（Cowley）一起拜訪胡伯納時，內心惴惴不安。胡伯納表示巴黎的交易所已經陷入一片恐慌，於是詹姆斯又去見了君主，而君主向他保證沒有冒犯胡伯納的意思。詹姆斯「滿意地回來了，並增加交易所的資金」。然而才過了三天，市場在傑洛姆和克洛蒂德宣布結婚後就開始暴跌。拿破崙承認，雖然法國支持他，但他沒有得到交易所的支持。一月二十三日，詹姆斯隨著拿破崙外出打獵時，後者尖刻地抱怨奧地利派援軍到義大利，並警告說奧地利「可能會攻擊皮埃蒙特」。於是，猜謎遊戲持續進行。隔週，詹姆斯詢問是否該貸款給奧地利時，拿破崙表示不反對。然而，儘管傑洛姆直接提出請求，但詹姆斯在二月向胡伯納保證羅斯柴爾德兄弟銀行「斷然拒絕向皮埃蒙特提供資金，直到所有的戰爭風險消除為止」。三月十日，由於有傳言稱英國試圖調解卻失敗，交易所再度陷入恐慌，胡伯納再次察覺到詹姆斯非常擔憂。過了兩個星期，在俄羅斯提議召開會議、奧地利要求皮埃蒙特裁減軍備之後，加富爾親自來到巴黎，危機似乎就此緩和。「男爵，」有人聽到他問詹姆斯，「在我辭掉總理職務的那天，交易所真的會上漲二法郎嗎？」「伯爵先生，」詹姆斯回答，「你太小看自己了。」此時，詹姆斯說出了以下妙語，諷刺拿破崙七年前在波爾多發表的著名演講：

帝王不了解法國。二十年前，戰爭的宣布本來可以不引起大騷動。除了銀行家，幾乎沒人進行股票或商業證券的交易，但如今許多人持有鐵路票券或至少百分之三的股票。所以當帝王說「帝國象徵著和平」時，他說的沒錯，但他不明白的是一旦爆發戰爭，帝國就完蛋了。

「真是瘋了，」他在紐沁根陰鬱地總結道，「我們應該保持低調。」

在倫敦也一樣，萊昂內爾持續密切向迪斯瑞利（將自己的部長職位歸因於帕默斯頓為奧西尼事件辭職）通報事態的發展。他在一月十四日寫信給德比，轉達無疑是來自新廷的情報：

倫敦市陷入驚慌。整個地中海的貿易都停止了。證券貶值後的價值不少於六千萬英鎊，大部分在法國。再這樣過一週，巴黎的交易所就會倒閉。「全都是因為某人選擇擾亂一切。」倫敦市給人的感覺是，政府將與此事撇清關係。「雖然問題在幾天內解決了，但信心還要再過幾個月才會恢復，我們就快要迎來繁榮的景象。」

四月十六日，萊昂內爾在選舉演說中呼籲建立「強大的政府」以應對歐洲大陸的重要事件，無論是自由黨或托利黨。這可以解釋成支持帕默斯頓的方針，也就是堅決支持皮埃蒙特對抗奧地利。但也有一些自由黨人懷疑萊昂內爾刻意含糊其辭，企圖掩飾自己支持奧地利的傾向。這初步暗示了在國際關係領域中，羅斯柴爾德家族與托利黨的共同點仍然多於與自由黨的共同點。沙夫茨伯里（反對解放，因此立場難說客觀）在馬真塔戰役（Battle of Magenta）前夕，描述萊昂內爾「簡直快發瘋了。如果奧地利取得倫巴底，就等於他失去了奧地利的鐵路以及貸款紅利！……說來奇怪、憂心又丟臉，但事實就是如此，整個國家的命運竟然被異端的猶太人玩弄於股掌之間！」

「統一」歲月的財務情況

一八五九至七一年，歐洲和美洲的一連串軍事衝突使羅斯柴爾德家族面臨了顯然難以解決的新困境。每一場衝突都被某一方說成是統一戰役（義大利的統一、美國的統一、德國的統一），因此歷史學家通常把這些衝突的結果視為命中注定，彷彿政治規模經濟的「法則」便是如此。實際上，多國之間的戰爭結果不容易預測，而民族主義並不是決定性的因素：一八六三年，波蘭的「統一」失敗，隔年丹麥的「統一」失敗，下一年則是蓄奴州的「統一」，而一八六七年輪到墨西哥的「統一」。政治家想建立的也不是單一民族國家，而是聯邦政府，加富爾原先打算建立北義大利聯邦；美國的戰爭起因則是聯邦制。在德國，俾斯麥於一八六六年決定「更忠於盟國的邦聯（模式），同時在實務上賦予北德意志邦聯（North German Bund）和後來的德意志帝國（German Reich）靈活、低調卻影響深遠的聯邦國家特性」。此外，如果世界上兩個超級大國（英國和俄羅斯）獨自或兩者都介入衝突，結果可能會大不相同。實際上，只要歐洲的事件對他們認為更重要的近東地區沒有影響，雙方都決定袖手旁觀，不過這種不干涉原則也並非確鑿無疑。

羅斯柴爾德家族面臨的抉擇確實不容易。皮埃蒙特在法國支持下與奧地利開戰，既然該家族與這三國都有財務往來，那他們應該支持哪一方呢？聯邦各國以及南方聯盟各州在美國開戰時，該家族要支持誰呢？從南方進口的棉花和菸草是他們橫跨大西洋的部分業務，這和在北方各州及鐵路方面的投資一樣重要。普魯士和奧地利與丹麥交戰時的問題或許沒那麼大，雖然英國和丹麥王室之間的關係有時候讓倫敦的羅斯柴爾德家族坐立難安，但更多的利益衝突出現普魯士與奧地利及日耳曼邦聯的其他邦國作戰時。一八七〇年普魯士和法國爆發戰爭時，又有更多利益衝突。

從這一切得出的傳統推論是，一八六〇年代的戰爭一定讓羅斯柴爾德家族付出了沉重的代價。可以肯定的是，那段時期的外交官在日記中描述了許多該家族聽聞不同壞消息嚇得臉色蒼白的模樣，前文引用他們對一八五九年義大利戰爭的反應便是典型的敘述。著名的例子是，詹姆斯在一八六二年向布萊希羅德重申家族厭惡戰爭的習性：「不為戰爭貸款是我們家族的原則雖然我們無法阻止戰爭，但至少想保持不為戰爭付出的信念。」乍看之下，似乎可以合理地從國際金融市場的反覆動盪中推斷，戰爭爆發不利於羅斯柴爾德家族的資產負債表。更有說服力的是，義大利的統一與德國的統一似乎先後為羅斯柴爾德五大分行中的兩家分行敲響了喪鐘。一八六三年，就在加里波底（Garibaldi）率領的紅衫軍從波旁家族手中奪走西西里島，為薩伏依家族併吞古老王國打下基礎的三年後，那不勒斯分行停業了。普魯士併吞法蘭克福後，MA羅斯柴爾德馮父子公司苟延殘喘了三十年，但（至少相對來說）公司的衰落似乎可以追溯到一八六六年，當時柏林強而有力地自稱是德國的新金融中心。

但這個論點的缺陷在於，這與羅斯柴爾德家族銀行在這段時期的經濟表現有顯著的矛盾。如表格3a指出，一八六〇和七〇年代是倫敦分行在一九一四年之前，最有賺頭的三大時期中的兩個年代（另一個是一八八〇年代）。

從一八五二到七四年，五家分行的平均年利潤上升到前所未有的水準（參見表格3b）。後來在一八七四至八二年、一八九八至一九〇四年也更有賺頭，雖然與之前相比，「統一歲月」才是黃金時期。當然，這些平均數據可能會偏離事實，因為戰爭時期和和平時期被混為一談了。不過更仔細地分析每年的數據，結果也是出人意料。圖表3.i指出，一八五九至六一年（義大利統一戰爭期間）其實是那不勒斯分行有史以來最有利可圖的時期。

誠然，倫敦銀行的數據更支持戰爭時期對羅斯柴爾德家族不利的論點。為了方便比較，圖表3.ii對照了新廷與倫敦市兩大競爭對手（巴

表格3a：NM羅斯柴爾德家族企業的利潤，1830-1909（十年平均數）

時期	年度利潤（英鎊）	實收資本收益率
1830-39	65,915	4.9
1840-49	17,808	1.8
1850-59	102,837	4.9
1860-69	221,278	7.0
1870-79	468,308	9.8
1880-89	366,819	7.5
1890-99	244,463	4.6
1900-09	265,407	3.3

資料來源：RAL, RFamFD/13F.

爾林兄弟和施羅德）的年度利潤，計算前一個會計年度末的實收資本收益率。圖表明確地指出，一八六三至六七年（德國統一的戰爭時期）對倫敦銀行而言是業績糟糕的時期，而該銀行最有賺頭的年份是和平時期：一八五八年、六二及七三年。在飽受戰爭摧殘的一八六〇年代中期，巴爾林兄弟（其次是施羅德）似乎蓬勃發展。不過對巴爾林兄弟而言，高利潤可能與美國恢復和平比較有關，與歐洲的戰爭較無關係。儘管如此，說羅斯柴爾德家族在整段期間的整體獲利能力與軍事衝突重現沒有關聯，那就太荒謬了。我們之後會看到，該家族在和平時期主要是透過資助歐洲國家的戰爭準備措施，以及戰爭結束後的國際轉帳來提高利潤。十九世紀中期的戰爭不但沒有損害該家族位居世界頂尖跨國銀行的地位，反而為他們帶來前所未有的生意，就像戰爭在五十年前使他們走上致富和聲名狼藉的道路一樣。

整體而言，一八五〇和六〇年代的戰爭是由缺乏資金的各國發起。這一點最能說明銀行家在這段時期扮演的角色有多麼重要，以及他們能獲得多豐厚的利潤。稅基依然有限。也許有人會說，隨著越來越多國家效仿英國的貿易自由化（奧地利於一八五三年削減關稅，並與普魯士率領

表格3b：合併後的羅斯柴爾德分行平均年利潤，1815-1904（千英鎊）

時期	利潤
1815-18	479
1818-25	330
1825-28	85
1828-36	209
1836-44	221
1844-52	219
1852-62	1,304
1862-74	1,096
1874-82	1,912
1882-87	785
1888-96	952
1898-1904	1,558

資料來源：附錄二，表格d。

圖表3.i：那不勒斯分行的利潤，1849-1862（達克特）

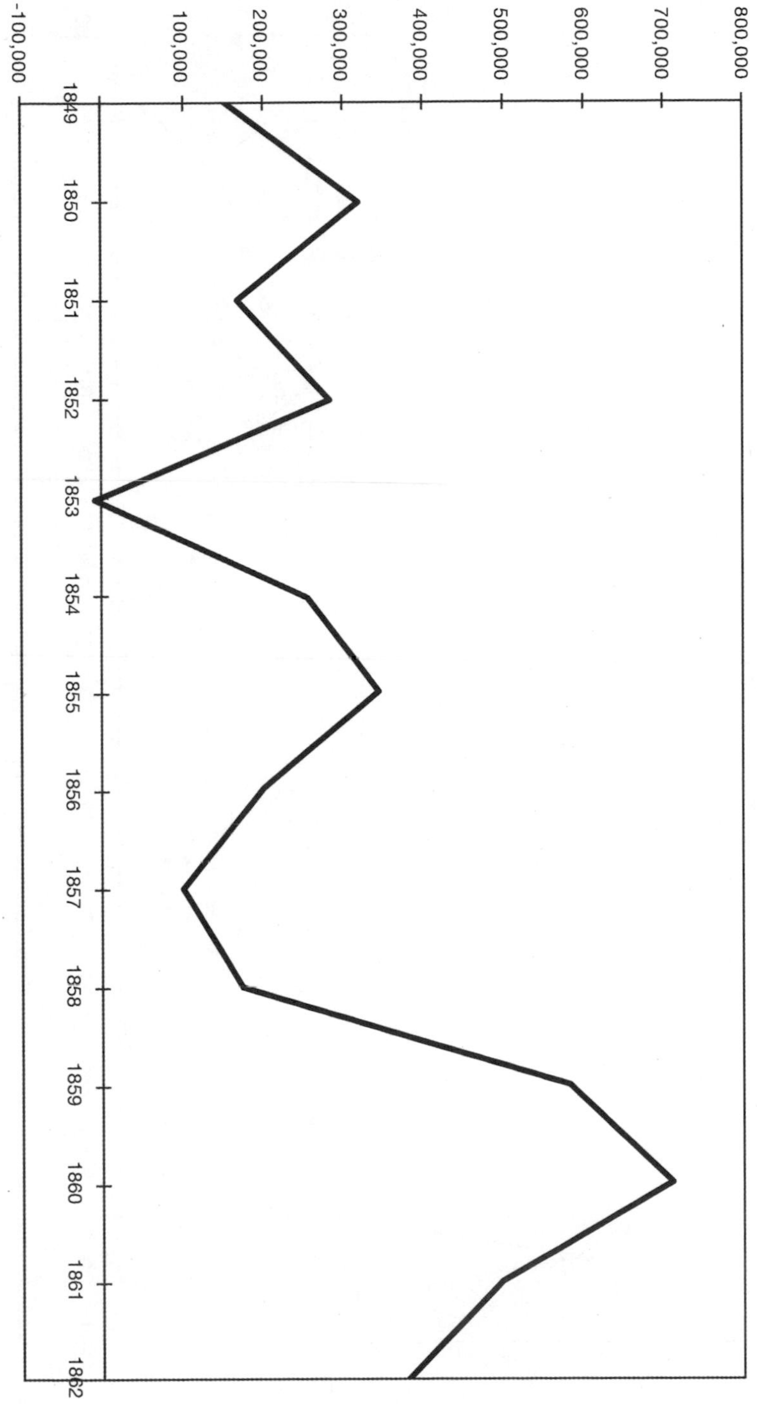

圖表3.ii：NM羅斯柴爾德家族企業、巴爾林兄弟以及施羅德的實收資本收益收益率，1850-1880

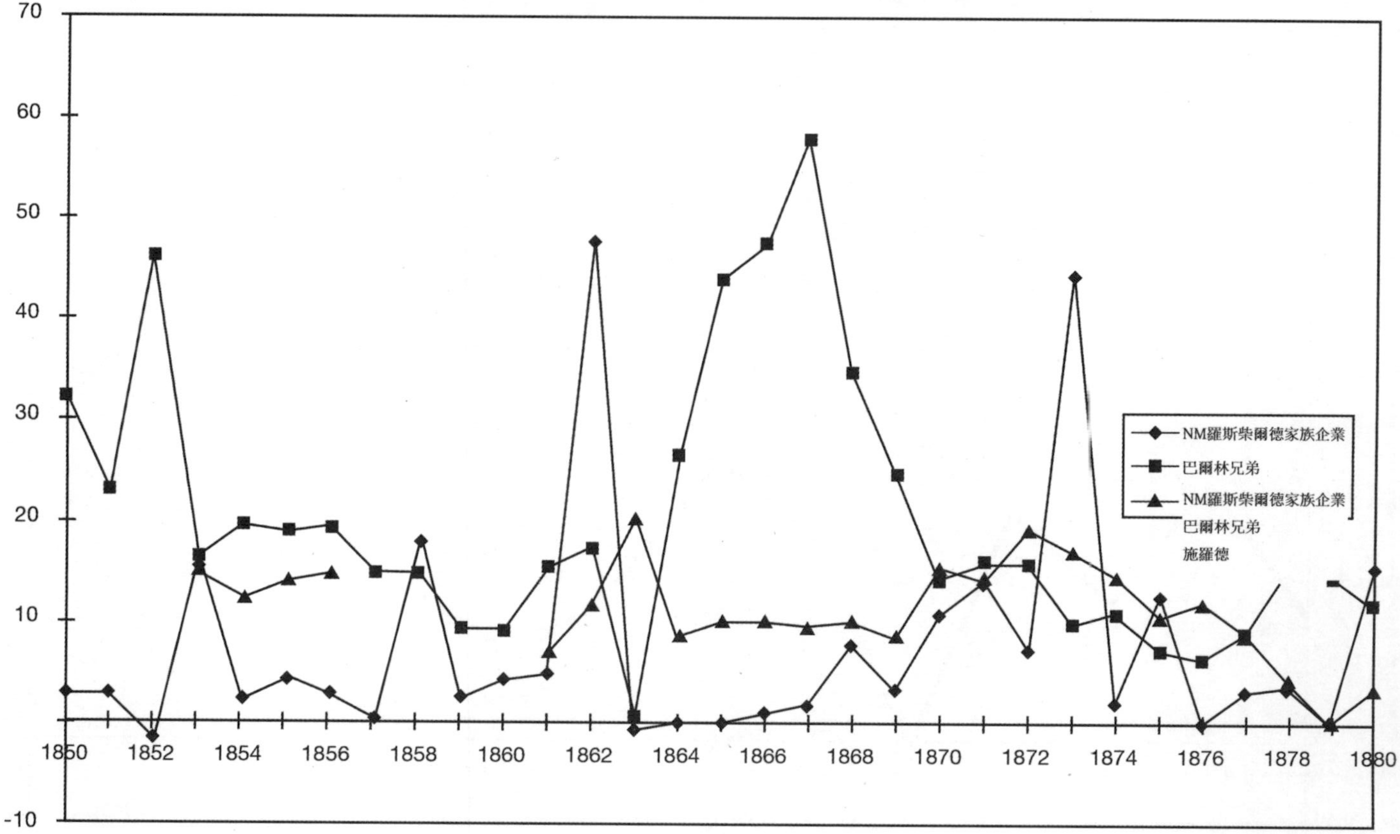

的德意志關稅同盟簽署貿易協議；一八六〇年，法國與英國簽署自由貿易條約），稅基在這段時期特別受限，畢竟削減關稅在短期內的影響是減少收入，直到增加的交易量彌補差距。奧地利政府在合理改革不同地區的稅收制度方面有極大的困難，儘管布魯克在一八五〇年代有大刀闊斧的貢獻，但預算在這段時期仍沒有達到平衡。相比之下，普魯士政府有相對高效的稅收增加制度，也有獲利的國營企業使國庫保持充裕。但自由黨主導的國會和日益保守的君主所產生的政治衝突使財政問題變得棘手，該由誰來決定軍事預算的問題是俾斯麥受命解決的兩個基本問題之一，究竟要交給議會還是王室？另一個問題是，該由誰來統治德國？俾斯麥必須大幅增加預算，而他為了迴避普魯士議會而採取的財政權宜之計，對實現德國統一的重要性堪比薩多瓦戰役和色當戰役。

與過去十年相比，政治家尋求稅收以外的籌款方式更具有國際銀行體系迅速成長和多樣化的優點。如果說一八五〇年代是動產信貸銀行和類似投資銀行的黃金十年，那麼一八六〇年代則見證了經久不衰的機構、合資存款銀行的湧現。在英國，這對羅斯柴爾德家族的意義相對有限，因為大多數的存款銀行主要專注於倫敦的羅斯柴爾德家族向來迴避的國內金融業務。然而，隨著英國的公司法在一八五六年和一八六二年自由化，許多人開始懷抱在海外設立合資銀行的野心。其中，英奧銀行（Anglo-Austrian Bank）可能對羅斯柴爾德的利益構成最嚴峻的挑戰，該銀行由喬治・格倫費爾・格林（George Grenfell Glyn）在一八六四年一月設立。萊昂內爾的長子納弟說過，這些新機構「做了很多魯莽的生意，因此邁爾叔叔很少和他們打交道」。

在法國，詹姆斯不得不與在這段時期成立的四家重要的新競爭者抗衡：一八五九年成立的工商銀行（Crédit industriel et commercial）、一八六三年成立的存款銀行（Société de dépôts et comptes courants）、一八六四年成立的法國興業銀行以及一八六五年在巴黎開設分行的里昂信貸銀行（Crédit Lyonnais）。嚴格來說，這些銀行並非全都是競爭對手。例如，法國興業銀行是由塔拉博、巴托羅尼、德拉漢特等人設立，他們透過不同鐵路事業而與羅斯柴爾德家族有關聯，而這家新銀行也經常與該家族合作；羅斯柴爾德家族與里昂信貸銀行的關係也不錯。差別在於，這些新銀行對動產信貸銀行構成更嚴重的威脅。一八五〇年代，動產信貸銀行規模龐大的投資計畫僅取得有限的成果，隨後的方針越來越像存款銀行。❶儘管如此，新銀行的存在有助於擴大法國財政的基礎，這也意味著羅斯柴爾德的勢力在巴黎相對減弱。詹姆斯決定不直接參與法國興業銀行，雖然他確實受邀「擔任負責人」。顯然，自從留尼旺集團成立以來，他想在巴黎設立合資銀行的渴望已經消退；奧地利也出現了新的合資機構，與羅斯柴爾德家族的信貸銀行競爭。一八六三年，有人提議在維也納設立奧地利風格的土地信貸銀行，但詹姆斯和安謝姆反對這個想法。不過，這讓比利時的金融家蘭格朗－迪蒙索（Langrand-Dumonceau）有機會實現目標。他的目標是打造抵押銀行及其他機構的國際網絡，並試著把自己塑造成猶太裔羅斯柴爾德家族的天主教替代者。

交戰的國家因此有了比過去更多的選擇，如果羅斯柴爾德家族不願意提供資金，他們可以尋求別人的幫助，於是羅斯柴爾德否決戰鬥政策的可能性不復存在（假設真的有這種事）。或許政府最後會因為缺乏資金而打敗仗，但這並不能阻止政府發動戰爭。如果奧地利、南方聯盟以及法國的失敗是出於經濟的因素，那是因為他們不如皮埃蒙特、聯邦及普魯士那樣有能力利用新的資金來源，或者更確切地說，金融市場不太願意借錢給他們。國際貨幣體系在這個時代趨於一體化，賦予了銀行家群體空前的勢力，即便已經沒有哪個銀行能像羅斯柴爾德家族在一八四八年前的幾十年那樣展現那麼大的影響力。自由貿易和作為國際貨幣體系的金銀複本位制發展相結合，往往會限制政治家的決策自由，看似不重要的（外交或財政）誤判有可能會引發投資者採取迅速的懲罰手段。當然，最明顯的表現形式莫過於公債價格下跌或貨幣擠兌，考驗貨幣當局對貨幣可兌換性的承諾。表格3c對照了奧地利債券與英國債券、法國債券的績效，說明一八五八至五九年的危機對奧地利債券造成的金融影響。大國的債券可能因軍事失敗而損失一半以上的價值，這個事實不言自明。

從杜林到薩拉戈薩

一八五九年，外交官和政治家認為羅斯柴爾德家族看起來憂心忡忡。其實他們正精打細算，想確保衝突中的雙方會支付金融服務費給他們，太過依賴外交官寫的信和日記的歷史學家通常會忽略這一點。因此，詹姆斯在催促拿破崙維護和平的同時，也毫不猶豫地在一八五八年提供法國五億法郎的貸款，成為公認的「戰爭貸款」。同時，倫敦分行在一八五九年一月率先向奧地利提供六百萬英鎊的貸款，目的是要鞏固布魯克從一八五五年擔任財政部長以來實現的財政與貨幣穩定。❷皮埃蒙特的問題更棘手。一八五八年夏季，經過長期的談判，政府意識到在國內市場進行公開認購的成功機會很渺茫，之後詹姆斯幫忙安排了一筆四千五百四十萬里拉（名目上）的皮埃蒙特貸款給加富爾（巴黎分行和杜林國家銀行共同持有債券）。

然而，加富爾在隔年十二月試著在法國資本市場進一步籌集三千萬至三千五百萬時，情況發生了變化。此時，他試圖修補與佩雷爾兄弟之間的破碎關係，揚言要拒絕詹姆斯：「多年來，他謀求的是壟斷我們的長期公債。」「我們相信應該和羅斯柴爾德斷絕關係，改成與佩雷爾先生合作，」加富爾若有所思地說，「我相信我們會相處得很愉快。」但這次挑撥對手的策略失敗了，雙

❶ 從一八六〇至六六年，動產信貸銀行在六大存款機構的總存款中占了約百分之二十八。

❷ 法蘭克福分行取得一百萬英鎊的貸款，奧地利國家銀行取得一百五十萬英鎊的貸款。百分之五利率的債券在倫敦以面額八十的價格發行，對購買者而言是不利的投資。

表格3c：義大利統一的財政影響

	最高價格	日期	最低價格	日期	百分比變化
英國百分之三永續債券	98.00	1858年12月	89.62	1861年6月	-8.6
法國百分之三長期公債	72.00	1858年12月	60.00	1859年5月	-16.7
奧地利百分之五金屬	81.88	1858年4月	38.00	1859年5月	-53.6

注：英國與法國的數據是根據在倫敦報價的每週收盤價，奧地利與普魯士的數據是根據在法蘭克福報價的年底價格。

資料來源：*Spectator*, Heyn, “Private Banking and Industrialisation”, pp. 358-72

方都不願意接受加富爾設想的條款。他被迫退回到有限的公開認購，發行一百五十萬法郎的長期公債，價格比他向銀行提出的售價更低（面額七十九對比八十六）。與其說這個結果反映出羅斯柴爾德不肯資助戰爭，不如說反映出奧地利貸款的績效不佳後，許多人不願意嘗試大規模發行債券，動產信貸銀行也是如此。但值得注意的是，無論詹姆斯告訴胡伯納什麼，羅斯柴爾德家族確實參與了加富爾在戰前的最後一次債券發行，在他又賣了四百萬里拉時，其中的一百萬里拉是獲利。

因此戰爭終於在一八五九年四月底爆發時（奧地利誤以為俄羅斯和普魯士會支持自己，輕率地發出最後通牒），羅斯柴爾德家族至少在三邊參戰方的財務準備措施中發揮了效用。簡言之，以為他們試圖阻止戰爭（以為爆發戰爭對他們而言是打擊）是犯了胡伯納及其他人當時所犯的錯：以詹姆斯的言語而非行為來判斷他。詹姆斯知道自己無法阻止戰爭，所以他的目標是盡力降低已經出現的業務損失，並盡力提高戰爭可能產生的新業務利潤。典型的例子是一八五九年四月三十日，奧地利軍隊越過邊境進入薩丁尼亞島的那天，從倫敦發到巴黎分行的電報寫著：「戰爭爆發了，奧地利要求二億弗羅林[5]的貸款。」

無論如何，戰爭突然停止了。六月二十四日，奧地利在索爾費里諾（Solferino）遭受看似無可挽回的一擊後，拿破崙急忙提出條件，擔心普魯士在萊茵蘭動員可能衍生的後果（這點可以理解）。七月十二日，他在自由鎮（Villafranca）與法蘭茲・約瑟達成妥協，似乎讓加富爾陷入孤立無援的困境：奧地利保留了威尼斯及倫巴底的堡壘，並得到一個模糊的承諾，也就是（受到民族主義者叛亂威脅的）其他義大利統治者即將復職。只有在顯然足以避開萊茵河的危機時，統一義大利的陰謀才會繼續上演。一八五九年十二月底，拿破崙似乎準備要拋棄教皇（法國軍隊仍在名義上保護他）。一八六〇年一月，加富爾重新就職。三月二十三日，拿破崙與加富爾更改了普隆比耶爾的計畫。為了換取薩伏依和尼斯，法國會支持在義大利各州舉行的一系列公投，而投票結果已在預料之中。現在有兩個問題。加富爾能控制自己發起的革命嗎？只有在加里波底帶領的數千人於那不勒斯失去戰鬥力、加富爾的軍隊橫掃教宗國時，他才算是真正的成功，而新的義大利將是以皮埃蒙特為代表的君主制國家。另一個問題是，列強是否會為了維持梅特涅式的秩序而再度干涉，就像他們在義大利一再進行的事。然而，普魯士拯救奧地利是為了取得德國的霸權，因此奧地利回絕了。而俄羅斯對於與法國決裂一事，則要求以修訂一八五六年的黑海條款為回報，因此英國拒絕了。

要推斷羅斯柴爾德家族對一八六一年正式宣布成立的新義大利王國有什麼共同看法並不容易。詹姆斯曾兩次暗示加富爾，他支持統一。一些英國羅斯柴爾德家族的年輕成員顯然被當時盛行的親義大利風氣吸引：一八六〇年，安東尼的十幾歲女兒康斯坦絲和安妮「在短短半小時內，就把加里波底寫的自由讚美詩翻譯成英語版本」。另一方面，詹姆斯對加里波底扮演的角色感到不安。這一點並不奇怪，因為他在一八六〇年九月入侵那不勒斯，使得那不勒斯分行陷入艱困的處境。阿道夫選擇與波旁國王法蘭茲二世（Francis II）逃到那不勒斯北部的加埃塔（Gaeta），但不久後可以看出詹姆斯和安謝姆顯然都還沒準備好流亡君主要求的貸款（分別為一百五十萬法郎和二百萬法郎）。阿道夫的難堪在一定程度上說明了姊姊夏洛特對加里波底的敵意。一八六四年，加里波底造訪英格蘭時，這位「義大利反叛者」受到輝格黨菁英的「無意義接待」，引起夏洛特的譴責。就像她後來在一八六六年對俾斯麥的斥責，這些評論也揭露這位熱情歡呼一八四八年革命的女性，在那幾年與叔叔詹姆斯的態度有多麼相似。

詹姆斯的概念是多國組織。他對民族主義的說詞幾乎充耳不聞，將這些說詞視為國際關係民主化的一部分不幸趨勢，因此他懷疑加里波底的每一個行動似乎都在削弱交易所。他認為，拿破崙三世在制定外交政策時經常考慮到法國民眾的感受是軟弱的表現，正如俾斯麥後來準備利用德國的民族主義情緒來達到普魯士的目的是不可靠的表現。在一八六〇和六六年的事件中，對詹姆斯而言有太多一八四八年的要素了。另一方面，詹姆斯並不是固守一八一五年條約的頑固保守分子，他寧可將各國視為不同企業。考慮到有多少義大利政客有銀行

5 譯注：英國曾通用的二先令銀幣，價值十分之一英鎊。

業背景，例如加富爾和巴斯托基（Bastogi），這並不是毫無道理可言。因此，追隨當代知識分子觀點的歷史學家看到的是國家建設，而詹姆斯看到的則是合併和解散。這說明了他對奧地利在一八五九年後陷入困境的回應。皮埃蒙特對義大利的恣意接管很合理，進行得也順利。奧地利戰敗後，財政狀況像以前一樣薄弱，因此應該把掌握威尼斯或霍爾斯坦的權利賣給承擔得起的強國，如義大利和普魯士。讓詹姆斯困惑不解的是，奧地利皇帝寧願遭受更多軍事失敗，也不肯以這種方式將哈布斯堡帝國的衰落商業化，畢竟無論是維也納、杜林或佛羅倫斯（Florence）掌管威尼斯，對詹姆斯而言都沒有差別，他繼續以鐵路而非邊界的角度看待歐洲版圖。沙夫茨伯里確實精準地預測到，義大利戰爭對羅斯柴爾德家族帶來的最重要結果是轉移了一大部分疆域，使帝國倫巴底威尼托與中央義大利鐵路線從奧地利通往新義大利王國。一八五九年十一月，《蘇黎世條約》（*Treaty of Zürich*）的重要條款確認了奧地利在倫巴底授予現有特許權的有效性，適時取代新的義大利國家在合約中的地位。一八六〇年七月，同樣的原則也適用於舊義大利國家授予的特許權。形式上，義大利與奧地利邊境兩側的軌道由不同公司管理；實務上，同樣的股東仍然在巴黎開會，共同討論詹姆斯擔任主席期間整體義大利北部鐵路網的事務。

我們應該從這個角度去了解羅斯柴爾德對義大利統一的反應。詹姆斯的最初反應是為戰敗者和勝利者提供同樣的服務。早在一八五九年八月，奧地利政府就驚訝地發現巴黎分行為托斯卡納發行債券，但這其實是早期交易的餘款。次年三月，詹姆斯透過安謝姆暗示說，他很樂意幫助奧地利的國庫熬過為赤字融資的難關。他通常會利用哈布斯堡的弱點，闡明其眾多條款中的第一項。如果沒有其他外國銀行參與，他會認購規劃中的二億荷蘭盾貸款中的二千五百萬。「部長一直不想把這項任務委託給我們的分行，」他以脅迫的語氣寫道，「他不知道自己的信譽會受到多大損害，也不知道事業的成果會面臨多大危害。不管怎樣，公眾漸漸習慣了我們的分行資助所有奧地利（貸款？）。」如果不是由羅斯柴爾德家族全權負責，他認為「大眾會以為我們準備退出，也以為我們對奧地利的財政喪失信心。如此一來，我們會留給人很糟糕的印象」。

八月時，他向杜林發出類似的訊息。一八六〇年八月，有一筆一億五千萬里拉的新貸款在杜林發行。雖然他從百分之四．五的新長期公債取得一千七百五十萬里拉（面額為八十．五），但他認為自己應該得到更多。「這是有利可圖的國土，我們能從中獲利，」他宣稱：

> 我並不是說我們應該提出新業務，或者我們願意讓長期公債漲價。如果加里波底繼續參與，我當然不會要求調升價格。如果他保持沉默，我還是會想賣出一些……如果我們現在必須為了展現實力，賣出一百萬長期公債，我不反對。

接下來我們會看到，羅斯柴爾德家族如何利用義大利戰爭的餘波，再度顯現他們在法國的影響力，但也證明了這種隱晦的威脅在法國並不必要。

詹姆斯甚至試著恢復與教宗之間的長期關係。一八六〇年十二月，他匆忙地停止預付教宗的債券利息。這麼做的前提是加富爾和加里波底不久將在羅馬建立新的義大利首都，詹姆斯很快就意識到自己犯的錯：即使拿破崙願意把教宗國交給加富爾，事實也證明他在政治層面不可能從羅馬撤出法國軍隊。針對這個問題，拿破崙依然是其教宗至上論支持者的俘虜。因此一八六三年長期無力清償的梵蒂岡被迫回到拉菲特街時，羅斯柴爾德家族已經準備好援助，即便規模很小。這種關係自一八三〇年代開始就一直顯得不可思議。鑑於庇護九世在這段時期展現出的強硬守舊立場，他們的關係在此時看起來很古怪，難怪巴黎的聖座大使會被嘲笑：「重點是要激怒羅斯柴爾德先生，而這個前提是要與他一起用餐。」但實際情況是，像蘭格朗－迪蒙索這種嚮往以天主教的金融勢力取代「猶大」的人，並沒有羅斯柴爾德家族那樣的財務實力。一八六〇年代，隨著梵蒂岡的信譽漸漸惡化，財務實力變得不可或缺。此外，該家族的一些成員特別重視天主教的情感。如我們已知的，夏洛特對英國天主教徒的禮拜形式和慈善機構有良好的印象；一八六七年，詹姆斯拒絕了一大筆以神職人員世俗財產作擔保的義大利貸款，表現出他對天主教觀點的敏感態度。

拒絕一八六七年貸款的決定也要從羅斯柴爾德逐漸對新義大利政府的財政政策感到失望的背景來看待。早在一八六一年十二月，詹姆斯就開始懷疑新政府的財政穩定性。他抱怨財政部長似乎決心要「毀掉」自己的信譽，把更多精力放在新的軍事開支（預期統一的過程會產生更多戰役），而非政府現有的債務。一八六〇年代，詹姆斯不曾喪失自己以前對新政府的長期經濟前景的樂觀看法，他曾說過義大利是「我們熱衷討論的話題」。問題在於，只要新政府渴望占有羅馬和威尼斯，軍事開支就有可能增加。在義大利南部，皮埃蒙特的統治遭到嚴重的抵抗，這個事實進一步擴大了新政府的收支差距。一八五九至六五年，新政府的借款多達十八億七千五百萬里拉，當前的稅收以及其他收入來源只夠應付一半的支出，這難免對義大利的債券和新貨幣造成影響。詹姆斯在一八六二年預測，即使義大利的長期公債面額「不會漲到八十……也會漲到七十五」。一八六六年，面額跌至五十四．八的最低點，低於羅馬債券的價格。一八六六年五月一日，也就是義大利與法國、比利時及瑞士加入金銀複本位制的拉丁貨幣同盟（Latin Monetary Union）一年後，同樣是與奧地利重新開戰的前夕，義大利不得不暫停里拉的兌換機制。

因此，新的義大利政府在財政方面有些令人失望。一八六〇年代，羅斯柴爾德的家族信件充斥著對新王國的謾罵：義大利人是「暴民」，歷任的部長都是「傻瓜」和「弱智」，義大利只不過是「自稱強權」。一八六四年九月，阿爾豐斯給表姊（暨岳母）夏洛特的印象是「家裡堆滿了義大利貨，他看起來心事重重，他說義大利王國撐不了多久」，他也預料「那不勒斯、西西里島、托斯卡納及皮埃蒙特之間的仇恨會越來越嚴重」。詹姆斯滿懷信心地預期會有類似更強大的皮埃蒙特出現，但阿爾豐斯在一八六六年刻薄地評論義大利的信用很接近西班牙或墨西哥。「義大利人真的很像流氓，」他聽說政府對外資徵收新稅的消息時，憤怒地寫道，「即使有些人在英國和法國發表支持他們的言論，我還是很慶幸自己對他們沒有改觀。」

另一方面，軟弱的政府依然是不錯的生意來源。儘管詹姆斯牢騷滿腹，但是自一八六二年九月開始，羅斯柴爾德家族已經多次幫助國家銀行補充漸漸減少的貴金屬儲備。六個月後，倫敦分行和巴黎分行大舉發行價值約五億法郎（名目上）的長期公債。❸然而，沒過多久就需要更多。一八六四年，政府和銀行家針對準備出售短期國庫券的價格展開了曠日費時的爭論。羅斯柴爾德家族承諾會進一步發行一億五千萬的長期公債，卻發現義大利政府以削弱債券市場的價格出售短期證券，讓他們大感失望。為了防止價格再次下滑，詹姆斯和萊昂內爾同意預付一千七百萬至一千八百萬里拉的黃金。

雖然義大利政府無法保持預算平衡，衍生的債券價格下跌問題也讓重要的外國銀行家有點難堪，但這些交易並非無利可圖。然而，詹姆斯和萊昂內爾都對由此產生的佣金感到不滿。此外，他們試著利用政府反覆出現的現金流問題，迫使政府對鐵路公司做出讓步。雖然他們希望倫巴底路線以及尚未完工的利佛諾（Livorno）、羅馬及那不勒斯等通往南部的鐵路線合併，卻因為新的義大利議會反對外國控制國家鐵路網的政治勢力，讓他們的希望落空了。議員們自然希望義大利保有自己的鐵路和政府，但是到了一八六五年，政府的財務需求凌駕了這種經濟民族主義：政府同意以二億里拉的價格將現有的國營路線賣給倫巴底公司。這讓該公司本身的財務狀況承受了莫大壓力，需要從羅斯柴爾德家族和塔拉博的法國興業銀行取得短期貸款，同時透過發行新債券來籌集必要的資金。不過，連同在奧地利和瑞士的類似收購，這種做法是一種策略性投資。

一八六五年，關於修建穿越阿爾卑斯山脈鐵路線的辯論也重新展開。其他人爭論法國弗雷瑞斯（Fréjus）隧道、瑞士盧克馬尼爾（Lukmanier）／聖哥達（St Gotthard）山口以及奧地利布倫納（Brenner）山口的相對政治價值時，詹姆斯可以冷眼旁觀，因為他幾乎考慮過所有的選項。其他人統一各個國家時，羅斯柴爾德家族正悄悄地統一歐洲。詹姆斯在十二月告訴蘭多：「這些問題都環環相扣。」「基本上，」他熱情地寫信給銀行

❸ 政府宣布的貸款總額為七億法郎，其中有五億法郎即將發行。巴黎分行和倫敦分行簽約，以面額七十一的價格、百分之十的佣金購買利率百分之五的二億八千五百七十二萬法郎，並另外承購二億一千四百三十萬法郎。由於義大利債券市場的穩定性不如巴黎，倫敦分行只發行了七千五百萬法郎。

家埃希薩爾，「布倫納路線……確實會成為穿越阿爾卑斯山脈的首要路徑，位居歐洲的中心，將東方、地中海以及亞得里亞海的大部分交通利益轉移到歐洲西部。」這就是詹姆斯心目中的歐洲版圖——鐵路版圖。

阿爾豐斯拿西班牙來相提並論是個有用的方法，因為羅斯柴爾德家族在這段時期與西班牙、義大利的商業往來，他們在表面上確實有相似之處。鐵路也是關鍵，薩拉戈薩路線在詹姆斯對西班牙的盤算中發揮著與義大利倫巴底路線相同的作用。和義大利政府一樣，馬德里政府也持續存在預算赤字，從一八二〇年代以來幾乎沒有中斷過。在這兩種情況下，羅斯柴爾德的金融援助往往以鐵路特許權為條件。然而，西班牙和義大利有三項不同之處。首先，前者的政治不穩定問題更嚴重。一八五四年，反對王室專制主義的軍事政變之後，緊接著是一場全面革命，但溫和黨與進步黨（有各自的將領）之間的舊分歧導致了一八五六年的憲法危機。一八六三年，上將萊奧波爾多·歐唐奈（Leopoldo O'Donnell）的溫和黨政權被另一場皇家政變推翻。三年後，又有一位上將宣告失敗。有時候並不需要太重視這種政治混亂，就如詹姆斯於一八六四年十二月所說的，「沒什麼新鮮事，只不過西班牙政府發生了變動」。但是到了一八六七年二月，他很有先見之明地提醒兒子，西班牙準備迎接「一七九二年」。「一般來說，」阿爾豐斯在同一年的下半年表示，「西班牙的前進方向與其他國家相反。其他國家陷入麻煩時，西班牙很冷靜。其他國家靜觀其變時，西班牙發起革命。西班牙是個充滿驚奇的國家，當地人也無法預料隔天會發生什麼事。」

正如納特不斷提醒兄弟的，西班牙和義大利的第二個不同之處在於西班牙無力償還的歷史比較久：每次西班牙政府接近債券市場時，都會遇到對前幾屆政府拖欠「被動」舊債感到不滿的持有者。一八六〇年代中期，西班牙經歷了嚴重的通貨緊縮危機，使西班牙很難提升自己的信譽，最後西班牙的鐵路利潤比義大利更低。政府的補貼在一八六〇年代中期減少時，薩拉戈薩路線虧欠巴黎分行高達四千萬法郎，每年也虧損一百五十萬法郎。巴黎分行的信件充滿了對這場金融噩夢的悲嘆。

這些有助於說明，西班牙的歷屆政府在一八六〇年代向詹姆斯和他的姪子申請貸款時，何以他們的態度很謹慎。一八六一至六二年，他們談妥了一筆小額預付款。但在一八六四年有更大型的業務失敗，促使佩雷爾兄弟、巴爾林兄弟等競爭對手嘗試補位。兩年後，詹姆斯準備認可另一筆八百萬法郎的預付款，以換取鐵路公司的稅收減免或補貼（這個目標似乎暫時使羅斯柴爾德和佩雷爾的利益保持一致）。然而，由富爾德和奧廷格帶領的法國銀行集團搶先一步，提供馬德里政府價值約七千九百萬法郎的新債券。一八六七年，法國興業銀行又安排了一筆貸款（霸菱銀行是輔助角色），打算轉換已經暫停支付利息的所謂「被動」債務。雖然這場競爭讓詹姆斯心煩，但歷史只是在重演：在英國的羅斯柴爾德家族像以前一樣，不願意讓新的西班牙債券拖累自己，寧可繼續採用以阿爾馬登礦場產量為基礎的適度預付款制度。其他形式的擔保，如食鹽專賣、菸草專賣或來自古巴的殖民收入等，缺乏水銀的吸引力：在英國的羅斯柴爾德家族偏好金屬，尤其是貴金屬。

相比之下，在法國的羅斯柴爾德家族主要關心的是為每況愈下的薩拉戈薩路線爭取特許權，並願意考慮進一步預付的可能性，甚至願意為此提供新的貸款。安東尼說的話很合理：「鐵路一直處在男爵的生意最低點。」一八六七年的複雜談判圍繞著法國交易所禁止西班牙債券的禁令，這項法令是在一八六一年為了打擊資本輸出而實施。法國總理尤金．魯埃（Eugène Rouher）暗示，只要西班牙政府整頓好金融體系，他願意終止該禁令，讓新的西班牙貸款順利進行。問題是，重組的做法是否包括詹姆斯為薩拉戈薩路線尋求的那種津貼？不過西班牙政府為何要借入一千萬至一億法郎，只為了把錢交給法國控管的鐵路公司，背後的原因依然不明確。革命爆發時，銀行家薩拉曼卡代表納爾瓦埃斯（Narváez）政府發起的談判仍然沒有結果，那時納爾瓦埃斯已經去世，薩拉曼卡也破產了。「政治體系中的一點保障和穩定性，」阿爾豐斯抱怨，「比任何補貼更有效。」但後來並未成真。九月時，胡安．普里姆（Juan Prim）帶領的上將聯盟發動的革命成功推翻了伊莎貝拉女王。事實上在此之前，各種貸款談判失敗的其中一個原因可能就是不同銀行家察覺到即將發生動亂。阿爾豐斯坦白說：「魏斯威勒早就預料到這場災難了。」

拿破崙在費律耶

阿爾豐斯與西班牙談判時，得到了法國政府的大力支持，這點相當值得關注。因為，也許義大利戰爭帶來最意想不到的後果是，已經影響了羅斯柴爾德家族及支持波拿巴主義的法國之間的關係。表面上，法國在義大利統一方面的作用於拿破崙三世的統治時期發揮到極致，而法蘭西第二帝國不再像一八六〇年代初期那樣留給人深刻的印象。一八六一年四月萊昂內爾造訪巴黎時，喬治・奧斯曼（Georges Haussmann）改造的城市面貌令他眼花撩亂。「我必須說，」他發現幾條寬闊的新林蔭大道已經取代舊城鎮的雜亂小巷後，有點嚴肅地說，「真希望有個像拿破崙皇帝的人在這裡待三個月，為舊倫敦做一些改造。」但在這種假象之下，帝國漸漸出現嚴重的缺陷，而有些缺陷出現在外交層面，沒有什麼比拿破崙在一八六〇年三月占領薩伏依和尼斯，更讓英國自由派漸行漸遠的了。這種類似他叔叔的「深奧概念」破壞了在同月簽署的英法貿易條約帶來的外交好處。對詹姆斯而言，英法對立只會為法國帶來麻煩，因為這就是路易・菲利普過世給他的教訓。「法國內部政策最具革命性的發展，」一八五九年十月，他告訴奧地利的新任大使理查・梅特涅（Richard Metternich），「並不像與英國決裂那樣對法國金融界產生了深遠的影響。」「遺憾的是，」邁爾・卡爾在次年三月說，「這些（關於義大利的）不幸言論會使條約有利的印象受到影響，不但不會帶來任何好處，還會影響英國與法國之間為了歐洲整體安全而應有的諒解態度。」「巴黎的傑出金融家，尤其是羅斯柴爾德家族，」一個月後，某位外交觀察家說：「製造了一場恐慌，並且在高處驚呼兩大海上強國之間的戰爭必定會發生。」

這種外交上的疏遠也有經濟因素。美國內戰的逼近導致黃金從一八六〇年開始從大西洋彼岸的歐洲外流，影響到了倫敦和巴黎。雖然英格蘭銀行主要依賴提高利率來保護預備金，法蘭西銀行卻沒有改為仿效英格蘭銀行的做法。一八六〇年十一月，該銀行總裁授權在倫敦買黃金，部分原因是要避免貼現率進一步提高（有些董事反對）。不幸的是，他的代理人犯了一個錯誤，直接從英格蘭銀行取出三十萬英鎊以上，而這正是阿爾豐斯大力反對的挑釁行為。用英格蘭銀行價值五千萬法郎的黃金換取法蘭西銀行的等值白銀，這個協議只是暫時緩解後者的壓力，它正承受著法國的龐大貿易逆差以及政府融資需求帶來的額外壓力。

這些困難迫使政府向羅斯柴爾德家族求助。一八六一年十月，精心策劃的交易達成了，因此羅斯柴爾德兄弟銀行以及其他五家巴黎的銀行（奧廷格、富爾德、皮萊特－威爾、馬勒以及杜蘭〔Durand〕）向倫敦分行和霸菱銀行開出價值二百萬英鎊的三個月期國庫券，目的是要減少這些國庫券的溢價，並阻止黃金流過海峽。同時，法蘭西銀行出售長期公債（雖然發行五千萬法郎的小面額票據似乎在一定程度上抵消了這些公開市場操作的通貨緊縮效應）。然而，這些手段都沒有真正解決該銀行的困難。這些困難延續到一八六二至六四年，當時黃金和白銀被轉移到埃及和印度，在被封鎖的美國南部缺席的情況下，這兩個國家是歐洲紡織業的主要棉花供應商。

對巴黎的羅斯柴爾德家族而言，貨幣緊縮意味著恢復影響力。更確切地說，這代表一些競爭對手的影響力減弱。一八六一年，朱爾．米勒因詐欺被逮捕，詹姆斯對此感到幸災樂禍。「詹姆斯贏了，」梅里美表示，「他說自己是業界數一數二的大亨。」一八六〇年代初期，動產信貸銀行也首次出現倒閉的跡象。佩雷爾兄弟透過不動產（Compagnie Immobilière）子公司大舉投資不動產後，在一八六四年竭力維持著收支平衡。一八五〇年代的這些明星企業逐漸衰落之後，阿爾豐斯成了法蘭西銀行經濟正統的代言人。一八六四年十月，阿爾豐斯聲稱動產信貸銀行是貨幣危機的「主因」，而「唯一的補救辦法是法蘭西銀行的頑強抵抗」。「恐怕暫停兌換機制是佩雷爾兄弟生存下去的最後希望，」他擔心地說，「這種情況有決定性的影響，因為這是一場新舊商業體系、動產信貸銀行與國家銀行之間的決戰。」因此，他和父親提供一八六五年貨幣調查的證詞，提前宣告了佩雷爾兄弟早先想以更具擴張性的信貸體系取代法蘭西銀行的野心。「你們想設立十幾家銀行？」詹姆斯問委員會，暗指佩雷爾兄弟要求貨幣放鬆：

> 你們想給他們發行票據的權利？哪來的信心啊？假設我是小型銀行的行長，只有一點錢，但需要很多錢，我可不會採取預防措施。我會說：「順其自然吧！」其他銀行將不得不支援。這是所有將設立的小型銀行要做的事，向法蘭西銀行求助，彷彿它是必須為別人的愚蠢行為付出代價的母銀行。

他和阿爾豐斯都認為貨幣政策只事關法蘭西銀行。如果票據的可兌換性受到威脅，市場便會喪失信心。該銀行的行為應該盡量與英格蘭銀行相似，但有一個重要的例外：在該銀行的儲備中，白銀應該繼續保有與黃金同等的重要性。佩雷爾兄弟試著反擊，將困境歸咎於該銀行的高貼現率以及羅斯柴爾德家族策劃的法國資本外流。正如埃米爾・佩雷爾於一八六五年十一月說：

> 法蘭西銀行的某些人希望我倒大楣……但資助薩拉戈薩和阿利坎特鐵路的人並不是我，資助倫巴底線的人也不是我。十五億的義大利貸款、比利時貸款、奧地利貸款、羅馬貸款以及西班牙貸款都不是我負責的。但這些業務的共同點是，讓人指責我們為了外國人的利益而糟蹋國家的財富！

但羅斯柴爾德家族可以懷著超然的**幸災樂禍**心情，追隨動產信貸銀行搖搖欲墜的處境。詹姆斯甚至沉迷於動產信貸銀行股票的偶然投機買賣，但該銀行在一八六四年的最後一次大起大落應該不是他造成的（有些當代人認為如此）。「舊」銀行成了新銀行，而「新」銀行成了舊銀行。

事實上，一八六〇年代初期的貨幣困境不只是因為無法控制的全球經濟力量，部分也是政府的財政方針導致的後果。義大利戰爭促使公共貸款增加，例如：一八五九年，法蘭西銀行必須以長期公債作為抵押貸款，借給財政部一億法郎，並折價出售價值二千五百萬法郎的短期國庫券。然而，這些金額在一八五〇年代期間只占政權貸款總額的一小部分，甚至不包括克里米亞戰役和義大利戰役的費用，總額就已達到二十億法郎左右。前國務大臣艾許勒・富爾德決定把自己定位成這項政策的主要評論者，為不太可能的政治重組打下基礎，這在十年前是不可思議的事。

這是昔日敵人的和解，最初只在鄉村顯而易見。早在一八六〇年十一月，據說拿破崙與富爾德、羅斯柴爾德在「聖日耳曼打獵」。次年十月，有傳言說「富爾德、傑米尼（Germiny，法蘭西銀行總裁）以及阿爾豐斯在貢比涅與君主針對財務狀況舉行長時間的會談」。但一個月後，富爾德在巴黎宣布重返財政部長的職位，顯然羅斯柴爾德家族與交易所都欣然接受。「我很高興注意到……你的好朋友富爾德採納了你明智的建議，不降低銀行的貼現率。」幾週後，詹姆斯寫信給阿爾豐斯，建議他「去找富爾德，開誠布公地與他聊一聊。」詹姆斯還提到：「我們非常願意與他攜手合作。」

一八六二年一月，羅斯柴爾德、富爾德以及波拿巴之間的新和諧關係有實質性的證明，將相對稀少的利率百分之四．五長期公債轉換為利率百分之三。儘管在尼斯過冬的詹姆斯對這筆交易有些異議，富爾德最後得到了羅斯柴爾德的全力支持，不僅是在法蘭西銀行，也在拉菲特街本身。起初，巴黎分行借三千萬法郎給政府（為期四個月，利息為百分之五）是為了把價格抬高百分之三。此外，阿爾豐斯同意買八千五百九十萬法郎的三十年期政府債券，而這些債券也由政府逐步轉換為利率百分之三的長期公債。此轉換對政府而言有成效；對詹姆斯而言，他很高興能重新確立羅斯柴爾德家族在法國公共財政中的傳統優勢。

一八六二年十二月十六日，拿破崙在費律耶打獵的著名參訪需要從這樣的背景看待。歷史學家通常認為這象徵著波拿巴與舊奧爾良派高級財政的和解（甚至屈服），事實似乎也是如此。在富爾德、國務大臣（表親）瓦萊夫斯基伯爵（Count de Walewski）、英國大使考利伯爵以及弗洛里（Fleury）、內伊（Ney）等上將的陪同下，拿破崙搭火車前往奧祖爾（Ozouer-la-Ferrières）。上午十點十五分，詹姆斯的四個兒子在那裡與他會面。拿破崙一行人經過繡著金色蜜蜂的綠色天鵝絨地毯走過月台，接著乘坐羅斯柴爾德風格的五節車廂抵達城堡，車廂漆有藍色與黃色。拿破崙到達時，帝國的旗幟從四座塔飄揚起來。其他人（包括安東尼、納弟以及納弟的姊姊艾芙琳娜）隨後被帶到大廳引見。拿破崙停下腳步，欣賞掛在現場的畫：范戴克、維拉斯奎茲以及魯本斯的作品。然後他走到外面，在花園種了一棵紀念性的雪松，接著享用一頓豐盛的早餐。「為了保持其獨一無二，製作銀盤專用的模型立即被銷毀，」《泰晤士報》以恭敬的筆調記述：「每一個銀盤都有布雪（Boucher）的真跡，與著名的塞夫爾（Sèvres）瓷器擺在一起」。狩獵活動也進行得很順利，約有一千二百三十一隻獵物遭獵殺。下午時光以大廳的自助餐作結，伴隨著長廊傳來老羅西尼特別創作的〈民主獵人合唱團〉（Chorus of Democratic Hunters）樂曲。這首不太講究的曲子是為男高音、男中音以及男低音譜寫，以兩面鼓與一面銅鑼伴奏。下午六點，皇室一行人返回車站，一路上有「守衛、獵人及其他在該區工作的人拿著火炬」照亮前行的路。

然而，羅斯柴爾德的奢華招待在多大程度上代表與拿破崙真正和解，這點令人懷疑。雖然拿破崙對納弟的印象不錯，但納弟回報父母當時的情形時，透露了不愉快的感受：

> 我必須說，（從車站出發的）那段路程讓我覺得難受得不得了……如果是在英國，民眾會樂在其中。大部分喊著「皇帝萬歲」的人都是有薪酬的代理人……運動員花了一些時間吃早餐，然後又回到運動場了。要是天氣暖和一點該有多好。有一場盛大的狩獵競賽，但大多數人喝了十到十二種不同的酒，所以他們表現得很糟糕。總共獵了八百隻野雞，但應該要獵一千五百隻的。

此外，有一種說法是詹姆斯向拿破崙告別時，忍不住說了句諷刺的狠話。據說他說的是：「陛下，我和孩子都不會忘記這段難忘的回憶。」其中的陽性單字「mémoire」（回憶／帳單）是雙關語，暗指君主的開支。對襲固爾兄弟而言，拿破崙只不過是近期「針對金錢進行外交訪問」的法國君主。同樣地，當代的德國漫畫家也將拿破崙描繪成獵取金牛或「錢袋」的人，他們都察覺到了這種場合的虛假本質。費律耶的招待會如果不是為了英法和解便毫無價值，所以考利與至少四位英國那邊的羅斯柴爾德家族才會出席。但是後來並沒有達成和解，每次的外交危機都似乎反而使法國和英國的關係變得更疏遠。

而波拿巴家族和羅斯柴爾德家族在公開場合的關係融洽，詹姆斯和親戚也經常受邀參加宮廷的社交活動。例如一八六三年一月，龔固爾兄弟發現詹姆斯出席了拿破崙的表親瑪蒂德公主舉辦的聚會。幾個月後，阿爾豐斯又到貢比涅與拿破崙討論貨幣政策，滿意地提到：「瑪蒂德似乎了解採取嚴格措施的必要性。」四個月後，他和妻子回到那裡玩了一整晚的猜字謎遊戲，這是皇室最喜歡的消遣活動。在遊戲中，里歐諾拉的頭上和脖子上戴著「三百萬到四百萬顆鑽石」，扮演「割下赫羅弗尼斯（Holofernes）頭顱的朱蒂絲（Judith）」。次年，富爾德特地要求詹姆斯與拿破崙討論貨幣形勢，因為他擔心佩雷爾兄弟可能會說服拿破崙放棄兌換機制。詹姆斯反而派了阿爾豐斯去，阿爾豐斯的唯一抱怨是君主很囉嗦，「想知道太多關於猶太人的事」。一八六五年十一月，里歐諾拉再度受邀參加貢比涅的業餘戲劇表演。一八六六年二月，她和丈夫、古斯塔夫和他的妻子賽西兒（Cecile）也出席了拿破崙的知名化裝舞會。在舞會上，皇后以瑪麗．安東妮（Marie-Antoinette）的角色亮相，顯得有點不吉利。

當代人不禁注意到這種關係中的矛盾。與詹姆斯相比，拿破崙還很年輕，他在五十四歲造訪費律耶時，詹姆斯七十歲。但這位君主的健康狀況不太好，在關鍵時刻失去活力。至於詹姆斯，儘管他的眼睛退化，雙手也逐漸患上關節炎，但他幾乎沒有喪失驚人的活力。一八六四年，夏洛特到拉菲特街探望叔叔時，他「正在吃午餐，先吃牛排佐馬鈴薯，接著吃一大份龍蝦。能吃得下這麼多，身體應該很健康」。夏洛特印象深刻地說，「他的生活方式一點也不輕鬆，似乎永遠在巴黎和費律耶之間穿梭。」更別提布洛涅、尼斯、維爾德巴特及洪堡了。直到他離世的最後一年，他依然是巴黎分行的骨幹，不厭其煩地通信，匆匆忙忙地參加一場又一場會議，展現出他年輕親戚不可企及的職業道德。一八六七年八月，安東尼痛苦地敘述詹姆斯造訪倫敦的經過：

今天早上，我必須去交易所。男爵在九點出現，我要跟他去見威爾斯親王，還要去見劍橋公爵、埃及總督及蘇丹。要去那麼多地方，很容易感到困惑。如果要見的人不在辦公室，也很難不暴怒。在這種情況下，不太可能做出平時的表現。

儘管如此，詹姆斯還是撥出時間在費律耶飼養一大群野禽，並長期與部長的妻子瓦勒斯卡（Walewska）伯爵夫人調情。他每年花不少時間做水療也不該將此視為體力變差的跡象，因為他去做水療之後，看起來比以前「更年輕、更有活力」。如果一起用餐的女士年輕貌美，他也很樂意與她們交談。法國媒體在一八六六年誇張地報導他的視力不良時，詹姆斯

> 很生氣，急切地想對那些為他「失明」感到悲哀的窮苦文人提出有力的反駁。於是他刻意和兒子逛劇院，向許多女演員拋媚眼，也向正廳前座和包廂裡的許多美女拋媚眼，最後在俱樂部玩紙牌遊戲還贏錢。他也如實記錄下自己精準地射下鷓鴣、野雞以及西方狍的情況。

詹姆斯很有自信，上了年紀後也有些魯莽，可以隨意發洩以前壓抑的諷刺幽默感。他說的一些笑話是關於股票交易的知識：「總有一天，如果你想在交易所有收穫就得說希伯來語。」「如果你問我，是什麼原因導致股市漲跌？要是我知道答案早就變成有錢人了！」當年輕的經紀人急切地問他，安裝旋轉票口收取交易所的入場費是否會影響長期公債的價格時，詹姆斯面無表情地回答：「我的看法是，我以後每天都要花二十蘇[6]。」但他最著名的笑話（就像他在費律耶說的「mémoire」雙關語），卻巧妙地愚弄了拿破崙：「L'Empire c'est la baisse.」（帝國正在衰落。）這句話不能直譯，從字面上來看，這句話是指帝國就好比下跌的市場。這句雙關語呼應了拿破崙著名的「帝國象徵和平」說法，猶如拿破崙政權的墓誌銘。

難怪當代人又回味了以前的奧爾良派笑話，說他和家人才是真正的法國統治者。龔固爾兄弟是當時代惡毒的日記作者，他們記述了七十四名羅斯柴爾德家族成員參加古斯塔夫婚禮的情形：

> 我想像有一天，林布蘭為猶太會堂和神祕的寺廟創造這般場景，有像金牛犢散發的陽光照耀著。我看到

許多男人的頭上閃爍著綠色的光澤，有時又像黯淡的白色鈔票。這裡像一場在銀行洞穴舉辦的派對……現在，世界上被放逐的國王貪圖一切、控制一切，包括報紙、藝術、作家以及王位。他們支配著音樂廳和世界和平，掌控政府和帝國，壓低鐵路開銷的方式就像放高利貸者控制年輕人，貶低年輕人的夢想……因此，他們掌管著人類的生活各領域，包括歌劇……不是巴比倫之囚，而是耶路撒冷之囚。

龔固爾兄弟認為：「詹姆斯是怪物……他有著卑鄙又可怕的青蛙臉，眼睛充血，眼皮像貝殼，嘴巴像錢包。他流口水的時候像極了留著金髮的色狼。」但像費多這種看過詹姆斯平常在辦公室裡模樣的人，不禁被他散發出的生命力打動：

他有一種奇特的寶貴能力，那就是即使在很吵的環境中也能專心思考，全神貫注。通常在即將完成最重要的交易時，他會關上房門，不接見任何人。他也經常毫不費勁地同時進行重要又瑣碎的業務，並委託兒子（通常是長子）在總部接待交易所的職員，而他則是與部長或大使擠在同一區的角落，愉快地討論涉及幾億元的業務條件……有時，他突然停下來討論為他帶來幾千萬收入的貸款條件，卻要求倒楣的隨從做一筆只值五十法郎左右的小交易……這個金融天才有著令人敬畏的本領，他能看透一切，並且事必躬親……這個泰斗會親自閱讀所有信件並收取所有急件。即使他從早上五點就開始投入事業，他在晚上還是會撥出時間履行社會責任。你們應該看看他在龐大的銀行大樓內做事時，一切多麼像有規律的發條裝置！他做事始終井井有條，多麼了不起！他的員工是多麼的敬業！

因此，當拿破崙開始放鬆自己對政治權力的控制時，詹姆斯卻變得越來越像巴黎金融界的專制君主。

6 譯注：法國的舊銅幣，一法郎相當於二十蘇。

「在神聖的金錢面前人人平等，」龔固爾兄弟說道，「就像在死神面前一樣！」

但是問題仍然存在：羅斯柴爾德勢力破壞波拿巴政權的程度到底有多大？如果說詹姆斯在公開場合對帝國政權抱持矛盾的態度，那麼他和家人在私底下則是充滿敵意。納弟察覺他的法國親戚「比以前更像奧爾良派成員，對君主相關的一切人事物吹毛求疵」。班傑明．戴維森遇到貝蒂之後也有同樣的看法。❹起初，詹姆斯謹慎地迎接議會憲法的轉變，但也半是預期拿破崙會發動另一場政變。阿爾豐斯決定仿效叔叔萊昂內爾參選時，是以反對黨候選人的身分參選，雖然詹姆斯羅斯柴爾德「公然」表示反對持保留態度。

但是為什麼羅斯柴爾德家族在一八六〇年代要反對幾乎對事業沒有不利影響的政權？比起揮之不去的奧爾良派觀點更重要的是，詹姆斯和兒子發現在富爾德領導之下，所謂健全的財政新時代與帝王的外交政策之間有根本上的矛盾。他們認為帝王的外交政策仍和以前一樣大膽，在他們眼裡一樣危險。一八六〇年代初期，拿破崙似乎想在一連串國際危機中惹禍。每次他有惹禍的跡象時，軍事開支增加及政府赤字增加的預期往往會壓低長期公債的價格。例如，早在一八六三年七月，據說有一筆新的法國貸款，而法蘭西銀行一再出現的貨幣困境也很容易歸因於帝國外交政策對金融信心產生的影響。如我們所見，詹姆斯在義大利戰爭爆發前就已經提出了一套波拿巴主義政治的理論：「沒有和平，就沒有帝國。」隨後幾年發生的事件使他更確信這一點，而他的信件也經常提及財政薄弱和外交策略之間的關係。「不會有戰爭，」他在一八六三年十月向姪子保證，「我說過，君主應該萬分和平地談話。如果他想要錢，也需要貸款的話，就必須這樣做。」「我相信，」他在一八六五年四月寫道，「毫無生氣的交易所有助於君主保持更平靜的心態。」一八六六年三月，他又說：「我們將維持和平一段時間，因為偉大的君主承擔不起開戰的後果。」他經常擔心內部政治的缺陷可能會誘使拿破崙涉入海外冒險，而拿破崙越證實了這種擔憂，詹姆斯就越預料到財政會陷入困境。這能解釋他為何說帝國代表「衰落」，而非「和平」。

英國保持中立的緣由

若要了解羅斯柴爾德家族對一八六〇年代事件的反應，他們對拿破崙的猜忌是一大關鍵。然而，關於該家族於同一時期在英國的政治與外交角色，還有一點同樣重要：他們接受了不干涉歐洲大陸和美國發生衝突的政策。

要追溯英國的羅斯柴爾德家族在一八六〇年代參與政治的歷程絕非易事。萊昂內爾獲准進入下議院後，不曾對其他議員發表演說，但這不代表他在政界不活躍。他經常出席下議院，甚至有一次因為關節炎而無法動彈，他還是參與了辯論。他也經常在新廷和皮卡迪利街接見資深政治人物和記者。一八六六年，他的妻子寫道：「你爸爸只對政治感興趣，其他事一概不管。」❹當然，萊昂內爾仍然是自由黨人，他在爭取進入國會的競選中長期得到該黨大多數人的支持，而他那位在鄉村生活的弟弟邁爾也一樣。在經濟政策方面，他也是自由主義者。他與朋友查爾斯．維利爾斯（與自由黨外交部長克拉倫登是兄弟）、後來的自由黨大臣羅伯特．羅威都是堅定的自由貿易主義者。即使他不屬於迪斯瑞利的政黨，兩者之間的友誼還是使他偏向支持迪斯瑞利。他與夏洛特也和其他托利黨人相處融洽，包括上將喬納坦．皮爾（Jonathan Peel，與羅伯特爵士是兄弟，但不是皮爾黨人）、奇徹斯特市議員亨利．倫諾克斯勛爵。一八六五年，萊昂內爾要求德拉內在《泰晤士報》描述他對羅素政府的攻擊時，措詞要溫和一些，同時歡迎該政府最讓人印象深刻的評論家（迪斯瑞利）到新廷，這就是萊昂內爾的典型作風。一八六六年四月，在關於羅素改革法案的激烈辯論中，羅斯柴爾德家族「請兩大對手吃晚餐。週六是輝格黨（的格萊斯頓），週日是托利黨（的迪斯瑞利）。納弟說，兩次招待都處於左右為難的境

❹ 一八六四年四月二十八日，夏洛特寫信給在劍橋的利奧：「戴維森說男爵是很了不起的人，至於優秀的男爵夫人則是有偏見的人，非常保守，有狹隘的成見……佩雷爾先生、君主以及英國人都是她排斥的對象。她說我們是瘋子，並把她流利的口才應用在報刊，因為報紙宣稱法國人不配享有自由。」

地。可以肯定的是，至少其中一天發生了不愉快的爭吵，甚至兩天都是」。

萊昂內爾的長子納弟（英國的羅斯柴爾德家族中最熱衷於政治的人）也採取了迂迴措施。根據他早期的政治言論紀錄，他是個熱情的自由主義者，同時有對格萊斯頓的英雄崇拜、對迪斯瑞利的嘲諷以及對自由貿易的科布登式的熱情。但他也對帕默斯頓讚賞有加，似乎從不認為貿易條約可以代替軍事準備（他的軍事訓練與在白金漢郡義勇騎兵隊服役的舉動無疑強調了這個觀點）。他初次造訪下議院（在一八六六年聽改革法案的辯論）時，覺得「格萊斯頓的演講聽起來沉悶又浮誇，而迪斯瑞利的演講聽起來很有活力」。羅威反對改革的論點似乎動搖了他的想法，但布萊特（熱烈支持改革者）仍然備受崇拜。

以下的事件能說明羅斯柴爾德在政治上模糊的態度。一八六六年七月，支持改革的示威活動在倫敦舉行時，艾芙琳娜把塞夫爾花瓶藏了起來，足不出戶，但她透露：「保守的紳士告訴正為愚蠢改革者辯護的納弟，他很遺憾我們家的窗戶沒有被統統打碎……你哥哥說我們都很安全，因為其他人知道我們是他們的朋友。他們為家族加油打氣，包括納弟和阿爾菲（Alfy）。」愛麗絲．皮爾（Alice Peel）夫人告訴萊昂內爾：「士兵應該射殺二十到三十個暴民，因為這樣就能很快結束暴亂。」萊昂內爾則拐彎抹角地回答：「愛麗絲夫人，妳可以跟我說任何事，但我建議妳不要在倫敦提出這樣的建議。」夏洛特指責托利黨的內政部長史賓賽．沃波爾把示威者逐出海德公園，引發了暴力事件。但她承認：「如果托利黨政府只能被說服引進自由主義措施，那就無法證明該政府像輝格黨政府那麼有用。」萊昂內爾祝福迪斯瑞利在政府一切順利，但這只是部分心意，畢竟如果托利黨內閣失敗，他也不會想參加另一場大選。一八六七年二月，在新的議員大會前夕，他在聽完迪斯瑞利的話之後很難覺得放心：「我們下次再見面時，我不成龍便成蟲，但我們不向國家提出請願前，就不應辭職。」迪斯瑞利的改革法案經過漫長的修改才通過，而羅斯柴爾德在此期間不排斥各種政治人物：夏洛特熱切地閱讀約翰．史都華．彌爾（John Stuart Mill，曾提倡女性投票權）的著作，邀請格萊斯頓夫婦喝茶，也與迪斯瑞利夫婦一起用餐。萊昂內爾盡職地參與辯論，針對修正案進行投票，也經常與「朋友」迪斯瑞利協商。但諷刺的是，他「發現那些對議案通過感到興高采烈的人，竟然也是去年極力反對的人」。

一如既往，英國的羅斯柴爾德家族在政界逐漸採取跨黨派的做法，其依據仍然是外交政策。他們從巴黎分行獲得有用的政治情報，因此能吸引任何政府的注意，無論是自由黨或托利黨。他們與詹姆斯有共同的目標（阻止拿破崙三世的侵略以避免引起大戰），通常會據此形塑英國的政策。相比之下，值得注意的是，該家族位於英國的成員很少擔心普魯士，但在這段時期，他們對歐洲大陸事務的興趣依然濃厚。一八六六年三月，雖然安謝姆的分析誇大其詞，卻闡明了他長期從新廷收到的信件內容：

> 別抱任何幻想。在歐洲大陸事務中，英國簡直毫無政治影響力。如果一個人老是把劍放在鞘內，或讓裝甲船停留在港口的平靜水域，就無法充分發揮自己的能力，也無法使自己獲得敬畏。無論如何，對約翰牛（John Bull）[7]而言，改革法案和牛瘟顯然比什勒斯維希和霍爾斯坦的公國更重要。

他批判得很有道理。一八六六年，邁爾確實花上更多時間擔心牛瘟在蒙特莫爾的牛群間傳播所造成的影響，忽略了德國統一。戲劇化的事件在關鍵時刻分散了英國人對歐洲大陸事件的注意力，例如奧弗倫-格尼在五月十日破產、羅素政府在六月二十六日垮台、倫敦在七月二十三日發生改革暴亂。無論萊昂內爾對俾斯麥有什麼疑慮，他都不渴望英國干涉歐洲大陸，即使他有這方面的期待，卻也不太可能設法克服歷任外交部長的孤立主義。只要格萊斯頓的財政公正原則盛行，英國的預算就能保持平衡，如此一來，即使國防開支增加，也能靠稅收而非借款來取得資金：一八五八到七四年，政府在四年內就出現虧損，但每次的虧損都不大。長期趨勢是繳清公債，而非增加：一八五八到一九〇〇年間，公債從八億九百萬英鎊降到五億六千九百萬英鎊（也許是格萊斯頓最具體的成就）。羅斯柴爾德家族可以給不借錢的政府一些建議，但不能施壓。

7 譯注：英國的擬人化形象，用來諷刺輝格黨內閣在西班牙王位繼承戰爭中採用的政策。

美國的戰爭

英國的不干涉習慣可以追溯至羅素對義大利統一的熱烈歡迎，算是否定了他與帕默斯頓對法國政策的疑慮。美國內戰的爆發將英國的注意力轉移到加拿大的安全措施，建立了持續十幾年的模式。羅斯柴爾德看待美國衝突的方式經常遭到誤解，其實他們的態度說明了萊昂內爾在這段時期的外交事務中是被動角色。貝爾蒙（民主黨的國家主席）是史蒂芬・阿諾・道格拉斯（Stephen A. Douglas）的主要支持者（後者是林肯在一八六〇年總統大選中的對手），因此他（與羅斯柴爾德家族）在隔年爆發的戰爭中招致了雙方的譴責。北部共和黨人斥責「道格拉斯的國家主席」在奴隸制問題方面是騎牆派，而南部民主黨人也從對立的觀點指責他。

根據貝爾蒙的一位傳記作者透露，他在衝突期間努力爭取羅斯柴爾德對聯邦的支持，而他最不想面對的處境是歐洲的「掌權者」資助南部。但他和羅斯柴爾德家族仍然一再被譴責支持南方聯盟，尤其是上將喬治・麥克萊倫（George McClellan）在一八六四年被提名為民主黨候選人之後，因為他贊同與南部談判來達成和平，而非貝爾蒙提過林肯的「充公與強制解放的毀滅性政策」。「我們是要有可恥的和平，好讓一直以來大量買進南方聯盟債券的貝爾蒙、羅斯柴爾德家族以及整個猶太部落斂財，」《芝加哥論壇報》（*Chicago Tribune*）在一八六四年斥責，「還是擁有格蘭特和謝爾曼（Sherman）從砲口爭取的光榮和平呢？」「我們來看看幾點確鑿的事實，」那年十月，《紐約時報》（*New York Yimes*）寫道，「在芝加哥大會上，惡名昭彰的民主黨領袖確實是羅斯柴爾德家族的代理人。沒錯，偉大的民主黨已墮落至此，有必要從外國猶太銀行家的代理人中另尋領袖。」在下個月的集會上，賓州的一位林肯支持者提出了聳人聽聞的論點：

> 羅斯柴爾德家族的代理人是民主黨的總經理！（喊聲：「沒錯！」和歡呼聲）如果麥克萊倫先生碰巧當選，他會是多麼優秀的財政部長啊！（笑聲）在信奉基督教的國家，沒有哪個民族或政府不讓羅斯柴爾德家族的黨羽接觸國庫的核心……他們也想在這裡做同樣的事……我們不想借錢，猶太人就變得瘋狂，從此一直瘋

狂下去。（歡呼聲）他們、傑夫·戴維斯（Jeff Davis）以及惡勢力征服不了我們。（掌聲不絕）

支持南部的主張有道理嗎？即使不是在新廷，拉菲特街顯然有人支持南部志業，這至少要歸因於詹姆斯第三個兒子薩羅蒙的報告。一八五九年，薩羅蒙被派到大西洋彼岸（就像阿爾豐斯在一八四八年被派遣）學習商務，持續待到一八六一年四月爆發戰爭。雖然他以狄更斯般的眼光震驚地看待美國政治生活的諸多方面，但他與南部產生共鳴，並在最後一次被派往巴黎時，主張歐洲應該認可南方聯盟才能停止戰爭。除了南部應該被允許制定法律（影響像格萊斯頓這種不可能支持蓄奴州的人），北部封鎖南部棉花出口對歐洲經濟造成的破壞是支持快速實現和平（甚至南方的勝利）的有力論據。有至少一個倫敦分行的美國辦事處（契夫斯與奧斯本公司〔Chieves & Osborne〕，位於維吉尼亞州的彼得斯堡）一再呼籲，「英國出於利益與人道的考量，應該立即承認南方邦聯」。貝爾蒙的說法與卡茲（Katz）不同，他在一八六三年造訪倫敦時，明確地告訴萊昂內爾：「北方不久就會被擊敗。」然而，就像他們對戰爭爆發的強烈不滿，羅斯柴爾德家族在戰爭初期採取中立態度，反對英國或法國干涉。一八六三年，駐法蘭克福的美國總領事與邁爾·卡爾談話後，向《哈潑週刊》（*Harper's Weekly*）透露：

> MA羅斯柴爾德父子銀行反對奴隸制，支持北方聯邦。改變信仰的猶太人厄蘭格則背叛地接受了三百萬英鎊貸款，並住在這座城市。羅斯柴爾德男爵告訴我，德國上下都譴責這種借錢設立蓄奴政府的行為，在輿論強烈反對下，導致厄蘭格企業（Erlanger a. Co.）不敢在法蘭克福交易所提供資金。我還知道，這群猶太人高興地認為他們當中沒有人做出為了上述用途而借錢的事。他們說，這種事就留給叛教的猶太人去做。

一八六四年三月，厄蘭格與美國人詹姆斯·史密德（James Slidell）共同發行第一筆「棉花擔保」的南方邦聯貸款。在倫敦，唯一同意參與的銀行不是羅斯柴爾德家族銀行，而是尚未發放過政府貸款的施羅德企業

（J. Henry Schröder & Co.）。倫敦分行告知貝爾蒙：「南方邦聯的貸款有投機性質，很可能吸引瘋狂的投機者……是外國人做的，我們沒聽說任何可敬的人與此事有關……我們一直保持中立的態度，與此事無關。」[5] **詹姆斯上次資助從歐洲進口的北方產品是在一八六四年**，那時他批評貝爾蒙不願意援助林肯政府，並試著說服起舉棋不定的姪子納特相信北方債券是不錯的投資。[6]**一八七四年，資助南方的批判再度出現時，貝爾蒙稍微誇張地**做出聲明：「大概九年前，已故的詹姆斯．羅斯柴爾德男爵在巴黎……用帳簿說明戰爭期間，他是最早投資我們公債的一位最大的股東，那時我也在場。」羅斯柴爾德家族支持南方的說法只是傳說，就像貝爾蒙後來遭到指控，說他試圖拖延美國對芬尼亞人[8]的金援。

與對手巴爾林兄弟、在倫敦的美國人喬治．皮博迪（George Peabody）和朱尼厄斯．史賓塞．摩根（Junius Spencer Morgan）相比，羅斯柴爾德對美國金融（無論南方或北方）的興趣確實有限，一直持續到這個世紀下半葉。雖然像謝利格曼家族這樣的新成員可以在紐約與羅斯柴爾德家族成員合作，但後者與美國市場保持著一定的距離。隨著貝爾蒙投入越來越多時間和精力到政治（過程中累積了更多強大的敵人），這種距離越來越遠。[7]此外，南北戰爭讓詹姆斯對美國失去了信心。一八六五年達成和平協定後，儘管他很看好跨大西洋貿易的成長，但他還是擔心會發生政治「動亂」。關於這點，一八六七年他最後一次針對這個主題所說的話是出售美國基金：「因為我深信不疑，雖然美國是深不可測的國家，但大家不該幻想重新展開的戰爭不只會針對總統，也針對南方。」

儘管詹姆斯的兒子持續對棉花市場感興趣，阿爾豐斯卻在一八六八年一月明確地告訴堂親：「我們不想考慮南方黑人叛亂之類的事。」他也對美國鐵路不太感興趣。倫敦分行也有類似的反應，但比較溫和。一八七○年，美國金融家傑．庫克（Jay Cooke）前往倫敦，希望能找到買家購買五百萬美元的北太平洋鐵路債券，但萊昂內爾不理他。羅斯柴爾德對美國經濟的參與漸漸侷限於為各州或聯邦政府發行的債券，甚至連這件事也被證實很棘手：戰後的商業重新運作有糟糕的開端，而倫敦分行投資了五十萬美元的賓州債券。一年內，賓州顯然打算以貶值的美元償還債權人。但貝爾蒙反對，引起了賓州財政部長威廉．坎伯（William H. Kemble）的強烈反猶回應：「我們願意還債，但休想要我們灑下基督徒的血。」一八七〇年，巴黎分行、倫敦分行以及法蘭克福分行與阿道夫．漢澤曼（Adolph Hansemann）共同發行的紐約州貸款較有成效，促成一八七一年的另一次順利發行。然而，羅斯柴爾德家族一向偏好與中央政府打交道。從一八六九年起，他們就遊說總統尤利西斯．格蘭特（Ulysses S. Grant），藉機協助他穩定聯邦財政。倫敦分行是一八七一年償還貸款的五家發行機構之一，這道程序在兩年後和一八七八年又重複了一次。可以肯定的是，羅斯柴爾德家族持續被貝爾蒙的對手指責是「歐洲的無情高利貸者」，其唯一目的是讓美國實行金本位制，藉此重新評估美國各州的債券價值。但實際情況是，南北戰爭不僅導致英國的歐陸影響力暫時變弱，也導致羅斯柴爾德家族在跨大西洋的影響力長期下降。

格蘭河南部事件可說是反對干涉別國內戰的有效論點。雖然拿破崙三世試圖影響美國內戰的結果失敗了，但他設法透過其他方式介入美洲大陸的事務。在整個十九世紀的帝國主義中，法國入侵墨西哥是最不成功的冒險之一。一方面，這出自拿破崙必須保護墨西哥不被美國完全吞併的看法；另一方面，這是給倫巴底的前奧地利總理一份新工作的方式，雖然馬克西米利安大公（Archduke Maximilian）是在他充滿野心的薩克森－科堡妻子夏洛特的施壓下才接受墨西哥王位，違背了哥哥（君主法蘭茲．約瑟）的建議。表面上，入侵與錢有關。一八六一年，法國、英國以及西班牙初次遠征墨西哥，原因是新的進步黨政府不肯維持該國的外債利息支出。在接下來幾年，債券持有者的利益經常被用來證明目前進行的事很合理。但實際上大多數債券持有者是英

8 譯注：十九世紀中葉，在愛爾蘭爭取民族獨立的反英運動成員。

❺ 這是很可靠的判斷，發行機構透過對市場進行大規模干涉，才能使債券維持在票面價值以上。

❻ 一八六五年，他拜訪倫敦家族的時候，美國政治上的分歧也許反映出了貝爾蒙與羅斯柴爾德家族之間的摩擦。

❼ 一八六六年，再次讓貝爾蒙順從於家族的嘗試失敗了，但詹姆斯和阿爾豐斯也認命地表示貝爾蒙無可取代。

國人，而法國人不得不抬高求償金額或像莫尼那樣買其他人的求償權。一八六二年四月，英國和西班牙決定撤軍，隨後又派出三萬多名法國軍隊，使墨西哥事件迅速變成代價高昂的慘敗。占領該國並讓馬克西米利安就職是有可能辦得到的事，但法國財政部無法維持無限期的承諾。因此，米拉馬爾公約明訂，新墨西哥政權欠法國二億七千萬法郎，其中四千萬是債券持有者和其他私人利益，其餘是侵略的費用。這只能透過在歐洲籌集一筆新的墨西哥貸款來償還，由此需要確保新政權的可靠性。但美國內戰一結束，再加上美國表示沒有把馬克西米利安視為該國的合法統治者，占領的論點就站不住腳了。一八六六年，拿破崙被迫不光彩地撤回軍隊，讓倒楣的馬克西米利安在隔年面對行刑隊的槍決。

有人認為羅斯柴爾德家族反對在墨西哥進行投機活動，其實恰恰相反。如我們已知的，該家族對墨西哥相當有興趣。實際上，納坦尼爾・戴維森擔心華瑞茲城（Juarez）政府不承認保守派前任政府的法律協議，尤其是戴維森借出七十萬美元的教堂土地協議，他擔心會因此虧損至少一萬美元，而且他收購的聖拉菲爾鐵廠也面臨威脅。因此，他歡迎歐洲軍隊來到維拉克魯茲（Vera Cruz），只可惜他們沒有更迅速地推翻華瑞茲城政府。他急忙協助法國遠征隊的出納員折價出售國庫券，並從加州提供價值幾百萬美元的黃金。該家族對馬克西米利安也有間接的興趣，因為他的妻子是比利時利奧波德國王的女兒，早在一八四八年就將她的遺產託付給巴黎分行，可以說是羅斯柴爾德的老朋友。法國政府一提到墨西哥貸款的問題，羅斯柴爾德家族便毫不掩飾他們的興趣。

可以肯定的是，詹姆斯一直懷疑這種貸款有多少成功的可能性。「我不太明白，」他在一八六三年八月若有所思地說，「奧地利王子怎麼能以皇帝的身分率領法國軍隊？如果他們不留下，誰能保證繼續徵收稅款和償還貸款的利息呢？」他也準確地預料到美國內戰結束會削弱法國的地位。即使貸款是委託的，詹姆斯也不想與債券扯上關係，因為萬一投機活動以失敗告終，債券很容易變得一文不值。但這些疑慮不該被視為他反對貸款，純粹是說明了他一反常態地與巴爾林兄弟合作，因此分散了風險，他與阿爾豐斯為了讓倫敦債券持有者同意條款也下了不少工夫。最後，他很遺憾墨西哥貸款輸給了像動產信貸銀行、格林銀行等競爭對手，並且盡力爭取。他認為設立新墨西哥銀行可能是值得追求的交易，因此當他也必須放棄這個念頭時感到相當失望。即使沒有這筆貸款，羅斯柴爾德家族還是發現自己曝光了，因為戴維森不僅為法國軍隊，也為馬克西米利安過度折價出售國庫券。讓戴維森的兒子感到驚恐的是，法國宣布撤軍，馬克西米利安的政權失敗，留下了價值六百萬法郎的國庫券給他們。

因此，儘管最終落得失望的下場，支持墨西哥投機活動還是有正當的商業理由。不過還有更微妙、或許更重要的補充論點表示支持：在遙遠的墨西哥揮霍金錢和人力，分散了法國對中歐的注意力。私人信件清楚地說明了這一點。一八六三年六月，詹姆斯坦白地提到：「向墨西哥輸送資金和軍隊對財政部不利，卻能避免因波蘭而開戰。」（參見下一章）但法國衰落的後果證明了比他原本想像的更嚴重。馬克西米利安去世的消息傳出之後，阿爾豐斯的評估並不誇張：

> 我們不該欺騙自己，可憐的馬克西米利安慘死是一件可能有嚴重後果的事。不滿的情緒在法國普遍存在，而這種情緒是起自對內部與外部政策問題的輕率。由此衍生的普遍不安感受是一種對未來的不確定性，影響著所有交易。

這種不安正是詹姆斯一直以來告誡的「衰落」跡象。

四、血統與白銀（一八六三－一八六七）

我們不為普魯士國王效命。

——詹姆斯・德・羅斯柴爾德，一八六五年❶

一八五一年六月，俾斯麥接受阿姆謝爾的邀請在法蘭克福一起吃午餐時，他還沒意識到自己是追隨著誰的榜樣。三十年前，梅特涅也曾與阿姆謝爾一起喝湯，由此展開了奧地利總理和羅斯柴爾德家族之間互惠的長期友誼。該家族幫他處理私人財務（通常有優惠），並成為其快速又隱密的外交溝通管道；他則是提供該家族敏感的政治情報，讓他們在哈布斯堡財政和奧地利社會中都能享有特權。顯然，阿姆謝爾希望羅斯柴爾德與俾斯麥的關係能遵循同樣的模式，這在某一段時期似乎並非不切實際的期望。

雖然俾斯麥在擔任駐法蘭克福的普魯士使節期間，他的反奧地利政策曾讓他與羅斯柴爾德家族發生過衝突，但雙方都沒有感情用事。後來，俾斯麥將私人財務委託給法蘭克福分行，而這家分行也充當普魯士代表團的官方銀行。直到一八六七年，MA羅斯柴爾德父子銀行依然是與他往來的銀行業者。就像梅特涅，俾斯麥在一八六六年之前也不是有錢人。但與梅特涅不同的是，他不曾向羅斯柴爾德家族大舉借款。即使他在一八六六年的透支金額不高，當時他的支出（二萬七千塔勒幣）仍超過他擔任總理時的薪資（一萬五千塔勒幣）以及地產收入（約四千塔勒幣）；不過這筆債務很容易還清，因為他戰勝了奧地利，得到普魯士議會授予的四十萬塔勒幣作為獎勵。在此之前，俾斯麥主要是靠羅斯柴爾德家族為他提供經常收支的業務，例如他在一八六五年造訪比亞里茨時，利用巴黎分行支付大筆開銷（一萬零五百五十法郎）。俾斯麥希望在每年的年初能取得年度對帳單，「這樣我就可以定期計算。」此外，由於他的帳戶經常有盈餘（例如一八六三年六月，他的帳戶有八萬二千二百四十七荷蘭盾），羅斯柴爾德家族會支付百分之四利息給他，並偶爾以他的名義進行投資。一八六一年前的某天，他們為他買了柏林蒂沃利（Tivoli）啤酒廠的股份，而法蘭克福分行持有這家企業的大量股份（其他大股東是科隆的歐本海姆家族）。

弗里茲·史特恩指出，俾斯麥在一八五九年後將越來越多私人財務委託給格森·布萊希羅德。布萊希羅德於父親薩姆耶在四年前過世後，接下了柏林的銀行業務，但這不一定意味著他中斷了與羅斯柴爾德家族的關係。有一段時間，布萊希羅德是羅斯柴爾德家族在柏林做生意的主要合作銀行家之一，顯然是邁爾·卡爾當初把他推薦給俾斯麥，他也盡力地把自己在柏林收集到的政治情報提供給該家族。例如一八六一年三月，他大概預測到自由黨在選舉中的進一步勝利會導致王室和議會「在軍事問題方面」的關係決裂，並在「三個月」內「解散，最後修改選舉法，任命保守派部長或徹底廢除議院」。俾斯麥從聖彼得堡返回柏林後，布萊希羅德得到的情報價值逐漸提升，而「根據俾斯麥先生的個人情報」這句話開始成了他寫信的特色。剛開始，布萊希羅德以為保守又不受歡迎的俾斯麥撐不了多久，但他逐漸與這位陷入困境的總理建立起更密切的關係，尤其因為俾斯麥想利用他作為與在巴黎的詹姆斯溝通的管道。俾斯麥的助理羅伯特·馮·克德爾（Robert von Keudell）說過：「詹姆斯總是能隨意拜見拿破崙皇帝，君主允許他暢談財政和政治問題，因此布萊希羅德及羅斯柴爾德家族可以將不適合官方管道傳達的消息傳達給皇帝。」俾斯麥與克德爾見面的頻率越來越高，不久後，布萊希羅德在許多信件中提及了這個「不錯的情報來源」。

待在法蘭克福的邁爾·卡爾也沒有忽視這個影響力增強的客戶。我們已知的是，他於一八六〇年如何取得普魯士宮廷銀行家的頭銜以及較小的勳章，這有部分要歸功於俾斯麥。為了獲得更傑出的榮譽，邁爾·卡爾

❶ 分明是暗示著俾斯麥對奧地利在一八六四年什勒斯維希－霍爾斯坦危機中的角色，他所留下的著名評論：「他們為普魯士國王效命。」

在一八六三年以奉承的用詞寫信給俾斯麥（英國和法國的表親早就不屑這種行為）：

> 閣下知道我一直以來對您忠心耿耿，也知道我一直都很重視普魯士的利益，儘管我的長期貢獻未特別獲得注意……我現在向您求助是因為我相信閣下是高尚、有雅量且強大的人。我也相信閣下了解事實後，會就事論事，考慮到我並授予我尊貴的崇高榮譽……願上帝永遠保佑閣下，願您天天在家庭親友間度過愉快又幸運的時光，願我一直有幸享受閣下的厚愛和呵護，並成為您最忠實的仰慕者和僕人。❷

但事實並非如此。羅斯柴爾德家族和梅特涅逐漸培養起財務關係，但他們與俾斯麥的關係卻惡化了。儘管俾斯麥有點依賴羅斯柴爾德家族（後者的疏遠對當時布萊希羅德仍不大的公司有害），但布萊希羅德似乎能從法蘭克福分行侵占俾斯麥的帳戶。起初，他只是領取俾斯麥在柏林的正式薪資，並支付部分的國內開銷。然而，在俾斯麥於一八六二年回到柏林之前，布萊希羅德開始以投資顧問的身分提供服務；蒂沃利公司無法支付股利時，他就代表其假定客戶投訴。不久之後，他提供俾斯麥一系列普魯士鐵路與銀行的股票選擇權，並定期提供他來自柏林交易所的報告。直到一八六六年年底，他實現了目標，由他負責處理俾斯麥四十萬塔勒幣的投資，而不是羅斯柴爾德。一八六七年七月後的某天，俾斯麥結清了在法蘭克福的帳戶，並將餘額（五萬七千塔勒幣）匯給布萊希羅德。「沒有必要讓猶太人占上風，」俾斯麥後來宣稱，「也沒有必要在經濟方面依賴他們，令人遺憾的是有些國家的情況已經到了這種地步。身為部長，我和猶太大量資金活動的關係一直是他們扛責任，而不是我扛責任。」確實如此，布萊希羅德對俾斯麥總是畢恭畢敬（雖然邁爾．卡爾誇大其詞），但是如果俾斯麥繼續與羅斯柴爾德家族有銀行業務的往來，該家族絕對不會那麼順從他。一八六二年後，俾斯麥帶領普魯士前進的方向與羅斯柴爾德在奧地利、義大利以及法國的利益非常不一致。

我們接下來會了解，對他們而言，羅斯柴爾德家族不久就對俾斯麥產生一種既憎惡又欽佩的情緒。一八六六年三月，詹姆斯宣稱俾斯麥是莽夫。大約在同樣的時間點，安謝姆明確地把俾斯麥比喻成「一頭怒氣沖天的野豬」。一個月後，詹姆斯寫道，俾斯麥是「一心只想打仗的傢伙」。「可怕的俾斯麥，」夏洛特感嘆說，「他很無情，簡直是十九世紀下半葉的攔路搶匪。」然而，羅斯柴爾德家族對這位「白人革命者」的欽佩之情也許比這些譴責更明顯。早在一八六八年，夏洛特就把「俾斯麥式的才智」視為理想的女婿選項。在羅斯柴爾德家族當中最討厭俾斯麥的人是阿爾豐斯，他帶著怨氣說俾斯麥是「偉大的世界主宰者」和「藏鏡人，在幕後操縱整個歐洲政治舞台的傀儡」。俾斯麥最後在一八九〇年下台時，阿爾豐斯的評論特別向這位老對手致敬。他寫道，俾斯麥離開後，「歐洲國家當然就無法堅守扎實的基本原則了。」俾斯麥不曾對羅斯柴爾德家族懷有同樣的敬意，他在一些場合用反猶太的用詞指涉他們，但是並沒有低估該家族的金融敏銳度，也或許他從他們身上發現了自己務實的「現實主義風格」。晚年時，他認為自己對政治原則的看法與阿姆謝爾相似。他開玩笑地回憶說，阿姆謝爾以前習慣問部門主管：「邁爾（Meier）先生，如果你不介意的話，可以告訴我今天對於美國的皮毛要秉持什麼原則嗎？」

德國統一：財政背景

就某些方面，我們可以理解為何俾斯麥能避免「依賴」羅斯柴爾德家族或其他銀行家，而當時的奧地利政治家卻辦不到；因為普魯士的財政屬於另一種類型。表格4a顯示了三個主要參戰國的支出在這段期間稍微增加的一些粗略數字。法國和普魯士的數字其實很相似，但奧地利的數字（開銷從一八五七至六七年增加了近兩倍）明確證實了哈布斯堡王室難以持續的軍事承諾，造成開銷增加的是軍隊與國防預算，而非（想像中的）通

❷ 邁爾．卡爾想得到了有寬帶的大十字勳章，但普魯士國王威廉一世仍然認為這對猶太人而言是過高的榮譽。「羅斯柴爾德男爵在授勳儀式來臨前受到絛蟲的嚴重感染。」他寫道，「我無法針對這種病提供療法，但我可以治好下背部疼痛。」（「kreuzschmerzen」在字面上指交叉疼痛，在德語中是表達腰痛的雙關語。）

貨膨脹，後者相對受限（考慮到那些年的貨幣大幅膨脹，價格只小幅上升了令人驚訝的百分之五）。

然而，銀行家的態度更直接取決於軍事支出的融資方式，普魯士在這方面勝過兩大對手的優勢更明顯。從一八四七到五九年，奧地利的債務總額增加了二．八倍，而普魯士只增加一．八倍。更重要的是，普魯士在這段期間最初始的債務負擔非常低：在一八五〇年代，公債占國民所得的比例約為百分之十五，直到一八六九年仍不到百分之十七。法國則是從一八五一年的百分之二十九上升至一八六九年的百分之四十二。償債成本的數據也讓差異同樣明顯：一八五七年，奧地利政府將百分之二十六的一般性收入用於償債，而普魯士的比例則是百分之十一。法國在整個波拿巴時代的平均比例為百分之三十。即使普魯士的比例在一八六七年達到最高值，償債負擔也比法國低（百分之二十七）。也就是說，從潛在貸方的角度來看，雖然普魯士有信用風險，但算是不錯的投資，法國次之，奧地利最糟糕。同理，這些差異可以用參照債券價格的方式來說明。在一八五九和六六年，奧地利的百分之五金屬價格兩次下降到大約四十二的最低價格（自拿破崙時代以來從未出現過的價格）。相比之下，普魯士的百分之三．五金屬價格不曾低於七十八（參見表格4b）。

若要更清楚地說明差異，普魯士與奧地利債券的利差從一八五一到六八年落在百分之二．七和百分之八．六之間，平均值約為百分之五（參見圖表4.i）。普魯士與法國的差距比較不明顯：從一八六〇到七一年，平均值略高於百分之一。一八六五年一月，塔列朗大言不慚地提到：「普魯士在政治和證券

表格4a：統一時期的公共開支，1857-1870

	法國		奧地利		普魯士	
	百萬法郎	指數	百萬荷蘭盾	指數	百萬塔勒幣	指數
1857	1,893	100.0	371	100.0	122.8	100.0
1867	2,170	114.6	943	297.5	171.0	139.3
1870	3,173	167.6	422	113.7	212.9	173.4

資料來源：Mitchell, “*European Historical Statistics*”, pp. 370-85; Schremmer, “Public Finance”, pp. 458f.

交易方面出類拔萃。」因此，雖然我們仍可以從政治家的精明外交手腕或上將的大膽戰略來說明一八五八至七一年期間的各種衝突結果，但如果解釋得不夠充分，財政方面的說明也是必要、甚至充分的。另一種說法是，奧地利政策的失敗是因為財政難以為繼，無力承擔在義大利與德國取得勝利所需的軍事行動，奧地利本來應該同意出售其中一國領土的選項，如此才有能力保衛另一個國家。基本上，這是詹姆斯和姪子主張的策略。奧地利試圖對抗財務現狀，最終在財政和軍事這兩方面都吃虧。

儘管如此，我們不能斷定俾斯麥的勝利是財政方面預先決定的結果。在一八六二至六六年的這段關鍵時期，俾斯麥在沒有國會批准的情況下取得國家稅收，嚴格來說是違法的，就連他的「漏洞理論」也無法輕易證明支出的增加大幅超過上次核准的預算是合理的。從一八六三到六六年，每年的平均支出比一八六一年核准的一般性支出多出三千八百萬塔勒幣，因此俾斯麥冒著未經國會批准籌款而被究責的風險。一八六四年一月，自由黨主導的議會駁回了他一千二百萬塔勒幣的貸款要求。從這點來看，他表示自己別無選擇：「只能到處『見錢就收』。」但我們接下來會了解，雖然他很輕鬆地說出這句話，但實際行動卻很難。一八六四年夏季，他向奧地利代辦保證他有七千五百萬塔勒幣的預備金時，其實是在誇大事實。市場在這段期間對普魯士財政的信心可能是有點誇張。與丹麥

表格4b：德國統一的財政影響

	最高價格	日期	最低價格	日期	百分比變化
英國百分之三永續債券	93.75	1862年11月	86.25	1866年5月	-8.0
	94.12	1870年5月	90.75	1870年8月	-3.6
普魯士百分之三．五債券	91.25	1864年12月	78.25	1870年12月	-14.2
法國百分之三長期公債	71.00	1862年5月	65.05	1864年3月	-8.4
	69.40	1865年9月	60.80	1866年4月	-12.4
	76.98	1869年5月	50.80	1871年1月	-34.0
奧地利百分之五金屬	60.00	1864年12月	42.38	1866年12月	-29.4

注：英國與法國的價格是在倫敦報價，奧地利與普魯士的價格是在法蘭克福報價。

資料來源：House of Commons, *Accounts and Paper*, vol.XXVII and XXXI; *Spectator*, Heyn, “Private Banking and Industrialisation”, pp. 358-72

圖表4.i：普魯士與奧地利的收益差（奧地利與普魯士的債券殖利率相減），1851-1875

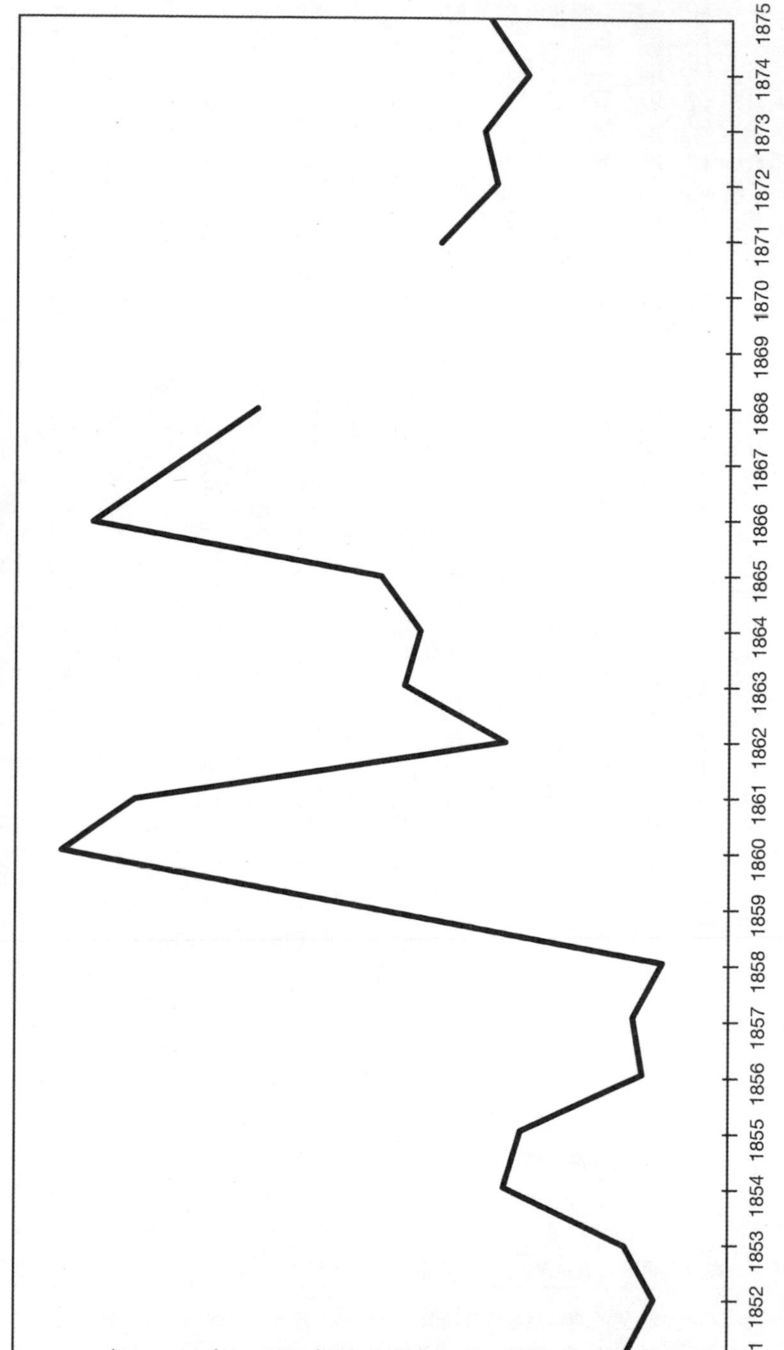

的戰爭才剛結束，俾斯麥就主張削減國防開支作為一種籌款的方式。他推測，如果能削減國防開支，那就「沒有人能對普魯士的財政實力發表意見了」，這讓普魯士債券的高報價顯得完全不同。

無論如何，在德國爭奪控制權既是外交鬥爭，也是軍事鬥爭。金錢為戰爭提供資源，但詹姆斯失望地發現金錢在一八六〇年代的外交功用相當有限。即使奧地利的實力薄弱，俾斯麥的野心在某些情況下有可能受挫，甚至喪失野心。不該忽略一八六〇年代外交中的偶然性因素，例如：如果俄羅斯的政策對奧地利沒那麼不利，俾斯麥就容易受到來自東方的壓力，迫使普魯士在一八四九年接受德國在歐洛慕茨恢復統治地位的事實。假設英國的政策沒那麼消極，波蘭與丹麥的危機可能對普魯士不太有利。如果拿破崙三世沒有讓特羅恩取代圖弗內爾（Thouvenel）的位置，也許法國的政策會更有影響力：拿破崙可能會預料到採取擴張主義的普魯士對法國構成的威脅，而非主要為義大利的利益行事（威尼斯，甚至羅馬）。奧地利改革日耳曼邦聯的企圖也不該被視為純粹的白日夢。每當奧地利提起這個話題（一八六二年二月、一八六三年一月，以及對俾斯麥而言最不利的一八六三年八月），普魯士的地位就顯得岌岌可危，因為奧地利從德國的其他邦得到了更多支持。此外，法蘭茲·約瑟可能已經下定決心用威尼斯或霍爾斯坦換取現金和一小塊領土，而不是面對另一場戰爭和另一次挫敗。

最後，其他人犯下的錯誤給了俾斯麥機會：一八六三年十一月，丹麥決定併吞什勒斯維希和霍爾斯坦；一八六六年六月，奧地利針對公國問題向邦聯求助；一八七〇年，法國多餘地提出永久放棄霍亨索倫（Hohenzollern）對西班牙王位的要求。甚至連軍事結果也比普遍認為的更安定：戰爭在一八六六年爆發時，奧地利似乎從強大的法國及其他主要的德國各邦獲得支持。至於普魯士，當地官員有點誇張地說：「普魯士的盟友只有梅克倫堡公爵和加里波底。」儘管普魯士的步兵訓練有素、裝備精良，他們的後膛裝填「針發槍」卻無法確保在柯尼格雷茲（Königgrätz）取得勝利。

預演彩排：波蘭

一八六三年一月，波蘭反抗俄羅斯統治所引發的危機為一八六四年和六六年的戰爭提供了預演。若說到俄羅斯向波蘭開戰，即使國外有反對聲浪，俄羅斯還是能在沒有別國干涉的情況下迅速行事。但金融方面的潛在影響就沒那麼簡單了。從羅斯柴爾德的角度來看，這次的起義很不討喜。四十年來，羅斯柴爾德家族好不容易才在一八六二年四月第一次設法取得重大的俄羅斯貸款，這似乎是一次大成功：發行價值一千五百萬英鎊的百分之五利率債券，其中面額九十四的五百萬英鎊債券直接由巴黎分行和倫敦分行買下，其餘以佣金的形式出售給大眾。但這些債券的績效不如詹姆斯預期得那麼高，而且倫敦分行、巴黎分行及那不勒斯分行在波蘭起義的前夕仍持有價值至少二百萬英鎊的俄羅斯紙幣。詹姆斯本來希望如果俄羅斯不捲入戰爭，價格就會上升，但波蘭的危機讓他的期望落空了。這場危機之所以引起擔憂的原因，與其說是俾斯麥提供沙皇有些強硬的支持（此舉使他四處碰壁）❸，**不如說是拿破崙三世試圖捍衛波蘭，有可能像一八三〇年那樣引發法俄戰爭。俾斯麥很幸運**，如果英國更熱情地支持法國，或者亞歷山大二世被說服讓步，他的立場就會暴露。事實上，特羅恩嘗試恢復克里米亞聯盟是慘重的失敗，同時疏遠俄羅斯和英國。

當時，迪斯瑞利解釋事件的方式富有獨特的想像力，此後經常被用作羅斯柴爾德勢力的證據。七月二十一日，他告誡他的其中一位中年女性仰慕者布里奇斯．威廉斯（Brydges Williams）夫人說：「以恢復波蘭為藉口，在歐洲中部將發動的戰爭是一場長期大戰。」他還說：「羅斯柴爾德家族今年簽了兩份貸款的合約，一份給俄羅斯，另一份給義大利……當然很不安。」三個月後，他還是很悲觀：

> 波蘭的問題猶如外交層面從枯槁的殘屍創造出來的科學怪人，是羅素勛爵犯下的令人不解的錯誤。目前維護世界和平的人不是政治家，而是資本家。在過去三個月，這一直是祕密組織和歐洲富豪之間的鬥爭。目前，羅斯柴爾德贏了，但比勞特（Billault，法國參議院的議長，也是在危機期間服侍拿破崙的貼身顧問之一）

過世的事實就像波蘭愛國者的匕首一樣致命。我相信在世界的一角，他們被稱為愛國者，但在那不勒斯只是公認的土匪。

這純粹是幻想。其實危機已超出了羅斯柴爾德的控制範圍，當法國拙劣的外交政策壓低俄羅斯債券、義大利債券的價格時，詹姆斯與萊昂內爾只能發怒。詹姆斯從俄羅斯大使的激動描述聽聞拿破崙想「扭轉整個歐洲版圖的局勢」後，曾表示「現在發放貸款是惹人厭的行為」。但他一點也不相信會發生戰爭，頂多只覺得會出現糟糕的交易或困境。這種相對樂觀的態度反映出詹姆斯比迪斯瑞利更了解情況，他知道法國政府和奧地利政府對這項議題有不同看法（以法國為例，瓦萊夫斯基贊成戰爭，佩爾西尼和富爾德反對戰爭），因此他推測危機會平息。六月十七日，他真正的疑慮出現了。那時，俄羅斯第二次收到英法票據以及特羅恩的訪談發言，說服了他出售二萬五千英鎊的俄羅斯債券。直到七月底，這位「交易所老頭」（詹姆斯自稱）與阿爾滕堡（Altenburg）王子在維爾德巴特進行長時間的討論後，確信和平得以維護。至於倫敦，萊昂內爾也很有信心，因為倫敦西區的政治情報有「好轉」的跡象。「波蘭不重要，」他告訴兒子利奧，「我們不該為波蘭人進行干涉，他們沒有比俄羅斯人強。」❹

波蘭危機最嚴重的後果是，它阻礙了羅斯柴爾德與俄羅斯建立長期關係的計畫。壓制波蘭起義的金融成本很沉重，足以危及新發行債券的利息支出，迫使詹姆斯與萊昂內爾提供約一百萬英鎊作為更多俄羅斯債券的擔保，同時也使他們不願意向市場提供更多債券。這似乎確定了納特對俄羅斯財政的一貫悲觀態度。在一八六○年代晚期，他反對參與其他的俄羅斯債券發行，而他與聖彼得堡保持安全距離的其他原因是，親波蘭派的態

---

❸ 阿文斯萊本公約（Alvensleben Convention）對俾斯麥很不利，以至於布萊希羅德準備了特殊電碼，將自己辭職的消息傳達給巴黎的羅斯柴爾德家族。

❹ 波蘭危機在英國猶太社區引起重大辯論，而萊昂內爾是該社群代表波蘭人的主要反對干涉者。

度在巴黎和倫敦都很強烈，而且夏洛特和阿爾豐斯都將這點當作把俄羅斯業務留給其他人的論點。「我很高興是霸菱銀行而非羅斯柴爾德家族接收了俄羅斯貸款，」一八六四年四月，羅斯柴爾德家族的老對手宣布發行新債券後，夏洛特寫道，「如果是我們家族商談此事，大概會有人堅決反對不討喜的猶太人幫殘酷的俄羅斯人打壓可憐的波蘭人。」

一八六〇年代晚期，俄羅斯回歸到傳統銀行家霍普與巴爾林的做法，他們也在一八六六年發放了六百萬英鎊的大筆貸款。然而詹姆斯仍然渴望參與其中，那裡有「純正的」葡萄酒可以釀造，而他「由衷為失去這個國家感到難過」。早在一八六七年二月，他就開始考慮直接參與俄羅斯鐵路的可能性，這是他以前不肯接觸的事。一八六七年，沙皇和總理戈爾恰科夫（Gorchakov）造訪巴黎時，詹姆斯詳細地談過這個話題，不過他依然相信俄羅斯政府應該擔任借方在巴黎和倫敦發行一般長期公債，而非試著發行鐵路債券。但商討無效，另一項關於俄羅斯抵押銀行的專案也以失敗告終。直到他過世後，羅斯柴爾德家族才同意發放俄羅斯鐵路貸款。

什勒斯維希－霍爾斯坦

一八五九年奧地利在義大利的戰敗，對詹姆斯而言是決定性的轉折點：他不再認為奧地利是金融強國，他認為此後的主要問題是如何以類似破產企業的方式結束奧地利在義大利的勢力。他推測，無力清償的帝國需要兌現難以持續的承諾，如此才能合理改革自身。讓詹姆斯難以理解的是，他的分析不僅被奧地利政府否決，也在一定程度上被姪子安謝姆否定。與父親相似，安謝姆日漸認同哈布斯堡政權，尤其是他在一八六一年被委派到帝國議會財務委員會之後。在許多方面，詹姆斯精準地判斷了奧地利的劣勢程度，但由於奧地利人堅決否認事實，他很容易不自量力。

如我們所見，戰爭在一八五九年爆發後，奧地利政府便急切地申請兩億荷蘭盾的貸款。詹姆斯的反應彷彿奧地利任憑他擺布，堅持不讓其他外國銀行涉入。然而，有太多與之較勁的銀行急著借錢給維也納，只為了輕易地實現壟斷。比斯紹夫桑和葛舒密特取得了第一筆新貸款，而這筆貸款是以摸彩貸款的形式發放。詹姆斯的反擊方式是，趁安謝姆從一八五九年的貸款中預支一千一百萬荷蘭盾時賣掉奧地利證券，並拒絕合作。「我們從奧地利的英鎊債券中沒有得到好處，」詹姆斯憤怒地寫道，「債券的價格也不利出售。」在政府沒有提供真正的保障措施下，他對預付資金給維也納的想法感到「不滿」。他也隱晦地表示要對奧地利政府提起法律訴訟，以便保護「我們的錢」。由於一八五九年的債券仍需支付佣金的爭論持續著，再加上有關暫停債券利息支出的議題，彼此的關係在一八六二年降到最低點。一八六二年，有人提出奧地利的五千萬荷蘭盾新貸款的可能性時，詹姆斯對此漠不關心：

> 我們不會得到多少好處，所以我們應該請安謝姆提前一天發電報，讓我們知道能獲得多少錢，因為在維也納沒有哪件事完全按照計畫進行。我得說，對我來說都一樣，但我希望安謝姆不會認為我們見死不救，不支持他的分行。

直到安謝姆揚言要組成包括厄蘭格等人在內的財團，其他羅斯柴爾德分行才匆忙同意參與實際上是在一八六〇年第二次發行的溢價債券。這次的威脅象徵維也納分行和其他羅斯柴爾德分行之間漸行漸遠，並惹惱了邁爾・卡爾與詹姆斯。一年後，奧地利的財政部長布倫塔諾試著籌集另一筆貸款時，這種模式再次出現。安謝姆又激怒了詹姆斯，因為他同意與兩個競爭性的組織合作。這些組織是為競標這筆貸款而成立，一個是動產信貸銀行的倫敦仿效者「國際金融協會」，另一個是喬治・格倫費爾・格林在年初設立的新英奧銀行。實際上，這種管理鬆散的財團最後只預付了四百萬英鎊給布倫塔諾。次年，政府發行七千萬荷蘭盾的債券，想藉此資助這項預付款，而信貸銀行是兩家競標者之一，出價只有一千九百萬荷蘭盾。

當時，羅斯柴爾德延續對奧地利政府金融支持的主因是為了維護家族團結，共同抵禦外敵。詹姆斯對奧地利債券始終抱持悲觀的態度，並在一八六二年夏季及次年大量拋售。一八六三年十一月，什勒斯維希－霍爾斯坦的問題意外地再次出現，更加強了他的悲觀情緒。他認為奧地利支持普魯士，反對丹麥吞併什勒斯維希和霍爾斯坦，並沒有任何好處，尤其是他們的聯合入侵沒有得到位於法蘭克福的日耳曼邦聯議會批准。誠然，丹麥實際上違反了倫敦條約，但在一八六四年二月爆發的戰爭對羅斯柴爾德家族多數成員而言是件荒謬的事。夏洛特表示：「這場戰爭只不過是國王、君主和皇室公爵的任性行動！」真要同情，她會同情丹麥人，這種情緒在倫敦和巴黎都很普遍。對詹姆斯而言，他只注意到奧地利無力負擔的支出增加，以及奧地利近期債券將更難出售的問題。但他也很快就發現提供貸款給丹麥的可能性，因為他認為丹麥會要求補償。❺

最讓詹姆斯擔憂的是，丹麥人剛被打敗，奧地利和普魯士之間的聯盟就解散了：儘管他們為了聯合對抗丹麥（也對抗法國與英國嘗試進行的無效外國仲裁）而結盟，但彼此在公國問題方面仍無法達成共識。兩位君主在美泉宮會晤時討論了不同組合，但威廉不同意放棄普魯士的土地以換取什勒斯維希和霍爾斯坦，而法蘭茲．約瑟也仍然不答應普魯士之前提出在德國北部擁有軍事霸權的要求。奧地利人漸偏向支持德國自由主義者喜歡的解決方案：公國應該交給奧古斯滕堡公爵（Duke of Augustenburg）。但俾斯麥在一八六五年二月暗示，只有在公國完全依賴普魯士的情況下，他才會同意這樣做。就在他反對奧地利申請加入德意志關稅同盟的幾個月後，這項方針幾乎引發了另一場更嚴重的戰爭（奧地利與普魯士）。這種令人焦慮的事只讓奧地利的處境變得更糟。奇怪的是，羅斯柴爾德家族選擇在這個時候處理一八五九年貸款的三百萬英鎊餘額，包括五十萬英鎊的買斷。這種魯莽承諾的根本原因在於，他們需要阻撓另一個對手蘭格朗－迪蒙索的野心，他當時在兜售奧地利抵押銀行的計畫以及用王室土地作為擔保的貸款。貝爾克雷迪（Belcredi）在一八六五年七月接替施梅林（Schmerling）擔任奧地利總理時，其實奧地利已經很缺錢了，赤字高達八千萬荷蘭盾，除了從銀行取得更多預付款實在沒有其他辦法能彌補赤字。

埃施特哈齊家族淪落到破產後，奧地利在詹姆斯的眼中變得更不值得信任，而法蘭克福分行和維也納分行從一八二〇年代開始就持續為埃施特哈齊家族籌備貸款。從一八六一到六四年，至少有六百三十萬荷蘭盾是以發行由埃施特哈齊土地擔保的債券而籌集。接著在一八六五年六月，保羅・埃施特哈齊被迫暫停支付印有他名字的溢價債券，引發公眾大肆批評發行這些債券的銀行。莫里克・埃施特哈齊（Móric Esterházy）越來越常以非部長身分指導奧地利的外交政策時，他家族的經濟崩潰與帝國本身的崩潰同時發生。這次慘敗帶給羅斯柴爾德家族難堪的局面，可謂一種警告。

私有化與外交

那麼為何還要繼續與維也納做生意呢？因為詹姆斯認為自己找到了解決奧地利問題的方法。早在一八六一年十二月，他就開始考慮一項交易。他認為這筆交易能為奧地利政府帶來財政與外交方面的好處，同時也能讓他得到一大筆佣金，也就是把威尼斯賣給義大利。一八六五年八月的加斯泰因妥協方案暫時將霍爾斯坦給了奧地利，另外將什勒斯維希給了普魯士，但並未阻止奧地利將霍爾斯坦賣給普魯士等類似交易。一年前，俾斯麥確實已經在美泉宮提出這個建議。加斯泰因協議似乎開了先例，以二百五十萬丹麥塔勒幣的報酬，將勞恩堡（Lauenburg）從奧地利轉交給普魯士。乍看之下，問題只是能不能找到各方都能接受的價格而已。如果能談妥確切的價格，奧地利及其南北敵國之間的領土爭端就會變成純粹的不動產，如同埃施特哈齊家族的龐大私人地產一樣具有市場價值。

若要了解羅斯柴爾德家族試著在一八六五年具決定性的複雜談判中做了什麼事，我們就要先知道普魯士、義大利及奧地利的立場其實一致。各個政府都缺乏資金，因此有爭議領土的潛在買家只能透過借貸來籌款。但是普魯士和義大利無法輕易做到，前者是出於憲法衝突，後者則是因為信用評等逐漸降低。對羅斯柴爾德家族而言，解決辦法看似明顯：兩者都應該將國有資產私有化，尤其是鐵路，並且把收入用來分別買下霍爾

❺ 值得注意的是，詹姆斯也要求布萊希羅德「留意古畫或古董，因為跟貧窮的丹麥人打仗可能會為市場帶來了許多美麗又有趣的作品」。

斯坦和威尼斯。另一方面，奧地利的財政狀況很不穩定，以至於即使出售其中一地或兩地的領土也不太可能達到預算的收支平衡。奧地利已經賣掉大部分的國有鐵路，因此私有化並不是解決之道。反之，詹姆斯認為原本的私人鐵路線應該爭取政府的減稅措施，作為部分的財務支援。這就是詹姆斯在一八六五年願景的精髓：以相互依存的綜合交易來清算奧地利難以持續的帝國，而不需要開戰造成經濟損失。

普魯士就是典型的例子。在財政方面，普魯士比奧地利強大。但從短期來看，憲法危機和丹麥戰爭引發了現金流危機，一旦議會明顯不批准提供政府任何形式的貸款，俾斯麥就會實現威脅訴諸其他來源。在一八六四年初期立即出現的一個選項是，由拉斐爾．厄蘭格（Raphael Erlanger）帶領的銀行家聯盟提供一千五百萬塔勒幣的貸款。對布萊希羅德而言，這很令人擔憂：他知道詹姆斯對厄蘭格這種暴發戶有敵意，於是他趕緊向詹姆斯保證已經「斷然回絕」提議了；但是不久後，普魯士海外貿易公司（Seehandlung）就和厄蘭格達成了協議。麻煩在於，羅斯柴爾德家族不願意借錢給柏林，但他們希望布萊希羅德能阻止厄蘭格做這件事。布萊希羅德建議政府抵押用來支付西利西亞鐵路（尚未出售）的約二千萬塔勒幣、利率百分之四．五債券（已獲議會批准）籌款時，詹姆斯請他找邁爾．卡爾幫忙。但邁爾．卡爾卻推辭了，他回答巴黎分行「會保持完全不參與這種交易」。布萊希羅德認為對俾斯麥隱瞞被拒絕比較明智。「我反而試著說服他，備受尊崇的分行都樂意支援普魯士的財務。」布萊希羅德說。目前，對政府財政問題的看法出現了嚴重的分歧，財政部長波德施溫反對將鐵路債券改用於軍事目的，並催促俾斯麥召回議會，希望能取得一筆授權的貸款。但在一八六五年，政府被譴責有非法的行徑，關於資金的請求都被堅決拒絕時，希望藉著戰勝丹麥來舒緩自由黨人在議會的情緒，化為了泡影。

這激起了一個重要問題：如果奧地利接受了把霍爾斯坦賣給普魯士的想法，普魯士要怎麼付錢呢？早在一八六四年十一月，俾斯麥就承諾過會有「相對豐厚的報酬」。埃施特哈齊告訴普魯士大使維特（Werther），如果報酬高，「他就不會拒絕這項提議。」此時，羅斯柴爾德家族第一次考慮擔任經紀人，而布萊希羅德與維也納分行的莫里茲・葛舒密特（Moritz Goldschmidt）來回通信，商議雙方都能接受的價格。葛舒密特說，金額要「夠高，才能克服結算現金的巨大阻力，否則不體面」。奧地利的財政部長普萊納（Plener）也贊同此觀點。不久，普魯士人想到的數字是四千萬荷蘭盾（約二千三百萬塔勒幣）。但這個數字是從哪裡來的呢？也許布萊希羅德會聲稱普魯士的金庫充足，但波德施溫向議會透露，與丹麥打仗已花了二千五百萬塔勒幣，其中一半來自政府的「寶庫」（備用資金）。根據布萊希羅德的說法，留下的預備金約有三千七百萬塔勒幣。如果普魯士買下霍爾斯坦，這些錢就所剩無幾了。

另一種可能性是，普魯士可以出售自己的國有財產來籌集所需的資金。其實布萊希羅德在一八六四年之前就提過兩種選項。第一種與科隆和明登（Minden，漢諾威附近）之間的鐵路有關，這是「德國西北部鐵路運輸的骨幹」。第二種更有野心的計畫是關於薩爾（Saar）中部的皇家土地，尤其是那裡的煤礦場。普魯士政府最初提出「科隆－明登」路線一千三百萬塔勒幣資本的七分之一，但根據與普魯士商務部長奧古斯特・海特（August von der Heydt）男爵達成的協議，它已經保障了全部的利息，也有權利在一八七〇年買斷其他股東的股份。一八六二年十二月，布萊希羅德向海特的繼任者伊岑普利茨（von Itzenplitz）提議，政府以一千四百萬塔勒幣將相當於「股票選擇權」的部分回售給公司。布萊希羅德在一八六三年十一月提出的另一種可能是，政府把薩爾的王室土地賣給特別設立的合資公司，保留多數股權，但為公司收取其餘的現金。其實早在一八六一年就有這類買賣的傳聞，但法國的羅斯柴爾德家族出價二千萬塔勒幣購買礦場的報導毫無事實根據。除了給政府所需資金會有的明顯好處，私有化的其他合理依據是如俾斯麥推測的那樣，如果法國要求以薩爾蘭（Saarland）作為普魯士在其他地方擴張領土的「補償」，那麼礦場仍舊會在普魯士的掌控之中。布萊希羅德認為私有化將擴大歐本海姆家族在萊茵蘭已有的龐大工業帝國，而他與該家族也有密切的商務聯繫。

如果羅斯柴爾德家族與其在普魯士的夥伴能夠解決奧地利和普魯士之間的爭端，私有化的方式確實是個妙計。但問題在於，如果普魯士能得到錢，俾斯麥可能會用這筆錢向奧地利開戰，而不是為霍爾斯坦付款。其實早在加斯泰因條約簽訂之前，普魯士政府就已經在考慮這些事了。一八六五年七月十八日，科隆－明登路線的交易達成協議，政府放棄一千三百萬塔勒幣的股票選擇權後，俾斯麥立即通知王儲：「大舉動員和為期一年的軍事行動所需的財政手段已經準備好，金額大約是六千萬塔勒幣。」「我們有足夠的資金，」軍政大臣魯恩（Roon）得意地說，「讓我們在外交政策享有自主權。如果需要的話，我們也有足夠的錢調動整體軍隊，也負擔得起整場戰役……錢從哪裡來？不違法，主要是與科隆－明登鐵路公司達成了協議。波德施溫和我都認為這樣做很具**優勢**。」不久，奧地利的代辦丘泰克表示：「普魯士擁有人們通常為戰爭準備的重要金錢供給。」[6]另一方面，科隆－明登的銷售仍然不足以確保勝利。魯恩還在考慮普魯士從表面上的戰爭準備中能得到的外交影響力，而不是思考實際的戰鬥。八月時，「由於對戰爭的杞人憂天」，俾斯麥建議布萊希羅德不要以他的名義出售證券。「考慮到我們的財政和軍事準備狀況，」他在加斯泰因事件結束後評論道，「我們不該太早決裂。」特別是俾斯麥有理由擔心，萬一奧地利也順利地籌款，衝突的情勢就會不分上下（至少在金融方面），令人不安。因此，他在一八六五年夏季的目標很明確，無論如何都要阻礙奧地利政府發放貸款。

一八六五年，奧地利顯然需要貸款。詹姆斯大概是為了鼓勵政府找他，在八月中旬以超出預期的七十八．九價格買了三十萬英鎊的英奧債券。剛開始，他不願意承做新的大額貸款。九月九日，他告訴被派到巴黎與他談判的財政部官員貝克男爵（Baron Becke）：「我們不可能發放貸款。」但貝克的反應讓他印象深刻：「那人氣炸了，還說：『這代表政府會破產。』」這句話的威脅感令人震驚，也讓人想起奧地利的財政在拿破崙戰爭時期曾陷入危機，記得那段日子的人一定有所感觸。於是詹姆斯匆忙地提出妥協方案：由倫敦分行和巴黎分行與霸菱銀行合作（他知道奧地利人也聯繫了該銀行），每年預付一百萬或兩百萬英鎊，後續可能有貸款。

詹姆斯一反常態地願意與霸菱銀行（以及聯繫法國興業銀行、土地信貸銀行）合作，顯示出他並沒有低估借錢給維也納的風險。不過，他想讓貝克明白他們並沒有「做出一些事」來「對抗奧地利」。原因不難推測。羅斯柴爾德家族仍持有大量的奧地利債券，正如詹姆斯說的：「我們為這個政府投資太多錢了。」如果奧地利真的宣布破產，那些債券就會急劇貶值。他說：「那個好人只是想拿錢支付利息，我看得出這樣做的必要性。巴爾林對奧地利也著力甚多，所以他也有興趣。」此外，在這種極端的情況下，預付款的條件有利可圖。「顯然那人會允許別人盡量從他那裡獲利，畢竟奧地利一直是個偉大的國家。」他說。

詹姆斯起初也考慮過蘭格朗－迪蒙索之前的想法：以王室土地作為抵押的貸款。但是倫巴底路線的財務難題（正需要巴黎分行和法國興業銀行提供六千三百萬法郎的現金）為他豐富的商業想像力帶來了另一種可能性。根據公司章程的條款，它必須在一八六八年開始繳納稅款給奧地利政府，而詹姆斯這時發現了改善公司低迷股市行情的方法。如阿爾豐斯所言，「稅款對倫巴底的未來太過沉重」，應當免除。最後，這類貸款談判設法向奧地利施壓，迫使奧地利與普魯士、義大利達成和解，進而避免戰爭。九月十六日，阿爾豐斯與義大利大使討論用威尼斯換取現金或多瑙河公國（羅馬尼亞）的可能性。三天後，詹姆斯表示希望「義大利問題」能盡快「解決」，並建議加入熟悉的羅斯柴爾德條款，即貸款應以維持和平為條件。到了九月二十三日，他的想法變得更偏激：

> 可以附加與英國或法國談妥的貿易條約……做大筆交易不是難事。這些人想讓我們從他們身上賺錢。我們規定的條件是：要有議院批准（貸款）和裁減軍隊。我認為有了憲法，他們就該享有比目前更好的信貸。

才過了三天，他和阿爾豐斯經過與貝克的「一番長談」後，似乎就談定了「我們的條件」：

❻ 政府也收回了對保證基金的控制權，該基金是為科隆－明登相關的次要路線而安排。部分的款項以現金支付（十月一日為三百萬塔勒幣，一八六六年一月二日為二百七十萬塔勒幣），其餘則是新的科隆－明登股份。

至於貿易條約，與貸款產生關聯並不難……倫巴底線的稅務問題似乎也有機會達成協議。如果我們現在同意貸款，終究能爭取到最有利的條件，因為政府有轉圜的餘地。政府需要資金來鞏固政治地位，也願意為了成功而不計代價。

我們能從奧地利外交官穆赫林恩（Muhlinen）的報告中得知，貝克在這個階段很渴望與詹姆斯合作，因為他認為奧地利的財政命運被詹姆斯掌控著。他果斷地提出更個人的誘因：

如果我們不和他攜手合作，就無法和其他人達到什麼成果。我們要激起火花，尤其是要討好詹姆斯這個老頭，任何能滿足他自負心理的事都很有價值……我們給他「大綬帶」怎麼樣？史坦尼斯勞斯（Stanislaus）的十字勳章促成了俄羅斯的貸款。他能接受一流的鐵王冠嗎？如果不能，我們能激起他對此的渴望嗎？

到了十月三日，這項協議似乎只差簽字了。

在比亞里茨的會議

接著突然間出現了延遲。當然，反對這筆交易的論點一直存在，有一部分的反對來自金融方面：一八六五年夏季，巴黎貨幣市場的緊縮起初讓阿爾豐斯認為發行新的奧地利貸款在當前是不可能的事。安謝姆意外地將奧地利的需求調整到一億五千萬荷蘭盾時，他的法國堂親很生氣。他發現

很難理解有豐富商務經驗、在奧地利金融界擔任帝國議會金融委員的人，怎麼會忘了告誡我們奧地利正瀕臨深淵？他允許我們保留所有奧地利證券，甚至持續鼓勵我們買更多證券，然後突然平靜地告訴我們，如果奧地利不能提供一億五千萬荷蘭盾的貸款，只好宣布破產。

根據阿爾豐斯的計算，政府其實需要四千九百萬荷蘭盾（六百九十萬英鎊）才能解決迫切的還債問題。納特堅信，新的奧地利債券都是沒用的「垃圾」。在十月初的關鍵時刻，邁爾．卡爾更疑惑了：

> 我感到遺憾的是，就歐洲大陸而言，尤其是德國，這種前景能鼓舞人心：錢很寶貴，而且有可能變得更寶貴。大眾在英奧的影響下損失慘重，市場變得不可靠了……我承認，我對奧地利政府沒有半點信心，因為政府一直欺騙我們……也不值得信賴。我經常寫信給巴黎，在信中寫了很多關於這個問題的事，我真的不知道該怎麼辦。但我擔心，如果你們這次達成協議，就會像我們的朋友和堂親一樣被騙。民眾每天都出售大量的奧地利股票。

邁爾．卡爾指出，政治上還有其他反對意見。奧地利與匈牙利之間的憲法爭論導致帝國議會在一八六五年九月休會，在奧地利引起的問題似乎與普魯士已存在的問題完全相同：政府是否能合法地籌集新的貸款？這點使倫敦銀行比法國銀行更擔憂。

歷史學家至今無法回答，奧地利貸款的談判最終宣告失敗的原因是否如奧地利人聲稱的那樣，是因為俾斯麥與詹姆斯之間的祕密協議，打算回絕羅斯柴爾德支持的奧地利人。可以肯定的是，俾斯麥準備停止貸款。早在六月十九日，俾斯麥談到複雜的國外形勢可能帶來的機會時就已經注意到，「藉著適當的金融操作來削弱目前貨幣市場傾向於奧地利的貸款，可能是個明智的做法。」他確實強調過外交報告中所引用的一段來自奧地利官員的話：「由於缺乏信譽，奧地利政府只能暫時放棄強權的地位。」「經過我們的貨幣操作，」他告訴魯恩，「普魯士必須使奧地利的計畫無法順利進行。」也許有一部分的原因便是在此，所以他建議布萊希羅德讓羅斯柴爾德家族從普魯士海外貿易公司購買普魯士債券，然後將收益預付給政府，進而在名義上規避議會對未經授權貸款的禁令。

這種蓄意隱瞞的動機能用來說明交易失敗的原因嗎？也許可以。邁爾．卡爾不肯接受普魯士一八五九年的九百萬塔勒幣普魯士債券（七月由海外貿易公司按票面價值提供），原因似乎不太可能不受政治考量的影響，因為他準備將價格提高至九十九·五，並在一週內將債券按票面價值賣給柏林的銀行家，交易價格為一〇一。詹姆斯與阿爾豐斯無疑開始懷疑普魯士的意圖。八月四日，就在加斯泰因提出妥協方案之前，詹姆斯呼應了兒子「對德國政治的不滿」。他不相信戰爭會爆發，因為他認為奧地利已經軟弱到要投降的地步，但他也指責俾斯麥在考慮「失控的政變」，並表達對布萊希羅德「越來越不信任」。因此，他下令賣出四十萬塔勒幣的普魯士證券。這讓布萊希羅德非常擔心，他甚至在朋友的建議下倉促地到奧斯坦德去見詹姆斯，「告訴我一切進行得很好。」詹姆斯平淡地說。詹姆斯對普魯士局勢的評估顯露出他在緊要關頭多麼不重視俾斯麥和布萊希羅德：「俾斯麥不值得信賴，因為他在國內的處境很糟糕。布萊希羅德認為可能會引發革命，這簡直是胡說八道。我一點也不相信，因為人們不該為了保住職位而讓祖國冒險。」俾斯麥再度嘗試時，詹姆斯終於明白他的意圖。早在九月二日，兩人在巴登－巴登（Baden-Baden）見面之前，詹姆斯就已經斷定提高普魯士海外貿易公司貼現率的決定是一種「政治對策，目的是要阻止奧地利取得貸款，並迫使奧地利出售什勒斯維希和霍爾斯坦的公國」。

但在這次會面中，詹姆斯的語氣改變了。「俾斯麥昨天告訴我，」會面結束後，他告訴姪子，「奧地利人目前很不願意出售公國，但他們最後一定會讓步。」這是俾斯麥第一次提出這樣的論點：如果詹姆斯借錢給奧地利，就能減輕而非增加帝王得出售賣霍爾斯坦的壓力。他的論點並沒有阻止羅斯柴爾德家族和貝克談判接近圓滿的結論。但一個月後，俾斯麥在比亞里茨拜訪拿破崙三世時，他更加努力妨礙這筆貸款。這次他似乎辦到了。十月六日，詹姆斯告知姪子，他已經延後了與貝克進一步的談判，「因為目前不可能考慮大筆交易。聽說俾斯麥跟特羅恩說話的態度很挑釁，也很傲慢。」隔天，詹姆斯在費律耶打獵後，與俾斯麥密談了兩個小時（俾斯麥稱讚了他的葡萄酒品質）。穆赫林恩不安地向維也納彙報情況：

我不知道他們談了什麼事，但我知道前一天晚上在費律耶，老男爵對我們很有好感，還為我們的成功願景乾杯……但在他們密談後，談判突然變糟了。有謠言說俾斯麥先生出價八千萬塔勒幣要買霍爾斯坦。詹姆斯的兒子阿爾豐斯甚至告訴我的同事，我們應該接受提議，才不需要貸款。

不久，俾斯麥又告訴詹姆斯，借錢給奧地利會破壞和平地出售有爭議領土的機會。穆赫林恩猜錯了俾斯麥對霍爾斯坦的估價（布萊希羅德只提出二千一百萬塔勒幣，占科隆－明登交易收益的三分之二）。幾天後（十月十五日以前），穆赫林恩向奧地利外交部長門斯多夫（Mensdorff）報告時，詹姆斯重新提出俾斯麥的情報，但他謹慎地否認了情報來源。同時，他也悄悄地談到義大利要將威尼斯賣掉的提議：

談話快結束時，詹姆斯．羅斯柴爾德突然告訴我：「你為什麼不接受那個聽說已經向你提出的報價呢？就讓他們買下霍爾斯坦吧。」……我當著男爵兩個兒子的面回答他，我不接受他的暗示。雖然我在這方面沒有得到任何指示，但我認為有必要向他陳述我的個人意見：帝國咨政院不考慮那類事件。男爵打斷我說的話，並表示這不過是類似交易所裡要賣掉威尼斯的謠言，並不是來自部長或外交官的指示。我回答，我有充分理由來推斷這些好計畫的來源為何（指俾斯麥），這些計畫早就從四面八方傳到我耳裡一段時間了。他提到威尼斯之後，我覺得有額外義務要積極行動，反抗那些企圖讓公眾誤解政府的人。它根本不可能根據有人想藉由提出霍爾斯坦達到購買威尼斯的計畫來進行討論……我相信，奧地利與其讓完善的帝國受到干涉，還不如死守著僅有的人力和財富……如果外資要為敵人服務就會先遭殃，這不會阻止我們在國內找到方法來避開他們給的打擊。

這些日子以來，詹姆斯閃爍其辭，也飽受疑慮和痛風之苦。在維也納，拖延情形成了粗暴的輿論話題。艾芙琳娜提到岳父安謝姆到劇院「看新的戲劇時，主角有一句台詞是：『我們需要錢、錢、錢。』……觀眾都轉頭看著阿姆謝爾伯伯，他被現代的阿格斯之眼也就是大眾盯著看，渾身不舒服」。

然而，俾斯麥沒有達到目標。十月十八日，詹姆斯和倫敦的姪子決定繼續照著計畫走。兩天後，他們似乎已經談妥預付款四千九百萬荷蘭盾，或是面額六十八的九千萬到一億五千萬貸款等條件，還有一項附帶的交易是在二十年內免除倫巴底路線的預期稅款，交換條件是詹姆斯放棄政府對的里雅斯特和威尼斯鐵路網債券的擔保。羅斯柴爾德家族的私人信件透露，鐵路減稅其實是很重要的議題（阿爾豐斯估計其價值為每年一百四十萬荷蘭盾，穆赫林恩估計總價值為二千八百萬荷蘭盾），以至於詹姆斯現在把減稅當作貸款和預付款的**必要條件**。如阿爾豐斯所說，倫巴底的特許權已經成為「關鍵點」：「我們對這些非常感興趣。」他和父親沒有發覺到的是，他們提出關於霍爾斯坦和威尼斯的問題時，無意間超越了奧地利政府認定的界限。阿爾豐斯意識到維也納變得「不安」時（他的看法），已經太遲了。在維也納銀行家薩繆爾・哈伯（Samuel Haber）的建議下，穆赫林恩與貝克和巴黎的一些銀行建立了聯繫，包括土地信貸銀行率領的奧廷格、馬勒及富爾德。穆赫林恩說，詹姆斯提出「不受歡迎的觀點」，並要求「實際的特許權即爭取倫巴底線免稅」，但敵對的銀行提供了「比他更好的條件，而且不求任何回報」。「或許，」穆赫林恩坦白地寫道，「有人會以土地信貸銀行財團的威望比不上羅斯柴爾德與巴爾林來反對。坦白講，正是這個原因讓我們七週以來完成了『不可能的任務』，原本那些任務的代價是要聽從詹姆斯男爵一些不近人情的條件來與他合作。」十一月十四日，他與貝克和土地信貸銀行財團達成協議。因此，詹姆斯根本無法和俾斯麥一起阻礙奧地利貸款的計畫，他高估了自己。他和阿爾豐斯發現土地信貸銀行的出價比較高時都大吃一驚。阿爾豐斯說：「太不可思議了，我無法相信。那些人竟然冒這麼大的風險，膽量一定很大。」詹姆斯則是對「奧地利惡棍」感到氣惱，並指責貝克收受賄賂。安謝姆與費迪南「對貝克的行為很反感」，因為他們認為他的行為「缺乏教養又沒有生意人的樣子」。安謝姆甚至揚言要從帝國議會辭職，但詹姆斯勸阻他說：「奧地利人可不會很快再任命猶太人。」

問題依然在於，他是否像奧地利人聲稱的那樣堅持要倫巴底線減稅，而這條路線已經證實是不利的絆腳石？詹姆斯經過深思熟慮，得出的結論是奧地利人只把他的倫巴底線要求當成藉口，基本上是為了支持純法國貸款的政治性決定。有些理由能說明他的判斷準確。顯然土地信貸銀行的貸款條件其實比詹姆斯的計畫更糟：對立的財團以六十一．二五的實際價格購買票面價值約一億五千萬荷蘭盾的債券，因此扣除佣金後，奧地利政府只獲得了九千萬荷蘭盾。如詹姆斯所說，奧地利債券的市場報價為七十時就是高利貸。相比之下，羅斯柴爾德的貸款價格只有六十八，若考慮到倫巴底特許權的成本，則是六十七．一。更合理的似乎是因為詹姆斯暗示可能出售霍爾斯坦和威尼斯，所以說服了奧地利的談判代表轉移焦點。巴黎的官員告知法蘭茲．約瑟，詹姆斯擬訂的貸款條件是承認義大利為王國時，法蘭茲．約瑟在空白處潦草地寫下：「不談這件事了。」約翰．羅素勛爵也贊同出售威尼斯的想法，更使人對詹姆斯與俾斯麥的密談起疑心。在拿破崙和特羅恩的同意下，法國財團發放的貸款似乎沒什麼附加條件。的確，這看似增加了引誘法國加入對抗普魯士和義大利防禦同盟的可能性。葛舒密特聽說貝克接受土地信貸銀行的報價時，他斷定：「在霍爾斯坦的收購案中，我們絕對無能為力。」

歸根究柢，關鍵在於奧地利不願出售霍爾斯坦或威尼斯，而非俾斯麥的陰謀，也不是詹姆斯的私人鐵路要求。這種不妥協的態度往往歸因於法蘭茲．約瑟對哈布斯堡榮譽感保有的陳舊觀念（連他後來也說奧地利的政策「值得尊敬，但很愚蠢」）。但我們應該了解，拒絕霍爾斯坦和威尼斯的各種報價到底有多麼愚蠢？如果奧地利的債權人在一八六六年二月只需要四千九百萬荷蘭盾，那麼普魯士為霍爾斯坦提出的四千萬荷蘭盾或許「太少了」。葛舒密特提議普魯士用一塊西利西亞（俾斯麥考慮過格拉茲〔Glatz〕），或符騰堡（普魯士王室的祖籍）的一小塊霍亨索倫領土來交差，並不是沒有道理。（維克多．伊曼紐爾不是把祖籍薩伏依獻給了法國嗎？）門斯多夫認為出售部分的跨國帝國所樹立的先例可能比因武力而失去這些部分更糟糕，也許他的判斷正確，至少在戰爭中有獲勝的機會，即便勝算不大。

通往柯尼格雷茲之路

一般人在知道自己犯錯時，通常會把氣出在別人身上。詹姆斯知道自己為俾斯麥提出霍爾斯坦和威尼斯的問題時，不經意地破壞了對倫巴底線有用的交易。但他和親戚重新為鐵路設計昂貴又困難的新供股時並沒有責怪自己，也沒有像原本預期的那樣指責奧地利。早在一八六六年二月一日，給維也納新預付款的談判就開始了。他們反而強烈地譴責普魯士。為了保持風度，詹姆斯在十一月送俾斯麥一箱勃艮第紅酒，作為他造訪費律耶的紀念品，但羅斯柴爾德家族私下對這位普魯士總理的看法需要幾年的時間才能從奧地利貸款的失敗印象中恢復過來。一八六六年一月十六日，邁爾・卡爾從法蘭克福寫了一封充滿憤怒的信，彷彿在發出戰鬥號令：

> 這裡的情況每天都變得越來越複雜。普魯士的行為具有歷史上聞所未聞的特性。大家都認為普魯士人應該受到教訓，因為他們可恥地為整個德國帶來了麻煩，它的作風真是前所未有見。要對可能發生或即將發生的事發表意見是沒有用的，但事實上是整個德國都反對該政府的政策，認為必須制止其野心勃勃的觀點。

萊昂內爾的么子利奧在劍橋也有同感：「普魯士人太殘忍了，他們貪得無厭，還急著消滅所有弱小的國家。」在維也納，葛舒密特也對俾斯麥的好鬥態度失去耐心。普魯士大使戈爾茨（Goltz）在沒有得到政府授權的情況下，直言不諱地警告詹姆斯可能與奧地利開戰，因為「奧地利針對霍爾斯坦一事給了普魯士否定的答案，並表示絕對不會出售權利」，因此詹姆斯的心情絲毫沒有好轉。對阿爾豐斯而言，普魯士就是「掃把星」，只要俾斯麥繼續實行「併吞政策」，就看不到金融市場穩定下來的希望。這有助於說明詹姆斯為何極力反對羅斯柴爾德家族成立組織，以二千萬塔勒幣購買政府剩餘的八萬科隆－明登股份（三月十四日，詹姆斯與布萊希羅德的夥伴利曼（Lehmann））交談，並與戈爾茨面談兩個小時後，拒絕了該提議。

這種拒絕經常被引用為一般羅斯柴爾德政策「不為戰爭貸款」的證據。在這個例子中，沒有事實根據的觀點和實際情況算是一致。著名的「不為戰爭貸款」一詞其實是摘自一八六二年的一封信，但詹姆斯這次也說了類似的話。他告訴在倫敦的姪子：「我回絕了布萊希羅德的夥伴，因為我們不能出資發動戰爭。只有在我們確定兩國政府已達成協議時，才會決定後續的動作。」詹姆斯有充分的理由相信，由於議會的委員會裁定科隆－明登交易是非法的，所以俾斯麥的地位已經被嚴重削弱。他目前推測普魯士正處於重大的財政困頓，如果俾斯麥想以二千萬塔勒幣為霍爾斯坦提出新報價，或許他會感興趣。但戈爾茨向他透露，俾斯麥現在打算用暴力解決德國的問題。甚至連布萊希羅德也坦白說：「如果會走到這一步，（奧地利和普魯士之間的）決裂就不會在四月或五月之前爆發。」在這種情況下，購買科隆－明登的股份不僅違背了議會的明確意願（我們不該低估羅斯柴爾德家族對議會制裁的尊重），也相當於為普魯士的戰爭準備提供資金。難怪俾斯麥在三月十三日的信中指責戈爾茨在這個微妙時刻的攤牌：

我們想延緩為戰爭做的充分準備，以便先處理金融事務。局勢因軍備增加而變得更緊張時，執行這些事務一定會更加困難。有鑑於此，我想私下透露，我們已與羅斯柴爾德家族進行初步的談判……當然，他們不支持戰爭，應當盡力阻止戰爭爆發。我能向閣下您保證，羅斯柴爾德男爵告知我們的代理人（布萊希羅德），他在幾週前並不反對與普魯士進行交易，也很樂意做此事，但現在情況改變了，尤其是他與閣下您談話後改變了心意。我覺得有必要提到這件事，因為從這件事可以看出與羅斯柴爾德打交道時要十分小心。

當時，安東尼正好在巴黎。他對普魯士的提議不屑一顧：「也許普魯士很渴望打仗，但他們的財務狀況跟以前一樣糟……全國人民都反對。過去兩個小時，普魯士部長不斷要求男爵依據一大堆沒價值的鐵路，預付二千萬塔勒幣給政府。」三月十七日，戈爾茨直截了當地告訴國王：「羅斯柴爾德家族決定全力發揮影響力，阻止普魯士參戰。」王儲說得很貼切：「羅斯柴爾德正不遺餘力地對抗俾斯麥。」這次，漫畫家描繪得恰如其分。五月二十日，《慕尼黑潘取酒》（*Münchener Punsch*）的封面刊登了標題為「羅斯柴爾德備戰」的漫畫。

在畫中，詹姆斯緊緊抓著錢袋並聲明：「我什麼都不給！我沒錢！我唯一的樂趣就是保持中立。你一定不會剝奪我唯一的樂趣吧？」

我們知道詹姆斯最後無法阻止戰爭，但不該因此忽視俾斯麥的地位在關鍵時刻岌岌可危。在戈爾茨寫信的那天，普魯士部長聚在柏林會面，他們的選擇非常少，正如簡短的會議紀錄顯示：「資金的取得帶來了麻煩。科隆－明登股份的配售只能虧本進行。建議出售薩爾布呂肯。第三種可能是召開議會並取得貸款，其他則是宏大的德國計畫和盛大的德國議會。」最後一個選項似乎意味著向自由黨人投降。這就是所謂的「科堡陰謀」，這場陰謀的目的是使俾斯麥免職，據說牽涉到維多利亞女王、羅素、迪斯瑞利以及羅斯柴爾德家族。三月二十日，詹姆斯急切地從柏林轉達謠言：「俾斯麥即將離職，和平得以維護。」兩天後，迪斯瑞利告訴邁爾，俾斯麥「應該接受絞刑」！古斯塔夫聽說「俾斯麥為了脫身，考慮召集全德國的議會」時，他覺得既「誇張」又「不可思議」。這點進一步證明了俾斯麥的絕望。邁爾．卡爾寫道，普魯士總理「讓自己陷入了可怕的困境，還認為武力有可能扭轉局面」。這表明羅斯柴爾德家族持續擔心，內部的壓力可能只會增強俾斯麥對戰爭的渴望，他們在這段時期刻薄地罵俾斯麥是「莽夫」、「一頭怒氣沖天的野豬」。用詹姆斯的話說則是：「沒人知道他接下來要做什麼事。如果他能得到國王的支持，就會若無其事地宣戰。」

然而，即使俾斯麥贏得國王的支持，他要如何負擔這類戰爭的問題依然存在。波德施溫只剩下四千萬塔勒幣了。五月二日，內閣否決了薩爾礦場的出售。在這種情況下，希望俾斯麥潰敗似乎是合情合理的事，而奧地利在四月七日提出的裁軍建議只是徒增他的難題。兩週後，他只好接受提議。至於他決定承擔革命的民族主義責任，提議由普選產生邦聯設立議會，似乎違背了他自一八四八年以來堅守的一切。直到四月二十七日，布萊希羅德還沒有排除普魯士投降、俾斯麥辭職的可能性。到了五月第二、三週，普魯士政府陷入了混亂：有人試圖暗殺俾斯麥、議會解散、柏林交易所發生危機、魯恩推測調動九個軍團的成本是二千四百萬塔勒幣（若持續處於戰爭狀態，每月還需花六百萬塔勒幣）。應急的信用機構在五月十八日成立，貨幣兌換機制暫停。三天後，普魯士海外貿易公司試著在巴黎出售短期國庫券時，詹姆斯再度表示反對戈爾茨。直到六月九日，也就是波德施溫的繼任者無法將科隆－明登股份賣給布萊希羅德和歐本海姆帶領的財團一週後，利曼被送回了巴黎，只「為了詢問我們是否想為科隆－明登的股份或普魯士海外貿易公司的匯票預付金條或白銀給銀行」。他又被拒絕了。阿爾豐斯認為這筆交易能帶來「可觀的利潤」，但詹姆斯目前不太願意幫忙利曼口中「搖搖欲墜」的政府。

光是不肯給俾斯麥錢無法滿足詹姆斯，他還試著阻撓他認為普魯士很需要的事，也就是與義大利結盟。義大利的立場在許多方面與普魯士、奧地利相似。從一八五〇年代開始，羅斯柴爾德對義大利的金融穩定性就喪失了信心。直到一八六五年八月，詹姆斯仍在出售義大利債券。義大利政府在一八六五年九月宣布二億八千萬里拉的赤字時，他和兒子都非常震驚。然而，繼續與義大利做生意有充分的理由。首先，如果要和平地將威尼斯從奧地利轉交給義大利，義大利在購買前需要經濟支援。其次，或許更重要的是，義大利目前掌控倫巴底公司鐵路網涵蓋的大片領土，因此一八六六年出現了為該公司爭取特許權的第二次機會，交換條件是貸款給政府。（與普魯士相似的）風險在於，義大利可能把現有的錢用於戰爭，而不是和平地買下威尼斯。一八六五年九月，義大利政府向詹姆斯索取總共三千五百萬里拉的短期預付款，他並不反對，但他在採取進一步行動前，持續仔細觀察義大利裁減軍備的跡象。

一八六六年初期，一億五千萬里拉債券的發行消息起初似乎無關緊要，因為政府當初只要求蘭多認購一千四百萬里拉。然而，政府在三月提出新方案，向倫巴底公司提供條件更慷慨的新合約以換取一億二千五百萬里拉的預付款。這似乎滿足了羅斯柴爾德家族所需的槓桿作用，但不久又有出現了政府債券徵稅的宣告，表示義大利人打算用軟硬兼施的方式來確保與羅斯柴爾德的合作。如果能說服義大利人採取和平政策（最好是用貸款的收益向奧地利買下威尼斯），那麼俾斯麥就會在外交上孤立無援。[7]義大利大使尼格拉（Nigra）提醒詹姆斯，如果與奧地利開戰，義大利會加入普魯士，詹姆斯聽了驚恐不已。但在三月二十二日，義大利政府出乎意料地邀請羅斯柴爾德的代理人蘭多擔任中間人，負責「轉達收購威尼斯的建議以避免戰爭」。阿爾豐斯對這項提議的評估發人深省：

令人擔心的是，我們的計畫可能會不受歡迎，讓我們在維也納的立場變得棘手。我們已多次暗示這一點，也被告知並了解不該提起這個話題，因為這會喚起所有君主的自尊心。但是，或許在奧地利發現自己處於危急的情況下，政府會改變想法吧……從義大利政府的方針可以推斷出政府已經決定在戰爭爆發時參戰，只是還沒與普魯士簽訂條約。

蘭多的部分計畫有英國競價的支持，迫使奧地利和義大利針對威尼斯的問題達成和平協議。與此同時，其他可能出現的問題包括用威尼斯交換羅馬尼亞（當地的叛亂推翻了當選的尼古拉斯・庫扎〔Nicholas Cuza〕王子），以及（再度）用霍爾斯坦交換格拉茲。

起初這些努力失敗了，因為奧地利人還是不願意出售，甚至在安謝姆將蘭多的提議轉達給埃施特哈齊之前，建議蘭多不要接受義大利的任務，因為他相信出售威尼斯的提議會立即遭到拒絕。如果蘭多在維也納提出這種失禮的提議，就會使羅斯柴爾德家族進一步被冠上「義大利支持者」的惡名：

這裡的內閣毫無顧忌。只要有需要，他們就會不畏艱險。在缺乏法國的幫助下（我希望他們欠缺這種支援），義大利軍隊就會徒勞地向方整的堡壘進攻。（什勒斯維希和霍爾斯坦）公國通常被視為是關乎榮譽的問題，威尼斯公國則被視為與物質存在相關的問題。政府對普魯士提供的資金置若罔聞，對義大利的類似舉措更是不理不睬，因為義大利的財力薄弱。

埃施特哈齊拒絕蘭多的提議以及普魯士對奧地利軍隊調動的指控，只是證實了這種悲觀的評估。英國政府正式提出以四千萬英鎊出售威尼斯時，已經太遲了。義大利宣布發行的價值二億五千萬里拉的國內債券，現在只能被看作是資助軍事準備的措施。四月八日，義大利與普魯士私下簽訂為期三個月的協議：假設普魯士與奧地利開戰，義大利也會參戰，交換條件是義大利能得到威尼斯。這項協議使義大利人有信心承受羅斯柴爾德的一連串批評，而義大利政府決定對所有債券持有者徵稅更是讓批評變本加厲。詹姆斯指責義大利人的外交與金融政策「對信用造成嚴重的打擊」，並公開發出警告，如果義大利政府試圖籌集另一筆外國貸款，「我能正式向你們聲明，長期作為巴黎的義大利資金贊助人，我不接受與義大利進行任何新交易。從今以後，我不再承擔支付義大利債務利息的責任。」他對俾斯麥也感到憤怒。義大利聯盟讓他相信俾斯麥是個「只想打仗的傢伙，我真的覺得這傢伙太差勁了。為了推翻可惡的俾斯麥，我很樂意支持奧地利」。

然而，最後讓避免戰爭的努力付諸東流的因素不是普魯士侵略，不是奧地利不妥協，也不是義大利漫不經心。實際上，儘管他們大談榮譽，但是維也納的政治家一意識到戰爭逼近便竭力尋求妥協。駐巴黎的奧地利大使梅特涅在四月九日向詹姆斯透露，如果法國支持普魯士，奧地利就會讓步。隔天，詹姆斯再次強調這則訊息，記載如下：

> 奧地利好像和其他強國一樣都需要錢，所以我還是相信和平……梅特涅說奧地利願意為維持和平而貢獻，最後可能會讓步……奧地利需要八百萬到一千萬荷蘭盾。他們會去做我們要求的事，並接受所有條件。如果他們被迫向普魯士屈服，會讓我反感。

根據最後的評論，詹姆斯越來越支持奧地利的立場，但關鍵是他希望奧地利讓步。這確實是有可能發生

❼ 倫巴底交易的條款很複雜：政府保證該路線的義大利部分債券有百分之六．五報酬率，將特許權延後九十九年，直到一八八〇年才取消對外國債券徵稅。條件是該公司須同意建造價值九百萬法郎的新路線以降低票價，並承擔在的里雅斯特和威尼斯擴建港口設施的一千五百萬荷蘭盾費用，預計在十二年內償還。阿爾豐斯認為這筆交易為公司帶來的費用「不切實際」。

的事，即便俾斯麥提出令人難以接受的加布倫茨（Gablenz）提議，把什勒斯維希和霍爾斯坦交給普魯士王子後，也是如此。直到五月二十八日，奧地利才拒絕「妥協」。到六月一日，奧地利才要求法蘭克福的邦聯議會解決之前關於公國的奧普協議違約的問題，因為這給了俾斯麥開戰的理由。儘管如此，奧地利軍隊仍不戰而退，撤出了霍爾斯坦。

到頭來，是法國的政策阻礙了和平的結果。羅斯柴爾德家族在早期就發現法國的角色有決定性作用。詹姆斯推測，如果法國在奧地利和義大利之間充當調解者就有可能達成協議；但是如果法國鼓勵義大利人與俾斯麥結盟，戰爭大概無可避免。這或許是拿破崙三世一生中最重要的決定，尤其是他希望兩全其美。安謝姆在維也納得知，萬一發生戰爭，法國將反抗普魯士。詹姆斯和阿爾豐斯也開始從這些方面考慮問題，但他們質疑拿破崙只是想「趁火打劫」，而不是想制止普魯士。他們的推測是對的，因為拿破崙不但沒有勸阻，反而私下建議義大利人接受俾斯麥的提議。詹姆斯察覺拿破崙在煽動戰爭而非阻止戰爭後，仍是徒勞地為維護和平而奮力一搏；諷刺的是，他順利顛覆法國的政策卻很可能產生反效果。

詹姆斯不需要編造一場金融危機來支持反戰的論點，因為歐洲的證券交易所已經陷入全面恐慌。部分原因是人們害怕戰爭，這場外交危機正好與英法兩國的銀行危機同時發生，根源在於國際棉花市場在美國內戰結束後恢復常態。羅斯柴爾德家族雖也受到這次危機的影響，但沒有像合資銀行和投資銀行那麼嚴重。事實上，這場危機的主要受害者是奧弗倫－格尼（倫敦銀行）與動產信貸銀行。對萊昂內爾和他的兒子而言，這場嚴重的危機迫使他們在安息日待在新廷。從下議院到唐謝爾（Downshire）夫人的舞會，「城市的慘重失敗經驗」成了主要的話題。但對詹姆斯而言，股價和債券價格下跌算是好事。與對手不同的是，他也「讚美上帝讓自己沒有任何債務」（他還給倫敦分行十五萬英鎊用於紓困），而這場危機為他帶來了理想的外交手段。他的目標是說服拿破崙三世相信，戰爭的負面經濟後果大過衍生的國際（與國內政治）收益。

他在四月八日展開行動，也就是普魯士和義大利私下結盟的那天。納弟表示：「他昨晚在杜樂麗宮和帝王聊了很久，試著讓陛下明白維持和平的必要性。」三天後，他再次見到帝王時，又提起同樣的論點，努力說服帝王相信戰爭會對經濟造成最大的不幸，而佩雷爾也贊同此觀點。阿爾豐斯提到，拿破崙試圖讓他放心：

普魯士**認為**自己可以依靠法國的支援，但這種支援毫無意義。即使普魯士私下鼓勵俾斯麥冒險，法國也會維持行動自由，並保留視情況採取行動的權利。帝王希望威尼斯的問題得到解決，只要奧地利同意，他就會堅定地跟隨，然後普魯士將為愚蠢的行為付出代價。

兩週後，瓦萊夫斯基向詹姆斯保證戰爭不可避免後，詹姆斯又去找拿破崙「宣揚」和平。這時，阿爾豐斯發現帝王「非常關心」，記載如下：

他說，他覺得這個問題已經解決了，而且他認為俾斯麥無法繼續任職。至於他自己，他並不想捲入這場爭端，因為他的干涉只會使爭吵加劇。但他一收到奧地利在義大利處於作戰狀態的消息……我的父親問他，為什麼他不出面促成奧地利與義大利互相諒解？君主回答說，只能透過戰爭來實現這點，因為奧地利不願意聽取任何建議。他也曾建議（多瑙河）各公國，但他們想得到西利西亞。

這表示拿破崙依然傾向於支持義大利人，堅信他們還沒展開軍事準備。這是他一貫的做法：無論革命在哪裡爆發，他都會支持革命。五月六日，他在歐塞爾（Auxerre）發表演講並譴責一八一五年簽訂的條約時，羅斯柴爾德家族感到相當震驚，這場演講對巴黎交易所造成的影響極大。隔天，阿爾豐斯寫道：「這象徵著新時代的來臨。沒有人能再推測出世界將發生什麼事，以及歐洲在恢復平衡前將經歷怎樣的革命。」那天晚上，皇后在杜樂麗宮舉行舞會時，梅里美注意到：「大使們悶悶不樂，看起來就像被判死刑的囚犯，但羅斯柴爾德的臉色最差，聽說他昨天晚上虧了幾千萬。」其實正是經過那場歐塞爾的演講後（使巴黎交易所再度陷入恐慌），詹姆斯創造了那句著名的雋語：「帝國正在衰落。」

我們可以想像得到，如果拿破崙始終如一地支持義大利和普魯士（間接）對抗奧地利，奧地利人可能還是會讓步。但在關鍵時刻（也許有部分原因是詹姆斯的糾纏），拿破崙似乎要拯救奧地利了。外交上的妥協在經濟方面已有預兆。首先，根據梅特涅的要求，土地信貸銀行又提供一筆預付現金。四月十五日，倫巴底公司在巴黎舉行的年度股東大會富有成效，似乎也重新確立了法國和奧地利之間的經濟關係。關鍵性的進展發生於五月間。當時奧地利意外地提議將威尼斯割讓給法國（法國可能會將威尼斯交給義大利），交換條件是共同反抗普魯士。儘管拿破崙猶豫不決，又提起常聊的國會話題，但這項出色卻經常被誤解的計畫在六月十二日奏效，奧地利和法國簽了確保法國中立的條約。在談判的過程中，詹姆斯有效地促進法國「對奧地利釋出善意」，定期與魯埃、英國大使考利以及拿破崙本人會面。他通常有自己的反義大利議程，在他私下與義大利因長期公債的問題發生爭吵時，爭取法國政府的支持。他還向奧地利人提出延續羅斯柴爾德在維也納的短期信貸，以此前景激勵奧地利人，雖然奧地利人吹毛求疵地反駁了他們與倫巴底路線簽訂的合約。

五月二十三日，俾斯麥告訴布萊希羅德：「只要帝王（拿破崙）願意，他還是可以議和。」他說的話不完全正確，因為拿破崙支持奧地利的立場其實也對戰爭的爆發產生關鍵作用。六月十二日的條約便取決於這般假設：一旦法國保持中立，奧地利不但能擊敗還能解散普魯士和義大利。讓出威尼斯的回報是，奧地利打算恢復兩西西里的波旁王室、義大利中部的教皇，以及托斯卡納、帕爾馬和摩德納的舊公國。普魯士將縮小到一八〇七年的邊界範圍，把西利西亞交給奧地利，把盧薩蒂亞（Lusatia）交給薩克森，並把萊茵河的省份分給漢諾威、黑森－達姆施塔特、巴伐利亞及符騰堡。雖然布萊希羅德說得好像戰爭從五月四日就開始了，但奧地利在六月十二日之後才決定參戰而非屈服，於是詹姆斯認為六月十三日才開戰。因此，法國政策（同時鼓勵了義大利和奧地利參戰）將原本可能是一場因什勒斯維希－霍爾斯坦引起的停戰狀態，轉變成因德國與義大利前景引起的大規模戰爭。詹姆斯不經意地使拿破崙從支持義大利的立場轉變成支持奧地利，而這種確保和平的努力誘使哈布斯堡政權為兩方戰鬥。

一線希望

羅斯柴爾德家族曾試著阻止一八六六年的戰爭，卻失敗了。奧地利為這次的戰敗付出了高昂的代價：與大多數當代人（包括該家族）的預期相反，奧地利和德國盟友在戰場上被普魯士徹底擊敗。戰敗的意義遠遠超越奧地利勝過義大利的意義。這次，該家族支持的是失敗的一方。此外，柯尼格雷茲戰役造成的影響似乎很大。「世界墮落了。」羅馬教皇大使說得有道理。俾斯麥將普魯士的保守主義與民主、小德意志的自由主義、義大利的民族主義、甚至匈牙利的革命結合起來，徹底顛覆了世界。

在奧地利的羅斯柴爾德家族感到失望是可以理解的事。「由於戰場上傳來可怕的消息，」安謝姆的兒子納坦尼爾在柯尼格雷茲戰役結束後寫道，「我感到非常苦惱和沮喪，快寫不下去了。」這不只是痛苦的愛國情操；雖然安謝姆捐了十萬荷蘭盾用於照料傷兵，此舉證實了愛國主義的存在。（他也堅決抵制在奧地利軍隊中對猶太人和非猶太人有差別待遇。）❽初步的和平條約於七月二十六日在尼科爾斯堡（Nikolsburg）簽訂之前，普魯士軍隊很有可能繼續向南推進維也納。事實上，戰場附近的羅斯柴爾德地產直接落入普魯士的掌控之中，與威科維茲的羅斯柴爾德煉鐵廠聯繫中斷了，因此勞工無法獲得工資。據悉，席勒斯多夫被普魯士支持的匈牙利軍團成員占領，其中「有很大一部分」遭到洗劫。事實是，費迪南在九月抵達那裡時，看到幾位普魯士的騎兵軍官。在他們離開的那天，他不高興地說：「他們騎著馬在公園的碎石道上到處跑。有一個人在我的窗戶下立起籬笆，不停地來回跳躍。所有英國僕人都在旁邊看著，嘲笑他的笨拙。」

---

❽根據《泰晤士報》：「奧地利的國務大臣理察·貝爾克雷迪伯爵（Count Richard Belcredi）提出的想法是，要求猶太集會自費組織幾隊志願兵。由於猶太人必須與其他公民一樣承擔服兵役的義務，貝爾克雷迪伯爵的計畫不外乎是向猶太人徵收特殊的稅，也就是變相延續猶太人的特別稅。安謝姆寫信表示，如果大臣堅持執行對猶太人有害的計畫，他就要關閉辦公室，斷絕與政府之間的財務談判，並離開奧地利。他寫的信達到了預期的效果。」安謝姆的兒子費迪南表示：「貝蒂建議為猶太裔的奧地利士兵籌款時，父親回答說這筆錢要在所有士兵之間平均分配，不該考慮宗教信仰，因為差別待遇會產生不良影響。」

在法蘭克福也有恐怖的情景，再次反映出普魯士軍隊對城鎮本身構成的直接威脅。邁爾．卡爾從早期就意識到法蘭克福「身處一切當中」的弱點，他希望「與雙方保持良好關係」的期望不久後就落空了。他不禁支持大多數的德國邦以及邦聯，共同對抗普魯士。「既然戰爭已經展開，」他在六月十一日寫道，「我們希望普魯士因不負責任的行為而慘敗，並受到應有的懲罰。大家都認為這種行為從古到今前所未聞。」到了六月二十日，「讓普魯士人遠離」法蘭克福的準備措施已開始進行。但很明顯的是，他們準備在七月八日進攻這座城市時，抵抗是徒勞的。邁爾．卡爾也急忙地將女兒送到法國。普魯士在七月十七日又戰勝邦聯軍隊，取得決定性的勝利後，城鎮被占領了。「到處瀰漫著焦躁不安的氣息，」邁爾．卡爾的妻子露意絲告訴妯娌夏洛特：

普魯士人很傲慢，還有搶劫行為。他們走進商店後就直接挑選漂亮又昂貴的物品，似乎沒想過要付錢。在采爾大街，除了瑪蒂（漢娜．瑪蒂德）的宿舍，士兵占據了威利（Willy）家中的所有房間。他們用餐時，只喝香檳！

如果當時羅斯柴爾德家族確實融入了各自所在國家的環境，那麼這種感覺在保持中立的倫敦和巴黎應該沒那麼明顯，但事實上幾乎整個家族都認同奧地利與德國的立場。義大利人從駐紮在庫斯托札（Custozza）的奧地利軍隊那裡，收到了詹姆斯所說的「藏身之處」的消息後，詹姆斯高興地下了定論：「這則消息對他們有好處」，而且「能更容易實現和平」。至於普魯士，邁爾．卡爾擔心法國分行太晚屈服於布萊希羅德的援助請求，但這種擔憂沒有事實根據。詹姆斯感嘆說：「我衷心希望奧地利給該死的普魯士人一點教訓，因為他們把一切搞砸了。」因此，奧地利在柯尼格雷茲戰役前夕慘敗的消息讓他「差點喪失理智」。「我鄭重宣布，」他告訴姪子，「這次，我大力支持奧地利，因為這場戰爭太不公平了。」就連他的八歲孫女貝蒂娜也「對俾斯麥搶奪威尼斯的行動感到很生氣」。「你們要去甘納斯伯瑞或其他地方，」她問英國的祖父母，「也要由俾斯麥先生來決定嗎？」

但是該怎麼辦呢？雖然有些與帝王關係密切的人繼續鼓勵他採取反奧地利的政策，但阿爾豐斯早在四月就看出德國戰爭對法國的危險影響。拿破崙猶豫不決，鼓勵義大利和奧地利參戰，使他沒有成為自己期望的仲裁者，而只是個旁觀者。七月一日，阿爾豐斯敏銳地總結了法國政策的矛盾特性：

如果奧地利人獲勝，我們的政府就會和他們結盟。萬一他們輸了，我們就會襲擊他們……不久，很可能出現兩個觀察隊，一個在萊茵河，另一個在阿爾卑斯山脈。這是一種預防措施，沒有預先設定的目標，因為據說帝王很猶豫，並在他與普魯士的關係中維持冷淡又含蓄的態度。實際上，法國在下大賭注。普魯士人在德國的優勢有很大的風險，甚至連取得萊茵蘭的省份也無法彌補……因此公眾支持奧地利人，雖然因為沒人了解帝王的想法，讓大家對成功「既期待又怕受傷害」，畢竟帝王的朋友在煽動民眾支持普魯士。

阿爾豐斯敏銳地察覺到，如果拿破崙不能下定決心與奧地利並肩作戰，或缺乏這樣做的軍事準備，那麼他就沒有資格向獲勝的普魯士要求「補償」。羅斯柴爾德家族認為，法國對德國、比利時或盧森堡領土的各種競標一定會以失敗告終。法國也只能盡量說服戰敗的義大利人接受威尼斯，並且不提出其他條件。雖然詹姆斯渴望「法蘭西帝國給好鬥的普魯士慘痛的教訓」，但他的定論很嚴厲：「如果我是君主，我會覺得羞愧。」對他和兒子而言，法國與普魯士的戰爭只是延後了，拿破崙終究會「被迫與普魯士開戰，因為許多人認為歐洲只屬於他們」。法國與普魯士之間的和諧只不過是「虛假的和平」。

英國的羅斯柴爾德家族也對普魯士的勝利很失望。夏洛特認為一八六六年的戰爭與德國的統一無關，而是與德國被普魯士打敗而導致分裂有關。七月十日，她甚至預測普魯士的野心最終會迫使英國介入：

普魯士人……在勝利的時刻，不可能提出溫和的觀點。在這種情況下，如果他們想吞併所有信奉新教的德國，法國會要求獲得北部新帝國的萊茵河省份及信奉天主教的省份，也許不必靠武力。他們不想干涉，即便德比勛爵發表了與政治家身分不相稱的言論，大意是說歐洲大陸的重大事件不太可能引起我們的興趣，但為了防止文明世界被法國和普魯士瓜分，我們可能會採取武力干涉。

當然，如阿爾豐斯說的，如果英國當時支持法國制止普魯士，或許拿破崙會採取更果斷的行動。但事實並非如此。俾斯麥提出的條件（讓普魯士有掌控德國美茵河北部的軍事權力，同時保證德國南部各邦的「國際性獨立生存方式」）在倫敦被認為相當溫和，足以阻止聯合的干預。露意絲請求德拉內在《泰晤士報》發表有影響力的文章時，夏洛特回應：「俾斯麥伯爵怎麼會關心英國報紙上的文章呢？他已經征服了世界。即使是現在，如果他沒有為自己爭取到期望中的大帝國，並在不擔心革命和侵略的情況下統治帝國，他也不會同意和平。」夏洛特能做的事就是加入「婦女委員會，一起為可悲的奧地利士兵募款」。

儘管如此，柯尼格雷茲的政治意義超越了金融意義。別的不提，衝突迅速結束使財政全面復甦，突然結束了前幾個月的貨幣緊縮狀況。考慮到這一點，我們不該誇大戰爭為羅斯柴爾德家族帶來的財務成本。如我們所見，山雨欲來促使詹姆斯在戰爭展開的前幾週減少損失，盡量降低風險。早在四月九日，他給在倫敦的姪子一些建議，而這些建議應當與他倡導和平的格言一樣有名。他告訴姪子，即使虧本也要盡力出售證券。「我很怕戰爭，」他寫道，「我寧願為了守住持有的現金而做出犧牲，反正在戰爭時期可以**錢滾錢**。」一週前，詹姆斯已經指示布萊希羅德在確定戰爭必會發生之後，開始在柏林出售羅斯柴爾德的證券（但他對於布萊希羅德太早進行此事感到很不滿）。四月十日，他向倫敦報告：「我付清了所有倫巴底債券」，能「平靜地觀察任何戰事。」「我親愛的姪子，」他在思考巴黎交易所的「全面恐慌」時寫道，「沒有世界末日。如果真的發生戰爭，大家會找到其他賺錢的方法。」歸根究柢，詹姆斯的首要原則就是：不為和平付出任何代價，無論是否處於和平時期，都要謀取利益。

這場戰爭展開時，詹姆斯的評估是他一生為戰爭與和平融資的經驗之談：「從長遠來看，所有證券都會下跌，因為大家都需要貸款。義大利需要貸款，再加上沒有大國可以維持兩個月的戰爭，所以這場戰爭應該不會打太久。」即使他的兒子阿爾豐斯不滿戰爭造成的政治影響，也能看出戰爭的經濟效益。他提醒在倫敦的堂親，倫巴底路線的收入不曾高過一八五九至六〇年的戰爭期間，由於奧地利政府支付該公司送軍隊到義大利的費用，收入有可能再次飆升。這種區分政治和私人利益的能力展現了羅斯柴爾德家族的作風。安謝姆在戰爭開始之前，被指責「對奧地利人太過忠誠」，他反駁說自己是「更忠誠的羅斯柴爾德派」。

此外，無論羅斯柴爾德家族的情感投入到什麼程度，他們對戰敗國的財務承諾其實有限。六月期間，他們透過小額預付款及在法蘭克福銷售英奧債券，協助位於維也納的政府。但他們做的事情只有這些。邁爾・卡爾有條理地拒絕了支持奧地利的其他德國邦提出的貸款請求，也回絕了巴登在四月提出的三百萬荷蘭盾貸款請求；巴伐利亞在五月提出的一千二百萬荷蘭盾貸款請求，而符騰堡在六月十七日提出的資金請求。但是四個月前，他還在和厄蘭格搶著貸款給斯圖加特（Stuttgart）。經過深思熟慮後，巴黎分行和法蘭克福分行才同意提前借符騰堡王國區區四百萬荷蘭盾，期限只有六個月。

可以肯定的是，詹姆斯仍然不理會布萊希羅德支持借錢給勝利者普魯士的論點。八月時，他斷然拒絕了普魯士大使提出的二千萬法郎請求。至於義大利的情況，他的態度模稜兩可。根據為時已久的協議條款，羅斯柴爾德家族應該支付義大利長期公債在巴黎的利息，並支付與倫巴底路線有關的費用給政府。因為戰爭的緣故，他們似乎延後了這些事，但來自佛羅倫斯的請求越來越緊迫。另一方面，詹姆斯直到最後才出售自己持有的大量義大利長期公債。他正確地認為義大利會占上風，但未意識到它會自己落敗。因此諷刺的是，法國分行因戰爭而遭受的最大損失可能就是義大利的長期公債。在休戰與和平的談判期間，對義大利施加一定程度的財務槓桿並不能帶來多少安慰，但阿爾豐斯在七月八日的簡要陳述是典型的例子：「只要和平時期還沒結束，義大利就不能指望我們提供資金。一旦簽訂了和平條約，我們就拭目以待。」羅斯柴爾德再度表明立場：「不能為了延續戰爭而給錢。」問題是，就像阿爾豐斯和父親熟知的，最有利可圖的生意是在和平協議達成之前的交易，因為義大利的長期公債價格在此之後會回升。當義大利政府願意接受倫巴底路線未來的一億里拉預付款，折扣高達百分之四十時，詹姆斯很感興趣。但不尋常的是，在還沒得到拿破崙的明確同意之前，他決定不採取行動，並遵從自己的意願，在達成停戰協議之前不做其他事，取消了蘭多預先提議預付二千五百萬里拉的長期貸款。義大利政府的回應是要求得到威尼斯，也索求賠償和提洛（Tyrol），並順利地向其他銀行求助，例如土地信貸銀行和史特恩銀行。因此，是外交壓力使他們滿足於威尼斯，並為此付了八千六百萬法郎給奧地利，而非金融壓力的因素。

俾斯麥打了一場缺乏足夠資金的戰爭，有一部分的原因出自詹姆斯。他後來表示，在柯尼格雷茲戰役的前夕，「他似乎是在用不曾真正擁有的一百萬美元賭金玩牌」，確實如此。如果他輸了，他就會被視為「世界級的大壞蛋」。然而，勝利有可能解決普魯士政府的根本金融危機，當初正是這個危機讓俾斯麥登上權力的寶座，並在過去四年困擾著普魯士。按照慣例，戰勝國可以向戰敗國徵收賠款。

當然，戰敗國包括普魯士議會內的敵對自由黨。俾斯麥對**小德意志計畫**的擁護破壞了自由黨人的關係，他擊敗奧地利之後，也孤立了「進步主義者」，比起國家統一，後者似乎更關心議會的主權。對俾斯麥而言，他們在柯尼格雷茲戰役那天舉行的選舉中落選幾乎和他在戰場上擊敗奧地利同樣重要。但在有時被忽略的一個基本層面上，俾斯麥不得不妥協。海特在戰爭前夕取代波德施溫，擔任財政部長時，他堅信俾斯麥認同前幾年的財務政策「缺乏法律依據」，因為俾斯麥在戰後向議會索取賠款。（海特曾是自由主義者和商人，為了不違反憲法，他在一八六二年辭掉財政部長的職位。）俾斯麥的認同其實放棄了他最初對威廉一世的承諾，亦即維護君主對軍事預算的絕對控制權。雖然北日耳曼邦聯和後來的帝國軍事預算不曾進行年度表決，但仍然會定期進行投票。正是這種「內部問題得到解決」（布萊希羅德在寫給巴黎的信中提到這一點，並在九月以壓倒性多數票通過）使普魯士恢復了財務的常態。

不過，俾斯麥不曾打算讓普魯士的納稅人獨自為勝利付出代價。他從一開始就以海盜般的精神與德國各邦作戰。早在六月二十八日，詹姆斯就聽說俾斯麥派所有將領去「追捕漢諾威國王，目的是搶走他的錢，並逮捕他和他的士兵」。在俾斯麥的整體職涯中，最具革命性的行動或許就是併吞漢諾威，並推翻漢諾威的悠久統治家族；他的動機至少有一部分與財務有關。薩克森王國完整地被保留下來，但俾斯麥仍然每天徵收一萬塔勒幣的占領稅（利用這些錢資助倉促建立的匈牙利軍團），最後再索取一千萬塔勒幣的賠款。當然，只要俾斯麥還在侵占王子們的財產，羅斯柴爾德家族就可以泰然自若地旁觀。他們想起黑森－卡塞爾的選帝侯以前也曾被迫將大量的私人財富藏起來，不讓拿破崙一世的軍隊發現。撒克遜部長維茲圖姆（Vizthum）被派往慕尼黑，準備匆忙地將政府的金銀儲備從德勒斯登轉移到保持中立的領土時，他決定把裝在瓶子內大約一百萬塔勒幣的白銀寄給巴黎的羅斯柴爾德家族。詹姆斯想在這些錢抵達巴黎後，將錢兌換成法郎，然後換取佣金。但維茲圖姆提醒他關於選帝侯的財寶傳說，而該家族也盡力宣揚：「薩克森國王對你有同樣的信心，我相信你不會讓他失望。」這並不是說詹姆斯被騙了。普魯士將撒克遜的賠款定為一千萬塔勒幣時，他催促布萊希羅德爭取德勒斯登政府為支付這筆錢所需的部分貸款。

同樣地，奧地利被徵收的三千萬荷蘭盾「戰爭捐獻」是由三十家銀行組成的財團預付，包括維也納分行和信貸銀行，不久就出現了進一步貸款和預付款的討論。但阿爾豐斯察覺到，奧地利是否會在一段時間後「振作或陣亡」依然不得而知。符騰堡也需要一千四百萬荷蘭盾的貸款來支付賠款。這次，法蘭克福分行、倫敦分行以及巴黎分行占最大份額（一千萬荷蘭盾），但他們必須降低淨利率，出價才能勝過有勢力的厄蘭格。一如既往，即使利潤得和其他人共享，戰後的賠款轉移仍是獲利豐厚的業務來源。通常黑森－拿騷公爵從普魯士收到八百八十萬塔勒幣的補償時，邁爾．卡爾會在身邊建議他最佳的投資方式。當然，像什勒斯維希－霍爾斯坦那樣的劇變也使藝術市場活躍了起來，阿道夫就是在此時才能買下巴登大公收藏的水晶。而埃施特哈齊家族並不是唯一在一八六六年被迫變賣傳家珠寶的著名中歐王朝。

這是慣例。不過，法蘭克福也被迫支付賠款時，顯然有更多值得關注的理由。畢竟法蘭克福沒有豪華的房子，只有羅斯柴爾德家族，普魯士人提出的戰爭賠款免不了要城鎮上最富有的市民做出個人犧牲。甚至在普魯士人提出要求之前，阿道夫就已經在煩惱後果了。「普魯士人在法蘭克福的行徑讓我心煩，」他在安全的日內瓦寫信給倫敦：

> 我也可能失去房租的收入。法蘭克福再也沒有外交使團時，還有誰要待在我已故父親的大宅呢？我不能把房子交給可能會改造成客棧或旅館的人。另外，我們要繳稅。這一切都讓我沮喪和不滿。

普魯士人提出議案時（首先是普魯士軍隊司令要求的六百萬塔勒幣，其次是俾斯麥追加的二千五百萬塔勒幣請求），羅斯柴爾德家族感到相當震驚。身為法蘭克福商會代表，邁爾．卡爾立即反對金額，並以反對的立場發電報給俾斯麥。對阿爾豐斯而言，向法蘭克福索取的賠款「如同三十年戰爭般野蠻」，他完全相信普魯士人打算用「斷糧」手段迫使法蘭克福投降的報導。夏洛特甚至聽到厄蘭格散播的謠言，她說：「那個討厭的傢伙說查爾斯叔叔（指邁爾．卡爾）被關進監獄了，我希望他說的不是事實，我也不相信。普魯士人真的很殘忍。」詹姆斯聽到同樣的謠言時，反應是焦急地大喊：「羅斯柴爾德家族的人？怎麼可能！」安謝姆也簽了請願書，反對向法蘭克福徵收「沉重的戰爭稅」，但他質疑這樣做是否有效，因為「普魯士的統治目前占上風」。

其實，邁爾．卡爾「為了預防可怕的災禍……而做的規畫」，在某些方面有成效。他在七月二十五日前往柏林，呼籲「普魯士國王不要對可憐的法蘭克福人太嚴厲」。才過了一週，他又受邀返回，在八月六日、七日與俾斯麥會晤兩次。他達成的妥協條款再次表明，羅斯柴爾德家族認為資金問題比邊境問題更重要，接受普魯士吞併的回報是雙方同意法蘭克福只需要為占領成本支付最初的六百萬塔勒幣。夏洛特提過，「將祖先居住過美好又古老的繁榮城鎮轉變成為普魯士的偉大增添微不足道的價值」，顯然比不上二千五百萬塔勒幣的犧牲。有一種說法是：「在普魯士徵收苛捐雜稅的時期，查爾斯叔叔贏得了全鎮七萬六千人的支持。」身為俾斯麥剛設立的北日耳曼邦聯議會候選人，邁爾・卡爾謹慎地提醒選民，他的政治對手、自由黨記者利奧波德・索內曼（Leopold Sonnemann）在一八六六年逃離城鎮時，他「勇敢地反抗」了曼陀菲爾。他以六千八百五十三票比三百一十一票擊敗了民主黨候選人，取得壓倒性勝利，收回四百萬塔勒幣，實現了選民的期望。

不過，羅斯柴爾德家族不願意在經濟上援助俾斯麥的事實依然要付出代價。八月十四日，也就是在決定性的布拉格和平條約前一週，詹姆斯終於採納了布萊希羅德的建議，提議發放普魯士貸款。柏林的回應很唐突。在沒有儀式的情況下，普魯士海外貿易公司告知邁爾・卡爾，法蘭克福分行以後不再被委託在德國南部發放普魯士債券。一八六五年九月，詹姆斯自豪地宣布羅斯柴爾德家族「不為普魯士國王效命」。此時，普魯士國王似乎不需要該家族了。

五、債券與鐵（一八六七－一八七〇）

我們將被迫參戰，但不是因為外部有危險，而是因為太快給予過多的自由。

——詹姆斯．德．羅斯柴爾德，一八六七年二月一日

一八六八年十一月十五日，邁爾．阿姆謝爾五個兒子中的么子詹姆斯去世，享壽七十六歲。儘管他偶爾生病，最常提起的是「眼睛痛」，但他長期以來展現出驚人的活力，直到人生的最後一年。前一年二月，他談到想退休，並篤定地告訴兒子（使人想起他在拿破崙時代的青年時期）：「既然從戰場上退役了，就要把所有可能的權力交給各個將領。」但他不曾兌現這句話，直到一八六八年四月，他的體力開始衰退。「詹姆斯叔叔病得很重，」費迪南報告說，「他幾乎不去辦公室了，半天下來都坐在扶手椅上。」甚至在最後幾天，詹姆斯依然在恫嚇年輕的親戚。「他責備我沒有寫信給他，」費迪南緊張地接著說，「但到目前為止，我很慶幸自己還活著。」詹姆斯的病情惡化時，他本人不斷將自己的狀況告知親戚。「可怕的痛楚讓我變得懦弱，」他在十月初埋怨，「眼睛好痛，我過得很痛苦。」但到了十月三十一日，雖然他長期臥床，還是有精力為兒子埃德蒙口述一封信，內容關於借錢給西班牙一事。十一月三日，儘管他已排出「多得驚人」的大塊膽結石，阿爾豐斯也確定很難認真地與他討論生意，但他還是發出最後一次有紀錄的指示：出售長期公債。他與哥哥納坦是很相似的商人，臨終前仍很強悍。

對他的兒子們來說，世界彷彿突然失去軸心。對他的姪子們來說，詹姆斯不再寫信，象徵著這位男爵擔任領頭羊的漫長時代結束了，而他們的自主權來之不易。「至少，我們欣慰地看到大家有同樣的悲痛，不分地

位，無論老少，」阿爾豐斯寫道：

沒有人比我們優秀的父親更受歡迎，也沒有人比他更值得受歡迎。除了難得又寶貴的心理素質，他也在每次的談話中展現愉快又親切的特質，因此長期受到許多人的擁戴和追捧。他留給我們的印象是……充滿朝氣的精神，充分發揮各項能力，身邊有許多人表示尊敬和愛戴。我認為大多數人都很欽佩他。

詹姆斯的葬禮在十一月十八日舉行，這確實是法國民眾生活中的一件大事，也是該家族的歷史轉折點。來自法蘭克福（威廉．卡爾與嫂嫂露意絲）和倫敦（安東尼、利奧、納弟以及阿爾弗烈德）等代表，都對在叔叔下葬那天讓出席的民眾印象深刻。「全巴黎的人都來致敬，」利奧報告說，「這些陌生人或朋友從房子前面經過時，整個庭院都是人。送葬隊伍行進時，林蔭大道擠滿了觀眾……這是一場公開的葬禮，叔叔的偉大和聲望帶來人潮。這種發自內心的同情使我們的親戚感到滿足。」「我從沒看過像今天早上這樣有那麼多人來拉菲特街，」他的大哥納弟說，「有四千人經過會客室，聽說有六千人待在庭院。從拉菲特街到拉雪茲神父公墓，一路上都有明顯的車轍……」

這並非只是家族的誇飾，就連《泰晤士報》駐巴黎的記者普雷沃斯特．帕多爾（Prévost-Paradol）也對此印象深刻：「十點之前，拉菲特街充斥著來自巴黎各地的人，他們都是來慰問詹姆斯的家人。在我的印象中，無論是什麼場合，從這條街的轉彎處到聖但尼門，林蔭大道上從來沒出現過這麼多人。幾位警官費了很大工夫才保持通道暢通。」有外交官（包括奧地利大使梅特涅）、猶太社區的領袖（包括三位首席拉比），還有法蘭西銀行、交易所及北方鐵路公司的代表。特別的是，比較小的銀行家也來了，例如布萊希羅德、西格蒙德．沃伯格（Siegmund Warburg）。他們來到巴黎，為了向「權力中的權力」領袖致上最後的敬意。儘管羅斯柴爾德家族拒絕了榮譽軍團勛位的大十字勳章所享有的軍葬禮，儘管詹姆斯的墓碑上刻著簡樸的碑文，只有字母「R」，但他的葬禮還是讓阿爾弗烈德覺得，「與其說是私人葬禮，不如說是帝王的葬禮。」

其實法國皇帝沒有出席，只派了沒沒無名的司儀康巴塞雷斯公爵（Duc de Cambacérès）出席，沒有其他資深的政治人物在場。此外，從奧地利君主法蘭茲・約瑟到美國總統尤利西斯・格蘭特的慰問電報之中，還有一封是流亡的奧爾良王室發來的電報（拿破崙三世已篡奪了他們的王位）。這一點的意義對當代人來說不言而喻。帕多爾在《辯論日報》（*Journal des débats*）寫了一篇措詞巧妙的訃聞表示，詹姆斯曾代表「金融王權」。相對於政治上的皇室，他「不得不在不斷出現的政治糾紛中保持謹慎的中立態度」，雖然「沒有人會責備他不準時把該付的錢交給凱撒」，他始終是「世界公民，不屬於任何特定的民族」。

> 關於這些事，他有自己的偏好……對他來說，最愉快的階段當然是復辟時期……他也認為奧爾良政府很重要……但憑著良好的判斷力，他知道真正的安全只存在於自由政府的羽翼下。他看待生意的方式很認真，不相信空泛的理論，也不喜歡風險高的投機活動。正是這一點使他與這時代不同，讓他在商界和政界更具冒險精神的世代中，散發著守舊的氣息。

當然，這是對波拿巴政權稍加掩飾的挖苦，一八六七年實施更自由的新聞法，使這種媒體批評合理地存在。這番言論也很接近事實。詹姆斯對法蘭西第二帝國的看法始終很矛盾，甚至有敵意，而這也說明了為何他的葬禮沒有政治人物出席。

在許多方面，詹姆斯過世的事實象徵著一個時代的結束，他是出生在法蘭克福猶太巷的最後一代人。一八三六年，他繼承了哥哥納坦的衣缽，幫助家族企業度過一八四八年歷史上最嚴重的風暴。在他給倫敦分行更大的自主權時，也大大遏制了家族內部因性情與利益衝突而產生的離心力。他改造了巴黎分行，在原有的承兌與發行功用之外，為其工業投資銀行增加鐵路「帝國」的新角色。一八一五年，他創立的巴黎分行資本為五萬五千英鎊。直到一八五二年，這個數字變成三百五十四萬一千七百英鎊。在他過世後的十年內，這個數字達到一千六百九十一萬四千英鎊。❶這項成就之所以引人注目是因為詹姆斯不但抵擋了週期性的金融危機，也抵擋了一八三〇、四八以及五二年一連串嚴重的政治危機，而他在法國的外交政策和整個歐洲的國際關係中發揮了將近四十年的獨特影響力。一八六八年後，這般奇蹟再也沒有重現。費律耶和巴黎北站是他留給後代的兩大宏偉的紀念碑，是他的豐功偉業。

就個人而言，他無疑是史上最富有的人之一。根據《泰晤士報》，他按照遺囑分配給繼承人的私人財產高達十一億法郎（四千四百萬英鎊）。《科隆日報》（*Kölnische Zeitung*）提出的數字甚至更高：二十億法郎。這些數字高得難以置信，甚至不包括他在拉菲特街、費律耶、布洛涅以及拉菲酒莊的大量城鄉不動產。（以法國的GNP百分比表示，十一億法郎相當於驚人的百分之四．二。）然而，現存的文件使我們能計算出更貼近現實的數字。詹姆斯的遺囑指明給親屬和幾個遺產受贈人（包括男僕）的現金或年金總額約為二千萬法郎，其中大部分（一千六百萬法郎）給妻子貝蒂。此外，未指明的剩餘遺產包括詹姆斯占羅斯柴爾德分行合計資本中的份額，分給了三個兒子、女兒夏洛特以及孫女伊蓮娜（Hélène）。❷遺憾的是，一八六三至七九年的公司資本數據沒有留存下來，而一八六三年的數據是由吉勒估算。然而，我們知道詹姆斯的私人股份在一八五五年占百分之二十五．六七，如此便可以估計股份在八年後的價值為五百七十二萬八千英鎊，相當於一億四千

❶ 由於缺乏一八五二至七九年期間的詳細描述，很難確定巴黎分行何時在資本方面遙遙領先其他分行。我們得知一八六八年以前的五年內，巴黎分行賺到超過四百萬英鎊的利潤，年平均值為八十萬英鎊。這個數字很接近一八五二至七九年期間平均值的兩倍，也就是說羅斯柴爾德兄弟銀行的成長主要歸功於詹姆斯。

❷ 詹姆斯留給貝蒂總共約一千六百萬法郎的存款和年金、拉菲特街十九號的房子和家具、羅西尼街七號的房子和家具，以及布洛涅和費律耶的房屋使用權。他希望將費律耶的所有權交給長子阿爾豐斯，並在父系中沿用長子繼承制。這點與法國的法律（偏向分割繼承制）不一致，但他明確要求後代要先考量他的心願！此外，阿爾豐斯每年能得到十萬法郎，用於維護費律耶的房子。然而，其他大部分的不動產（布洛涅、拉菲特街二十一號、二十三號及二十五號、羅西尼街二號、聖弗羅倫汀街二號和四號、聖奧諾雷街二六七號、蒙多維街的三棟房子以及拉菲酒莊）平均分給了三個兒子，其餘給夏洛特和伊蓮娜，而埃德蒙成年後能獲得約三百萬法郎的多種款項。詹姆斯的其餘財產（包括在銀行持有的股份）分給了阿爾豐斯、古斯塔夫、埃德蒙（大約各占百分之二十六）以及夏洛特和伊蓮娜（各占百分之十一）。遺囑的不同附加條款又將更多錢分給孩子（四十萬法郎）、孩子的配偶（三十萬法郎）以及薩羅蒙．詹姆斯的遺孀愛黛兒（十萬法郎）。

三百二十萬法郎。我們不可能得知詹姆斯的不動產確切價格，但費律耶的家具值二千萬法郎，而拉菲酒莊價值四百一十萬法郎，大概能估算其不動產的價值是三千萬法郎。把以上數字加起來，得出的一億九千三百萬法郎（七百七十萬英鎊）似乎很合理，但這個數字肯定是低估了（因為我們不知道詹姆斯在家族合夥企業的股份之外，還累積了多少證券投資組合，也不可能估算出其龐大藝術收藏品的現金價值）。「我認為，」梅里美不經意地開玩笑說：「有那麼多錢，一定死得很不甘願。」

還有一件事是詹姆斯想留給繼承人的，就是他從邁爾．阿姆謝爾那裡繼承的文化。在許多方面，他的遺囑是最後一次真實地表達了那種獨特的精神，而這正是羅斯柴爾德家族成功的基礎。這是一種對兄弟團結的悠久呼籲，敦促兒子「履行這項責任，便能結出幸福的果實」。他明確地鼓勵他們：

> 絕對不要忘記我和親愛的兄弟相互信任和友愛。這一點在幸福的時光成為富饒的快樂泉源，在考驗時期則是避難所。兄友弟恭是可敬的父親臨終前的願望，也一直是我們的力量和防護罩，再加上我們對工作的熱忱和誠信原則，這種凝聚力一直是我們享有繁榮和名聲的泉源。因此，願我表達的期望能深深烙印在每個孩子心中，作為父愛最寶貴的遺產……

還有一條古老的原則（從最早的合夥契約開始就被奉為圭臬）：他的兒子不該在家族企業之外從事商業活動，無論是公共基金、大宗商品或其他證券。詹姆斯以更詳細，在數十年前可能認為不必要的細節來闡述：

> 如果要完善地管理家族並維持凝聚力，所有合作夥伴都應該基於相同的利益和方式工作。我希望為每個孩子留下足夠自力更生的財富，他們就不必追求風險高的事業了。我勸他們不要用自己的名字為所有接下的事務命名，這樣他們的名字就能像現在一樣持續備受尊敬。我也勸他們不要將所有財富用證券的形式持有，並盡量持有可在短時間內變現的證券。

最後一項勸告很接近羅斯柴爾德商業哲學的核心：將部分財產投資到不動產，並在證券的投資組合中選擇高流動性資產。另外，詹姆斯再次強調父親在半個多世紀前說過的話，在結尾提醒孩子事業與宗教之間的關聯，呼籲他們：「絕對不要拋棄祖先的神聖傳統。這是我留給你們的珍貴遺產，你們也要傳給自己的孩子。神的旨意賦予人生命，也賦予人信仰。遵守神的旨意是我們的首要責任，背棄信念是一種罪。你們要愛列祖列宗的神，用善行侍奉神。願我蒙神悅納，並在天上守護你們，就像我在世間守護你們。」

在這些神聖的原則指引下，也可以說是多虧了這些原則，詹姆斯比大多數對手禁得起困境的考驗。最有趣的是，他最後戰勝了「魔法師的學徒」：佩雷爾兄弟。動產信貸銀行陷入困境一段時間了，一方面是因為資產分支不動產信貸（Crédit Immobilier）的活動，另一方面是因為試圖參與奧地利與西班牙政府的財政，卻效果不彰。麻煩的初步跡象於一八六六年初期出現，當時該銀行透過大規模的供股使授權資本增加一倍，並試著進一步為不動產信貸籌集八千萬法郎。當年的金融危機因中歐戰前的緊張局勢而加劇，已證實無可挽回。一八六六年六月，儘管佩雷爾兄弟盡力把動產信貸銀行的股價從四百二十法郎的低點推高，他們在年底仍然差點付不起股利。一如往常，埃米爾．佩雷爾責怪「羅斯柴爾德集團」有「敵意」，並向在政府的朋友求助。但從土地信貸銀行貸款二千九百萬法郎還是不夠。一八六七年四月，不動產公司的虧損變得顯而易見，佩雷爾兄弟只好向曾經渴望取代的法蘭西銀行求助，要求七千五百萬法郎的貸款。不出所料，他們被冷落了，主因是阿爾豐斯擔任董事後的影響力越來越大。九月十四日，他在特別會議上強烈主張只提供三千二百萬法郎，而且用途是「促進動產信貸銀行的清算」。該銀行股價跌到一百四十的最低點時，聖西門主義的理念也跟著消失殆盡。

佩雷爾兄弟的失敗並沒有引起羅斯柴爾德家族的同情。直到最後，詹姆斯仍對動產信貸銀行的原則懷有難以平息的敵意。「某一天，」他在一八六七年三月告訴蘭多，「這些金融團體都會達成共識，吸收所有商業活動。就像他們常說的，我們得不到好處，只剩下爛攤子。」他堅決反對挽救動產信貸銀行。但對其他人而言，似乎是佩雷爾兄弟自己要收拾爛攤子。法蘭西銀行的決定性會議結束後過了十天，拿破崙三世的代理人魯埃提到：「佩雷爾兄弟值得同情，他們不該受到如此殘酷的待遇。」確實如此。動產信貸銀行停業後，羅斯柴爾德家族冷酷地買下了佩雷爾兄弟的私人資產。如我們已知的，佩雷爾兄弟收購羅斯柴爾德地產附近的城鎮和郊區宅邸一直讓詹姆斯耿耿於懷。一八六八年，阿道夫向艾薩克．佩雷爾的兒子尤金買下位於蒙梭路四十七號的飯店時，很容易讓人聯想羅斯柴爾德家族幸災樂禍的反應：當時他只花了四萬二千英鎊，比佩雷爾兄弟當初付的價格少了一萬七千二百英鎊；一八八〇年，埃德蒙則買下了佩雷爾的阿曼維利耶莊園。一八七二年，佩雷爾出售收藏品時，阿爾豐斯彷彿是在傷口灑鹽，拒絕購買他們的畫作。「都不是有名的作品，」他輕蔑地說，「只是幾幅體面的平庸畫作。」許多人很容易把這句話解讀成為佩雷爾兄弟的墓誌銘。

相比之下，詹姆斯過世似乎讓羅斯柴爾德家族處於無可匹敵的主導地位。「畢竟，羅斯柴爾德家族只是少了一個人，」一八六八年，撰寫頌文的人宣稱，「該家族還是能延續下去。」一八七〇年，英國雜誌《時代》（*The Period*）使用了一個如今為人熟知的圖像，把萊昂內爾描繪成坐在現金與債券寶座上的羅斯柴爾德新「國王」，接受世界各國統治者的敬意，包括中國皇帝、蘇丹、拿破崙三世、教皇威廉一世和維多利亞女王。

然而，動產信貸銀行的失敗並不代表合資銀行普遍失敗，在詹姆斯過世後幾年，這類銀行反而沒有放慢擴張步調。隨著國際金融市場變得更大、更有競爭力，也有更好的整合力，羅斯柴爾德家族聚集私人資本的相對重要性已降低，但依然很重要。詹姆斯過世的前兩年，法國記者埃米爾．德．吉拉丹（Emile de Girardin）評論道：

> 大型私人銀行已經失去了影響力。如果政治與貨幣情勢沒有對他們不利（很難得），他們還是可以決定重大的金融活動，……但從現在起，投機的普選權將勝過不同私人銀行的影響力。

他暗示「銀行家」的掌權時期即將結束，而「大型金融機構即將開始掌權」。

如果一八六八年是法國金融史上的轉折點，那麼是否也象徵著政治上的轉折點？一般人認為確實如此，詹姆斯緊接著動產信貸銀行倒閉後去世，意味著政權在財務方面的終結。詹姆斯在一八六六年說過：「帝國正在衰落。」普魯士戰勝奧地利後，政治由盛轉衰不是也迫在眉睫嗎？如果「正統銀行家」真的「對法蘭西第二帝國本來不穩定的信用造成嚴重的打擊」，那麼對歷史學家而言是個方便的說法。實際上，一八六六至七〇年最顯著的特色是法國金融市場的樂觀氣息。從一八六三至六六年顯然出現了衰退的趨勢，長期公債從一八六二年十月底的最高點七十一·七五，下降到一八六四年十一月的低點六十四·八五。但此後，趨勢向上發展：奧普衝突引發的危機在許多方面只是暫時的遏制手段，詹姆斯曾以此作為法國政策改變的理由。價格在一八六六年四月二十八日達到最低點六十·八〇，大概是在戰爭爆發前兩個月。柯尼格雷茲戰役發生的那週，價格從六十三·〇三上升到六十八·四五。此後，價格起起伏伏，通常與人們擔憂拿破崙的健康狀況有關，但整體趨勢很明顯。一八七〇年五月二十一日那週，收盤價為七十五·〇五。這是從帝國在一八五〇年代的太平盛世以來第一次出現高點，債券市場很少像一八七〇年那樣出現意外的崩潰。

我們該如何解釋這一點呢？答案很簡單，柯尼格雷茲戰役結束後，法蘭西第二帝國就像愚蠢食利者的天堂。這主要是出於國際原因，貨幣條件放寬了。法國的國際收支狀況有所改善，再加上拉丁貨幣聯盟的形成促使大量黃金和白銀湧入法蘭西銀行的儲備，使貼現率在一八六六年八月降到百分之三，並在一八六七年五月降到百分之二·五。當時人們對同期工業活動的減少（鐵路投資在一八六二年後大幅減少）有許多悲觀的評論，但所謂「意外的十億」（法蘭西銀行前所未有的儲備）對債券價格上漲有正面的影響。一八六八年夏季，新發行的長期公債值三億四千萬法郎被大量超額認購。一八六八和六九年的成果也不錯。這些事很重要，因為有助於說明為何法國在一八七〇年打敗仗後，能在一八七一至七三年贏得和平。

一八六〇年代晚期，拿破崙推行的自由派改革進一步助長了金融市場的樂觀氣息。脫離獨裁統治的初步嘗試一八六〇與六一年已上路，以往只能蓋章批准的立法議會的權力也漸漸增強。但直到一八六七年，拿破崙三世才開始迅速趨向「自由帝國」，立法機關的代表有權審問部長。一八六八年，媒體受到的限制解除了。從短期來看，這就像打開潘朵拉的盒子，放出批評的元素，其中亨利．羅什福爾（Henri Rochefort）作品《燈籠》（*Lanterne*）的評論最為刻薄。或許不受約束的反對派做出的最大創舉是，揭露塞納河省長喬治．奧斯曼為了支付巴黎的重建工程（帝國政權最實際的成就）巨資而犯下異常的金融違法行為。在一八六九年五月的選舉中，儘管魯埃盡了全力，仍只有百分之五十七的選票投給該政府。相比之下，這個數字在一八五〇年代超過百分之八十。

在這方面，羅斯柴爾德家族發揮了重要卻有些矛盾的作用。早在一八六六年十二月十二日，迪斯瑞利就告訴史丹利：「我從羅斯柴爾德家族的成員那裡聽到關於法國政府的驚人消息，很多人厭倦了這個帝國。」詹姆斯從一開始就質疑帝國的自由化程度。「我很難相信，」他在一八六七年一月告訴孩子，「這些開放的改變對信用或國家有多大好處？這確實是軟弱的跡象。」他在寫給兒子們的信中，特地寫下自己的政治聲明：

你們會說我改變了思考方式，一方面很開明，就像我之前寫給你們關於西班牙問題的信，但另一方面對法國則是採取反自由的態度。我先告訴你們，嚴格來說，你們的推測沒錯，但我其實有一面是政治家兼自由派，另一面是金融家。不幸的是，國家的財政在缺乏自由權的情況下無法改善，但在太過放任的情況下更沒有進展的空間。我不禁回想過去，想起路易．菲利普執政的十五年期間，我們能看到政府允許議員盡情地在議院發言，並容許完全的新聞自由。但後來我們面對的是什麼？面對的是政府倒台，以及此後發生的變化和革命。不幸的是，法國是個虛榮的國家，演說家在這裡可以向議院發表意見，展現能言善辯的才華，不必考慮國家的實際利益。我現在相信自由權在這方面不可或缺，人們應該有權發表普通的文章，也該獲准能坦率地談論熱門的話題，但要等到君主願意給予自由權仍有漫長的路要走。我坦白告訴你們，這是嚴重又有害的事。我們將被迫參戰，但不是因為外部有危險，而是因為太快給予過多的自由。在監獄待很久的人不容易吸到他渴望擁有的空氣，但他出獄後一下子吸太多空氣會讓他喘不過氣。我擔心新聞自由會發生這種情況……我只希望法律能在條款中包含必要的限制，才能阻止可能引領我們參戰的惡勢力。

阿爾豐斯和父親一樣悲觀，但他的觀點缺乏經濟效益。他認為自由派運動總有一天會變得讓人難以抗拒，但他預測衝突和進一步的政治動盪即將來臨。一八六六年年底，他告訴岳母夏洛特（根據她的紀錄）：

（阿爾豐斯）相信帝國無法持久，不久就會被共和政體取代。全法國都欣然接納這個共和政體的銜接階段，使緊迫的改革得以推行，並從波旁家族和奧爾良家族的眾多在世代表中預留時間選出統治者、國王或君主。

他的姻親們表示希望拿破崙繼續執行自由政策時，他沮喪地回答：「最重要的是要有策略，因為其實他們不知道目標是什麼，也不知道同行的人是誰。」但這並沒有阻止他在機會來臨之際強烈反對波拿巴政權。一八六七年夏季，他憑著反政府的政見參加了塞納－馬恩省（Seine-et-Marne）的地方議會選舉。有趣的是，詹姆斯曾「對兒子被視為反對黨成員有點煩惱」，並傾向於抨擊「公開反對」的途徑。他明確地向拿破崙保證：「我兒子不支持反對黨。」但同時他也不約束兒子。「沒有任何部長會費力把我們送進反對黨。」他告訴兒子。換句話說，他認為阿爾豐斯的舉動是對政府施壓的一種方式，他相信法國政府無法承擔疏遠羅斯柴爾德家族的風險。

詹姆斯也沒有反對古斯塔夫的朋友利昂・賽伊的活動。一八六五年，賽伊在《辯論日報》發表的文章從許多方面引發了反抗奧斯曼掌握巴黎政權的運動，並為茹費理（Jules Ferry）的著名作品《奧斯曼傳奇》（*Les Comptes fantastiques d'Haussmann*）奠下基礎。身為薩拉戈薩和北方鐵路的董事會成員，賽伊被公認是羅斯柴爾德家族的成員，甚至是「僕人」。雖然他顯然有自己的政治野心，但可以肯定的他在攻擊奧斯曼時是在揮舞羅斯柴爾德的斧頭。從一八六〇年開始，該家族為巴黎這座都市執行小規模的融資活動時，奧斯曼在某些方面依賴土地信貸銀行為他的建築業務提供資金，也依賴願意接受延期付款和「委託債券」形式等借據的承包商。賽伊揭露了省長的帳戶違法（未經授權的債務總計約四億法郎），因此間接打擊了土地信貸銀行，讓阿爾豐斯非常滿意。該家族毫不猶豫地接收部分的新貸款，用來清償奧斯曼不太正統的債務。因此不令人訝異地，儘管古斯塔夫認為「紅軍」的表現超出預期，納特也對勞工階級的騷亂感到有些震驚，但阿爾豐斯對自由黨反對派在一八六九年五月選舉中的明顯成功（暫且）感到滿意。「我認為，」阿爾豐斯在一八六九年七月寫信給倫敦，「如果法國想要自由，就要減少革命，並比幾年前更保守。我相信我們能在沒有騷動或困境的情況下度過這次危機」。誠然，有勞工階級不滿的跡象，但他相信基礎廣泛的議會政權能應付這些跡象。

這種自由派勝利的觀點影響了人們普遍認為法蘭西第二帝國的政治早在一八七〇年戰爭爆發前就朝著革命發展的假設。反之，拿破崙拉攏反對黨，似乎使「魯埃政府」的失敗轉為對他有利。一八七〇年一月二日，前共和黨演說家埃米勒·奧利維耶（Emile Ollivier）宣布要組成新的自由政府，而納特早在去年七月就預料到此舉。阿爾豐斯不欣賞奧利維耶，但他仍然保持樂觀心態。「巴黎因新部長上任而充滿喜悅，」他在一八七〇年一月初表示，「到處都是心滿意足的人。交易所藉著聲勢浩大的集會，展現出支持自由主義的傾向。所有部長都很明智、理智，甚至才華出眾。目前，他們可以指望議院中的大多數人，因此我們有充分的理由保持對未來的信心。」同月，迪斯瑞利告訴安東尼：「羅斯柴爾德家族相信事情會進展得很順利。他們認為帝王採用的憲法體系在謀略方面勝過奧爾良派，也可能對兒子的未來充滿信心。」即使是羅什福爾在維克多·雨果的葬禮上造成混亂場面，也沒有使阿爾豐斯感到不安：「政府帶動輿論時，會變得非常強大。」他篤定地告訴堂親：「民主黨無能是毋庸置疑的事實。」

在接下來的三個月，憲法依照議會的原則進行修改。五月八日，新政權得到百分之六十八選民的支持。起初，訴諸另一次公民投票的決定惹惱了阿爾豐斯，他認為這樣做「真的很幼稚」，也證實了新部長不稱職和平庸，同時喚醒人們對帝王發動第二次政變，或是對大城市發生社會主義暴動的恐懼。但他欣然接受這個結果，因為他認為這是「有秩序的政黨和自由黨擊敗混亂黨派的一大勝利」，這樣的定論顯然得到了交易所新的上升趨勢支持。

問題在於，自由化的代價是軍事薄弱。拿破崙為了使軍隊規模擴大一倍，而要求改革鬆散的兵役制度，這表示他明白柯尼格雷茲戰役的涵義。早在一八六六年八月，夏洛特就表示，帝王「不斷在思考有關製造新的後膛砲、針發槍以及致命大砲的計畫或專案」。四個月後，詹姆斯聽說帝王打算擴充軍隊。但他讓反對黨在立法機關占主導地位，藉此確保軍隊法案的效力減弱。正如十年前在普魯士發生的事件顯示，自由派通常不認同增加兵役後的前景，更別提為此支付的稅收了。鑑於在墨西哥已浪費大量資金，而且這些資金持續耗費在阿爾及利亞的殖民化，反對增加開銷的論點似乎就更合理了。

因此，政府在這方面的努力遭到強烈的政治反對勢力，羅斯柴爾德家族也反對法國重整軍備。詹姆斯說：「這樣做會留給人糟糕的印象，大家會相信戰爭。」軍隊法案的效力減弱時，他和兒子無動於衷。就像大多數當代人，他們似乎認為如阿爾豐斯所說的那樣，一旦俾斯麥「犯下嚴重的錯誤，讓法國在有利的時機找藉口挑釁」的話，法國已經有足夠的實力能對抗普魯士。巴黎展覽的發起人（包括阿爾豐斯）發現很難從各省借到藝術品，因此有一則笑話流傳開來：「普魯士人可能會特地帶走藝術品。」這句話的意義在於這被視為笑話。詹姆斯說過，法國的情勢存在著「難以解釋的矛盾」。「我們才剛舉辦展覽，應該把資金用在工業專案才能使國家更進步，否則我們會被迫借錢支付國防開支。」財政部長馬涅在一八六八年一月宣布貸款時，既是為了促進經濟，也是為了資助重整軍備。❸阿爾豐斯經常在寫給堂親的信中質疑法國重整軍備的智慧，他似乎從早期就是「軍備競賽導致戰爭」的錯誤理論的支持者。邁爾．卡爾在柏林也抱持著類似的觀點，認為應該受到

❸ 這筆貸款由法國興業銀行承保，表示政府和羅斯柴爾德家族之間的鴻溝正在擴大。

指責的是法國而非普魯士政策。一八六九年十二月，阿爾豐斯從巴黎熱情地回報說，財政部長說「局面非常繁盛，有六千萬的盈餘，其中大部分將用於公共工程，其餘用於減稅及改善基層職員的地位」。一個月後，話題變成了政府給鐵路建設的新補貼。

如果政權能奉行完全被動的外交政策，這種根本性的軍事弱點或許不重要。但事實並非如此。就在拿破崙尋找能與俾斯麥在德國的勝利媲美的方法時，法國各方面的弱點變得顯而易見，或是本該如此。

拉丁錯覺

十九世紀期間有一種趨勢（有太多的例外談不上規則）是鞏固外交關係，甚至實際建立在資本的流動上。英國是第一個能產生充足國際收支盈餘，使資本輸出得以持續的經濟體，並且已經透過這種方式確保大多數盟國對抗拿破崙。一八一五年後，正式和非正式的大英帝國以日益增加的海外貸款金流為基礎建立。法國則是十九世紀另一個大規模輸出資本的大國。從一八六一至六五年，外國政府在巴黎發行的貸款價值幾乎與倫敦相等。如前所述，一八五〇年後在西班牙、義大利以及奧地利等國建設的許多新銀行和鐵路皆以法國資本為基礎，這個過程在一八六〇年代達到巔峰。但無論經濟的論據是什麼，還是有許多人質疑外交或策略性利益很有限。如果要應付普魯士在歐洲大陸對法國權力的挑戰，法國需要可靠的盟友。英國在歐洲以外的投資漸漸增加：一八五四至七〇年，英國對外的歐洲大陸投資比例從百分之五十四下降到百分之二十五。一九〇〇年，這個數字只剩百分之五。這有助於說明英國在外交方面漸漸「被孤立」的原因。奧普戰爭才剛結束，安東尼就宣布自己支持遵循科布登主義的自由黨以及奉行孤立主義的托利黨：

我們不惜任何代價也要爭取和平，這是所有政治家的願望。以德比伯爵為例，他虧了十二萬，因為他在愛爾蘭和蘭開夏的地產充滿工廠和工業區。他有可能支持軍國主義政策嗎？他們的處境相同。我們關心德國、奧地利或比利時的哪方面？這種事早就過時了。

同時，在歐洲大陸的法國資本傾向於流向無法，或是不願意靠利息以外的東西回報的國家（在某些情況下甚至連利息都沒有）。

一八六六年以後，歐洲經濟發展的顯著特徵是資本市場的區域分割程度提高了。法國繼續大舉投資比利時、西班牙及義大利，並與這些國家有貿易往來，這有助於說明由法國、比利時、義大利及瑞士在一八六五年設立的拉丁貨幣同盟可行性。一八六六年的災難結束後，奧地利在政治與經濟方面著重於匈牙利和巴爾幹半島。同時，在德國北部不斷擴張的銀行開始在德國其他邦、斯堪地那維亞及俄羅斯大舉進行投資。這對法國外交政策的影響深遠，但鮮為人知。因為法國的資本市流向在權力平衡中顯得微不足道的比利時、西班牙和義大利，而義大利由於羅馬的困境無法對波拿巴主義下的法國做出確實的承諾。為了確實地遏制普魯士，法國需要俄羅斯；如果不成，那就要奧地利願意重新討論曾在科尼格雷茲果斷答覆的問題。或許，外交在某方面能說明兩個聯盟都沒有實現的原因：只要俾斯麥能讓俄羅斯和奧匈帝國對重建的神聖同盟概念保持一點興趣，法國就不得不為了爭取任一方的支持而出高價。而拿破崙不願意支付奧地利和俄羅斯要求的價格，在近東地區支持他們那一方。但如果奧地利或俄羅斯成為法國大量資本的接受方，法國的談判地位會變得更穩固，否則法國只能提供兵力。我們已經知道這一點令人存疑。

羅斯柴爾德家族的角色在這些過程中很重要，即便在很大的程度上容易被忽略。在英國的家族成員與當時盛行的帕默斯頓觀點一致，認為威脅到歐洲平衡的強權是法國，而不是普魯士。一八六六年八月，就在布拉格和平條約簽訂前一週，夏洛特客觀地告訴兒子：「我們早就知道拿破崙帝王是煽動戰爭並希望從中獲益的人。」萊昂內爾毫不猶豫地把從叔叔和堂親那裡聽到的對法國政策的批評轉達給迪斯瑞利。

沒有什麼比拿破崙徒勞地提起「補償」領土給法國的想法更加深英國對法國的恐法症了，據說這是為了獎勵法國在一八六六年保持中立。那年，拿破崙提出這項議題兩次，最後放棄。一八六七年三月，他又試了一次。俾斯麥慫恿他讓歐洲了解既成事實後，他與荷蘭國王達成交易，買下盧森堡大公國；而這是另一次失敗的不動產交易，也是一八六〇年代的特點。盧森堡算是例外，為荷蘭國王的私人領地，曾是一八一五年後期的日耳曼邦聯一部分，其要塞由普魯士軍隊駐守。盧森堡也是普魯士關稅同盟的成員。因此，被法國吞併的前景（俾斯麥曾向他們透露）喚起了德國民族自由黨人的憤怒，也似乎再度喚起普法戰爭的陰影。詹姆斯與阿爾豐斯沒有參與巴黎和海牙之間的談判，但他們得知談判的消息後果然都大為震驚，並不停向倫敦發出請求，要英國出面調解。在詹姆斯提出要求後不到兩個月，他對政治自由化將導致法國捲入戰爭的預測似乎眼看就要發生。即使拿破崙再度讓步，普魯士選擇戰爭的可能性也不該被輕易忽略。柏林的布萊希羅德斷然否定了邁爾．卡爾對俾斯麥和平意圖的保證，直到雙方同意將此事交給倫敦的國際會議，戰爭恐慌才結束。該會議決定按照一八三九年以來的比利時模式，讓盧森堡中立化。即便如此，妥協方案似乎也只是一種延緩。安東尼於那年夏季末造訪歐洲大陸時，萊茵河兩岸的軍事準備狀況讓他吃驚。邁爾早在九月就產生了這般印象：「一旦法國採取行動」，其他德國邦就會支持普魯士。

在一八六七年的危機中，比較令人欣慰的一面是羅斯柴爾德舊有的非正式外交體系明顯恢復了。詹姆斯與阿爾豐斯在四月屢次與帝王和魯埃見面，布萊希羅德和邁爾．卡爾從俾斯麥那裡轉達了情報（但不一致）。接著，萊昂內爾把情報告訴迪斯瑞利，而迪斯瑞利又轉達給史丹利勛爵，最後傳到英國女王那裡。然後，英國的回應都會經由羅斯柴爾德家族傳達給布萊希羅德的「朋友」。史丹利告知女王，新廷收到關於歐洲大陸狀況的情報通常與透過外交管道提早獲得的情報一樣準確。將此事交給倫敦會議的決定有一部分是經過非正式管道籌劃，在柏林與倫敦之間用簡易編碼的電報建立談判的基本架構。在許多方面，阿爾豐斯希望英國進行有效的調解因此得以實現。然而，後來的事件阻止了這個流程在一八七〇年重現。首先，保守黨政府在倫敦失勢。雖然利奧與外交部長克拉倫登的兒子關係很好，萊昂內爾和夏洛特偶爾也與格萊斯頓見面，但他們的互動關係沒有比迪斯瑞利在職時那麼密切。其次，詹姆斯的過世以及阿爾豐斯漸漸認同反對黨，導致如阿爾弗烈德在一八六八年四月提到的：「拉菲特街很少有從法國部長那裡傳來的消息。」第三，一八六九年，法國政府為了取得比利時的重要鐵路控制權而捲入一項計畫，進而引起英國的敵對輿論。

羅斯柴爾德家族曾經對這項交易很感興趣，但他們在布魯塞爾的影響力多年來持續減弱。部分原因是他們的老朋友兼客戶利奧波德一世於一八六五年去世，而他們與他的兒子比較疏遠。更重要的是，比利時的銀行（尤其是國家銀行和法國興業銀行）目前已經強大到能省去他們從一八二〇年代以來對羅斯柴爾德援助的依賴。比利時政府在一八六五年需要六千萬法郎的貸款時，巴黎分行只分得四百萬法郎。兩年後，有另一筆六千萬法郎的貸款發放時，羅斯柴爾德家族的股份只多了一點（六百萬法郎），阿爾豐斯認為這個數字「少得可憐」。而羅斯柴爾德家族沒有參與法國政府失敗的鐵路採購計畫，許多人將這項計畫解讀成具有一個策略性目標：與普魯士開戰時，法國軍隊可以迅速進入比利時。在倫敦，這被視為外交的褻瀆舉動，維持比利時的中立地位漸漸成為英國歐陸政策的「至聖所」。

法國財政與外交的矛盾之處在西班牙最明顯。一八七〇年，為了西班牙的政治前景，法國終於與普魯士開戰。歷史學家很少花心思解釋這件事的原因，答案是：法國資本在一八六〇年代持續滲透西班牙的經濟，再加上越來越多波拿巴主義政治家認為這讓法國有權對西班牙施加非正式的帝國影響力。一八六八年九月的革命不但沒有破壞那些對西班牙財政、礦場及鐵路感興趣的不同法國銀行計畫，似乎反而增加了法國的參與度。事實上，只有在革命結束之後，才有可能按照詹姆斯從一八六六年開始設想的方法，達成給馬德里貸款的協議，儘管是強制履行，但這似乎也不是第一次議會制度的轉變鼓勵了羅斯柴爾德家族。雖然詹姆斯在協議達成的前幾天就過世了，但正如賽伊當時在《經濟學人期刊》（*Journal des Economistes*）寫的，一八六八年的西班牙貸款是詹姆斯的最後一次創舉。巴黎分行以面額三十三的價格發放值一億法郎、利率百分之三的債券，使巴黎市場重新接納西班牙證券。作為回報，西班牙政府付了價值三千萬法郎的津貼給薩拉戈薩公司。這是西班牙幾十年來首次發行羅斯柴爾德債券，用意是開始持續努力讓國家「振作起來」。

然而，無論是在巴黎或西班牙，對新議會制度的熱忱都很短暫。除了慣有的革命後離心傾向，新政權不得不為了保持對古巴的控制打一場漫長又代價高昂的戰爭，而這阻礙了財政的穩定性。典型的羅斯柴爾德解決方案（將該島賣給美國）在政治上已經證實無效，但阿爾豐斯發現首相普里姆贊同這個主意。這代表回到舊模式：債券價格下跌，水銀或菸草有特殊預付款，以及「棘手鐵路」持續虧損。簡而言之，一切照舊。然而，如同一八六〇年代，其他銀行急著挑戰羅斯柴爾德家族在馬德里的傳統主導地位，尤其是巴黎的銀行展開了積極的活動。董事德拉漢特預計「將阿爾馬登礦場、力拓（Rio Tinto）銅礦場以及其他國有財產的營收資本化。簡單來說，就是由他多少代替國家行政機關處理」。雖然德拉漢特認為這是他和羅斯柴爾德家族可以共同承擔的投機活動，但阿爾豐斯有點懷疑德拉漢特是想代替家族來處理。無論如何，政治不穩定的新暴動以及貨幣狀況的進一步惡化使該計畫告吹了。一八七〇年，這場鬥爭達到了高潮，羅斯柴爾德家族以些微差距戰勝德拉漢特想掌控阿爾馬登礦場的意圖。從象徵意義和經濟層面來看，這是一記沉重的打擊。[4]

即使在這場勝利之後，法國的銀行對手仍持續與羅斯柴爾德家族爭奪在馬德里的影響力，但他們只達到部分的成效。一八七一年，由巴黎銀行再度帶領的財團成功地發放新的西班牙貸款，而該家族只分到「一小部分」。[5]隔年也發生類似的事，讓里昂信貸銀行能夠過度自信地談論羅斯柴爾德已經「失去了西班牙」。另一方面，提供西班牙政府長期貸款仍然是風險高的事。西班牙的債務從一八六六至八二年暴增，公債從四十六億比塞塔（peseta）增加到一百二十九億比塞塔，大部分的新債務由外國債權人承擔。在海外持有的債務占總債務的比例，從一八六七年的百分之十八，上升到一八七三年的百分之四十四。這是難以持續的成長，因為總債務占GNP的比例從百分之七十左右，上升到一八七九年的高點百分之一百八十。一八七三年，君主立憲制的失敗使西班牙的債券價格跌到面額十八以下，而一八六八年的債券價格則是面額三十以上。在隨後的幾年，這種情況又惡化了。對手退出戰場忙著療傷時，羅斯柴爾德家族則滿足地繼續採用預付的傳統制度來處理阿爾馬登礦場的產量，因為西班牙證券價值有多不可靠，阿爾馬登礦場產量價值就有多可靠。直到一九二〇年代，此做法仍然是可靠的收入來源。一八七〇年代早期（政治充滿不確定性，債券價格暴跌），水銀的價格從每瓶六到八英鎊的標準，大幅飆升到一八七三年的高點二十二英鎊。羅斯柴爾德家族擔心價格會鼓勵其他供應商開採賺不到錢的礦場，因此急忙提高礦場的產量：從一八七三至八七年，產量幾乎增加了一倍。

阿爾馬登制度似乎很有效，阿爾豐斯把該制度形容成「乳牛」。一八七二年，有人提議擴展到西班牙政府在力拓的銅礦場。一八七三年，共和政體的插曲使這項計畫延期了。但在次年的年底，波旁王室復辟促成了以三百七十萬英鎊出售煤礦給英國公司（比羅斯柴爾德家族預期金額更高）的交易。後來，該家族才漸漸對力拓感興趣並成為大股東。事實證明，隨著世界對銅的需求飆升，這種參與有利可圖。然而，同樣的情況不能用來說明法國分行對薩拉戈薩鐵路的持續參與，儘管「馬德里－薩拉戈薩－阿利坎特」（MZA）公司穩定地吞併「哥多華－塞維亞」這種較小型的路線，卻不曾支付股利給股東。該公司與佩雷爾兄弟的北部公司鐵路網有長期的競爭關係，一直持續到一九二〇年代，應該被列為無利可圖的羅斯柴爾德活動之一；與法國的投資總額七千萬英鎊相比，國家補助總額只有二千四百萬英鎊。

這種對西班牙經濟的持續興趣，尤其能說明法國政府在一八六八年革命後對該國政治的興趣。伊莎貝拉女王被趕下台之後，許多人便開始猜測其他歐洲王室的可能繼任者。羅斯柴爾德家族很精明，謹慎地不將波旁王室擱至一旁。巴黎分行直接參與王室的財務似乎可追溯到推翻他們的革命前幾週，但短期內波旁王室的候

❹ 倫敦分行和巴黎分行共同預付了一百七十萬英鎊給西班牙政府，而這筆錢要二十年才能還清。債務轉化為利率百分之五的債券，票面價值為二百三十一萬八千英鎊。一八七〇年一月，有人聽到萊昂內爾說：「無論西班牙政府的資金狀況如何，總能在英國籌到錢。原因當然不是西班牙政府特別誠實，而是傳統上隱約認為西班牙有筆古老財富……」

❺ 財團包括福爾德、皮萊特－威爾、里昂信貸銀行、法埃銀行（Banque Franco-égyptienne）、奧本海姆、法國興業銀行以及鄂圖曼帝國銀行（Banque Impériale Ottomane），為一八七〇年以後的典型多樣化組合。

選人不可能繼任，儘管拿破崙三世偏好伊莎貝拉的兒子：奧地利王子阿爾豐索（Alfonso）。一如往常，薩克森－科堡也有候選人：斐迪南。但在革命以及薩伏依的阿瑪迪奧（Amadeo，義大利國王維克多．伊曼紐爾的兒子）於一八七〇年十月最終接受王位之間的漫長過渡期，還有幾個名字被提起。❻其中一個是普魯士國王的親戚：霍亨索倫－西格馬林根（Hohenzollern-Sigmaringen）侯國的利奧波德。當然，法國試圖阻止他的候選資格，暗示著這似乎是來自南部普魯士的新威脅，一八七〇年的致命戰爭就是從那裡發生的。

如果說比利時和西班牙不是強國，至少義大利是競爭者。在一八六六年的危機中，詹姆斯試著向義大利政府施加金融壓力，但成效不大。最後，他擬定義大利應該向奧地利收購威尼斯的計畫實現了，但直到戰後才希望能阻止此事。布拉格和平條約簽訂後的期間，法國與義大利組成反普魯士聯盟的可能性不只一次被提起，而奧地利是潛在的第三方。俾斯麥把這樣的聯盟形容為「沒價值的垃圾」。不過，也不該一概否定聯盟。一八六九年二月，納特聽到有人說：「國王陛下決定打仗以轉移大眾對內政的注意力。」也有人說，駐巴黎的義大利大使「出於政治動機」返回義大利，「也就是誘使政府與該國簽訂攻防條約。」兩個月前，義大利人其實已經私下表示在戰爭中保持中立，提出以提洛邦為代價。戰爭在一八七〇年爆發時，維克多．伊曼紐爾認真考慮過與法國共同對抗普魯士，但讓人意想不到的是，他的意見被部長駁回。

從財政的角度來看，義大利是可以競標的。戰爭成本（包括外部和內部）已經將開支從一八六二年的九億一千六百萬里拉，推高到一八六六年的十三億七千一百萬里拉。但收入差遠了，只從四億八千萬里拉上升到六億里拉，因此到了一八六六年，有一半以上的開支是透過借貸取得資金。在一八六一年後的四年內，公債增加了一倍多，達到約五十億里拉（大概占GNP的百分之五十五）。不只義大利長期公債的價格從面額六十六左右下滑到一八六七年的略高於五十，里拉在一八六六年的可兌換性也不得不暫停，以至於貨幣明顯貶值。例如，在一八六二至六七年間，義大利貨幣兌英鎊下跌了約百分之十二。義大利的政治持續讓外國觀察家感到困惑。加富爾的「徒弟」昆提諾．賽拉（Quintino Sella）可以說是羅斯柴爾德家族唯一認可的後復興運動時期人物，而頭號密謀者烏爾巴諾・拉塔齊（Urbano Rattazzi）則是他們的眼中釘。如同在西班牙，無論義大利人選擇什麼金融業務來擺脫財務困境，法國銀行家之間都有爭奪該業務的激烈競爭關係。一八六七年初期，特立獨行的天主教金融先知蘭格朗－迪蒙索在這方面有新的動作，而羅斯柴爾德家族緊隨其後。

然而，困擾著義大利與法國間可能形成聯盟的問題是義大利王國和羅馬天主教會之間的關係，其中的外交關鍵在於羅馬城市本身的地位。儘管已經與法國在一八六四年達成協議，義大利政治家仍然覬覦羅馬。然而，義大利政府和教皇之間的敵意所產生的影響也延伸到了金融領域。義大利政府提議經由出售教會財產來籌措資金時，外國銀行十分感興趣。在幾個月的談判過程中，出現了由羅斯柴爾德家族、法國興業銀行及土地信貸銀行組成的聯盟，蘭格朗也跟著在出售前預付資金給政府。他們談的是一筆六億里拉的貸款，以換取百分之十佣金和據說價值超過十億里拉的教會土地。但出售教會土地遭到教皇的強烈反對，尤其是義大利政府希望將徵用土地行為的部分責任轉嫁給銀行業者時，羅斯柴爾德家族便開始退後。

這種退出的反應有一部分是出於商業因素。事實是擬議的交易中有許多方面是詹姆斯不喜歡的，尤其是需要與蘭格朗這種「騙子」分擔責任。然而，寫給倫敦的私人信件表明，主因是詹姆斯不願意招惹勢力在法國日益壯大的**教宗至上派（Ultramontane）**。對天主教輿論保持敏感是詹姆斯晚年的有趣特徵，他在一八六五年就表現出這種跡象，當時他反對出售西班牙債券的理由是：「在西班牙這種天主教國家，猶太人甚至不被允許擁有猶太會堂。從長遠來看，反抗西班牙政府和神職人員並沒有好處。」此時他又提出了同樣的論點：

> 身為猶太人，我不想和神職人員作對，因為這樣做會害到許多猶太人……原因不只是我們擁有的份額很小，也因為這筆交易不可能達成。我身為猶太人，能強迫神職人員賣掉地產嗎？……我始終是金融家，並不

❻ 阿爾豐斯誤把阿瑪迪奧描述成「所有候選人之中最有威脅性的人」。

想捲入政治，以免使神職人員對我們不利。

就連務實的阿爾豐斯也認同：「將自己與政治行為連在一起也許很方便，卻不公不義。我認為此舉是為了追求利益而犧牲好名聲，並在義大利煽起對猶太人的一切情緒。」

事實證明，羅馬人的障礙難以克服。一八六七年七月，土地信貸銀行和拉塔齊政府針對一億至一億二千萬里拉更直接的預付款重新進行談判，但由於羅馬在那年秋季再度爆發危機，談判並沒有達成共識。在喜歌劇[9]的狂熱中，拉塔齊鼓勵加里波底對羅馬發動第二次進攻，因而使他被逮捕。法國派遣新部隊到羅馬時，他辭職了。接著，加里波底從卡普雷拉島（Caprera）撤退，卻發現羅馬居民無動於衷，而義大利的正規軍支持法國。他的志願兵在門塔納（Mentana）被擊敗，就像他們五年前在阿斯普羅蒙特山（Aspromonte）的情形。

經過慘敗後，法國與義大利之間的戰爭陰影暫時浮現，使教會土地的問題又被提起，但詹姆斯和阿爾豐斯再度拒絕參與此事，儘管倫敦夥伴明顯感到失望。一如既往，這種保留態度有其商業因素：談論對義大利長期公債徵稅的事，以及土地信貸銀行的談判風格漸漸不受約束，兩者都惹惱了詹姆斯。但基本上，宗教問題才是關鍵因素。「我們在天主教國家生活，」阿爾豐斯遺憾地說，「無法違背國家的宗教偏見，尤其因為我們的信仰不同。」納特表示同意：「要巴黎分行處理教會事務是很困難的事。」「那些教會的人只要有機會，」他說，「就會摧毀我們，這世上沒有其他事能使我們這麼不受歡迎。對我來說，隨遇而安是上策，我真心希望我們不要參與此事。」[7]阿爾豐斯明確地提醒在倫敦的堂親：「在類似的情況下」，他們「不願意處理俄羅斯貸款，是因為當時在英國的自由主義觀點坦白地表態支持波蘭和反對俄羅斯」。此外，法國在羅馬的勢力也增加了政治複雜度。一八六八年二月和三月，阿爾豐斯與詹姆斯一起和拿破崙、魯埃進行密切協商，後者認為對羅馬情況的了解是貸款給義大利的先決條件，但這般了解不曾實現。

比那不勒斯分行在一八六三年停業更重要的事是，一八六七至六九年的談判失敗成了羅斯柴爾德家族在義大利的歷史轉折點。邁爾・卡爾抱怨時說得沒錯：「我們的敵人和那些持續反對我們的人竟然得到利潤那麼豐厚的生意，真是太可惜了。」的確，出售教會土地所賺到的錢比預期的少，主要作用是壓低義大利的土地價格。在義大利外債管理方面，羅斯柴爾德家族持續保有主宰地位，直到一八八〇年代：從一八六一至八二年，外國持有的長期公債有超過百分之七十利息支出由該家族的分行經手。一八八〇至八一年，義大利政府決定恢復現金支付時，也向倫敦分行申請了六億四千四百萬里拉的穩定貸款。但阿爾豐斯永遠無法像詹姆斯在一八五〇和六〇年代那樣對義大利政府施加影響力。

從法國外交的角度來看，出售義大利教會土地帶來的困難比較不利，因為羅馬的糾葛不但阻止了羅斯柴爾德參與教堂土地的買賣，也有效地排除了法國和義大利建立反普魯士夥伴關係的可能性。每當在法國的羅斯柴爾德家族從教會土地的業務退出時，都會有像厄蘭格、歐本海姆、漢澤曼、布萊希羅德等德國銀行家介入。

法國首都在義大利的影響力降低的另一個跡象是，詹姆斯引以為傲的產物逐漸瓦解：南奧地利倫巴底威尼斯與中央鐵路公司。與薩拉戈薩路線相比，倫巴底路線是成功的例子：確實支付股利給股東，未來也似乎有發展潛力。一八六七年，奧地利的布倫納山口開放鐵路通車。一八七一年，弗雷瑞斯隧道也開放通車，大大縮短了從義大利到法國的路程時間。英國的家族成員搭乘倫巴底鐵路網時，對這些進展印象深刻。此外，倫巴底線似乎沒有理由不繼續擴展其地理範圍。一八六七年，該公司預付微薄的一千一百萬里拉給義大利政府，取得了一些羅馬路線的控制權。兩年後，有傳言說公司的鐵路網擴展到巴爾幹半島和君士坦丁堡，因此債券價格上漲了。

但也有不可否認的問題。納弟和叔叔安東尼都抱怨過義大利的鐵路網配置太多人員。更嚴重的是，公司

9　譯注：角色通常不多，主要是嘲諷喜劇性的人物，大多採用現實題材。

❼ 詹姆斯過世後，納特在巴黎的影響力增強了，於是不習慣自己做決定的阿爾豐斯把他當成尋求建議的資深顧問。

的財務需求似乎無窮無盡，即使有政府補貼，倫巴底鐵路公司承擔的金額很驚人。根據吉勒的說法，從一八六四至七〇年，法國分行投入了五百萬多英鎊到該公司，而且每年仍有更多資金需求。艾爾的數據顯示，倫敦分行在一八六六至七一年間發放了票面價值二千四百萬六千英鎊的倫巴底債券。從這些債券的發行價格可看出一八六六年首次發行時，價格是票面價值的百分之九十三；當年下半年發行的平均價格為七十九；一八七一年的價格下降到四十三。光是在一八七四年，倫敦分行付給該公司的款項就高達八十九萬三千英鎊。一八六〇年代，現金流危機大概是每年都會發生的事，而該公司的財務缺陷難免使大股東的政治影響力大不如從前。以前的路線橫跨奧義邊境，公司定期付大筆款項給兩國政府，曾讓詹姆斯有實際的政治影響力。但到了一八六〇年代晚期，這種情況不復存在。付預付款給政府的老把戲得以延續，但各國政府對該公司的要求越來越多。

例如，義大利政府在一八六八年揚言要削減鐵路補貼，作為緊縮開支計畫的一部分。兩年後，政府提出徵稅，而阿爾豐斯擔心這麼做會消耗鐵路網在義大利產生的利潤。[8]同時，奧地利政府試著逼迫該公司在政治敏感的提洛修建缺乏經濟效益的支線。普魯士政府盡力推廣一條從德國到義大利、經過聖哥達山口的另一條路線，但引起羅斯柴爾德家族間的騷動。邁爾．卡爾反對擬議的補助，結果遭到親戚們的斥責，因為親戚本來希望新山口能提升倫巴底鐵路的債券價格。而奧地利政府宣布要將南部鐵路的財務從利潤較低的義大利鐵路網分離開來時，也出現了類似的混亂局面。這項計畫從一八六六年開始就一再拖延。這是一個時代的終結。一八七五年，羅斯柴爾德家族以七億五千萬法郎（三千萬英鎊）將義大利鐵路網賣給政府，從此，義大利鐵路成了義大利政治菁英的獨攬之事。

這些金融壓力和政治壓力在羅斯柴爾德分行間引起了新的爭執，造成倫敦、法蘭克福、維也納以及巴黎之間有週期性的「唇槍舌戰」。有人認為巴黎分行對倫巴底公司的財務狀況太過樂觀，並容易受到塔拉博等其他大股東施壓的影響。阿爾豐斯反駁說，安謝姆把信貸銀行的利益看得比羅斯柴爾德集體的利益更重要。然而，這只是進一步分歧的部分過程。到了一八七〇年代，這種分歧似乎使該家族的傳統跨國合作原因備受質疑，而詹姆斯在遺囑中早已強調過這點。我們接下來會了解，雖然這種利益分歧與個人差異不無關係，但主因還是資本形成的模式產生變化，漸漸讓中歐擺脫西歐的影響，而不同分行的利益逐漸因地理位置而變得不同。最後，法國無法找到有效制衡普魯士勢力的方法，從這過程中便能得知緣由。

奧匈帝國的孤立

即使法國與義大利已確定結盟，但如果奧地利沒有加入，這個聯盟也沒有多少戰略價值。乍看之下，法奧結盟最有可能在一八六六年後發生。如我們已知的，這個聯盟在一八六六年期間就已經形成，甚至可以被看成是奧地利為何要冒險與普魯士開戰的原因之一。奧地利戰敗後，法國屢次嘗試恢復聯盟，分別在一八六七年四月和八月、一八六八年夏季和十二月、一八六九年三月和九月。一八七〇年四月，駐維也納的法國大使格拉蒙公爵（Duc de Gramont）擔任外交部長，他認為這種聯盟有機會實現，也相信已經形成。他認為一八六九年的失敗協議其實已經「在道德上簽署」了（拿破崙的主觀說法），法國將軍甚至被派到維也納討論聯合軍事的行動。但最根本的障礙一直都是新的奧匈二元君主制，以及舊的奧地利帝國有不同的當務之急。萊昂內爾在一八六七年告知迪斯瑞利，在德國或義大利進行復仇的想法並沒有在維也納受到重視，更別提布達佩斯了：未來似乎就在巴爾幹半島。法國的問題在於，奧地利總理博伊斯特（Beust）對波士尼亞－赫塞哥維納（Bosnia-Hercegovina）感興趣，暗示了與俄羅斯而非普魯士的衝突。除非法國願意在東部問題上支持奧地利並反抗俄羅斯（如克里特島反抗土耳其的統治），否則奧法聯盟是不切實際的。事實也證明如此。只有一次特殊狀況是在一八六八年的年底，維也納的羅斯柴爾德家族報告說博伊斯特有意再與普魯士開戰，這顯然與羅馬尼亞和克里特島的事件有關，與法國較無關聯。

---

❽ 唯有預付二千二百萬里拉給政府，才能免除讓公司每年花費大約四百萬里拉的新稅。

外交前景也不過如此。但在沒有經濟背景的情況下，這些事件都沒什麼意義。關鍵還是在於歐洲資本市場的區域化。如我們已知的，在一八五〇與六〇年代，奧地利的週期性財政赤字有一部分是靠英國和法國的資本資助。經過一八六六年的潰敗後，詹姆斯試著像以前一樣恢復生意，雖然他宣稱自己對奧地利的差勁信用不再充滿信心，但他不久就開始預付現金。一八六七年夏季，他親自造訪維也納，嘗試商議新發行的「英奧」英鎊債券，而這種債券曾在一八五九年發行過。但對該家族的其他成員而言，在奧地利與匈牙利之間的折衷方案尚未確定之際，這個做法似乎太倉促。邁爾．卡爾質疑奧匈帝國「二元論」新體系的財政可行性，這個體系對「共同」的奧匈國防預算有相對較低的貢獻，但賦予匈牙利充分的財政自主權。只有在價格極低的情況下，他才會考慮發行新的奧地利債券。在英國，納弟也有這方面的顧慮。

直到一八六七年十一月，奧地利政府才從土地信貸銀行和其他巴黎分行爭取到報價，而上述疑慮也得到證實。阿爾豐斯抱怨道：「其實與奧地利政府打交道並不容易，他們老是因為缺錢而同時接觸每個人，因此幾乎不可能有令人滿意的定論。」更糟的是，就在這些談判進行之際，政府宣布對所有證券徵收新稅，並強制將現有的政府債券利率從百分之五轉換為百分之四．五。阿爾豐斯強烈地譴責這項措施是「不切實際的金融雅各賓主義（Jacobinism）」，也是不折不扣的「道德淪喪」，只會破壞奧地利的信用。❾匈牙利政府才剛開始試著獨力借貸，也讓他們遇到了類似的困境。

這些問題需要從維也納分行與其他羅斯柴爾德分支機構之間溝通失敗、喪失信心的角度來看待。一八六七年，安謝姆與維也納財團商議奧地利王室地產的貸款，甚至允許法國興業銀行在巴黎發行新債券，這讓他叔叔很憤慨。這是他採取半自治新政策的初步跡象，與上述的鐵路利益分歧很相似。維也納分行和信貸銀行在一八六七年設立匈牙利綜合信貸銀行也屬於同樣的趨勢，安謝姆在匈牙利尋求新的商業機會，只是敷衍地附和巴黎和倫敦。奧地利債券在一八六八年被迫轉換且在倫敦暫停發行時，安謝姆非常憤怒，於是支持政府對抗英國債券持有人中的少數人（他認為是笨拙的人），並指責萊昂內爾沒有採取同樣的做法。一八七〇年二月，他宣布結束了另一筆三千萬荷蘭盾的匈牙利摸彩貸款，再度證明他支持奧匈帝國的傾向。他合作的對象都是奧地利和匈牙利的銀行，並且只分給萊昂內爾二十五萬荷蘭盾的參與權。直到一八七一年，法蘭克福分行才從匈牙利貸款中取得大筆份額，也就是國有鐵路的抵押貸款。直到一八七三年，倫敦分行才參與匈牙利債券的發行。從維也納到倫敦的通訊頻率越來越少，顯示出兩家分行之間的差距不斷擴大；一八七一年，安謝姆的兒子阿爾伯特試著恢復定期通信的傳統做法，提供有關奧地利經濟與政治的詳細報告（包括他父親與博伊斯特的密切往來），但這些消息不久後就變少了。

安謝姆的獨立方針顯然讓其他分行很不滿。詹姆斯抱怨，他「不是在交易達成之前，而是在達成之後才通知大家」，而且「當中有許多利益更適合外國市場，尤其是巴黎而非奧地利市場」。邁爾・卡爾指責他「老是鼓吹政府的利益，都沒有考慮到我們的利益」，呼應了安謝姆的父親薩羅蒙之前的抱怨。另一方面，阿爾豐斯則是發牢騷：「雖然（安謝姆）和政府的關係不錯」，但他「經常對維也納發生的事一無所知」，更何況他似乎「願意把所有生意轉交給別人（邁爾・卡爾）」。「親愛的叔叔支持那些新銀行時，」阿爾豐斯說，「也是在鼓勵歐洲各個市場與我們的分行競爭。」面對這些怨言，安謝姆的回應充分說明了家族內部日益加劇的糾紛。他在信中提到，沒有徵求巴黎分行的意見就設立匈牙利信貸銀行，是因為他不希望只被視為「羅斯柴爾德分行的代理人或通訊員」。安謝姆埋怨說，他以前好幾次被其他羅斯柴爾德分行進行的交易「排除在外」，例如在近期的倫巴底債券發行中：

> 我被一些空洞的私人信件欺騙。這些信只提到巴黎交易所的處境，隱瞞了與義大利、西班牙等國進行的

---

❾ 政府對證券徵稅時（一八六六年之後這種情況越來越常見），羅斯柴爾德家族怒不可遏。他們推測，即使沒有發生國家破產，債券價格也會暴跌。然而，如阿爾豐斯偶爾坦承的，如果這些稅收能減少政府的預算赤字，那麼其實能提升債券價格。這個悖論使阿爾豐斯、納弟等「務實的人」感到困惑，因此他們通常選擇忽略，並繼續譴責這種稅收。

……有趣談判和預先交易的細節。如果有人批評我的行為太過謹慎，我承認這一點。但如果一個人的真實感受沒有受到重視，那就應該發洩出來……我與信貸銀行共同做了很多生意，這是不變的事實，也很容易理解。是我，而不是其他人促成此事……因此，我對這家銀行有特殊的感情。無論如何，由於這家銀行有五千萬荷蘭盾的資本，現在已經成了令人尊敬和重視的金融勢力。

一八六九年四月，費迪南從父親那裡轉達了類似的訊息給萊昂內爾：

他對自己處理的生意非常滿意。維也納分行持有信貸銀行約一萬四千股，利潤為十萬英鎊。他目前與匈牙利政府在佩斯出售橋樑，期望能賺到二萬英鎊。他說，維也納交易所有大量的交易要進行，民眾盲目地追隨他的腳步，而他也對自己在家族金融界的地位感到很滿意。

這些話並沒有說服安東尼。他在一八六九年九月造訪維也納時，留下的印象是國家銀行的寬鬆貨幣政策助長了投機性泡沫。信貸銀行參與了要將擬議的巴黎銀行貸款發放給西班牙時，安謝姆進一步惹惱了法國和英國的分行。他聲稱自己無法決定合資銀行的貸款政策（他是大股東，但不是持有控制權的股東），而這個說法在巴黎站不住腳。

沒有其他事比經由巴爾幹半島將奧地利鐵路網延伸到土耳其的計畫，更明顯揭露了羅斯柴爾德的利益分歧。安謝姆在一八六九年初期熱心地著手處理這項計畫，讓他懊惱的是，其他羅斯柴爾德分行對此深表懷疑，一方面是因為土耳其財政不可靠，另一方面是因為他們認為現有的鐵路利息已經夠繁重。最後，安謝姆只好退出，將這個領域留給比利時銀行家莫里斯·德·赫希（Maurice de Hirsch）。「土耳其鐵路對我們來說沒有意義。」阿爾豐斯和萊昂內爾強調。從一八六六年開始，安謝姆就一直被迫聆聽親戚的嚴厲批評；但在這方面，他可以公正地指責他們。連接君士坦丁堡的鐵路計畫一直是「一項偉大歐洲事業」，可以將「法國與英國的財政力量」和奧地利的財政力量結合起來。阿爾豐斯後來反對他參與新的奧地利－鄂圖曼銀行（Banque Austro-Ottomoane）時，他直言不諱地說：

> 我不懂巴黎分行對這項事業有多麼反感，這項事業一點也沒有損害我們分行的利益，尤其是巴黎分行的利益。你也知道，巴黎分行在君士坦丁堡沒有代理人。據我所知，巴黎分行幾乎與鄂圖曼政府沒有商業往來。如果不是這樣，我確實會出於對其他分行的考慮而放棄公司的間接利益。說到這點，公司進展得很順利，已經確定要提供幾筆可觀的預付款給政府。公司的股票落在高於票面價值的百分之四十至百分之四十五，這就是具體的證明。

關於維也納分行，他氣憤地繼續說：

> 這家分行處於獨特又異常的情況。在倫敦、巴黎及法蘭克福的主要交易都是由當地的分行共同處理，至於維也納，我們偶爾才有零頭可撿。當然，我無法靠這些事來應付不斷增加的費用，也無法滿足別人對「羅斯柴爾德」這個姓氏的期望。我有一定的野心，這點當然不該受到譴責。即使不是與其他分行並肩作戰，至少也不要落後太多。目前在上帝的幫助下，作戰計畫進行得還算順利。

如果倫敦分行與巴黎分行迴避了巴爾幹半島和土耳其的挑戰，他們能指責他在其他地方單獨行動嗎？基本上，這與博伊斯特問拿破崙三世的問題一樣，而且沒有標準答案。

德意志帝國的經濟起源

無論他們對巴爾幹半島的鐵路有什麼看法，有一個關於東歐的問題在一八六〇與七〇年代引起了其他羅斯柴爾德分行的關注，也就是羅馬尼亞猶太人的處境。該國的猶太人口持續攀升，而這些人是從俄羅斯帝國移民入境。一八六六年，立法機關針對猶太人解放的問題展開辯論，引起布加勒斯特發生大屠殺，而類似的暴力事件在隨後幾年又發生了。在雅西（Iasi，當時稱Jassy），猶太人是特別嚴重的持續迫害對象，而羅馬尼亞政府似乎無動於衷。因此，羅斯柴爾德家族試圖利用國際的政治影響力來代表「可憐的同教者」發言，這也不是第一次了。在巴黎，詹姆斯催促法國政府正式反抗布加勒斯特的政權。在倫敦，該家族也動員官方批評「在雅西的可怕猶太迫害」，雖然萊昂內爾懷疑依照代表委員會的提議，派摩西．蒙提費歐里去執行另一項外國任務並不明智。該家族在柏林的火力最為猛烈。乍看之下似乎很奇怪，但我們要記住：一八六六年四月，普魯士王子霍亨索倫－西格馬林根侯國的查爾斯．安東尼（Charles Anthony）次子成為羅馬尼亞國王卡羅爾一世（Carol I）。正如葛舒密特對布萊希羅德說的，大家當然會以為「布加勒斯特的王子執政使普魯士擁有至高無上的地位和強大的影響力」。費迪南也希望邁爾．卡爾能利用在柏林的影響力「支持不幸的猶太人」。駐倫敦的普魯士大使表示，至少有「十二位羅斯柴爾德家族成員迫切要求」普魯士干涉，邁爾．卡爾似乎還直接寫信給羅馬尼亞王子的父親。

事實上，俾斯麥指示過布加勒斯特的總領事調查狀況，並「在適當的時機耐心地告誡當局」。但在缺乏俄羅斯支持的情況下，他不願意做更多事，因為俄羅斯持續將以前的多瑙河公國視為其勢力範圍。考慮到許多羅馬尼亞猶太人為了更糟的情況逃到東部，俄羅斯外交部長戈爾恰科夫斷然不肯「將羅馬尼亞政府針對當地猶太人造成的全國性災害所採取的措施視為犯罪」，也就不足為奇了。他也表示：「如果所有猶太人都屬於羅斯柴爾德家族或克雷米爾家族，那麼情況會有所不同。但在目前的情況下，如果政府要保護人民不受這些吸血鬼侵害，誰也不能責怪政府。」邁爾．卡爾提到，老霍亨索倫「憤憤不平地抱怨奧地利報紙不斷抨擊他的兒子，我覺得很遺憾……這些報紙大多由猶太人掌控」。一八六九年十月，阿爾豐斯與羅馬尼亞王子對這個話題產生共鳴。王子留給他的印象是：「很有教養，看起來聰明又有活力。」他也提到王子承諾要「保護可憐的猶太人」：

但還是老樣子：猶太人把自己當成外國人，不但無知，還充滿偏見。他們不肯接受融入其他公民的權利，因此他們也無法將智慧用在非法商業形式之外的事。

這些付出是否有很大的成效，令人懷疑（在一八七二、七七年及八一年重複進行）：直到一九〇〇年，羅斯柴爾德分行和匈牙利信貸銀行不得不拒絕參與由折扣公司提出的羅馬尼亞石油交易，因為布加勒斯特政府持續虐待猶太人。這主要的意義在於證明了羅斯柴爾德家族準備修復與俾斯麥的關係，因為他們的關係因一八六六年的事件而變差。

交情恢復的速度很快，證明了邁爾．卡爾很精明，也證明儘管羅斯柴爾德家族竭力阻撓俾斯麥的德國政策，俾斯麥還是認為他們有利用價值。他們的政治性和解可以說是從一八六七年二月開始，當時邁爾．卡爾顯然是被俾斯麥等人說服，參加了即將在柏林召開的北日耳曼邦聯議會的選舉。值得一提的是，他對於跟隨英國堂親涉足議會政治的決定有所保留。「他不會同意的，」納弟提到：「他說有一方希望他離開，以便他能辦理所有業務。如果他去柏林就必須對德國貨幣提出建議，而且有許多事涉及普魯士利益與法蘭克福利益之間的衝突，其他人也不會感謝他。」但夏洛特寫道：

> 法蘭克福不會接納其他代表的想法。儘管他抗議，他終究會當選，他可能會發現自己最後不得不屈服，尤其是德國議會不可能在一年內的許多個月召開……俾斯麥先生和薩維尼（Karl Friedrich von Savigny）先生（曾參與起草邦聯憲法）寫信給他，懇求他接受提供的榮譽，並說明他的能力、知識及經驗將在柏林受到賞識。沒有其他事比這更能表明對他的尊敬和讚賞了。

對英國的羅斯柴爾德家族而言，邁爾．卡爾的當選幾乎毫無異議，是萊昂內爾建立的傳統獲得的家族勝利。這個職位本身是一種「榮譽職位」，其意義在於「他從五千六百張選票中，獲得了五千三百張……五十年前，這座鎮上的公園入口處還會用大字寫著很難看的禁令，大意是：『猶太人禁止進入』」。還有什麼事「比羅斯柴爾德被怨恨猶太人的法蘭克福市一致推選，在德國議會代表本身的利益，更具有象徵性勝利呢」？[10]另一方面，邁爾．卡爾認為也有一些實務上的考量。他現在有充分的理由定期造訪柏林，以便「與德國的大人物和幕後操縱者保持聯繫」了。羅斯柴爾德出現在柏林也受到俾斯麥歡迎，他不僅鼓勵邁爾．卡爾參選，也在一八六七年夏季造訪巴黎時，特地用紅鷹綬帶的形式向詹姆斯傳達和平。「這是極大的榮譽，」阿爾豐斯提到，「也是猶太人在普魯士領過的最高榮譽。」同年十一月，俾斯麥進一步把邁爾．卡爾提拔到普魯士上議院，這相當於終身貴族，比英國的羅斯柴爾德家族最後取得世襲貴族地位早了將近二十年。至少有一次，他甚至勸邁爾．卡爾在柏林買房子，這樣他就能在當地待久一點，而卡爾在一八七一年考慮過這項建議。不久後，兩人的交情變得很好。一八六七年，俾斯麥在柏林皇宮的音樂會上開玩笑地告訴邁爾．卡爾，「如果英國希望給阿比西尼亞（Abbyssinia）一個國王，他會推薦漢諾威的前任君主」。從這次的會面地點可以得知，邁爾．卡爾也被認為**可以造訪宮廷**：一八六九年三月，他「與王儲長談。王儲對許多事都很感興趣，而且見多識廣」。隨後，他還見了皇后。一年後，國王和皇后邀請他參加小型聚會，會見沙皇的弟弟麥可（Michael）大公。那年四月，他也在宮殿觀賞了戲劇表演。

對邁爾．卡爾來說，俾斯麥從柯尼格雷茲戰役的食人魔變成他的朋友「老俾」，這種轉變不但是恭維，也很有幫助。從一八六八年四月開始，他有機會接觸到來自柏林的第一手政治情報，這原本是布萊希羅德的特權。俾斯麥認為整個重點就在這裡：透過邁爾．卡爾，他可以確保與巴黎、倫敦有直接的溝通管道。一八六八年四月，卡爾在柏林參加「海關議會」的開場時，證實了他們具有代表性的新關係。同年，該議會召集了整個德意志關稅同盟的民主選舉候選人。為了準備讓德國南部加入北日耳曼邦聯，該議會使俾斯麥陷入尷尬的境地，畢竟大多數的德國南部成員有反普魯士的情緒。這也許能用來說明，他為何決定透過羅斯柴爾德家族來提出關於法普雙方裁軍的建議。

四月二十三日上午，邁爾．卡爾發電報給倫敦分行：「告訴你的朋友迪斯瑞利，這裡從五月一日開始削減軍隊。如果在其他地方也採用同樣的制度，削減軍隊的規模則會擴大。」同一天，他在信中闡述以下訊息：

我認為老俾採取的措施會有成效，而法國君主也將受邀終止軍備，這是好事啊……目前，一切取決於法國。只要你朋友利用他們的影響力，就能讓事情導向新的局面。軍隊縮減將於五月一日實施，我相信能看到效果……沒有什麼比普魯士和平的簡單證明更值得讓人期待了。

迪斯瑞利趁機將電報傳給史丹利，語調顯得非常興奮：

我覺得這份電報很重要：查爾斯（邁爾．卡爾）的見解和俾斯麥差不多。幾天前，俾斯麥對法國大發雷霆，還宣稱法國決心開戰等等。但到了星期一，羅斯柴爾德家族寫信給柏林，表示據他們了解，英國對普魯士感到很滿意，深信普魯士真的很渴望和平等等。所以在法國的要求下，英國不會採取任何代表對普魯士有疑慮的行動。這就是答案。我忍不住想，你又有大好機會可以維護歐洲的和平，並建立你的名聲。

兩天後，大臣看到邁爾．卡爾寫的信，深受激勵：

我相信這都是實話。他們（羅斯柴爾德家族）今天早上收到一封寫得很詳細的信，解釋完電報的內容後就開始行動了。寫信的人正是俾斯麥，筆調充滿自信，內容是有關從五月一日開始實施軍備削減的細節。如果法國有回應，會立即執行更大規模的削減。

---

❿《泰晤士報》，一八六七年二月二十一日，第七頁，引用「來自法蘭克福的商業信件」：「這個選擇並沒有受到黨派情緒的影響。羅斯柴爾德男爵可以為我們的商業利益帶來諸多貢獻，尤其是堅定地維護弗羅林貨幣，這對我們與南方的貿易很重要……候選人通常不會受到如此普遍的愛戴。這些都是在沒有事先了解的情況下完成，甚至沒有正規的委員會。」

迪斯瑞利的回應鼓舞人心，立刻就傳達到柏林。但史丹利像往常一樣，態度很冷淡。他明白迪斯瑞利的意思是，「我們可以把這件事當成是我們做的，告訴法國，並盡量說服他們給予裁軍承諾：等到結果公布時，英國會贏得信賴，尤其是能鞏固部長的任期」，「雖然聯盟的點子有獨創性」，但他「仍懷疑聯盟的可行性」。不過，他沒有質疑邁爾．卡爾的情報。他在迪斯瑞利寫的第一封信空白處註明：「他們（邁爾．卡爾與俾斯麥）每天都見面。」一八六九年三月，柏林和倫敦之間也有類似的交流。邁爾．卡爾在三月十五日提到：「老俾並非不擔心比利時的問題，但他還是認為不太可能發生危及維護和平的事。他說一切取決於法國帝王，沒人能預測他有什麼替代方案。」四天後，他表示：「老俾今天來我家，坐在我旁邊說著同樣的情報，但他想了解老拿破崙的計畫以及與奧地利、義大利結盟的真實性。」

這些交流指出了明顯的問題：狡詐的俾斯麥是否在利用邁爾．卡爾，向倫敦和巴黎傳達有關普魯士意圖的假消息？早在一八六七年四月，邁爾．卡爾確實已經開始將自己與普魯士的利益綁在一起，我們可以看到他改用「我們」當作普魯士政府的簡稱。一八七〇年，有人質疑他反對聖哥達隧道的補助時，他回答：「我不支持，因為我發現自己在帝國議會並不是羅斯柴爾德家族的代表，而是人民的代表。從這個角度來看，只要政府還在為赤字煩惱，我就會反對為外國鐵路提供補助。」他在普法戰爭前夕感嘆：「普魯士和其他弱國之間有明顯的差異。」這是他屈服於粗暴沙文主義（chauvinism）的眾多跡象之一，而這種沙文主義在一八六六年的普魯士影響深遠。但這點不該被曲解為德國裔猶太中產階級在好權者面前「投降」的老故事，也不該被視為俾斯麥企圖欺騙羅斯柴爾德家族。或許俾斯麥已預料到，德國南部加入新邦聯的問題有朝一日會導致與法國的衝突，不過我們不該指責他在一八七〇年三月之前催逼戰爭的腳步。一八六八年二月，他說過：「德國的統一可以透過暴力事件來促進，而我也認為德國辦得到，但……引起暴力的災禍是另一回事，統一在此刻還不到結果的時候。」俾斯麥透過布萊希羅德向巴黎傳達的訊息也象徵著和平。一八六八年秋季，阿爾豐斯從柏林聽說「戰爭一定會在春季發生」時，邁爾．卡爾輕蔑地說：「我不太重視布萊希羅德說的話，因為他經常轉述弱者說過的話。只要他認為符合我們的意圖，他就會搬出仇恨的說法。」

邁爾．卡爾有充分理由相信，至少俾斯麥在短期內的意圖是維持和平，因為關於普魯士財務狀況的情報都遵循著和平的宗旨。一八六六年的戰爭結束後，普魯士出現許多私人部門的金融新契機，進一步強化了和平的印象。

早在一八六七年一月，羅斯柴爾德就再度涉足普魯士的財政，當時邁爾．卡爾設法確保法蘭克福分行和巴黎分行參與發行一千四百萬塔勒幣、利率百分之四．五的國有鐵路債券。在眾多交易中，這是與折扣公司共同完成的第一筆交易。邁爾．卡爾精準地認定該銀行的董事阿道夫．漢斯曼在快速變遷的新普德金融界是後起之秀。儘管一八六六年有很多嫌隙，但邁爾．卡爾立即爭取到了重新參與普魯士貸款財團的機會，彷彿他當年沒說過苛刻的話。隨後，他還參與了兩筆用於支付普魯士戰後軍事開支的貸款，一筆是一八六七年三月的三千萬塔勒幣，另一筆是八月的二千四百萬塔勒幣。一八六八年五月，又出現一千萬塔勒幣的貸款；同年十一月，則是有二千萬塔勒幣的鐵路貸款。一八六九年五月，又有五百萬塔勒幣的貸款。在每個案例中，法蘭克福分行與倫敦分行、巴黎分行平均分配貸款。「你可以確定的是，」邁爾．卡爾在一八六九年的聖誕節向納弟保證，「沒有哪筆普魯士或北日耳曼聯邦的貸款會在我不知情或沒有股份的情況下進行……你知道我跟**康普豪森**（**Camphausen**）的關係非常好，漢澤曼也是我的好朋友。所以，我並不擔心任何事在我們不知不覺中發生。」一八七〇年，康普豪森試著合併普魯士的債務時，邁爾．卡爾誇耀說：「我們的法蘭克福分行會是唯一被委託接受新安排的公司。」

邁爾．卡爾非常清楚，這些借貸業務在某種程度上是政府的持續性預算困境造成的後果。由於戰爭和政治對官方統計數據產生破壞性影響，要了解普魯士這幾年的財務政策並不容易，但現有的數據很明確。根據公布的預算，普魯士的公共支出總額從一八六〇年的一億三千萬一千塔勒幣，增加到一八六七年的一億六千八百萬九千塔勒幣。陸軍與海軍的預算成長約占此差額中的百分之四十，但這些數字只能說明部分情況，畢竟實際支出更高。從一八六三至六八年，預算持續超支，總共比預期多花了二億四千六百萬塔勒幣。再次強調，軍事開支是關鍵（包括一般、特殊及預算外的數字）：總開支的百分比從一八六一年的百分之二十三，上升到一八六六年的百分之四十八。這些支出是透過短期借貸支付（將短期國庫券賣給柏林的銀行），而這些借款是在一八六六年之後經由上述的債券發行來籌集資金。公債急劇增加，從一八六六年的八億七千萬塔勒幣，增加到三年後的十三億二百萬塔勒幣。如我們已知的，戰爭對普魯士造成的財政壓力相較對奧地利造成的壓力小，主要有兩個原因：首先，普魯士是以相對較少的債務負擔展開統一戰爭；其次，從宏觀經濟學的角度來看，經濟成長意味著債務增加的幅度不大，根據估計，比例不到國民所得的百分之二。然而，當時的債券市場受到了影響（缺乏現代數據）：一八六四至七〇年，普魯士債券的價格急劇下跌，從面額九十一．二五跌到七十八．二五。

邁爾．卡爾相信俾斯麥仍然缺乏資金。「這裡的國庫很缺錢，」他在一八六八年五月提到，「如果政府認為戰爭有可能爆發，應該會很痛苦。」一八六八年秋季，政府嘗試發行以菸草專賣權為擔保的債券，但以失敗告終。「錢不夠用，」他在一八六九年四月報告，「最後一筆普魯士貸款的利率固定不變。」同年五月，公共財政、私人利益及外交政策之間的關係在邁爾．卡爾的信中闡述得最明顯：

五月十日：政府很缺錢。老俾發飆了，因為幾乎所有新稅都會被（邦聯議會）拒絕。

五月二十三日：老俾發表了長篇大論，並勸誘反對黨的所有成員，但……無法順利地使自由黨人支持新的稅收。同時，政府非常尷尬。如果出現了新的財政部長，我不會吃驚，這是一件好事，因為現任的部長（海特）是個德國佬，並不是議院的朋友……

五月二十五日：氣氛很不愉快，但沒人知道政府會怎麼擺脫財政困境。就和平而論，這是重要的事。塞納河畔的朋友聽說我們的困境後，不會不高興的……

五月三十一日：我很高興國王的心情好多了，但老俾充滿怒氣，脾氣很暴躁……朋友都勸我發表意見，並針對新的財政措施抨擊政府，但我不需要告訴你我有多麼討厭這種事，尤其是說出去的話可能會傳遍世界各地，通常還會被誤解……

六月三日：老俾說他病了，但我認為他只是心情不好，因為他的新計畫都失敗了，自由黨也決定反對所有不可能為體制帶來改變的措施……

六月五日：老俾感覺好多了。他認為自己的計畫會被海關議會接受，但我很確定石油稅會被否決，因為所有自由派都堅決反對，唯一的後果是他必須採取自由措施。

六月十日：老俾對他遇到的反對意見非常反感。他說想辭職，但這只是老花招，沒人相信他。

有關政府財務困境的最有力證據是，他們在當年秋季拒絕了用普魯士鐵路擔保的一億塔勒幣摸彩貸款的提議。⓫直到康普豪森接替海特的財政部長職位後，邁爾．卡爾才對金融前景更有信心。

不過，儘管俾斯麥努力為普魯士和新邦聯爭取足夠（更重要的是不由政治控制）的稅收，卻失敗告終，而德國的民間金融仍在蓬勃發展。這就是後來眾所周知的「奠基時代」第一階段，也就是屬於創始人的時代，出現在一八六六至七三年期間大量的新合資公司成立之後。「你不知道現在的商業界競爭有多麼激烈嗎？」邁爾．卡爾在一八七〇年三月表示，「比狂躁症或霍亂那種普通疾病還可怕。」在這段繁忙的時期，邁爾．卡爾與漢澤曼合作使他參與了許多交易：為但澤（Danzig）和柯尼斯堡等城市，以及為西利西亞、馬德堡（Magdeburg）、科隆－明登鐵路提供貸款。在這方面，也有理由對國際形勢保持樂觀。期間最有抱負的新銀

⓫ 經過漫長的談判後，邁爾．卡爾取得該業務一千二百萬塔勒幣的股份。漢澤曼不氣餒，在德國境外發行債券，藉此恢復計畫，但巴黎的羅斯柴爾德家族不願意參與，讓邁爾．卡爾很氣惱。

行包括普魯士中央信貸股份公司（Preussische Central-Boden-Credit Aktiengesellschaft），這是一家效仿法國土地信貸銀行的普魯士抵押銀行。起初這是亞伯拉罕．歐本海姆制定的計畫（雖然邁爾．卡爾不這麼認為），但後來由漢澤曼在一八七〇年認真地處理，並做出了成果。從俾斯麥的觀點來看，該專案在國內的政治吸引力顯而易見：藉由廉價信貸，讓東埃爾本（East Elbian）地主接受新自由時代的方法。邁爾．卡爾表示：「國王的最大心願是使普魯士土地信貸銀行取悅新貴，而這些新貴對該銀行心存敬畏。」但對我們而言，值得注意的是該計畫的國際意義，因為它從一開始就打算成為普法事業，除了巴黎的土地信貸銀行占有主要份額外，還有巴黎銀行以及法國的羅斯柴爾德家族。[12]再次強調，我們不必推斷俾斯麥是否有老謀深算的動機。布萊希羅德在六月二十六日告知他土地信貸銀行的新發行消息時，他很清楚西班牙即將面臨危機，但他對這個話題閉口不談並不是為了在戰爭前夕吸走法國的資本，俾斯麥只是希望法國的羅斯柴爾德家族在普魯士的財政方面繼續發揮信譽良好的作用。這件事的實際意義在於，新的發行在巴黎大獲成功，可見波拿巴主義交易所的愚蠢之處。

在這種情況下，令人出乎意料的是邁爾．卡爾與布萊希羅德之間的敵對程度。與弗里茲．史特恩的印象不同，羅斯柴爾德家族對布萊希羅德的態度越來越不耐煩，並將漢澤曼視為在柏林的主要商業夥伴。從一八六八年秋季開始，邁爾．卡爾一再抱怨布萊希羅德，也對他自稱是該家族的柏林「代理人」說法不屑一顧。「我認為布萊希羅德寫信給你們和巴黎，希望你們將利益託付給他，實在太可笑了。」一八六八年，在談判新的普魯士貸款期間，他告訴新廷：「他與此事無關。」一年後，他譴責布萊希羅德「老糊塗了，只想讓每個人都相信他是我們的代理人，卻還給他八分之一佣金的人做生意」。「我很少聯絡他，」邁爾．卡爾在一八七〇年三月談到：

他很嫉妒漢澤曼先生。我不太想理他，他和每個人做生意時，都想讓別人以為他是我們的代理人，但我不予理會。他也很會愚弄自己，追逐著成功人士的腳步、頭銜和指令，這些事也在猶太圈子形成普遍的狂熱……布萊希羅德是傻瓜，只在乎個人榮耀，卻在這個地區沒有半點影響力。

幾週後，他又說到類似的事：

布萊希羅德先生費力說服每個人相信他是我們家族的代理人，許多人都以為他所做的一切都是為了我們的帳目，也經過我們的同意。如果你們在柏林有任何業務，我強烈建議你們找漢澤曼先生辦理。他是一流專家，為人老實，我們的所有生意都是找他做。不用我說，你們應該也猜得到我們對他的服務非常滿意。

到了十月，他又提起：

我們主要是聘請漢澤曼先生處理柏林的事務，沒找過布萊希羅德。他愛管閒事，想讓全世界相信他是我們的代理人，沒有他就辦不好事情。漢澤曼先生是老實人，從來不會想到背著我們做事；我不太確定布萊希羅德先生是否應該得到同樣的評價。

邁爾・卡爾相信俾斯麥的和平意圖還有一個原因：他認為沒有必要透過戰爭來促成德國南部各邦加入組織。經濟力量似乎在不經意間實現了統一過程。一八六七至七〇年期間，邁爾・卡爾不只忙著處理普魯士的財務，也忙著辦理其他德國邦的財務，包括仍在俾斯麥邦聯以外的德國南部各邦。例如，他參與了給符騰堡王國的一連串貸款（一八六七年的一千五百萬總額中的九百萬荷蘭盾、一八六八年的二千五百萬荷蘭盾）以及為巴登、巴伐利亞及薩克森發行債券。此外，他也能為一些較小型的德國邦安排貸款，尤其是布朗斯維克、薩克森–邁寧根、薩克森–科堡–哥達及漢堡城市邦。這些貸款涉及的金額和利潤經常微不足道，但邁爾・卡爾堅

⓬ 邁爾・卡爾說過：「我和漢澤曼在一八六七年開始申請特許權，歐本海姆是在我們完成所有相關工作後才參與的。」

信「積少成多」、「有總比沒有好」。無論如何，這種活動的實際意義在於其地理範疇，實際上以法蘭克福、柏林及漢堡為主要中心的綜合德國資本市場已經存在，為新興的南北日耳曼邦聯（新帝國）服務。這說明了貸款多半用於鐵路建設，而非軍事用途：德國南部人可能會對普魯士叫囂，但顯然無意傷人。在法蘭克福和柏林之間往返的邁爾．卡爾認為，德國經濟統一的跡象顯著，又何必為此開戰？

俄羅斯的選擇

事後來看，只有法俄結盟才能阻止俾斯麥規劃的德國統一。一八六七年六月，戈爾恰科夫和沙皇為了「談生意」而造訪巴黎時，這種結盟的外交機會明顯出現了，但針對克里特島叛亂的意見分歧後來成了達成共識的巨大障礙。另一個障礙是巴黎資本市場無法在俄羅斯金融界確立主導地位，這與一八八七年後的時期形成鮮明對比。如我們已知的，詹姆斯曾多次在聖彼得堡「建立新的羅斯柴爾德立足點」，卻失敗了。一八六七年秋季，巴黎分行收到了半官方的預付款，但詹姆斯在一八六八年八月與財政部長魯特恩（Reutern）見面時，卻一無所獲。在漫長的討論過程中，詹姆斯提議進行「大型金融活動」，也就是發行大量的政府債券為新鐵路融資，但魯特恩不感興趣。政府「沒有金融業務方面的打算」，當然也不想借錢，於是只把利率較低的存款交給詹姆斯。魯特恩希望盡力減少政府對俄羅斯鐵路的干涉，而不是讓政府資助鐵路，他只能讓詹姆斯參與從莫斯科到奧德薩路線的私有化。雖然這個問題經過了雜亂無章的談判，卻不是羅斯柴爾德家族想要的結果。詹姆斯認為直接參與「遠離我們行動範圍的遠方地區」私人事業，風險太大了。

這種警惕感在詹姆斯過世後變得更強烈。一八六八年晚期，法蘭克福分行表示，「直到現在，我們與俄羅斯接觸的運氣一直不太好。很多事都是『事後獻殷勤』，這種感受既不愉快，也不受尊重。」一八六九年初期，甚至在俄羅斯政府看似要改變主意時，邁爾．卡爾一想到大筆貸款就覺得緊張：「透過一般的通信方式無法密切關注大規模的業務……但我們沒有適合的人選可以派到聖彼得堡。目前我們與北方野蠻人的關係很不順利，應該要小心不要洩露祕密，以免讓其他人有機可乘。」他不肯前往聖彼得堡；阿爾豐斯也一樣，並且懷疑大肆宣傳羅斯柴爾德造訪，只是為了對俄羅斯的傳統銀行家巴爾林與霍普施壓。一八六九年接近尾聲時，專案仍處於懸而未決的狀態。與在美國相似，羅斯柴爾德家族一再拒絕在聖彼得堡確立家族代表。一八七一年八月，戈爾恰科夫催促邁爾．卡爾：「我們應該在聖彼得堡設一家分行。沒人知道在俄羅斯有多少生意可以做，聽說俄羅斯是一座金礦山。」這項建議不曾被採納，阿爾豐斯甚至反對安謝姆或邁爾．卡爾間接參與由信貸銀行在聖彼得堡設立的奧德合資銀行。

然而，柏林的其他銀行家沒有這方面的顧慮。「柏林交易所是俄羅斯證券的資本市場，」邁爾．卡爾在一八六八年五月用不可思議的口吻說，「但大眾幾乎什麼都不買。」布萊希羅德不遺餘力地推廣俄羅斯土地信貸銀行的理念，該銀行的作用相當於漢澤曼－羅斯柴爾德－歐本海姆的普魯士抵押銀行，他與漢澤曼對俄羅斯鐵路的熱忱也比羅斯柴爾德家族更高。我們應該把這點當作德國資本在早期向東轉移的一部分：一八六〇年代，柏林和漢堡也提出了向瑞典和芬蘭提供貸款的各種建議（芬蘭由沙皇統治，但有專屬的議會，享有相當大的自主權）。在這些有風險的活動中，歐洲大陸的羅斯柴爾德家族只是敷衍了事的參與者，例如在一八六七年的俄羅斯五千萬盧布抵押貸款中持有百分之五股份，卻在兩年後有更多這種債券發行時放棄購買權，此後又反覆無常。

奇怪的是，考慮到他們在一八六三年對貸款給俄羅斯持保留態度，倫敦的家族成員更相信俄羅斯商業的價值。納弟批評邁爾．卡爾在一八六九年談判失敗時無法前往莫斯科。似乎是在他的煽動下，倫敦分行才在那年十二月迫使這件事得出結論。以面額八十的價格發行一千二百萬英鎊、利率百分之五的俄羅斯債券是羅斯柴爾德在這段時期最有野心的任務之一，並且在開放認購的市場大獲成功，在巴黎和柏林被大量超額認購。邁爾．卡爾宣稱：「這無疑是當今最大的成就。俄羅斯政府應該特別感謝你們，以後也不會考慮找別人申請。我希望這個結果能帶來更多其他交易。」這確實是俄羅斯在一八七五年之前連續五次發行主要債券的第一次（名目上共發行六千二百萬英鎊），但與聖彼得堡的關係仍然不太穩固。

羅斯柴爾德家族希望俄羅斯政府只發行這類債券，而不再擔保私人鐵路公司的債券，但事實證明，只要布萊希羅德等人願意直接投資俄羅斯鐵路，這一點便難以實現。「太可惜了，」邁爾．卡爾不只一次抱怨，「俄羅斯政府竟然允許鐵路公司發行債券。這些債券都被大眾買走，破壞了我們的市場。」此外，早在一八七〇年十月，俄羅斯譴責黑海在一八五六年中立化，英俄關係便因近東問題而開始惡化。一八七五年，巴爾幹半島的反叛導致羅斯柴爾德家族和俄羅斯的關係再度破裂，儘管阿爾豐斯在前一年與埃德蒙造訪聖彼得堡時，曾表達過內心的希望。將法國、俄羅斯及英國團結起來共同遏制新德國的關鍵性財政重組，這件事則要到十多年後才出現。

第 2 部

堂表親

六、帝國、共和國、長期公債（一八七〇－一八七三）

我希望現在的世界能客觀地評價德國。

——邁爾・卡爾・馮・羅斯柴爾德，一八七〇年九月一日

應該補充一點：法國的長期公債是一種保障，總是能找到買家。

——阿爾豐斯・德・羅斯柴爾德，一八七〇年八月二十二日

乍看之下，一八七〇至七一年的普法戰爭對羅斯柴爾德家族而言是一場災難。該家族的分行第一次發現他們在重大的歐洲戰爭中處於勢不兩立的位置，而且完全無法避免。莫里茲・葛舒密特的兒子在回憶錄中提到，安謝姆在一八七〇年任性地大喊：「我不支持參戰！我絕不支持，就算要我花幾千荷蘭盾，我也不容許！」但戰爭還是爆發了。即使普魯士軍隊衝向法國首都，巴黎的夥伴選擇在拉菲特街「堅守崗位」。雖然阿爾豐斯和古斯塔夫很早就意識到法國防備不足以及波拿巴政權在引發戰爭方面的罪責，但他們依然支持法國。他們為法國的戰爭提供資金，並試著利用在倫敦的影響力，進一步推動法國外交的目標。在法國，至少有兩位更年輕的羅斯柴爾德家族成員（埃德蒙及納特的兒子詹姆斯・愛德華）在流動役中服役，這種認同的重要標誌是費律耶被普魯士軍隊占領。一八七〇年九月，俾斯麥和威廉一世的到來彷彿以強烈的力量表明新時代來臨，而羅斯柴爾德的金融勢力在這個時代勢必要向普魯士的「鐵與血」屈服。

同時，邁爾・卡爾在法蘭克福更明確地支持獲勝的普魯士，不只與普魯士站在同一陣線，也與法國戰敗

後宣布成立的新德意志國連成一氣。這方面的有力象徵在於，邁爾．卡爾被選為北日耳曼邦聯帝國議會派出的議會代表之一，在普魯士國王宣布成為「威廉大帝」的前夕，於凡爾賽的鏡廳向他「致敬」。然而，邁爾．卡爾並沒有留下來參加儀式本身。安東．馮．維爾納（Anton von Werner）仔細描繪了當時的情景：從畫作《德意志帝國的宣言》（*The Proclamation of the German Empire*）可以得知，在眾多雀躍的士兵及穿著制服的官員中並沒有羅斯柴爾德的身影。該家族在德國顯眼的新軍事力量下，顯得遜色多了。

然而，除了太快戰敗，法國失敗最引人注目的方面也許是被征服的速度。一八七〇年有段時間，波拿巴政權的崩潰似乎使法國，或更確切地說，使巴黎陷入與一七九二年或一八四八年差不多的革命動亂。甘必大（Gambetta）等共和黨人為了拖延戰爭而徒勞地發起大規模起義，似乎危及了「中產階級圈子」的重大成就。和平條款終於在一八七一年一月被接受時，彷彿不只在領土方面損失慘重，失去阿爾薩斯和洛林（Lorraine），也在財務方面虧損了五十億法郎的賠款，這一切都有可能使第三共和國轉變成十九世紀的威瑪共和國（Weimar Republic）。但戲劇化的經濟復甦使法國能夠提前支付賠款，因此在一八七三年結束了德國對法國北部領土的占領。同年，維也納和柏林的股市崩盤使整個中歐陷入經濟蕭條，引起人們懷疑俾斯麥式體制的內部穩定性。羅斯柴爾德家族在這場金融復仇中發揮了關鍵的作用，因此他們在巴黎（以及歐洲）的勢力似乎增強了，而不是減弱。

可以肯定的是，羅斯柴爾德的情報系統無法應付西班牙王位的問題。他們非常清楚，馬德里議會正在考慮的候選人包括霍亨索倫－西格馬林根的利奧波德。但他們沒有領悟到俾斯麥支持他當候選人的重要性，其實俾斯麥早在二月就已經做出決定。我們已知俾斯麥對布萊希羅德隱瞞了這項決定，讓私人銀行家繼續相信「政治領域不足為慮」，大概持續到七月五日。有趣的是，他仍然對羅斯柴爾德家族發出暗示。根據邁爾．卡爾在四月五日寄給新廷的信：「老俾表示西班牙傳來的消息很糟，那裡的財務狀況也很異常。」但是，如果這是關於西班牙危機迫在眉睫的間接警告，那就代表邁爾．卡爾沒有充分理解訊息。

同樣地，阿爾豐斯也沒有領會格拉蒙公爵在五月被任命為法國外交部長的意義。格拉蒙相信法奧結盟存在，這使他比前任更願意承擔更大的外交風險，他的前任認為英國的支持是跟普魯士算帳的先決條件。但阿爾豐斯聽說格拉蒙的職位時，評論道：「無論從哪個觀點切入，我們都會覺得高興，因為我們需要經驗豐富的部長來領導。他得夠明智，不是那種刻意搞小動作來贏得名聲的人。」很難想像，還有比這更不客觀的人格評價嗎？但公爵的兒子後來娶了羅斯柴爾德家族成員，即邁爾・卡爾的女兒瑪格麗塔（Margaretha），因此他很可能早已是該家族的朋友。七月二日，邁爾・卡爾見到了駐柏林的法國大使貝納德蒂（Benedetti）。後者正準備離開（和往常一樣，同行的人有一群權貴、政治家及銀行家），要到維爾德巴特做水療。卡爾向銀行總部報告：「在大首都勞累了這麼久之後，他很高興能稍微休息一下。他看起來精神很好，還說一切井然有序，和平有望了。」

不只有羅斯柴爾德家族自信滿滿。七月十二日，英國外交部的副部長迎接新任的外交部長格蘭維爾時，不幸地認為，「他在漫長的生涯中不曾從外交事務中經歷這麼平靜的時刻。」然而，邁爾・卡爾在七月二日寫的信中提供了寶貴線索，說明西班牙危機讓銀行家措手不及的原因。不只是因為假日的原因，如他例行報告的內容，法蘭克福交易所和巴黎交易所一樣「情緒高昂」。在普魯士土地信貸銀行發行股票的前夕（普法經濟合作的象徵），邁爾・卡爾最在意的是「一切是否進行順利」。直到七月七日，他才開始擔心這場「西班牙風波」，即便如此，他還是相信這「不會對和平造成嚴重干擾」。像亨利・拉斐爾（Henry Raphael）這樣很早就抱持悲觀態度的倫敦人在此時拋售股票似乎不足為奇。然而，羅斯柴爾德家族不知道的是，普魯士政府和法國政府已經決定面對重大的外交衝突，甚至直接開戰。

俾斯麥支持霍亨索倫的候選資格無疑是為了激怒法國。早在七月八日，他就談到要「調動全軍進攻法國」。至少有部分原因是他將外交政策危機視為擺脫財政問題引發內部僵局的方法，以及解決德國南部反對按照普魯士條件實現統一的方法。例如，他在七月十日坦白說「從政治層面來看，法國的襲擊對我們的形勢很有利。」俾斯麥的難關在於克服利奧波德的父親卡爾・安東（Karl Anton）的不情願態度，以及更重要的是要解決威廉一世不願意針對這個問題與法國爭吵。事實上，利奧波德在四月二十二日婉拒參選，而俾斯麥經過多次勸說才使他改變心意。另一個難題出現了：馬德里的解碼員誤解了西班牙特使傳達利奧波德同意參選的訊息，於是議會沒有繼續推選利奧波德，而是解散了，造成意料之外的延遲。

這是一場充滿誤會的戰爭。七月九日，他們在巴德埃母斯（Bad Ems）見面時，威廉向貝納德蒂透露，他不反對利奧波德再次退出，但利奧波德發給巴黎的電報中願意和解的內容在傳輸過程中因氣候干擾而變得難以辨認。不過，貝納德蒂隔天回來糾纏威廉時，還是獲准接見了。雖然威廉以這純粹是霍亨索倫－西格馬林根的事情為由，拒絕讓利奧波德退出，但他還是指示駐倫敦大使維特向格拉蒙保證普魯士的和平意圖。七月十二日，卡爾・安東宣稱他的兒子終究不會成為候選人。隔天早上，他們在庫爾加騰（Kurgarten）外開會時，威廉對貝納德蒂說了一句著名的話：「很好，這是個好消息，可以讓我們擺脫所有困難。」當天下午他進一步告訴大使，他同意利奧波德退出，「與他之前表示同意的意義相同，毫無保留。」

這一切在巴德埃母斯發生時，俾斯麥算是置身事外，但他已經讓德國媒體準備好行動方針。直到七月十三日，他才重新掌握了事情的發展。當時，他收到來自巴德埃母斯的著名電報，內容關於威廉與貝納德蒂會面的要點。俾斯麥改寫了這封電報在報刊上發表，其中正確地闡述了國王的觀點，也就是國王無法保證「不再同意」恢復霍亨索倫的候選資格，但又寫得像是威廉後來拒絕見貝納德蒂是因為法國的要求冒犯到他。改寫後的內容與原意完全不同，顯然是刻意冒犯格拉蒙。俾斯麥繼續利用更改後的電報，作為針對國內外輿論的反法宣傳運動手法。

因此，俾斯麥使普魯士的政策比他的主人預期的更具侵略性。然而，戰爭的責任不該完全歸咎於普魯士。從一八六九年三月開始，法國就持續表示反對霍亨索倫的候選資格。七月二日至三日，這個消息在巴黎傳出時，他們的直接反應是開戰。古斯塔夫總結了法國人的情緒。市場很「冷」，但是，你很難想像今天早上的消息對大眾和政府產生的影響，他們不惜代價也不允許王子當上西班牙國王。為了防止這種情況發生，他們不閃躲與普魯士的戰爭，他們絕不退縮。帝王也認為，沒有比趁著熱門議題發動戰爭更好的時機了。

相對地，法國政府在七月六日同意在立法機關宣讀格拉蒙起草的煽動性宣言。如古斯塔夫察覺到的那樣，格拉蒙的「粗暴」用詞實際反映了政府的立場：只有「國王絕對否決」霍亨索倫的候選資格才能讓他們滿意。一旦利奧波德接受王位，就會被視為宣戰。「在這裡，」他再次強調，「他們都準備好開戰，也認為沒有比現在做這件事更適合的時機。」❶古斯塔夫見到法國總理奧利維耶時，奧利維耶警告他法國會「不擇手段」阻止參選，「甚至是開戰。在這種情況下，可能會導致如一七八九年的激烈戰爭。」「帝王會達到目的，」古斯塔夫預測，「議會的投票將決定戰事。」

利奧波德退出後，法國在這方面做出的關鍵舉動是，格拉蒙在七月十二日堅持要貝納德蒂向威廉提出無理要求：「保證他不再授權參選。」威廉不可能做出這樣的保證，而格拉蒙一再堅持貝納德蒂提出要求，顯然是為了挑釁柏林，這就如同要求寫道歉信給拿破崙。格拉蒙使用同樣魯莽的方式，不滿足於威廉最後對貝納德蒂說的安撫言詞，而是把巴德埃母斯的電報當成開戰理由，並在七月十四日下午確保法國動員。但在此之前，拿破崙又運用了解決外交困境的老方法：召開國會。一切都太遲了。七月十五日，奧利維耶和格拉蒙向議院陳述巴德埃母斯的事件，他們的說法與俾斯麥的說法一樣不實。接著，宣戰了。直到此消息傳到柏林後，威廉才同意普魯士動員。「法國決定挑起爭端。」邁爾．卡爾總結道。很難不同意確實如此，即使這是一場俾斯麥歡迎、卻對法國不利的爭端。古斯塔夫表示，法國的觀點是，「如果我們要打仗，而且戰爭不可避免，最好現在就開戰，不要等到六個月後。」

法國不但是看起來比普魯士更具侵略性，實際上正是侵略者，因此英國決定不干涉。如同在一八六七年的盧森堡危機中，羅斯柴爾德家族充當了倫敦及潛在交戰國之間的溝通管道。七月五日，拿破崙要求阿爾豐斯轉達訊息給格萊斯頓，要求他協助確保霍亨索倫的候選資格被撤銷。七月六日清晨，納弟到卡爾頓排屋（Carlton House Terrace）十一號，在格萊斯頓的家中轉達消息。他得知格萊斯頓正準備到溫莎見女王，便開車帶他去火車站。根據莫萊（Morley）表示：「格萊斯頓先生沉默了一會兒，然後說他不贊成利奧波德參選，但他無意干涉西班牙人選擇君主的自由權。」❷有時候這一點會被解讀成是打擊了法國羅斯柴爾德家族的希望，但也很可能這正是他們想聽到的話。如果要阻止越來越魯莽的格拉蒙，便需要冷淡的反應。古斯塔夫希望英國「保持和平」，這意味著向法國施壓，就像向普魯士施壓一樣。❸「我們聽說貴國政府對我國政府施加了很大的壓力，要求我們接受（妥協方案）。」他在七月十一日寫道，「但不幸的是，與此同時，民眾的情緒和議院都變得很激動。」因此，霍亨索倫的候選資格在七月十二日被撤銷時，巴黎分行又發電報給倫敦，樂觀地表示：「法國人很滿意。」那天深夜，格萊斯頓看到了電報。這是格蘭維爾發電報給駐巴黎大使萊昂斯（Lyons）的線索，內容是：「法國確實該滿意地接受利奧波德王子退出競選的確鑿事實。」

英國的壓力在巴黎產生了效果：萊昂斯傳達訊息時，勒伯夫將軍（General Leboeuf）徵召預備役軍人的要求被部長會議拒絕了，該會議決定不把格拉蒙要求不再提此事的保證視為最後通牒。此時，羅斯柴爾德家族的非正式調解似乎又為維護和平做出了貢獻。「再晚半小時就會宣戰，」古斯塔夫在七月十二日聽說威廉無條件支持利奧波德退出時寫道，「這可能和帝王想開戰的想法不一致，但他不得不對這樣的回應表示滿意。於是

❶ 值得注意的是，古斯塔夫使用代名詞「他們」時，指的是誰？答案似乎不只是在交易所閒聊的人；若不是政府，也有可能是羅斯柴爾德所謂提供消息給政府的人。

❷ 三天後，萊昂內爾給了格萊斯頓兩張經格蘭維爾到德比的車票，這並非純屬巧合。

❸ 倫敦的羅斯柴爾德家族也向普魯士大使伯恩斯托夫（Bernstorff）透露，一旦利奧波德同意參選，戰爭將「不可避免」。十一日當天，古斯塔夫寫信給布萊希羅德，彷彿法國和普魯士之間的戰爭已爆發。

實現和平了，或者更確切地說，戰爭暫停了，因為我不相信兩國之間的關係能保持良好。」邁爾．卡爾則沒那麼放心：「一切都以令人滿意的方式得到解決，免除了歐洲戰爭的可怕災難。謝天謝地……」而幻想在隔天就破滅了，令人難以忘懷，於是他們毫不懷疑責任該歸屬給誰。就在戰爭爆發的那天，古斯塔夫提出了法國有機會恢復以前對比利時的計畫，沒有其他事比法國此舉更令倫敦起疑。

歷史學家長期忽略了這場危機造成的金融後果，不過這很值得關注，因為有助於說明英國的不干涉原則。在戰爭的頭幾個月，德國和法國的金融市場受到的影響差不多。巴黎的情況很糟糕：霍亨索倫參選的消息一傳出，長期公債就開始下跌，從六月四日的七十四．八三下降到七月九日的七十一．二五，戰爭爆發後，這個數字急劇下降到六十七．〇五。但這些數字與法蘭克福和柏林的數據相差無幾。在德國，近期發行的普魯士債券利率為百分之四．五，價格從九十三．五下跌到七十七．三。差別在於，德國的危機戰爭爆發時更嚴重。雖然流動性的暴增足以使雙方的許多銀行陷入困境，但羅斯柴爾德家族沒受到什麼影響。除了積欠俄羅斯的大筆款項（三千五百萬法郎），法國分行的棘手債務問題似乎不多，法蘭克福分行也沒什麼類似的麻煩。儘管邁爾．卡爾錯過了俾斯麥的暗示，但仍及時採取了預防措施。隨著法國在斯皮什倫（Spicheren）和弗勒什維萊爾（Froeschwiller）首次失利的消息傳出，法國市場因此暴跌，而德國市場回升。相比之下，英國市場始終沒受到太大波及：一八七〇年五月至八月，最大跌幅為三．六。這與一八六六年的情況形成顯著對比，當時奧地利與普魯士之間的戰爭恰逢倫敦發生嚴重的金融危機。（一八七〇年發生的情況大概是法國資本在早期的衝突階段開始流向倫敦，這表示即使政府有一套說詞，巴黎依然瀰漫著悲觀情緒。）七月十八日，格萊斯頓以面額九十購買了價值二千五百英鎊的永續債券，此舉並非毫無意義，這表示他私底下有憑有據地支持英國的不干涉原則。[4]

因此英國的羅斯柴爾德家族在看待歐洲大陸發生的事件時，比一八六六年的情況更中立，當時普魯士被視為罪魁禍首。誠然，法國在色當戰敗的消息傳出後，阿爾豐斯的妻子里歐諾拉正在倫敦，激起了一點親法情緒。或許萊昂內爾就是因此要求了解普魯士暴行的細節，他後來也為法國的戰傷者和戰俘轉移海外籌集的資金。在色當戰役之前，倫敦分行為法國戰爭的付出比為普魯士人做出的貢獻更多：法國人在英國購買餅乾和醃豬肉的資金是由倫敦分行提供，雖然政府的帳單以不太寬鬆的條件貼現。此外，新廷起初提出認購法國的戰爭貸款，並在法蘭西銀行要求時提供黃金，但法國政府沒有採納這些提議，它在國內市場出售短期國庫券，藉此為戰爭的第一階段提供資金。然而，政府在八月底提出合理的戰爭貸款時，倫敦分行就沒那麼熱衷了。一八七〇年秋季，國防政府試著在倫敦籌集一千萬英鎊的貸款時，不得不求助於小型美國企業J．S．摩根公司（J. S. Morgan & Co.）。

相比之下，邁爾．卡爾提出要發行普魯士戰爭債券（在戰爭開始時被忽略），引發了倫敦分行在十月認購一百萬塔勒幣的說法。隔月，漢澤曼被派到倫敦準備發行值五千一百萬塔勒幣的五年期國庫債券。債券的短期期限表明了將賠款強加在法國身上的意圖，雖然不一定符合賠償的限度。邁爾．卡爾為羅斯柴爾德參與此事提出了有說服力的理由：

> 法蘭克福分行的處境不太好，因為政府有權指望我們支持。如果我們不協助政府，並把這項任務交給其他人，政府一定會介意。另一方面，我們無意做任何讓你反感的事，或讓你誤解我們的巴黎朋友。因此，我希望如果漢澤曼先生拜訪你，你能友善地接待他，並將你希望我做什麼事告訴他……一旦我們失去了向政府展現自我價值的機會，別人就會藉機把我們晾在一邊，尤其是我得承受這種後果……如果主要問題不是從英國取得資金，我就不會提起這些細節來打擾你，也不會徵求你的意見，了解如何使分行的利益與政府的觀點和需求保

❹ 萊昂內爾告訴迪斯瑞利：「內閣很驚訝。除了格蘭維爾，其他人都不了解外交事務。格萊斯頓完全相信科布登的理論：人類變得越來越文明，不適合打仗。」

> 持一致。我承認，假設代表厄蘭格及其集團的施羅德掌握了普魯士的業務，我會感到很遺憾，因為我有充分的理由相信，其他對（北日耳曼）邦聯債券感興趣的普魯士銀行會與他聯手，樂於排擠我們。

倫敦分行不願意公開與這筆新貸款的關係，不過顯然讓漢澤曼去聯繫了倫敦的銀行。同樣地，邁爾·卡爾把普魯士海外貿易公司當成他參與其中的掩護者。新廷也協助補充普魯士海外貿易公司的白銀儲備，即貸款的主要目的之一。

這些金融因素在某些方面說明了為何英國拒絕扮演法國羅斯柴爾德家族期望的調解角色。從戰爭一開始，阿爾豐斯與古斯塔夫就催促英國政府介入，盡早促成和平，並希望他們和堂親能再度擔當和平溝通的管道。但只有法國的勝利能促成調停，而且這種勝利對比利時隱含著威脅。一旦這種可能性消失，格萊斯頓和部長應該會滿足於讓事情自然地發展。另一個潛在的風險不曾出現：俄羅斯和奧匈帝國捲入大戰。戈爾恰科夫與博伊斯特堅守不干涉政策（早在一八六九年九月就達成共識），分別在七月十三日和二十日宣布中立。就連迪斯瑞利對格萊斯頓不採取行動的批評也只是一種本能反應，他認為沒有理由去抵制「德國革命」。至於拯救拿破崙三世，他不是才把小說《洛泰爾》（*Lothair*）獻給了奧爾良派的奧馬勒公爵（Duc d'Aumale）嗎？讓阿爾豐斯十分討厭的是，《泰晤士報》在針對戰爭的早期報導中強烈地反對法國（眾所周知，編輯德拉內與萊昂內爾有交情）。特別的是，該報紙刊登了貝納德蒂在一八六六年給俾斯麥的草約，似乎證實了法國對比利時有不軌企圖。[5]一八七〇年十月，格萊斯頓在《愛丁堡評論》（*Edinburgh Review*）發表了匿名文章，宣稱「國家的新法……譴責法國的侵略。」有人認為《泰晤士報》在當月改變論調，主張為了防止阿爾薩斯和洛林被吞併而應支持干涉時，羅斯柴爾德家族應該對此事負責。但實際上，羅斯柴爾德為英國調解尋找準則的嘗試注定是徒勞的。認為戰爭可能漫長又不明確的假設，也可能促使倫敦採取觀望政策。[6]

對歐洲大陸的羅斯柴爾德家族而言，中立從來都不是選項。邁爾·卡爾毫不猶豫地為當初的普魯士戰爭貸款認購一百萬塔勒幣。這次的公開認購只籌到政府要求一億二千萬塔勒幣的一半時（德國人在戰爭初期感到緊張的另一個跡象），他欣然加入漢澤曼帶領的組織，又承購了二千萬七千塔勒幣（法蘭克福分行占了其中的三百萬塔勒幣）。普魯士成功的消息一傳到法蘭克福，他享受著俾斯麥帶來的榮耀。「我猜，巴黎的人民一定很驚訝，」弗勒什維萊爾的戰役結束後，他欣喜地寫道，「尤其是他們很可能沒想到德國人輕易地打敗了他們。這裡和全國各地都瀰漫著一股熱情，不用說也知道，大家都很高興。」「我毫不懷疑，」他在一週後寫道，「德軍一定會勝利，持久的和平即將實現，同時有大量的生意可以做，人人都在思索以後能過著美好的生活。」

隨著軍事消息的好轉，他的語氣變得更強硬。「我認為法國沒有成功的機會，」他在八月二十七日感嘆，「他們要學會如何與整個德國和一百萬人競爭。」與許多德國人相似的是，他得知色當的消息後很激動，急切地增加持有政府債券。「無庸置疑，」他在十一月二十三日聲明：「德國政府被視為未來歐洲合作的首選對象，強大又團結的德國能比其他國家為世界和平做出更多的貢獻。」可以肯定的是，他和家人對這場衝突造成的人力成本不抱任何幻想，他的英國籍妻子露意絲及孩子在他們為受傷士兵設立的醫院夜以繼日地工作。但他不懷疑普魯士志業的合理性。儘管邁爾・卡爾抱怨路途中的不適，但他和其他議員受邀「到凡爾賽向德國君主致敬」時，感到很自豪。

對祖國的認同感在巴黎一分為二。詹姆斯的兒子都是法國公民，一絲不苟地愛國，這點與他自己不同。例如，阿爾豐斯在七月十九日辭掉了北日耳曼邦聯駐法總領事的職務。他們認購了至少五千萬法郎的八月戰爭

❺ 另外，值得注意的是不到兩週前，古斯塔夫才提過法國對比利時有不軌企圖的可能性。

❻ 「迪斯瑞利讓我了解到羅斯柴爾德對這場戰爭的看法，他的朋友都擔心戰爭很漫長……他們認為普魯士軍隊裝備精良，也做好充分的準備。目前還不能指望有決定性的結果，任一方也不能默認尚未確定的失敗。」

貸款。當初，他和古斯塔夫表示希望「第一次的衝突能對法軍有利」，最初主要是因為他們認為這會促成英國的外交斡旋。但隨著戰爭繼續，反普魯士的情緒開始促成了不那麼冷靜的愛國主義。費迪南抵達巴黎時，他發現堂親們都很激動，對普魯士人、俾斯麥及公司發洩不滿。「他們的觀點和反應很像法國人，」他向倫敦報告，「也像天主教的教皇。」如前所述，埃德蒙和納特的兒子詹姆斯·愛德華都曾在流動役服役。在普魯士圍攻前夕，阿爾豐斯也在保衛巴黎的城牆盡到自己的職責，納坦·詹姆斯（Nathan James）也在十一月三十日參與了特羅胥（Trochu）在巴黎南部的失敗「突擊行動」。八月六日，梅里美聽說有一位「羅斯柴爾德」帶著「背包和法式長條麵包，在八月離開了巴黎，搭上北方鐵路的低等車廂。他的分行持有這家鐵路公司的二千萬股份。」一八七〇年底，雖然安謝姆確實在色當戰役之前回到了維也納，詹姆斯·愛德華的弟弟亞瑟在布魯塞爾，但這則謠言帶有惡意的八卦味道。事實上，羅斯柴爾德家族在危機中堅守陣地，冒著生命危險，這點和許多富有的巴黎人不同。

待在法國的人所面臨的困難是，他們在非常早期的階段就面對著驚人的戰敗跡象。戰爭爆發時，安謝姆剛好在巴黎，他坦白說出自己的觀點：「法國人滿腔熱忱，但普魯士人的軍事組織能力更好，軍隊在數量上也更占優勢。」阿爾豐斯也很悲觀。「酒已經倒了，」他在七月二十日表示，「所以不幸地只好喝掉，喝起來一定很苦。」在羅斯柴爾德家族眼中，法國管理不善的早期跡象是政府對戰爭經濟後果的回應。有關法蘭西銀行暫停黃金兌換機制的討論，以及防止硬幣離開巴黎的強硬手段，都激怒了阿爾豐斯。他贊成提高貼現率。八月四日，羅斯柴爾德家族代表政府運送二百萬法郎白銀給比利時要換取黃金，卻被警方扣押，因為警方認為這些白銀是走私出境。八月十二日，政府強迫法蘭西銀行暫停兌換機制，隨後又暫停匯票。阿爾豐斯沒有因為這些措施而辭掉董事職務的唯一原因，如他所說：「不該在戰鬥的時刻離開崗位。」更驚人的是，有「一位資深軍事家」要求將自己的一些證券交給倫敦分行保管。阿爾豐斯表示，「可以想像得到，他的提議已經引起了我們的懷疑。我們打算以他為榜樣……」三天後，他們開始行動。八月十一日，詹姆斯·愛德華開始寄出自己蒐集的珍稀圖書和畫作。隨著危機加劇，證券被寄給羅斯柴爾德的布魯塞爾代理人蘭伯特。色當戰役當天，在布萊希羅德的建議下，巴黎分行賣掉持有的科隆－明登鐵路股份，獲得了可觀的利潤。

然而，阻止資本外流的措施還是最不讓阿爾豐斯擔心的事。從很早的階段開始，也就是在前線失利的消息傳出之前，他和弟弟就擔心戰爭會在巴黎引發革命。早在七月十九日，古斯塔夫想起了一八四八年的事件。一週後，他弟弟詳述為了打擊「左派」在巴黎「鋌而走險地發起突擊」而採取的措施，那時他依然相信政府已掌控局面。直到八月第一週，他才意識到在打擊資本外流的過程中，政府「漸漸捲入革命。以前被視為可疑分子的是貴族，現在則是商人」。「危險來自內部，不是來自普魯士人，」他在八月三日陰鬱地寫道，「我們（在巴黎）缺乏軍事力量。萬一發生不幸，對我們的處境不利，誰知道群眾發怒後會導致什麼樣的暴行呢？」財政部長似乎無法阻止「某些內閣成員認為自己回到了法蘭西共和國時期的傾向」。八月六日，阿爾豐斯警告說：「如果無法很快取得軍事勝利，革命黨就會占上風。」才過了三天，革命似乎不再只是可能發生的事，而是在沒有軍事勝利的情況下十之八九會發生。立法機關開會時，不僅要求奧利維耶辭職，也要求帝王退位，而帝王急著在夏隆（Châlons）調動新軍隊。阿爾豐斯認為帝國的衰落「已成事實」。

這種革命的先見之明很容易解釋。對羅斯柴爾德家族（對梅特涅亦然）而言，現代史最重要的一課向來是法國的一場革命可能會促成歐洲戰爭，而法國捲入的戰爭則可能會造成法國的革命。從一八一五年開始，這樣的擔憂屢次影響羅斯柴爾德的推測，但不曾實際發生。一八三〇年和四八年都在沒有戰爭的情況下發生過革命，而一八五五和五九年則是沒有革命卻有戰爭。直到一八七〇年，歷史終於符合了羅斯柴爾德的理論模式，也許這就是該家族能安然無恙地從一八七〇至七一年的危機中走出來的原因。

同時，阿爾豐斯也渴望透過有限的共和主義革命來推翻波拿巴政權。他的父母一直對波拿巴政權抱著質疑，他也在該政權最終的自由階段公然表示反對。八月十三日，阿爾豐斯在寫給倫敦的信中表示，他已與共和黨的溫和派領袖取得聯繫（「在目前的情況下，可以要求某些人對事件施加影響力」），而且這些領袖向他保證會努力維持秩序。新的國防政府至少有一名成員（克雷米爾）是羅斯柴爾德認識已久的夥伴。阿爾豐斯很快就向堂親保證新政權的善意。「共和國宣布成立後，」他在九月四日報告，「民眾的怒氣很可能化解，街上也不會出現嚴重的動亂。」他強烈反對任何潛在的波拿巴主義復辟或攝政統治（但俾斯麥不會排斥）。不可否認的是，有些證據表明他和古斯塔夫歡迎君主制復辟，無論是波旁王朝或奧爾良王朝。但在軍事失敗的緊急危機中，他們直截了當地迎接共和政體，即便他們私下希望這只是過渡政權。

俾斯麥在費律耶

法國戰敗對法國的羅斯柴爾德家族最沉痛的影響象徵，無疑是費律耶的城堡和公園被占領了。在色當戰役之前，阿爾豐斯已不安地預料到這般結果。九月十四日，就在向巴黎進軍的一週後，事情發生了。

法國新政府在費律耶邁出了朝向和平試探性、無效的一步，而俾斯麥和毛奇（Moltke）在費律耶公然為策略起爭執。主要的歷史意義就在於此。但費律耶被占領還有其他意義：將普魯士國王和容克大臣安頓在城堡是羅斯柴爾德最不切實際的聲明，也是對猶太財富的「諷刺」。對史特恩而言，德國人的「粗魯」舉動表現出一種帶有不祥意義的反猶主義，困難在於如何以當代標準判斷占領者的實際行為有多麼不恰當。

根據地產經理伯格曼（Bergman）後來為阿爾豐斯的妻子里歐諾拉寫的報告，第一批抵達的普魯士人是尤普林將軍（Eupling）、戈登將軍（Gordon）以及他們的幕僚。一開始，他們與羅斯柴爾德家族傭人的關係就不太好。九月十七日，戈登將軍指示主要管家為十五人安排晚餐。三十二位客人出席後，食物不夠所有人吃（但有六十五瓶酒被喝光），於是戈登將一名僕人關進馬廏過夜，以儆效尤。隔天早上，戈登離開了。十九日那天威廉一世抵達時，身邊有俾斯麥、總參謀長毛奇、軍政大臣魯恩，以及許多資深軍官和大約三千名士兵。（當時巴登公爵和梅克倫堡－施特雷利茨公爵還留在那裡）。至少對這些不速之客來說，費律耶令人耳目一新。蒙特莫爾式的外觀和富有異國情調的內部，使這個地方看起來「既夢幻又華麗」。但這是猶太之王

（Judenkönig，魯恩如此稱呼他）創造出來的，這項事實使他們的欽佩之情參雜著輕蔑。華麗的牆壁和天花板上反覆出現代表詹姆斯・羅斯柴爾德的字母「JR」，刻意被詼諧地解讀成「猶太人之王」。

也許是俾斯麥想到詹姆斯在一八六六年試圖阻撓他的計畫，所以似乎對當時的情況幸災樂禍。「我坐在老羅斯柴爾德和他家人的畫像下，」九月二十一日，他在詹姆斯以前的套房寫信給妻子，「有各種談判者纏著我，就像猶太人纏著商人。」他選擇這個意象是有意義的。他也威脅過要打一個不肯從羅斯柴爾德的酒窖拿酒給他的僕人。另外，他在城堡射野雞時，抱怨拿到的槍太小、彈藥筒太少、子彈不夠。德國媒體刊登關於羅斯柴爾德不好客的抱怨文應該也是他安排的。後來，有人問他是否準備好與共和制政權商議和平條款時，他嘲諷地回答：「我不只認可共和制，如果你希望的話，我也能認可甘必大王朝……其實任何王朝都可以，不管是布萊希羅德或羅斯柴爾德。」

但俾斯麥的王室主人沒有這種敵意。「我們這些人是達不到這種成就的，」有人聽說了威廉對於造訪費律耶發表的評論，「只有羅斯柴爾德家族的人才能達到。」為了不冒犯該家族，他特別下令禁止從莊園徵用任何東西，也不允許動用捕捉到的獵物和酒窖。伯格曼報告：「國王的停留進行得很順利。他有專屬的廚房和廚房人員，莊園提供所有必需品、野味、水果及鮮花，而他給了莊園的員工兩千法郎。」他也「謹慎地取得書面聲明，說明他離開後，莊園內沒有少了東西」。國王還留下七十五人看守城堡。當然，有些人違反了皇家的自律法令。「那些住在莊園塔法雷特區的士兵，」伯格曼抱怨道：

他們在所有池塘釣魚。但這還不夠，他們決定在某天晚上打開水閘，只為了在隔天早上發現更多擱淺的魚。我得知這件事後，便找幾個人和鎖匠去關水閘。但就在這個時候，騎兵來餵馬喝水。讓他們很失望的是，沒有水！他們以為是我把水排掉了，於是拉著我去見將軍。

國王在十月五日離開後，有幾棟房子和城堡的地窖被「掠奪」，毯子和床墊也被拿去給附近的戰地醫院使用。一八七一年一月一日，伯格曼悲嘆：

農場沒有家畜了。我們也沒有煤了，只剩一些木柴。普魯士人和偷獵者捕殺了外面園林的獵物。場地是為普魯士人預留的，指揮官派人在夜間巡邏，野雞和鮮花也要為他們保留。普魯士人抵達的那天，獵場看守人就解除了武裝……我們的金庫沒錢了，只好用麵包券做交易。農場被用作兵營……總之，他們對費律耶保持尊重。目前，城堡內有二十五位軍官。他們有自己的廚師，薪資由城堡支付，但他們對薪資不太滿意。最後一點，莊園和村莊的徵用費用大概落在二百到二十五萬法郎之間……城堡真的很髒亂。

不過不該誇大老傭人束手無策的重要性。普魯士軍隊一直駐紮在費律耶到一八七一年八月底，法國的羅斯柴爾德家族自然急於挑剔占領者的行為。不過安東尼在九月一日造訪城堡，看看「普魯士人都做了些什麼事，一切是否仍維持著可憐的男爵過世時的樣子。」根據他的說法，他驚喜地發現：

房子、公園或樹木都沒有任何損害。公園內的野雞跟以前一樣多。他們還有很多隻鷓鴣，原本的鳥都在那裡。花園內沒有任何生物受損，可見他們遵守了國王的命令，他們甚至把帶到凡爾賽的所有馬車都送回來了。一個酒窖裡的酒喝光了，另一個酒窖也清空了……他們把一些不值錢的小東西拿走了，俾斯麥也帶走了二百五十隻羊。想也知道，地毯有點損壞……但只要想到那些普魯士軍隊經過這裡不太可能沒有物品受損……他們應該都要感謝陛下，並保持緘默……費律耶就這樣了。我認為在布洛涅和費律耶的那些房子裡，沒有任何物品被戰爭破壞，或是被共產主義者拿走，也沒有人陷入困境或受傷，他們應該感謝上帝他們一切平安。

即便考慮到安東尼顯然對法國親戚的抱怨感到不耐煩，但他的敘述似乎推翻了日耳曼人的掠奪觀點。同月下旬，古斯塔夫造訪城堡時坦白地說，莊園的情況「一如預料地好」。

回想起來，普魯士人沉溺於搶劫或掠奪的概念或許是俾斯麥在費律耶提出和平條款時所激發的構想。法國人認為太過苛刻，因此他們傾向認為以當地的水準來看，德軍也算是無情的掠奪者。羅斯柴爾德家族在和平談判中的角色很重要，以至於他們開始同等看待法國的命運和費律耶的命運，並誇大後者承受的負擔。

我們已經了解到，阿爾豐斯和古斯塔夫在色當戰役失敗後，很快就同意需要溫和的共和制政權，同時繼續預感雅各賓主義革命恐怕將在巴黎全面展開。我們讀到他們在一八七〇和七一年寫給倫敦的信時，要記住他們最初的目標是確保英國為結束戰爭而迅速介入，建立適度的和平。因此在某種程度上，即將發生革命的警告具有外交目的。正如阿爾豐斯在八月八日寫給倫敦的信，「如果歐洲不想讓法國變成無政府狀態的溫床，就必須做好準備，下定決心認真介入，不要在第一場大戰結束後浪費時間。」五天後，他堅稱有效的英國調停也是新法蘭西共和國政治穩定的條件。甚至在早期階段，阿爾豐斯就已經明確表示可以接受哪種和平，以至於很難將他自己的觀點與溫和派共和黨領袖的觀點區分開來。其實，在阿爾豐斯寫給倫敦關於此議題的第一封信後幾週，帝國便崩落了。八月十三日，他寫了一份措詞謹慎的摘要，陳述在假定法國戰敗的情況下，新的共和制政權願意接受的條件，顯然是想向格萊斯頓轉達共和黨的觀點：

> 任何分割法國的行動都會遭到徹頭徹尾的反擊，而普魯士提出類似性質的主張也會遭到頑強的抵抗。即使是戰爭賠款，也是令人難以接受的條件，但有影響力的力量能在這方面發揮作用……假如我們被打敗，顯然有必要在一定程度上屈服於戰敗的法則。不過，其他強國必須準備迅速介入，並立即進行調解，否則浪費時間只會使憤怒的情緒加劇，並影響調解的結果。因此，要同意給錢，但不會有進一步發展。

九月四日，也就是色當戰役潰敗的消息傳到巴黎那天，他再次強調：

> 如果可以藉由賠款來獲得和平，人一定會毫不猶豫地簽和平條約，無論這樣做有多麼悲哀和丟臉。但這裡沒有人敢簽一份需要割讓領土的和平條約。你會告訴我們，法國在目前的處境沒有防衛能力，我們沒有其他

軍隊和彈藥了。也許這是事實，但民眾的情緒很強烈，因此國家寧可自生自滅和支離破碎，也不願割讓領土。這意味著法國的毀滅，我認為外國勢力在不允許歐洲的平衡被普魯士完全推翻方面，特別關注如何防止這種毀滅性的結果。調停的時刻到了，所有行動都必須是即刻且充滿幹勁的。

所以朱爾・法夫爾（Jules Favre）在九月六日發表的著名聲明「寸土不讓」，在倫敦並不令人感到意外。那天，阿爾豐斯見到法夫爾，並再次預測了法夫爾的論點：「除了割讓領土，其他犧牲都可以接受……因為割讓領土會使政府的處境變得艱難……我完全相信目前的政府只有一個想法，那就是議和。但為了使這種和平不成為曇花一現，干涉是符合歐洲利益的。」後來，古斯塔夫批評法夫爾的策略，將缺失歸咎於特羅胥將軍。但是從羅斯柴爾德家族的信件可以看出他哥哥對這些信件有重要的影響，並認為法夫爾的聲明「有價值且高明」。從阿爾豐斯的信件來看，他和法夫爾確實都對一八七〇年九月制定的法國外交政策功不可沒。例如，他在十一日寫給新廷的信中，涵蓋了旨在確保英國調解的威脅和承諾，讓人很難相信是由整體政府授權：

> 這符合整個歐洲的利益……讓實現和平變成可能的事，不使法國陷入無政府狀態，以至於需要被長久占領。畢竟，這樣做遲早會導致很嚴重的後果，甚至可能使普魯士喪失勝利的機會。這些話不是威脅，而是局勢的真相。沒人敢以割讓領土的條件來簽和平協議。如此一來，普魯士就必須管理法國，而那不是容易的事，因為法國各個還沒被敵人占領的城鎮會發生革命運動……請放心，除了割讓領土，這裡的人能接受實現和平所需的其他條件，包括戰爭賠款、一部分海軍，甚至法國殖民地或盧森堡。

當然，阿爾豐斯準確地預測了德國對領土和資金的需求。早在八月十五日，卡爾就向倫敦轉達法蘭克福交易所的氛圍：「我敢說，法國會失去以前的德國省份，這是巨大的損失，而且法國必須付一大筆錢。至少這是普遍的看法。」幾天後，他又以同樣的語氣補充：「這是全國性的奮鬥。德國軍事的重大勝利意味著他們會取走可期待的一切，你們能想像得到這裡和全德國存在的熱情嗎？法國的恥辱必須具有代表性才能滿足輿論。一切都在上漲，德國貸款的溢價也高達百分之七，而且一定會再上漲，因為法國要全部負擔。」他陰鬱地預測：「德國人會為了確保長期和平，而謹慎地施加條件。」到了八月二十六日，他提到更多細節：

> 法國人必須被羞辱，這是我們避免進一步戰爭的唯一途徑。我相信法國必須放棄阿爾薩斯、洛林、一大部分領土以及至少一億英鎊的戰爭捐款。史特拉斯堡和梅斯必須成為聯邦堡壘，這是普遍的意見。老俾一定會妥善處理。

邁爾．卡爾也從民族主義者和戰略的角度為吞併阿爾薩斯－洛林辯護：「以為德國會在不保留被征服的舊德國省條件下放棄鬥爭，是愚蠢的想法。」

但是基於上述原因，法國新政府希望英國為了緩和德國的要求而出面干涉，的確不切實際。「我們收到你們的信了，」九月六日，阿爾豐斯在寫給新廷的信中悲嘆，「我們得知英國不打算干涉後，感到很遺憾。」這並不是說他不再相信影響英國政策的可能性：他與英國大使萊昂斯勛爵定期保持聯繫，顯然也參與了提也爾的外交事務（提也爾開始在倫敦和聖彼得堡尋求支持）。希望從格萊斯頓那裡得到更多支持並非完全不切實際，因為格萊斯頓強烈反對單方面吞併法國領土，並私下認為將盧森堡交給普魯士是「巧妙的主意」。不過，他被羅斯柴爾德的某封信激怒了。信中的內容似乎假定是他支持的立場，並（致命地）提出「關於比利時利益的……冷漠假設」。其實到了九月底，格萊斯頓就開始懷疑羅斯柴爾德家族「扭曲」了轉達給他的部分情報。

俄羅斯人抓住危機帶來的機會，重新討論黑海的中立問題時，任何有效干涉的可能性都被埋沒了。❼在這

❼ 一八七一年三月，格萊斯頓拒絕向羅斯柴爾德家族提供當時在倫敦召開國際會議討論這個老問題的內幕消息，這表明格萊斯頓對該家族的態度越來越謹慎。

方面，阿爾豐斯不再為政府的長期公債貼現，而是將剩餘的現金兌換成法蘭西銀行的匯票。然後，為了安全起見，這些匯票被寄到倫敦。隨著普魯士軍隊逼近巴黎，而且沒有即將休戰的跡象，在偉大的羅斯柴爾德傳統中，這是個被輕描淡寫的時刻。「不用我說你們也知道，」他總結道，「這種極端情況對我們很不利，但市政府已宣布我們即將被埋在巴黎的城牆下，未來一片渺茫。」九月十七日，法夫爾在費律耶與俾斯麥會面的前一天，萊昂斯先向古斯塔夫通報了德軍的位置。俾斯麥告訴他：「他不想談錢，他說他們的錢已經比需要的還多了。他們真正需要的是擁有梅斯和史特拉斯堡……萬一被拒絕（不無可能），他會闖進巴黎中斷我們的商業通訊，並讓這座城市暴露在刀光劍影之下，沒有喘息的機會。」「這是可以接受的。」古斯塔夫在顯然以為是自己在這段時間內最後一封寫給倫敦的信中說，「再見了，親愛的堂親，包括萊昂斯勛爵在內的大使，今天晚上就要離開了。之後我們不知道會生活在什麼情況之下，前景充滿希望。」因此，法夫爾在十八日的訪談只是證實了羅斯柴爾德家族預期的事。如果法國能保留史特拉斯堡和阿爾薩斯，法夫爾甚至可提供五十億法郎給俾斯麥，但老俾的回答令人難忘：「我們之後再談錢的問題，現在要先確定並確保德國的邊界。」

溝通並沒有完全中斷，偶爾有信件經由氣球越過戰線，並透過電報轉送到倫敦。但是在圍攻期間要寄信到巴黎其實很困難，例如在十二月十日，阿爾豐斯才收到堂親在十月二十一日寫的信。直到一八七一年二月三日，新廷的信差帶著大籃子前來之後，才恢復了平常的通信。實際上，巴黎人在這段悲慘的四個月都是孤軍奮戰，甚至在一月二十八日停戰以後，他們的通信方式還是不穩定，直到六月才恢復正常。由於他們在普魯士圍攻時期停止寫信，我們無法深入了解他們的經歷。但可以確定的是，只要留在被圍困的城市內，這些人多少忍受了寒冷、飢餓及恐懼。食品包裹在二月從倫敦寄來時，阿爾豐斯和親戚「像個孩子般，對你們寄來的好東西興奮不已」。俾斯麥的惡意再度油然而生，歡欣地想著羅斯柴爾德家族的沒落。一月三十日，也就是停戰協議最終簽訂的兩天後，他又講了一些反羅斯柴爾德的玩笑話。一聽到某位羅斯柴爾德準備離開巴黎，他就提議把他當成狙擊手逮捕。「然後布萊希羅德會跑過來，代表整個羅斯柴爾德家族俯首稱臣。」俾斯麥的表親感嘆道。「那我們就把這兩個人都送到巴黎，」俾斯麥嘲笑說，「他們可以在那裡參加獵狗活動。」他指的是那些被困在城市的人所吃的低劣食物。

「核心問題」：賠款

基本問題出現了。歷史學家經常提出的問題是：相隔近半個世紀，局勢發生逆轉，德國被打敗後，在同一個地方簽訂的和平條款會如何訂定。和平條款是否太過苛刻？另一個關於一九一九年和平條約的問題也經常被提出：該不該為了抵制條款而繼續戰鬥，甚至冒著風險引發內部革命和內戰？矛盾之處在於，割讓阿爾薩斯和洛林領土的要求並非不合理，畢竟奧地利在一八五九至六〇年與一八六六年經過兩次戰敗後交出了領土，但這些要求讓法國人無法忍受。相比之下，貨幣需求很嚴苛，法國人卻從一開始就贊同這種要求。甘必大藉著氣球把信從巴黎寄出，並進行大規模起義，但在許多方面都是白費心力。雖然新組成的軍隊確實對普魯士占領者造成意外的傷亡，但他們沒有機會真正戰勝那些占領者。從內部穩定性的角度來看，延遲和平的代價也很高，而且沒有改變普魯士的條件。

不過，與威瑪共和國在一九一九年後的經驗比較，可以帶來四個方面的啟發。首先，徒勞的軍事抵抗可能會扼殺、或至少削弱巴黎極左派在色當戰役後提出的「放暗箭」新理論。到了一八七一年，沒有人懷疑法國已經「在戰場上」被擊敗了。如果沒有對共和黨優柔寡斷的迷思，右派的不同派系很難團結起來。其次，巴黎陷入無政府狀態，以及後來在一八七一年夏季對公社的鎮壓，可能對幾代人消除雅各賓主義、布朗基主義（Blanquism）、普魯東主義（Proudhonism）及馬克思主義的幽魂產生有益的影響：溫和派共和黨人因為對極左派有共同的厭惡感而團結在一起，這種情形不曾在威瑪發生。第三，普魯士軍隊在一八七〇年後繼續占領法國的大部分地區，給了溫和派共和黨人支付賠款的動力，這是德國在一九二〇年代缺乏的部分。法國是在拖欠後試圖占領德國的領土，而不是在付款前占領。

最後，也是很重要的一點：一八七〇年後，在以羅斯柴爾德家族為首的歐洲資本市場全力支持下，堅定又真誠地試著支付賠款極具意義。一八七〇年代初期，法國為失敗付出了大筆資金，諷刺的是，這比他們在戰爭前願意為充分的軍事準備付出的錢更多。金融市場獎勵他們的方式是以相對較低的成本預付所需資金，盡快轉移賠款。簡單來說，這是該世紀最大的金融活動，也可以說是羅斯柴爾德家族的最高成就。相比之下，德國從一九二〇年代早期開始迴避支付賠款，並在過程中對國家造成惡性通膨，也使外國貸款機構的貨幣大幅貶值。市場的反應是不再信任德國政府，隨後一連串小額分期支付賠款的嘗試也很不順利。第三共和國維持了七十年，威瑪共和國則維持不到十四年，其中的關鍵差異可能在於一八七一年的和平時期。

當然，我們不該忽視這兩種情況的區別。一八七〇年的戰爭時間很短，性命和財富方面的損失也比一九一四至一八年的戰爭更少，因此法國開始以較低的公債水準支付賠款，而且財政與貨幣問題較不嚴重。即便如此，支付德國賠款仍是現代金融界的一大壯舉。[8]從一八七一年六月到一八七三年九月，法國支付給德國四十九億九千三百萬法郎，第一年的金額約占GNP的百分之八，第二年占百分之十三。這些數字需要從現有公債水準（遠遠高於一八一五年）的背景來看。一八六九年，法國公債在戰前占GDP的比例已達到百分之四十四；一八七一年，這個比例在大部分賠款付清前達到百分之五十九。因此一八七一年的內外債務總額接近GDP的百分之八十，大約是德國在一九二一年承擔的債務總額一半（賠款總額後來才確定）。另一方面，德國的賠款計畫在一九二〇年代預計要延續幾十年，因此該年代期間的每年債務和攤銷平均不到GDP的百分之三。對法國而言，連續兩年平均支付超過百分之十GDP的費用是很驚人的事。更驚人的是，這種轉變是在匯率貶值到最低和國內通膨的情況下進行。如何實現此目標的歷程值得我們深入了解。

早在一八七〇年八月，羅斯柴爾德家族就開始考慮法國賠款的問題。如我們已知的，邁爾・卡爾提出了一億英鎊（二十五億法郎）作為大概的總額。早在十一月，安謝姆就試著了解如何支付這麼一大筆錢。他建議萊昂內爾按照一八一五年的先例，必須發行殖利率百分之五的新長期公債，並設想該家族充當巴爾林兄弟在當時扮演的角色，將錢從巴黎轉移到柏林的中間人。萊昂內爾反對，雖然這是個很有遠見的觀點，但時機還沒成熟。根據俾斯麥的說法，法夫爾在九月會面時提到了五十億法郎，但條件是保留阿爾薩斯－洛林。德國人堅持割讓領土，談判再度中止，而戰爭繼續進行。直到一八七一年二月，關於賠償的事務才得以繼續執行。

最初德國銀行家認為政府勝利的連帶利益包括他們對籌集賠款的控制權。布萊希羅德被召喚到凡爾賽為俾斯麥出謀獻策時（連同企業家亨克爾・馮・杜能斯馬克〔Henckel von Donnersmarck〕），他認為自己比對手搶先了一步。這趟行程結束後，他糾纏著巴黎的羅斯柴爾德家族，提議在柏林市場發放法國貸款。不用說也知道，邁爾・卡爾反對找布萊希羅德，並主張任何交易都該找漢澤曼和普魯士海外貿易公司一起處理。然而，阿爾豐斯似乎從早期階段就決定盡力排除所有德國銀行家，甚至包括在法蘭克福和維也納的堂親。❾他的計畫是在巴黎和倫敦設立兩個由羅斯柴爾德帶領的聯合財團，前者包括歷史較悠久的私人銀行（所謂的高級私人銀行），但不包括合資銀行，而後者只由羅斯柴爾德銀行和霸菱銀行組成。這項策略有雙重意義，旨在以可能被解讀成愛國理由的方式懲罰德國銀行，但也旨在幫助「舊」銀行打擊位於法國和英國的合資對手。有鑑於此，私人銀行之間的早期競爭被遺忘了，尤其是羅斯柴爾德家族和巴爾林兄弟之間的競爭關係可追溯到最後一筆法國賠款的融資和轉讓。

第一輪爭奪控制權的行動的發生，是因為德國占領者於二月時在巴黎要求兩億法郎。想也知道，法德雙方的關係在這個早期階段很緊張。如果德國人願意接受法國的紙幣，事情就會變得簡單明瞭。法蘭西銀行預付二億一千萬法郎給臨時的市政委員並不是難事（其中一位是利昂・賽伊），但是德國人擔心法國紙幣可能會貶值，於是堅持用硬幣的形式收款。阿爾豐斯認為這太不合理了，他認為他們只是在找藉口中斷談判、中止休戰

❽ 一八一五年，施加於法國的賠款為七億法郎，約占GNP的百分之七；德國在一八七一年要求的五十億約占GNP的百分之十九。

❾ 他們在這個階段的溝通狀況很差，因此不可能涉及法蘭克福分行和維也納分行，或這至少是阿爾豐斯不這樣做的藉口。

協議並進軍巴黎。最後，儘管與倫敦的定期聯繫依然有困難，阿爾豐斯還是設法達成妥協：立即以法國鈔票支付五千萬，盡快以金幣或銀幣支付五千萬，其餘以倫敦和柏林的商業票據支付。這次行動得到羅斯柴爾德引導的法國私人銀行財團擔保，並在倫敦分行的協助下進行。[10]大多數買入並交給德國人的票據（一億中的六千三百萬）其實是倫敦的短期票據（為期一到兩週）。阿爾豐斯給了布萊希羅德兩張值二百萬塔勒幣的票據，讓他驚歎不已，算是例外。此時有初步跡象顯示，阿爾豐斯有意讓倫敦而非柏林成為賠款程序的節點。實際上，阿爾豐斯在二月二十一至二十二日匆忙趕到新廷，討論如何在更大範圍內重複相同的操作以因應即將到來的國家賠償。如他所料，大量買倫敦票據的行為使法郎兌英鎊稍微貶值，但德國人在協議條款下不受貶值影響（銀行家也一樣，巴黎當局同意固定利率）。同時，他預測如果德國人想一下子將英鎊票據兌換成黃金，可能會在倫敦製造麻煩。

巴黎的捐款只算是開胃菜，最後要徵收的賠款總額尚待決定，事實證明這並不容易。凡爾賽的數字落在三十億到八十億法郎。起初「脾氣暴躁的」俾斯麥向提也爾提議六十億時，提也爾「像被瘋狗咬到般」譴責這是一種「侮辱」，甚至當他將這個數字減少到五十億時，法國人還是認為這個數字太「荒唐」。更讓法國談判者惱怒的是，俾斯麥保證布萊希羅德和亨克爾「制定了一套程序，讓你們在不知不覺中付清，儘管表面上看似很沉重」。法夫爾不滿地說，這兩位德國金融家「盡力向我們證明，他們多麼想用我們的幾十億來執行龐大的業務。」為了避免這種情況，提也爾要求阿爾豐斯從倫敦返回，代表巴黎和倫敦的羅斯柴爾德家族表達意見。二月二十五日，雙方明顯陷入僵局，阿爾豐斯被召喚到凡爾賽。他在當天晚上抵達時，德國總理對他很冷淡。

如果俾斯麥希望身為法蘭克福猶太人的兒子羅斯柴爾德能夠調停，那他應該會失望。可以確定的是，阿爾豐斯勸阻了憤怒的提也爾和法夫爾「中斷談判，並投入歐洲的懷抱」。但是，當德國的代表向他提議每年支付十五億法郎（一半為硬幣，一半為票據的頭期款）時，他「宣稱自己不必討論這些（技術性）問題，畢竟法國的談判代表還沒在和平條約的基本原則上達成共識」。經過一小時毫無結果的討論，俾斯麥出現了。阿爾豐斯說：「他氣得臉色發白，還問我們同意了哪些提議。我回答說，兩個政府還沒在基本原則上達成共識，所以我無法探討這些問題。我還以為俾斯麥要把我吃了，他大喊：『在那種情況下怎麼可能實現和平！』」

阿爾豐斯回來和提也爾、法夫爾討論下一步，但俾斯麥還沒完：「不久後他又出現了，接著提議一年內付十億，其餘的在三年內付清……」這時已經是晚上十點，阿爾豐斯該回巴黎了。隔天早上，他匆匆地在信中回憶，最後的討論「很熱烈」。俾斯麥的意思大概是，如果戰火再度點燃，他就要發動一場前所未有的可怕戰爭」。布萊希羅德也坦白說，他對俾斯麥的「無禮和粗野態度」感到很驚訝。「有人這樣跟羅斯柴爾德家族的人說話的嗎？」阿爾豐斯則輕描淡寫地表示自己處境「艱難」：

在政治的表象下，他們很希望我插手，要我變成金融聯盟的關鍵人物，而這個聯盟看起來很有毀滅性……沒有必要讓一群銀行家直接干涉政治事務，藉此讓他們背上談判的罵名，他們不該承擔這種道德責任。

在某種程度上，俾斯麥的威嚇有效。隔天，一如阿爾豐斯所預料，提也爾和法夫爾同意了五十億法郎的數字。確切地說，根據二月二十六日達成的協議，法國欠德國五十億法郎，累計的利息按百分之五計算，扣除在阿爾薩斯和洛林的法國鐵路價值，也不包括巴黎賠款及其他已徵收的占領費用。⓫付款期限很緊迫。最終確定的和平條約於五月十日簽訂後，五億將在第一個月到期；十億將在一八七一年的年底到期；五億將在一八七二年五月到期；在接下來的三年，每年三月還必須支付十億。阿爾豐斯認為這些條件既不利又可恥，他感嘆說，五十億是「很大的數字」，「不太可能在三年內付清。」就像凱因斯（Keynes）在一九一九年的反應，

⓾ 與隨後的款項不同的是，這次的款項對銀行而言並不是特別有利的交易。當時的情況迫使阿爾豐斯只收取百分之〇．五的低佣金，並抱怨自己受到脅迫。

⓫ 最後，利息高達三億一百萬法郎，略低於鐵路的價值（三億二千五百萬法郎），因此最終支付的總額其實是四十九億七千六百萬法郎。

阿爾豐斯也激烈地反覆爭論支付所需金額的可能性。起初，他甚至認為二十億是「荒謬」的數字，但他後來開始考慮起二十五億。與凱因斯相似的是，他明智地警告過多的賠款不僅會使戰敗國陷入經濟混亂，還會擾亂整體歐洲經濟：實施大規模的無償轉讓有難度，會在國際金融市場上造成動盪。但與凱因斯不同的是，他無法說服任何人。法國政府不情願地接受和平條款時，並沒有像一九二〇年代期間在柏林那樣嚴重拖欠賠款。在警告英國堂親不可能支付五十億法郎的幾天後，阿爾豐斯自己便也努力地為第一期的轉帳做準備。

關於這種從絕望到行動的轉變，最貼切的解釋是阿爾豐斯其實在凡爾賽戰爭取得了重要的特許權，但代價是要承受俾斯麥的憤怒衝擊。保留貝爾福（Belfort）的要塞就是其中一個例子。更重要的是，在設想的時限之前提早執行款項貼現是可能的，如果事實證明行得通，德國逐步撤離法國東北部被占領地區的速度也會加快。[12]最重要的是，阿爾豐斯保證儘管德國人確定了賠款總額，也設定了付款期限，但彼此同意在一定的限度內，法國人可以決定付款方式。[13]他在凡爾賽向提也爾解釋，布萊希羅德和亨克爾希望「將這一大筆金融業務與和平條約的締結聯繫起來」。但阿爾豐斯的想法是：

> 兩個政府應該在賠償金額和付款期限方面達成共識。但法國政府應當為自己保留權利，以合適的方式付款，否則這將導致特殊利益與一般利益混淆。無論從哪個觀點切入，都可能產生不幸的後果。

有其父必有其子。這就是典型的羅斯柴爾德式作風。也許是這點說服了提也爾，所以隔天早上他不再反對五十億這個數字，也確保了該家族（而非德國的銀行家）取得賠款融資的控制權。

如果要支付賠款並終止占領，至少要先了解六個技術性問題。首先，在不像巴黎付款那樣對法國匯率造成不利影響的情況下，能付多少錢？其次，與此密切相關的是，在戰爭期間暫停法郎兌換成金銀的法蘭西銀行是否該恢復金銀複本位制？從色當戰役開始，法國政府就一直仰賴該銀行用國庫券抵押的短期預付款以滿足財務需求。[14]顯然，給德國的首期款必須以同樣的方式提供資金。但就像阿爾豐斯一再警告的，進一步以短期國庫券抵押的方式發行貨幣有可能使其「淪為紙幣」，如同將法郎兌換成柏林可接受的貨幣，這種需求有可能引發匯率危機。第三個問題順理成章：為了以非通膨的方式籌到賠償所需的資金（以及政府本身的需求）長期公債[15]多快能在法國發行，尤其是外國市場？第四，有沒有可能推行新稅，並控管政府內部支出，使以這種方式產生的新債務可償還？從這一點也能提出新稅形式的問題：法國現在是否該效仿英國，之後才推行所得稅？還是法國應該恢復對原料徵稅的政策？證券交易所該不該以證券交易的新印花稅形式，承擔戰敗成本的衝擊？最後，規模最大、最顯著的私人集中資本「鐵路」該怎麼做呢？其資產和收入是否能以某種方式被利用，無論是透過徵稅或用作對德國債務的擔保？

對於因失敗而生的政府而言，這些都是很難回答的問題。從政府的財務顧問羅斯柴爾德家族的觀點來看，這些問題的影響既複雜又含糊。控制巨額賠款轉帳的機會帶來了可觀利潤的前景，但如果失敗了，或萬一成功的代價是對該家族的資產徵稅，這些問題有可能被否定。最重要的是，向柏林支付大筆的錢被視為巨大的風險。一九二〇年代，認同「履行」政策的德國的猶太銀行家和政治家為此付出了沉重的代價。事後來看，阿爾豐斯在一八七〇年代扮演著類似的角色，當代對他的批評卻非常少（但我們接下來會看見他的角色在一八八〇年代改變了）。

沒有什麼比新政府於一八七一年三月到五月在巴黎失去威信更能清楚說明牽涉的困難了，當時正在進行支付第一期賠款的準備工作。雖然阿爾豐斯一再向堂親保證，大多數法國人偏保守（在二月八日舉行的國民議

---

⑫ 俾斯麥提議「按照支付金額的比例，分階段撤出被占領的領土」。

⑬ 普魯士人同意收黃金、白銀以及英格蘭、普魯士、荷蘭和比利時中央銀行發行的紙幣，也接受上述銀行開的支票，以及在倫敦、阿姆斯特丹、柏林或布魯塞爾的上等即期匯票。五月時，他們進一步同意收一億二千五百萬的法國紙幣。從一開始，俾斯麥和德國銀行家就反對接受法國的長期公債。

⑭ 在阿爾豐斯的倡議下並考慮到輿論，法蘭西銀行把向政府收取的利息從百分之六降至百分之三。

⑮ 他們不曾認真討論過其他可能性，例如可分期償還的債券或摸彩貸款。倫敦和巴黎的投資者都指望法國政府的長期公債。

會選舉中，君主派的勝利印證了此觀點），但帝國衰落後，長期激進的奧古斯特・布朗基（Auguste Blanqui）及其他人不再隱身或被監禁的那一刻起，首都的紅黨（parti rouge）威脅就已存在。軍事失利後，他們曾兩次帶領「暴民」到巴黎市政廳：一次是在一八七〇年十月三十一日，另一次是在一月十九日。到了三月，一八四八年的情景似乎準備重演，甚至連演員陣容也沒有改變，包括提也爾和格雷維（Grévy）領導的溫和派共和黨人，以及路易・布朗（Louis Blanc）、德勒克呂茲（Delescluze）及勒杜－羅蘭（Ledru-Rollin）等在議會中以代表身分出席的激進左派。三月十八日，提也爾試著裁減國民兵的軍備時（國民兵的規模於戰爭期間擴大並政治化），歷史適時重演，卻是另一場悲劇而非鬧劇。由於寡不敵眾，政府部隊選擇親近群眾。為了不讓更多人叛變，提也爾決定將所有部隊撤到凡爾賽，讓巴黎由國民兵中央委員會掌管。

三月二十六日，推選出了新的市政府，公社（這個名字令人想起一七九二年）不久被布朗基派（Blanquist）和雅各賓派控制。四月初，爆發了戰鬥，很快展開了另一場大規模的圍攻。公社成員根據皺巴巴的歷史手稿於五月一日成立救國委員會，恢復舊的共和曆，並開始互相審判。然而，恐怖統治這次是施加在革命者身上，而不是由他們主導。血腥週（Bloody Week）於五月二十八日結束，約有二萬人喪命，其中大概有一半是公社的囚犯，他們在臨時「屠宰場」依軍隊指揮官的指示排成一排，然後被射殺。

對法國的羅斯柴爾德家族而言，一八一五至一九四〇年期間出現的公社，即使對性命無害，但已證實對財產構成嚴重的威脅。三月二十六日，阿爾豐斯建議古斯塔夫離開巴黎到凡爾賽，但他想留在拉菲特街。四月一日，他拜訪哥哥之後，在回程途中被火車司機提醒，公社已下令中斷與凡爾賽的聯繫，他搭乘的火車是開往城市的最後一班，於是他下車回到凡爾賽。這是個明智的決定。如果他搭車前往市中心，很可能淪落為人質，並發現自己捲入十九世紀的殘酷街頭鬥毆。羅斯柴爾德的辦公室和房子差點被燒毀。讓阿爾豐斯感到欣慰的是，巴黎北站沒有受到嚴重的破壞，不像法蘭西銀行和財政部的情況。阿爾弗烈德在六月底造訪巴黎時，高興地報告：

射到這裡的子彈只擊中了吸菸室的天花板角落。這場革命留下的紀念品有一把刷子，惡棍本來要用油刷引燃房子，還有一些惡棍引以為樂的照片，以各種拍照姿勢顯現他們的存在感。

即便如此，這場危機對堂親的身體狀況造成的影響讓費迪南很震驚。八月時，他在巴黎發現阿爾豐斯和古斯塔夫變得「面黃肌瘦」，看似滿腹心事。

從賠款的角度來看，巴黎陷入內戰是一種挫敗，使金融活動幾乎停頓。但還是有一些補償。巴黎的事件可描繪成是對各國政府的威脅，也進一步證明迦太基和平的不智。此外，一旦正規軍恢復軍紀，政府就有機會「除掉不斷威脅社會的敗類」，「為法國與世人肅清所有這些惡棍。」顯然阿爾豐斯對巴黎的「危險階級」有強烈的厭惡感，而他們正是血腥週的根源。

可以補充的一點是還有其他好處：公社的挫敗強化了提也爾擔任總統的地位。但這真的是優點嗎？一個一八七〇年代早期的謎團是提也爾和羅斯柴爾德家族之間的關係本質。阿爾豐斯原本稱提也爾是「我們的朋友」，似乎很高興地將他視為「掌握局勢者」。與巴黎交戰期間和戰爭結束後，阿爾豐斯確實堅定地支持他和溫和派共和黨人，他認為只有提也爾能使支持共和黨的巴黎與支持君主制的省份和解。但「我們的朋友」只是羅斯柴爾德的委婉說法，缺乏情感。事實上，阿爾豐斯對提也爾有所保留，這點很快就再度顯現。畢竟提也爾在路易．菲利普時代並不是阿爾豐斯父親的朋友，這位老人顯然使羅斯柴爾德的兒子感到不安，也許正因為這一點：「跟他交談真的很難，」某次，阿爾豐斯見過他後抱怨道，「尤其是像我這種從小就認識他的人。」難道阿爾豐斯有些懼怕提也爾嗎？阿爾弗烈德注意到他「很怕拜訪大共和國的小總統」。更常見的情況是，阿爾豐斯批評提也爾的獨裁傾向（尤其是對法蘭西銀行）以及對政治「明一套，暗一套」的喜愛，並為此感到焦慮。他下了一個奇怪的定論：「儘管（海神）普羅提斯身材高大，但總是從我們指間溜走。」阿爾豐斯早在一八七一年六月就預測，如果提也爾失勢，很可能會被奧馬勒公爵取代，為奧爾良王朝的復辟鋪路。⑯

然而，羅斯柴爾德家族並沒有低估提也爾的一項特質：在一八七一至七三年的情況下，提也爾也明白金融比其他因素更重要。「最重要的是，」阿爾豐斯在六月初告訴提也爾，「要釐清楚政治局勢，目前的局勢完全受制於財政問題。」後來發生的事件證實了提也爾同意這點。儘管年事已高，但總統經常請教阿爾豐斯對這些財務問題有何建議。此外，雖然競爭的銀行不斷努力挑戰該家族的地位，但他不曾真正質疑在付賠款方面不需要他們領導。這也能用來解釋為何（如他後來告訴甘必大）提也爾在一八七二年晚期地位看似受到威脅時，阿爾豐斯仍採取行動讓提也爾繼續掌權。根據一段描述，他告訴甘必大：

> 他欣賞總統提也爾，但提也爾不公正地指責他是敵人。一整年下來，提也爾都拒絕見他。提也爾說：「是羅斯柴爾德推翻了我。」「他也跟我說過這句話。」甘必大插嘴說。「事實才不是這樣！」阿爾豐斯激動地回答……「我明明在一大堆議員中擁有一定的影響力，也讓提也爾撐了六個月。要不是我，他根本撐不了這麼久。我告訴議院的朋友：『不要推翻提也爾，以免造成全國性的災難……至少也要等大規模的貸款活動結束，因為法國的信用和財富都取決於這些活動。』別的什麼都沒說。」

無論他們互相有什麼猜疑，兩個人都因利益關係而聚在一起，但嚴格來說是屬於財務層面。

其他銀行能不能也妥善處理賠款，甚至更便宜？這點有爭議。在一八七一年的上半年，利率百分之三的長期公債估值偏低，只有五十到五十三法郎。布萊希羅德並不是唯一發現能從「這一大筆金融業務」獲得可觀利潤的歐洲銀行家，不僅是以佣金的形式，也是以資本利得的形式，前提是長期公債能以低廉的價格入手。考慮到長期公債從一八一五年以來作為投資標的之過去表現，大幅上漲似乎是遲早的事。布萊希羅德及其他德國銀行家在五月一窩蜂擠往巴黎，試著從中分一杯羹，而且不只他們這樣做，巴黎的銀行同樣嘗試在出價方面高過羅斯柴爾德家族。J．S．摩根公司也參與競爭，在一八七〇年十月承擔了資助法國戰爭的風險。

然而，沒有對手能以發行機構的身分與羅斯柴爾德家族的國際影響力匹敵。里昂信貸銀行的馬茲拉

（Mazerat）說過：「羅斯柴爾德與歐洲的良好關係以及他的資本資源力量，為他創造了特殊的角色。」這就是關鍵。為了盡量從發行中籌集到強勢貨幣，提也爾和法國財政部長奧古斯汀・普耶－奎爾提（Augustin Pouyer-Quertier）希望盡量在法國以外的地區販售新長期債券，最好是在倫敦。阿爾豐斯可以正當地以代言人的身分出席，不只是巴黎高級銀行的發言人，也是新廷的代表，這是他的王牌。「我相信，」他向倫敦報告，「我們的意見會對（法國）財政部長所要做的決定產生很大的影響，而我們的態度一定會受到你們的影響。」「部長只對我們說這些話，」他後來補充，「我相信你們可以對英國的整體業務操作放心。」阿爾豐斯也建議把在德國發行的長期債券交給法蘭克福分行處理，而非交給布萊希羅德和漢澤曼處理。他說：「尤其是我認為政府很難直接透過德國銀行家認購，但羅斯柴爾德家族有享譽國際的名聲。」⑰難怪該家族的對手抱怨（依據馬茲拉的描述），阿爾豐斯已變成「即將形成的金融聯盟關鍵人物，要跟上他的計畫是不可能的事」。

既然政府很重視羅斯柴爾德家族，那就只剩下運作機制需要達成一致意見了。一八七一年六月，阿爾豐斯在信中針對這種談判方式提出精闢的見解。備受爭議的論點很多：發行的時機（在七月二日的選舉之前或之後？）、發行的金額（二十億法郎以上？）、法國與英國及其他市場的不同股份、應付債券的利息和分期償還、發行價格（討論的數字範圍落在八十到八十五）、認購款項的時機（每個月分期付款幾次？）、銀行家的明確角色（他們是否該收購債券公司，或者承購部分或全部的債券？）、佣金與經紀費以及其他費用的金額、付給外國認購者利息的匯率（是否與未來的法郎貶值掛鉤？）。

經過幾天討價還價得到的答案如下：認購值二十六億法郎、利率百分之五的長期公債，將於六月二十六

⑯ 主要障礙在於波旁王朝的繼承人香波公爵（Chambord）身邊存在其他的替代性君主制政黨。與威瑪相比，阿爾豐斯可謂是「理性的共和黨人」，他在塞納－馬恩省的議會上以輕蔑的口吻提到不得不與之打交道的祕密君主主義者。

⑰ 他很可能不曾打算讓布萊希羅德或漢澤曼加入承銷集團，也許蘭迪斯描述的談判是一場騙局。這樣一來，就能說明為何有許多引起誤解的電報，或者是柏林的銀行家想以過低的價格買長期公債。

日以八十二・五的發行價上市，但基於認購款項的時間點，淨價約為七十九・五。英國利息支出的匯率固定為二十五・三〇法郎兌一英鎊。由倫敦和巴黎的羅斯柴爾德家族帶領的兩個財團只正式承銷了總發行量的十億六千萬，回報是他們獲得百分之二票面價值的佣金（二千一百二十萬法郎），因此他們的認購實際價格趨近於七十七・五（阿爾豐斯算出的數字是七十七・七）。當然，這其中有一些問題。實際上，這些財團承銷的並不是（如柏林銀行家預期）發行的第一個十億，而是第二期的十億。如果發行不順利，他們持有大量長期公債的機率就會變高；但如果發行順利，公眾大量買進，銀行家只好欣然接受佣金。柏林人認為這是完全不能接受的事。然而，法國政府與羅斯柴爾德分行達成了祕密的口頭協議，允許他們保留部分或全部承購的長期公債。因此，羅斯柴爾德的份額為四億一千五百萬法郎，超過承銷總額的三分之一，或是發行總額的百分之十六。[18]因此，計算他們賺到的利潤是簡單的算術問題。光是佣金就值八百萬法郎，但這裡忽略了相關的龐大資本利得。如果倫敦和巴黎的分行保留他們付的實際價格七十七・七的長期公債，並在一八七一年十一月的市場下一個高點（九十七・一）全部出售，他們就能獲得約八千萬法郎（約三百萬英鎊）的利潤。[19]

不出所料，阿爾豐斯認為這樣做比原本可以賺到的利潤少。事實證明，實現羅斯柴爾德全面壟斷是不可能的事。不只法國的合資銀行設法取得一小部分股份，倫敦和巴黎以外的市場實際上是「對外開放」的，因此經紀人甚至在認購開始之前就在布魯塞爾進行非正式交易。「我承認這是一片混亂，」阿爾豐斯對經驗不足的普耶－奎爾提的評價向來不高，他抱怨道，「但我保證這不是我們的錯。如果要避免發生這種情況，我們只能自己當財政部長了。」但是貸款幾天內顯然進行得很順利之後，就不再有這些怨言了。起初，據說認購額是發行金額的兩倍，直到七月二十日，阿爾豐斯估計是八倍。不僅如此，法國的合資銀行也被擠出了市場，不久後，巴黎市透過羅斯柴爾德家族發行自己的貸款時也是如此。里昂信貸銀行的馬茲拉抱怨：

在戰後達成協議的所有事務中，羅斯柴爾德家族及其支持的高級銀行集團發揮了獨特的作用……羅斯柴爾德和朋友在法蘭西銀行的支持下，事先提供巴黎市戰爭資金所需的二億法郎。同一個集團為自己保留了二十億貸款，而且作為恩惠，信貸機構才能在緊急關頭從羅斯柴爾德財團賺取的二千萬佣金中獲得微不足道的份額……現在，提供給巴黎市的下一筆貸款也以同樣的條件宣布……

阿爾豐斯現在是法蘭西銀行的主要董事之一，羅斯柴爾德家族的「長期密友」賽伊現在則是塞納河的省長，合資銀行把自己當成了政治歧視的受害者。因此，他們在八月五日簽訂一項協議，相當於組成反羅斯柴爾德聯盟。刻意誹謗阿爾豐斯的愛國精神的馬茲拉說過，這些合資銀行結合成「法式機構」，要求在法國事務中合法地占有一席之地。

將德國銀行排除在業務之外的目標也實現了，但這在多大程度上是由於溝通不順、柏林的膽怯或巴黎的預謀所致很難說。值得注意的是，這種排斥做法不只涉及布萊希羅德、漢澤曼及歐本海姆，也涉及羅斯柴爾德的法蘭克福分行和維也納分行。安謝姆申請了高達三千一百萬法郎的新長期公債，而信貸銀行申請四千七百萬法郎，但當這些申請傳到巴黎時，認購已經結束，邁爾．卡爾只爭取到二百萬法郎的認購。分隔歐洲資本市場的隱憂已經不是第一次破壞羅斯柴爾德分行之間的傳統合作，只有英法分行間的聯繫完好無缺。阿爾豐斯顯然並不擔心此事。「我不後悔向這些人證明，」他心滿意足地寫道：「儘管我們立意良善，但我們參與交易時可以不需要他們，就像我們不需要錯過賺大錢機會的柏林人。」雖然這屬於英國和法國分行的勝利，但提也爾的第一批長期公債也象徵著，羅斯柴爾德家族作為聯合全歐洲的勢力向瓦解邁出了一步。

---

⑱ 倫敦的承銷集團不過是羅斯柴爾德和巴爾林的雙頭寡占，我認為他們平分了總共三億二千五百萬法郎。在巴黎的承銷份額分配如下：羅斯柴爾德兄弟銀行為二億四千八百萬法郎，高級私人銀行（十二家分行，包括福爾德、馬勒兄弟銀行〔Mallet Frères〕、奧廷格與皮萊特－威爾）為三億六千二百萬法郎，法國興業銀行為六千萬法郎，其他合資銀行為六千五百萬法郎。法國興業銀行受到優待，因為法國的羅斯柴爾德家族與塔拉博有共同的鐵路利益。

⑲ 應當被視為上限。羅斯柴爾德家族似乎不可能以這種理想方式行事。相比之下，里昂信貸銀行從一八七一年的業務中只賺到五百七十萬法郎。

圖表6.i：利率百分之三的法國長期公債的每週收盤價，1860-1877

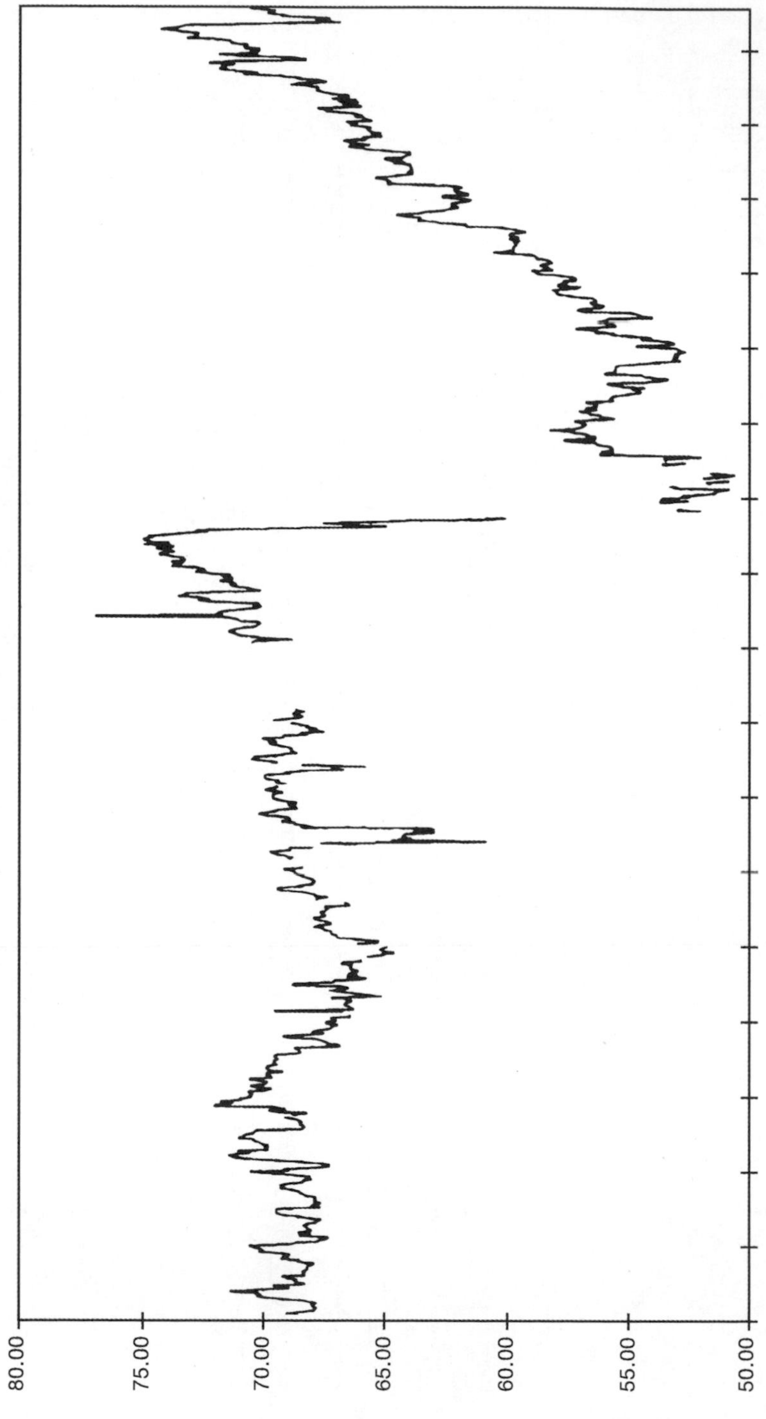

當然，這只是第一階段。依然存在的問題是，經由發行長期公債籌到的資金該如何轉移到德國政府。明確的做法是由政府購買倫敦的票據（最熱門的流動性理財工具），接著交給柏林，最初的十八億法郎約有三分之一確實是以這種方式支付。讓阿爾豐斯氣惱的是，事實證明要壟斷法國政府買票據的事是不可能的。然而，德國人現在開始製造麻煩了，堅稱他們寧願接受黃金或德國塔勒幣的票據，也不願意接受遠期英鎊票據。[20]一如既往，布萊希羅德試著將「朋友」對此議題的觀點轉達給巴黎，藉此誇大自己的重要性，但阿爾豐斯不為所動。「也許這些人是傑出的軍事勝利者，」他刻薄地評論，「但他們一定是很糟糕的金融家，不只凍結了我們匯過去的錢，也沒有採取方便付款的措施。」在一八七一年的最後幾個月，轉帳困難引發了輕微的貨幣危機，當時正值歉收時期（因此需要從法國進口穀物），交易所出現了投機狂潮，並首次出現有關稅收政策的嚴肅爭論。為了保護儲備，法蘭西銀行只好發行新的小面額票據，並對政府施壓，以便減少龐大的流動債務。這抑制了交易氾濫的現象：長期公債的價格在十一月達到高峰，接著在一八七二年的上半年跌了大約五個百分點（參見圖表6.i）。結果，一八七二年五月關於在柏林到期的下一次付款的討論只好延到新年。

法國政府的困境給了羅斯柴爾德家族的對手招攬生意的新機會。巴黎銀行帶頭挑戰，擔任起德國利益的掩護者（阿爾豐斯猜測），尤以亨克爾・馮・杜能斯馬克為代表。一八七一年夏季，巴黎投資銀行[21]的董事蘇貝朗（Soubeyran）在爭奪票據的鬥爭中戰勝了阿爾豐斯。至於五月到期的三億法郎問題，阿爾豐斯也被迫讓步：經過一番爭論，他和其他私人銀行家擔保一半的資金，將剩下的一半留給合資銀行。這不過是為爭奪剩餘待繳的三十億法郎控制權而展開的激烈競爭序曲。普耶－奎爾提造訪柏林時，布萊希羅德又迅速主動聯繫了

[20] 盡量減少票據流入倫敦的期望，反映出他們擔心會對塔勒幣造成壓力。值得注意的是，邁爾・卡爾無法說服普魯士海外貿易公司委託倫敦分行從倫敦匯款到柏林。

[21] 一八七二年一月，巴黎銀行與總部位於阿姆斯特丹的荷蘭信貸存款銀行（Banque de Crédit et de Dépôts des Pays Bas）合併，組成了巴黎投資銀行，簡稱為「Paribas」。

他。他向阿爾豐斯提出一些不切實際的計畫，目的是為自己爭取下一個大型業務的更大份額：應該在巴黎設立新的法德合資銀行來處理下一筆貸款、三十億應該由法國鐵路股份擔保（換句話說，法國鐵路股東用這些股份換取長期公債，並將法國鐵路網的控制權交給柏林）。就像杜能斯馬克提議摸彩貸款一樣，這些德國計畫最終不被當一回事：法國的愛國主義情緒突然高漲（急著盡快終止占領），使得一八七一年的長期公債活動很有可能再次發生。唯一的問題是，巴黎和倫敦的羅斯柴爾德家族能不能再度發揮之前的妙招，掌控新發行的公債。

起初，阿爾豐斯對提前支付三十億的可能性表示懷疑，因為法國的政治局勢不穩定，在一八七二年春季形成的法德關係也有點惡化。但到了六月底，他擔心巴黎投資銀行集團可能會捷足先登，因此他採取了行動。第二次時，政府當然沒那麼慷慨了。為了確保重現承銷制度，銀行家必須承諾支付政府七億法郎的強勢貨幣。阿爾豐斯認為這是必要的事，「因為要將更高的佣金合理化」。發行價格也定得更高，給公眾的售價為八十四·五，但給認購者的實際淨價為八十·五。同樣不可避免的是，合資銀行順利確保了更多人參與，但阿爾豐斯又在討價還價中占了上風。如同前一年，三十五億法郎的總發行量中只有十億被擔保。在這十億中，羅斯柴爾德集團（巴黎和倫敦的羅斯柴爾德家族、巴爾林兄弟及高級私人銀行企業）占了百分之六十四·三，留給合資銀行的比例略低於三分之一，同樣的比例適用於七億法郎的外幣預付款。光是兩家羅斯柴爾德分行就占了十億擔保額中的二億八千二百萬，以及七億預付款中的一億九千七百五十萬，各占總額的百分之二十八。

即使一八七二和七三年的大部分轉帳是用塔勒幣票據支付，德國的銀行依然扮演次要角色。布萊希羅德甚至親自到巴黎，與他認為漢澤曼壟斷德國市場的邪惡陰謀對抗，但雙方都沒有處於有利的地位。整體來看，德國的認購只有三百萬法郎。[22]至於邁爾·卡爾，他只能發牢騷：「我們什麼都不知道，唯一的樂趣是讀巴黎朋友寄來的信，空洞的內容只有長篇大論的廢話。」對幸運的知情人士而言，其中涉及的利潤還是很可觀。在擔保的十億法郎中，佣金高達百分之一·五（一千五百萬法郎），而在七億法郎的外匯中，佣金為二千五百萬法郎，這代表光是兩家羅斯柴爾德分行就有一千一百二十萬法郎，還不包括長期公債價格迅速超越購買價格所

帶來的可觀資本利得。我們似乎可以合理地假設，羅斯柴爾德家族同時投資和承購長期公債

萬一貸款失敗，邁爾・卡爾顯然也不會感到遺憾。其實就如同阿爾豐斯預測的那樣，擔保比前一年更多餘，但他也對超額認購的程度約八倍感到吃驚，這讓他覺得很荒謬。從短期來看，此觀點似乎得到了證實。一八七二年晚期，轉帳問題又限制了交易所，長期公債也跌到戰後新低。這次是德國政府反對在漢堡市以票據的形式收款，因此造成麻煩。[23]然而，七月的超額認購反映了市場對長期公債中期前景的評估並非不切實際：在一八七二年十二月（八十一・五）和一八七七年三月（一〇七・八八）之間的三年半內，利率百分之五的長期公債連續上漲了二十五個百分點以上，最後一次出現這樣的價格是在帝國崩落前夕。

在一八七〇至七一年的危機中，沒有什麼比這更能說明法國財政與政治實力之間缺乏相關性。我們不得不問：如果法國能在短短兩年多內付清五十億法郎的賠款，藉此快速地「贏得和平」，那麼為什麼無法打勝仗？為什麼法國人寧可在事後為失敗付出代價，也不願意在戰爭爆發前為勝利的機會付出代價？唯一合乎邏輯的結論是，波拿巴政權本來應該在一八六〇年代晚期發放五十億法郎的長期公債，用來為重整軍備提供資金。它原本可以在財政方面這樣做，卻因本身的政治缺陷而無法履行。

借方與貸方

戰利品就這樣交給了勝利者。但勝利者如何處理戰利品？從賠款轉帳的早期階段開始，阿爾豐斯就懷疑賠款接受方的財力。「柏林市場處於糟糕的狀態，」他在一八七二年十二月感嘆，「我們給這些人的五十億到

[22] 布萊希羅德相信漢澤曼與駐巴黎的普魯士大使哈利・馮・阿爾尼姆（Harry von Arnim）密謀對付他。俾斯麥當然不欣賞阿爾尼姆（羅斯柴爾德家族也是如此），於是利用布萊希羅德，透過駐柏林的法國大使貢托－比隆（Gontaut-Biron）與提也爾間接溝通，但這在金融意義上微不足道。

[23] 漢堡市的票據遭到否決，反映出柏林希望德國採用新金幣的壓力，漢堡市的馬克銀行（marc banco）主要採用白銀。

哪去了？不義之財無利可圖。」一八七三年夏季，席捲中歐金融市場的危機似乎證實了他的觀點。「我們的五十億讓他們付出了沉重的代價。」他在那年九月滿意地說。

在政治分歧的另一方，邁爾．卡爾也質疑繁榮熱潮的持續性。這股熱潮在色當戰役之後又恢復了生機。最令他不安的是，德國各地的新合資銀行大量湧現。當然，他反對這種趨勢是出於利己主義。「這些銀行有機會投入資金，並表明是唯一發放貸款、可以把我們推到一邊的銀行時，」他在一八七一年一月抱怨，「他們得意得不得了。」另一方面，即使他不了解原因，但他正確地意識到經濟過熱的跡象。「新銀行股票的瘋狂投機仍然是主要話題，」他在一八七一年十月報告，「沒有人了解這種吸收大量資金的差勁新計畫何以造成狂熱。」「創辦新銀行和動產信貸銀行的熱潮已成了常見的討厭事，」一個月後，他補充道，「一定會以災難告終，因為沒人知道這些機構如何處理認購者的錢。」一八七二年五月，邁爾．卡爾明確地預測：「想想看已發行的無價值股票，以及已發行且被視為完全可靠的股票，貨幣危機並非不可能發生。」

另一方面，新帝國的業務量足以彌補競爭加劇帶來的麻煩。新帝國在一八七一年一月宣布成立時，邁爾．卡爾正忙著給符騰保貸款，但這次他被「厄蘭格和品質低劣的銀行」打敗了。同年，巴登也轉向資本市場，為雷根斯堡（Ratisbon）市政當局籌備小額貸款，這次邁爾．卡爾進行地相對順利。但慕尼黑就難倒他了，顯然羅斯柴爾德以前在德國南部的主導地位已成為過去。因此對邁爾．卡爾而言，與漢澤曼、折扣公司建立關係是很重要的，並且依靠漢澤曼進入迅速發展的柏林市場。他用維多利亞時代過度強調的語氣，提醒在英國的堂親：

> 漢澤曼是**這個家族的好朋友**，比布萊希羅德好多了。布萊希羅德只不過是追求**個人利益**和**榮譽**的傢伙，也許他的**虛榮心**和**野心**對他自己有用，但對我們的利益沒什麼影響……漢澤曼先生對我那麼**忠實**，他絕不會做出**直接**或**間接**損害我們利益的事。你們也需要這些利益……除非你們**和他保持友善的信任關係**，否則你們無法

> 在這裡和政府做生意，因為他很受寵，影響力也提升了。所以我想強調經常提到的：如果我們要明智地行動，就應該和漢澤曼先生保持良好的關係。我有充分的理由相信，他**沒有問過我**之前做任何行動，他也希望倫敦分行和巴黎分行能和他保持同樣良好的關係。

透過漢澤曼，邁爾．卡爾參與了一些有利可圖的鐵路生意，包括科隆－明登路線。「我相信你們一定會很滿意，」他向新廷報告，顯然新廷也參與了此事，「也會認為老查理（指邁爾．卡爾自己）並不像看上去那麼蠢。」這句話表明了法蘭克福夥伴開始感覺到在財務方面力不從心。邁爾．卡爾對德國南部鐵路的參與似乎也與漢澤曼有關。一八七〇年代初期，邁爾．卡爾的表現彷彿越來越像折扣公司的追隨者，每當倫敦或巴黎出現怠慢的新跡象時，情況就越是如此。

如果認為法國賠款與導致德國金融在一八七三年癱瘓的崩潰之間有直接的因果關係，那就太牽強了。畢竟，在五月八日至九日爆發的危機是在維也納發生，而非柏林。然而，可以肯定的是，德國的財政與貨幣政策在支付賠款期間並沒有遏制戰後的「熱潮」。「我在上議院遇到財政部長，」邁爾．卡爾在一八七二年三月寫道，「他問我能不能充分利用錢，因為他有很多錢卻不知道該怎麼花。」這是可以理解的誇張言詞。但是，如果我們認同戰爭使德國損失了二億二千萬塔勒幣，其實賠款的形式反倒產生了十三億塔勒幣（五十億法郎）的預算盈餘。德國政府將這筆錢用在許多方面，目的是推動股市繁榮。當然，有一億二千萬塔勒幣是放在尤利烏斯塔（Julius Tower）的「戰爭資金」，為下一場戰爭做準備，這是可實現的有效貨幣沖銷。但德國人在新柏林帝國的宏大建築計畫上花了大約六千萬，其餘大部分則用於減少帝國成員國和北日耳曼邦聯的債務，這為本來很活躍的經濟創造了額外的流動性。

相關的困難是德國貨幣安排的不確定性。在一八七一年的新帝國內至少有七種硬幣制度，大部分以白銀為主。不過，像路德維希．班貝格（Ludwig Bamberger）這樣在一八七〇年後帶頭展開貨幣辯論的自由派銀行家，則支持採用以黃金為主的全新德國貨幣，部分原因是白銀相對黃金的價格下跌。有鑑於此，早在一八七一年十月就採取了初步立法措施，但直到一八七三年七月才通過鑄幣法。到了一八七五年三月，用來管理新貨幣的中央銀行，也就是德意志帝國銀行（Reichsbank）才成立，那時交易氾濫的現象早已消失。根據現有的統計數據，貨幣供應量在一八七一至七三年期間增加了約百分之五十，物價上漲的情形也差不多。一八七三年的股災使這些收益化為烏有，並導致幾千家企業破產。

這是在凡爾賽太過傲慢的報應嗎？阿爾豐斯認為是如此。然而，一八七三年的金融危機及隨後爆發所謂的「經濟大蕭條」（主要產品的價格下降，持續到一八九〇年代），並不代表法國的戰略弱點消失了。早在一八七四年一月，也就是最後一批德國軍隊離開法國領土的四個月後，提也爾的繼任者德卡茲公爵（Duc Decazes）就指責德國規劃對法國發動新戰爭。次年，俾斯麥的代言人透過德國媒體問：「快要爆發戰爭了嗎？」這句話在法國市場引發了恐慌。

這種擔憂後來證實是不必要的。除了出於國內政治因素而鼓吹軍國主義，也許俾斯麥沒有別的意圖。但對羅斯柴爾德家族來說，最重要的是，迪斯瑞利和戈爾恰科夫決定為了歐洲和平而擱置在中亞的分歧。至少，迪斯瑞利是這樣告訴他們的。「昨天晚上，」夏洛特告訴兒子，「迪斯瑞利匆匆拜訪了你父親，通知他為維護歐洲大陸和平而進行的談判大獲成功。」當然，首相還是一如既往地誇大其詞。話雖如此，他和格萊斯頓在一八七〇到七一年的行為的差異很難不被萊昂內爾注意到。這幾年發生的事件揭露了兩點：強國之間的衝突雖然對家族而言很危險，但對銀行家而言有利可圖；國際穩定性的關鍵不在巴黎，也不在於柏林，而是在於倫敦。

七、白人王室

我看得出羅斯柴爾德家族在某方面多麼像皇室家族，他們互相爭吵的同時，卻團結一致對抗世界。

——查爾斯・迪爾克（CHARLES DILKE）爵士，一八七九年三月

托瑪斯・曼在一九〇一年寫的《布登布洛克家族》小說，描述了漢薩商人的家族與企業衰敗，從第三代開始可以看出墮落，而第四代則是無可救藥。以這種模式來描寫一八七八年後的羅斯柴爾德家族史當然很吸引人。邁爾・阿姆謝爾的孫子去世後，領導權傳給了第四代，但他們似乎欠缺讓家族企業蒸蒸日上的創業動力和理財能力。新的教育機會分散了他們做生意的注意力，被社會同化成傳統貴族的過程，使他們的生理和心理從城市轉移到鄉村。一八六五年，阿爾豐斯在給堂親的信中熱情地寫道：「商業的新時代顯然已經開始了，只有受過大學教育的年輕一代才能理解時代的緊急需要，因此應該把新時代的重大金融業務方向託付給年輕一代。」但年輕一代留給當代人的印象卻是「後輩模仿者」。

有證據能說明這段敘述。納特（一八七〇年）、安謝姆（一八七四年）、邁爾（一八七四年）、安東尼（一八七六年）以及萊昂內爾（一八七九年）相繼去世，只剩下法蘭克福和巴黎的年輕堂親代表第三代。在詹姆斯的兒子當中，阿爾豐斯在一九〇五年過世前仍是法國金融界的中堅，由弟弟古斯塔夫輔佐，但薩羅蒙・詹姆斯於二十九歲辭世，而埃德蒙在事業中只是個配角。在卡爾的兒子當中，阿道夫於一八六三年退出事業，而邁爾・卡爾的健康狀況在一八七〇年代晚期開始走下坡。他在一八八六年去世後，虔誠且在財務方面缺乏野心的威廉・卡爾接管了法蘭克福分行的最後幾年。❶

即使到了老年和疾病纏身的階段，曾在事業中積極合作的第三代成員依然深深受到父親的職業道德影響。納特在一八七〇年二月辭世前，有好幾年被視為體弱多病的人。他的僕人感嘆，「十八年來，他一直和一般人無法承受的疾病搏鬥」。在納特去世的前幾個小時，「他和阿爾豐斯談論著美國股票和俄羅斯的貸款……就在他斷氣前的幾秒鐘，他才要求僕人們在清晨幫他準備一杯茶，並讀報紙給他聽。」安東尼也一直是個銀行家，只是在大眾的心目中，他哥哥在政界更活躍的形象使他相形見絀。他與親朋好友打招呼時，總是問：「有什麼新鮮事嗎？」真實地展現了銀行家的問候方式。❷

萊昂內爾在職涯期間飽受風濕病的折磨（更貼切的現代術語是關節炎），有時候需要別人協助他到下議院旁聽有關猶太人解放的辯論。「二十多年來，」《泰晤士報》觀察道：「他坐在輪椅上，從家裡的房間被推到另一個房間，或是坐在專為他設計的椅子上，從馬車上被帶到辦公室。」然而，該報也記載：「直到他去世前的最後一個工作日，他在規模無與倫比的事業中還是主要動力」，而且「事業的發展方向主要取決於他的智慧和勤勉」。當然，該報那時退休的編輯德拉內是他的家族密友，從中或可想見訃聞作者的情感。雖說如此，他對萊昂內爾角色和能力的評論大有見地。在他的引導下，倫敦分行的表現證實了這些評論：

其事業主要依靠世界各地微妙且不斷變化的貨幣市場，需要……一種能察覺交易變化影響的直覺本能。或許這種本能是遺傳的，而且就像大多數的能力形式，無法經由特意栽培獲得。但這只是計算的工具，合理使用所需的特質條件更高。當然，一切都要依靠世界各地的情報。取得情報後，才能對情報做出合理的評估。這不只需要對人的整體了解，還需要對不同國家和民族的特性有具國際觀的認識。光是在商業交易的問題上行使這種判斷能力也是不夠的。任何重大貨幣交易的評估都與政治前景密切相關，想知道前景，就必須深入了解全世界的公共事務方針以及公眾人物的性格。萊昂內爾．德．羅斯柴爾德男爵擁有這些卓越的特質，這些特質結合在一起使他成為重要分行的成功管理者，也使他在社會上和政界成為十分重要的人物，**任何事都不能把他的**

注意力分散到企業的日常經營之外。直到最後，他還掌握著企業的複雜利益線索。他的日常管理方式面面俱到，彷彿再度為家族的財富奠定了基礎。❸

迪斯瑞利稱萊昂內爾是「我遇過最能幹的人之一」，這句話並不誇張。他也是富人，在他去世後留下了二百七十萬英鎊（除了一萬五千英鎊，其餘都留給了妻兒），更別提在皮卡迪利街和甘納斯伯瑞的房子，以及在那個時代數一數二的龐大私人藝術收藏。同樣地，不欣賞萊昂內爾的人也證明了他對事業的奉獻。在他去世的前一天，他召來經紀人愛德華・瓦格（Edward Wagg）到皮卡迪利街一四八號，在床邊說：「我每兩週檢查一次帳戶，發現你在加錢的時候出了差錯。」❹三十多年後，仍然有謠言暗示他貪婪（可能是無中生有）：金融家霍勒斯・法庫爾（Horace Farquhar）刻意告訴赫伯特・阿斯奎斯（Herbert Asquith）：「老猶太人一直都在新廷的辦公桌上放著一個白色的小盒子，裡面藏著他的珍珠，只在生意空檔拿出來把玩。」

安謝姆在第三代中最年長。他有許多共同點，尤其是禁欲主義，馬克斯・韋伯認為這是資本累積的主要動力（但他認為源自其喀爾文主義）。他很喜歡閱讀，也是熱衷於蒐集藝術品的收藏家（他將藝術品收藏在列恩巷的特殊畫廊中），也非常喜歡看劇（他在歌劇院有專屬的包廂）。但除了這些，他過著簡樸的生活，只在從父親那裡繼承的維也納宮殿中占有兩個房間，並且搬出了位於席勒斯多夫的城堡，改住莊園的農舍式小屋。他很少邀請客人來訪。赫爾曼・葛舒密特（Hermann Goldschmidt）回憶說：「他過著移民和守財奴般的生

❶ 第四子安謝姆・亞歷山大（Anselm Alexander）於一八五四年過世，得年十八歲。人們對他幾乎一無所知。
❷ 迪斯瑞利富有感情地回憶說：「他心地善良，是我遇過最親切、最仁慈、最慷慨的人。」
❸ 一八七七年退休的德拉內也於一八七九年過世，他有可能是在工作期間先寫下了萊昂內爾的訃聞。如同現代，訃聞往往是在知名人士去世前擬好稿子。
❹ 布萊希羅德的兒子漢斯（Hans）刻薄地提到：「很少人會真誠地為萊昂內爾哀悼，因為他不討喜，也沒為窮人做過什麼事。」這句話與《密德薩斯郡報》（*Middlesex County Times*）在一八七九年六月七日刊登的訃聞不一致：「我很感謝萊昂內爾・羅斯柴爾德的委託。」

活。他不喜歡炫富，出門只坐雙輪馬車，從來沒有自己的四輪馬車。」他不愛出鋒頭，生活節儉，也不願意讓別人幫他畫肖像。在婚姻生活的大部分時間，他和妻子分居（主因應該是妻子不喜歡住在維也納）。與父親不同的是，他在奧地利謹慎地避免和其他人發生性關係。他造訪倫敦和巴黎時，也只是短暫地調情（他的壞習慣是嗅聞香氣）。他在兒子眼中也是精力無窮。一八六八年夏季在法國和荷蘭尋找古董時，費迪南回憶說：「他常常在六點鐘起床，一直到黃昏還拉著可憐的秘書和僕人陪他逛街和觀光，我真希望他的兒子有遺傳到他的體質。」房屋的管理事宜主要交給葛舒密特處理，安謝姆會盡量忽略辦公室的其他職員，用法語強調他與他們之間的距離。但他依然是主人，而且是嚴苛的主人，生氣時會把筆扔到房間的另一邊並吐口水。即使他的膀胱很痛，還是忙於事業直到最後一刻。

安謝姆要求「以極簡的方式」被安葬在法蘭克福，這很符合他的守舊風格。「葬禮樸實無華，就像窮猶太人的葬禮。」《泰晤士報》報導，「遺體只用一輛貨車移出火車站……由於葬禮時間不對外公開，因此出席的人很少。」然而，他在遺囑中留下了超過五千萬塔勒幣的財產，俾斯麥毫無根據地指稱這筆錢是耶穌會信徒資產的兩倍。與詹姆斯和萊昂內爾的葬禮相比有著很大的差別，前面兩人在新建的威爾斯登公墓下葬時，有一大群親戚、羅斯柴爾德代理人、經紀人、議員（包括威廉·哈寇特爵士〔Sir William Harcourt〕和湯姆森·漢基〔Thomson Hankey〕）以及許多猶太組織的代表出席。[5]

第四代

事實證明要取代第三代家族成員是件困難的事，乍看之下可能會讓人覺得奇怪，畢竟在生育率高的時代，第四代人難免比第三代人多，他們也可能期望在出生的四十四個孩子當中，未來會出現精明幹練的商人。[6]當代人肯定對羅斯柴爾德家族的人數印象深刻。一八五九年，龔固爾兄弟驚訝地發現在古斯塔夫與賽西兒·安斯帕赫舉辦婚禮後，約有七十四名羅斯柴爾德家族成員出席晚宴。迪斯瑞利曾說過一句名言：「羅斯柴爾德家族的出席人數再多，也不算多。」這難道不是明擺著的事實嗎？

部分問題在於女兒太多了。雖然我們會覺得很荒唐，但第三代人意識到生兒子很困難：這種焦慮感是可以理解的，因為第四代的男女比率是十七比二十七，此外至少有五名男童在幼年死亡。❼而那不勒斯分行和法蘭克福分行分別在一八六三年和一九〇一年停業的部分原因在於，卡爾的兒子都沒有生下男性繼承人。

另外無可避免的是，存活下來的兒子離工作和深思熟慮的精神更遠了，而這種精神正是家族的財富基礎。事實上，就連他們自己的母親也對這三個打算接管倫敦分行的年輕人評價很低。早在一八四〇年，夏洛特就用她特別喜歡的直率語氣寫道，納弟「是個又瘦又醜的嬰兒，但這不重要。他是男孩，因此很受他父親與全家人歡迎。比起他，我更喜歡他的姊妹，而且我從來沒有把他照顧得太好」。納弟九歲時，她就斷定「他一點都不真誠和坦白，性格內斂、害羞又不慷慨。其實，他是我孩子當中唯一只喜歡存錢的人……天生懶散」。情況在接下來的六年裡有所改善，他開始變得用功。「但他還是很內向，」夏洛特坦率地總結，「他不會變成聰明人，但會是個見聞廣博、有修養的人。」❽

納弟跟隨邁爾叔叔的腳步，於一八五九年十月到劍橋大學攻讀道德科學（包括道德哲學、政治經濟學、現代史、一般法學、英國法律），他在研讀方面似乎沒什麼困難，❾但是第二年的「小試身手」考試讓他覺得

❺ 威靈頓公爵、迪斯瑞利（現在的比肯斯菲爾德伯爵〔Earl of Beaconsfield〕）、曼徹斯特公爵、聖奧爾本斯公爵以及薩默塞特公爵夫人也派出馬車，更不用說許多大使了。

❻ 由於羅斯柴爾德的幾代人出生的時間點重疊，所以要談論其「世代」便成了問題：一八二七至八四年間第四代出生時，第三代的六名成員、第五代的十名成員也出生了。我很感謝萊昂內爾提供我這方面的資訊。

❼ 這些男童的早夭多少和六名早逝的羅斯柴爾德女性成員相互「抵消」：克萊門汀（Clementine）在一八六五年過世，得年二十歲；艾芙琳娜在一八六六年過世，得年二十七歲；喬吉妮（Georgine）在一八六九年過世，得年十七歲；漢娜在一八七八年過世，享年三十九歲；貝蒂娜在一八九二年過世，享年三十四歲；貝爾塔（Bertha）在一八九六年過世，得年二十六歲。

❽ 甚至在他二十幾歲時，夏洛特還繼續對他的羞怯性格指指點點。

❾ 歷史是他的強項，迪斯瑞利曾說：「如果我想知道歷史上的某個日期就會去問納弟。」

很吃力，因為考試內容包括數學和神學。[10]他寫給父母的信裡顯示出他將更多時間用在騎馬（讓獵犬跟隨）、業餘戲劇表演和參與（已經很熟悉的）社團辯論會上。與其他家庭成員不同的是，他對藝術和建築幾乎沒什麼興趣。若要說有什麼事能吸引他的注意力，那就是政治：他從小就喜歡和見多識廣的父親討論政治新聞。

雖然這對潛在的議員而言是個好的開始，但是對於在都市展開生機的職涯可以說是差勁的準備，尤其是納弟缺乏數學天賦的事實似乎否定了《泰晤士報》提到「財務計算能力靠遺傳」的說法。從他偏好打獵和業餘劇團的自我辯解論點，可以推斷出父母對他的期望更高：

> 根據我的經驗，要在這裡繼續生活，每天必須做兩個小時的劇烈運動。如果我不帶獵犬去騎馬，就要找其他類似的事做……運動會占用一些時間，但我發現如果我整天埋頭苦幹，效率會變得很低，健康狀況也會變差，讓生活變成討厭的苦難……我在還沒準備好的情況下來到這裡，不敢奢望有多大作為。別人不了解我的時候，對我的期望很高，最後對我就越是失望。

納弟設法通過「小試身手」。儘管三一學院的院長威廉．惠威爾、神學院的赫爾斯講座教授約瑟．萊特福特（後來的杜倫主教）協助他進行密集的輔導，並且鼓勵他，但他似乎很難取得優異成績。一八六二年，他在米迦勒節結束時沒參加期末考試，然後就離開了劍橋大學。在一八六〇年獲選至雅典娜學院就職、一八六五年到下議院擔任艾爾斯伯里的議員、一八七六年成為白金漢郡騎兵隊的軍官，並繼承叔叔的準男爵爵位後，他似乎注定屬於政界，而非金融界。因此當他向下議院委員會提供證據，並且第一次在倫敦市贏得掌聲時，夏洛特感到非常驚訝。

當然，有人可能會問：為什麼她和萊昂內爾急著看到兒子在學術上有優異的表現？雖然阿爾豐斯對「學院教育」充滿信心，但沒有明確的理由能說明為什麼取得劍橋大學的榮譽學位代表在都市裡占有優勢？另一方面，十九世紀期間，在公立學校、牛津大學或劍橋大學接受教育的都市銀行家比例明顯上升。夏洛特勸利奧，

「每天花一兩個小時寫英文練習題……這樣做能幫助你擬定合約，就算是在銀行總部的日常活動也能派上用場，還能製作重要的財務交易報表，並且交出優秀的文件，尤其這些文件不該讓普通職員起草。」但有人懷疑，她的真正用意不是協助利奧在「進入新廷工作」之前做好準備，只是為了彌補自己錯過正統教育的缺憾。她的另一個用意是為羅斯柴爾德的收藏品再添一座獎盃。學位就像下議院的席位，對身為銀行家的羅斯柴爾德家族而言沒什麼實用價值，但卻是他們爭取與非猶太籍菁英在社會上平起平坐的一種獎勵。「大學榮譽是最好的證明，」夏洛特在一八六五年告誡么子，「如果榮譽無法證明成功者具備優秀的能力和非凡的天賦，至少能證明取得榮譽的人專心並盡力學習知識，以及有堅定的意志力、精力、勤奮的美德和毅力。這些都是寶貴的特質。」兩年後，她又回到同樣的話題：

> 在大學取得的優異成績就像一本護照，也像一封贏得世人好感的介紹信。不管是在你自己的家庭、商界、社會、下議院、國內外，或社群的各個階層，只要有人在劍橋大學或牛津大學取得優秀的學位，就會更受人尊敬。這種好評價能鼓勵人在人生中努力再努力。

利奧借錢給朋友時，她和萊昂內爾勃然大怒，因為此舉違背了劍橋大學排斥特定社會出身的潛規則：

> 我一直以為你有常識，沒想到你竟然傻到把五百英鎊借給愚蠢的流氓。他那種人在世上有多少先令是靠自己賺來的？雖然對所有人來說，借別人錢本來就有風險，但對任何姓羅斯柴爾德的人來說，風險更高。說實在的，是我之前沒講清楚。我們家族的每個人，不管地位高不高，都不可能會想到要去做這種荒唐的事。借

❿ 若要獲得「小試身手」的榮譽，必須理解希臘文福音書、指定的拉丁文和希臘文文本、威廉・裴利的反自然神論《基督教的證明》，還有歐幾里得（Euclid）的前三本書、第四本書及第六本書、算術、初等代數、機械學。

錢絕對會把朋友變成敵人。沒有人會想到要還錢給任何羅斯柴爾德，他們最後只會躲避借錢給他們的人，可能永遠不見人影。我們借別人錢沒有好處，也沒有樂趣，只可能犧牲一大筆錢。我從來沒借出過六便士以上。如果借出去的錢有幫助，那是好事一件。如果借錢的人太高傲，不屑收下五英鎊或十英鎊，那就隨便他。如果對方能夠還錢，就把錢捐給慈善機構吧。我這一生都在遵守這些原則。謝天謝地，我沒做過後悔莫及的事……

對了，你為什麼不把房門鎖好，遠離那些遊手好閒、懶惰又一無是處的年輕人？他們聚集在劍橋也只是浪費你的寶貴時間、善意和精力。

然而學術證書難倒了這一代人。在最好的情況下，納弟只是在劍橋大學沒有丟臉罷了。他的幾位弟弟表現得更糟。也許夏洛特很希望阿爾弗烈德「到劍橋大學嶄露頭角」，但才過了一年（一八六一至六二年），他就病倒了，再也沒有回去學校。有人盡力把他介紹給慈善界和政界：在安東尼的監督下，他在一八六七年的嚴冬成為倫敦市「救濟委員會」的一員。「我希望，也相信你弟弟會出席，」他的母親急切地寫道，「這樣做能幫助他適應大眾會議，也許他會漸漸接受進入國會的想法，目前他還是很排斥這件事。」一八六八年，他成為第一位獲選英格蘭銀行董事會成員的猶太人，這是靠家族得來的另一個職務，不是靠他自己的能力。但很明顯的是，他無法像擔任法蘭西銀行董事的阿爾豐斯那樣發揮影響力。[11]阿爾弗烈德過著**世紀末**審美家的生活，既沒有男子氣概又有點不雅。麥克斯．畢爾邦（Max Beerbohm）的卡通漫畫《西摩爾廣場一個寧靜的夜晚：醫生在討論阿爾弗烈德先生能不能在睡前多吃一顆果仁糖》（*A quiet evening in Seymour Place. Doctors consulting whether Mr Alfred may, or may not, take a second praline before bedtime*）描繪了他的陰柔特質。另一位英格蘭銀行董事思考安謝姆的遺囑時指出，「五十年後，《泰晤士報》將會宣布你哥哥離開了整個白金漢郡。他聽了後，以有些微弱的妙語回應了這番不得體的評論：『你們錯了。相信我，我會離開更多東西，我會離開整個世界。』」

若真要說，利奧波德（利奧）更令人失望，因為萊昂內爾和夏洛特將學業成就的最後希望寄託在他身上。儘管（或正是因為）他待在劍橋大學期間不斷受到父母的告誡和責備，他不得不延後參加「小試身手」，因為他對基督教神學的了解有限而被扣分，期末考也只勉強考了三分之一。他母親擔心他會變成「無知、粗心又膚淺至極」的人。她告訴兒子，聽到她的朋友馬修．阿諾德說「他不相信你會變成愛讀書的人」時，她覺得很羞愧：「他聽到你說要去紐馬克特（Newmarket）時覺得很可惜，因為在他看來，你可以成為更優秀的人。我可以向你保證，我沒有誇大其詞，阿諾德先生曾經三次回到賽馬場。」萊昂內爾跟夏洛特一樣希望利奧到資優班成為頂尖人才。他後來刻薄地評論道：「考官說你有猜答案的潛力，我覺得他們說的沒錯。」如此很難不同情利奧和他的兄弟。「親愛的爸爸並不期待你告知的任何消息，」一八六六年，家書一如既往地寫著：

> 但他想知道你如何運用時間，幾點起床，幾點吃早餐，桌上放哪些早餐，早餐由哪些食材製成，花多少時間專心讀書，是否認真預習和複習，你讀了哪幾位作者寫的希臘文、拉丁文、散文以及詩歌，利用多少閒暇時間讀比較輕鬆的讀物如現代詩和歷史，花多少時間讀更輕鬆的文學如用法文或英文寫的愛情故事和小說，做了多少運動。

所有大學老師都知道，這種來自父母耳提面命的壓力會產生多大的反效果。如果利奧比較喜歡和西里爾．弗勞爾（Cyril Flower）⓬這樣「遊手好閒、懶惰又一無是處的年輕人」一起打發時間，那很可能是他對父母不斷說教的反應。夏洛特越是急著催他「學習幾樣東西，如素描、繪畫、音樂、語言」，他的興趣就越是轉

⓫ 據說國家美術館考慮向某個人買一幅畫時，阿爾弗烈德擅自查看了這個人的帳戶，因此在一八九〇年被迫拒絕連任。他認為賣家的要價和他當初支付的價格之間有著「完全不符合體面慣例」的差額。按照推測，他的興趣源自身為國家美術館的受託管理人身分，但是英格蘭銀行的資料庫並沒有證實這一點。阿爾弗烈德似乎已經退休，因為他的健康狀況不佳，但董事曾說服他留下。

⓬ 雖然弗勞爾後來娶了羅斯柴爾德家族的女性成員，但他應該是同志，他與利奧的親密友誼顯然讓夏洛特感到不安。

向別處，主要是賽馬。⑬最後，這一代唯一取得大學學位（法律系）的「英國」羅斯柴爾德是納特的兒子詹姆斯・愛德華，而且他是在法國長大讀書。不過也很難說他是高等教育的模範。他是狂熱的藏書家，收集了大量的珍貴圖書，非常排斥有任何瑕疵的書。據說他在一八八一年自盡，享年三十六歲，或許他是家族中第一個將收集貴重物品的渴望展現在失常性格上的人。

當然，利奧對賽馬的投入有跡可循。他的叔叔安東尼在年輕時就熱衷於看賽馬，叔叔邁爾非常愛馬。一八六〇年代，有人評價邁爾「經常出去玩，早就聽不見夥伴和姪子的輕聲細語了」。在一八七一年的「男爵年度大賽」，他的馬贏了五場「經典」比賽中的四場：德比賽、橡樹賽、一千畿尼賽以及聖烈治賽（St. Leger）。八年後，利奧成了德比賽的贏家，他鮮為人知的馬貝維斯爵士（Sir Bevys）讓羅斯伯里伯爵的馬維斯孔蒂（Visconti）落到第三名（但利奧以假名阿克頓先生〔Mr. Acton〕隱藏了自己的身分）。一八九六年，他憑著他的馬聖弗魯斯昆（St. Frusquin）再次贏下德比賽，而這批馬僅次於威爾斯親王的柿子（Persimmon）。一九〇四年，他的馬聖阿曼特（St. Amant）又在比賽中勝出。這象徵著延續，而非衰落。他在一個賽季就能賺到四萬六千七百六十六英鎊的獎金，這個事實甚至可以被視為傳統智慧的標誌。同時，運動已經成為都市生活中必不可少的一部分：人們在一八八〇年見證了「證券交易所十一隊」與利奧的「十一隊」之間的板球比賽，這是維多利亞時代晚期企業友好的經典例子。另一件新奇的事是利奧對汽車的愛好，因為汽車是世紀末富豪的玩具。法貝熱（Fabergé）為聖弗魯斯昆這樣的賽馬設計了白銀模型（也為朋友製作十二個青銅複製品），這種奢侈也有一點新鮮感。

安謝姆的兒子也有類似的傾向。長子納坦尼爾（於一八三六年出生）在布倫念書時，與他發生過激烈的爭吵，因為他認為長子揮霍無度，在理財方面很無能。費迪南（於一八三九年出生）對家族企業沒什麼興趣，寧願待在母親與妻子出生和成長的英國。他坦承自己缺乏身為羅斯柴爾德最重要的特質。「奇怪的是，」他在一八七二年絕望地寫道，「每次我賣出任何股票，價格就會上漲；我買進股票後，價格反而下跌。」至於薩羅蒙・阿爾伯特（於一八四四年出生），通常在家族中被稱為薩伯特（Salbert）。他在波昂（Bonn）和布爾諾念書時，「精力充沛、堅持不懈、全心投入並取得優異的成績。」但是父親在一八六六年病倒時，他變得「很焦慮、驚慌失措，也很擔心自己要對維也納分行負全責」。八年後，安謝姆去世了，大部分的不動產和藝術收藏品都留給了納坦尼爾和費迪南。阿爾伯特只得到家族合夥的股份，認為自己「沒有受到很好的對待」。總之他退而求其次，被迫參與了事業。

當然，詹姆斯在一八六八年過世後，在巴黎掌權的是第三代而非第四代。但這個階段似乎也有「墮落」的跡象。部分的問題在於，詹姆斯是個剛愎自用的父親。費多評論道，詹姆斯「從來沒有把沉重責任的任何部分委託給孩子或員工」。「他的兒子真乖！」他諷刺地感嘆：「階級好分明！多麼崇高的敬意啊！就算是很小的交易，他們也要先徵求父親的意見才敢簽下那個凝聚著這個家的神祕名字。這些已經四十歲的人跟父親一樣經驗豐富，但不管別人提出的問題多麼瑣碎，他們老是說問爸爸吧。」龔固爾兄弟也注意到同樣的傾向。

長子阿爾豐斯在父親去世時四十一歲，他似乎最能承受父親多年來的控制，這再次表明了第三代的長子最有可能繼承或接受猶太巷人的心態。阿爾豐斯曾在波旁學院接受教育，對藝術（和集郵）有濃厚的興趣，但他從來不讓這些愛好影響自己處理嚴肅的銀行業務。一八六六年三月，朋友吃完晚餐後問他，為什麼「他這麼有錢，還要像黑人一樣苦幹，只為了賺更多錢？『啊！』他回答：『像許多基督徒做事那樣腳踏實地，多麼快活啊。』」如同萊昂內爾和安謝姆，他也以簡樸的生活為樂。一八九一年，有人看到他從尼斯搭火車前往蒙地卡羅（Monte Carlo，他在那裡「幾乎不玩樂」），他的平凡引人注目。「他坐在長椅上等火車，一邊抽著雪茄，看起來和普通人沒兩樣。」但他要上車時，車長站在那裡像老鷹般盯著他，準備為他開啟車廂的門。古斯塔夫也有許多與老羅斯柴爾德相同的態度。一八六七年，梅里美在坎城（Cannes）與他和他的妻子一起用餐

⑬ 利奧於一八九一年獲選賽馬會成員，並成為汽車俱樂部的創辦人，該俱樂部後來變成皇家汽車協會（Royal Automobile Association）。

後，諷刺地說：「他的信仰好像很虔誠，看待錢的方式也很像家族裡的其他人。」後來他聽說古斯塔夫一時衝動前往尼斯時，他相信古斯塔夫轉租了在坎城的別墅，賺到一筆。

詹姆斯較小的兒子們則是苦苦掙扎。一八六二年，龔固爾兄弟提到薩羅蒙．詹姆斯（於一八三五年出生）受到父親多麼苛刻的對待。在交易所損失了一百萬法郎後，他

> 收到富有父親的來信：「薩羅蒙先生要到費律耶過夜，並接受相關的指示。」隔天，他收到前往法蘭克福的指示。在會計室待了兩年後，他認為自己已經懺悔夠了，於是寫信給父親。父親回覆：「薩羅蒙先生的生意還沒做完。」新的命令讓他在美國待了幾年。

這聽起來很誇張，卻有事實根據。一八六一年八月，詹姆斯寫信給幾位年長的兒子，提到他分別給兒子們十萬法郎的皮埃蒙特新債券，並明確要求薩羅蒙，「不要牽涉債券變現，也不要考慮這種事，因為我希望無論如何都要避免讓他有機會和經紀人交談，或再次接觸公開市場……我不希望他又產生投機的想法。」他不曾以**合夥人**的身分參與合作關係。

僅僅三年後，薩羅蒙就過世了。龔固爾兄弟聽到消息說，由於「在交易所進行投機交易有壓力，這位羅斯柴爾德承受不了錢的壓力就死了！」可惜並不是這種因果報應導致，似乎是馬匹讓薩羅蒙心臟衰竭，而不是交易所。夏洛特寫道：

> 可憐的薩羅蒙控制不住內心的興奮感，導致心臟和血液循環的負荷太大。他上週日去參加賽馬，回到家後已經累垮了，因為他騎到精力充沛的馬，胳膊差點斷掉。他在半夜醒來，全身冒冷汗，呼吸困難。他衝到窗邊透透氣，不舒服的感覺才漸漸消失。我以為他沒事了，但星期三他突然發作。幾位醫生診斷後都宣布他沒救了。可憐的病人開始吐血，他的心搏動得令人擔憂。他臨終前的幾分鐘才清醒過來，好像不知道自己的病情。[14]

小兒子埃德蒙（於一八四五年出生）的情況比較好。不過，直到一八六四年，他的長兄仍認為他還像個「孩子，接下來的五、六年還不適合進入職場」。埃德蒙是用功的年輕人，順利地通過中學畢業會考，「不僅令人滿意，而且成績優異」，讓夏洛特很羨慕。他也獲准造訪埃及，展開他對中東的終生興趣。

新一代表面上的衰落，有一部分反映了羅斯柴爾德家族的人數，只有少數人被要求到合夥企業工作。但他們都有能力過著富裕的生活。不說別的，這意味著建築師有大量的工作要做。如我們已知的，鄉村莊園的收購以及別墅的建造早在一八七〇與八〇年代之前幾十年就在進行。因此，納弟和妻子艾瑪看待特靈房子的方式也沒什麼改變。萊昂內爾購買特靈的房子給新婚兒子時，它確實在很多方面代表延續著老一輩的期許。如同費迪南的沃德斯登宅邸（Waddesdon）和阿爾弗烈德的哈爾頓宅邸（Halton，在這段期間買或建造的其他英國地產），當代人認為這些只是象徵著該家族在艾爾斯伯里谷及其周圍的帝國又新增了領土。⓯納弟也無法抗拒將現有建築改得「面目全非」的家族習慣：在建築師喬治・德維（George Devey）的協助下，他設法將雅緻的雷恩式（Wren）房屋改造成相當呆板的維多利亞式建築。利奧從邁爾叔叔那裡取得的阿斯科特宅邸也是如此，他請同樣的建築師事務所將房子改造成類似都鐸式（Tudor）的建築風格。納弟和利奧也追隨時尚，在自己的莊園為住戶和員工打造風景如畫的新小屋。納弟甚至煞費苦心地在特靈設立家長作風的「福利國家」。

這類羅斯柴爾德房地產投資的新穎之處在於數量，而非品質。人數較多的法國羅斯柴爾德家族在這期間收購、現代化整修或從頭建造了至少八棟鄉間宅邸，包括埃德蒙的S型阿曼維利耶城堡，由朗格萊

⓮ 從薩羅蒙父母悲痛的描述來看，薩羅蒙應該是個受寵的兒子，納弟和阿爾弗烈德發現「傷心的家族很平靜，只有可憐的詹姆斯叔叔除外，一見到來客就落淚，忍不住啜泣，聽到他的哭聲真可怕。愛蒂（Addy）的悲傷狀態很嚇人，因為她非常安靜，沒有流下一滴淚、她也不談自己，只開口談老公的個性。她認為老公太善良，所以無法生存……貝蒂阿姨認為叔叔已經精神恍惚了，沒注意到最後一場哀悼儀式正在進行」。

⓯ 據說這段期間的土地面積大概是六千零七十公頃，但一萬兩千一百四十一公頃應該比較準確。其實，費迪南起初試著說服父親在北安普敦郡買莊園給他，但安謝姆不同意，並提出羅斯柴爾德式的觀點：英國農業土地的產量比奧地利低百分之一・五。直到父親去世後，他才以二十二萬英鎊向第七代馬爾堡公爵買下沃德斯登。

（Langlais）和愛彌兒・烏爾曼（Emile Ulmann）在一八八〇年代依照盎格魯－諾曼的鄉村風格建造。[16]納坦尼爾在奧地利買了兩棟新的鄉村別墅：一棟位於萊謝瑙（Reichenau），由建築師阿曼德－路易・鮑克（Armand-Louis Bauqué）和埃米利奧・畢奧（Emilio Pio）建造了色彩繽紛的潘妮洛普城堡（château Penelope）；另一棟位於弗斯勞（Vöslau）附近的恩策斯費爾德（Enzesfeld），是納坦尼爾從申堡伯爵（Graf Schönburg）那裡收購而來。他的弟弟阿爾伯特也買下了朗高莊園（Langau），位於下奧地利邦的卡爾克（Kalkalpen）山脈。他們的妹妹愛麗絲擁有兩棟建好的房子：位於沃德斯登莊園的依索普（Eythrope），以及位於法國南部格拉斯（Grasse）的別墅。一八八〇年代晚期，法蘭克福的其餘家族成員——威廉・卡爾與漢娜・瑪蒂德在陶努斯山的柯尼斯坦因（Königstein）興建一棟別墅，也是由鮑克和畢奧設計。其他還有七棟以上新的連棟房屋[17]，以及於一八八四年重建的原羅斯柴爾德住宅「綠盾屋」，當時的猶太巷其餘部分已被拆除，而羅斯柴爾德家族有意保存將之作為貧民窟起源的紀念。[18]如同過去，風格和建築師在該家族內部互換，不分國界。第三代和第四代之間的唯一差別，也許是對一八七〇與八〇年代法國建築師和風格的偏愛，不同於一八五〇年代的親英主義，德斯塔勒為費迪南和阿爾伯特設計的作品就體現了這種潮流。

同樣地，該家族成員越多，藝術收藏品就越多。上一代購買的數量可能比較多，也累積了無數收藏品，但是在繼承人分配之後，他們每個人都有了取得更多藝術收藏品的動力。正是在這段時期，該家族成為世界上的重要藝術品買家。在一八八〇年代的大型拍賣會，他們嚮往的藝術家作品及其類型的價格也因此抬高到前所未有的高點。他們也在布倫海姆、利閣（Leigh Court）以及方丹（Fountaine）的拍賣會上大筆收購，讓女王畫像的保管者詹姆斯・羅賓森爵士（Sir James Robinson）等人感到不安，不過夏洛特認為應該為國家買下馬爾堡的收藏品。這種對藝術的癡迷也有荒唐的一面。一八七〇年，費迪南為喬治・德・吉斯（George de Gys）設計的鑲金屬盾牌花費了六千八百英鎊，而二十八年前的價格只要二百五十英鎊。一八七八年，埃德蒙花了二萬四千至三萬英鎊買下為路易十五的情婦杜巴利伯爵夫人特製的塞夫爾瓷馬桶，當初她只花了三千二百英鎊。兩年後，邁爾・卡爾付三萬二千英鎊給紐倫堡的梅克爾（Merkel）家族，買下了紐倫堡銀器匠溫策・亞姆尼策於一五五〇年製作的鎏金上釉高腳杯，使其成為有史以來售出的最貴藝術品。然而，到了一九一一年，他的大部分銀器收藏品售出後，八十九件拍賣品中只有十四件的成交價超過一千五百英鎊。一八八四年，費迪南和古斯塔夫在方丹拍賣會花了超過七千英鎊買兩個橢圓的琺瑯盤。同年，費迪南和阿爾豐斯則以每件超過二十五萬英鎊的價格買下馬爾堡公爵收藏品中的三件魯本斯作品，其中一件是史上第一幅以超過二萬英鎊成交的畫作。十五年後，埃德蒙進一步花了四萬八千英鎊買下舒瓦瑟爾公爵（Duc de Choiseul）的華麗衣櫃（以前的物主包括塔列朗和梅特涅）。即使是納弟（據說他對藝術不感興趣），也忍不住想為從父親那裡得到的一批十八世紀英國作品增添新作。一八八六年，在達德利伯爵第二代的收藏品拍賣會上，他為雷諾茲的《悲劇與喜劇之間的加雷克》（*Garrick between Tragedy and Comedy*）花了約二萬英鎊。利奧也從父母那裡得到三十六幅

⑯ 其他宅邸包括：夏洛特（納特的遺孀）在歐法爾吉（Auffargis）的中世紀沃德塞爾奈修道院（abbey des Vaux-de-Cernay），由菲利克斯・朗格萊（Felix Langlais）整修；古斯塔夫在聖馬克西姆（Saint-Maximin，塞納－瓦茲省）的拉弗森城堡（Laversine），由阿爾弗烈德－菲利貝爾・阿爾德羅夫（Alfred-Philibert Aldrophe）於一八八二年後設計；詹姆斯・愛德華的方丹斯城堡（Fontaines，瓦茲省）也是由朗格萊整修（一八七八至九二年）；一八九二年，吉拉爾（Girard）為前者的遺孀泰蕾斯在同樣的地點建造諾曼第（Normande）宅邸，並在坎城為貝蒂設計新的海濱別墅。另外，莫爾特楓丹城堡（Vallvere à Mortefontaine，瓦茲省）由阿爾德羅夫於一八九〇年為格拉蒙公爵與公爵夫人（邁爾・卡爾的女兒瑪格麗塔）建造。

⑰ 利奧的法式風格房屋位於漢彌爾頓廣場（Hamilton Place）五號，由威廉庫希特企業（William Cuhitt & Co.）的威廉・羅傑斯（William Rogers）設計。阿爾弗烈德的房屋位於西摩廣場一號，從快遞員克里斯多福・賽克斯（Christopher Sykes）那裡購得。斐迪南的房屋位於皮卡迪利街一四三號。埃德蒙的房屋位於聖奧諾雷市郊路四十一號，由朗格萊於一八七八年後重建。薩羅蒙・詹姆斯男爵的房屋位於貝里爾街（Berryer）十一號，由利昂・歐奈（Léon Ohnet）於一八七二至七八年設計。納坦尼爾的維也納「旅館」位於特蕾西亞街（Theresianumgasse）十四號到十六號。阿爾伯特的房屋位於赫伊加斯（Heugasse，現為歐根親王大街〔Prinz Eugen-Strasse〕）二十四至二十六號，由加百列－伊波利特・德斯塔勒（Gabriel-Hippolyte Destailleur）於一八七六年建造。

⑱ 建築師法蘭茲・馮・霍文（Franz von Hoven）對原先的房子做了一些修改：將之向後移幾英尺，用更多美麗的橡木材料取代正面的舊石板，並有效合併兩棟原本很狹窄的房屋，但內部則忠於本世紀初的風格。有人認為這是有意模仿赫希格拉本大街的歌德之家，於一八六三年修繕，成為法蘭克福的主要觀光景點。一八九〇年，霍文也被要求改造和擴建阿姆謝爾以前的博根海默蘭登宅邸。

畫，但他的品味較兼容並蓄，包含布雪、史塔布斯（Stubbs）、法蘭茲・史奈德（Franz Snyders），以及賀加斯（Hogarth）的《妓女與守護者爭吵》（*The Harlot's Progress: Quarrels with her Protector*）。

年輕一代的某些成員（尤其是阿爾弗烈德、納坦尼爾以及費迪南）相當重視自己的鄉間別墅、花園以及藝術收藏品，帶來了品質上的新意。威廉・羅傑斯在哈爾頓為阿爾弗烈德設計的十七世紀法式房子（於一八八二至八八年建造），本身並沒有比蒙特莫爾更壯觀，大廳的空間反而比較小，而私人馬戲場、保齡球場、溜冰場、室內游泳池、印度風涼亭等新奇設施，讓訪客覺得有點可笑。阿爾弗烈德收藏的畫作和藝術品也沒有比父親的收藏更令人印象深刻。荷蘭原版畫、十八世紀英法畫作、塞夫爾瓷器、法國家具、銀器等，都是老一輩喜歡的物品。雖然他總共買了一百六十多幅新畫作（與他繼承的三十八幅相比），但這些畫作代表著父親最喜歡的不同主題（格勒茲、羅姆尼、雷諾茲、甘斯伯羅、庫普）。唯一的轉變是阿爾弗烈德明顯偏愛十八世紀法國風格。他出版了兩卷有插圖的精裝收藏品目錄，也累積大量的塞夫爾瓷器（包括六十個花瓶、物件和六套餐具），也許還有他對女性肖像的熱情是他展現出的新意。阿爾弗烈德也不是該家族第一個對音樂感興趣的人（他曾為邁爾・卡爾的女兒創作〈玫瑰花蕾〉〔Boutons des Roses〕六首鋼琴曲），但他確實是第一個指揮自己的管弦樂隊的成員。老一輩沒有作過這麼浮誇的表演，很難想像他們當中的任何一人裝扮得這麼像馬戲團的指導者：戴著大禮帽，穿著藍色的長外衣，戴著淡紫色手套，或是揮舞著鑲滿鑽石的黃楊木指揮棒。難怪有些客人厭惡地說：「真難看，有夠俗氣！感覺很浪費錢，惹人厭……看了就想吐。」格萊斯頓的秘書阿爾吉儂・韋斯特爵士（Sir Algernon West）貶低道：「這是一場浮誇的華麗噩夢，毫無意義，豪華得不恰當。」他的繼任者愛德華・漢彌爾頓（Edward Hamilton）贊同，並跟著評論：「可惜的是那些裝飾太誇張了，一般人的目光比較可能停留在不全是鍍金或黃金的東西上。」大衛・林賽（David Lindsay）更是輕蔑地回憶道：「阿爾弗烈德渾身沾滿了銅臭味。」

由德斯塔勒設計的風格混合了文藝復興和十八世紀的法國元素。費迪南在沃德斯登的房子證明了在他選擇多沙、排水不良的地形上建屋並不容易，但結果是一場勝利，可以說那是建造得最成功的羅斯柴爾德房屋。那時的房屋有（現在也有）華美的花園，有五十個溫室和許多工作人員：一八九八年，費迪南的妹妹愛麗絲繼承了沃德斯登，當時光是維護花園就讓她花了七千五百英鎊，另外還要支付一萬英鎊用於維護其他場地，包括農場和乳牛場。屋內有光彩奪目的收藏品，包括庫普、霍赫、鮑赫的荷蘭作品，以及羅姆尼、雷諾茲、甘斯伯羅的英國畫作（費迪南為時尚付出了不少心力）。

然而，沃德斯登位於白金漢郡深處的羅亞爾（Loire）城堡並沒有滿足所有人的喜好。格萊斯頓的女兒瑪麗參訪時，覺得「過度的奢華有種壓迫感」。自由黨政治家理查・霍爾丹勛爵（Lord Richard Haldane）曾擔任羅斯柴爾德的法律顧問多年，他嘲笑費迪南太過講究招待賓客。「我很喜歡得體的奢侈享受，」他在一八九八年表示：「我早上躺在床上時，如果有僕人輕聲地走進房間，問我要喝茶、咖啡或熱可可，我就會覺得很滿足。我在所有顯赫朋友的家裡都有這種特權。但只有在沃德斯登，我說想喝茶的時候，僕人會接著問我想喝錫蘭茶、小種茶還是阿薩姆茶。」大衛・林賽曾特別指出：「費迪南男爵的雙手經常緊張得發癢。」

> 有時他會暴躁地走來走去，時時會關心客人是否愉快。我不知道那些貴重的畫作能帶給他什麼真正的樂趣。他花了兩萬五千英鎊買鐘，花了三萬英鎊買寫字檯，另外還有雕像、瓷器、琳琅滿目的珠寶、搪瓷品等等。（他說這些東西是「小玩意」）這些東西帶給他的滿足感微不足道，我相信他唯一的樂趣是把這些物品展示給朋友看。即使如此，別人可以發覺他有多麼痛恨無知或拙劣的評論……他待在花園和灌木叢時能感到快樂……只有在有灌木和蘭花的地方時，他緊繃的雙手才會放鬆下來。[19]

費迪南寫給另一位密友羅斯伯里伯爵的信也經常給人神經質的印象。即使以當時的行為規範來看，這也是一段有濃烈感情的關係，但費迪南的熱情似乎沒有得到回報。他在一八七八年告訴羅斯伯里的話透露了自己的個性：「雖然我居住的地方有許多鍍金的大理石房間，但其實我很孤獨、痛苦，有時候是個很悲慘的人。」

[20]一八九八年，另一位朋友愛德華．漢彌爾頓在費迪南去世後寫了一本矛盾的回憶錄，值得詳細地引述：

> 這幾年，我遇到的人都沒有像他這麼特別。他對我的善意始終如一。他在沃德斯登為我保留房間，也在遊艇上為我保留客艙……雖然他很可能在年輕時吃了不少虧，但我相信他比其他收藏家更『不常被騙』。只有在他為別人挑選禮物時，他的品味才有可能失常……他不像其他家庭成員那麼慷慨，因為他不喜歡給錢……也怕別人給他錢。他的舉止粗野，不善交際，很容易得罪人，也很容易被冒犯。但是，他本質上是個善良又忠誠的朋友。我每次見到他都很高興，也真誠地歡迎他。他獨自生活，追求著自己想要的一切。他有自私的傾向也不足為奇。被寵壞的孩子長大後，變成了被寵壞的大人……也許他的主要特點是個性衝動和沒耐性。他經常匆匆忙忙，不細嚼慢嚥，而是狼吞虎嚥。他不慢慢走，而是奔跑。他不想等別人，也不願意等事情發展。從他身上可以看出一些奇怪的矛盾。他很容易緊張，一被激怒就會請醫生看病，但常常不肯聽從醫生的建議。他通常能好好照顧自己，但也經常魯莽行事。他對自己的種族和家庭感到自豪，也喜歡談論祖先，彷彿他出身名門並有高貴的血統……我懷疑他真正感到幸福過。

這些內容不但讓讀者更了解費迪南的性格，也指出家庭成員和政治菁英之間關係矛盾複雜的特點。

如同阿爾弗烈德和費迪南，納坦尼爾也將大部分的精力花在房屋、藝術以及自己的鑑賞力，他在特蕾西亞加斯建造的文藝復興風格宮殿是羅斯柴爾德最重要的連棟房屋之一。據說，他在早期就把錢花光了，只好向父親借一百萬荷蘭盾。（這並沒有阻止他後來花幾萬荷蘭盾從那不勒斯進口玫瑰。）屋內幾乎四處洋溢著法國風格（雕刻家法蘭索瓦－安托萬．佐格〔François-Antoine Zoegger〕設計的接待室尤其華麗），藝術收藏品是熟悉的組合：格勒茲、雷諾茲、林布蘭、范戴克的畫作，以及與瑪麗．安東妮有關的許多家具。總之，屋子裡充滿「羅斯柴爾德的品味」。與阿爾弗烈德相似的是，納坦尼爾也有自己的管弦樂隊。與費迪南相似的是，納坦尼爾也花很多心思在花園的設計上，尤其是一八八四年，鮑克、畢奧以及尚．吉雷特（Jean Girette）在上瓦特山為他建造的公園和溫室。[21]可想而知，納坦尼爾是很敏感的人。他是疑病症患者，很容易失眠。根據赫爾曼．葛舒密特的說法，納坦尼爾為了找適合睡覺的地方而買下了萊謝瑙和恩策斯費爾德的地產，但他只在後者待了一夜。他聽說當地盛行傳染病後，就搭著第一班火車離開了。他駕駛著值四百萬荷蘭盾的英國製遊艇時，不願意駛離海岸太遠，因為他怕溺水。

這並不是貶低羅斯柴爾德家族在這段時期對藝術的集體貢獻。阿爾弗烈德身為國家美術館和華勒斯典藏館（Wallace Collection）的受託人，將自己的鑑賞專業知識用於公共用途，就像費迪南將從父親的**寶庫**繼承一些獨特物件，連同他自己的一些收藏品，都留給了大英博物館。[22]阿爾豐斯也為第三共和國的博物館做出了大量捐獻。一八八五年，他獲選法蘭西藝術院的院士後，不僅累積了許多以荷蘭大師作品為主的私人收藏品，也將大約二千件作品（包括羅丹等當代藝術家的作品）捐給了一百五十家不同的博物館。重點在於，對阿爾弗烈

---

⑲ 另一個關於喝茶的故事版本是：「窗簾拉下後，有上妝的侍者走進房間，後面跟著推茶車的下屬。侍者客氣地問：『先生，您想喝茶、咖啡，還是吃新鮮的桃子？』『茶，謝謝。』『先生，您想喝中國茶、印度茶還是錫蘭茶？』『請給我中國茶。』『先生，您想搭配檸檬、牛奶還是奶精？』『牛奶，謝謝。』『先生，您要澤西牛奶、赫里福德牛奶還是短角牛的牛奶？』」

⑳ 費迪南寫給羅斯伯里的信如下（沒有註明日期，約於一八七八年九月）：「我滿腹心事，所以我一定要告訴你一些內心話。雖然我跟你在一起的這段時間病了，但其實這是我第一次感到這麼開心。我常常告訴你，我對你很忠實，也很喜歡你，所以我以後不想再說同樣的話，以免讓你覺得厭煩或是聽膩了。但請讓我表達一下：自從我到你家住過之後，我更了解你的性格了。我對你的感情也比以前更深厚……你之前威脅過我，但我希望你以後會一直信任我，我保證我值得你的信任。我這一生只有少數幾個朋友，幾乎沒有交心的朋友。我們見面時，如果我覺得彼此之間不再有讓我引以為豪並且自在的思想與情感交流，我會覺得很難過。雖然我住的地方有很多鍍金的大理石房間，但其實我很孤單、痛苦，有時候是個很悲慘的人。在這世上，我只關心一件事，那就是我愛的那幾個人理解我並信任我。請相信我，此刻的我既不卑微，也不消極，甚至沒有多愁善感的情緒……」一八八一年二月十七日，他寫道：「你知道我是世界上最愛你的人。」一八八二年十一月七日，他寫道：「我真希望國會、內閣和政界都沉到海底，因為他們使你疏遠了我。」一八八四年五月七日，他寫道：「你知道我完全屬於你。我有時候表現得很『反常』，那是因為神經系統有問題，沒有其他原因。」

㉑ 園藝當然是交給一小群僕人處理。納坦尼爾在上瓦特山雇用足夠的人，創辦了奧地利最早的足球俱樂部之一。霍爾丹曾開玩笑地說，費迪南在沃德斯登雇用了兩百零八人，但其實應該是誇張了。實際上，沃德斯登和阿斯科特有五十名園丁，但格拉斯有一百名園丁。

㉒ 價值四十萬英鎊。

德、費迪南及納坦尼爾而言，美學已經取代了禁欲主義。這種轉變在王爾德（Oscar Wilde）於一八八七年發表的短篇故事〈當模特兒的富豪〉（The Model Millionaire: A Note of Admiration）中有所暗示，其內容主要敘述一名窮困潦倒的花花公子給可憐的老乞丐票面價值一英鎊的金幣：藝術家朋友正在為乞丐畫肖像，但這位「乞丐」其實是喬裝打扮的「豪斯伯格男爵」。他是「歐洲首屈一指的富豪……可以在隔天買下整個倫敦，而且帳戶不會透支……他在每個首都有一棟房子，進食時使用金製餐具」。他也是藝術家的贊助人，委託藝術家「把他畫成乞丐」。（不出所料，男爵為了報答花花公子的慷慨，給了他結婚所需的一萬英鎊。）在這則故事中，經典的羅斯柴爾德軼事被翻譯成世紀末用語：「當模特兒的富豪」成了仁慈的藝術贊助人，脫離了百萬財富的來源，即使我們有點難想像阿爾弗烈德打扮成乞丐的樣子，甚至是為了惡作劇。

合夥人

然而，問題在於這些「頹廢」跡象對羅斯柴爾德家族身為銀行家的表現有多大影響。傳聞的證據表明影響甚巨。一八九〇年代，野心勃勃的漢堡市年輕銀行家馬克斯・沃伯格（Max Warburg）到新廷當學徒時，阿爾弗烈德堅定地告訴他：「辦公室在十一點之前通常沒人，大家不會待到超過四點。」[23]在一戰後加入銀行的羅斯柴爾德員工表示，利奧的作息是早上十一點抵達，下午一點半吃午餐，下午五點回家。阿爾弗烈德通常在下午二點抵達，下午三點半到四點吃午餐，下午的其餘時間幾乎都躺在夥伴的辦公室沙發上休息。雖然納弟更努力工作，卻也留給人勉強當銀行家的印象。別人問他是否有成功理財的竅門，他一貫回答：「有，很早就賣出。」這種態度偶爾被視為過度規避風險的表現。他向羅斯伯里抱怨，倫敦的「時機」過了之後，他只能像個「孤獨的隱士」待在辦公室。競爭對手抨擊新廷的程度超乎尋常。愛德華・巴爾林（Edward Baring）評論說，羅斯柴爾德家族變得「太不講理和懶惰，所以很難確保企業在他們的指導下正常運作。他們不肯研究新事物，智力不高，能力也不怎麼樣」。歐內斯特・卡賽爾（Ernest Cassel）在一八九〇年代剛到倫敦市，是個思維活躍的新成員。他的態度更不屑，曾在一九〇一年表示：「那幾個兄弟真沒用，智商很低。」

可以確定的是，倫敦的羅斯柴爾德家族有寶貴的助理。他就是「孜孜不倦」的年輕漢堡市人卡爾．邁爾（Carl Meyer），他在一八八〇年代成為機要職員。邁爾寫給妻子的信表明，事情在新廷的夥伴辦公室外頭持續以瘋狂的速度進行。「從今天早上開始，我就像黑鬼一樣工作，」一八八〇年代中期，他在一連串典型的信中告訴妻子：

> 爵爺（納弟）**邀請**我到私人餐廳一起吃午餐，妳應該能想像我工作的方式……我整天忙得不可開交。如果我要在星期五晚上休假，就得這麼繁忙。事情**終究**要完成……我沒什麼新鮮事能告訴妳，只有舊事重提：我整天忙得連筆都快握不住了……我真的累壞了。

卡爾．邁爾在夥伴的午餐會上是常客，不是為了閒聊，而是因為午餐會屬於蒐集情報的活動，有其他銀行家、經紀人以及公務員受邀參加。然而，他在一八九〇年想晉升為代表人時（要求每年得到六千英鎊，並有權為公司和自己的私人辦公室簽字），卻遭到拒絕。一八九七年，他順利地遞出辭呈。根據都市裡的流言，那些兄弟都覺得他「太自大」。他離開之後，便與卡賽爾一起共事。

這種對下屬的傲慢態度很常見。一九〇五年，卡爾．邁爾聽說阿爾弗烈德「變得比以前更讓員工難以忍受，還把在公司服務三十年的男人當成打雜的小弟」。股票經紀人們也對這種對待方式很不滿。根據阿爾弗烈德．瓦格與赫伯特．瓦格（Helbert Wagg）的回憶：「要採訪羅斯柴爾德勛爵的話，速度要夠快……他走進來，把手錶放在桌上，然後暗示訪談時間只剩五分鐘、三分鐘，甚至更少。」有一次，納弟問經紀人佛瑞德．克里普斯（Fred Cripps）有關力拓的股價，聽到答案後，他說：「差了〇．二五。」克里普斯理性地回應：

㉓ 有趣的是，第一次有外人以這種身分到職，布萊希羅德家族的類似請求被拒絕了。

「既然你知道多少錢，為什麼要問我？」他回憶說：「那時候陷入一片沉默。我很沮喪。在壓抑的寂靜籠罩下，我很快就離開了。」一九一二年，阿爾弗烈德．瓦格也有類似的經歷。他當時通知納弟，公司要脫離證券交易所了：

我抵達新廷後，要求私下見羅斯柴爾德勛爵。他到大樓後面的小間會議室見我。我遞給他那封信（說明公司撤出），信中的條款值得考慮。他坐下來認真閱讀。接著，他站起來說：「嗯，你最了解自己的事業。」然後就走掉了，完全沒說任何祝福的話，也沒有對兩家企業之間百年來的密切關係終止表示遺憾。

我們接下來會看見，克里普斯對納弟作為「聽眾」的半王室氣質所發表的評論並不是太離譜：「你在前廳等候。兩人見面後，其中一人退出，彷彿他們是在白金漢宮。」這種事給遭遇的人留下不合時宜的印象，與公司的財務重要性並不相稱。

在同樣的時期，也有人對法國分行的自滿提出類似的控訴。一八七五年，里昂信貸銀行的亨利．格曼（Henri Germain）提到，阿爾豐斯為商業問題「增添了一種對成功不利的尊嚴。他從不主動出擊，總是等著別人來找他」。巴馬德（Palmade）認為此時的羅斯柴爾德家族正「逐漸沒落」，把在法國經濟生活中的主導地位讓給了施耐德（Schneider）這類企業家。有一份於一九一四年發表的研究報告指出，雖然羅斯柴爾德的名字繼續出現在法國市場發行的主要貸款中，實際上大部分的新債券是由存款銀行發行。它的名字保持了「道德」影響力，尤其是在外交因素很重要的情況下，但聽說巴黎分行的實際金融力量日漸衰微。

在其夥伴自己的信件中就有支持這些觀點的證據，例如他們不斷抱怨對手較勁。「別人都變成富翁了，」邁爾．卡爾在一八六九年抱怨：「……民眾嘲笑我們一直都很蠢。」「事實是，」他在次年又鬱悶地繼續說：

這些機構（意指合資銀行）很強大，有許多支持者。**他們不希望我們存在。如果我們交出一切，正合他們的心意**，畢竟民眾不再關心名字，只想要利潤……幻想我們的地位與三十年前一樣是沒有用的。除非我們想完全被孤立，否則我們必須與其他銀行合作。我相信你們的看法也一樣，因為這些銀行只要有機會就會試著反對我們，也不介意做出犧牲，以展現他們和我們一樣強大又有影響力……你們不了解競爭有多激烈，這些新銀行只想排擠我們，導致我們的處境變得多麼艱難。

這不只是德國經濟繁榮時期的短暫特徵。一九〇六年，納弟心懷嫉妒，抨擊以前的學生：「漢堡市的沃伯格很像寓言故事中的青蛙，虛榮心作祟，相信自己有能力掌控歐洲市場，並使所有財團的大型機構感興趣。」偶爾也有自鳴得意的時候。「親愛的阿爾弗烈德，我同意你的觀點，」阿爾豐斯在一八九一年寫道，「別擔心競爭或財政部長的威脅。我們應該只做適合自己的生意，並在對我們有利的條件下做生意。」「我們很高興能繼續以緩慢的步調繼續原本的單調生活，」納弟在一九〇六年寫道（在信中批評里昂信貸銀行的做法）：「我們很滿足……格曼先生確實是很能幹的管理者，有良好的組織能力。但我們這邊很守舊，因此認為他處理生意所遵循的體系在本質上是有害的。」

然而，我們接下來會了解，羅斯柴爾德家族於一八七八年後在利潤和資本方面的表現不見得那麼糟糕（在合夥關係以外，當代人當然無法取得數據），其實關鍵人物（尤其是納弟、阿爾豐斯及阿爾伯特）帶來的持續效果多少彌補了阿爾弗烈德、費迪南及納坦尼爾等人的脆弱。可以肯定的是，合作夥伴之間曾經意見不合，甚至發生爭吵，但這不是新鮮事。若要說有什麼問題，那就是世界已經不再適合總部設在倫敦、巴黎、法蘭克福以及維也納的跨國私人銀行活動。不同分行之間的利益衝突一直是羅斯柴爾德系統的特色，但從一八六〇年代開始，衝突越演越烈，最後在一九〇〇年代初期因合夥體系瓦解而告終。雖然個人因素在某種程度上有作用，但主要是經濟與政治事件已經超出個人掌握的後果所造成：歐洲資本市場的區隔、戰爭在一八五九至七一年產生的政治影響、英國和法國的外國投資重新定位到歐洲以外的市場。

持續有人定期闡述羅斯柴爾德體系的理論。「四家羅斯柴爾德分行都是以自己的名義行事，」邁爾．卡爾在一八六二年表示，「他們確實不需要合夥人。」次年，阿爾豐斯寫道：「應付激烈競爭的最佳辦法是再度加強分行之間的緊密關係，並用共同的思路將我們的所有力量團結起來。」「我們要團結一致，」詹姆斯在一八六五年表示，「但為了做到這一點，分行之間要攜手合作，才能確保業務的不同部分沒有差異，分行互相鼓勵，並正確地知悉本身的業務情況。任何一方都不該只顧自己。」他的遺囑也許是最後一次表達了這種合夥理念，而且這種理念是直接從邁爾．阿姆謝爾那裡吸收來的，但他過世後的幾年，其他人也很容易找到許多像這樣認同舊體制的例子。直到一八九五年，這種準則仍然不斷重複。「每家分行都在做最適合的事，」卡爾．邁爾寫道：「但他們也明白所有分行互相關聯。因此，沒有一家分行會故意做出損害其他分行利益的事。」

然而，實務上未必能永遠符合這些同盟原則。初步的明顯分裂跡象是阿道夫單方面的決定：他在一八六三年退出合夥關係，並關閉那不勒斯分行，理由是那不勒斯市場的重要性被剝奪了。這是前所未有的事件，不但讓詹姆斯感到震驚，也經過幾個月的談判之後才解決問題。阿道夫要求花三個月研究不同分行的帳目，然後才接受最終的協議，甚至威脅說如果他不能如願，就要開設新的獨立銀行，這是激發新猜疑的跡象。他也的確辦到了。一八六三年九月二十二日，他放棄合夥關係，提取一百五十九萬三千七百七十七英鎊作為股份，約為那不勒斯分行的資本（一百三十二萬八千零二十五英鎊），後者此時已經結束了。他在義大利努力憑著半獨立的角色經商，但是顯然受到詹姆斯的阻撓。詹姆斯譴責他是「下等人」、「愚蠢的人」，也想告訴他「見鬼去吧」。詹姆斯告訴兒子：「他不值得我們花時間寫信。」他聽說姪子準備在杜林市場與巴黎分行搶生意時，更是怒不可遏。阿道夫放棄其基本權利後，私下遭到譴責，但詹姆斯在表面上謹慎地安撫姪子，以免他叛逃到動產信貸銀行。最後，阿道夫完全退出商界，賣掉了在那不勒斯的家庭住宅，並把餘生耗費在位於普雷尼的藝術收藏品，因此避開了徹底的決裂。

第二個麻煩的跡象是安謝姆領導下的維也納分行越來越獨立，其實早在一八六三年達成協議前就出現了。阿道夫宣布退出後，安謝姆似乎想結束維也納分行對法蘭克福分行在技術上的從屬關係，但家庭律師萊因加納姆（Reinganum）建議他不要這樣做（基本上，問題在於安謝姆占有合併資本的百分之二十五個人股份，雖然維也納分行還是相對較小）。這種失衡情況持續存在，導致安謝姆和其他家族成員之間的關係不斷惡化。到了一八六七年，詹姆斯表示他認為「這種因果關係不切實際，因為叔叔（安謝姆）用新奇的方式理解問題」。安謝姆覺得有必要為自己辯護，於是指責巴黎分行只把他當成「代理人或通信者」。為了強調自己的觀點，他提早兩年還清了維也納分行欠法蘭克福分行的所有債務，進一步加深他與邁爾．卡爾之間的摩擦。一八七〇年，倫敦和維也納之間也發生類似的核算「分家」。

巴黎分行和其他分行的關係也有點惡化，原因不只是一八七〇至七一年的政治動盪。一八六八年二月，納特覺得有必要提醒倫敦的兄弟：「等到你們（和其他人）針對我們的協商問題達成共識時，民眾就可能相信我們長期以來的往來關係已經斷絕了。」

巴黎夥伴的躲藏是一個漸行漸遠的徵兆。家族的其他分行成員依舊定期造訪巴黎，例如安東尼和阿爾弗烈德在一八六七年的造訪，但他們發現自己在辦公室變成邊緣人，只能跟著詹姆斯參加一場接著一場會議，或是簽署例行性的信件。一八七一年，費迪南對自己受到的待遇感到很不滿。「親愛的叔叔，我向你保證，」他告訴萊昂內爾：

> 如果有人在英國待了一段時間，已經習慣「倫敦」親戚誠懇、和藹可親的態度，他就會察覺到巴黎親戚的明顯差別。古斯塔夫好像嚇壞了，深怕我發現辦公室的一些祕密。每次我問他問題，他的回答都閃爍其辭。

這種不信任感並非沒有得到回應，因為巴黎夥伴的商業做法經常受到批評。「在巴黎，」邁爾．卡爾在寫給新廷的例行信件中抱怨，「他們會掌控一切，尤其是他們不理解的事，結果就是他們管理不善，讓別人享受我們努力的成果。」誠然，這些抱怨可能有部分是出於嫉妒巴黎分行的相對成長率。詹姆斯去世後，阿爾豐斯制定了資產負債表，並「高興地」發現（但其他分行一點也不沮喪）巴黎分行在過去五年賺了「超過四百萬英鎊」。另一方面，我們可以從中了解到，羅斯柴爾德的會計實務連法國合夥人都很吃驚。[24]

這些衝突的根源以及不斷惡化的普法關係，說明了邁爾．卡爾後續的決定與巴黎的堂親「沒有關聯」。費律耶被普魯士人占領，以及拉菲特街被公社成員占領時，他確實有幸災樂禍的反應。「如果巴黎分行堅持**不把我說的話聽進去**，」他在一八七一年斥責，「**他們遲早要面對其行為的後果，或許太遲了！**」阿爾豐斯認為自己很努力維護家族團結的精神，反對其他分行的分裂傾向。偶爾他不禁想譏諷邁爾．卡爾較差的財務績效。「我很了解堂親習慣責怪其他分行，」他在一八八二年刻薄地寫道，「只能等他交出更出色的資產負債表才能證明他有卓越的能力了。」結果，到了一八七〇年代晚期，四家分行之間的合作並不比分行各自與當地盟友之間的合作更密切。

因此，合夥協議的修訂變得越來越困難，尤其是合夥人去世而需要修訂的時候。詹姆斯在一八六八年過世後，彼此的關係惡化，以至於阿爾豐斯不肯為了修訂合約而召開家族高峰會，唯恐「家族中某些性格不同的成員見面時」會發生激烈的爭吵。「邁爾．卡爾和安謝姆不會當場互相扯頭髮嗎？」甚至在一八六九年八月，爭吵在合夥人終於見面之前就已經開始了。納特在一年後過世時，阿爾豐斯又試著避免「制定新的資產負債表」。這次，他成功了。直到一八七四年才重新展開新協議的協商。從此以後，這種問題不再經由舉行傳統的家族高峰會解決，而是透過郵寄的方式解決。即便如此，還是可能發生激烈的爭論。「如果他在維也納推行的政策與他最近對待親戚的態度有相似之處，」納弟與阿爾伯特為了費迪南的遺囑爭吵後，向阿爾豐斯抱怨，「我只能說維也納沒什麼反猶情緒讓我很驚訝。」

一八七四年後的合夥協議有三大顯著特徵。首先，按照阿道夫制定的慣例，合夥人們開始從合夥企業收回大量資本，而不是只依靠固定利息生活。這個問題最早在一八六九年出現，顯然是在倫敦合夥人的建議下，討論每家分行的五十萬英鎊總額。到了一八七二年，這個數字增加到七十萬英鎊。阿爾豐斯表示「因為分行都繁榮昌盛，扣除資本並不會造成損害。」而安謝姆反對減少維也納分行的資本是意料之中的事。然而，他的死亡消除了主要障礙，一八七四至七五年的新協議准許從三千五百五十萬英鎊的合併資本中提取高達八百萬英鎊的資金。萊昂內爾過世後，一八七九年的合約重新提出同樣的程序：這次是提取四百七十萬英鎊，使合併資本減少到二千五百五十萬英鎊。詹姆斯・愛德華在一八八一年過世後，又有五十萬英鎊被提取，當年的下半年提取了三百八十萬英鎊。邁爾・卡爾在一八八六年去世後，隔年的合約提取了三百四十萬英鎊，一八八八年的合約進一步提取二百七十萬英鎊，一八九八年則是提取二百八十萬英鎊，過了一年又提取一百一十萬英鎊。威廉・卡爾過世後，提取了六百四十萬英鎊；亞瑟過世後，提取了二百萬英鎊；納坦尼爾過世後，提取了一百四十萬英鎊；阿爾豐斯過世後，提取了四百五十萬英鎊。㉕從一八七四到一九〇五年，從合夥企業提取的總額是四千一百三十萬英鎊。如果這些錢一直留在企業裡，資本會比一九〇五年的實際資本多出一倍以上，約為三千七百萬英鎊。羅斯柴爾德家族能承受這麼大的資本削減實在值得注意，不過這更能說明問題在於他們不再將利潤投入家族企業。

除了明顯需要處理已故合夥人的遺囑，這種做法的正當理由是需要維持不同合夥人之間的股份平衡。但結果並非如此。根據一八六三年的合約條款，股份的分配相等：詹姆斯、安謝姆（薩羅蒙的繼承人）、納坦的兒子們、卡爾的兒子們各自擁有百分之二十五股份。相比之下，根據一八七九年的合約條款，詹姆斯的兒子擁有百分之三十一・四股份，安謝姆的兒子擁有百分之二十二・七股份，邁爾・卡爾與威廉・卡爾擁有百分之二十二・三股份，萊昂內爾的兒子擁有百分之十五・七股份，納特的兒子擁有百分之七・九股份。由於納特的兒

㉔ 從一八六〇年代中期開始，共用帳戶的體系幾乎瓦解，因此即使要起草資產負債表也會延遲兩年。

㉕ 這些提出的款項使得評估合夥企業在這些年的實際獲利能力變得很困難，直截了當地評估資產淨值確實會低估總收益。

子都在法國出生和成長，因此在爭端中可能傾向支持巴黎人，使法國合夥人比其他合夥人擁有更多的股份，雖然並非絕對多數。難以預測的繼承權多少改變了這些數字，但並沒有削弱法國的主導地位。到了一九〇五年，法國夥伴約持有總資本的百分之四十六・八股份，不包括亨利的百分之三・九；奧地利人持有百分之二十五・九；英國人只持有百分之二十三・四。儘管如此，這些數字低估了巴黎分行的規模較大，相當於占合併資本的百分之五十七。相比之下，維也納分行占百分之二十二，而倫敦分行占百分之二十。個人股份和機構股份之間的差異也和近親結婚和繼承有關，奧地利和英國的羅斯柴爾德家族在巴黎分行擁有大量的個人股份。從這個角度來看，合夥企業在一九〇五年十月和一九〇九年七月之間的某個時刻終止前，仍然是完整的跨國實體。

其次，隨著合夥人的數量增加（直到一八七九年共有十二位合夥人），有必要在一八七四年後明確區分積極合夥人和消極合夥人。例如，萊昂內爾和安東尼堅決地認為納特的兒子詹姆斯・愛德華和亞瑟都在法國出生，不該繼承父親身為倫敦分行夥伴握有行政權的所有權利。一八七五年的合約也明確規定，在安謝姆的兒子當中，納坦尼爾和費迪南都不能擔任執行職務。[26]（有趣的是，這份合約也試著限制維也納分行：規定阿爾伯特「在未事先與其他分行協商並至少得到其中一家的批准前，不能進行任何重要的交易」。）另一位消極合夥人是詹姆斯・愛德華的兒子亨利。然而，主導合夥人和從屬合夥人之間並沒有明顯的差別：在股本方面，阿爾豐斯始終與弟弟古斯塔夫、埃德蒙相等。同樣地，納弟、阿爾弗烈德及利奧在夥伴關係中也享有平等的待遇，雖然納弟無疑是新廷的負責人。法蘭克福的情況也一樣，邁爾・卡爾是主導合夥人，他和弟弟威廉・卡爾幾乎不交談，甚至在共用的桌子上豎起隔板，以免簽信件的時候看到彼此。

最後，我想說明一個看似矛盾的問題：隨著不同羅斯柴爾德分行之間的合夥關係在實務方面變得更鬆散，繼續合夥的頻率也變得更規律。一般的說法是，遺產稅的引入需要用更精確的方法來評估合夥關係中的個人股份，因此他們在一八九九年首次決定每年編制合併資產負債表。在法律方面，也可能有需要加強有點不精確和不穩定的合夥形式：霍爾丹勛爵後來回想起，他在一八八九年左右如何「重新整頓陷入模糊的羅斯柴爾德夥伴關係，以免使整個家族可能受到不誠實的合夥人支配」。然而，過去十年的夥伴關係其實主要是英法聯盟，與維也納沒什麼關聯。典型的例子是倫敦分行在一九〇六年貼現的二千八百萬英鎊票據中，有一千二百萬英鎊是受巴黎分行委託。另一方面，維也納分行在一九〇八年發放一大筆奧地利貸款時，新廷竟然沒有收到通知。在這種情況下，在一九〇五年後沒有延續合夥制也就不足為奇了。

當納坦、詹姆斯及薩羅蒙設立的倫敦分行、巴黎分行及維也納分行成為完全獨立的實體，這時候才是羅斯柴爾德歷史上的分水嶺，因為跨國合夥制的獨特邦聯體系可從這個階段追溯到一八二〇年代，此時終於告了一段落。早在一八六八年，精明的法國記者就猜到這種分裂的意涵。「邁爾．阿姆謝爾的五個兒子在彼此之間建立了一種財務平衡，」羅克普朗（Roqueplan）回想起這個體系的起源時寫道：

> 而這種平衡與黎希留所設想的大陸性平衡有點相似。兄弟所在之處沒有被其他地方犧牲掉。國家和個人各自的信用和資本訴求，迫使所有借貸方克制自己的行為，因為他們發現自己受到監督。這衍生了普遍的協議和中庸之道，能緩解摩擦的來源、緩和野心，並減少誤判……羅斯柴爾德家族成了歐洲財務的負責人。把該家族分成法國分行、英國分行、奧地利分行以及那不勒斯分行後，調解的作用就消失了。你有的只是另一家國家銀行，不再有這種全球性的銀行，讓不同歐洲國家之間的競爭變得有限並得到解決。

雖然我們很容易從個人角度解釋困擾著羅斯柴爾德合夥制的問題，但是結構性因素可能更為重要。從頭到尾，維也納分行和其他分行之間的主要爭論焦點在於：安謝姆樂意與競爭的銀行做生意，包括佩雷爾兄弟的合作夥伴、土地信貸銀行，甚至是討厭的厄蘭格派成員。部分困難之處則是其他分行認為信貸銀行實際上是維也納分行的附屬機構，但安謝姆堅稱不是。類似的衝突也發生在羅斯柴爾德家族擁有不同鐵路公司的大量股

㉖ 費迪南不反對將股份完全委託給阿爾伯特，他說：「只要我的收入沒有減少就好。」

份，但沒有控股權上。事實是，合資機構及其他私人銀行在所有主要金融市場的發展，勢必會造成忠誠度的衝突。該家族不再有舉足輕重的地位，能在沒有其他當地銀行協助的情況下承銷重要的債券發行。每家分行都在本身的市場逐漸找到非正式的合作夥伴，如倫敦的霸菱銀行、巴黎的高級私人銀行、維也納的信貸銀行以及德國的折扣公司，而且與這些機構合作的業務量很快就超越了與其他羅斯柴爾德分行合作的跨國業務量。指責法蘭克福分行成為漢澤曼的「衛星」機構沒什麼不對，但巴黎分行並沒有提供足夠的業務讓邁爾・卡爾保持在原本的活動範圍。

同樣地，依賴有薪代理人的傳統制度逐漸變得困難。正如阿姆斯特丹貝克與傅德銀行（Becker & Fuld）的例子顯示的那樣，不能指望代理人只做羅斯柴爾德的業務，畢竟還有許多其他機會。但是他們越以自己的名義做生意，就越會變得像競爭對手。納弟大可以談論如何「採用與耶穌會相似的做法」來「阻止」代理人。「首先，絕不讓代理人留在某個地方太久，然後找漂泊的猶太人負責監視和回報。」但不可否認的是，舊的代理制度已經過時了。邁爾・卡爾依賴漢澤曼的折扣公司以及他對布萊希羅德的敵意，這些都屬於相同趨勢的一部分。

連在羅斯柴爾德分行的辦公室，舊有的做法也不再適用。邁爾・卡爾在一八七三年抱怨：

> 經常有員工離職，或晉升為某間銀行的經理，或為了私利而自立門戶。野心勃勃的猶太人是最糟糕的職員。我知道他們只想到處打聽，並盡量了解情況，等著在對自己有利的時機逃走。很難找到好員工。我保證這是天大的麻煩事……那些新銀行願意支付高薪，所以沒有人想在這裡上班。

羅斯柴爾德制度從一開始就排除了有才華的「外人」超越「職員」地位的可能性，以防止家族控股的連貫性受到任何挑戰。然而，一旦合資銀行「向人才開放職缺」，吸引並留住能幹員工就變成了難事。卡爾・邁爾就是因此離開的。

同樣地，法蘭克福分行的衰落並不完全是因為邁爾・卡爾和威廉・卡爾沒有生出男性繼承人。這對兄弟沒有讓事業變得更成功也不應該受到太多指責，雖然結果令人失望，威廉・卡爾早在一八九〇年便準備放棄。相對柏林，這在一定程度上是法蘭克福作為金融中心的衰落結果。事實上，其他夥伴曾考慮在威廉・卡爾去世後「恢復或設立新的法蘭克福分行」，但這項計畫被捨棄了，可能是因為與法蘭克福當局在稅收方面發生了爭執。結果，羅斯柴爾德財富的來源，MA羅斯柴爾德父子公司最後在一九〇一年清算。可以肯定的是，羅斯柴爾德家族在法蘭克福仍有勢力。米娜（Minna）的丈夫馬克斯・葛舒密特（Max Goldschmidt）確實設法沿用羅斯柴爾德這個姓氏，唯一的差別是加在連字號後面。儘管在一戰之前，「葛舒密特－羅斯柴爾德」是鎮上（以及德意志帝國）最富有的人，家庭成員也在一九一一年占十大納稅人中的五名，他們的資本收益卻非常低。[27]這代表羅斯柴爾德家族的勢力逐漸減弱。此時，舊銀行的大部分員工都到折扣公司服務。根據威廉・卡爾的遺囑，阿姆謝爾和薩羅蒙在生意興隆的早期階段於法爾加斯建造的辦公室，現在則變成了猶太文物博物館。[28]

在這樣的背景下，值得注意的是一八六〇與七〇年代出現的最後一波羅斯柴爾德近親婚姻：第四代有三十一位成員結婚，其中有十三位與另一位羅斯柴爾德成員結婚。[29]從一八四九至七七年，共有九場類似的婚禮，首先是安謝姆的女兒漢娜・瑪蒂德（一八四九年嫁給威廉・卡爾）和茱莉（一八五〇年嫁給阿道夫）。十年後，輪到詹姆斯的兒子阿爾豐斯（一八五七年娶里歐諾拉）和薩羅蒙・詹姆斯（一八六二年娶邁爾・卡爾的

[27] 在三億五千九百萬馬克的總資本中，法蘭克福的羅斯柴爾德家族的總收入只有一千二百萬馬克。這意味著報酬率只有百分之三・三。直到一戰後，馬克斯和兒子才開始涉足銀行業。

[28] 位於新美茵茲大街的房子已經售出，下美茵河街的房子變成圖書館，采爾大街的房子則成了養老院。

[29] 如果包括一九一〇年的婚姻：埃德蒙的女兒米利安（Miriam）嫁給阿爾伯特・葛舒密特－羅斯柴爾德（威廉・卡爾的女兒米娜與馬克斯・葛舒密特所生的兒子），則是十四位。

女兒愛黛兒）。三年後，安謝姆的兒子費迪南與萊昂內爾的女兒艾芙琳娜結婚，這是羅斯柴爾德內婚制的重要時刻。婚後的晚宴在皮卡迪利街一四八號舉行，共有一百二十六人出席，包括迪斯瑞利、第一海軍大臣、奧地利與法國的大使，後來劍橋公爵也出席了舞會。這場婚姻是為了延續倫敦分行和維也納分行之間的關係（費迪南的母親是萊昂內爾的姊姊夏洛特），這對夫妻打算把時間分配給皮卡迪利街和席勒斯多夫。安謝姆也「感嘆艾芙琳娜只有一個，沒能讓他的兒子都能享受同樣好的待遇」。

儘管費迪南比未婚妻更喜愛婚禮的珠寶，但他們顯然是因為彼此相愛才結婚。然而，一八六六年十二月，柯尼格雷茲戰役結束後，艾芙琳娜的丈夫在奧地利支援父親，而她在分娩時喪命了。這是英國羅斯柴爾德家族史上最痛苦的事件之一。「從今以後，我的人生只會充滿悲傷、痛楚與苦澀的思念，」費迪南告訴利奧：

> 我的失落感是歲月無法彌補的，任何偶然的情況都無法減輕。我從童年時期就依戀著她。隨著年齡增長，我們見面的次數變多，我對她的愛也越來越深。後來，她住進了我的心。我所有的願望、關愛、喜悅、愛意——任何男人能產生的情感，都直接或間接與她的存在緊緊相連。我以後再也找不到慰藉。能安慰我的有一部分來自過去，來自昔日的快樂回憶，那些日子都有她的身影，我們那時候非常幸福。

「不幸在原本充滿陽光和喜悅的家園降臨，使他的生活變得陰鬱又淒涼。」他沒有再婚，逐漸依賴起未婚妹妹愛麗絲的陪伴。此外，他為死去的妻子留下兩個令人感傷的紀念：南華克新肯特路（New Kent Road in Southwark）的兒童醫院以她的名字命名，森林門（Forest Gate）的猶太公墓有為她而建的陵墓。[30]

這場悲劇並沒有阻止夏洛特從「仙女圈」為大兒子尋找配偶。起初，她希望「納弟墜入愛河，或享受愉快的戀愛感覺，並向安東尼的女兒之一求婚，討準男爵歡心」。不過納弟對邁爾・卡爾的女兒艾瑪表示感興趣時，夏洛特也很高興。一八六七年，他們如期在法蘭克福結婚。納特的兒子詹姆斯・愛德華原本被家人安排娶艾瑪，雖然他們的婚約對他而言是個打擊，但應該是理想的結果。嚴峻的納弟與嚴肅的艾瑪很合得來，而詹姆斯・愛德華在一八七一年與艾瑪的妹妹蘿拉・泰蕾斯的婚姻也被視為相配但沒什麼看頭的婚姻。費迪南表示：「他們是非常幸福的夫妻，不但付得起帳單，交談也輕聲細語，聊著孩子和房子，彷彿世上沒有其他已婚的人，而他們的亨利也是獨一無二的亨利（但我覺得他很醜）。我從來沒見過像他們這麼有趣的年輕夫妻，而且長得又矮又胖。」

這些話表明了他們的婚姻不一定是由父母作主，反而往往建立在真愛的基礎上，只不過家族共同工作、社交及度假的模式縮小了認識潛在伴侶的範圍。夏洛特聽說阿爾伯特在一八七五年與阿爾豐斯的女兒貝蒂娜訂婚時評論道：「沒有哪個年輕人的求偶對象不是堂親，這樣推測並不奇怪，因為我們實施近親結婚很多次了。」他們在隔年結婚。顯然阿爾伯特唯一考慮的人選是邁爾・卡爾的女兒。最後，阿爾豐斯的最小弟弟埃德蒙在一八七七年娶了威廉・卡爾的女兒阿德海特。在此之前，他的愛被阿德海特的表親瑪格麗塔拒絕了。

然而，此時的跡象表明內婚制的做法無法維持太久。一八七四年，夏洛特聽到有人說：「目前為了婚姻目的而侵入奧地利的羅斯柴爾德家族領土沒什麼用處。」但沒有人說明原因。瑪格麗塔不肯嫁給埃德蒙時，夏洛特表示同情：「也許成為巴黎的第八位羅斯柴爾德夫人讓她不高興吧。」由於種種沒有明確說明的原因，埃德蒙與阿德海特的配對已證實是最後一場純粹的羅斯柴爾德婚姻。

一個問題自然而然地出現了：這是因為家族漸漸意識到「近親結婚」的遺傳風險嗎？畢竟，納弟娶艾瑪時，娶的是父親的妹妹與母親的弟弟所生的女兒。從現代遺傳學家的觀點來看，這種配對並不明智（我在第一冊第六章中討論過原因）。我們很容易從遺傳學的角度去解釋第四代和第五代某些成員的特殊習性，不過羅斯

㉚ 陵墓的牆上鐫刻著幾行希伯來文和英文：「她一開口，字字珠璣／言語洋溢著仁慈的準則／她就是我的愛妻／若我升到天上／妳就在那裡／若我躺在墳墓／也會見到妳／妳伸出手指引我／也伸出手扶持我他還捐款給布朗普頓路的結核病醫院和海德公園角的聖喬治醫院（St George's Hospital）」

柴爾德家族似乎不可能為了健康因素而放棄堂親婚姻。雖然孟德爾（Gregor Mendel）從一八六〇年代開始研究遺傳，但直到二十世紀初期才廣為人知。一八八〇年代流行的「優生學」理論反而明確地鼓勵至少是種族群體的近親結婚，甚至是家族內通婚。終結了羅斯柴爾德內婚制的不是科學，而是家族對社會的其他人改變了態度，尤其是社會菁英。

貴族

羅斯柴爾德家族的第四代和父母之間的一大差別是，某些女性嫁給了不信猶太教的男性，但沒有像漢娜・邁爾在一八三九年嫁給亨利・費茲羅伊那樣受到指責。第一個例子發生在一八七三年：安東尼的女兒安妮與哈德維克（Hardwicke）第四代伯爵的三子艾略特・約克（Eliot Yorke）結婚。五年後，安妮的姊姊康斯坦絲嫁給了利奧的劍橋朋友西里爾・弗勞爾（後來的巴特西男爵）。一八七八年，邁爾的女兒漢娜嫁給了第五代羅斯伯里伯爵菲利普・普里姆羅斯（Archibald Primrose）。當時，他在自由黨是後起之秀，後來在一八八六年、一八九二至九三年擔任外交部長，在一八九四到一八九五年成為格萊斯頓首相的繼任者。同年，邁爾・卡爾的女兒瑪格麗塔嫁給格拉蒙公爵阿格諾（Agénor，前外交部長的兒子）。一八八二年，她最小的妹妹貝爾塔・克拉拉（Bertha Clara）嫁給瓦格拉姆王子亞歷山大・貝爾蒂埃（Alexandre Berthier），他是拿破崙的總參謀長後代。最後，薩羅蒙・詹姆斯（Salomon James）的女兒伊蓮娜在一八八七年嫁給荷蘭的埃蒂安・祖伊倫・尼維特男爵（Baron Etienne van Zuylen de Nyevelt）。

這也可以解釋成家庭原有的文化（曾堅定地忠於猶太教）經過稀釋的跡象，某些猶太當代人便是這麼認為。「拉比的質疑無處不在，」《猶太紀事報》於一八七七年十月提到：「有人問：『如果火焰在雪松上點著了，那掛在牆上的牛膝草呢？如果用釣魚鉤能釣到大海獸，那小魚怎麼逃脫？』」事實上，四位這麼做的女性都沒有皈依基督教。康斯坦絲顯然在結婚前考慮過皈依基督教，她表示自己「只是在種族層面是猶太人，但宗教或信仰上不是」。「我的思想完全沒有受到猶太教義影響，我沒有孤立的自豪感，」她寫道，「我的教會是普世教會，我的上帝是人類的父親，我的信條是慈善、寬容及道德，我可以用任何名義來敬奉偉大的造物主。」有一次，她甚至宣稱：「真希望能當基督徒，我很喜歡基督教的信條和禮拜儀式。」然而，她最後的定論是：改變信仰是「不可能」且「虛假」的事。但她在餘生依然「徘徊於基督教的大門外」。安妮也在名義上維持對猶太教的依附。漢娜對家族信仰的投入可能更堅定，雖然她在教堂結婚，也讓孩子以基督徒的身分成長，但她依然在星期五晚上點蠟燭，也繼續上猶太教堂，並在贖罪日禁食和祈禱。儘管她樂意接受丈夫的蘇格蘭文化遺產，但最後還是被葬在威爾斯登的猶太公墓，不是達門尼（Dalmeny）的墓地。

羅斯柴爾德家族對婚姻的認可並非絕對。瑪格麗塔改信基督教之後，威廉・卡爾就把她從遺囑中刪除了。最晚在一八八七年，薩羅蒙・詹姆斯的遺孀愛黛兒剝奪了伊蓮娜的繼承權，並將貝里爾街的房子留給法國政府的美術行政機構，只因為她嫁給宗教不同的人。就連阿爾豐斯的孫子蓋伊（Guy）也經常「一有機會就」被父母提醒：「最重要的準則是，不准與非猶太人或不願意皈依猶太教的人結婚。」一八六〇年代，夏洛特在信中主張，即使不是在家族內通婚，也應該與相同信仰者結婚。她認為羅斯柴爾德女孩的理想配偶是「出身高貴的富裕猶太人」。她認為適合安妮和康斯坦絲（或她們的堂親克萊門汀）的理想丈夫是朱利安・葛斯密德（Julian Goldsmid）。[31]當她第一次聽說有非猶太籍人士（例如奇徹斯特議員亨利・倫諾克斯勛爵）向安東尼的女兒求愛，夏洛特確信「如果那些人向她們求婚，安東尼叔叔一定會反對，她們的母親也不會答應」。「白人丈夫當然比迪斯瑞利先生說的那些信仰基督教的塌鼻子法蘭克人更合意。」她說。

一八六六年年底，夏洛特似乎同意康斯坦絲選擇嫁給基督徒配偶。但安妮透露艾略特・約克向她求婚

[31] 比斯紹夫桑、科恩或莫普格（Morpurgo）等家族成員被視為合適人選，而西歇爾或戴維森等家族成員則不列入考慮。後者的名譽因其中一位成員自殺而嚴重受損，原因顯然是個人破產。

時，父親受到萊昂內爾和納弟施壓，因此不同意。邁爾和妻子茱莉安娜也不贊同。諷刺的是，他們的女兒漢娜也有同感。詹姆斯的遺孀貝蒂也跟著附和。「此時此刻，悲傷的情緒淹沒了我，很難用言語表達，」她在寫給安妮母親的信中痛切地表示，「但我的情緒並不影響我對妳和姪子安東尼爵士的不幸表示同情。」直到婚姻得到納特的遺孀夏洛特、安謝姆及阿爾弗烈德的支持（代表甘納斯伯瑞所有人），安東尼才答應女兒的懇求。即便如此，康斯坦絲在登記處辦理結婚手續後，回憶「爸爸看起來很悲傷。我們都覺得很難過，安妮也是。」從某種意義上來說，後續的事件似乎能證明質疑者的論點有道理：雖然他們的婚姻看起來很幸福，約克卻在五年後逝世。

第二個「異教通婚」例子是安妮的姊姊康斯坦絲與利奧的朋友西里爾·弗勞爾，這段婚姻一樣不是百分之百成功。這段婚姻的問題在於，「英俊瀟灑」的弗勞爾很可能是同性戀，許多人都知道他在劍橋大學的打扮很女性化。平心而論，認真的康斯坦絲（滴酒不沾的人）似乎很高興能嫁給這個在當時較「先進」的自由黨議員，無疑也很支持他在一八九二年晉升為巴特西勛爵。但是，他在次年被格萊斯頓任命為新州的州長時，康斯坦絲不肯為了到澳洲而離開母親和慈善工作，於是他只好拒絕這項任命。妻子擔憂這項決定「阻礙了他的職涯」，並使兩人陷入「多年的窮困生活」。

這段時期最著名的異教通婚是邁爾的女兒漢娜和羅斯伯里的婚姻。也有證據表明一些家族內的反對意見。儘管從一八七六年開始就有婚事的謠言，但他們直到漢娜的父母雙亡才宣布婚約。沒有羅斯柴爾德男性家族成員參加婚禮，因此由迪斯瑞利將新娘交給新郎。另外，也有人認為羅斯伯里不願意結束單身。有人更惡意地認為，羅斯伯里是個厭惡女性的人，他娶羅斯柴爾德主要是出於財務因素。畢竟漢娜是當時很富有的女性繼承人，不但繼承了蒙特莫爾和皮卡迪利街一〇七號，還有每年十萬英鎊的收入。儘管她的表親康斯坦絲說「她對重大議題不感興趣」，她的丈夫也認為她的表達方式有些「幼稚」，但繼承人的身分使她成為有抱負政治家的好對象。

據說，羅斯伯里有一點反猶偏見。「在蒙特莫爾的某天晚上，」多年後，巴爾卡雷斯伯爵（Earl of Balcarres）大衛．林賽回憶說：「漢娜．羅斯柴爾德在家裡舉辦招待會，出席的夥伴非常多。所有女士都聚在大樓梯下方，拿著點燃的蠟燭準備上樓。羅斯伯里站在遠離這群美女的地方舉起手，她們困惑地看著他，接著他嚴肅地說：『猶太人，回妳們的住處去吧。』」林賽也聽說：「漢娜過世後不到一週，羅斯伯里就中斷了給猶太慈善機構的捐款。沒過多久，捐款的行動便完全取消了。」最後，第九代昆斯伯里公爵聲稱羅斯伯里、他的私人秘書德藍林格勛爵（Lord Drumlanrig）以及同性戀圈子有來往，圈子內最臭名昭著的成員是王爾德。㉜

但這些論點站不住腳。不提別的，羅斯伯里在蘇格蘭的達門尼擁有龐大的地產，也在埃普索姆的杜爾丹斯（Durdans in Epsom）擁有一間房子，年收入超過三萬英鎊。在所有人當中，他最不需要為了錢而結婚。羅斯伯里的確愛過漢娜。他在寫給格萊斯頓的信中，形容自己的婚約是「一生中最重要的事件」。他在日記中很少提到漢娜，有時被別人解讀成缺乏激情。但考慮到他主要將日記當成政治活動的紀錄，他們的關係應該不缺激情。他提到自己與家人在一八七七年一起吃晚餐和午餐的次數，表明了他的求愛過程充滿幹勁。到了一八七八年，他沒有在日記中提到婚禮後幾個月的狀況，這代表漢娜給了他做比寫日記更值得的事的理由。巴爾卡雷斯伯爵曲解了一則簡單的笑話，而昆斯伯里則可以看作是「非自然法性行為」陰謀理論的瘋狂先驅。該理論由

㉜ 第九代昆斯伯里侯爵約翰．道格拉斯（John Sholto Douglas）以「阿爾弗烈德．道格拉斯（Alfred Douglas）勛爵之父」的名聲聞名於世，而道格拉斯是奧斯卡．王爾德的情人。昆斯伯里是絕對又狂熱的「恐同者」，他相信是羅斯伯里把長子德藍林格勛爵（羅斯伯里當時的私人秘書）帶進同性戀的圈子。一八九三年八月，他本來想在巴特洪堡（Bad Homburg）鞭打羅斯伯里，但警方和威爾斯親王聯手勸阻他了。德藍林格在一八九四年十月舉槍自盡後，昆斯伯里相信他自殺是為了避免自己與羅斯伯里的關係被人勒索，並譴責羅斯伯里是「勢利的同性戀」和「懦弱的猶太騙子」。王爾德以誹謗罪將昆斯伯里告上法院。有一封昆斯伯里寫的信在法院被宣讀，內容提到了羅斯伯里和格萊斯頓。這件事使王爾德在昆斯伯里案件審判後，因同性戀而被起訴，以免顯得像政府在保護他。有人說，羅斯伯里考慮過幫助王爾德，但貝爾福告訴他：「如果你幫他，就會在選舉中落敗。」王爾德的首次審判沒有達成一致裁定。法務部長法蘭克．洛克伍德（Frank Lockwood）透露：「要不是因為那些針對羅斯伯里的可惡謠言，根本不會有第二次審判。」

諾埃爾·彭伯頓·比林（Noel Pemberton Billing）在一戰期間提出。[33]

此外，有具體的證據指出羅斯伯里依靠漢娜提供他本身缺乏的政治「動力」。格蘭維爾勛爵有點嚴肅地勸她，「**如果妳能幫助他勝任職位**，他一定會青史留名。」愛德華·漢彌爾頓評價她「值得關注……有督促別人做事並激發活力的才能」。溫斯頓·邱吉爾（Winston Churchill）也形容她是「羅斯伯里依賴的傑出女性……在羅斯伯里的生活中，她一直有安撫和鎮定情緒的作用。他再也找不到這種女性，因為他無法完全信任其他人」。這些評論為以下的觀點帶來了可信度：有人認為漢娜是漢弗萊·沃德夫人（Mrs. Humphry Ward）的小說《瑪塞拉》（*Marcella*，一八九四年出版）和《喬治·特雷薩迪爵士》（*Sir George Tressady*，一九〇九年出版）中野心勃勃的瑪塞拉·馬克士威（Marcella Maxwell）的原型。[34]邱吉爾認為漢娜在一八九〇年因傷寒症而苟延殘喘，最終辭世，使羅斯伯里「受創」。這個觀點在他簡短又痛苦的日記中得到印證。亨利·龐森比爵士（Sir Henry Ponsonby）在葬禮注意到他「不說話，只是緊貼著棺材，直到棺材被放進墳墓。羅斯柴爾德勛爵帶他回到小教堂後，他一直低著頭……他想在公眾面前表現出不再悲傷的樣子，卻在私下崩潰了」。漢娜過世後，羅斯伯里和羅斯柴爾德家族的其他成員依然保持密切的關係。

另外必須強調的是，異教通婚可能會引起其他方面的不安。羅斯伯里的母親克里夫蘭公爵夫人（Duchess of Cleveland）強烈反對兒子選擇「沒有把基督當成信仰和希望的人」作為配偶。「信仰不同宗教的兩個人結婚，一定會做出很大的犧牲，」她告訴兒子，「請再聽我說一句：深愛他們的人會難過和失望……你當然也會受到世人刻薄地批判。」葬禮三天後，羅斯伯里沉痛地告訴維多利亞女王：「在這場悲劇中，除了失去親人，還有一件事也讓人痛苦，那就是宗教信仰的差異在她斷氣的那一刻凸顯了出來，另一個宗教介入要認領遺體。這是遲早的事，我沒有不滿。妻子的家人非常友善，但還是改變不了我十分痛苦的事實。」

最後，值得注意的是，這些婚姻都沒有涉及到羅斯柴爾德男性家族成員。身為合夥企業資本和邁爾·阿姆謝爾的宗教遺產繼承人，他們在婚姻方面的選擇自由度較小。正因為如此，阿爾弗烈德與情婦的關係困難重重——瑪麗（米娜）·沃姆韋爾（Marie〔"Mina"〕Wombwell），是已婚的基督徒，婚前姓博耶（Boyer）。雖然他可能和她生下了私生女（名叫阿爾米娜〔Almina〕，暗指「Al」〔阿爾弗烈德〕與「Mina」〔米娜〕的結合），但我們不知道阿爾弗烈德是否考慮過結婚。我們可以想像得到的是，由於不可避免且難以克服的家人反對聲浪，他打消了結婚的念頭（另一種可能性是他其實是同性戀）。不過，他犯了曾祖父會認為很嚴重的過錯：阿爾米娜嫁給卡納芬伯爵（Earl of Carnarvon）時，他給了她五十萬英鎊的嫁妝（還幫卡納芬解決十五萬英鎊的債務），並留下一百五十萬英鎊的大部分遺產給他們和孩子（十二萬五千英鎊以及位於西摩廣場的房子）。㉟

簡而言之，上述的各種異教通婚不該被視為態度發生重大變化的證據，但我們仍很難想像詹姆斯在世時有可能出現這些婚姻。與貴族家庭聯姻的事實並非巧合（康斯坦絲與弗勞爾的婚姻例外，弗勞爾後來才成為貴族）。有人可能會認為，英法菁英聯合所帶來的社會利益超過了宗教妥協的代價。但是暗指這是一種社會進展的策略並不恰當。在某種程度上，正如《猶太紀事報》指出的，羅斯柴爾德家族的社會地位提高正是促成這些婚姻的原因：康斯坦絲遇到弗勞爾是因為她的表親去了劍橋大學；漢娜遇到羅斯伯里，一方面是因為她的父親在政界和體育界是名人（據說他們在紐馬克特由瑪麗·安妮·迪斯瑞利介紹認識），另一方面是因為費迪南與羅斯伯里熟識。卡西斯（Cassis）指出，有許多十九世紀晚期的都市銀行家娶貴族的女兒為妻，在他的抽樣調查中，有高達百分之三十八私人銀行業者、百分之二十四以上的銀行家和銀行董事都是如此。

這段時期的羅斯柴爾德家族與貴族之間的關係問題經常被提出討論。有人指出納弟在一八八五年晉升為

㉝ 比林是另一個令人不快的幻想家。他聲稱羅斯伯里的兒子和伊夫林·阿基里·德·羅斯柴爾德（Evelyn Achille de Rothschild）曾鼓勵他發起活動對抗英國機構中所謂的四萬七千名性變態者。可笑的是，這兩個人都被滅口了。

㉞ 這種認同的缺點在於沒有任何宗教暗示。

㉟ 這筆錢資助了卡納芬伯爵與霍華德·卡特（Howard Carter）在一九二二年尋找圖坦卡門（Tutankhamun）陵墓的重要探險。

貴族階級，代表了該家族從邁爾．阿姆謝爾時代以來發起的社會同化之役取得最終勝利。同時，那些認為「封建化」過程在十九世紀下半葉消磨了中產階級的企業家精神或自由精神的人，則將此當作典型案例。現實情況更複雜。準男爵到世襲貴族的轉變根源於羅斯柴爾德與歷任首相以及與皇室成員的關係，因為社會地位升級既是對政治或公眾事業的獎勵，也象徵皇室恩惠。同樣值得注意的是，從猶太人在下議院取得席位的權利來看，英格蘭在某些方面也落後於一些歐洲大陸國家。

奧地利的例子說明了涉及的地位有微妙差別。嚴格來說，羅斯柴爾德家族早在一八一六年就從哈布斯堡君主那裡獲得了貴族地位：人名前加了「馮」（von）的稱謂以及得到盾形紋章，六年後又加上「男爵」的頭銜。然而，直到一八六一年，其中一位羅斯柴爾德（安謝姆）才獲得相當於貴族的政治地位，成為帝國議會的一員。直到一八八七年十二月，阿爾伯特與妻子正式有權進入宮廷後，才實現最終的社會成就。《泰晤士報》報導：「奧地利首次容許猶太教徒享有這樣的特權，此事在社會上引起轟動。」此後，羅斯柴爾德家族成員和奧地利皇室成員開始在奧地利有社交往來。[36]尤其是納坦尼爾被維也納貴族社會接納的方式與他的父親和祖父截然不同。維爾切克（Wilczek）伯爵等貴族用較為親近的「你」（du）來稱呼他，並且認為他是「很有魅力的人，有真正高貴的品格」。他與梅特涅家族的關係在社交方面也很寶貴。

根據當代的流言，納坦尼爾與男爵夫人瑪麗亞．費瑟拉（Maria Vetsera）有姦情。後來，費瑟拉成了魯道夫王儲的情婦。此外，魯道夫與瑪麗亞於一八八九年一月在邁爾林（Mayerling）的皇家狩獵小屋自殺後，收到關於悲劇的第一份電報的人是納坦尼爾的弟弟阿爾伯特（北鐵路段的董事長），他不得不將消息轉達給皇宮。這可能是虛構故事，但我們可以確定的是，魯道夫的母親伊麗莎白皇后與阿道夫的遺孀茱莉變成了朋友。一八九八年九月，她在瑞士的普雷尼造訪羅斯柴爾德家後，在日內瓦湖遭到一名義大利無政府主義者謀殺。一九〇八年，法蘭茲．約瑟夫舉行盛大的招待會，慶祝他登基的六十週年紀念時，阿爾伯特也在場，是少數穿著便服的出席者之一。

從晉升到成為貴族，再到社交往來，在德國也有相似的過程。如我們已知的，邁爾・卡爾在一八六七年被任命為普魯士上議院的議員，此後有權進入宮廷。雖然他從未停止貶低布萊希羅德趨炎附勢的做法，而且布萊希羅德被封為貴族後並沒有得到男爵的頭銜時[37]，他洋洋得意，但他總不忘提到自己與普魯士皇室見面的過程，無論有多麼微不足道。一八七〇至七一年，他和妻子在法蘭克福為戰傷者設立醫院之舉確實為他們贏得了皇室支持。「我剛才和君主談了整整一個小時，」他在一八七一年十二月滔滔不絕地說，「不用說也知道，我們的關係很好，尤其是因為我為皇后的醫院付出似乎讓國王陛下非常高興。露易莎是皇后的寵兒，女王陛下高興地向她表達感激之情……這一切對我們的利益來說十分重要。」皇后看起來特別友善。後來，威廉・卡爾的妻子漢娜・瑪蒂德和維多利亞變得更親近。維多利亞是德皇腓特烈三世（Frederick III）的遺孀，也是維多利亞女王的女兒。顯然，她很喜歡柯尼斯坦因的羅斯柴爾德家族散發出有點親英的氛圍。儘管維多利亞的兒子威廉二世被該家族成員質疑懷有強烈的反猶太偏見，但他在一八八八年登基後並沒有損害該家族的地位。一九〇三年，威廉・卡爾的女婿馬克斯・葛舒密特被授予「馮・葛舒密特－羅斯柴爾德男爵」的頭銜。[38]

相比之下，在英國發生的過程則相反。羅斯柴爾德家族是先獲得宮廷認可並與皇室建立密切關係，幾年後才取得上議院席位。一八六六年，雖然猶太人在法律上可以成為貴族，但維多利亞女王在實務上極力反對這件事。早在一八五六年，維多利亞在皇家客廳注意到萊昂內爾的女兒里歐諾拉「相貌不凡」時，該家族就被視為宮廷裡的體面人物。然而，真正的社交進展發生在一八六一年的劍橋大學。當時，聖艾爾本斯公爵將納弟介紹給威爾斯親王，也就是後來的愛德華七世（Edward VII）。他們對狩獵的共同愛好也促成了阿爾弗烈德和利

[36] 一八七六年，伊麗莎白皇后在沃德斯登拜訪費迪南和愛麗絲，並與他們騎馬和用餐。兩年後，費迪南造訪倫敦時，也為魯道夫（Rudolf）王儲舉辦一場舞會。

[37] 有趣的是，邁爾・卡爾懷疑布萊希羅德打算改信基督教。

[38] 根據法國大使喬治・路易（George Louis）在一九〇八年的說法，威廉二世邀請羅斯柴爾德家族在德國重建住宅。但這似乎是大使虛構的事。

奧的引薦。賽馬也發揮著相似的作用：親王在一八六四年和六六年的德比賽中分享蛋糕、美乃滋及香檳時，邁爾很高興。不久，該家族成員定期受邀參加宮廷活動或貴族聚會，而皇室成員也在場。[39]他們也款待皇室成員，主要是（但不限）威爾斯親王。[40]次年三月，威爾斯親王與邁爾到蒙特莫爾獵鹿；兩個月後，他到安東尼家用餐。一八七一年，他與亞歷珊德拉公主（Princess Alexandra）到萊昂內爾家參加「耗時的宴會」。四年後，他與迪斯瑞利在舞會後到費迪南家用餐。一八七八年，他與叔叔劍橋公爵參加羅斯伯里和羅斯柴爾德家的婚禮。一八八一年，他參加了利奧與瑪麗・佩魯賈（Marie Perugia）的婚禮，可看作是皇室宗教寬容的特殊表示。

除了這些比較正式的場合，哈爾王子（Prince Hal，迪斯瑞利如此稱呼）受到款待的方式是他偏好的反傳統風格。例如，阿爾弗烈德負責為晚宴找來內莉・梅爾巴（Nellie Melba）、阿德琳娜・帕蒂（Adelina Patti）等歌劇明星，以及女演員沙拉・柏爾納哈特（Sarah Bernhardt）；另一位來自新興「演藝圈」的親友是歌詞創作者亞瑟・蘇利文爵士（Sir Arthur Sullivan）。[41]費迪南也知道該如何逗這位王位繼承人開心：一八九八年，王子在沃德斯登從樓梯摔下來並摔斷腿後，他讓這則故事登上全國的報紙。[42]身為狂熱的親法者，他也是英吉利海峽另一邊的羅斯柴爾德家族常客。一八六七年夏季，詹姆斯在布洛涅招待他；五年後，他也造訪費律耶（一八八八年又回到那裡）。一八九五年，他和阿爾豐斯在坎城一起吃午餐。這些社交往來並沒有在他登基後停止，反而益發密切。羅斯柴爾德家族是愛德華七世在國際社交圈中不可或缺的成員，此外還有沙遜家族、鐵路金融家莫里斯・德・赫希、歐內斯特・卡賽爾、霍勒斯・法庫爾，以及其他被愛德華・漢彌爾頓視為「新潮的人」。

然而，如果把羅斯柴爾德家族描繪成對王室懷有敬畏之情，或特別渴望躋身貴族之列，那就大錯特錯了。例如，納弟起初發現威爾斯親王的談話「平庸且緩慢」。「他特別喜歡打獵，」他告訴父母，他很喜歡猜謎、抽味道濃烈的雪茄。我認為他終究會成為訓練有素的德國王子，並受到父親家的狹隘觀點影響。他彬彬有禮，這當然是他的可取之處。如果他隨心所欲，我覺得他會漸漸喜歡賭博，當然也會遠離他現在不得不去聽的法律講座。

五年後，他的觀點依然沒變，冷淡地評論「戰爭、和平及政局占據殿下的時間比不上娛樂活動所占的一半。」他的母親也有同樣的感受。雖然她認為未來的國王「舉止迷人」，「儀態……無人能比」，但她覺得遺憾的是，「他沒有把時間花在正經的嗜好，也沒有在友誼或社交方面結交政治界、藝術界、科學界或文學界的傑出人物」。格萊斯頓還在演講時，親王便離開下議院的旁聽席，她總結道：「他不喜歡嚴肅的話題。」親王從羅斯柴爾德的馬贏得「一大筆賭金」後，夏洛特並沒有透露太多，「我當然希望他賭羅斯柴爾德的馬會贏錢而不是輸錢，但未來的英格蘭國王不應該賭博。」

受到批評的人不只有威爾斯親王。愛麗絲．皮爾夫人借出維多利亞女王私下印製的蘇格蘭高地冊子時，夏洛特苛刻地說：

> 這個冊子沒有展現出任何天資或優美的文筆，實在令人吃驚，因為卓越的政治家都認為女王非常聰明……作品的可取之處和有趣的特點在於有獨特的簡單風格。內容沒有關於皇室或主權的暗示。在女王陛下的臣

39 活動包括大型舞會、例行的早晨接見以及私下的惠斯特紙牌遊戲。

40 例如，萊昂內爾在一八六五年五月舉辦一場晚宴，出席者有劍橋公爵、麥克唐納（Macdonald）上校、薩克森－威瑪（Saxe-Weimar）的愛德華王子與公主、曼徹斯特公爵與公爵夫人、新堡公爵夫人、普羅比（Proby）勳爵與夫人、哈廷頓（Hartington）勳爵、塞夫頓（Sefton）勳爵以及漢彌爾頓勳爵。讓夏洛特憤怒的是，曼徹斯特的公爵夫人沒有回請。

41 因此，歌劇《約蘭特》（*Iolanthe*）有以下台詞：「股票只要一便士，羅斯柴爾德和巴爾林買了很多。你們只獲得一些，你們從絕望中醒來，渾身顫抖。」

42 他們的交情很好，王子甚至參加了費迪南的葬禮。

> 民中，連最卑微的人都可以寫出這些文字。讀者無法從字裡行間聯想到作者統治著幾億人，也無法感受到她的領土永無落日……坦白說，其他報紙的內容有趣多了。

費迪南和愛麗絲都對女王「提到馬戲團卡車，以及她為約翰・布朗（John Brown，女王的高地隨從）及其卷髮寫的註解」感到沮喪。

這種心態反映了從出生於法蘭克福貧民區的世代繼承而來的持久禁欲傾向。事實上，羅斯柴爾德家族憑著自己的努力往上爬，也認為自己在許多方面勝過貴族，尤其是金融領域。眾所周知，威爾斯親王和兄弟都習慣過著超出皇室年俸的生活。安東尼為了保持家族借錢給未來統治者的傳統，提供了援助。直到一八七四年八月，女王才震驚地聽說長子欠安東尼「一大筆錢」。[43]然而，羅斯柴爾德家族在那之後一直到他登基的二十七年間，職責似乎主要是協助親王擺脫債務，除了在桑德靈厄姆（Sandringham）謹慎隱瞞的十六萬英鎊抵押貸款。

阿蓋爾公爵（Duke cf Argyll）的兒子沃爾特・坎貝爾勛爵（Lord Walter Campbell）表示，希望到倫敦市擔任該家族的股票經紀人亞瑟・瓦格（Arthur Wagg）的機要秘書，並要求年薪一千英鎊時，出現了不那麼明顯的貴族（甚至皇室）財政依賴的跡象。萊昂內爾謹慎地「建議沃爾特勛爵到因弗雷里（Inveraray）與公爵談談，因為那位自負的貴族可能不希望兒子與猶太人合作」。但夏洛特很高興，因為坎貝爾家族有皇室人脈：「如果真的要合夥，瓦格家族一定會高興與露意絲公主殿下的連襟有生意往來。如果發生了，這會比白人美女湧入倫敦上流社會更精彩。」到了一九〇七年，宮廷和倫敦市之間的這種聯繫很常見。當時，利奧有機會成為力拓的董事，他「讓女王和國王想到登比伯爵（Earl of Denbigh），那名高尚的倫敦市砲兵隊上校，曾經是宮廷侍從，也是舉止優雅的大主教貴族」。

納弟欣然接受這種貴族式的折衷辦法。作為堅定的自由黨學生，他看不慣貴族在劍橋大學享有不勞而獲的特權。「我不明白，」他向父母抱怨，「為什麼貴族和他們的兒子可以在七個學期後取到學位，不用通過『小試身手』的考試。應該廢除貴族和平民的差別待遇，但恐怕這種事永遠不會發生。」一八八八年他成為羅斯柴爾德勛爵後，嚴厲地評論道：「有少數貴族在金錢問題方面經常顯得缺乏理智和榮譽感，並經常賭博，因此傷害了他們的階級。」即使羅斯柴爾德家族看起來像貴族，他們並沒有把自己當成貴族，反而比較希望貴族能變得更像他們。夏洛特說過，對梅奧伯爵（Earl of Mayo）的小兒子來說，「與其在倫敦西區挨餓，還不如在都市過著富足的生活，但要付出不少努力、參與活動和辛苦幹活。」

羅斯柴爾德的心態關鍵在於，身為歐洲最接近皇室的猶太人，他們認為自己與王室成員的地位平等。夏洛特聽說阿爾弗烈德王子要造訪阿爾伯特的求學地點波昂時，她設法安排「高加索皇室的聰穎後裔和英國皇室的聰慧後裔」見面。她在幾週後宣稱，對其他猶太人來說，「有野心的婚姻」代表「與羅斯柴爾德家或科恩家（暗指她岳母家的人）結婚……因為十九世紀沒有猶太女王和皇后」。同理，茱莉安娜和漢娜分別是「以色列女王和蒙特莫爾公主」。這種觀念說明了羅斯柴爾德家族與皇室家族競爭的傾向。典型的例子是，他們在劍橋打獵時，納弟滿意地回報說自己的馬比王子的馬更勝一籌。同樣地，費迪南到白金漢宮時，「他覺得沒有其他女人可以與他的妻子媲美，也沒有其他馬車比得上送他們到白金漢宮的馬車。」他在斯塔福德王宮享用奢華的晚餐後說：「一點都不豪華，比較像是羅斯柴爾德式餐點。」邁爾受邀到宮殿用餐後，便開始「吹毛求疵」。至少有一次，他的嫂子夏洛特寧願參加小型婚禮，也不願參加皇家舞會，並避開王室成員的會客室，因為她覺得大型聚會「很累人又無趣得很」。一八七六年奧地利皇后造訪英國時，夏洛特堅決認為她在沃德斯登受到的接待比在溫莎更愉快。當代人談起羅斯柴爾德家族時，經常提到「猶太人之王」這個詞：從家族的通信紀錄來

❹❸ 感謝史丹利・溫特勞博（Stanley Weintraub）提供的資訊：安東尼過世後，女王寫信給兒子：「你會對可憐的安東尼・羅斯柴爾德爵士感到很遺憾。他是一個非常友善、忠誠的好人，還那麼喜歡你。」

看，這並不是難以接受的讚美。

儘管如此，或許是**因為**家族自命不凡，事實證明要說服維多利亞將萊昂內爾提拔到上議院是不可能的事。這種晉升的謠言早在一八六三年就有了。不過，宮廷中有些人對羅斯柴爾德家族懷有敵意。艾伯特親王在一八六一年辭世後，這種敵意變得更明顯。威爾斯親王結婚時，夏洛特抱怨家族沒有受邀參加慶祝活動。「西德尼勛爵（Lord Sydney）吃過好幾次歐洲大陸羅斯柴爾德家族款待的時令、非時令佳餚，」她不滿地寫道，「晚餐也很豐盛，但他不認為我們值得受邀到宮廷。可憐的親王還在世時，親愛的爸爸常常向他求助，都是在爸爸被遺忘或忽略的時候。現在沒有人想麻煩女王了。」宮廷裡的另一個敵人是史賓塞勛爵。他建議王子和公主不要參加羅斯柴爾德的舞會，並且說「王子只應該拜訪那些社會地位不容置疑的人」。「羅斯柴爾德家族令人尊敬，」他繼續說，「但他們主要是靠財富保住地位，也許還因為他們的長女很漂亮。」王子的私人秘書法蘭西斯·諾利斯爵士（Sir Francis Knollys）也沒有完全認可羅斯柴爾德家族與主人的密切關係。在一場「用希伯來黃金裝飾」的羅斯柴爾德晚宴結束後，女王的侍從亞瑟·哈丁（Arthur Hardinge）認為有必要帶一位來訪的俄羅斯皇室成員到西敏寺「予以糾正」。顯然威爾斯親王抵抗了這種壓力。納弟和阿爾弗烈德在一八六五年參加皇室的早晨接見時，夏洛特得意洋洋地報告：

> 王子像平常一樣和藹可親，一邊微笑一邊握手。殿下已經讓他們習慣了善意和親切。但讓他們覺得好笑的是，他指責了西德尼勛爵。西德尼勛爵是文雅的紳士，也是反猶太主義者，他稱納弟是「羅希爾（Roshil）」先生。王室成員糾正他，說是「羅斯柴爾德先生」才對。

這段時期，另一個受歡迎的盟友是伊利夫人（Lady Ely）。一八六五年，她邀請納弟、阿爾弗烈德、費迪南及艾芙琳娜參加為威爾斯王子與公主舉辦的特殊舞會。

然而，無論是她或王位繼承人都無法在皇室恩澤方面影響女王的決定。早在一八六七年，迪斯瑞利就向羅斯柴爾德家族透露，維多利亞女王不願意「給猶太人頭銜和認可的標誌」。但須強調的是，萊昂內爾無意接受迪斯瑞利給的貴族頭銜。一八六八年三月，他寫信給妻子：「我們的朋友（伍爾弗漢普頓的自由黨議員查爾斯．維利爾斯）對報紙上關於我升為貴族的那一段內容很感興趣」，

> 就像其他事，自由黨人想親自執行……他不理解，帕默斯頓夫人家的人也不明白，我絕不接受現任政府的任何東西。他們都以為迪斯瑞利對我們負有很大的責任，所以我最好保持沉默，隨便他們怎麼想。聽他們胡說八道真有趣。

這是先見之明，因為格萊斯頓剛當上首相就提議讓萊昂內爾成為他希望女王任命的十一位新自由黨貴族之一。上議院的自由黨領袖格蘭維爾伯爵表示，這個想法是基於羅斯柴爾德家族目前「象徵著影響力很大的階級，他們有財富、情報、文壇人脈，也在下議院擁有眾多席位。與其把他們逼進民主陣營，不如讓他們加入貴族。」但女王不同意。[44]格蘭維爾只好遺憾地報告，女王對這個話題的「反應很激動」，「我不同意讓猶太人變成貴族。」女王這麼告訴他。他覺得很挫敗，建議格萊斯頓不要勉強談論這項議題：「她會屈服的，只是很不甘心。她也會不斷遭受批評，藉以肯定她的觀點，她的判斷力比政府更準確，而使她在其他場合更難堪。」格萊斯頓對他認為是不一致的行為很不滿，並拒絕找其他信基督教的商業人士。「羅斯柴爾德的優點在於立場明確又獨立，」他以一貫的嚴謹思維爭辯，「她的論點無效。如果她覺得自己有理，那麼她同意解放猶太人就是個錯誤的決定。」他認為萊昂內爾「比其他替代人選更適合晉升」，把他排除在外會「使以前法令明定、君主和國會認為應廢除的障礙，透過最高權力而恢復」。首相探索了所有可能的選擇，比如授予萊昂內爾愛爾蘭

---

[44] 從一八五一年開始，畢杜爾夫（Biddulph）便是女王家的管家，並在一八六七年擔任王室專用金的保管人。他得收回當初的建議，也就是猶太貴族無法取代他在上議院的地位。

貴族頭銜，但最終仍被迫放棄。一八七三年，他嘗試重新提出這個想法，但又被駁回了。結果，萊昂內爾是以平民的身分辭世。

維多利亞女王是反猶主義者嗎？她承認自己「無法擺脫反對猶太教徒成為貴族的感覺」。但考慮到她對迪斯瑞利的感情，種族偏見的指控似乎並無事實根據，因為迪斯瑞利很重視自己的猶太血統。[45]其實她的反對意見既是出於宗教原因，也出於社會和政治原因。她在日記中寫道：「基於他的宗教信仰和財富，我該拒絕。他的財富主要來自貨幣合約之類，擺明了輝格黨愚蠢地想培養更多貴族。」一八六九年十一月一日，她在寫給格萊斯頓的信中闡述了第二點：

她無法想像一個人擁有如此大量的財富皆是透過與外國政府訂立合約、借貸，或者投資在股市交易的大筆資金成功獲利，這樣的人如何能夠堂堂正正獲得英國爵位？無論萊昂內爾・羅斯柴爾德在大眾心目中的聲望有多高，她都認為這像是一種賭博，因為其規模龐大，也與她推崇的合法交易相去甚遠。在合法的交易中，人是透過勤勉和堅定不移的正直心態把自己提升到富裕和有影響力的地位，例如已故的湯瑪斯・邱比特（Thomas Cubitt，建築師）、喬治・史蒂文生等人，能為貴族世家增添榮耀。

然而，這段話可以被視為純粹在找藉口，因為目前已有三位貴族的財富來自銀行業。[46]她反對的另一個理由更具說服力，可以從格蘭維爾暗示的「目前上議院與下議院之間的不幸對立」推斷出來。上議院一直是反對接納猶太人進入國會的主因，直到一八五八年才含糊其辭的妥協同意給下議院修改對新成員宣誓的權利。也許女王擔心讓萊昂內爾成為貴族會導致一八五〇年代的憲法爭論重演。值得注意的是，格萊斯頓刻意提出「猶太貴族」的可能性時，也是在提出羅馬天主教貴族的可能性，以約翰・阿克頓爵士（Sir John Acton）為代表。這項議題在一八七三年再次出現時，格蘭維爾說，使羅斯柴爾德成為貴族的想法是為了「補充使天主教徒成為貴族」的想法。這比獎勵忠誠的自由黨議員所提供的服務更重要。

還有一點值得注意：這一切都是在羅斯柴爾德家族並未鼓勵的情況下進行。多年前，萊昂內爾以有失尊嚴為由，拒絕了準男爵的爵位，但到了一八六〇年代，他顯然不願意追求貴族頭銜。「羅斯柴爾德是我遇過最優秀的人之一，」一八七三年，格萊斯頓在巴摩拉提到這項議題時說，「如果我能從他那得到備忘錄，了解他父親在戰爭期間處理的金錢事務，我相信就能克服相關困難。不過，即使四年來我提出請求，他們也答應了，但我還是無法以任何形式拿到資料。」我們也不能斷定萊昂內爾的兒子在父親去世後就開始為自己爭取貴族身分。反之，我們接下來會看見，他的政治觀點與格萊斯頓漸行漸遠（以至於阿爾豐斯認為是索爾茲伯里〔Salisbury〕在一八八五年為他爭取到貴族身分）。在女王和首相之間的漫長辯論中，羅斯柴爾德家族完全處於被動。

那麼，從一八七三至八五年，是什麼事讓女王「克服了內心的顧慮」呢？對格萊斯頓的秘書漢彌爾頓而言，羅斯柴爾德貴族地位的重要性並沒有改變：「貴族地位消除了殘餘的宗教缺陷。」納弟也有同感：「感謝偉大的公民與宗教自由倡導者首次授予貴族頭銜給我們的信徒。」一八八五年七月九日，他戴著帽子，手放在希伯來舊約上時，確實很享受在下議院重演父親的勝利。格萊斯頓暗示的「寶貴公眾事業」或許有助於說明女王何以收回反對意見。[47]沒錯，格萊斯頓暗指的是納坦在拿破崙戰爭中的角色。但我們接下來會看到，羅斯柴爾德家族直接並熱情地參與英國的帝國財政，可以追溯到迪斯瑞利在一八七〇年代中期的執政時期，而很可能女王並未忽視這一點，但是將貴族頭銜描述成對埃及提供金融服務的直接獎勵，未免太誇張了。我們將在下文看到，將納弟提拔到上議院的舉動，可能是格萊斯頓試著把對他的外交政策而言越來越棘手的一位幕後評論員

---

45 她初次見到納弟時（職位是迪斯瑞利的一位遺囑執行人），坦率地形容他：「大約三十八歲或四十歲的英俊男人，有帥氣的猶太臉孔。」

46 亞歷山大・巴爾林在一八三五年被封為艾許伯頓男爵；塞繆爾・洛伊德（Samuel Loyd，倫敦西敏銀行）在一八五〇年被封為歐弗斯通（Overstone）男爵；喬治・格林後來被封為沃爾弗頓（Wolverton）男爵。

47 事實上，女王繼續抵制，但格萊斯頓再度交出原本沒變的名單時，她默許了。

明升暗降地「踢上位」。

羅斯柴爾德的貴族地位也必須被視為是更廣泛的社會巨變一部分。愛德華．漢彌爾頓說過，其目標是「增加上議院的商業實力」。納弟的晉升恰逢愛德華．巴林成為雷夫爾斯托克勛爵（Lord Revelstoke）。卡西斯也指出，倫敦市銀行家在一戰前的二十五年獲得頭銜的比例很高，其中有將近五分之一是在一八九〇年之後取得貴族地位。大多數繼承的貴族爵位都是在前十年授予的，如阿丁頓勛爵（Lord Addington）、阿爾登漢姆勛爵（Lord Aldenham）、埃夫伯里勛爵（Lord Avebury）、畢杜爾夫勛爵以及希靈登勛爵（Lord Hillingdon），大約都是在同一時期被封為世襲貴族。因此，一八八五年的冊封可說是倫敦市貴族大量增加的一部分。此外，其他猶太貴族很快就讓納弟加入上議院：旺茲沃思勛爵（Lord Wandsworth）西德尼．史特恩（Sydney James Stern）、斯韋夫靈勛爵（Lord Swaythling）塞繆爾．蒙塔古（Samuel Montagu）以及皮布賴特勛爵（Lord Pirbright）亨利．沃姆斯（Henry de Worms，邁爾．阿姆謝爾的長女珍妮特的後代）。

這並不代表納弟的晉升確保了格萊斯頓預測的「普遍受到歡迎」。漢彌爾頓觀察到有些人對羅斯柴爾德取得貴族頭銜「嗤之以鼻」。這樣的勢利行為持續存在。前文引用許多關於阿爾弗烈德和其他家庭成員的不利評論，可解讀為其典型的表達方式。然而，對羅斯柴爾德家族而言，這是再度顯現家族自豪感的時刻。納弟與其他商界貴族不同，讓他親戚高興的是，他獲得特靈的羅斯柴爾德男爵頭銜，保留了自己的姓氏。一八八五年後，皇室內部的偏見似乎都消失了。羅斯柴爾德家族成員參與了女王五十週年紀念的各種活動。一八九〇年五月，女王親自到沃德斯登拜訪費迪南。事實上，身體衰弱又愛挑剔的費迪（Ferdy，費迪南的暱稱）在晚年成了皇室的寵兒。一八九一年，女王在法國南部逗留期間，也好幾次造訪他的妹妹愛麗絲在格拉斯的別墅。[48]

換句話說，羅斯柴爾德家族在這段時期正式加入貴族並進入「宮廷社會」的事實，不該只被視為「封建化」的標誌，或對既定歐洲菁英價值觀的同化。即使是把精力投入其鍍金宮殿和修剪整齊的花園的第四代人，依然清醒地認同家族的猶太身分並感到自豪。費迪南是典型的例子，因為他（再次引用愛德華．漢彌爾頓的話）「為自己的種族和家庭感到自豪，也喜歡談論列祖列宗，彷彿他有顯赫的祖先和高貴的血統」。他、阿爾弗烈德及納坦尼爾不再是勤奮的商人，但他們成為世紀末的唯美主義者後，並沒有放棄猶太人的身分，就像漢娜嫁給蘇格蘭伯爵後，也依然保持猶太人的身分。用「同化」這個詞來形容羅斯柴爾德家族認為自己的地位相當於「高加索王室」（夏洛特的獨特措辭）並不恰當。一八四〇年代，喬治斯．達恩維爾評論道，「羅斯柴爾德家族是繼薩克森－科堡家族之後，在歐洲人數最多的世家。」在接下來的幾年，這兩個龐大國際化家族之間的相似之處越來越多。一八九二年，阿爾弗烈德到布魯塞爾造訪利奧波德二世時，至少有一方認為這是平等的會面：「國王只告訴我：『你的家人把我寵壞了。』我回答：『請陛下見諒，您總是寵著我們。』對話簡短又愉快。」[49]

[48] 根據家族傳説，有人請她不要踏進剛種植的花壇，不過女王的日記只記錄了：「羅斯柴爾德小姐特地把道路拓寬，好讓我乘坐的驢子沿著路走。」

[49] 一八三五年，湯瑪斯．雷克斯（Thomas Raikes）記下類似的對話，但應該是虛構的：「羅斯柴爾德在維也納簽訂最後一份奧地利貸款的合約時，君主派人找他並對達成交易的方式表示滿意。他回答：『我可以向陛下保證，羅斯柴爾德家族永遠樂意為奧地利家族做任何事。』」

八、猶太人的議題

先生，如果你們不支持我們，我們很可能必須驅逐你們。但是，如果你們支持我們，我們能讓你們變得比謙遜的家族創始人，或他最引以為豪的孫子所想像的更偉大……我們會讓你們變得偉大，從你們家族中選出第一位王子。

——西奧多．赫茨爾，〈致羅斯柴爾德家族議會〉，一八九五年

羅斯柴爾德家族和歐洲更廣泛的猶太社群之間的關係，有許多方面在第四代時期都沒有改變。要強調的是，上一章描述的貴族婚姻僅是例外，大多數羅斯柴爾德家族成員依然與其他猶太籍外人結婚。這段時期最重要的變化在於，這些猶太人不再是羅斯柴爾德家族的外人。第三代只有三次這種婚姻，其中兩次其實是透過母系與堂親結婚。第一批與該家族結婚的猶太籍外人是義大利實業家雷蒙多．弗朗切堤男爵，他在一八五八年娶了安謝姆的女兒莎拉．露意絲。次年，賽西兒．安斯帕赫嫁給古斯塔夫，貝蒂和媳婦愛黛兒對賽西兒產生的敵意表明了外人要贏得該家族的接納有多麼困難。一八七七年之後，這種情況發生了變化，其他猶太籍社會菁英結婚不久後就成了一種常態。一八七八年，威廉．卡爾的女兒米娜嫁給馬克斯．葛舒密特，他的妹妹是莫里斯．赫希的妻子。米娜的兒子阿爾伯特在一九一〇年娶了埃德蒙的女兒米利安，可見內婚制的做法很持久。那時他的父親已被封為貴族，使用的是馮．葛舒密特－羅斯柴爾德這個名字。❶另一個與法國羅斯柴爾德家族建立婚姻關係的人是哈爾芬（Halphen）家族：一九〇五年，阿爾豐斯的兒子愛德華娶了吉爾曼娜．哈爾芬（Germaine Halphen）；一九〇九年，埃德蒙的兒子莫里斯娶了她的妹妹諾耶米（Noémie）。

也許世家聯姻的典型例子正是羅斯柴爾德家族與沙遜家族之間的關聯。後者在印度和遠東地區發家致富，其中有些人在此期間定居於英國。一八八一年，威爾斯親王出席的典禮受到廣泛的新聞報導，利奧娶了的里雅斯特商人阿希爾・佩魯賈（Achille Perugia）的女兒瑪麗・佩魯賈，而他的另一個女兒嫁給亞瑟・沙遜（Arthur Sassoon）。一八八七年，古斯塔夫的女兒艾琳（Aline）嫁給艾伯特・沙遜（Albert Sassoon）的兒子和繼承人愛德華・沙遜爵士（Sir Edward Sassoon）時，與沙遜家族形成了另一段關係。一九〇七年，古斯塔夫的兒子羅伯特（Robert）娶了奈莉・畢爾（Nelly Beer），後者的家族也與沙遜家族有姻緣。這一代的其他婚姻都是與社會地位相配的富有猶太人結婚，❷象徵著十九世紀中期婚姻排外主義的結束，以及羅斯柴爾德家族（儘管是領頭羊）與富有猶太家庭進入更廣泛的「堂表親關係」的融合。

因此，羅斯柴爾德家族仍然是有自信的猶太人。基於這種婚姻，他們與整個猶太社區的關係沒有那麼疏遠。誠然，宗教的不確定性偶爾會出現，而且不只是康斯坦絲。阿爾豐斯與里歐諾拉的幼子瑞尼（René）割了包皮之後，因感染丹毒而不幸夭折，這引起夏洛特深刻反省。她也震驚地發現威廉・卡爾和他的家人仍嚴格遵守猶太教規的飲食習慣。「像他們那樣吃，」她評論道，「會變得蒼白虛弱。簡直是什麼也沒吃，比苦行更糟。」在法蘭克福久別重逢時，納弟覺得叔叔威廉・卡爾「不用裝飾，看起來就像個高加索人。他的步伐、舉止和說話方式都像猶太人，五官卻不像」。但納弟對祖先的宗教信仰有堅定不移的忠誠。他上大學時，對裴利寫的《基督教的證明》不屑一顧：「這是我讀過最荒謬的詞語組合，讓我費盡腦力，所以我不會像許多人預測

---

❶ 有趣的是，他在米娜過世後才這樣做。

❷ 一八八二年，古斯塔夫的女兒柔伊（Zoë）嫁給比利時代理商的利昂・蘭伯特男爵（Baron Leon Lambert）。一年後，她的表親碧翠斯嫁給莫里斯・埃夫魯什（Maurice Ephrussi），後者參與了法國羅斯柴爾德家族在俄羅斯經營的石油生意。一八九二年，古斯塔夫的女兒貝爾塔・茱莉葉特（Bertha Juliette）嫁給伊曼紐爾・萊奧尼諾男爵（Baron Emmanuel Leonino）。一九一三年，埃德蒙的兒子詹姆斯・阿爾曼（James Armand，通常被稱為「吉米」）與桃樂絲・平托（Dorothy Pinto）結婚。

的那樣改變信仰。」利奧也被迫研讀更多裴利的作品，但他描述與叔叔安東尼和堂親阿爾伯特一起在一八六九年出席維也納猶太會堂時，充滿了毋庸置疑的熱情。一八七七年，新的猶太會堂在貝斯沃特的聖彼得堡廣場設立時，是由利奧立下基石，就像他父親在七年前中央會堂動工時做的一樣。

與祖父和父親一樣的是，納弟和兄弟們對神學或宗教儀式的細節不太感興趣。例如，有人在一九一二年回報：「納弟不認為討論猶太教浸禮池的形狀和尺寸是正統派猶太人的職責。」對他們來說，宗教意味著猶太社區的組織和運作。身為羅斯柴爾德家族成員，他們顯然認為自己應該擔任英國社區的信徒領袖。十九世紀晚期，他們能占據此職位的能耐很驚人。納弟從一八七九到一九一五年去世前持續擔任聯合猶太會堂的會長（但他對日常事務沒什麼興趣）。[3]從一八六八到一九四一年，羅斯柴爾德家族成員持續擔任代表委員會的財務主管：依序是費迪南（一八六八至七四年）、納弟（到一八七九年）、利奧（到一九一七年）以及萊昂內爾。納弟也是猶太會堂聯合會的名譽會長、猶太自由學校的校長、英猶協會的副會長，以及監護委員會的衛生暨立法委員會成員。之後利奧接替他的自由學校校長職位，並擔任猶太人臨時收容所的副所長（見下文）。艾雪・邁爾斯（Asher Myers）擁有《猶太紀事報》期間，羅斯柴爾德家族也對該報有影響力（但該報在一九〇七年被猶太復國主義者利奧波德・格林伯格〔Leopold Greenberg〕收購後，他們就無法產生影響了）。羅斯柴爾德家族在法國建造了幾座新的猶太會堂，其中一座在勝利街（一八七七年），在一九〇七至一三年建造的另外三座會堂則由埃德蒙資助。相比之下，維也納的羅斯柴爾德家族與其他猶太籍夥伴的來往較少。

可以肯定的是，羅斯柴爾德的主導地位並不是完全沒有爭議，畢竟與其說那是單一社群，不如說是由不同社群所構成（除了聯合猶太會堂，還有來自西班牙或葡萄牙的塞法迪猶太人、改革派以及越來越多由東歐移民設立的東正教會）。其中一個經常引用來證明挑戰納弟地位的例子是於一八八七年成立的猶太會堂聯合會，這是金銀交易商兼政治家塞繆爾・蒙塔古的主意，旨在作為東正教會的傘形組織。有段時間納弟一直在關注他認為「精神貧乏」的倫敦東區，他在聯合會成立時被任命為會長。但是，他針對聯合會加入倫敦屠宰委員會

（監督例行屠宰的機構）的問題在聯合猶太會堂理事會發生衝突之後，於一八八八年十二月被迫將職位交給蒙塔古。看起來他希望的是將聯合猶太會堂的權威強加於新成員，因此他最初的計畫是在白教堂路建造大型猶太會堂，並與猶太湯恩比館相連。

不過，這一點的重要性不該被誇大。實際上，納弟保留了榮譽會長的頭銜。一八九二年，他甚至在新路主持聯合會第一座猶太會堂的開幕典禮。他確實想結合不同的猶太社區，這般渴望受到蒙塔古歡迎的程度勝過聯合猶太會堂的許多成員。為此，任職多年的首席拉比納坦・馬克斯・阿德勒（Nathan Marcus Adler）於一八九〇年辭世後，儘管他的兒子與繼任者赫爾曼（Hermann）反對，納弟還是召集了各猶太會堂開會，並主張：「時機來了，即使是社區中最卑微的部分……當然還有最正統的部分，應該邀請社區的其他分支與我們一起試著團結起來。我不會說大家是由一位負責人領導，而是由一位精神領袖引導。」但事實證明，要調和不同社區對影響力的爭奪是不可能的事。一九一〇年，類似的努力也因為同樣的原因失敗了。儘管如此，納弟在一九一二年還是有強大的權力任命約瑟・赫爾曼・赫茲（Joseph Herman Hertz）接替阿德勒擔任首席拉比，據說主要是靠米爾納勛爵（Lord Milner）推薦，但比較可能的原因是他認為赫茲有潛力吸引聯合會和聯合猶太會堂，吸引東正教的倫敦東區和同化程度較高的倫敦西區。

如果說納弟對宗教本質問題的影響力很大，那麼他在更多與猶太社區有關的政治議題上被授予近王室的地位也就不足為奇了。身為猶太家族中最富有的後裔、倫敦市的關鍵人物：先是國會議員，接著是貴族，也是非正規外交官，他可以直接結識到當時的許多資深政治家，在這方面無人能及。也許要讓不同的猶太社區認同一位「精神領袖」是很難的事，但納弟確實是他們的臨時首領。

理解這一點的重要性之前，要先了解當時猶太人在歐洲的地位引起了何其深奧又驚人的議題。納弟成為

❸ 在實務上，該組織的執行委員會主席萊昂內爾・路易斯・科恩（Lionel Louis Cohen）是更重要的人物。

貴族後，阿爾豐斯的反應發人深省：「這則消息會在奧地利和德國引起了很大的振盪，」他寫道，「反猶太主義在這兩個國家還是很猖獗。」針對猶太人的不一致、在政治上多樣的偏見（有時可追溯到舊政權對猶太人施加的限制，有時則是期許他們和其他剝削資本家都會進入同樣的烏托邦）在十九世紀晚期發生了轉變，變得更像是有組織的政治運動。「反猶太主義」這個詞可以追溯到這段時期並非巧合，因為種族理論正在發展，旨在從基因而非宗教的角度來說明所謂的猶太人反社會行為。隨著大眾識字率的發展和選舉權的擴大，政治生活變得更民主化。大約在一八七七年之後，反猶太新聞、演講以及在俄羅斯等國家的實際政策出現了一股熱潮。除了宗教信仰，羅斯柴爾德家族與那些從東歐和中歐向西而來的猶太人沒什麼共同之處。如我們已知的，他們是富裕菁英的一分子，幾乎克服了在西歐針對猶太人的一切社交障礙。然而，該家族從一八二〇年代開始一直是政治不滿者的箭靶，無論是左派或右派。他們免不了再度被視為「猶太問題」的化身，這是作為「猶太人之王」的缺點。

反猶太主義

二十世紀中期發生的事件誘使我們誇大了十九世紀晚期反猶太主義的重要性。作為一種有組織的政治運動，它與社會主義相比其實微不足道。將所有針對猶太人的敵意都當成反猶太主義的表現是一種錯誤，因為敵意普遍存在，就像支持反猶太主義候選人的選票其實很稀少。國家社會主義的相關記憶也促使我們先從德國領土尋找反猶太主義的跡象，當然那裡確實有一些跡象（在奧地利比德國更多，羅斯柴爾德家族在那裡的金融重要性下降了），但是在英國也能發現跡象，而俄羅斯是當時唯一有計畫地歧視猶太人的大國。至於法國，雖然猶太人享有平等權利的時間比其他地方更久，但也是反猶太刊物數量最多的國家。

將「**反猶太主義**」（Antisemitismus）這個種族主義術語引入德國政治的人是威廉・馬爾，此舉有其重要性。他年輕時曾為韋特海姆斯坦家族工作，該家族與維也納的羅斯柴爾德家族關係密切。在未出版的回憶錄中，馬爾回想起自己在一八四一年被解雇的過程（但他在公司裡比許多猶太籍職員更努力工作）。「承擔經濟危機後果的人是『非猶太人』。」他痛苦地回憶道。一八七三年的經濟危機結束後，這些經歷似乎能從許多德國人的經濟困境中找到共鳴。受馬爾等作家啟發，其中一個反羅斯柴爾德論點的貼切例子是在一八八〇年由「日耳曼尼庫斯」出版的《法蘭克福的猶太人以及人民福祉的掠奪》。書名本身就說明了問題：開頭的內文是我們熟悉的曲解版「選民的珍貴故事」，作者主要關注德國在**經濟繁榮時期**及結束後涉及資本輸出（尤其是俄羅斯）的經濟困境，這個困境是羅斯柴爾德家族及其在金融媒體黨羽鼓動的結果。但在這個與以下的主張之間，沒有什麼選擇餘地：一八九〇年，黑森議會的議員奧托．博克爾（Otto Böckel）宣稱羅斯柴爾德家族壟斷了世界石油市場；五年後，這項指控在柏林的社會民主黨酒吧中又出現了（這說明了左派仍然可以輕易地發表這種論調）。弗德里希．馮．薛伯於一八九三年發表《羅斯柴爾德家族史》，他在書中闡述了這一點，主張羅斯柴爾德家族不斷牟取暴利的行為有一個新目標，也就是在主宰公債和鐵路建設以後，他們又試著在全球壟斷原料。

一九一一年，維爾納．桑巴特（Werner Sombart）發表了具有偏見、但有影響力的《猶太人與經濟生活》（*The Jews and Economic Life*）時，這些說法在學術界受到了某種程度的尊重。桑巴特認為「羅斯柴爾德」這個名字「不只代表公司名稱」，也代表「所有活躍於交易所的猶太人」。

> 只有在他們的幫助下，羅斯柴爾德家族才能獲得至高無上的權力，我們可以公正地說，就是在債券市場的唯一主宰，我們眼睜睜看著他們掌權半個世紀了。我們可以毫不誇張地說，如果財政部長疏遠這個舉世聞名的家族，不願意與他們合作，那他的辦公室差不多就要關了……不只在數量方面，也在品質方面，現代交易所屬於羅斯柴爾德式的作風（因此也屬於猶太人作風）。

不過也沒有必要將這類虛假的社會學當成反猶太主義的根源。有人更直接斷言，猶太人和德國人之間具有種族差異。馬克斯・鮈爾在一八九一年發表的書冊《俾斯麥與羅斯柴爾德》對照了日耳曼農夫美德的化身俾斯麥，以及他世界主義對立面的羅斯柴爾德：

> 他存在的原則不是有建設性力量的平靜成長，而是急促地收集一大筆分割的錢……但他讓猶太人盡情享受樂趣。一旦五十億馬克全部付清，就輪到德國人用自己的方式取悅自己了！……俾斯麥在物質和精神方面的做法明確又具體……但世人對羅斯柴爾德有什麼具體概念呢？他不受關注，如同絛蟲在人體內不起眼。羅斯柴爾德「家族」是一種無結構、寄生的東西，從法蘭克福、巴黎擴散到倫敦，彷彿扭曲的電話線。他缺乏結構，沒有生機，少了在土地生長的有機體，也少了邁向上帝的動力。俾斯麥的精神就像哥德式建築……在我們的時代，這是政治文化中相互對立的兩種力量：貪得無厭的猶太人摧毀生命，熱誠的德國人創造生命。

奧地利也有類似的出版品，但羅斯柴爾德家族在那裡依然是主要的經濟力量，所以反猶太主義在當地的政界比在德國更有效。維也納股市在一八七三年崩盤後的幾年內，卡爾・呂格（Karl Lueger）構思了對抗猶太金融勢力的「基督教社會」運動。這場運動的轉折點在於，他在一八八四年政府提議延續一八三六年授予薩羅蒙的許可證時，呼籲將羅斯柴爾德擁有的凱薩－斐迪南－北鐵路段（Kaiser-Ferdinand-Nordbahn）國有化。呂格要求政府關注人民的心聲，而不是羅斯柴爾德家族的意見。這一點得到了格奧爾格・遜內爾（Georg Schönerer）的德國民族協會（German National Association）響應。一八九三年，阿爾伯特因為在奧匈貨幣改革中扮演的角色而被授予鐵十字勳章時，他們的怒火變得更強烈。然而，呂格在一八九七年擔任維也納市長時，很快就發現要擺脫羅斯柴爾德家族有多麼困難。到了一八九〇年代晚期，保守派卡爾・克勞斯（Karl Kraus，猶太人）等評論家、社會民主黨報紙《工人報》（*Arbeiterzeitung*）都指責呂格「與該家族的關係太好」，甚至指責他「與猶太羅斯柴爾德攜手合作」。與此同時，《猶太報》（*Jüdische Zeitschrift*）則以典型的哈布斯堡作風指控該家族雇用反猶太分子，而不是猶太人！即使是沒有其他政治意圖的人仍然會把羅斯柴爾德的權力當成笑柄。舉個例子，提洛詩人暨地質學教授阿道夫・皮希勒（Adolf Pichler）在一八八二年評論羅斯柴爾德如何「使奧地利政府債券的『奧林帕斯山』搖搖欲墜」，他諷刺地說：「真是壯觀的景象。」

然而，反猶太主義在法國最為明顯和普遍。對羅斯柴爾德家族懷有敵意的出版品大量湧現，成為一八八〇年代的特色，這在十九世紀歷史上前所未見，甚至連一八四六年發生北方鐵路事故之後的小冊子大戰也沒有出現這麼多誹謗。這次催化批評的「意外」是神職人員支持的聯合興業銀行在一八八二年倒閉。該銀行一倒閉，創辦人保羅・尤金・邦圖（Paul Eugène Bontoux）就開始責怪「猶太金融」及其支持者「政府共濟會」。有些媒體採用了他的怨言。《里昂日報》（*Moniteur de Lyon*）提到「一群德國的猶太銀行家策劃了陰謀」以及「德裔猶太人的陰謀」。

也許矛盾的是，雖然小說家埃米爾・左拉後來在德雷福斯事件（Dreyfusard）中扮演支持德雷福斯的角色，但是卻很少有作家比他更促進了這種觀點的流行。雖然左拉的小說《金錢》（盧貢－馬卡爾家族系列的一部分）設定的背景是法蘭西第二帝國，但顯然受到聯合興業銀行倒閉的啟發（偶爾影射動產信貸銀行）。雖然昆德曼這個人物的原型並不是阿爾豐斯，但無疑參考了他已故的父親詹姆斯，並修改了一兩處。這種不吸引人的重生筆法有著令人毛骨悚然的特色，因為昆德曼缺乏巴爾札克筆下的紐沁根家族那種可救贖的人性，那是受詹姆斯啟發的另一部偉大文學創作。對此最貼切的解釋是，左拉不像巴爾札克那麼了解詹姆斯。在詹姆斯去世後的十幾年，左拉只能從其他人的回憶錄中尋找靈感，而《金錢》中的某些段落其實抄自費多的回憶錄。在小說開頭，昆德曼被介紹為：

> 銀行家之王，統領著股票交易所、統領全世界……這個男人知道（所有）祕密，隨心所欲控制股市的漲跌，正如神降下閃電……黃金之王……昆德曼是真正的主人、全能的國王，受到巴黎和全世界的敬畏和服從……我們可以看見他在巴黎的統治寶座比君主更穩固，也更受人尊敬。

他很冷酷，精於算計，脾氣不好（虛構成分），是禁欲主義者，也是個工作狂。相比之下，薩卡（Saccard）則是容易衝動的年輕人。他想成為金融家，有著神職人員般的同情心，夢想為巴爾幹半島和中東地區的計畫提供資金，希望最後能促成耶路撒冷的收購，重建教皇地位。為了贏得支持，他到大旅館去見昆德曼。昆德曼與許多家人在那裡一起生活和工作，他有五個女兒、四個兒子、十四個外孫。場景回到拉菲特街上的擁擠辦公室，大排長龍的經紀人緩慢地從面無表情的銀行家面前經過。這位銀行家對他們很冷漠，如果有人敢跟他說話，他的反應是不屑一顧。在那裡，藝術品經銷商與外國大使爭相引起他的注意。一個五、六歲的小男孩突然闖進來，一邊騎著掃帚，一邊吹著喇叭（內容無疑取自費多）。薩卡認為這古怪的宮廷證實了昆德曼的「普世王權」。

薩卡希望得到昆德曼的支持，很渴望像他一樣在交易所賺錢。然而，當他想到「猶太人」時，他自然而然地把自己想像成「辛勤工作的老實人」，並且被一種「無法消除的仇恨」淹沒：

> 那個討厭的種族不再有自己的國家，也不再有自己的王子，只能寄生在各國的家中，假裝服從法律，實際上只服從自己的偷竊之神、血腥之神、憤怒之神……到處執行殘忍的征服使命，埋伏起來等著獵物，吸光所有人的血，用別人的性命換取財富。

薩卡認為猶太人在金融方面比基督徒更有世襲的優勢，他甚至在走進昆德曼的辦公室時，預測猶太人「最後會征服所有民族」。

昆德曼當然拒絕了他的提議，結果他的反感變得更為強烈：「啊，骯髒的猶太人！用牙齒撕咬他們絕對是一種樂趣，就像狗啃骨頭！但這種事當然太可怕了，令人難以下嚥。」「帝國已賣給猶太人，賣給了骯髒的猶太人，」他喊道：

我們的錢注定要落入他們的魔爪。全能銀行只能在全能的神面前瓦解……他發洩了世襲的仇恨，反覆指責非法買賣者和放高利貸者的種族，加入幾個世紀以來對抗世界各民族的行列，吸他們的血……執意要征服世界，他們總有一天會靠著無可匹敵的金錢力量支配世界……啊！那個昆德曼！骨子裡是普魯士人……他有勇氣某個晚上在沙龍上說，萬一普魯士和法國爆發戰爭，法國會被打敗嗎？

當然，昆德曼最後贏了。全能銀行倒閉，薩卡進了監獄，留下心碎的痕跡和掏空的荷包。沒有人可以指責左拉研究得不夠充分。他不只根據目擊者的說法仔細描述了詹姆斯的辦公室，也準確地描述聯合興業銀行的興衰，包括神職人員和貴族的存款遭到掠奪、銀行股票的競價以及最終的徹底失敗。但是左拉也利用文學說明了聯合興業銀行其實是被羅斯柴爾德家族摧毀，以及法國的羅斯柴爾德家族有親德傾向的謠言。這些概念顯然在法蘭西第三共和國引起了共鳴。蓋伊·德·夏納塞（Guy de Charnacé）寫的《吸血鬼男爵》（*Baron Vampire*）令人反感的程度相當於《金錢》的影響力，但兩本書傳達的訊息沒什麼不同。瑞伯·施穆爾（Rebb Schmoul）這號人物與昆德曼很像，是個在財務操作方面有獨特種族天賦的德裔猶太人。他是「一隻猛禽」，能從恐怖的戰爭中獲利，然後蛻變成拉科夫尼克男爵，為一文不名的男爵夫人出謀獻策，以換取社交支持。一八八八年，邦圖的回憶錄出版後，這種刻板印象更深入人心。雖然邦圖沒有提到羅斯柴爾德家族的名字，但他譴責「猶太銀行」時，很明顯意味著對象是誰：「這家銀行不滿足於五十年來入庫的幾十億……也不滿足於壟斷至少百分之九十歐洲金融事務。」該銀行打算摧毀聯合興業銀行。

然而，另一個失望的人可謂才是締造法國反猶太神話的關鍵人物——愛德華·德呂蒙。他年輕時曾在動產信貸銀行工作，並花了幾年研究並撰寫冗長的巨著，宗旨在詳細描述猶太人在法國經濟與政治生活中的統治地位。《猶太人的法國》於一八八六年首次出版，暢銷後又再刷了兩百次。這本書提出種族決定和反法猶太人的性格等觀念，將其闡述成一種偽體制，例如：「儘管羅斯柴爾德家族有幾十億資產，卻給人一種二手服裝經銷商的印象。雖然他們的妻子戴著葛康達鑽石，卻總是在盥洗室裡看起來像個商人。」話題變成寶石時，即使是世故的貝蒂男爵夫人也無法掩飾「法蘭克福猶太女人」的出身。在某種程度上，德呂蒙只是在更新一八四〇年代的小冊子（達恩維爾是他的主要靈感來源），因此第一卷的內容主要是陳述羅斯柴爾德家族過大的政治權力，包括他們猜測滑鐵盧戰役的結果、從北方鐵路特許權中獲得可觀的利潤，以及對更有公德心的佩雷爾家族懷有敵意。一八四八年，猶太人古德修幫助他們免於破產。一八七一年，公社的猶太人保護了他們的財產免於焚毀。共和國的政治只是這則故事的延續。甘必大與猶太人、共濟會成員結盟，而利昂·賽伊（「猶太人之王的男僕」）發揮著類似的角色，還有最高議會會長庫辛（Cousin），他只是北方鐵路公司這種大型「猶太－共濟會」機器中的齒輪。甚至連茹費理的倒台也可以歸因於羅斯柴爾德家族的有害影響。最重要的是，德呂蒙暗指聯合興業銀行其實是精心設計的猶太陷阱，目的是要騙取神職人員的存款。

後來，德呂蒙在一八九四年發表的《反猶太主義者的聲明》（*Testament of an Anti-Semite*）進一步闡述這些有害的想法，部分原因是為了說明反猶太運動的有限政治成就。這裡他採用更像偽經驗主義的筆法，計算出羅斯柴爾德家族所謂的三十億法郎財富用白銀來衡量有多少，以及需要多少人搬運！他也比較了羅斯柴爾德家族和教團各自擁有的土地面積。如果布朗熱主義者（Boulangist）避開了反猶太主義，他表示那只是因為「羅斯柴爾德為市政選舉付了二十萬法郎給他們，條件是候選人不採取反猶太的立場」，另一個原因是布朗熱主義者的領袖拉蓋爾（Laguerre）收到了五萬法郎。如果法國經濟低靡，他表示原因是「利昂·賽伊將法蘭西銀行交給了德裔猶太人」，這使羅斯柴爾德家族能夠借黃金給英格蘭銀行。❹如果法國在國際間被孤立，原因則是該家族將埃及交給英國，並利用法國的資本資助義大利的軍備。最後一項對缺乏愛國主義的指控在幾年後出現於一八九九年出版的《猶太人反法國》（*The Jews against France*）中。德呂蒙總結道，「羅斯柴爾德神」是法國真正的「主人」。「他不是君主、沙皇、國王、蘇丹、共和國總統……他沒有權力的負擔和優勢。為了私人目的，他動用了政府的軍事力量和法國的所有資源。」

在當時把矛頭指向羅斯柴爾德家族的反猶太作家中，德呂蒙的作品最多。另一位類似的誹謗者是奧古斯特·席哈克。他在一八八三年發表的《共和國之王》中融合了選民的財富神話、滑鐵盧戰役等老話題，以及關於北部鐵路線、羅斯柴爾德家族與一八四八年、一八七〇至七一年革命者的關係等新主張。此論點再次涉及種族和國家層面：羅斯柴爾德家族不只是猶太人，也是德國人，因此他們渴望藉著資助一八一五年和一八七一年的賠款來掠奪法國。席哈克後來於一八八七年發表的《一八七〇年至一八八四年的投機買賣》是一部內容更複雜的作品，透過分析聯合興業銀行危機前後的債券價格波動來說明羅斯柴爾德家族的近期利潤。這部作品的論點還算是通情達理，卻因為對該家族和賽伊有毫無根據的過分指控，而再次有損其論點。雖然內文表面上以經驗為依據，實際上卻是對「金錢封建主義獲勝和壓迫勞工」以及「共和國臣服於名為羅斯柴爾德的**王**，身邊還跟著一個叫做**猶太金融**的交際花或女僕」的另一場謾罵。主要的指控是羅斯柴爾德家族為了英格蘭的利益，密謀削弱法國在埃及的影響力，作為透過金融手段「殘害法國」的歷史使命的一部分。表面上不起眼的阿爾豐斯其實是「**黃金**之神摩洛－巴力（Moloch-Baal）。他進軍占領歐洲，甚至是征服全世界，在皇室名義和政治裝束背後握有實權。簡單來說就是他擁有所有利益，並避開了所有責任」。

可想而知，這些誹謗伴隨著無數帶有恨意的諷刺漫畫，其中最著名的大概是利安德（Léandre）的《夢想：上帝保護以色列人》（*God Protect Israel: Dieu protégé Israel, Le Rêve*）。畫中的阿爾豐斯被描繪成半夢半醒的憔悴巨人，用爪子般的雙手抓住地球，光禿禿的頭上戴著金牛犢形狀的王冠（參見圖8.i）。與之相似的是雷內普（Lepneveu）的《納坦·邁爾或上億元的由來》（*Nathan Mayer or the Origin of the Billions*）。畫中的羅斯柴爾德留著鬍子，像狼一般的身軀躺在滑鐵盧戰場的滿地骨頭和硬幣上（參見圖8.ii）。另外有更粗俗的諷刺漫畫（應該是左派畫的）將「羅斯柴爾德」描繪成一頭被衣衫襤褸的工人拉進馬車

❹ 這些指控並非沒有受到質疑。例如，德呂蒙遭到起訴的理由是他宣稱議會代表被羅斯柴爾德收買，以便通過一項對法蘭西銀行有利的法規。

的大豬，圖說文字寫著：「多麼肥的豬！牠變胖了，我們卻變瘦了。」

儘管德呂蒙和席哈克等作家主要是陰謀論者，但他們也專注於羅斯柴爾德家族對法國高雅文化與社會的滲透。在《猶太人的法國》第二卷中，德呂蒙用很長的篇幅描寫費律耶的城堡和花園。他承認其作工和陳設都很華麗，但可悲的是這麼多法國遺產的珠寶卻屬於猶太人，他們只會把珠寶當成「小擺設」一樣堆在一起。羅斯柴爾德家族不只買得起法國文化。「這座來歷不明的城堡無法讓人回想起過去大莊園的生活方式。」德呂蒙評論道，然而訪客名單上卻有「法國貴族中的顯赫人物」。尚維爾親王（Prince de Joinville）「有路易十四的血統」，卻在「放貸者」面前很謙卑。在羅斯柴爾德的婚禮上，貴族全出席了：「法國的古老家系……聚在一塊敬奉金牛犢，並在歐洲人面前宣告財富是現在唯一存在的王權。」一八八五年，薩根公主（Princesse de Sagan）舉辦的化裝舞會也是一樣，「可悲的貴族」厚著臉皮地接近蘭伯特－羅斯柴爾德夫人、埃夫魯什夫人及其他猶太人。德呂蒙骨子裡是浪漫的正統派，他認為波旁王室和奧爾良貴族是高盧人的叛徒。他在《反猶太主義者的聲明》中再次提及了這個主題，並沮喪地提到夏洛特買下「西蒙・德・孟福爾（Simon de Montfort）創立的沃德塞爾奈修道院」、愛德華獲選為貴族俱樂部的成員，以及羅斯柴爾德的

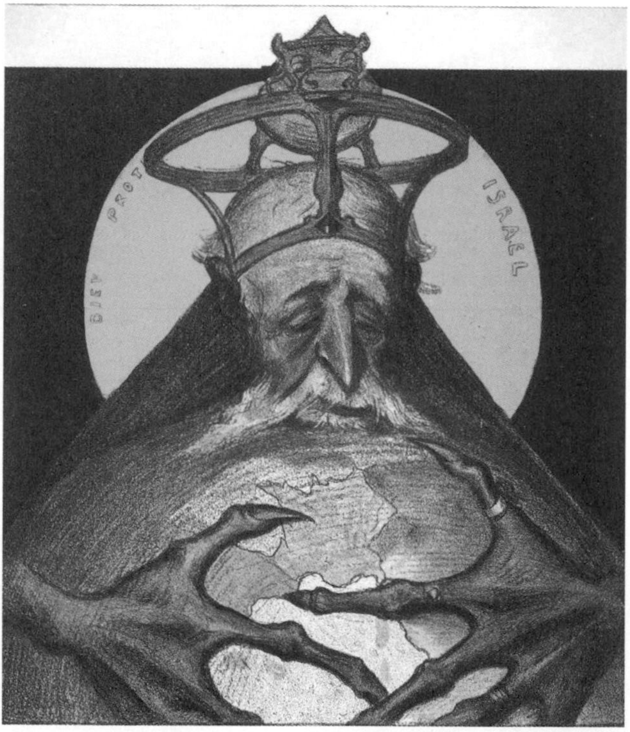

圖8.i：利安德，《夢想：上帝保護以色列人》（1998年4月）

露天招待會經常出現大人物。席哈克也刻薄地評論羅斯柴爾德家族和聖日耳曼郊區菁英之間的關係，後者曾鄙視詹姆斯和貝蒂，但現在卻把他們的孩子當成社會地位相當的人。

高度的社會同化與反猶太主義的公眾意見分庭抗禮，這是猶太人在第三共和國時期經歷的奇怪現象之一。這不只是像德呂蒙這類外人在保皇派貴族拋開偏見時仍吹毛求疵的問題，通常與羅斯柴爾德家族來往的人也會贊同德呂蒙和席哈克提出的觀點。人們對待該家族的分裂態度可藉由參考兩大重要的當代資料來說明：龔固爾兄弟的日記和普魯斯特（Proust）的《追憶似水年華》（*A la recherche du temps perdu*）。龔固爾兄弟不只贊同德呂蒙的觀點，也很了解他。他們在一八七〇至九六年寫的日記裡充滿了關於羅斯柴爾德家族「猶太性格」的惡毒趣聞，包括他們的唯物主義、庸俗等。然而，龔固爾兄弟也很樂意接受羅斯柴爾德的款待：他們於一八七四和八七年與埃德蒙討論法國雕刻品，於一八八五年與納特的遺孀用餐，於一八八八年與里歐諾拉用餐，於一八八九年到埃德蒙家用餐。這段時期的特點是，龔固爾兄弟可以在稱讚羅斯柴爾德的菜餚後不到一年就滿意地引

圖8.ii：雷內普，《納坦．邁爾或上億元的由來》，《恐怖博物館》（*Musée des horreurs*）的封面，第四十二號，約繪於1900年

用德呂蒙的話。一八八七年三月，他們與德呂蒙用餐，並高興地聽他談論羅斯柴爾德如何「進退兩難」；同年十二月，他們又與埃德蒙討論雕刻品；一八八九年六月，他們在埃德蒙家用餐；一八九〇年三月，他們再與德呂蒙交換反猶軼聞，也就是德呂蒙在五月一日發出反猶太戰鬥號令卻失敗的幾個月前。

一八九四年，有人指控法國參謀部的猶太籍軍官阿弗列．德雷福斯（Alfred Dreyfus）是德國間諜，隨後他受到軍事法庭的審判，並依偽造的文件被判有罪，要在魔鬼島接受無期徒刑。當時猶太人和反猶太分子都經常會出沒的巴黎沙龍界出現了戲劇性的兩極化。阿爾豐斯最初對於針對德雷福斯的指控感到很震驚，因為如果他有罪，那就會激發人們的反猶太主義。但是隨著越來越多證據顯示德雷福斯是遭人陷害，阿爾豐斯的反應很快就轉為憤怒。根據某位神職人員的回憶錄，「德雷福斯被定罪以及法國貴族的冷漠態度」激怒了阿爾豐斯。但家族的其他成員不太願意被大眾視為德雷福斯的支持者，反而希望在自己的上流圈子中避開對立的情況。

普魯斯特描述了當時的氣氛：在蓋爾芒特親王夫人（The prince de Guermantes）周圍的多元圈子中，有些成員刻意隱瞞了對德雷福斯事件的同情。對布洛赫（Bloch）這種出身平凡的猶太人而言，羅斯柴爾德這個名字讓他感到敬畏。當他發現自己在公爵夫人家一直瞧不起的英國老婦是「阿爾豐斯．德．羅斯柴爾德男爵夫人」時，他驚呆了。

那一刻，布洛赫腦中突然生出許多關於財富和威望的想法……彷彿他中風、精神痙攣了。在那位親切的老太太面前，他忍不住喊道：「**要是我早點知道就好了！**」這樣的感嘆太愚蠢了，他連續八天晚上睡不著。

另一方面，蓋爾芒特親王並不歡迎羅斯柴爾德，寧願讓城堡的側翼被燒毀，也不願意請附近的羅斯柴爾德家打開水泵。其實他私底下傾向對德雷福斯抱持同情，但他隱藏了情緒，畢竟支持者要承受大眾譴責的代價。蓋爾芒特**公爵**（Duc de Guermantes）則付出了代價：他沒有當選賽馬會的會長，因為妻子是「德雷福斯的支持者……接待過羅斯柴爾德家族，並且……有一段時間對蓋爾芒特公爵這類有一半德國血統的國際大亨表示好感」。這使公爵很難堪：

> 雖然阿爾豐斯的家族很圓滑，從不談論這件討厭的事，但他們跟所有的猶太人都一樣在內心支持德雷福斯……如果有法國人偷竊或殺人，我不會因為他是法國人就認定他無罪。但猶太人絕對不會承認同胞中有叛徒，就算他們心知肚明也一樣。他們根本不在乎可怕的後果（公爵當然想到了該死的選舉……）

德雷福斯事件也揭露了左派的類似態度。名叫伯納德·拉扎爾（Bernard Lazare）的猶太記者發表支持德雷福斯的小冊子後，不久就遭到《小共和國》（*Petite République*）的社會主義者亞歷山大·澤韋斯（Alexandre Zévaès）抨擊他是「羅斯柴爾德陛下的一位忠實崇拜者」。

類似的態度也出現在英國。一九〇〇年六月，大衛·林賽在日記中寫下自己出席哈特福宮的情況：「阿爾弗烈德·羅斯柴爾德和羅斯伯里邀請一群人聚會，讓他們見威爾斯親王。」「宮殿裡的猶太人多得讓人難以置信，」林賽表示：

> 我研究過反猶太主義的相關問題，一直希望能阻止一場可恥的運動。但是，當我面對艾克海默（Ickleheimer）、普本伯格（Puppenberg）、拉斐爾、沙遜等家族以及其他類似的人時，我的情緒戰勝了邏輯和不公正，同時也有點同情呂格和德呂蒙。對了，約翰·伯恩斯（John Burns，工黨黨魁暨未來的自由黨內閣部長）說猶太人是文明的條蟲。

然而，林賽仍繼續接受前往沃德斯登和特靈的邀約。有時倫敦市的非猶太籍銀行家也會私下表達類似的感受，但沒有人能迴避與猶太人做生意。在維多利亞時代晚期的小說中，也有一些典型的猶太籍反派金融家：在特洛勒普寫的《紅塵浮生錄》（*The Way We Live Now*）中，粗野的麥爾墨特（Melmotte）原型並不是羅斯柴爾德，但我們可以確定格魯姆瑟男爵這個有一點外國口音的法蘭克福大富翁，以及查爾斯·利華（Charles

Lever）在《達文波特・鄧恩》（*Davenport Dunn*）中提到在政界很強大的「家族」，無疑都是以羅斯柴爾德家為模型。

英國和法國的不同之處在於，反猶太主義在左派比右派更有可能找到政治出路。德呂蒙是失意的宗教正統派，而那些明顯抨擊羅斯柴爾德家族的英國作家則可能是社會主義者，像約翰・伯恩斯這類新自由主義者，也可能是激進的民族主義者。約翰・里夫斯於一八八七年發表的著作《羅斯柴爾德家族：萬國金融領袖》是個貼切的例子，書中提出了一個典型結論：「羅斯柴爾德家族不屬於任何國家，他們四海為家……他們不屬於任何黨派，無論是朋友或敵人，只要為了賺錢都能出賣。」四年後，英國報紙《勞工領袖》便譴責羅斯柴爾德家族，說他們是

> 一群吸血鬼，在過去這個世紀引起了歐洲數不盡的惡行與苦痛，並且累積了驚人的財富，主要就是透過煽動各國之間原本根本不必要的戰爭。只要歐洲有了麻煩、只要流傳起即將開戰的謠言，人們因為害怕變化與災難而苦惱不已，大概就能肯定某個掛著鷹勾鼻的羅斯柴爾德傢伙正待在這處紛擾之地附近，玩著他的遊戲。

也許最耐人尋味的是左傾自由主義者霍布森的例子。他於一九〇二年發表了經典著作《帝國主義》，與當時許多激進作家一樣，他認為波爾戰爭源於「一小群國際金融家，主要是來自德國的猶太種族……他們並非從真正的工業成果中獲益，甚至不是從別人的工業成果中獲益，而是從公司的建設、晉升及金融操作中獲益」。可以肯定的是，他認為羅斯柴爾德家族是這個群體的核心。在後來的幾年，霍布森的確放棄了這種反猶太論點，轉而支持社會主義者更正統的反資本主義，但是這種言論成了愛德華時代激進主義的政治語言一部分。我們將在下文看到，戰前最激進的財政大臣之一勞合・喬治在一九〇九年有關預算的辯論中，特地專挑納弟進行人身攻擊，雖然喬治也因為在馬可尼事件（Marconi affair）中與猶太金融家（艾薩克兄弟）有牽連而受到右派譴責。

美國也有反羅斯柴爾德主義。從一八三〇年代開始，羅斯柴爾德家族在美國一直是政界的標靶，雖然他們在美國的金融影響力相對有限。不過，即使是他們在內戰期間遭受的攻擊，也比不上在一八九〇年代人民黨（People's Party）短暫鼎盛期間遭到的攻擊。基本上，人民黨反對美國實行金本位制，帶動了中西部農民對一八八〇年代穀物價格低表達不滿。但是他們對「歐洲和美國的黃金賭徒」和「國際金戒指的祕密陰謀」的批判，有強烈的反猶太、反英國成分，主因是倫敦的羅斯柴爾德家族在幫助美國轉向黃金的貸款中發揮重要作用。戈登・克拉克（Gordon Clark）在《夏洛克：銀行家、債券持有者、行賄者、陰謀家》（*Shylock: as Banker, Bondholder, Corruptionist, Conspirator*）中宣稱，林肯和詹森（Johnson）底下的財政部長休・麥卡洛克（Hugh McCulloch）與詹姆斯・羅斯柴爾德之間達成了協議。「羅斯柴爾德和美國財政部之間的這個生意最可怕的部分不是虧錢，」他表示，「儘管是虧了幾億。最可怕的是國家任憑英格蘭擺布，就像**英格蘭長期聽命於猶太人**。」「硬幣」哈維在一八九四年發表的《金融學校》（*Coin's Financial School*）中描述世界落入巨大的「英國章魚」魔爪中，而這隻章魚的名字是「羅斯柴爾德」（參見圖8.iii）。他在另一本小說《兩國的故事》（*A Tale of Two Nations*）中描述英國廢除白銀流通，藉此「摧毀美國」的計畫主謀是一位名叫巴倫・羅瑟（Baron Rothe）的銀行家。人民黨運動併入民主黨（Democrat Party）時，這些指控變成很尷尬的事。民主黨總統候選人威廉・布萊恩（William Jennings Bryan）必須向猶太籍民主黨人解釋，他和人民黨領袖抨擊羅斯柴爾德家族時，「並不是針對種族。我們是在攻擊不分種族或宗教的貪婪。」

也許有人會問，這樣的爭論到底會對羅斯柴爾德家族造成多大的傷害，即便他們在富麗堂皇的住宅中看起來很安全。然而，人們一再認定該家族是猶太資本主義陰謀的主謀，難免引發了針對該家族成員的暴力行為。其中，最不嚴重的案例是納弟的兒子沃爾特（Walter）遭到粗暴的襲擊。他在特靈附近打獵時，被一些失業的工人拖下馬。他的弟弟查爾斯則是在哈羅（Harrow）遇到「猶太人狩獵」。更嚴重的是這段時期發生的另外兩起企圖暗殺的事件。一八九五年八月，一個粗製的郵包炸彈被寄到弗洛朗坦街的住宅，收件人是阿爾豐斯。因為他不在家，因此郵包炸彈被轉送到拉菲特街，炸彈爆炸，造成他的主管職員受到重傷。「無政府主義者對羅斯柴爾德家族成員做出暴行不足為奇，」《泰晤士報》評論道，「他們在法國和在其他地方一樣富有，也有顯赫的地位，因此他們自然成為無政府主義者有意攻擊的對象。進一步考慮到法國出現的強烈反猶太情緒，更令人好奇的是為何他們能逃離攻擊這麼久。」暗殺的威脅不限於法國。一九一二年，倫敦有一位名叫威廉・特比特（William Tebbitt）的男子在利奧開車離開銀行總部時，用左輪手槍對他開了五槍，使他的汽車被子彈打得千瘡百孔，門口的警衛也受到重傷。特比特似乎瘋了（利奧很明顯相當善待他），但這次襲擊顯示出，在手槍和手榴彈使暗殺行動比以前更容易的時代，該家族在當時有多麼容易受害。

回應

面對攻擊最基本的回應是反擊。這也是阿爾豐斯的兒子愛德華和古斯塔夫的兒子羅伯特喜歡的回應方式。面對種族歧視，兩人都想在榮譽的戰場上

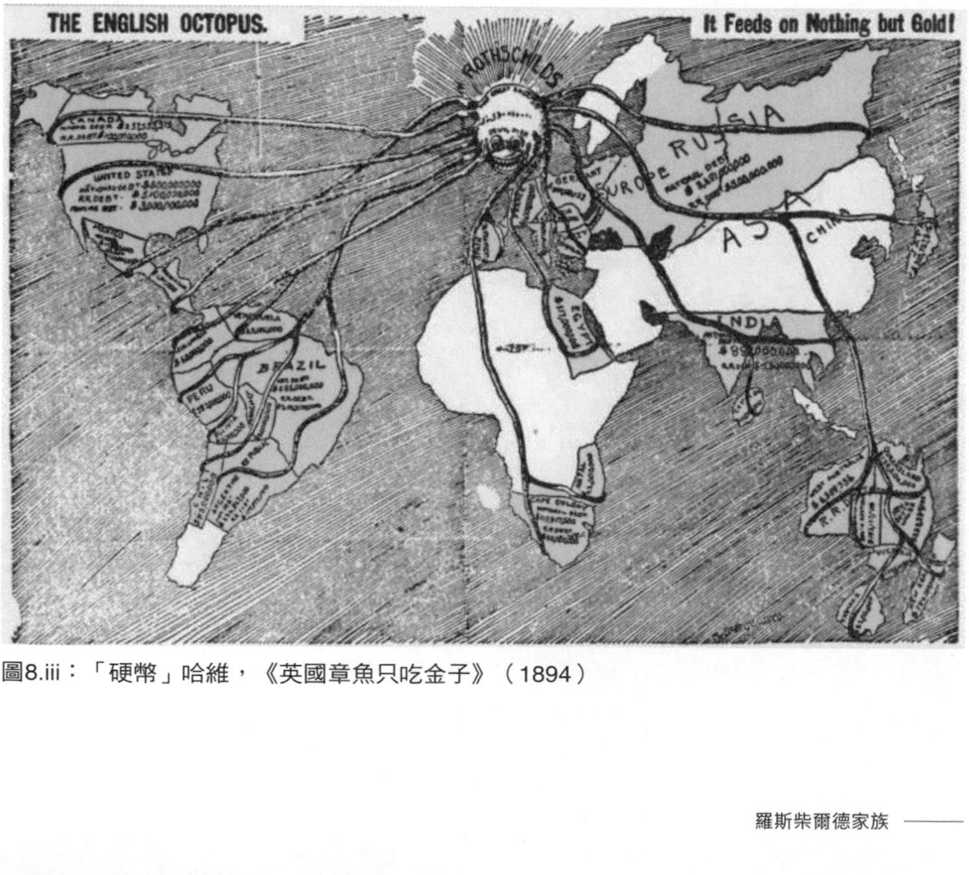

圖8.iii：「硬幣」哈維，《英國章魚只吃金子》（1894）

得到滿足，❺不過但是他們無法和每個反猶太分子決鬥。如何應對宗教和種族偏執的問題是羅斯柴爾德家族長期關注的事，但是世紀末特有的偏見新形式需要新的回應方式，而這並不容易提出。

由於羅斯柴爾德家族獨特的社會地位（同時屬於各個猶太社區的最高階級，並與歐洲貴族的聯繫日益密切），他們有時候不只將反猶太主義歸咎於反猶太分子，也歸咎於其他猶太人。一八七五年，邁爾．卡爾告訴俾斯麥：「說到反猶太情緒，猶太人自己是罪魁禍首。目前的騷動該歸咎於他們的傲慢、虛榮及難以言表的無禮行為。」在現代人眼中，這種令人震驚的聲明顯示著對更廣泛猶太社區的不忠。乍看之下，這與羅斯柴爾德家族自稱是社區領袖的說法並不一致。但納弟說過，試圖暗殺利奧的人「是我們的信徒」。有一點很重要，也就是猶太人之間的關係在這段時期也很緊張。

羅斯柴爾德家族最關注兩個群體：暴發戶（比該家族更晚發財的猶太籍銀行家和商人）以及也許更重要的東猶太人（Ostjuden）。一八八一年，亞歷山大二世遇刺引發了大屠殺，以及新的歧視法於次年採用後，有兩百五十萬名東歐猶太人（主要但不限於來自俄羅斯帝國）向西遷徙，人數不可小覷。❻在暴發戶的例子中，格森．布萊希羅德很惹人厭，但我們有理由假定邁爾．卡爾對他的不滿部分來自於他們在業務上的分歧意見。一八八〇年十一月，納弟轉寄了一封布萊希羅德談論德國反猶太主義的信給迪斯瑞利，並告訴他：

> 我們可以確定布萊希羅德是猶太人遭到迫害的起因之一。德國政府經常找他做事，所以他漸漸變得傲慢，忘了自己只是個「風向球」。

❺ 愛德華迎向決鬥是典型的法國風格，雙方都沒有喪命。羅伯特的挑戰沒有回應，因為他的對手呂貝薩克伯爵（Comte de Lubersac）被他的副手嫌太年輕了，不適合戰鬥。

❻ 這個數字是指一八八一到一九一四年期間的所有猶太移民人數。從一八八一到一九〇五年，每年平均有五千人到英國，但大多數人沒有逗留，而是繼續前往新世界，尤其是美國。

還有許多原因……包括波蘭籍、俄羅斯籍及羅馬尼亞籍猶太人不斷湧入。他們在飢餓的狀態下抵達，而且在變得富有之前是社會主義者。

這些猶太人也經營著一半的報社，尤其是反俄的報社……我還聽說布萊希羅德夫人很難相處又高傲。

這些評論暗示了新出現的窮人和暴發戶一樣，是引起難堪的**主要來源**。

羅斯柴爾德對反猶太主義的回應，不只是（如德呂蒙以為的）要求提高警力保護和加強房屋安全。不過考慮到上述的暗殺企圖，他們這樣做也情有可原。長期以來，該家族對於如何妥善轉移或緩和反猶太情緒有由來已久的觀點。從邁爾．阿姆謝爾的時代開始，該家族就小心翼翼地執行慈善捐款，不只捐給他們居住的猶太社區，也捐給非猶太群體的「公益事業」，作為他們贏得社會認可的一部分有意識的策略。有證據指出，第三代人在餘生的最後幾十年往往忽視了這項傳統，但是比較年輕的家族成員在一八八〇與九〇年代有意恢復傳統，雖然在英國他們偏重於公共事業和財物捐贈。但無論在哪裡，除了對保健和教育的傳統關注，他們也對為窮人提供住宅產生興趣。

如前所述，費迪南在妻子艾芙琳娜去世後設立了一間紀念她的醫院。他的連襟納弟也是三家醫院以上的院長、國王愛德華七世醫院基金會的財務主管、英國紅十字會的會長，在特靈莊園經營著所謂的「雙重保健服務」。在法蘭克福，邁爾．卡爾和露意絲在長女克萊門汀離世後設立了克萊門汀跨教派女子醫院（Clementine Interdenominational Girls' Hospital），也為鎮上的公共澡堂捐獻。最後，他們的未婚女兒漢娜．露意絲（Hannah Louise）負責許多公共基金會，包括卡羅萊姆基金會（Baron Mayer Carl von Rothschild Carolinum Foundation），這是一個專攻牙齒保健的醫學基金會。維也納的羅斯柴爾德家族也在這項領域做出重大的慈善貢獻：成立綜合醫院、孤兒院、盲人協會以及聾啞協會。納坦尼爾留下了一大筆錢，在德布靈和羅森胡格爾（Rosenhügel）設立神經疾病療養院，他那棟位於萊謝瑙的房子也變成醫院。另外，日內瓦的外科醫生順利地取出嵌進阿道夫眼睛的金屬後，阿道夫便在法國設立了一間眼科醫院，亨利也在馬卡德大街（Marcadet）一九九號設立了一間診所。教育同樣很重要（自法蘭克福的慈善機構成立以來一直如此）。除了卡羅萊姆基金會，漢娜・露意絲也設立了卡爾・羅斯柴爾德公共圖書館（Carl von Rothschild Public Library，後來使用了下美茵河街的羅斯柴爾德宅邸）、安謝姆・薩羅蒙藝術推廣基金會（Anselm Salomon von Rothschild Foundation for the Promotion of the Arts）。她的姊姊漢娜・瑪蒂德也是一九一〇年成立的新法蘭克福大學的主要捐助者。❼

而現在提供廉價住宅已經變成羅斯柴爾德慈善事業的目標，這是時代的標誌。十九世紀晚期，歐洲有幾百萬人離開農村到城市找工作，因此加快了都市化的速度。倫敦、巴黎、維也納及法蘭克福都受到了影響，只是程度不同。雖然在住宅方面有大量的私人投資，但當代人很難不注意到歐洲東部的「貧民窟」大多是糟糕的生活環境：地主顯然有意讓地產變得過度擁擠，而且幾乎沒有人提供良好的環境衛生條件（至少需要建商和業主共同配合）。羅斯柴爾德對此的回應是以身作則，做好地主的榜樣。納弟、利奧及費迪南也將白金漢郡的莊園當成現代家長作風的典範來管理，為房客提供更完善的住宅、自來水、俱樂部會所及其他設施。但這些私人福利的實驗（與當時一些德國大型企業計畫所採取的措施多少相近）並不適用於羅斯柴爾德家族沒持有土地的貧民區。

一八七四年，巴黎的羅斯柴爾德家族邁出了解決都市問題的第一步。當時有一家名為「租借之作」的基金會（l'Oeuvre des loyers，後來叫「支援羅斯柴爾德」〔Secours Rothschild〕），成立宗旨是每年支付十萬法郎給巴黎各區的區長，幫助付不起租金的貧困家庭。三十年後，另一個「為了改善勞工物質生活」的更大型的羅斯柴爾德基金會以一千萬法郎的資金成立，在第十一區、十二區及十九區建造負擔得起的勞工階級住宅

❼ 引人注目的是，羅斯柴爾德家族在基金會的章程中明確規定：「會長不得附加任何有關教授職位候選人的教派條件。因此在任何情況下，宗教或與信仰有關的地位不得作為不擔任研究機構主席或某職位的理由。」這樣的做法有先見之明，但終究沒有效果。

區。這個計畫的模型其實是英國羅斯柴爾德家族的百分之四工業住宅公司（Four Per Cent Industrial Dwellings Company），該公司於一八八〇年代成立。

這些都要從該家族作為猶太社區內捐助者的重要慈善作用的背景來看，但我們接下來會發現要區分並不容易。歐洲大陸的羅斯柴爾德家族持續成立專門的猶太機構。例如，詹姆斯．愛德華在一八七〇年設立了專門治療骨骼疾病的濱海貝爾克（Berck-sur-Mer）醫院，而埃德蒙將皮克布街上的舊猶太醫院改造得更現代化。此外，他和古斯塔夫各自成立了新的猶太學校。在奧地利，安謝姆於一八七〇年在韋靈（Währing）成立了一間猶太醫院。在法蘭克福，樂善好施的瑪蒂德成立了猶太兒童之家（Jewish Children's Home）、協助生病外籍猶太人的喬吉妮基金會（Georgine Sara von Rothschild Foundation for Sick Foreign Jews）、猶太婦女養老院（位於采爾大街上的羅斯柴爾德舊房子）、位於巴德瑙海姆（Bad Nauheim）的猶太婦女之家，以及離她夏季在柯尼斯坦因的住所很近的溫泉鎮巴德索登（Bad Soden）的窮猶太人療養院。在倫敦，猶太自由學校仍然是受歡迎的機構，就像猶太學院（但較不熱門）。

然而，東歐猶太人的湧入造成了現有機構無法解決的新問題。與許多非國教徒不同的是，英國裔猶太人並不擔心政府擴大對普通教育的支持，只要能讓他們可以保持對宗教教育的控制。同時，納弟和親戚掌握了對課外活動組織的需求。例如，納弟的妻子艾瑪提供了布雷迪街青年俱樂部（Brady Street Lads' Club，一八九六年於白教堂成立）大約百分之六十的年度費用，目的是幫助年輕猶太男子不誤入歧途。她的兒子沃爾特捐了五千英鎊給在一九〇一年設立的海斯工業學校（Hayes Industrial School），作為救助猶太少年犯的經費，將近占了學校總經費的三分之一。兩年後，羅斯柴爾德家族和蒙提費歐里聯合創辦了類似的女子學校，明確的目標是改善勞工階級女孩接受的宗教教育。這些努力背後的精神可以從一九〇五年六月二十八日，萊昂內爾在和記哈奇森青年俱樂部（Hutchison House Club for Working Lads）發表的開幕宣言來理解：

> 我們希望能照顧鄰近地區的青年，幫助他們在社會上立足，並協助他們擺脫來自街頭、音樂廳及酒吧的種種誘惑。我們想將雄心壯志、身為猶太人和英國人的自豪感等觀念灌輸給這些男孩。（歡呼聲）我們想教他們耐力和運動家精神。

很難想像有比這更明確的文化融合呼籲。一八九一年，納弟向聯合猶太會堂議會宣告，「猶太社區的當務之急」是「使目前住在倫敦東區的外國同胞數量英國化」。麥克斯．畢爾邦的漫畫《泰德美術館的某個寧靜早晨》（*A Quiet Morning in the Tate Gallery*）暗示了羅斯柴爾德家族在理解「外國同胞」方面的困難，並描繪策展人「試著向董事闡述」某幅繪有一群在猶太會堂的正統派拉比的畫作，如何展現「精神上的美好」。那名董事（阿爾弗烈德）蓄著整齊的鬍子，戴著大禮帽，拄著枴杖，看起來沒有被說服。

住宅問題也需要新的捐獻形式。一八八四年五月，納弟受邀加入保衛者衛生委員會（Board of Guardians Sanitary Committee）。該委員會專門為越來越多住在斯皮塔菲爾德、白教堂及古德曼莊園（Goodman's Fields）等倫敦東區的窮猶太住戶提供條件更好的住宅。早在一八八八年發生開膛手傑克案件之前，這些地區就因犯罪和賣淫而惡名昭彰。那年，貧窮猶太人臨時庇護所成立後，邁出了解決移民住宅問題的第一步。該庇護所為單身男子提供長達十四天的住宿，並幫助許多家庭尋找住所。但是，由納弟擔任主席的一間新的東區調查委員會也提出提議，建議建造從一八六〇年代開始不斷擴增、理查．克羅斯（Richard Cross）設計的《一八七五年工匠與勞工住宅改善法》（*Artisans' and Labourers' Dwellings Improvement Act 1875*）所鼓勵的那種住宅公司，藉此建造更多長期住宅，亦即「窮人付得起租金的完善家園」。納弟的母親在臨終前顯然鼓勵他繼續進行，因此他試著動員其他富有的猶太人，包括萊昂內爾．科恩、貴重金屬經紀商弗雷德里克．莫卡塔（F. D. Mocatta）、克勞德．蒙提費歐里（Claude Montefiore）、塞繆爾．蒙塔古等，然而，於一八八五年三月成立的百分之四工業住宅公司最後仍要依靠羅斯柴爾德家族提供四萬英鎊股本的四分之一（另一個重要捐贈者是該家族支持的猶太自由學校。兩年後，該校借了八千英鎊給這家公司）。

百分之四工業住宅公司並不是嚴格意義上的慈善基金會。該公司宣稱目標是「盡量在低租金的條件下提供條件良好的住宿，與實收資本每年百分之四的淨股利收益率相一致」，由此公寓產生的「無情功利主義」受到了現代社會歷史學家的譴責。不過這種固定收益和商業地主獲得更高收益之間的差額很大，可以將之視為一種補貼，因為這類公寓無疑能改善並取代貧民窟。納弟宣布首次認購的兩個月後，以七千英鎊從大都會工務委員會（Metropolitan Board of Works）買下了位於鮮花迪恩街（Flower and Dean Street，斯皮塔菲爾德中心的商業街附近）的土地。猶太建築師約瑟（N. S. Joseph）設計的樸素七層樓建築於一八八七年四月正式啟用，並以夏洛特的名字命名。內部的住宿條件很簡陋，最多可容納二百二十八個家庭（共四百七十七個房間）。公司繼續在布雷迪街建造類似的公寓，並在鮮花迪恩街收購另一片土地，街上也有於一八九一至九二年建造的「納坦尼爾住宅」。

當然，如果僅把這一切當成對反猶太主義惡化的回應，那就大錯特錯了。身為猶太人，羅斯柴爾德家族將慈善工作視為一種宗教義務，維多利亞自由主義的唯意志主義精神強化了這種衝動。以安東尼的女兒康斯坦絲為例，她是全國婦女理事會的會長、薩默塞特郡女性戒酒協會的經理、虐兒防治協會的活躍分子以及內政部指派的監獄訪客。有野心的自由黨議員妻子都會參與這類活動。無論如何，康斯坦絲與阿姨夏洛特的相似之處在於，她顯然從這些事獲得了樂趣。她在猶太組織中也很積極：猶太婦女聯盟、婦女聯合監護委員會、猶太婦女救援協會（後來改名為猶太女性保護協會），這是一間為了拯救「墮落女子」（未婚媽媽和妓女的委婉稱呼）並防止其他勞工階級的猶太女童墮落的協會。這是夏洛特在一八五〇和六〇年代建立的活動模式，顯然能給她和康斯坦絲一種成就感，就像她們的男性親戚從會計室或政治獲得成就感。艾瑪也對慈善有濃厚的興趣：一八七九年，她記錄了多達四百項個人慈善捐款，並在特靈為一百七十七項公益事業捐獻，包括教會女孩聯盟、基督教女青年會以及特靈聯合希望隊。

然而，這裡確實有一種「防禦性」的根本原因在發揮作用。在某種程度上，證明富有的銀行家能自願為改善社會問題做出貢獻是重要的事。以下我們會看到，重要的原因在於有越來越多左派政治家主張政府直接干預，並重新分配收入和財富。儘管新自由主義者在十九世紀與二十世紀之交的這類提議很溫和，但羅斯柴爾德家族和當時的許多富人一樣很厭惡直接稅收的增加，尤其是為了改善勞工階級生活水準而增加的稅收。羅斯柴爾德的主張是為了聚財，「資本」應該免稅，唯有如此才能看到經濟成長、就業機會增加以及工資提高。作為回報，富人會自願為需要幫助的窮人做出貢獻。實際上大概有多少貢獻很值得評估。阿爾豐斯的遺囑提供了不錯的例子，因為他貢獻了相當多慈善捐款，總價值約六十三萬五千法郎。不過這個數字不到他擁有羅斯柴爾德合夥企業股份價值的百分之〇．五（一億三千五百萬法郎），而這筆免稅的錢便傳給了他的兒子愛德華。❽當然，這不包括阿爾豐斯一生中為慈善事業貢獻的大量資金。另外，需要進一步的研究來確定他的收入以這種方式支出的比例。然而，保守派反對增加稅收的論點永遠有一個漏洞：在世紀之交，私人慈善捐款往往低於傳統捐款的百分之十。

在猶太慈善事業的例子中當然還有一個動機，就是認為有必要加速新來的東歐猶太人的「英國化」。當然，羅斯柴爾德家族和堂親在十八世紀末和十九世紀初實現的快速同化此時已不再有機會了，畢竟他們抵達英國時已經很富裕，也受過良好教育。十九世紀晚期來自東歐的移民大多是貧窮的工匠。在這樣的背景下，特別令人擔憂的時刻是一八八八年在倫敦東區發生裁縫師大罷工。對納弟這種狂熱的反社會主義者而言，猶太社區內出現重大勞資糾紛的場面很難讓人感到愉快。他和蒙塔古都急著充當調解人，希望能化解雙方的分歧，雖然

❽ 投資的十萬法郎是為北方鐵路的官員女兒提供嫁妝，六萬法郎是為了幫助費律耶、蓬卡雷（Pontcarré）及拉尼（Lagny）的窮人，每年的一千法郎是要支付相同地區的公共工程（意味著總金額約為二萬五千法郎），二十五萬法郎是要給皮克布街上的猶太醫院，二十萬法郎則是要給猶太慈善委員會（Jewish Charities Commission）。

我們很難相信納弟對倫敦東區的勞資關係有深入的了解。他們的介入反映出猶太菁英急著安撫倫敦東區剛出現的激進分子，他們眼前有俄羅斯的例子可以參考：在俄羅斯的猶太人往往是以參加革命運動為由而遭迫害。

有時羅斯柴爾德的慈善事業受到的批評是，工業住宅公司不但沒有促進同化，反而只是鼓勵建造新的貧民區。因此有人指出夏洛特大廈有百分之九十五住戶是猶太人，但這裡有誤導之嫌。在一八九〇年二月十八日的董事會議上，他們達成的一致意見是：「在公司的布雷迪街公寓中，基督教住戶與猶太教住戶的比例應盡量落在百分之三十三到百分之四十。」一八九九年，公司的伊斯特漢姆（East Ham）地產預留了空間來建造非猶太人的禮拜場所，「以防止該地產變成『貧民窟』」。儘管夏洛特大廈主要是猶太家庭居住，但根據一九〇四年的數據，在斯托克紐因頓大廈的納瓦里諾宅邸中，有三分之一的住戶並不是猶太人。一九一一年，該公司的坎伯韋爾（Camberwell）地產即艾芙琳娜大廈完全沒有猶太籍住戶。

當然，解決移民衍生問題的另一個辦法是阻止移民。不過限制移民的想法在一八八〇年代首次出現時，羅斯柴爾德家族以及他們的圈子都感到不安。羅斯柴爾德大廈的建築師約瑟說過：「**排斥**（exclusion）和**驅逐**（expulsion）的拼法很像。」一八九一年，反移民活動家阿諾德・懷特（Arnold White）寫信給納弟時，他的立法主張被駁回了（但並非沒有條件）：「我認同你的意見，外籍人士的湧入很不利，可能因為生理缺陷或精神疾病而需要政府救濟，應該被驅逐，但我沒有理由相信這些人數足以使立法合理化。」然而，在二十世紀初有越來越多保守黨議員開始相信有必要進行出入境管制，讓當前是忠實黨員的納弟陷入了困境。在一九〇〇年的大選中，納弟的代理人在倫敦東區公開支持兩位候選人（斯特普尼的威廉・埃文斯－戈登爵士〔Sir William Eden Evans-Gordon〕和白教堂的大衛・基德〔David Hope Kyd〕），讓他很尷尬，因為這兩位候選人證實是出入境管制的支持者。《猶太紀事報》報導了一場激動的選舉演說後，他覺得有必要與東部聖喬治選區的聯邦主義候選人湯瑪斯・杜瓦（Thomas Dewar）撇清關係。

然而，移民問題在埃文斯－戈登的煽動下交給皇家委員會處理時，納弟公然反對「排斥」。當然，身為委員會的成員，他主要負責審問見證人，但是其中一些人（包括阿諾德．懷特）明確宣稱羅斯柴爾德慈善機構對貧窮移民有吸引力時，他覺得有必要回應。納弟不同意委員會的大多數成員呼籲禁止「不受歡迎的」移民入境或驅逐他們——包括罪犯、智障者、患有傳染病者及「品行惡劣者」。納弟在他的少數派報告中清楚地說明，這種法規一定會「影響值得表揚又努力工作的人。他們入境時身無分文，但不能構成他們無法獨立的標準」。對他來說，「先在猶太自由學校接受教育，後來於一九〇八年成為劍橋大學資深牧人的那個『小猶太人』是個理想的例子。」那位年輕數學家的父親「在幾年前逃離奧德薩。我相信他曾經在小猶太會堂布道。他是現在小裁縫店的領班，工資很高，也在猶太兒童宗教學校教書。像他這樣的人也許對俄羅斯有好處，我希望他在這裡表現得很好」。

他的兒子沃爾特也贊同這個觀點。「大不列顛應該成為其他民族受到壓迫和不公正待遇時的避難所，」他說，「前提是他們是勤奮的正人君子。」不過，納弟對一九〇四年的法案表示反對，他在一九〇五年的麥爾安德補選中支持批評該法案的自由黨人，但仍無法阻止法案在當年下半年通過。他宣稱這項法案「確立了令人厭惡的制度，牽涉到警方干預、間諜活動、護照以及強權」。然而，他反對申請廢除該法案（代表委員會的其他成員希望這麼做），理由是延續的辯論可能會導致法規更嚴格。反之，他將希望寄託在說服各國政府從寬應用。別的姑且不論，在一九〇五年通過的《外國人法》（*Aliens Act*）揭穿了阿諾德．懷特說的謊言：「英國首相和內閣在羅斯柴爾德家族的反對下……改變了政策。」

還有兩種方法可減輕移民問題的負擔，其中一種是說服俄羅斯政府終止在其領土上對猶太人的歧視，這正是許多俄羅斯籍猶太人寄予希望之處，他們相信羅斯柴爾德家族的財務槓桿能迫使沙皇政權進行補救。像「羅斯柴爾德城堡的沙皇」這類隔離屯墾帶的故事，確實為羅斯柴爾德「賦予了不可思議的力量，期待他給沙皇一個教訓」。由於他擁有「所羅門王的圖章戒指」，已成為「掌控國家命運的人」，並住在「囤積著大量黃金」的大宮殿裡，「由巨人般的勇士看守」。如果沙皇接受在羅斯柴爾德城堡過夜的邀請，眼花撩亂的猶太人歷史憧憬就能啟發他，關於希伯來法寶的神話在這類故事中流傳了下來。但我們將會看到，在聖彼得堡發揮影響力與錢的問題有關，無關乎什麼神奇的力量，外交因素使羅斯柴爾德家族在抗議反猶太政策以外很難實現其他更多的事。

另一個可能的策略是盡量讓新來的人離開，而這其實是猶太社區多年來的做法。一八六七年，監護委員會的代表海姆・哈馬克（Haim Kohen Hahamake）寫信給新廷。哈馬克是名「有功的」希臘商人，損失了八千英鎊之後希望能回到希臘，而羅斯柴爾德家族寄出了一百英鎊。大約在同一時期，阿爾弗烈德成為東區移民救濟基金（East End Emigration and Relief Fund）委員會的成員。光是在一八八一至八五年就有二千三百零一個家庭在類似的計畫下被送回東歐，納弟也在此期間為二百個想離開英國到加拿大的家庭支付了費用。一八九一年，他是莫里斯・赫希設在法國的猶太殖民協會（Jewish Colonisation Association）的八位創辦股東之一，該協會是幫助猶太人從俄羅斯移民到阿根廷的組織。他個人「花了四萬英鎊將移民送到南非，並建造了一座方便通往大海的優良農業用地，供經過精心挑選的四、五百個俄羅斯猶太家庭使用……他們都是從已證實是成功且堅忍不拔的農民階級選出來的」。一九〇五年，來自俄羅斯的移民人數暴增時，「再輸出」的移民問題再次出現。納弟在前一年對皇家委員會的評論，表明了他仍然支持在某些情況下「再輸出」移民。

但是，猶太人不能回到聖經提到的起源地嗎？羅斯柴爾德家族可以運用財富來恢復聖地耶路撒冷猶太王國的想法最早可追溯到一八三〇年代，也在猶太隔離屯墾帶持續存在：「難道羅斯柴爾德不是合適的王子……讓分散的以色列人回到應許之地，並登上大衛的寶座？」然而，雖然該家族從大馬士革事件開始就對中東的猶太人感興趣，並繼續為耶路撒冷猶太人的教育和其他機構捐款，但他們到後來才開始認真考慮在巴勒斯坦建立猶太人殖民地的可能性。一八八二年，詹姆斯的小兒子埃德蒙在以色列普世聯盟（Alliance Israélite Universelle）中央委員會的查多克・卡恩（Zadok Kahn）和麥可・艾爾朗格（Michael Erlanger）影響下，對此想法產生了興趣。他們把埃德蒙介紹給當時在俄羅斯的拉多姆市（Radom）拉比塞繆爾・莫希萊韋爾

（Samuel Mohilever），後者想在巴勒斯坦重新安置一群來自白俄羅斯的猶太農民。此外，埃德蒙也透過他們認識了約瑟．費恩伯格（Josef Feinberg），他需要資金用在位於雅法（Jaffa）南部的里雄萊錫安（Rishon LeZion）的現有殖民地，即後來的特拉維夫市（Tel Aviv）。埃德蒙給費恩伯格二萬五千法郎在里雄萊錫安鑽井取水時，該地區的其他定居者也在鼓勵下向他求助，包括迦密山附近薩馬林（Samarin，後來的雅阿科夫〔Zikhron Ya'aqov〕）的一群羅馬尼亞裔猶太人，他們透露不只期望從有名氣的羅斯柴爾德那裡得到錢，也期望由他們來領導。

埃德蒙的回應很熱情。他告訴米克維農學院（Mikveh Israel Agricultural College）的院長塞繆爾．赫希（Samuel Hirsch），他的目標是「創造未來定居地的模型，有點像定居地的核心，讓更多移民群體在周圍定居下來」。里雄萊錫安的所有新定居者都要簽一份協議，內容是：「在關於土地耕種和服務方面，我完全服從行政機構以男爵先生的名義下達的命令。如果有針對我採取的行動，我無權反抗。」在這種明顯的專制基礎上，埃德蒙指示莫希萊韋爾的定居者嘗試在以革倫（Eqron，後來以他母親貝蒂的名字改名為「Mazkeret Batya」）栽培葡萄。羅什皮納（Rosh Pinna）也有生產絲綢、香水及玻璃的實驗，更別提猶太會堂、學校及醫院了，所有細節都由男爵的「官員」監督。雖然他堅稱自己從事的不是慈善事業，而是創造經濟上自給自足的定居地，但埃德蒙的家長式做法免不了產生今日所謂的「依賴文化」。到了一八八九年，儘管投資總額為一百六十萬英鎊，但經濟失敗的徵兆並不少。雖然他在一九〇〇年將定居地的管理權交給猶太殖民協會，默許了地方自治更大的需求，但他繼續以該協會的巴勒斯坦委員會主席的身分擔任他們主要往來的銀行家。到了一九〇三年，在巴勒斯坦的二十八個猶太定居地當中有十九處由他部分或全部資助，而他總共為定居地花費了大約五百六十萬英鎊。

埃德蒙的殖民冒險活動不該與猶太復國主義相提並論，後者是一種旨在建立猶太國家的猶太民族主義，英國的羅斯柴爾德家族對猶太殖民的興趣也不該與之相提並論。一八九〇年，納弟與倫敦社區的其他名人（例如塞繆爾和科恩）出席了英國錫安之愛協會（Chovevei Zion Association）的開幕會議。該協會結合了當地不同的錫安之愛團體，而這些團體是在一八八三年後為了應對俄羅斯大屠殺而組成。利奧也支持以色列・桑威爾（Israel Zangwill）的猶太領土組織（Jewish Territorial Organisation），該組織謀求在美索不達米亞（伊拉克和庫德斯坦）建立猶太殖民地。但這一代的羅斯柴爾德家族成員都不贊成在中東建立猶太國家。事實上，埃德蒙明確建議定居者謀求鄂圖曼公民權。阿爾伯特更不感興趣，他在一八九五年收到了另一筆看似瘋狂的資金需求，來自一個經常喋喋不休的乞丐索求十億法郎。

一八九五年，維也納劇作家兼記者西奧多・赫茨爾相信，「解決猶太人問題的唯一辦法」就是讓猶太人離開歐洲，並按照希臘人、義大利人、德國人及其他民族在十九世紀期間建立的獨立民族國家模式來建立自己的猶太國家。他發現赫希是個有同情心的傾聽者後，便數度嘗試贏得羅斯柴爾德家族的支持，相信他們會將不為人知的大量資本「換成現金」，作為對反猶太抨擊的回應，而他可以為他們提供以之投資的「歷史性使命」。但是，儘管有維也納的首席拉比居德曼（Güdemann）的調停，但赫茨爾寫給「羅斯柴爾德家族議會」長達六十六頁的內容卻不曾被寄出。[9]他甚至沒有從阿爾伯特那裡得到關於他最初做法的回應，他不滿地得出結論：「我寫的東西不該獻給羅斯柴爾德家族。他們是粗俗、傲慢又自私自利的傢伙。」反之，他必須動員猶太人群眾「來對抗有勢力的猶太人」。

這種從逢迎到攻擊的轉變是與羅斯柴爾德通信者的一大特徵。該家族拒絕巴伐利亞國王路德維希二世（Ludwig II）的貸款請求，不肯為他對童話城堡的癡迷提供資金時，他也有類似的反應——指示僕人去搶劫法蘭克福的羅斯柴爾德銀行。然而，赫茨爾不曾放棄贏得羅斯柴爾德支持的希望。早在次年的五月，他就試著透過巴黎的首席拉比查多克・卡恩從埃德蒙那裡打聽消息，甚至提議在埃德蒙接任領袖後，自己就退出剛發起的運動。但是當埃德蒙認為赫茨爾說要在鄂圖曼領土建立政府的言論是一種對殖民計畫的威脅時，赫茨爾又產生了敵意。一年後，他譴責他們是「猶太民族的不幸」。甚至當他在一八九六年八月設法與埃德蒙面談時，也只是讓幻想進一步破滅而已。到了一八九八年，他得出埃德蒙很遲鈍的結論，他要設法向財力更雄厚的阿爾豐斯求助，而這個想法在他當年十月造訪里雄萊錫安時得到了證實。

起初，他在倫敦沒有進展。一九〇一年，納弟甚至不願意見他（但他的表親巴特西夫人出面調解）。一九〇二年，赫茨爾提供證據給皇家移民委員會（Royal Commission on Alien Immigration）時，他們發生了爭執。初次見面後，納弟明確地表示，他會「帶著恐懼去看待建造純粹、簡單的猶太殖民地」。「我相信一件事，」他宣稱：「巴勒斯坦的夢想是神話，也是幻想。」利奧也反對赫茨爾所說的猶太復國主義。直到赫茨爾改變策略，並主張西奈半島的猶太殖民地都可以成為大英帝國的一部分，納弟才開始感興趣並把他介紹給約瑟·張伯倫（Joseph Chamberlain）。在赫茨爾餘生的最後幾年，他漸漸獲得支持，但他們在西奈半島籌備的英裔猶太人殖民地計畫最後因外交障礙而失敗。

為什麼羅斯柴爾德家族那麼輕視赫茨爾最初提出的「猶太人國家」概念？儘管他確保他們能從支持的行動取得經濟及其他方面的利益，甚至提議讓羅斯柴爾德成為新國家第一任推選的「王子」，但他們拒絕了，部分原因是赫茨爾提到的烏托邦有明顯的社會主義特色（尤其是國有化的銀行制度），這對他們來說沒什麼吸引力。赫茨爾確實有一種令人反感的傾向，既反對利他主義，又威脅要「肅清羅斯柴爾德家族」。如果他們對抗他，他就會「發起野蠻的運動」。但還有更重要的反對意見，而赫茨爾也公開承認這一點：如果要建立猶太民族國家，反猶太分子很可能就會質疑被同化的猶太人現有的民族身分。納弟是猶太裔英國人，就像阿爾豐斯是猶太裔法國人，阿爾伯特是猶太裔奧地利人。他們不認同赫茨爾悲觀又具預言性的觀點（受到《新自由報》〔*Neue Freie*〕報導德雷福斯事件的啟發），即這種國家公民權有一天將被反猶太政府廢除。他們完

❾「家族議會」是赫茨爾虛構的事。他在許多方面誇大了羅斯柴爾德家族的權力，就像德呂蒙和其他反猶分子一樣。後來他寫的內容作為《猶太國度》（*Der Judenstaat*）出版。

全沒有將猶太復國主義視為「對猶太人問題的回答」，而是當成一種對地位構成的威脅。羅斯柴爾德家族認為，漫畫不只一次將他們描繪成大批離開德國的猶太人之一，這令人深感不安，雖然畫中他們是搭乘私人馬車到碼頭（圖8.v與8.vi）。這種大規模移民的願景，無論是到聖地或到（如反猶太漫畫暗示的）海底，代表否定了納坦在一個世紀前以外來移民的身分抵達英國以來，該家族所取得的社會地位，包括他們在許多猶太人眼中的皇室地位、在大多數非猶太人眼中的貴族地位，起碼是其出生地的臣民或公民。事後看來，我們可以說赫茨爾是預言家。他過世後不到半個世紀，德國、奧地利及法國的羅斯柴爾德家族都成了他預言的反猶太抨擊的受害者。同時，我們也不難看出為何他當時的構想既荒唐又有害。

圖8.v：克里斯蒂安・舍勒（Christian Schöller），《以色列子民前往應許之地建立共和國》（1848）

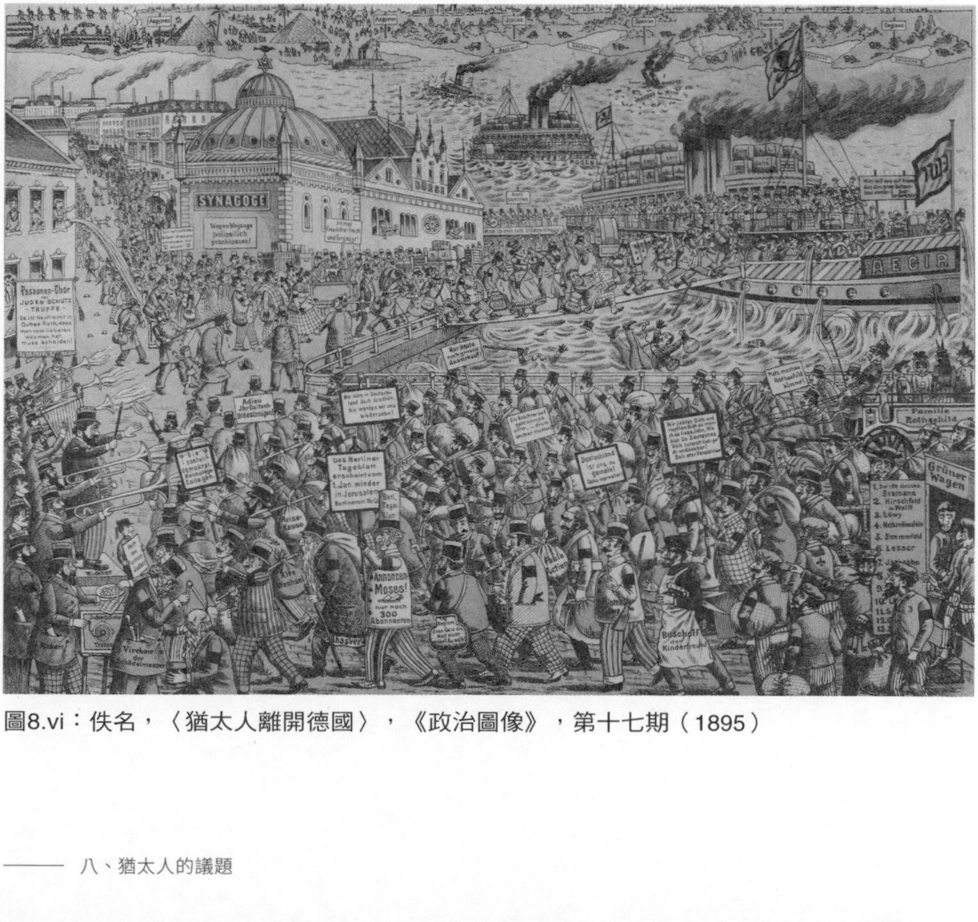

圖8.vi：佚名，〈猶太人離開德國〉，《政治圖像》，第十七期（1895）

九、擁護帝國主義(一八七四—一八八五)

如果投資者的特殊利益很容易與公眾利益產生衝突,並引發毀滅性的政策,那麼金融家的特殊利益就更危險……這類大生意構成了國際資本主義的中樞,包括銀行業、經紀業、票據貼現、貸款發行、企業推廣。對歐洲而言,這是透過強大的組織團結起來,經常互相保持密切聯繫,處於各國商業資本中心的資本主義主要由獨一無二的種族控管,而這些人累積了幾世紀以來的金融經驗,在操縱國家政策方面處於獨特的地位……如果羅斯柴爾德家族及其熟人堅決反對,難道有人會認為任何歐洲國家還能發動大戰,或發起大筆國家貸款嗎?

所有涉及新的資金流動或現有投資價值大幅波動的重大政治行動,都要取得一小群金融佼佼者的認可和實際幫助……身為投機者或金融交易商,他們構成了帝國主義經濟學中的一大要素……其獲利業務的所有條件都促使他們支持帝國主義……沒有對這些人不利的戰爭、革命、無政府主義者的暗殺或其他公共衝擊。他們是從公共信用的每一次意外混亂中吸取利益的貪婪者……各分行的財富、業務規模及其國際化組織,使他們成為經濟政策的主要決定因素,不僅在帝國主義的事業中占有一大部分的股份,也有將意志強加於各國政策的諸多手段……財政猶如帝國引擎的統治者,指揮著能量並決定行動的結果。

——霍布森,《帝國主義》(*Imperialism: A Study*),一九〇二年

衰落是相對的概念。與他們在一八八〇年前國際資本市場上的主導地位相比,羅斯柴爾德家族在此之

後無疑是衰落了。與競爭的銀行相比，他們的獲利能力較弱，成長速度也較慢。然而，如表格9a顯示，該家族即使在一戰前夕仍保持絕對強大的金融勢力。就資本而言，羅斯柴爾德家族企業顯然是倫敦市最大的私人銀行。如果我們回想一下倫敦分行仍然只是羅斯柴爾德四家分行之一，那麼這種主導地位就更令人印象深刻了。我們可以從圖表9.i的連續合夥合約了解羅斯柴爾德分行的合併資本。從一八七四至八七年，這個數字從三千四百四十萬英鎊上升到三千八百萬英鎊，在一八九九年達到四千一百五十萬英鎊的峰值。一九〇四年，也就是最後一年擬定的合併數字，仍有三千七百一十萬英鎊。如果一八九八年後沒有撤資，總資本會超過四千五百萬英鎊。這使羅斯柴爾德家族銀行不只是倫敦最大的私人銀行，也是世上最大的銀行之一。一八八一年，七十一家不同的信用機構在巴黎交易所掛牌上市，實收資本為十四億九千萬法郎，光是羅斯柴爾德分行合併起

表格9a：NM羅斯柴爾德家族企業和倫敦市其他投資銀行的資本和承兌，1870-1914（百萬英鎊）

	資本	資本	資本	承兌	承兌	承兌
NM羅斯柴爾德家族銀行	5.90	7.07	6.37	0.91	3.44	1.31
巴爾林兄弟	1.63	1.02	1.02	6.70	3.89	3.72
威廉布蘭特企業（Wm Brandt Sons）	0.18		1.00	0.10	0.70	0.72
布朗希普利（Brown, Shipley）	1.20		0.78		4.50	5.10
吉布斯企業（A. Gibbs & Sons）			1.22		0.88	1.17
漢布羅企業（C. J. Hambro）	0.63	0.04	1.00	0.98	0.84	1.34
休斯企業（Fr. Huth & Co.）	0.50	0.60	0.75			3.30
克萊沃特企業（Kleinwort, Sons）	0.84	1.19	4.42	2.10	5.40	8.50
拉扎德兄弟（Lazard Brothers）	0.60†	1.20	1.00			
施羅德企業	1.69	1.24	3.54	3.22	4.00	5.82
J・S・摩根公司*	1.80†		1.00		4.20	
謝利格曼兄弟（Seligman Brothers）	1.35		3.00			

*來自一九一〇年的摩根建富（Morgan, Grenfell & Co.）。† 估值。

資料來源：RAL, RFamFD/13F; Cassis, *City*, pp. 33; *idem, City bankers*, pp.31. f.; Kynaston, *City*, vol. I, pp. 312f.; vol. II, p.9; Chapman, *Merchant banking*, pp.44,55, 121f., 200f., 208f.; Roberts, *Schröders*, pp. 44, 57,99, 528-35; Ziegler, *Sixth great power*, pp. 372-8; Wake, *Kleinwort Benson*, pp. 472f.

圖表9.i：羅斯柴爾德合併資本，特定年份（千英磅）

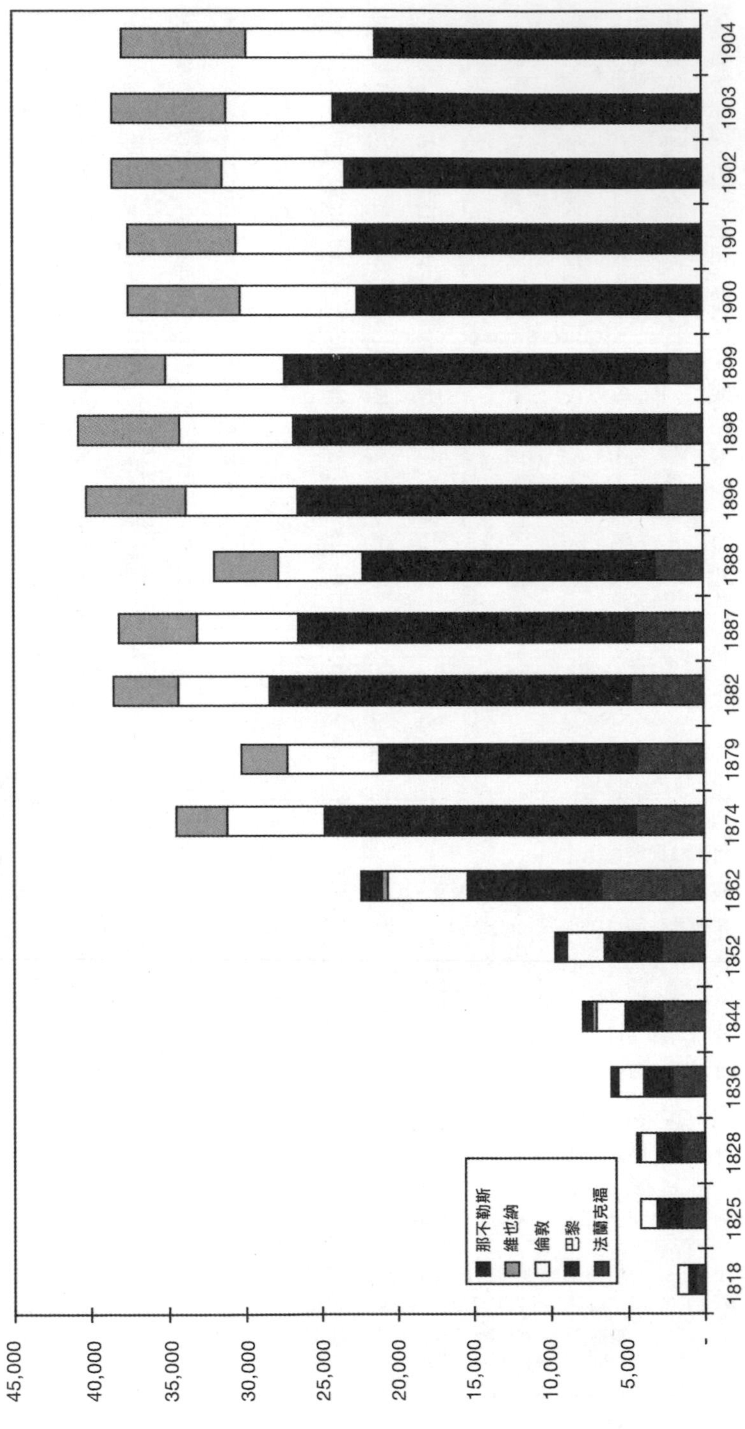

來就有不少於十億法郎的資本，而有五億九千萬法郎資本的巴黎分行仍是法國最大的銀行之一。一九一三年，德國的五大銀行——達姆施塔特銀行（Darmstädter）、折扣公司、德意志銀行（Deutsche）、德勒斯登銀行（Dresdner）以及柏林商業銀行的總股本為八億七千萬馬克（四千三百萬英鎊），比羅斯柴爾德分行十年前的合併資本大不了多少。

當然，羅斯柴爾德家族的資產負債表規模比大型合資存款銀行小很多。英國最大的清算銀行美聯銀行（Midland）在一戰前夕有一億二千五百萬英鎊的存款，而倫敦分行的相應數字（資產減去資本）只比一千四百萬英鎊多一些。德意志銀行是一九一四年最大的德國銀行，其數字則是七千四百萬英鎊。但這不該相提並論。羅斯柴爾德家族不曾對辦理存款業務感興趣，他們主要關注的是將資金用作大規模債券市場承銷的基礎，吸引外部資金直接流入新證券，而不是吸收存款。

羅斯柴爾德家族和競爭對手之間沒那麼引人注目的差異在於，前者的利潤相對較低。表格9b有條理地比較了它與倫敦市的其他五家重要銀行，顯示出倫敦分行的平均利潤占資本的比例，從一八七〇年代的高點百分之九．八，下降到一九〇〇至〇九年這十年間的百分之三．九。羅斯柴爾德家族似乎不願意冒險：納弟和兄弟繼承了前幾代人累積的可觀資本後，顯然沒有動力去追求巴爾林或施羅德取得的高報酬，更別提像美聯這種合資銀行了。一八九〇至一九一四年的承兌數據也指出，倫敦分行落後於克萊沃特（Kleinwort）、施羅德、摩根建富（Morgan Grenfell），甚至在一九一〇年後被布蘭特（Brandt）和漢布羅（Hambro）超越。從一八九〇到一九一四年，羅斯柴爾德家族銀行的年度承兌平均為二百七十萬英鎊；相比之下，巴爾林為五百六十萬英鎊，施羅德為七百二十萬英鎊，而市場領導者克萊沃特為九百萬英鎊。在資產方面，現有的資產負債表數據顯示一九一四年之前的十年內，巴爾林和施羅德迅速追上了羅斯柴爾德家族銀行。一九〇三年，新廷的資產總額為二千五百萬英鎊，而施羅德和巴爾林分別為一千零三十萬英鎊和九百九十萬英鎊。十年後，羅斯柴爾德的總額幾乎沒什麼變化，而施羅德的資產負債表增加到一千九百一十萬英鎊，巴爾林的數字則上升到一千五百八十萬英鎊。

在個人財富方面，另一個相對衰落的指標是羅斯柴爾德家族不再出類拔萃。納弟是英國羅斯柴爾德家族那一代最富有的人（他在一九一五年過世時留下二百五十萬英鎊），但是從一八九〇到一九一五年，至少有十三位英國富豪留下的財富與他差不多，甚至更多。大西洋彼岸的朱尼厄斯．摩根（Junius Morgan）在一八九〇年去世時，早已留下這麼多錢。他的兒子皮爾龐特（Pierpont）在一九一三年辭世時，資產淨值（不包括藝術收藏品）約為六千八百二十萬元（一千四百萬英鎊）。如果包括藝術品，他的財富約為二千四百萬英鎊。難怪摩根的合夥人柯林頓．道金斯（Clinton Dawkins）在一九〇一年會吹噓：

> 老皮爾龐特．摩根和美國分行的地位遠遠超越羅斯柴爾德家族在歐洲的地位……綜觀來說，美國和倫敦的摩根聯盟在資本方面可能不會和該家族差太多，但規模較大，也比較活躍，並參與了世界上的先進事業。老皮爾龐特．摩根超過六十歲了……但他身後還有年輕的摩根，他不到四十歲，有成為大人物的潛力，還有我。羅斯柴爾德家族沒什麼新鮮事，只有老納弟的豐富經驗和聲望……因此，如果我們在接下來的二十年引進一兩個適合的人協助，應該能看到羅斯柴爾德家族退到次要地位，而摩根集團成為霸主。❶

然而，還需要符合一些條件。首先，如果將一八三〇至六九年的數據列入考慮，羅斯柴爾德家族企業在一八七九年之後的表現並沒有比之前差多少。一八七〇年代是特殊的十年，在這段時期前後的時期則差別不大。因此，說羅斯柴爾德家族已經相對衰落有誤導之嫌。其次，羅斯柴爾德家族繼續求穩，因而保住了自身安全。巴爾林的故事在這段時期形成了極大的對比。表格9b的數字也反映出敵對銀行因為一八九〇年的危機而萎縮的程度。巴爾林的高收益率有一部分是基於其資本基礎十分有限的結果。

羅斯柴爾德結合了比較低的獲利能力和持久性，使人想起弗雷德里希．根茨早在一八二七年提出的啟發性觀點，即羅斯柴爾德的兩大基本原則之一是：

不在事業中追求過高的利潤，要為每一項業務設定明確的界限。無論需要多大的聰明才智或謹慎，都要把自己和偶然事件隔離開來。這項準則蘊含著他們提升實力的重要祕訣。可以確定的是，他們能憑著這種方式從不同業務中取得更高的報酬。但是，即使這樣做不會損害事業的保障，他們賺的錢終究比將資源分配到更多交易中所獲得的收益更少。無論經濟狀況如何，這些交易都不斷出現和重複。

羅斯柴爾德家族銀行在承兌交易市場落後於施羅德和克萊沃特的事實，也未必該被解讀為衰落的跡象。即使這些數字很準確[2]，羅斯柴爾德家族不曾像其他倫敦商人那麼依賴承兌來創造利潤。像過去一樣，他們將資源集中在債券市場，並在這方面保持卓越。最後，倫敦分行的利潤不該與其他分行的利潤分開審視，畢竟其中有很大一部分持續由不同

[1] 摩根集團的組織確實有點像羅斯柴爾德家族的組織，是三家分行的合夥企業：一家在紐約，一家在費城，另一家在巴黎。摩根在一八九五年重組後，這些分行稱為J．P．摩根公司、卓克索企業（Drexel & Co.）、摩根哈耶斯（Morgan, Harjes）。其倫敦分行（J．S．摩根公司，在一九一〇年更名為摩根建富）一直是獨立經營。

[2] 我們有理由懷疑這些數據。一九〇六年，利奧告訴巴黎的堂親：「今年，我們貼現了二千八百萬英鎊的票據，其中有一千二百萬英鎊是你們的帳目。」這個數字能使羅斯柴爾德家族成為倫敦市場上最重要的票據經紀人。

表格9b：倫敦六大銀行利潤占資本的百分比，1803-1909（十年來的平均值）

	NM羅斯柴爾德家族	巴爾林兄弟	施羅德	克萊沃特	J．S．摩根／摩根建富	美聯
1830-39	5.9	15.5				
1840-49	1.8	13.3				16.3
1850-59	4.9	21.3				17.9
1860-69	7.0	27.6	10.6			22.2
1870-79	9.8	11.9	11.6		15.1	21.9
1880-89	7.5	13.6	6.3	4.0	5.2	19.8
1890-99	4.6	13.6	7.5	4.1	7.8	24.3
1900-09	3.9	27.1	10.5	3.6	4.7	22.8

注：資本和利潤的定義因公司而異。

資料來源：RAL, RFamFD/13F; Roberts, Schröders, pp. 44, 57, 99, 527-35; Ziegler, *Sixth great power*, pp. 372-8; Wake, *Kleinwort Benzon*, pp. 472f.; Burk, *Morgan Grenfell*, pp. 260-70, 278-81; Holmes and Green, *Midland*, pp.331-3.

夥伴共享。羅斯柴爾德分行的合併利潤很難計算，因為個別的夥伴過世後，他們撤回了大量資金。不過，圖表9.ii呈現了經過調整的數字。再次強調，這些數字並未給人衰落的印象：在一八七四至七九年的蕭條時期，平均每年的利潤下滑將近一半（從一八五二至七四年超過一百萬英鎊）。但是，一八七九至八二年似乎是羅斯柴爾德家族最賺錢的時期（平均每年利潤超過四百萬英鎊），儘管無法持續，而一八八八到一九〇四年則呈現向上的趨勢（從一八八〇年代中期的每年七十八萬五千英鎊，增加到一八九八至一九〇四年的一百六十萬英鎊）。

我們可以有效地對照倫敦的羅斯柴爾德家族表現和英國的整體經濟表現。多年來，經濟歷史學家認為英國經濟在一八七〇年後相對衰退，並注意到美國或德國的經濟在這段時期成長得更快，而英國作為主要製造業出口國的地位下降了。雖然有些人將這種相對的衰退歸咎於「創業失敗」，甚或由文化決定的「工業精神衰退」，但其他人認為倫敦市是體制上的罪魁禍首：在十九世紀晚期鼓勵過度的資本輸出，阻礙了英國產業的現代化。十九世紀期間，羅斯柴爾德家族在鼓勵資本輸出方面扮演著重要角色，一直持續到一九一四年。因此，納弟可能不只要為自己的企業衰落負責，也要為英國整體經濟的衰落負責。

實際情況是，英國經濟的衰退就像羅斯柴爾德家族在一九一四年之前衰退一樣被誇大了。如果能顯示資本短缺抑制了企業將工廠現代化，那就能說資本輸出使英國工業的投資匱乏，但目前沒什麼證據支持此觀點。事實上，英國的高水準資本輸出是英國經濟在國際上不可或缺的一部分，它是製造業出口國、食品和其他主要產品進口國、國際貨幣體系的最終貸方、專業殖民者的重要輸出國，以及更重要的是，它在大多數海域和大片土地上是法律和秩序的帝國擔保者（一八六〇年為九百五十萬平方英里；一九〇九年為一千二百七十萬平方英里）。僅從英國人在不列顛群島保持繁榮，太過狹隘地衡量其體系的成本和收益，就會忽略重點。大約有四億四千四百萬人在一戰前夕生活在英國某種形式的統治下：與殖民地自治化時代的民族主義宣傳相反，英國政治家並不是只為百分之十碰巧居住於英國的居民之利益制定經濟政策。儘管海外擴張的利潤無疑流向了相對較小的菁英投資者群體，但英國融資的投資與貿易的廣泛「乘數效應」卻遠遠超出了英國本身。治理和保衛帝國的

圖表9.ii：羅斯柴爾德分行合併後的平均年度利潤，特定時期（千英鎊）

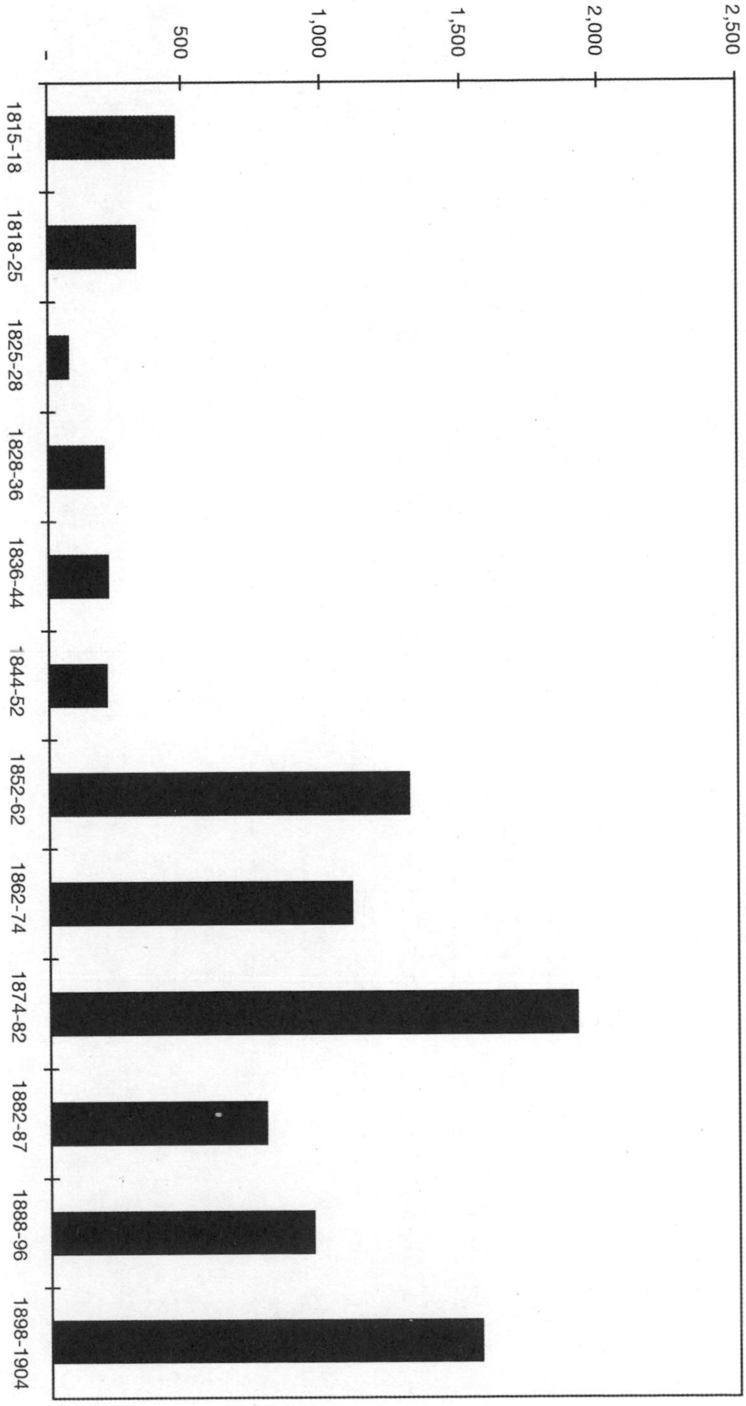

成本也不該被誇大。從英國強大的實力，以及此穩健國家以自由貿易、自由資本流動及自由遷徙帶來的經濟利益相比，英國產生的稅收和債務負擔其實很少。

一八五〇年代，英國的海外投資總額約為二億英鎊。然而，十九世紀下半葉出現了三次資本輸出熱潮。從一八六一至七二年，外國投資淨額占GNP的比例從百分之一．四上升到百分之七．七，接著在一八七七年降回百分之〇．八。一八九〇年，這個數字漸漸上升到百分之七．三，然後在一九〇一年又降到百分之一以下。在第三次回升時，外國投資在一九一三年升到百分之九．一的歷史新高，直到一九九〇年代才被超越。❸從絕對值來看，這導致了外國資產大量累積，從一八六〇年的三億七千萬英鎊增加到一九一三年的三十九億英鎊，漲幅超過十倍，約占英國總財富的三分之一。沒有其他國家的外國投資達到這個水準：最接近此水準的法國海外資產價值不到英國的一半，而德國只比其四分之一多一點。在一戰前夕，英國約占外國投資總額的百分之四十四。雖然外國投資週期和國內固定投資週期之間有反比關係，但這種高度的資本輸出不該被粗略地理解成英國經濟的資本「外流」。我們也不該將資本輸出當成在某種意義上「導致」英國貿易逆差擴大。事實上，這些投資獲得的收入遠遠超過了新資本輸出，就像（加上「無形」收益產生的收入）它也總是超過貿易逆差。在一八九〇年代，外國投資淨額占GNP的百分之三．三，而海外的財產收入淨額占百分之五．六。在接下來的十年，兩個數字分別為百分之五．一和百分之五．九。

為什麼英國經濟有這樣的表現？大部分的海外投資在本質上屬於「投資組合」，而不是「直接投資」，也就是證券交易所透過出售代表外國政府和企業發行的債券和股票來進行調解。根據艾德斯坦（Edelstein）對外國證券「吸引力」的解釋，即使考慮到涉及更高程度的風險，收益率還是比一八七〇到一九一三年期間的國內證券平均收益率更高（約一．五個百分點）。然而，這種平均值掩蓋了大幅的波動。戴維斯（Davis）和胡騰巴克（Huttenback）分析了四百八十二家企業的帳目後，指出國內的報酬率有時候比國外更高，一八九〇年代就是一例。他們的研究也量化了帝國主義投資者眼中的重要性，因為投資帝國的報酬率和投資不受英國政治控制的外國領土的報酬率明顯不同：在一八八四年之前上漲了百分之六十七，但在此之後下降了百分之四十。因此，英國的海外投資水準上升是帝國主義在經濟方面的非理性產物嗎？是資本追隨旗幟，而不是追求利潤最大化的例子？現代史學往往強調大英帝國迅速擴張的非經濟動機。另一方面，戴維斯和胡騰巴克表明從整體來看，帝國屬地並不是英國投資的主要目標：從一八六五到一九一四年，只有大約百分之二十五的投資流向帝國，而給英國經濟本身的投資占百分之三十，給外國經濟的投資占百分之四十五。他們的研究顯示，有一群菁英投資者對帝國作為穩定整體國際資本市場的機制很感興趣。十九世紀晚期的帝國主義就像經濟過程的政治附加物，與二十世紀晚期的「全球化」很相似。

身為帝國菁英投資者的主要成員，羅斯柴爾德家族在英國帝國主義中扮演著舉足輕重的角色。從一八六五到一九一四年，在倫敦公開發行的外國證券總額為四十億八千二百萬英鎊，羅斯柴爾德家族企業單獨或共同承擔了總額一千零八十五萬英鎊的四分之一以上。❹沒有其他銀行能與之匹敵，但霸菱銀行在一八六〇至九〇年嘗試過，皮爾龐特．摩根在此之後快要跟上，謝利格曼兄弟緊隨其後，而歐內斯特．卡賽爾成了世紀之交的強勢對手。表格9c列出了在一八五二年之後羅斯柴爾德發放貸款的地理分布和類型。

比較一下羅斯柴爾德的數據與戴維斯和胡騰巴克的資料（請見表格9d），便可以發現羅斯柴爾德家族銀行對政府財政的興趣遠遠大於對私人企業發行的興趣。從一八六五至一九一四年，催繳資本當中只有大約百分之三十六屬於政府。倫敦的羅斯柴爾德家族在這段時期發放的等值貸款比例超過百分之九十（其餘幾乎屬於外國鐵路公司）。羅斯柴爾德在政府債券發行方面的主導地位很驚人。就整體倫敦市場而言，一八六五到一九一

---

❸ 從一九九〇至九五年，直接投資加上投資組合的總額占GDP的比例略低於百分之十二。
❹ 這些包括了其他非羅斯柴爾德銀行聯合發行的九筆大額貸款（共計五億二千六百萬英鎊），主要參與者是霸菱銀行，也有J．S．摩根公司和施羅德銀行。

表格9c：羅斯柴爾德家族企業發放的貸款，1852-1914

	總額（英鎊）	百分比	公債	占總額的百分比
英國	11,941,582	8.7	96,266,582	86.0
歐洲	90,034,413	45.6	54,929,413	94.1
中東	78,677,640	6.1	78,677,640	100.0
拉丁美洲	189,003,610	14.6	175,898,990	93.1
北美洲	291,700,448	22.5	284,900,448	97.7
澳大拉西亞	5,000,000	0.4	5,000,000	100.0
亞洲	20,200,000	1.6	11,500,000	56.9
非洲	7,200,000	0.5	3,700,000	51.4
帝國	77,547,580	6.0	65,347,580	84.3
總額	1,293,757,693	100.0	1,210,873,073	93.6

資料來源：Ayer, *Country of finance*, pp. 14-81; RAL.

表格9d：英國催繳資本的地理分布，1865-1914

	千英鎊	百分比
英國	1,487,519	31.8
歐洲	349,974	7.5
北美洲	1,059,797	22.7
南美洲和加勒比地區	631,235	13.5
非洲	310,198	6.6
亞洲	442,518	9.5
澳洲和太平洋	374,404	8.0
不明	22,800	0.4
總計	4,678,445	100.0

資料來源：Davis and Huttenback, *Mammon*, p.46

四年間的外國公債高達十四億八千萬英鎊，其中有將近四分之三是由羅斯柴爾德家族單獨或合夥處理。與整體的倫敦市場相比，新廷對歐洲的興趣更大，對英國較沒興趣，在非洲、亞洲及澳大拉西亞的發行方面也缺乏代表人數。不過，也許最顯著的差異是羅斯柴爾德家族較少參與帝國的事務。這些事只占其業務的百分之六，而占整體英國資本市場的比例約為百分之二十六。考慮到納弟和阿爾弗烈德在帝國主義政治中的影響力，這是讓人吃驚的發現，這表明了他們不太重視帝國是不是他們的私人金融活動領域。更確切地說，相對於在政治上獨立的國家（例如巴西），他們並不偏好由英國的金融控制提供擔保的國家（如埃及）。因此，我們不該（如歐內斯特・卡賽爾評論阿爾弗烈德）說羅斯柴爾德家族「幾乎不接受缺乏英國政府擔保的事物」。

倫敦分行在兩個方面是整個倫敦市的「代表」。北美洲和南美洲債券在該分行業務中占的比例，幾乎與其業務在其整體市場占的比例相同。與倫敦市相同的是，羅斯柴爾德家族也對國內私人企業金融沒什麼興趣，後者在羅斯柴爾德發放的所有債券中只占百分之一多（但該家族一直都對國內產業不感興趣）。一八八六年，愛德華・吉尼斯（Edward Guinness）爵士試圖讓自己的愛爾蘭釀酒公司上市時，倫敦分行拒絕處理六百萬英鎊的上市事宜，最終由霸菱銀行處理。事實證明，這些股票和公司債大受歡迎（被超額認購將近二十倍），而霸菱銀行從其發行中賺到了大約五十萬英鎊。不過，記者詢問後不後悔拒絕買賣時，納弟回答：「我不後悔。我每天早上都會去分行，每次我拒絕別人交給我的計畫或企業後，晚上就放心地回家了。但是，只要我同意任何提議，就會變得很焦慮。『同意』就像把手指放進一台機器，旋轉的輪子可能會把你的身體一起拖進去。」通常這被視為第四代成員行事謹慎的縮影，因此當其他人從倫敦地鐵網絡的建設融資中獲得可觀利潤時，羅斯柴爾德家族卻保持距離。甚至連吸引法國羅斯柴爾德家族的英法海底隧道計畫都不能引起納弟的興趣。該計畫有機會增加北方鐵路的流量。「我可以肯定地告訴你們，」他在一九〇六年告訴堂親，「上議院的大多數議員會否決英法海底隧道的議案，你們不該為這件事浪費時間和金錢。」

誠然，這種棄權的準則有一些例外。也許是納弟為了模仿巴爾林與吉尼斯的成功合作，他在一八八六到九一年連續四次為曼徹斯特運河發行了股票和公司債，總價值為一千三百萬英鎊。但是，如愛德華・漢彌爾頓評論的，第一次發行的失敗導致倫敦人輕蔑地比較起「羅斯柴爾德的水」和「巴爾林的啤酒」。事實證明，即使與霸菱銀行合作，第二次發行也不可能成功。同理，身為在二十世紀初期快速通訊的先驅，也許有人指望羅斯柴爾德家族領悟到電話這種創新的重要性。早在一八九一年，他們就開始試著把電話當成在巴黎和倫敦之間通訊的方式。但是，在次年為新電話公司（New Telephone Company）發行的四十八萬八千英鎊股票只是小事一樁。值得注意的是，倫敦和巴黎夥伴持續透過手寫的信件相互交流，就和他們的父親、祖父及曾祖父一樣。

這些都有助於說明為何歷史學家經常描述這一代的羅斯柴爾德家族處理金融事務趨於「保守」（與之形成鮮明對比的是法國分行，該分行仍然是北方鐵路等鐵路線的主要股東）。然而，這樣的批評誤解了該家族在十九世紀晚期全球化過程中的做法與角色。例如，該家族確實在國內的工業領域有一些成果，我們能推測那是與政府關係最密切的國防。此外，該家族對外國採礦業、對金屬和寶石國際市場的興趣，比其對國內工業和運輸業的參與更重要（我將在下一章論述）。

因此，羅斯柴爾德家族在帝國主義的經濟和政治中發揮的作用，不該被諷刺成更廣泛的衰落目的論的一部分。在許多方面，帝國主義不代表與過去成就的戲劇化決裂。外國投資依然是他們的主要興趣，其次是國內政府借貸。至於法國、奧匈帝國甚或英國，這些國家都被迫繼續發行新債券，來為捍衛帝國的高漲成本提供資金。羅斯柴爾德家族在國際債券市場上幾乎沒有真正的對手。他們在外國私人企業財務中的角色較溫和（尤其是鐵路），承兌業務也是如此。但我們接下來會了解，他們從國際採礦業獲得了不少利益。

一如既往，羅斯柴爾德家族對全球經濟體系的延續和擴張仍有興趣。在這個體系中，資本、商品以及人員可以盡可能自由又安全地流動。然而，如果能在不受政治干預的情況下實現這一點，他們會覺得滿意。因此，羅斯柴爾德在巴西的悠久歷史表明了，他們沒有把正式的帝國控制視為資本輸出有利可圖的先決條件。只有在重要債券似乎因借貸國的政治不穩定而面臨風險時，該家族才會支持直接的政治干預。他們從西班牙和墨西哥採礦業取得的利益不需要外國干涉，儘管這些國家的政治局勢經常不穩定。然而，在缺乏歐洲直接控管的情況下，很難想像他們在緬甸紅寶石礦或新喀里多尼亞（New Caledonian）鎳礦的投資。南非的例子說明了羅斯柴爾德對體現在塞西爾・羅茲（Cecil Rhodes）身上的帝國主義態度矛盾：儘管他們對黃金和鑽石開採很感興趣，卻對羅茲想將英國政治影響力擴展到開普殖民地（Cape Colony）北部的瘋狂計畫抱持著質疑態度。帝國領土也沒有偏好鐵路的跡象。

一般而言，羅斯柴爾德家族只有在有把握不與其他歐洲大國產生衝突的情況下，或他們（不常）認為英國不採取行動，而敵對的大國有可能在經濟上實施更嚴格的殖民統治時，他們才會支持英國建造帝國（一般假設是法國或德國的政權比英國政權更有貿易保護主義的特徵，但法國和德國的關稅其實沒有高太多）。為了避免國際衝突，羅斯柴爾德偏好所謂的跨國帝國主義，這樣經濟利益才會不只受到單一歐洲大國的保障。埃及就是經典的例子。在埃及，該家族為了英國和法國債券持有者的共同利益，試圖調解兩國互相衝突的政治利益（他們對希臘和土耳其不太感興趣，這兩國也採用了類似的跨國金融擔保）。在中國，他們也贊成歐洲列強之間的合作。

應當強調的是，這一切有一種本能的味道：雖然霍布森這類批評者提出了帝國主義的相關理論，但帝國主義者本身並沒有。「說來奇怪，」納弟在一九〇六年五月寫信給巴黎，「投資者和資本家對祖國的股票感到恐懼，尤其是住在歐洲的人。」他模糊地覺得投資者是受到「異國」的高收益吸引，而這些收益反映了海外投資的更高風險，但他對特定領域或產業的偏好似乎多半基於不言自明的假設。然而，他對帝國主義政治並沒有這類假設：在此之前或之後，家族中已經沒有人在政界比他更積極了。重要的不連貫之處在於，羅斯柴爾德家族以前傾向透過本身的金融利益來看待政治，詹姆斯在外交領域的干涉幾乎都是基於商業考量。然而這不適用於第四代成員。經濟的私利仍然很重要，但納弟和阿爾弗烈德的立場有時候是出於「純粹的」意識形態或政黨的政治因素，而這些因素與羅斯柴爾德家族企業的投資組合無關，就像他們在帝國無法控制的領域其實也享有私人利益。尤其是納弟認為自己「身兼多職」，他在新廷和西敏（或他自己說的倫敦東區和西區）皆有職在身。專職政治家也往往這樣想，但私人利益和公共利益在這兩種情況下都沒什麼區別。

實際上，帝國主義政治往往比羅斯柴爾德家族意識到的更常凌駕經濟考量。雖然他們從高水準的資本輸出中獲利是不可否認的事實，但第四代在特定例子中經常優先考慮國家政治，其次才是羅斯柴爾德分行的集體經濟利益。事實是，英國金融從歐洲大陸重新調整方向，使該家族連接倫敦、巴黎、法蘭克福以及維也納的網絡有點過時。同時，法國和英國之間的殖民利益衝突為羅斯柴爾德分行帶來了艱難的選擇。這段時期，各個分行漸漸獨立運作，我們能從英法兩國的分歧以及奧地利對歐洲以外的國家漠不關心來推測原因。

帝國的財務政策：埃及

羅斯柴爾德參與英國帝國主義的著名例子首推埃及。一八七五年，倫敦分行預付四百萬英鎊給迪斯瑞利的政府，讓英國王室大量取得蘇伊士運河公司的大量股權。儘管此交易有不明確的部分，但這通常被視為是在一八八二年之後邁向英國軍事占領和控制該國金融的第一步，而過程也有羅斯柴爾德家族協助推動。不過，蘇伊士股票交易的途徑並不是一帆風順。在許多方面，該家族在埃及扮演的角色說明了「帝國主義」等歷史概念背後的模糊部分和偶然性。

要了解一八七五年的諸多活動的意義，就必須了解中東的財政狀況。克里米亞戰爭結束後，君士坦丁堡的蘇丹和開羅的附庸總督或是赫迪夫（Khedive，等同歐洲的總督稱謂）❺開始累積龐大且最終無法負荷的國內外債務。從一八五五至七五年，鄂圖曼的債務從大約九百萬土耳其里拉增加到二億五千一百萬左右。就鄂圖曼政府的財政資源來看，它完全無法支撐：從收入占比來看，負擔從百分之一百三十增加到大約百分之一千五百。利息支付和攤銷占支出的比例，從一八六〇年的百分之十五，上升到一八七五年的高峰值百分之五十。埃及的情況也很相似：從一八六二至七六年，也就是從埃及的第一次國外貸款開始，公債總額從三百三十萬埃及鎊增加到七千六百萬埃及鎊，大概是稅收總額的十倍。此外，赫迪夫伊斯邁爾積欠了大約一千一百萬埃及鎊的私人債務。一八七六年的預算顯示出，債務費用占全部支出的一半以上（百分之五十五・五）。

從比較的角度來審視這些數字是值得的，至少可以建立關於十九世紀可承受借貸的大致概念。在這個世紀（直到一八七三年），英國的公債經常是公共稅收總額的十倍以上，而債務費用在一八一八至五五年之間，大約占總支出的百分之五十。然而，從一八四〇年代到一九一四年，英國的數字有逐漸不斷向下的趨勢，因此債務總額在一戰前夕僅超過總收入的三倍，而債務費用只占總支出的百分之十。此外，英國經濟以前所未有的速度成長。在土耳其和埃及的例子中，相對於國家預算，債務在一八七五年之前的二十年內快速增加，但經濟活動停滯不前。與國際市場上的其他主要借方相比（例如巴西或俄羅斯），土耳其和埃及已經失控。巴西和俄羅斯的債務不曾超過稅收總額的三倍，而債務通常只占總支出的百分之十五以下。事實上，與中東經歷最相似的是西班牙，後者也在一八七〇年代拖欠債務（參見表格9e和9f）。在一八七三年後席捲整個歐洲市場的金融危機背景下，中東的債務危機不可避免。

策略上的考量發揮了推動債務的作用。在克里米亞戰爭期間，英國為了支持鄂圖曼的軍事地位，於一八五四和五五年提供第一批貸款給樸特（第二批是透過倫敦的羅斯柴爾德家族），並於一八五六年設立鄂圖曼銀行（Banque Ottomaine，後來的鄂圖曼帝國銀行）。這些貸款都是以鄂圖曼政府從埃及獲得的稅收作為正式擔保。然而，一八六〇年以後給中東的歐洲貸款主要是基於經濟考量。以土耳其為例，赫希帶領的歐洲鐵路倡導者預期要將奧地利鐵路網從巴爾幹半島擴展到博斯普魯斯海峽，由此向歐洲的新商業活動開放土耳其市場。法國企業家兼遠見家斐迪南・德・雷賽布（Ferdinand de Lesseps）認為，實現在地中海和紅海之間修建運河的

❺ 一八六七年，伊斯邁爾（Ismail）從蘇丹那裡買下赫迪夫的頭銜，是為了回報埃及給君士坦丁堡的貢金從大約三十三萬七千英鎊增加到六十八萬二千英鎊。

表9e：公債占稅收的百分比，特定年度和國家，1869-1913

	英國	法國	土耳其	埃及	西班牙	巴西	俄羅斯
1869	1,060.7	587.1	608.1		1,033.4	205.2	
1879	905.5		1,758.5	1,074.5	1,628.2	167.4	
1889	693.2		871.3	976.5	784.4	177.3	
1899	501.5		1,044.7	883.2		398.7	
1909	438.5		1,015.8	599.5		282.9	
1913	331.0	650.8		532.1			258.3

資料來源：Mitchell, *British Historical Statistics*, pp. 396-9, 402f.; Crouchley, *Economic Development*, pp. 274ff.; Shaw, "Ottoman Expenditures and Budgets", pp.374ff.; Issawi, *Economic History of the Middle East*, pp. 100f., 104ff.; Levy, "Brazilian Public Debt", pp. 248-52; Mitchell, *European historical statistic*, pp. 370-85, 789; Martin, *Rothschild*; Carreras, *Industrialization Espanola*,，pp.185-7; Gatrell, *Government, Industry and Rearmament*, pp. 140, 150; Apostol, Bernatzky and Michelson, *Russian Public Finances*, pp. 234, 239; Hobson, "Wary Titan", pp. 505f.

表格9f：債務占支出的百分比，特定年度和國家，1860-1910

	英國	土耳其	埃及	西班牙	巴西	俄羅斯
1860	41.2	15.2		60.1	9.3	
1865	39.3			48.4	6.7	
1870	40.1			29.0	8.0	
1875	27.1			31.3	9.9	
1880	34.5	28.2		50.7	10.2	
1885	32.8			72.4	10.7	
1890	27.0	11.9		77.6	6.2	
1895	23.1	19.7		37.5	12.2	
1900	16.1	19.3		38.9	15.8	14.2
1905	16.6			40.5	17.9	9.6
1910	13.3	33.4		56.2	21.8	15.7

資料來源：同表格9e

古老夢想能創造重要的國際貿易管道，並讓倫敦和孟買之間的海上航線縮短百分之四十以上。美國內戰對埃及棉花出口的人為刺激也發揮了作用。儘管蘇伊士運河對英國與印度的貿易有明顯的重要性，而且英國外交歷來很重視鞏固鄂圖曼帝國，但英國並不是主要為土耳其和埃及的赤字提供資金的主要投資者。在土耳其，法國銀行於一八七五年之前占上風，尤其是法國興業銀行。在埃及，出生於法蘭克福的金融家赫爾曼、亨利・歐本海姆（Henry Oppenheim）以及法國兄弟愛德華和安德烈・德維耶（Edouard and André Dervieu）占上風。從短期來看，發行的銀行認為這很可能是有利可圖的生意：到了一八七七年，土耳其的債務已達到二億五千一百萬里拉。扣除佣金和折扣後，君士坦丁堡的財政部只收到一億三千五百萬里拉。然而，倒楣的債券持有者不但沒有促進中東的經濟發展，反而只是為長期揮霍無度的政府提供了資金。一八六七年，蘇丹阿卜杜勒・阿齊茲（Abdul Aziz）為奢華的歐洲之旅揮霍了幾百萬；他的繼任者阿卜杜勒・邁吉德（Abdul Mejid）為新的多爾瑪巴赫切宮（Dolmabahçe Palace）花了更多錢，這座宮殿的風格融合了後宮和維多利亞火車站。甚至像赫希的鐵路、雷賽布的運河等私營事業，也沒有預期的那麼有利可圖。實際上，赫希和雷賽布取得的特許權使兩國政府花的費用大大超過回收。❻

因此事後來看，羅斯柴爾德家族從一八五五至七五年不涉足中東事務，似乎是明智的決定。例如，我們已知雷賽布早在一八五四年六月想找詹姆斯支持他的運河計畫，但被斷然拒絕。五個月後，他從赫迪夫那裡取

❻根據在一八五四年和五六年授予的特許權，赫迪夫獲得了雷賽布的蘇伊士運河全球公司特別股，利息占其淨利的百分之十五。赫迪夫也在首次認購中買了九萬六千五百一十七股的普通股，略低於總股本的四分之一。為此，他付了三百五十六萬英鎊，主要是百分之十短期國庫券。一八六三年，他的姪子伊斯邁爾擔任赫迪夫時又買了八萬五千六百零六股的普通股（但後來在一八七五年，十八萬二千一百一十三股中的一部分被賣掉了，只有十七萬六千六百零二股可供出售）。這些股票應該能讓赫迪夫享有至少百分之五股利。作為回報，該公司獲得了一塊比運河本身需要更寬敞的土地，不但免稅，而且（依據第二次特許權的保密附加條件）能獲得促進運河完工的強迫免費勞動。此外，由於該公司針對赫迪夫採取法律措施，他必須多付三百三十六萬英鎊。為了籌到這筆錢，他只好將股票利息抵押二十五年。到了一八七五年，埃及財政部已經為運河的建設付了一千六百萬英鎊，並以百分之十二到百分之二十七的利率借入三千五百四十萬英鎊。

得了重要的特許權。蘭多是羅斯柴爾德的杜林代理人，他有一個哥哥在亞歷山卓（Alexandria）與歐本海姆家族共事，並試圖在一八六〇年代中期說服羅斯柴爾德家族借錢給埃及政府，但沒有成功。儘管年邁的詹姆斯受到了誘惑，但這次是他姪子納特的風險規避反應占上風的罕見情況之一，並且有充分的理由。一八六七年，雖然埃及代表帶著禮物直接去找萊昂內爾，但他仍委婉拒絕。到一八六九年運河正式開通時，阿爾豐斯仍預測蘇伊士運河公司會倒閉，而倫敦假定埃及政府的下場也差不多。倫敦和巴黎的羅斯柴爾德家族對土耳其的財政前景抱持著同樣悲觀的看法，安謝姆想將南部鐵路延伸到巴爾幹半島的興趣顯然沒有引起堂親的共鳴。一八七四年，埃及財政部長伊斯邁爾・薩迪克・帕夏（Ismail Sadyk Pasha）向該家族尋求財務支援時，他們斷然拒絕了。他們最願意做的事就是確保威爾第（Verdi）一八七一年在開羅歌劇院指揮《阿依達》（*Aida*）全球首演後能獲得報酬。

一八七五年初期，仍然沒有讓羅斯柴爾德家族改變觀點的明顯理由。從一八七一年開始，瀕臨破產的雷賽布就四處宣揚要將運河賣給一或多個歐洲大國，但是鄂圖曼政府否決了所有已經提出的計畫，格萊斯頓的部門也不感興趣，而運河的未來陷入了有關通行費的複雜法律糾紛中。迪斯瑞利在一八七四年二月重新掌權，這是首次讓羅斯柴爾德家族發揮作用的重大變化，雖然他對東方事務的看法一向不切實際，但他能務實地辨別出「新東方危機」的迫近及埃及的未來戰略重要性。他要求萊昂內爾重新討論英國買運河的問題，而納弟及時被派往巴黎。羅斯柴爾德家族敏銳地發現有機會讓埃及運河重複進行他們之前為歐洲鐵路做的事，也就是為重大資產出售提供資金。然而，如古斯塔夫的報告，法國政界反對英國收購的想法。迪斯瑞利提出透過該家族直接買赫迪夫的運河股票時，這樣的反對體現在金融層面，反映出土地信貸銀行、法國興業銀行以及英埃銀行之間的密切關係。

十月七日，土耳其總理馬哈茂德・內迪姆・帕夏（Mahmud Nedim Pasha）宣布土耳其破產，使赫迪夫及其法國銀行家的地位突然變弱，因而扭轉了局勢。[7]在土耳其破產的情況下，埃及想借更多錢並不是容易的事。但伊斯邁爾表示，他需要三到四百萬埃及鎊才能在十一月底前付清款項。法國銀行和德維耶於是提出計畫，要將赫迪夫的錢用作運河股票的擔保，但敵對的組織不久就陷入僵局。這給了迪斯瑞利機會。十一月十日，英國財政部請求支援埃及「重新整頓並控制」財務，這表明了赫迪夫準備將倫敦當成最後的手段。四天後，《帕爾默爾報》（*Pall Mall Gazette*）的編輯弗雷德里克．格林伍德（Frederick Greenwood）從近期在倫敦定居的亨利．歐本海姆那裡聽說了與英埃銀行和德維耶談判的情況，並（不太正確地）告知外交部長德比勛爵說，蘇伊士運河的股份即將轉給法國人。事實上，土地信貸銀行確實提出了以五千萬法郎（二百萬英鎊）買股票的計畫，也有權力這樣做，但法國外交部長德卡茲公爵認為沒有得到德比的同意就不該下手，於是這件事被斷然否決了。因此赫迪夫別無選擇，只能將股票賣給英國，並在十一月二十三日提議以四百萬英鎊交出股票，承諾在抵押票息和股利發放恢復之前再支付百分之五買價。德比和大臣斯塔福德．諾思科特爵士（Sir Stafford Northcote）都反對這項提議，主張運河應該由國際委員會控管。但是，十一月十八日到二十四日舉行的五次內閣會議商討此事後，迪斯瑞利最終取得了優勢。

四百萬英鎊在一八七五年是一筆巨款，購買費用相當於扣除債務後之英國整體預算的百分之八．三。此外，迪斯瑞利在十一月十八日的信中告知女王「沒什麼喘息的時間」，因為赫迪夫在「這個月三十日之前」需要錢。困難之處在於，國會沒有開會就沒人確定政府能不能在沒有英格蘭銀行授權的情況下籌到資金。這說明了為什麼內閣在十一月二十四日（或前一天）同意買股票後，迪斯瑞利就馬上派重要的私人秘書蒙塔古．科里（Montagu Corry）去見萊昂內爾。後來，有人聽到科里用雇主的敘事神韻講述這段經歷：

> 迪斯瑞利安排他坐在內閣會議室外等著。當他的長官出現並說「好」時，就代表能立即採取行動。一收

❼ 最初的計畫是只有一半的外債票息要以現金償清，其餘以五年後到期、利息為百分之五的債券支付。不到三個月，這項計畫也中止了。

到這個信號，他就馬上前往新廷並私下告訴羅斯柴爾德，首相「明天需要四百萬英鎊」。羅斯柴爾德拿起一顆麝香葡萄放入口中咀嚼，吐掉果皮後，刻意問道：「你們用什麼擔保？」「英國政府。」「那好吧。」

這部分只是幻想。首相很可能已經私下與萊昂內爾討論過這件事了，因此這個決定並不是瞬間做出（迪斯瑞利後來告訴威爾斯親王，羅斯柴爾德家族有「四到二十個小時做決定」）。雙方達成的協議是，資金先交給英國政府，由埃及政府支配（十二月一日開始付一百萬英鎊，其餘在一月前付清），以換取百分之二．五佣金。政府每年也要交百分之五利息，直到這筆錢還清為止（不過已經有效地轉嫁給赫迪夫。在股票再次產生股利之前，他必須付百分之五利息給財政部）。十一月二十五日，英國總領事史坦頓（Stanton）將軍和埃及財政部長簽了合約。四天後，萊昂內爾發電報給埃及政府，表明他將從十二月一日開始有二百萬英鎊可自行支配（是原本預期第一筆款項的兩倍），十二月十五日有一百萬英鎊，一八七六年一月一日有剩下的一百萬英鎊。到了一月五日，羅斯柴爾德家族企業已付清所有到期的款項（三百九十七萬六千五百八十二英鎊二先令六便士），大部分是直接付給埃及政府的債權人。[8]二月二十一日，國會投票通過了四百零八萬英鎊的款項（大部分透過發行利率百分之三．五的國庫債券籌集），而預付款和九萬九千四百一十四英鎊的佣金從三月期間的收益付清，到期利息（五萬二千四百八十五英鎊）最後在六月二日支付。

關於這種前所未有的交易，有兩種不同的說法列入歷史記載。第一種是迪斯瑞利的說法：維多利亞女王在巴摩拉堡時，他寫信給她，告知她「股份的所有權能使擁有者在運河的管理上有巨大的影響力，更別說還有優勢了。在這個關鍵時刻讓運河歸英國所有，對女王陛下的權威和勢力很重要」。事成之後，他得意洋洋，高興地與萊昂內爾分享榮耀：

就這麼定案：拿到手了，夫人。法國政府已經被超越了。他們嘗試太多次以高利貸的利率提供貸款，條件相當於把埃及及政府送給他們。

失望又感到厭惡的赫迪夫提議讓陛下政府直接買下他的股票——他以前可不會採納這般建議。四百萬英鎊！而且不用等太久。只有一家企業能這麼做，那就是羅斯柴爾德家族的企業。他們的表現令人欽佩，用很低的利率預付了這筆錢（似乎略掉了那「百分之五」）。現在，赫迪夫的利息都歸您了。昨天內閣為此事花了四個多小時，迪斯瑞利先生今天也沒有時間休息。因此急件應該得到諒解。他的頭不太舒服，明天他會把奇妙的事件從頭講給我們聽。

他今天在內閣，剛好碰到陛下第二次收到電報——肯定是要為簡略又愚蠢的答覆找藉口，但其實是要談那場危機。

政府和羅斯柴爾德家族同意保密，但明天一定能從開羅得知內幕。

他對布拉福夫人說的話更放肆：

世上所有的賭徒、資本家、金融家組織起來，組成一群掠奪者，形成一批對抗我們的人，到處都有祕密間諜。我們使他們感到困惑，但從來沒人懷疑過我們。前天，擁有公司剩餘股份的雷賽布，也就是法國代理人，在法國的支持下提出不錯的條件。一旦成功，整個蘇伊士運河就屬於法國了。他們可能會關閉運河……維多利亞女王欣喜若狂。

迪斯瑞利為了留下犧牲法國獲得外交勝利的印象，後來告訴威爾斯親王，萊昂內爾無法「吸引到他們的強大盟友、他們巴黎的家人。因為如果阿爾豐斯是法國的盟友，可能會立刻洩露整個計畫」。❾根據約翰・曼

❽ 這個數字比四百萬英鎊低一些，因為赫迪夫的持股比合約規定的還少（十七萬六千六百零二，而非十七萬七千六百四十二），這構成了百分之四十四股權，剩下的百分之五十六主要掌握在法國人手中。

納斯勛爵的說法，迪斯瑞利對他的妙計「洋洋得意」，並「預期英國恢復在海外的影響力」，這讓得俾斯麥把發生的事件描述成對法國聲望的打擊。如我們所見，迪斯瑞利在羅斯柴爾德的支持下智取法國政府的概念，後來被席哈克等法國反猶太分子拿來當話柄。

對立面的解釋（確切來說是反對派的說法）則不清不楚，只指出迪斯瑞利比自由黨人機智。格萊斯頓馬上起而攻擊。「我不知道有什麼能能作為此舉的保證或藉口，」他寫信給格蘭維爾，「除非是為了防止運河關閉。但是倫敦和西北鐵路關閉的可能性也差不多。」即使收購是「與其他大國同步進行」，這仍是一種「愚蠢的行為，未來會陷入尷尬的局面」。如果是單方面執行，那就是「充滿個人風險的愚蠢行為」。他預料會有「嚴重的後果」。根據格萊斯頓的說法，適當的行動方針要有國會的協商以及英格蘭銀行的參與。然而，格蘭維爾在十一月二十八日寫給格萊斯頓的信只不過是一連串思慮不周的問題。「至於我的第一印象，」他寫道，「我不相信這件事，這似乎很愚蠢。」但他不確定原因是什麼。難道是「在沒有先例的情況下，政府竟成為私人計畫的股東，卻無法透過正常手段控制它」？他說：

> 作為一種政治措施，誘導並合理化其他國家採取預防措施，難道還不夠嗎？
>
> 難道雷賽布和羅斯柴爾德家族不可能藉著法國資本家的收購來威脅他們，騙政府積極爭取蘇伊士運河股票的價值嗎？
>
> 政府是否打算在公開市場以更高的價格多購買十萬股，以便有效控管？如果他們這樣做，其餘的股東就不會使他們陷入沒完沒了的困境嗎？
>
> 這不會引起各種國際難題或疑問嗎？
>
> 運河是否仍受制於我們一直認為屬於蘇丹的支配權？
>
> 在擔起這麼大的責任之前，不該先諮詢國會嗎？

「我認為，」他講完這些沒有說服力的話後，總結道，「目前我們對蘇伊士運河的問題閉口不談比較好。」這個觀點引起了哈廷頓勛爵的共鳴。格萊斯頓辭職後，哈廷頓正式成為自由黨領袖，並察覺到迪斯瑞利的妙計大受歡迎。

因此，充分發洩格萊斯頓本能不滿情緒的是前任大臣羅伯特・羅威爵士。在迪斯瑞利諷刺地預測到的「針對股票買賣部門的猛烈抨擊」中，羅威認為羅斯柴爾德家族的費用總額十五萬英鎊（四百萬英鎊貸款，為期三個月），相當於每年百分之十五利息，比英國政府更適合埃及政府（這個觀點顯然得到了財政部某些人的認同，包括財政部長史密斯〔W. H. Smith〕）。自由派評論家也認同格蘭維爾的建言，即買股票引發了「證券交易所的賭博現象」，暗指羅斯柴爾德家族是參與埃及債券投機活動的知情人士。後來，迪斯瑞利的律師菲利普・羅斯（Philip Rose）證實了這一點。他認為該家族「獲益匪淺」，「買了幾百萬埃及股票。」迪斯瑞利聽說他們「至少賺了二十五萬」，但蒙塔古・科里聽到的消息是：「羅斯柴爾德家族根本沒有利用這些情報，因為他們是站在政府的立場思考。」另一種反對黨的說法是老生常談，也就是身為議員的納弟應被禁止從政府貸款中獲利。能輕易反駁這個說法的論點是，納弟還沒成為銀行的正式合夥人，而萊昂內爾在一八七四年就失去了國會的席位。

實情介於這兩個極端之間。在政治上，英國已取得控制權並在過程中阻撓法國政府的說法並不完全正確。根據沃爾夫（Wolf）的說法，法國政府已經決定不嘗試法國方面的收購，因此認為英國的干涉是可取的埃及危機解決方案。擁有運河公司的百分之四十四原有股份也沒有讓英國擁有運河控制權，尤其是這些股份在一八九五年之前沒有表決權，此後只有十票。另一方面，赫迪夫承諾付百分之五代替運河股票的股利，此舉使

❾ 應該不可能，因為在十一月二十五日公布之前，沒有通信紀錄表明阿爾豐斯知道這筆交易。但是缺乏巴黎分行的幫助，萊昂內爾就無法籌到錢，所以我們不能排除有電報通訊的可能性，但通訊紀錄沒有被保留下來。

英國政府對埃及的財政直接產生了興趣。迪斯瑞利表示運河公司能對英國船舶關閉運河，但他錯了。在法律上的情況並非如此。另一方面，誰也不能保證約束該公司保持運河對所有船舶開放的法律持續受到重視。迪斯瑞利說得很貼切，持有這些股票給了英國額外的「槓桿」：萬一通訊受到威脅便有更充分的理由進行報復。《泰晤士報》和其他銀行家（包括歐弗斯通勛爵）都認同此觀點。事後來看，似乎也很合理。如果法國政府對這次收購很滿意，羅斯柴爾德家族就沒有必要在十一月二十三日到二十五日嚴格保密。古斯塔夫在十二月三十一日寫的信表明，巴黎的人一開始想到英國要接管埃及，便產生了「恐慌」。兩週後，他的哥哥轉述法國政府的含蓄警告：「萬一英國現在更強調干涉埃及事務的政策，透過其他金融手段和掌握埃及的重要收入，藉此拯救赫迪夫，那麼法國政府的立場可能會變得很微妙……」

自由黨在財政上的批評也是毫無根據。如迪斯瑞利在下議院對格萊斯頓和羅威的譏諷回應，羅威的論點低估了羅斯柴爾德家族無法在短期內調動這麼大一筆錢的機會成本，就算為期僅三個月，尤其是如巴黎和法蘭克福的羅斯柴爾德信件證實的那樣，也不能排除法國或俄羅斯做出外交回應的可能性。股票經紀人亞瑟·瓦格建議該家族應該無償提供這筆錢時，萊昂內爾不屑一顧。「亞瑟·瓦格，」他反駁道，「你現在還年輕，以後會知道更多。我從這筆交易賺了十萬英鎊，但我原本希望是二十萬英鎊。」他在二月十九日告知科里，這裡涉及的風險是赫迪夫可能堅持要求用黃金付款。「意外事件」可能使貨幣市場緊縮。另一個「習慣與羅斯柴爾德家族做生意的政府可能會要求公司進行一筆涉及大量現金付款的交易，卻發現公司無法滿足需求，於是將業務轉交給其他人」。誰也不能保證，如果有人聯繫英格蘭銀行，該銀行是否願意提供資金。

科里與萊昂內爾交談後，便告訴迪斯瑞利：

> 這一點只能由董事會決定，而且顯然要付出派遣和保密的代價……羅斯柴爾德男爵設想政府可能已經逼迫英格蘭銀行籌出四百萬（而且佣金率更低）。但他認為在委託下來之前，這是一種強迫行為，因為他們必須

盡全力從獨立企業那裡取得資金。他也毫不猶豫地宣稱，英格蘭銀行不可能在不引起貨幣市場嚴重動盪的情況下籌到所需資金。

萊昂內爾做出結論：「正是因為沒有這種引起騷動的事」，為「此一被指責的委託」提供了最佳辯護。

我們不該把這些論點當成純粹的辯護而不予理會。羅斯柴爾德的損益帳目也否定了格蘭維爾和羅威關於大規模埃及債券投機的批評：一八七五年的帳目顯示出售了一八七三年埃及債券的一萬二千六百八十二英鎊。然而，即使這些債券在十一月二十六日以面額五十五買進，並以面額七十六賣出，總利潤也只有三千五百零五英鎊。或許這筆交易的真正財務意義在於，它給了土地信貸銀行等持有更多埃及債券的法國銀行喘息的空間。從這個角度來看，購買運河股票根本不會損害法國的利益。最後，事實證明買股票對英國納稅人而言，比評論家預期的交易更不錯。一八七六年一月，股票已經從二十二英鎊十先令四便士漲到三十四英鎊十二先令六便士，增幅為百分之五十。一八九八年，政府的持股市值為二千四百萬英鎊，在一戰前夕為四千萬英鎊，一九三五年為九千三百萬英鎊（約每股五百二十八英鎊）。[10]從一八七五至九五年，政府每年從開羅收到二十萬英鎊。此後，政府得到了合理的股利，從一八九五年的六十九萬英鎊增加到一九〇一年的八十八萬英鎊。[11]

其他東方議題

如歐弗斯通和其他人理解的那樣，購買運河股票只是英國大舉介入埃及財政、最終介入埃及政府的前

[10] 從嚴格的財務角度來看，這是賣出的好時機，但是政府直到一九七九年才出售股票。那時，這些股票的價值已跌到二千二百萬英鎊，按實際價值計算比最初的購買價格更低。

[11] 法國人也不能抱怨自己完全被排除在埃及破產的利潤之外。一八八〇年，土地信貸銀行確實以二千二百萬法郎取得了赫迪夫有權享有運河收入的百分之十五。

奏。這也表明了英國再度對整體「東方問題」施加影響力的決心。早在一八七六年七月，柏林就有傳言：「英國政府花了一千萬英鎊買下埃及的宗主權。」不過，如果把一八七五至八二年的軍事占領之路描述成一條筆直的道路，那就錯了。如果說羅斯柴爾德家族急於沿著這條路走下去，也是偏離了事實。蘇伊士政變發生後不久，德比派的財務部主計長史蒂芬・凱夫（Stephen Cave）到埃及，對赫迪夫之前提出英國支援財務的請求做出為時已晚的回應。凱夫的首要目標是對埃及的財政建立某種控制權，至少要確保新買的運河股票持續給付百分之五利息。不久，推論得出的結果是羅斯柴爾德家族應該協助鞏固和轉換埃及政權的多種債務。此觀點得到了查爾斯・瑞佛斯・威爾森（Charles Rivers Wilson）的大力支持，他是公債局的審計長，也是英國政府在蘇伊士運河理事會的代表。然而，他們的私人信件顯示出羅斯柴爾德家族是很不情願的帝國主義者。從早期開始，他們就反對發表凱夫的報告，並向迪斯瑞利強調：「要我們領導一個大型金融計畫是困難的事。」他們不甘願的部分原因是其財務考量有限：雖然萊昂內爾和阿爾豐斯樂於投機少量的埃及債券，卻明顯感覺到凱夫和威爾森低估了伊斯邁爾依然是赫迪夫時，穩定埃及財政的難度。

然而，政治上有進一步的保留意見。比起對埃及施加外國金融控制，萊昂內爾和阿爾豐斯仍然更重視維持大國間的和諧關係，這裡的例子是法國和英國。事實上，英國政府正是透過阿爾豐斯才得知法國總統麥克馬洪（MacMahon）的折衷方案：成立監督埃及財政的跨國委員會，而英國、法國及義大利享有出席的平等代表權。在巴黎，阿爾弗烈德轉達了德卡茲對德比推諉的「憤怒」，並警告政府不要對法國的提議「潑冷水」。萊昂內爾轉述了迪斯瑞利的回覆：「他們希望法國人制定出一個好計畫，而不是能把錢放進他們的口袋，卻不能為赫迪夫帶來好處的計畫。」困難之處在於，附利息的埃及債券持有者以及持續預付短期資金給赫迪夫的機構（主要是法國銀行和埃及銀行）之間有利益衝突。基本上，債券持有者不贊成短期債權人享有平等的權利，因此不同意將所有的埃及債務全面減記百分之二十，而這個立場得到了英國政府的支持。於是，在五月設立的新政府債券基金無法順利進行。在沒有英法協議的情況下，羅斯柴爾德家族直接拒絕承擔埃及債務的重整任務。

調查委員會將合併債務定為七千六百萬英鎊（這個數字不包括以赫迪夫的土地抵押的一千五百萬英鎊私人債務，以及可能高達六百萬英鎊的大筆流動債務）。

直到一八七八年，這些困難似乎才被克服。新委員會由凱斯（Caisse，公債委員會）的代表、雷賽布、威爾森以及一名埃及人組成，他們建議在努巴爾．帕夏（Nubar Pasha）的領導下任命「國際」政府，由威爾森擔任財政部長，法國人尤金．德．布里尼埃（Eugène de Blignières）擔任公共工程部長。同時，英國和法國的羅斯柴爾德家族同意發放八百五十萬英鎊的貸款，以赫迪夫的大片土地作為抵押。除了給投資者信心，這麼做的意義也在於給人英法友好的印象，《辯論日報》甚至將此舉描述為「幾乎等同於法國與英國組成聯盟」。這無疑是羅斯柴爾德家族想傳達的印象，然而就像投資者對埃及的信心，這種印象很短暫。

我們不該單獨審視英國與法國的埃及政策。事實上，這只是鄂圖曼債務危機背後的次要情節。如我們已知的，這場危機是赫迪夫出售蘇伊士運河股票的先決條件。鄂圖曼債務危機也需要在大國外交的背景下審視，畢竟這是由對抗鄂圖曼統治波士尼亞－赫塞哥維納和保加利亞省份的叛亂促成。俄羅斯外交官試圖利用這種「基督徒」志業是基於國外政治因素，英國自由黨人利用這項志業則是基於國內政治因素。如果說羅斯柴爾德在埃及扮演的角色有政治敏感性，那麼他們在一八七五至七八年巴爾幹半島危機中的地位更敏感。他們對迪斯瑞利產生的共鳴自然使他們傾向於支持他拉攏土耳其的政策，但他們對俄羅斯的財政承諾與此背道而馳。

從一八七〇年十月開始，俄羅斯對土耳其實施「超前部署」政策。當時，沙皇不接受一八五六年《巴黎條約》的黑海條款。終止海峽中立化（克里米亞戰爭的少數具體結果之一）確實必須由其他大國在倫敦的國際會議批准。一八七〇年代初期，俾斯麥以「三帝同盟」（Dreikaiserbund）的名義發起調解德國、奧地利及俄羅斯的政策，傾向限制俄羅斯的巴爾幹半島政策。然而，俄羅斯和英國很可能在土耳其問題方面產生衝突，尤其是迪斯瑞利希望三帝同盟解散。一八七五年夏季，波士尼亞－赫塞哥維納一爆發叛亂，迪斯瑞利就開始指責俄羅斯、奧地利及普魯士煽動了鄂圖曼帝國的瓦解。實際上，奧匈帝國外交部長安德拉希（Andrássy）和俄羅斯外交部長戈爾恰科夫都會滿足於六大國協議對土耳其實施的「有效措施」，德比也可能接受這一點（如同法國和義大利）。但迪斯瑞利不感興趣。

一八七六年五月二十六日，萊昂內爾寫信給迪斯瑞利：「我希望很快就能祝賀你達成協議。由於有積極又堅定的政策，這項協議能確保好幾年的和平。」迪斯瑞利派艦隊到貝西卡灣（Besika Bay）並試圖拆散三帝同盟的「積極政策」，此舉確實差點將英國捲入戰爭。蘇丹於一八七六年五月退位後，塞爾維亞和蒙特內哥羅（Montenegro）於六月加入反抗土耳其的叛亂，而「保加利亞的暴行」（據說有多達一萬五千名保加利亞基督徒被又稱巴什波祖克〔Bashi-Bazouk〕的鄂圖曼非正規兵殺害）使格萊斯頓義憤填膺，給了他擺脫退休生活的大好機會。六月九日，迪斯瑞利在萊昂內爾家的晚宴上見到俄羅斯大使舒瓦洛夫（Shuvalov）時，明顯對英國陷入外交孤立感到不安。印度部長索爾茲伯里勛爵到君士坦丁堡參加德比召集的國際會議時，他大致上同意俄羅斯全權代表伊格那提耶夫（Ignatiev）的意見，即土耳其應授予分裂的保加利亞自治權。同時，迪斯瑞利想直接從三帝同盟買下奧地利，卻未果。「你想要多少錢？」他直率地問。萊昂內爾在九月八日寫給迪斯瑞利的信是一連串鼓勵首相並提供都市情報的其中一封，信中證實他正在「面對艱苦的戰鬥」。如果英國和俄羅斯真的在一八七七年六月開戰，那麼迪斯瑞利和戈爾恰科夫的責任一樣重大，甚至更沉重，因為這個問題其實已經讓他失去了兩位資深部長：德比和卡納芬勛爵。

對羅斯柴爾德家族而言，基於一個合理的理由對於這種戰爭的前景非常擔憂。從一八七〇至七五年，倫敦和巴黎的羅斯柴爾德家族聯合發行了價值六千二百萬英鎊的俄羅斯債券，因此最終擁有了對俄羅斯財政的影響力，這個他們長期以來欠缺的力量。這是一筆有利可圖的生意：俄羅斯的百分之五價格已從一八七〇年三月的面額八十五，上升到一八七五年八月的面額一〇六，漲幅為百分之二十四。一八七五至七七年的東方危機摧毀了進展，使價格在一八七六年十月跌到面額七十四，並在次年四月跌到面額六十八，當年俄羅斯對土耳其宣戰。大多數政府債券和歐洲的重要交易所都受到了影響。後來，納弟將一八七八年的銀行業危機稱為「英國銀行業歷史上最大的危機」。該危機始於格拉斯哥市銀行（City of Glasgow Bank）倒閉，最終以西英格蘭銀行（West of England Bank）倒閉而達到巔峰。萊昂內爾與納弟（準備接任患病父親的職務）面臨著嚴峻的困境：他們該不該冒著鄂圖曼帝國被羞辱、甚至分裂的風險去支持俄羅斯，同時了解可能對埃及和英國產生的所有影響？

他們選擇了土耳其，將一八七七年的俄羅斯貸款留給由德國銀行家組成的財團。該財團由孟德爾頌領導，而法國的合資銀行也在爭奪股份，尤其是貼現銀行和里昂信貸銀行。[12]迪斯瑞利在八月向女王保證，羅斯柴爾德家族「大力反對俄羅斯目前的政策，並拒絕在沙皇現在面臨緊急狀況的時候支援」。[13]這是很大的犧牲，因為多少將該家族排除在俄羅斯財政之外，還長達十五年之久。這不能只從他們在鄂圖曼帝國的經濟利益來說明，因為這些利益在一八七七年的危機時刻幾乎不存在，巴爾幹半島的重要鐵路特許權主要掌握在赫希手中。他們繼續拒絕君士坦丁堡的財政援助請求，至於第一筆給埃及的大額貸款是在一年以後。因此唯一可靠的解釋並不在於經濟層面。

毫無疑問，羅斯柴爾德家族在蘇伊士運河股權收購中扮演的角色引起格萊斯頓和羅威的攻擊，在很大的程度上削弱了萊昂內爾對政黨政治的忠誠度。更重要的是，該家族從「教友」的觀點來看，將斯拉夫民族主義者在巴爾幹半島的勝利視為不可取的事。從格萊斯頓在一八七六年九月發表的《保加利亞的恐怖經歷和東方議題》（*Bulgarian Horrors and the Question of the East*）開始，他就將對抗迪斯瑞利政策的運動轉變為一場宗教運動。從本質上來看，這種代表巴爾幹半島基督徒的呼籲對羅斯柴爾德家族（以及其他富有的猶太人如葛斯密德家族）的吸引力不大，尤其是使選民想起迪斯瑞利及其支持者的猶太血統。德比評論道：「格萊斯頓譴責不

[12] 法國分行可能也參與了這筆貸款，但阿爾豐斯寫的信清楚表明他支持迪斯瑞利的政策。

[13] 早在去年十月，萊昂內爾便向迪斯瑞利透露他不會支援俄羅斯的財政。

僅是自稱猶太人的人之間的『猶太人共鳴』對東方議題產生的影響，但這究竟是指迪斯瑞利、《每日電訊報》的人，還是羅斯柴爾德家族……並不很清楚。」萊昂內爾嚴厲地批評「所有這些公開會議」，因為土耳其人在這些會議遭到攻擊，卻沒有談論到「暴動和騷亂的原因」。不過從他寫給迪斯瑞利的信可以看出，他關心的是截然不同的問題。這封信在柏林國會被大聲宣讀，他希望引起人們注意東歐（尤其是羅馬尼亞）對猶太人的迫害，阿爾豐斯也試著透過布萊希羅德對俾斯麥施加類似的壓力。最終簽訂的《柏林條約》第四十四條保證了巴爾幹半島對所有宗教信仰的寬容。羅斯柴爾德家族認為，這顯然比複雜的保加利亞妥協問題更有意義。

因此，萊昂內爾明確地支持迪斯瑞利的政策。「愛國又公正的政策成功了，我真高興，」他在一八七七年三月底寫道，「這是因為你的態度堅定，有政治家風範。我們已經可以滿懷信心地期待，不久就能祝賀你實現全面和平的前景。」納弟也向科里保證自己堅定地支持土耳其人。⑭危機期間，他們定期向迪斯瑞利發送來自歐洲大陸的情報摘要，並充當與維也納之間的非正式溝通管道。例如，迪斯瑞利在八月告知女王，他「下定決心私下去找羅斯柴爾德先生」商量俄羅斯找奧地利討論塞爾維亞和保加利亞維持中立的事。「他們與奧地利皇室有密切的聯繫。羅斯柴爾德男爵同意發電報給維也納的一家之主，要求他在給預付款之前，先從安德拉希伯爵那裡得到相關事項的明確聲明……兩天後他們收到回覆……（包含的資訊）與當時流傳的印象不同。」羅斯柴爾德家族與總理的關係很密切，以至於其他重要的外交參與者覺得被排擠，例如俄羅斯大使和英國外交部長。舒瓦洛夫告訴德比夫人，他「發現羅斯柴爾德家族對發生的一切都很熟悉」。一八七七年十二月，德比抱怨：

> 他們知道的事比部長還多。舒瓦洛夫相信他們每天都和總理交流，能聽到情報並作為私人用途。從其他消息來源判斷，我確定我們經常抱怨的內閣機密洩露一事，主要是與他們有關，因為比肯斯菲爾德勛爵到外地時，通常很少有那種八卦……羅斯柴爾德家族一定是直接從他那裡聽到消息。

自由黨領導人也沒有忽視迪斯瑞利和羅斯柴爾德的關係。「羅斯柴爾德家族的行為很糟糕。」格蘭維爾在一八七七年八月向格萊斯頓報告。三個月前，格萊斯頓才在下議院提出「對女王陛下政府已宣布的政策進行重大改變的決議」。四個月後，格蘭維爾憤怒地聽說：「羅斯柴爾德（激動的土耳其人）嘲笑迪斯瑞利有意發動戰爭的說法。他說土耳其人已經投靠他了（算是有效的信任），俄羅斯會屈服的。」納弟表示：「迪斯瑞利沒有反對海峽向所有戰艦開放。」但他後來對歷史學家詹姆斯・弗勞德說得內容不是這樣。他曾試著說服弗勞德「按照羅斯柴爾德勛爵的觀點」為迪斯瑞利寫一本傳記，但沒有結果。回顧過去，納弟坦白說：「比肯斯菲爾德勛爵決定支持戰爭，這對他的政策而言是必要的決定。女王催他行動……只是被內閣和外閣的反對聲浪阻止了。」

無論是不是虛張聲勢，迪斯瑞利很幸運。首先，俾斯麥選擇不支持戈爾恰科夫和伊格那提耶夫，因為他擔心俄羅斯的圓滿成功會使奧匈帝國從強國的地位降級。其次，俄羅斯人於一八七七年十二月在普列文（Plevna）的進攻受阻時，軍事方面受挫。第三，他們高估了透過《聖斯泰法諾條約》（*Treaty of San Stefano*）建立新「大保加利亞」的做法，同時違背了他們之前說要讓奧匈帝國擁有波士尼亞－赫塞哥維納的承諾。索爾茲伯里在一八七八年春季接替德比的外交部長職務時，這些事件讓他的任務變得更容易。他與俄羅斯（取得比薩拉比亞和巴統）、土耳其（將賽普勒斯讓給英國，換取亞洲領土的擔保）以及奧地利（獲准占領波士尼亞－赫塞哥維納，以及塞爾維亞與蒙特內哥羅之間的桑扎克）達成一連串協議後，在柏林為迪斯瑞利的外交「勝利」打下了基礎。

柏林究竟在多大的程度上代表勝利依然有爭議。將保加利亞分成三部分，似乎並不是持久的解決方案：保加利亞（有自治權）、東魯米利亞（Eastern Rumelia，受制於土耳其的宗主權）、馬其頓（Macedonia，仍

⑭「我始終是土耳其人。我對土耳其人在各地的感受感到震驚。」

是鄂圖曼帝國的一部分）。土耳其被迫放棄了在巴爾幹半島的殘餘勢力。可以肯定的是，俄羅斯軍隊在一八七九年的年底撤出巴爾幹半島。迪斯瑞利確實重新確立了英國在東方問題上的領導地位，他很高興看到俄羅斯和德國、奧匈帝國起爭執。羅斯柴爾德家族對迪斯瑞利的熱情讚美並非完全沒道理。然而，柏林國會召開不到一年就確定了無限期的和解。

一八七九年四月，赫迪夫不理會「國際」政府，該政府不出所料地不受埃及納稅人歡迎，結果羅斯柴爾德新發行的債券大幅下跌。許多人說納弟便是從那時起鼓動英國對埃及進行軍事干預。他們說錯了。納弟贊同威爾森的主張，即「在掌權者的支持下，藉著樸特的詔書立即罷免總督，同時提名他的長子圖菲克（Tewfiq）」。但他反對延遲前部長認為有助於強制退位的一八七七年貸款，宣稱他和法國堂親都「強烈反對威爾森撤回貸款的提議，因為他們認為此舉不體面」。他們的目標再度受到格萊斯頓的認同：與其他有興趣的強國合作，共同罷免伊斯邁爾，讓圖菲克取代他。然而，不同債權人利益之間的舊衝突很快又出現了。當然，羅斯柴爾德家族的首要任務是重建一八七七年債券的保障，而早期的埃及證券持有者並不認同這一點。直到一八七九年十二月，奧地利政府和希臘政府才同意妥協，在不貶低其他債權人的要求下，限制羅斯柴爾德貸款擔保的領地。但事實證明，新政權實際上由英法主導的新清算委員會（Commission of Liquidation）控制，而它幾乎與之前的政權一樣短暫。「雙重控制」的體系在幾個月內瓦解了，再也沒有恢復過。

從投資到侵略

一八八〇年春季，格萊斯頓在選舉中獲勝後，立即實現了羅斯柴爾德家族最壞的預期。土耳其再度宣布破產後，他才掌權，隨即試圖代表一大群多元的土耳其債權人規劃某種經濟制裁，而他本人就是其中一員（見下文）。除了從土耳其撤回英國的軍事執政官，迫使樸特在柏林達成協議，對希臘和蒙特內哥羅做出讓步之外，他也考慮占領士麥那（Smyrna）港。這讓羅斯柴爾德家族感到震驚，尤其因為（如納弟告訴迪斯瑞利的）士麥那的收入已經被用作該家族在一八五五年發放已擔保貸款的抵押。納弟警告迪斯瑞利，只有俄羅斯（也許還有義大利）有可能支持這項政策，並預測格萊斯頓的「傲慢」會引發國際糾紛：「證券交易所的人說歐洲音樂會的門票賣得不錯。」「如果其他大國不同意，」他在十月八日告訴布萊希羅德：

> 沒人知道會發生什麼事。像格萊斯頓這麼熱情又易怒的人有可能做出任何事。如果他繼續與俄羅斯和義大利合作，就會留下糟糕的印象，而且不受歡迎。只有一個人能處理這種該死的事，那就是俾斯麥親王。他必須將埃及的事務安排妥當，把事情交給他處理較好。

一天早上，格蘭維爾拜訪德國大使明斯特伯爵（Count Münster）時，發現阿爾弗烈德已經在那裡了。「他和阿爾弗烈德．羅斯柴爾德被發現在一起時顯得很心虛，」格蘭維爾告訴格萊斯頓，「我問他，羅斯柴爾德想了解什麼事。明斯特說他是來告訴自己他知道士麥那的事。」納弟篤定地表示格萊斯頓想一意孤行，但他相信格萊斯頓「無法在不徵求其他外國大使的意見下做到。英國不會在沒有德國的情況下採取行動，也不會單獨與俄羅斯合作。我有充分的理由支持自己的觀點。有消息靈通的人告訴我，俾斯麥的外交政策比以前更有力」。

事實證明，格萊斯頓不需要占領士麥那就能達成目標。一八八一年十二月二〇日，蘇丹頒布穆哈雷姆法令（Decree of Muharrem），減少了土耳其的債務和年度費用[15]，並設立新的鄂圖曼公債行政機構。理論上，這是債券持有者同意的先發制人行動，以防止大國根據柏林國會通過的決議條款進行直接干涉。實務上，該行政機構的各國代表是在政府的批准下任命，主席由英國代表、法國代表輪流擔任，乍看之下像是埃及「雙重控

⓯ 總債務從二億三千七百萬土耳其鎊（Turkish pound）減少到一億四千二百萬土耳其鎊。年度費用從一千五百萬減少到三百萬，也就是從資本額的百分之六降到百分之二。這是一個慷慨又實際的解決方案。

制」一體系的延伸（但有一些例外，譬如將菸草壟斷權轉讓給包括維也納羅斯柴爾德家族、信貸銀行以及布萊希羅德的財團）。這並不是最後一次格萊斯頓提供羅斯柴爾德家族難以反對的解決方案。儘管阿爾豐斯仍然對土耳其財政的穩定性持保留態度，但他們根據新的分配方案發放了兩筆重要貸款：一筆是一八九一年的六百九十萬英鎊，另一筆是三年後的九百萬英鎊（與鄂圖曼銀行合作）。值得注意的是，這兩筆貸款都是由埃及的貢金擔保，就像一八五五年發放給土耳其的貸款。

了解穆哈雷姆法令之前，有必要了解當時其他歐洲大國之間外交關係的轉變。俄土戰爭結束後，俾斯麥努力恢復德國、奧匈帝國以及俄羅斯之間的三帝同盟，第一步是在一八七九年十月與奧地利組成祕密防禦聯盟。儘管實際上是針對俄羅斯，他隨後鼓勵俄羅斯人試著與奧地利達成某種諒解，結果促成了一八八一年六月的第二次三帝同盟。本質上，如果其中一國與第四個大國開戰，這算是一種中立條約，但與巴爾幹半島相關的條件牽涉了更重要的層面。與土耳其產生的衝突被排除在聯盟條款之外，但奧匈帝國實際上在「統一」保加利亞方面給了俄羅斯自主權，俄羅斯則接受奧地利併吞波士尼亞－赫塞哥維納的可能性（從柏林國會召開以來，奧地利一直占領著波士尼亞－赫塞哥維納）。此外，奧地利在塞爾維亞建立了相當於保護國的地位，於一八八一年認可米蘭國王（King Milan），並在兩年後承諾德國會保護羅馬尼亞不受俄羅斯攻擊。同時，德國、奧地利及義大利在一八八一年五月也組成了不同的三國同盟（Tripple Alliance），一部分的目標是要阻止法國在地中海擴張（導火線是突尼西亞在一八八一年被占領），但也讓義大利在奧俄戰爭中保持中立。三帝同盟和三國同盟之間有明顯的矛盾，但在奧地利和俄羅斯沒有發生衝突的情況下，這種矛盾是潛在的。一八八四年三月，三帝同盟輕易地重現了，在柏林達成的一八七八年協議不久就進行全面修訂。

英國和法國的處境會變得怎麼樣呢？如果他們在埃及的關係惡化，答案大概是孤立無援，除非其中一方或雙方採取親俄政策。隨著俄羅斯的影響力從中亞延伸到波斯、阿富汗以及英屬印度的西北邊境，英俄雙方達成諒解的機會逐漸減少。儘管共和國和沙皇統治國家之間有巨大的政治分歧，但法俄和解是一種更實際的可能性。在許多方面，對一系列相似事物的擔憂是俾斯麥精心設計的體系的關鍵。本質上，他不僅能把德國塑造成殖民爭端的中間人，甚至能成為潛在的盟友。

顯然英國的羅斯柴爾德家族被這一點吸引了。因此，羅斯柴爾德的政策在一八八〇年後逐漸受到俾斯麥的微妙影響，而布萊希羅德終於能發揮以前被否定的調解作用。俾斯麥曾經是金融穩定的禍根，卻在一八八〇年代成了金融穩定的顯著保證人。一八八二年，英國大使安特希爾勛爵（Lord Ampthill）拜訪布萊希羅德時，回報說看到一封來自巴黎羅斯柴爾德家族的電報，內容是要求立即通報德皇的健康狀況。他說：「我問布萊希羅德，法國金融家怎麼看君主過世對巴黎交易所產生的影響？『下跌百分之十到百分之十五，』他回答，『因為俾斯麥的任期在新的統治時期尚不確定。』」一年後，納弟告訴駐倫敦的德國大使：「除了少數部長，英德之間的諒解是大多數理性的英國人樂見的事。」一八八一年之後，柏林資本市場吸收了越來越多土耳其債務（德意志銀行起帶頭作用），此舉有助於闡明這種親德傾向。⓰

羅斯柴爾德認為，英德友好的不利之處在於意味著英法關係惡化。事實上，阿拉比・帕夏（Arabi Pasha）為反抗赫迪夫圖菲克的消極政權而領導民族主義軍事叛亂，使埃及的「雙重控制」體系陷入癱瘓時，他們的關係已經有惡化的可能。法國於一八八〇年在摩洛哥以及於次年在突尼西亞發揮影響力，或許能說明為何格萊斯頓不願意採取英法聯合干涉的政策。這與格萊斯頓神經質地干涉埃及事務沒什麼關係，因為他已經在很短的時間內下令炮轟亞歷山卓（一八八二年七月）和推翻阿拉比（九月）。

在這一連串驚人的事件中，羅斯柴爾德家族的角色基本上是在英國政府和法國政府之間斡旋。由於納弟和格萊斯頓互相猜忌，他們在倫敦就已經很難調解了。要不是聯合銀行的危機衍生後果，法國的政治立場可能會讓事情變得更難處理。

⓰ 到了一九一四年，德國持有百分之二十二鄂圖曼公債，而法國和英國分別為百分之六十三和百分之十五。

聯合興業銀行的興衰已經成為左拉的小說《金錢》的靈感泉源。現在是時候將該銀行和第三共和國的複雜政治、東方問題連接起來了。其中，該銀行在東方問題中短暫地發揮了與蘇伊士運河同樣重要的作用。基本上，聯合興業銀行是蘭格朗－迪蒙索倡議修建一條鐵路線的產物，由赫希在一八六〇年代晚期著手進行：從巴爾幹半島到君士坦丁堡的東方線。土耳其違約後，這番努力陷入困境，而《聖斯泰法諾條約》將土耳其原本的部分特許權轉讓給剛獨立的巴爾幹半島國家。保羅．邦圖是沒沒無名的法國鐵路工程師，他曾為國營鐵路和羅斯柴爾德擁有的南部鐵路服務，一八七〇年代中期開始建立自己的奧匈商業帝國。起初他希望將法國資本引入一些中歐企業，然而在一八七八年離開南部鐵路時，他確信有必要設立新的金融機構來挑戰位於維也納的羅斯柴爾德信貸銀行的主導地位。如果說第一步是在一八七八年以二千五百萬法郎的資本重新開張聯合興業銀行，那麼第二步就是在一八八〇年創辦奧地利國家銀行（Österreichische Länderbank）。在奧地利總理塔夫（Taaffe）的支持下，邦圖獲得了奧匈帝國鐵路與煤礦的利益，並在建造連接貝爾格勒（Belgrade）、君士坦丁堡及薩洛尼卡（Salonica）的鐵路方面試圖取代赫希。後來，他讓業務多元化，因此聯合興業銀行最後在整個歐洲擁有各種不同的股權。

然而，聯合興業銀行始終不只是動產信貸銀行模型的另一種投資信託。如同蘭格朗－迪蒙索之前的做法，邦圖採用了支持教皇絕對權力、反羅斯柴爾德的言詞，目的是使自覺保守的天主教投資者的儲蓄流通，正統派王位主義者香波伯爵是聯合興業銀行股票的其中一位投資者。不過不該誇大這份企業規模，該銀行的資產在鼎盛時期也只有三千八百多萬法郎。然而，邦圖增加授權資本的做法遠遠超出他實際能籌到的額度，這意味著聯合興業銀行是投機的空中樓閣，缺乏足夠的資本進行長期投資和短期儲蓄，而資產負債表有賴這些資金構成。一八八一年十二月，票面價格五百法郎的股票價值達到了三千，但銀行的預期利潤並不是實際數字。儘管邦圖否認，但聯合興業銀行本身持有相當多的股份（超過一萬股，價值約一千七百萬法郎）。一八八一年的年底，法蘭西銀行開始推高利率，投機性泡沫快要破裂。在一月四日之後的兩週內，股價從三千零五跌到一千三百。一月三十一日，聯合興業銀行被迫止付。邦圖因財務舞弊被定罪，他逃往西班牙後，一再聲稱自己是「猶太陰謀」的受害者，但是沒有證據支持這項指控。事實上，是來自巴黎主要銀行的大筆貸款（羅斯柴爾德家族出資一千萬法郎）讓巴黎市場避開了一連串的金融崩潰（我們接下來會了解，霸菱銀行在八年後破產時，這種集體救援的做法再次用於倫敦）。

聯合興業銀行倒閉的歷史意義主要在於發生的時機。一八八一年十一月，也就是倒閉的前夕，萊昂・甘必大（Léon Gambetta）成為法國總理並（在表面上）致力於外部冒險和內部激進主義的政策，雖然他在兩個月後就下台的直接原因是國民議會在選舉改革問題上受挫，但我們可以說是一月的金融危機擊垮了他，破壞了他的大規模債務轉換和鐵路國有化計畫。證據是根據間接推測，但從國際的角度來看，甘必大倒台（以及賽伊重返財政部）肯定對羅斯柴爾德家族有利。一月二十五日，阿爾豐斯寫信提醒納弟，甘必大不願意按照英國大使萊昂斯勛爵提出的條件在埃及問題方面與英國合作，並對討論中的英法商業條約提出質疑。納弟把信件轉交給迪爾克（Dilke，現任外交部國會副部長），並含糊其辭地評論這封信「不盡理想」。隔天，甘必大被迫辭職。不到兩週，阿爾豐斯在法國外交部會見萊昂斯，並問他「關於埃及的問題，他希望我告訴弗雷西內（Freycinet）什麼？萊昂斯想了一會兒後回答：『請弗雷西內執行商業條約。』」納弟和阿爾豐斯似乎都表現得像父親，充當著與法國新政府的非正規溝通管道。納弟「按照迪爾克的意思」寫信給巴黎，然後阿爾豐斯有把握地回覆：「在整個法國內閣中，沒有人比賽伊更了解與英國簽商業條約的重要性。」儘管他們習慣性地懷疑羅斯柴爾德的動機，但格蘭維爾和格萊斯頓不否認這項情報「很有意思」。

更有趣的是，阿爾豐斯強烈暗示法國政府不反對英國採取果斷的行動擺脫阿拉比・帕夏。阿爾豐斯認為法國議院有太多反對意見，法國政府很難參與全面的「武裝干涉」，顯然他和賽伊希望英國自行其是。這項情報傳到倫敦時，格萊斯頓依然希望透過君士坦丁堡的會議得出多國解決方案，儘管有內閣成員（尤其是哈廷頓）要求採取單邊軍事行動。英國軍艦在七月轟炸亞歷山卓，也就是都市的騷亂似乎加強了採取軍事行動理由的一個月後，阿爾豐斯高興地提到：「英國不能再撤出，除非全國各地恢復社會秩序，這是對所有在埃及擁有法定權益者的最佳保證。」不到兩個月，沃爾斯利將軍（General Wolseley）在泰勒凱比爾戰役（Tel-el-Kebir）獲勝的消息讓他「十分滿意」。我們很難不得出這樣的結論：羅斯柴爾德家族鼓勵英國政府忽視格萊斯頓的良心顧慮，「強行管制」阿拉比（如內閣七月三十一日的會議紀錄）。甘必大的繼任者弗雷西內在議院提出英法聯合占領運河區卻遭到反對，決策也在那天制定了。九月七日，格蘭維爾算是接受了納弟的觀點，即「英格蘭顯然必須在埃及確保未來的主導地位」。在沒有明確跡象顯示法國會默許的情形下，是否有改變主意的可能性令人懷疑，但羅斯柴爾德家族樂意提供相關資訊。阿爾豐斯和納弟只有在某方面對埃及的占領有不同看法：前者支持向俾斯麥傳達英法統一的訊號，而後者渴望與德國總理保持行動一致。

如果羅斯柴爾德家族想設圈套讓格萊斯頓上當，最有效的辦法就是引誘他占領埃及。格萊斯頓已經準確地預言這種行動會引發複雜的局面，現在他發現自己被它們「圍攻」了。首先，沒有人知道赫迪夫的政府將如何重組。其次，哪些債權人應該享有優先權的財務問題長期存在。第三，格萊斯頓不情願地採取帝國主義，對反對派有利，形成了國內的政治難題。最後，也許是最重要的一點，他給了其他歐洲大國打擊英國的機會。

法國默許英國占領了法國迄今享有較大經濟利益的領土，這一點始終很奇怪，但沒有持續很久。沃爾斯利在戰役中獲勝後不到一個月，古斯塔夫向納弟報告，然後納弟向格蘭維爾報告，使得巴黎開始流傳謠言：英國政府試圖在公開市場買蘇伊士運河的股份，有意取得多數股權。這似乎是納弟希望政府做的事，但格萊斯頓仍然質疑任何類似迪斯瑞利在一八七五年買股票的事，總覺得這筆交易有某些他不知情的部分。無論如何，事實證明要與雷賽布和運河公司的法國股東達成協議是不可能的事。

運河只是埃及問題的一部分。也許不足為奇的是，以下會談到格萊斯頓將埃及財務視為「神聖主題」，但他仍然決定透過「歐洲聯合行動」來解決問題。在俾斯麥提出的現實政治時代，這是不可能的事。不久，布萊希羅德從柏林傳遞訊號，似乎暗示了德國對英國的埃及政策突然改變主意，而格萊斯頓寄予希望的倫敦會議在一八八四年夏季陷入僵局。孤立無援的格萊斯頓別無選擇，只好將埃及財政的重整事宜委託給羅斯柴爾德和霸菱銀行的經典倫敦市銀行組合合作。八月四日，第一海軍大臣諾斯布魯克勛爵（Lord Northbrook，巴爾林家族的成員，但不曾參與銀行業）被派到埃及調查該國的財政狀況。蘭道夫．邱吉爾（Randolph Churchill）在下議院憤怒地提到，他的表親伊夫林．巴爾林（Evelyn Baring，後來的克羅麥勛爵）已經在開羅擔任總領事。❼「所以，」邱吉爾怒吼道：

> 據我所知，巴爾林家族的兩位成員接受委託，將全權負責英格蘭在埃及的政治利益與經濟利益，控制權幾乎無限……在這方面，我想說的是派兩個羅斯柴爾德家族成員和派兩個巴爾林家族成員其實沒什麼差別。在東方，雙方的地位和經濟利益不相上下。照理說，如果女王陛下的政府提議派出的成員屬於羅斯柴爾德家族，根據他所處的環境和社會地位，他很適合承擔這項任務，那麼下議院和該國都會出現不滿的聲浪。但是，羅斯柴爾德家族和巴爾林家族的地位不會有任何區別……

考慮到諾斯布魯克（前印度總督）過去的政治表現，邱吉爾的成就相對較低，而且他聲稱「目前為止，這個國家的公共服務與倫敦市的商業、金融私人企業沒有半點關係」，這當然是胡說八道。但有意思的是，他認為羅斯柴爾德參與埃及政策會比巴爾林的參與引起更多大眾反對。

邱吉爾不知道的是，諾斯布魯克被派到埃及的隔天，納弟就向格蘭維爾保證他的公司會提供一百萬英鎊的短期貸款來解決埃及的眼前虧損，但他明確地要求了解「政府將採取什麼措施為他的債務擔保？」延續這筆貸款的需求恰恰給了羅斯柴爾德家族在政策上的財務槓桿，而邱吉爾卻誤以為是霸菱銀行所為。說到埃及即將

❼ 從一八七七年開始，巴爾林一直是凱斯董事會成員，並於一八七九年擔任其中一位英法審計員。他在印度短暫服役後，於一八八一年回到埃及擔任總領事。「雙重控制」體系在一八八三年廢除後，金融權力轉移給身為英國代理人的他，在職期間持續到一九〇七年。

破產，納弟曾在十二月二十六日告訴格蘭維爾，為了加快與其他大國的談判，他只願意將貸款延期兩週。即使在他施加更多壓力時，納弟似乎也很喜歡利用柏林和巴黎互相對立的矛盾訊息折磨政府。「我們唯一的機會是與俾斯麥達成協議。」他在八月告訴漢彌爾頓。九月一日，他提醒格朗威爾：「俾斯麥很生氣，還說他會維護德國債券持有者的權利，反抗埃及人的非法行動，並給我們最後的手段——把歐洲託管給法國。他認為我們應該不想面對這種結果。」但三個月後與格萊斯頓一起用餐時，他「**嘲笑**法國計算埃及的土地收入」，並強力贊同諾斯布魯克在上個月報告列出的估值，該報告支持英國單獨控制埃及的財政。

我們很難不同情格萊斯頓，因為他被無情地逼進不折不扣的英國攝政統治中。羅斯柴爾德家族似乎無所不在，格萊斯頓指責他們向法國政府洩露重要的情報：當時哈廷頓提供諾斯布魯克的報告細節給納弟，然後納弟轉達給俾斯麥。這其中可能有什麼原因。法國總理茹費理在十月告訴俾斯麥的兒子赫伯特：「英格蘭在煽動各大金融機構，尤其是羅斯柴爾德家族的銀行，並讓他們明白萬一英國政府走投無路，埃及貸款就會變得毫無價值，債券持有者也會血本無歸……金融家現在都很焦慮，也在嘗試改變法國政府對英國的態度。」難怪羅斯伯里在這個關鍵時刻猶豫著要不要加入內閣，他一定是想到邱吉爾會針對金融家族話題發表另一場激動的演講。即便如此，邱吉爾還是發表了缺乏根據的演說，談到「倫敦和巴黎有一群放高利貸的猶太人引誘伊斯邁爾．帕夏落入圈套」，並聲稱「格萊斯頓已經將埃及人送回猶太監工身邊做苦役」。

最後，不可避免的疑問是，英國的新管轄權要在哪裡終止？在埃及南部，馬赫迪（Mahdi）在蘇丹帶領的宗教叛亂正激烈進行中。羅斯柴爾德家族再次鼓勵英國干涉，而格萊斯頓再度發現自己無法抵制國內帝國主義情緒和「局中人」（這裡指的是「中國版的戈登」）野心過大的混合結果。所有相關人士都高估了英國的實力，而法國的羅斯柴爾德家族雀躍地一再強調交易所的故事：「戈登．帕夏帶著十萬英鎊的英格蘭銀行鈔票，這是英國終結叛亂的最佳武器。」戈登沒有按照指示彙報蘇丹撤軍的後勤事宜，反而試著聘用馬赫迪。一八八五年二月五日他可能已去世的消息傳到倫敦，最後正是這場危機說服羅斯伯里加入政府。納弟贊同他的決定，並坦率地說：「你的清晰判斷和愛國精神能幫助政府拯救國家，我希望你留意將大批援軍派到尼羅河上游，蘇丹的戰役一定會通往圓滿的成功。」

可以肯定的是，羅斯柴爾德家族直接受益於英國對埃及的占領。古斯塔夫說過，英國的控制對大多數（雖非全部）埃及的債券持有者來說是好消息，因為「萬一英國對埃及的外部債務有連帶責任，埃及的信貸當然能獲益」。[18]不僅如此，該家族因此發行了一種可靠的新債券：一八八四年之後，發行的埃及債券皆由英國承銷。從一八八五至九三年，倫敦、巴黎及法蘭克福分行共同發行了價值近五千萬英鎊的四種主要埃及債券。這些債券的發行由羅斯柴爾德家族和布萊希羅德共同處理，其中也涉及折扣公司，此事具有外交意義。一八八五年三月，各方同意第一筆貸款由利益相關的所有國家擔保，但俾斯麥將德國銀行當作批准該協議的條件，也就是布萊希羅德能獲得部分股權。這排除了透過英格蘭銀行發行債券的選項（就像印度和其他殖民地的情況），也讓羅斯柴爾德企業變成顯而易見的解決方案。一八八五年夏季，索爾茲伯里組成少數黨政府時的首要任務之一是向銀行透露消息，表示他「將貸款發放的英國部分委託給羅斯柴爾德家族銀行，因為他們和巴黎分行、法蘭克福分行屬於同一個集團，也和柏林的布萊希羅德銀行有類似的關係」。

比其他擔保更重要的是，伊夫林．巴爾林成功地穩定了埃及的財政。一八九〇和九三年的貸款屬於可轉換貸款，用於降低埃及債務的利息。這也不能從埃及民族主義者的角度描述成外國投資者成功占有了埃及的利益：在巴爾林主導下，有大量的基礎建設投資，例如鐵路，以及從一八九八到一九〇四年建造的著名亞斯文大壩（Aswan dam）。然而，債務負擔從一八九一年的高點一億六百萬英鎊，下降到一九一三年的九千四百萬英鎊，平均每人的稅收也跟著下降。換句話說，債務負擔一開始是當期收入的十倍，最後只有五倍。英國的財務控管如此嚴格，以至於羅斯柴爾德家族不久後就開始抱怨埃及生意的佣金減少了。這或許能部分說明為什麼巴

⑱ 現有的資產負債表顯示持有大量埃及證券，例如一八八六年的十四萬四千三百四十八英鎊蘇伊士運河股票。

爾林在一九〇七年離開埃及後，羅斯柴爾德家族漸漸將這塊領域交給歐內斯特．卡賽爾。但比較有可能的解釋是，納弟擔心復甦的埃及民族主義會使英國逐漸失去控制權。

轉為由英國正式接管的沉重成本，不是由債券持有者或納稅人支付，而是由英國的外交政策負擔。在一八八二年至一九二二年間，英國至少有六十六次覺得有義務向其他大國承諾要結束對埃及的占領，但面對其他大國互相對立的觀點，所有試著讓英國脫離埃及的努力都白費了。一八八五年九月，納弟被要求到柏林調查當局對德拉蒙德．沃爾夫（Drummond Wolff）以土耳其人代替英國軍隊進駐埃及的想法。俾斯麥的兒子赫伯特代表父親強烈表示不贊同。一八八七年，外交部提出「埃及在英國監護下中立化」的想法同樣注定失敗。法國堅持認為蘇丹應該拒絕。實務上，「蒙面的攝政統治」（米爾納的說法）已確立，也開創了重要的先例——應驗了格萊斯頓買蘇伊士運河股票時的警告。

最具諷刺意味的是，這項行動的主要受益者之一被證實是格萊斯頓。一八七五年晚期，大概是在他的勁敵買蘇伊士運河股票之前，他只以面額三十八取得了四萬五千英鎊（票面）的一八七一年鄂圖曼埃及進貢貸款。他的日記編輯指出，他在一八七八年（柏林國會那年）之前又增加了五千英鎊（票面），也在一八七九年增加了一萬五千英鎊的一八五四年鄂圖曼貸款，而這也是以埃及的貢金擔保。到了一八八二年，這些債券占了他整體投資組合的百分之三十七以上（票面上是五萬一千五百英鎊）。甚至在埃及的軍事占領之前（他的命令），這些債券已經被證實是不錯的投資：一八七一年的債券價格在一八八二年夏季從三十八漲到五十七，並在前一年達到六十二。英國的收購為首相帶來了更多利潤：截至一八八二年十二月，一八七一年債券的價格已經上升到八十二，並在一八九一年之前達到九十七。光是在一八七五年，他最初的投資額就有百分之一百三十以上的資本利得，難怪他曾將土耳其國家的破產描述成「最大的**政治**罪行」。我們談到維多利亞時代的虛偽時，往往會想到格萊斯頓對性的壓抑態度，但真正虛偽的是他看待帝國財政的心態。他譴責迪斯瑞利以政府的名義買蘇伊士運河的股票，同時卻背地裡進行了他職涯中最有利可圖的私人投機活動之一，這番虛偽可謂誇張。這段時期，東方問題是羅斯柴爾德家族和格萊斯頓產生意見分歧的主因之一。我們不禁得出這樣的結論：格萊斯頓的雙重標準（與迪斯瑞利不切實際的誇張手法形成鮮明對比）是分歧的根源。

十、政黨政治

迪斯瑞利在這裡……我們的朋友興致很高昂。議院發生了猛烈的攻擊，但他一點也不生氣。我寫信的時候，訪客和我媽媽在一起，你對那位訪客有什麼話要說嗎？我剛剛聽說，知名的格萊斯頓先生跟她在一起喝茶、吃奶油麵包。我不確定他會不會來看我。

——萊昂內爾寫給利奧和里歐諾拉的信，一八七六年三月

我們可以肯定的是，一八七〇年代關於埃及和土耳其在的辯論使羅斯柴爾德家族和格萊斯頓漸行漸遠。然而，如果說那是與自由黨徹底決裂，或無條件接受保守主義，那就錯了。一八七六年，格萊斯頓和夏洛特一起喝茶的那天，迪斯瑞利拜訪萊昂內爾有象徵意義。這不是特殊的巧合事件。四年後，費迪南寫信給朋友和姻親（羅斯伯里伯爵），描述了類似的情況：「比肯斯菲爾德勛爵❶和阿爾弗烈德待在一起。前幾天，格萊斯頓私下赴宴會見劍橋公爵時，勛爵被派去和納弟共享晚餐。」在一九〇五年之前，羅斯柴爾德的政治一直有某種「旋轉門」的性質：雖然家族成員（尤其是納弟）越來越趨於保守主義，或者更確切地說是趨於自由統一主義（Liberal Unionism），但他們未曾關閉與格萊斯頓式自由主義者之間的溝通管道。繼迪斯瑞利之後，他們和保守黨領導階層的關係也不一定維持和諧的關係。猶太移民問題在一九〇〇年後的政治化，提醒了眾人羅斯柴爾德家族最初成為自由黨人的原因。

不可否認的是，羅斯柴爾德家族的第四代成員思考政治時，比父母和祖父母更趨於意識形態：最明顯的是愛爾蘭，但也包含隨著歐洲城市變得越來越擁擠而產生的「社會問題」。這些是使他們與格萊斯頓不和的主

因。不過，納弟到了二十世紀初才對自由黨人不抱希望。就像父親和祖父，他也持續相信，無論哪個政黨執政，羅斯柴爾德家族在金融和外交事務方面都會受到關注。這在某種程度上說明了他和政治傾向不同的政治家之間有相似的關係，比如羅斯伯里、蘭道夫．邱吉爾勛爵以及亞瑟．貝爾福（Arthur Balfour）。在維多利亞時代晚期政治關係密切的世界中，羅斯柴爾德家族經常與這類人士會面，包括在倫敦市（在新廷共享午餐時談論金融）和倫敦西區（在皮卡迪利街的俱樂部和分行共享晚餐時談論政治）。這些政治家人其他政治菁英（自由黨與托利黨）是羅斯柴爾德郊區宅邸的常客（尤其是在特靈、沃德斯登以及哈爾頓）。許多這個時期的重要政治決定就是在這種環境下做出的。羅斯柴爾德家族無法和政界的朋友交談時，就會寫信給他們。歷史學家很幸運，因為納弟決定請別人在他去世後幫忙銷毀信件，因此在家族資料庫中留下的通訊紀錄不多。儘管從巴黎寄來的信件能協助我們了解許多關於新廷的情況，但接下來的大部內容都是根據政治家的文件建立而來，這讓歷史學家不禁想問，究竟羅斯柴爾德家族還有多少政治角色徹底隱藏於後世？

從格萊斯頓到迪斯瑞利

羅斯柴爾德家族有一部分的成員始終是自由黨人。儘管邁爾和安東尼在意識形態方面是天真的自由黨人，但兩人直到臨終前的態度依然堅定。邁爾樂於捍衛他在海斯的席位，對抗托利黨的地主政治，從福克斯通的漁民那裡爭取選票，而安東尼繼續偏向政黨的科布登主義派。一八六六年九月，有人聽到安東尼說：「我們越早擺脫殖民地，對英國越有利。」也許有人認為對這段時期的羅斯柴爾德而言是出人意料的看法，表達出了堅定的經濟自由主義。我們也不該忘記，安東尼的女兒康斯坦絲和安妮終生堅定地支持自由黨，而邁爾的女兒嫁給了即將接替格萊斯頓成為自由黨首相的人。

❶ 迪斯瑞利在一八七六年被任命為比肯斯菲爾德伯爵，為了避免混淆，下文繼續以「迪斯瑞利」稱之。

就連萊昂內爾的兒子們也以自由黨人的公開身分展開政治生涯。一八六五年，他們的表親利奧第一次參加競選時，便明確地問選民：「你們寧願被帕默斯頓、羅素和格萊斯頓統治，還是寧願被德比、迪斯瑞利和莫斯伯里統治？」顯然前一組得到更多支持。同一年，納弟以艾爾斯伯里自由黨人的身分參與競選時，曾經「開車到米森登（Missenden），有一大群人迎接我，帶我穿越城鎮，越過小山，彷彿我是一頭溫馴的熊」。非國教徒選民問他是否支持廢除教會收費時，他直截了當地給予肯定的答覆。這個立場讓人回想起他在劍橋大學表現出的教條主義式自由主義。

另外值得一提的是，直到格萊斯頓的政治生涯結束之前，家族成員和他一直有頻繁的聯繫。一八六八年十二月，他第一次擔任首相，但並未改變始於一八五〇年代的交流模式。次年，格蘭維爾勛爵待在蒙特莫爾時，將羅斯柴爾德對一八六八年大選的看法轉達給格萊斯頓，而格萊斯頓於一八六九和七〇年在皮卡迪利街一四八號與萊昂內爾、夏洛特一起用餐。格萊斯頓也經常與萊昂內爾開「商務」會議，例如兩人在一八六九年四月見面討論預算。如我們已知的，格萊斯頓在一八七〇至七一年的普法戰爭期間與家族成員有幾次重要面談。他也在一八七四年七月和一年後到新廷拜訪萊昂內爾（但他沒有在日記中透露原因）。直到蘇伊士股票糾紛結束後，這些會議才明顯停止，但萊昂內爾仍然偶爾會透過格蘭維爾傳達一些消息。

即使在蘇伊士運河事件後，格萊斯頓和萊昂內爾的妻子夏洛特還是維持著不只是熟人的社交關係。一八七四年，他將畫像寄給夏洛特。一年後，他在日記中寫下與她談到「關於信仰狀態」的內容。雙方的信件往來持續到次年八月，包含夏洛特寄了一連串猶太作家寫的聖經評論給格萊斯頓，顯然是為了協助他研究神學。夏洛特的精神狀況在丈夫去世後似乎不太好，但格萊斯頓持續到甘納斯伯瑞拜訪她。她的兒子說，他的拜訪大概是「媽媽在生病（和一八八四年過世）前最後一點快樂時光」。儘管他和納弟的政治觀點不同，還是在一八八四和八五年一起用餐，並於格萊斯頓的第三屆任期在一些場合會面（主要是討論埃及事務）。不執政時，這位資深前輩依然受邀共享晚餐，並於一八九一年二月造訪特靈。

格萊斯頓也毫無拘束地繼續與納弟的妻子艾瑪有學術方面的通信，就像他之前與艾瑪的婆婆通信一般。一八八八年八月，他寫信請艾瑪幫忙「查一下關於摩西律法的普遍、貼切描述，並與當代或古代制度的一些道德和社會觀點進行比較。這種對照方式很有意義」。艾瑪不是神學家（她比較喜歡討論英國文學和德國文學），但她顯然很高興和這種傑出人才通信，並盡力協助他和尋找彼此的共同點。她感謝格萊斯頓寄來有簽名的聖經作品時，提到：「雖然我們的需求在許多方面不一樣，但基督徒和猶太教徒都忠於你說的『提供我們化解和驅除內心與外在艱苦的手段』的聖經！」他們都喜歡歌德，因此為通信增添了其他內容。格萊斯頓也和費迪南、他的妹妹愛麗絲、康斯坦絲以及她的丈夫弗勞爾有來往，他在最後的第四屆任期授予弗勞爾貴族爵位和新州的州長職位。一八九三年，安妮也有幸看到這位「資深前輩」。她寫信給姊姊時，興奮地寫道：「他談到惡劣的土耳其人時，蒼老的臉露出了激動的表情。」讓激進的媒體大為震驚的是，格萊斯頓同年獲邀到特靈作客，但當時他和納弟的政治觀點有很大的差異。然而，納弟和艾瑪在一八九六年回訪哈沃爾登時，他們迴避了政治話題。艾瑪和格萊斯頓在拜訪之後通信，談論的話題是樺樹的最大周長。看來，「格萊斯頓先生」和她先生終於找到了共同的愛好：樹。❷

然而，持續的私人聯繫並無法遮掩羅斯柴爾德家族和格萊斯頓之間明顯不同的政治觀點，顯然這與該家族和迪斯瑞利之間的獨特親密關係有很大的關聯。我們已知，早年時的迪斯瑞利在小說中誇張地描述過他們，並與他們培養社交關係，有時也向萊昂內爾打聽法國鐵路股票的投機消息。這些事並不順利。迪斯瑞利的財政狀況（債務和高利貸利息支出的混亂局面）在一八五〇年代晚期陷入低谷。應該強調的內容與當時的謠言相反，即羅斯柴爾德家族並沒有幫助他脫離財務危機。❸一八六二至六三年，一位約克郡的富有地主安

❷ 艾瑪請格萊斯頓寄給她一小塊木片作為「紀念」：「從你美麗的樹上折下的樹枝。」

❸ 大部分詳細記錄迪斯瑞利和羅斯柴爾德家族財務往來的文件顯然在他過世後就被銷毀了，因此他們可能幫了他不少忙。

德魯·蒙塔古（Andrew Montagu）伸出援手並達成協議，扛下了迪斯瑞利的所有債務，回報是擁有休恩登（Hughenden）百分之三利率、五萬七千英鎊抵押貸款，大幅減少了迪斯瑞利的年度開銷。不久後，迪斯瑞利從布里奇斯·威廉斯夫人那裡繼承了三萬英鎊，他善於贏得這類真誠老婦人的感情，另外也從小說賺到約二萬英鎊。迪斯瑞利過世後，有人聲稱羅斯柴爾德家族在他的姪子康寧斯比繼承休恩登之前就已經付清了抵押貸款，但沒有他們必須這樣做的明顯理由。

在早期，親近迪斯瑞利的舉動會引起蔑視的眼光，尤其是因為他抱著古怪的心態看待他父親的信念。然而，到了一八六〇年代，他的政治地位已經高到足以讓人心生敬畏。在改革法案期間，夏洛特寫的信件內容一再稱讚他的政治能力。「迪斯瑞利先生很好相處，」她在一八六六年經常寫道：「親愛的爸爸和我聽他說話時都非常仰慕他……聽他說話是一種享受，即使迪斯瑞利夫人在場也無法破壞這種樂趣。」萊昂內爾往上爬時，也對迪斯瑞利有明顯的好感。兩人的關係在一八六七年的改革辯論期間非常密切，經常在議院休會後一起用餐，並交換政治機密。這些信件的語氣表明了他們幾乎沒有黨派政治的摩擦：迪斯瑞利對待萊昂內爾的方式，並不像別人預期財政部長對待反對黨議員的方式。在現存的信件中，萊昂內爾的政治評論很中立，如果沒有其他證據，我們很難推斷出他效忠哪個政黨。迪斯瑞利只是偶爾閃爍其辭。例如一八六七年八月，夏洛特失望地提到他「星期六在內閣會議結束後打電話來」，「爸爸盡了全力還是無法識破這位偉人的官方保留意見。他不打算告訴爸爸任何機密，改革法案的宿命並不明朗。」邁爾也在這段時期對迪斯瑞利的大膽領導風格印象深刻，他的姪子納弟也是如此。

迪斯瑞利終於取得寶貴的首相職位時，瑪麗·安妮立刻向羅斯柴爾德家族吐露祕密，而法國的羅斯柴爾德家族也寫信表達他們為這位「傑出人物」的成功感到高興。雖然萊昂內爾對少數黨執政的生存機率抱著務實的態度，但他批評了德拉內在《泰晤士報》抨擊新首相的行為。迪斯瑞利則坦率地與萊昂內爾談到關於他對內閣組成的用意，但他還是不讓萊昂內爾知道他的立法計畫。談到愛爾蘭教會問題時，萊昂內爾在一八六八年三月說：「我猜他沒有固定的想法。就像改革法案，他會根據情勢做決定。」兩天後，他補充道：「沒人知道迪斯瑞利接下來會怎麼讓自己保持權勢不墜。」看來此時的萊昂內爾會「洩露」有關反對派意圖的情報，藉此積極地助迪斯瑞利一臂之力。「昨天的訪客只有迪斯瑞利一家人，」他在三月九日告訴妻子，「他沒有告訴我很多事，但想了解所有報告。我告訴他自由黨人提供的消息是他的許多支持者會在愛爾蘭問題方面反對他時，他說，無論他提出什麼想法都會得到所有人的支持。我建議他舉辦幾場精彩的晚會。」迪斯瑞利在一八六八年的大選中落敗時，萊昂內爾仍然支持他。「你在那場激烈的議會鬥爭中扮演著重要的角色，」他在次年三月寫道，「如果潮流暫時轉向，這只是你展現其他口才或才華的機會。請相信我，我們會一直為你的成功感到欣喜，並默默感激你在每個場合對我們表現出的友善態度。」他象徵性地以迪斯瑞利的小說《洛泰爾》人物名字為一匹賽馬命名，這部小說是迪斯瑞利落敗後隨即發表的作品。安東尼則提供了「一群野雞和幾隻野兔」。

迪斯瑞利在反對黨時，他們持續保持平起平坐的關係。一八七〇年，迪斯瑞利至少三次獲邀到皮卡迪利街一四八號，那裡有各種不同的社交人脈。他對康斯坦絲的某本書提出批判性的見解，而阿爾弗烈德則在迪斯瑞利無法返家時，將自己在倫敦的空房間借給他。「請在這間房子待一段時間，」一八七三年九月，夏洛特從甘納斯伯瑞寫道，「十月一日是我們的美好齋戒日和贖罪日。你來得越早，並待得越久，甚至待到這一天之後，我們就越高興，也越感激。」除了好客，萊昂內爾總是能從其他黨派那裡聽到有價值的消息，例如關於自由黨法案的內幕消息，或是德拉內打算在《泰晤士報》發表社論的消息。「羅斯柴爾德男爵……是自由黨人，而且消息靈通。」迪斯瑞利向布拉福勛爵透露。難怪自由黨人擔心迪斯瑞利在一八七四年重新掌權時，會搶先授予萊昂內爾貴族頭銜。

迪斯瑞利和羅斯柴爾德家族在這幾年間的親密友誼很實在。我們很容易（雖然不很準確）地說他被視為該家族的成員之一，他的妻子瑪麗・安妮在一八七二年過世後更是如此。漢娜與羅斯伯里在一八七八年結婚時，是迪斯瑞利在婚禮上將她交給新郎。這位首相在那年十二月立遺囑時，指定納弟和律師菲利普・羅斯爵士擔任他的遺囑執行人。萊昂內爾於次年六月去世後，他的兒子回應了迪斯瑞利的弔唁，告訴他：「爸爸把你當成**知己**。」我們很難想像有其他人在最後這幾年和他更親近。

萊昂內爾的兒子們都延續了父親對「比肯斯菲爾德主義」的親近，但他們跟他一樣，仍繼續列入下議院的自由黨席位。一八七八年，迪斯瑞利的侵略性政策（與東方問題有關）在下議院進行表決時，自由黨的領導階層有點排斥納弟。格萊斯頓的忠誠中尉威廉・哈寇特爵士認為，羅斯柴爾德家族跟許多「發現金錢利益被現狀嚴重損害的商人」一樣「向托利黨投誠」。正如哈寇特預期的，政府在二月申請緊急信貸時，納弟公然反抗黨派的棄權做法。兩個月後，威爾弗里德・勞森爵士（Sir Wilfrid Lawson）在四月推動一項反對撥出儲備金的修正案時，納弟兩次表態支持政府。另外，他反對哈廷頓勛爵針對印度軍隊行動的兩項決議（五月二十三日）和柏林條約（八月二日）。有時候會有人認為這是該家族和其他富有猶太人的政治交叉點。在這個關頭，他們對自由主義的忠誠（在長時間的猶太解放運動中形成），最終屈服於迪斯瑞利式帝國主義的呼籲。更準確的說法是，由四十人左右組成的、主要以貴族或郡為基礎的輝格黨集團，公然邁出了遠離格萊斯頓式自由主義的第一步。

一八七九至八〇年，迪斯瑞利政府在格萊斯頓對「比肯斯菲爾德主義」的猛烈攻擊下垮台（歷史書中記載，格萊斯頓被說服參加蘇格蘭郡選區的選舉之後，在中洛錫安郡〔Midlothian〕展開了競選活動），而納弟表現得越來越像披著自由黨外衣的托利黨人。有一次，他在很尷尬的情況下告訴蒙提・科里（Monty Corry），他「進入議院時，正好出現了意見分歧。我沒有收到別人的暗示，後來才發現自己投了多數票，這是一種譴責政府的行為。我寫信告訴你，但你應該知道我寧可砍斷雙手也不想做那種事」。他在一八七九年三月做出補償時提醒迪斯瑞利，查爾斯・迪爾克爵士打算在祖魯人於伊散德爾瓦納（Isandhlwana）戰役獲勝後，推動自由黨投票譴責政府的南非政策。他也表示：「許多保守主義者會放棄表決。」這類情報如今看來似乎微不足道。納弟說過：「情報來自於倫敦西區俱樂部和倫敦市的談話。」然而，這確實是維多利亞時代的首相「聽取民意（政治菁英的意見）」的唯一途徑。一八七九年十二月，納弟將自由黨領袖稱為「格萊斯頓魔王」，以此間接證實自己換了政治效忠對象。他對迪斯瑞利說的新年問候結語是：「我真希望格萊斯頓對你有利，對他自己有害。」費迪南也對羅斯伯里表達同樣的感受：「我真希望你們的格萊斯頓先生葬身海底。」

自由黨在一八八〇年的選舉獲勝後，阿爾弗烈德為迪斯瑞利提供在西摩廣場一號的房子作為套房，而納弟繼續提供自由黨內訌的最新消息。但他現在的主要目標可能是為老人打氣，其次才是煽動有影響力的反對黨批判。《恩迪彌翁》出版時，內容將羅斯柴爾德家族描繪成另一個虛構版本「紐沙特」。納弟對此讚不絕口（也許是意識到席多尼亞和艾卓安・紐沙特之間的差異正是他和父親在社會地位上的差異）：

> 總有一天，「聖喬治的旗幟在拉塞拉斯平原上飄揚」，賽普勒斯成為富饒的殖民地時，「那些在文學和藝術方面失敗的人」不會再把你的作品當成詩人的夢想或夢想家的想像，而是像我一直做的那樣——承認你是英國最偉大的政治家之一。

他宣稱這部作品「為英國文學增添了令人印象深刻的內容」，這位可敬的作家仍繼續住在阿爾弗烈德的宅邸。他說：「阿爾弗烈德是世界上最棒、最親切的東道主。」直到一八八一年一月，他搬進了用《恩迪彌翁》收益買下的寇松街（Curzon Street）十九號房子。一八八一年三月十日，他第一次也是最後一次在那裡招待客人，而阿爾弗烈德便是其中一位客人。四月十九日，迪斯瑞利在凌晨去世，納弟的責任是完成他的遺願：將他葬在妻子於休恩登的墓旁，「舉行和她一樣簡單的葬禮。」這意味著婉拒了格萊斯頓（咬牙切齒）提議的公葬。

牽涉金錢的政治

阿爾豐斯說過，迪斯瑞利是「我們家族最真誠的好朋友」。但吸引羅斯柴爾德家族遠離自由黨的原因不純粹是這段友誼，同樣重要的因素還有格萊斯頓式自由主義者（有些人很激進）和更保守的輝格黨之間的意識形態差異。這些因素在選舉中不言而喻。

一八五〇年代期間，羅斯柴爾德家族剛開始在白金漢郡確立政治勢力時，艾爾斯伯里周圍的輝格黨領導階層充滿敵意。卡靈頓勛爵（Lord Carrington）刻薄地稱他們是「紅海」，而阿克頓・廷達爾（Acton Tindal）則談到抵制艾爾斯伯里黨的「割禮」。一八六五年，納弟在無人反對的情況下取得席位，但他和廷達爾的意見仍然有明顯的分歧，例如關於廢除教會收費的問題。然而，三年後，羅斯柴爾德家族似乎突然轉為支持右派。激進聯盟（Radical League）的秘書喬治・哈威爾（George Howell）混進艾爾斯伯里，中斷了羅斯柴爾德和托利黨人讓兩名成員返回選區的安排。萊昂內爾在倫敦市與哈姆雷特塔區的自由黨候選人有聯繫，這件事情讓他相當尷尬，而這位從猶太教改變信仰的候選人名叫約瑟・達吉拉爾・薩穆達（Joseph d'Aguilar Samuda）。這應該是萊昂內爾失去席位的原因之一：自由黨的支持率整體上升，是選舉中的一次異常失敗。六年後，萊昂內爾又輸了，不過這次的原因是他和格萊斯頓在財政政策方面不和。後來《泰晤士報》回憶起萊昂內爾說過（「在這可能是他參加過的唯一一次大選會議上」）：

> 格萊斯頓先生提議廢除所得稅。國家每年將損失九百萬英鎊，盈餘不會超過這個數字的一半。至於另一半，一定會有更多新稅。他的聽眾高喊著「不」、「經濟」時，他回答說經濟還沒達到每半年省下四百萬的程度。羅斯柴爾德男爵的想法是要徵收新稅，而且是對財產徵收。他建議收執照稅，比如奧地利商人須繳的稅。

主張增加稅收會對選舉產生負面影響並不是現代才有的現象。不過，萊昂內爾還是從諾思科特一八七四年的預算得到證實，該預算保留了所得稅，但對年收入低於四百英鎊的人有更高的門檻和較低的有效利率。

羅斯柴爾德家族和格萊斯頓之間的黨派政治緊張關係在一八七六年達到巔峰。當時迪斯瑞利晉升到上議院，需要在他的白金漢郡選區舉行補選，而此時恰逢格萊斯頓重要的「專制主義」運動。格萊斯頓渴望自由黨獲勝，也很明顯把保加利亞的問題視為實現此目標的手段：他將「二百五十份小冊子」寄給自由黨候選人魯珀特．卡靈頓（Rupert Carington），並熱切地關注這場競選活動。格蘭維爾的朋友在投票前五天試探萊昂內爾的意圖時，他發現：

> 萊昂內爾大力支持迪斯瑞利和德比，卻說得好像他支持卡靈頓。但在目前的投票制度下，怎麼可能知道選票的去向？舉個例子，我們無法判斷他的三個房客支持他還是支持教區牧師。他認為弗里曼特爾（Fremantle，托利黨候選人）將以五、六百票之差獲勝。

事實證明這是準確的預測。

兩年後，自由黨候選人喬治．羅素（George W. E. Russell，約翰勛爵的姪子）贏得艾爾斯伯里第二個席位，分歧進一步擴大。在對抗「比肯斯菲爾德主義」的反猶太運動中，有一個貼切的例子是格蘭維爾坦白告訴格萊斯頓：「羅素批評迪斯瑞利是猶太人、沙文主義者以及其他開頭字母是『J』的傢伙。」（另一個詞是「騙子」〔Juggler〕。）這則消息被當地的保守派《白金漢郡先驅報》（*Buckinghanshire Herald*）報導時，納弟非常憤怒，儘管羅素試圖收回「猶太人」一詞。他再次見到格萊斯頓時，「一有機會就誹謗羅素。」主要的自由黨人樂意以這種方式行事，讓我們很難斷定羅斯柴爾德家族受迪斯瑞利吸引，是否純粹是出於與格萊斯頓在外交政策方面的分歧。

外交因素本身確實很重要。自由黨在一八八〇年獲勝時，法國的羅斯柴爾德家族認為這是一件憾事，因為他們相信保守黨政府更有可能「維持老英格蘭的聲望和影響力」，也相信「格萊斯頓先生對外交政策的漠視」是他們熱切希望索爾茲伯里在一八八五年年底繼續掌權的主因。費迪南決定在一八八五年進入政界時，確實很希望以自由黨人的身分參選。但他向激進的迪爾克透露，他對自由黨的外交政策不放心，並暗示他的政治忠誠度可能會取決於自由黨人是否忠於帝國主義原則。這封信值得詳盡地引用，能說明羅斯柴爾德家族在這段時期的政治矛盾心態。

我並不是像你認為的那種天生保守派。保守主義已經變成幾個外國的禍根，而自由主義政治造就了英格蘭。我們和你們都將這一切歸功於自由主義。在任何情況下，無論用什麼方式，我都沒有托利主義的傾向。另一方面，雖然我可能無法針對這類問題發表果斷的意見，但我為自己居住的國家感到惋惜。我很喜歡現任政府的限制性政策，因為他們犧牲了英國國旗和國名帶來的神奇力量，即使不是為了利益，也是為了為議會改革的狹隘問題。也許我「比教皇更忠於天主教」，但我會為了所有放置在波利尼西亞的所有島嶼、喜馬拉雅山脈的所有峭壁、東方的所有尖塔（這是個暗喻）的英國國旗歡呼。從長遠來看，你們（我是說政府）終究會走向帝國主義。**想想**目前的喀土穆（Khartoum）考察和殖民地擴建吧……

如果我成功進入下議院，我打算支持當時的自由派政府……但是，如果我發現政治在未來是以一種可能讓我覺得支持不妥的方式形成（我刻意用強烈的表達方式），我會退出這場遊戲，退回到我平常不引人注目的狀態。

這封信的重要性顯而易見。當時，費迪南成為白金漢郡中部單一席位選區的國會候選人，純粹是因為他的堂親納弟被封為貴族。已經有跡象表明，格萊斯頓在第二任期結束時提升納弟的地位是為了在即將到來的下議院選舉中取代他。現在我們可以理解為什麼他希望這樣做了。一八八四年十月二十九日，哈靈頓的秘書雷金納德．布雷特（Reginald Brett）寫信給自由黨的首席黨鞭暨資助秘書理查．格羅夫納勛爵（Lord Richard Grosvenor）闡明這件事。布雷特一開始就建議：「你或格萊斯頓先生應該禮遇納弟．羅斯柴爾德。他並不是堅定的自由黨人，但我猜，讓他隨波逐流也沒有多大意義，更不用說把他推向托利黨了。」這間接暗示了要讓恢復羅斯柴爾德的貴族頭銜。但他接著提醒格羅夫納，在下議院用費迪南取代納弟不太可能達到自由黨領導階層期望的效果。

> 如果有人認為可以在羅斯柴爾德家族中挑撥離間，而且費迪南可能是令人滿意或更順從的同事，他可以靠著犧牲納弟而被提拔，那就大錯特錯了。
>
> 羅斯柴爾德家族世世代代團結在一起。該家族的紀律和羅素家族的紀律給人的印象不同。如果自由黨和納弟決裂，那就是和整個家族決裂。我覺得這樣做並沒有好處。

費迪南寫給迪爾克的信不只證實了這個判斷結果：如果他要接替納弟的位置，羅斯柴爾德的外交政策方針仍會保持不變。迪爾克刻薄地評論：「費迪南．羅斯柴爾德想進入國會。我告訴他，他是托利黨人，應該以托利黨人的身分參選……我敢肯定，他無法以自由黨人的身分當選。」這或多或少證實無誤：雖然費迪南剛開始是以自由黨人的身分參選（為了爭取非國教徒的選票，他甚至支持禁酒），但一八九〇年，他描述自己在下議院是「索爾茲伯里政府的狂熱支持者」。

費迪南在沃德斯登保留的訪客登記簿為他不明確的政治立場帶來了有趣的洞察。從一八八一至九八年，自由黨人是稍微比較常來訪的政治人物。愛德華．漢彌爾頓至少拜訪了五十二次，位居首位，其次是自由黨領袖哈廷頓（十次）、自由黨內政大臣暨總理哈寇特（九次）、羅斯伯里（九次）以及迪爾克（兩次）。其他的自由派訪客包括格萊斯頓、布雷特、歷史學家阿克頓勛爵、同事詹姆斯．布萊斯（James Bryce，後來的蘭卡斯特公國大臣和貿易局主席）、未來的政黨領袖赫伯特．阿斯奎斯、卡靈頓勛爵（後來擔任新州的州長）、戴爾豪斯伯爵（Earl of Dalhousie，後來擔任蘇格蘭國務大臣）。然而，最常來訪的兩個人都屬於自由統一黨：司法部長亨利．詹姆斯（Henry James）拜訪十七次；約瑟．張伯倫造訪沃德斯登十二次，兒子奧斯丁（Austen）經常同行。來訪的托利黨人數相去不遠：哈利．卓別林（Harry Chaplin，農業委員會的會長，後來是地方政府官員）造訪沃德斯登二十六次；索爾茲伯里勛爵的姪子和繼任者亞瑟．貝爾福造訪八次；喬治．寇松（George Curzon，索爾茲伯里的私人秘書助理兼印度的國務次卿）也造訪八次；農業委員會的會長沃爾特・隆恩（Walter Long）造訪五次；蘭道夫・邱吉爾勛爵造訪兩次；負責戰爭事務的國務次卿布朗洛伯爵（Earl Brownlow）也造訪兩次；負責外交事務的國務次卿詹姆斯・弗格森（James Fergusson）爵士同樣造訪過。❹

費迪南寫信告知迪爾克，讓羅斯柴爾德家族遠離自由主義的原因不只是帝國問題，益發重要的是，他們質疑張伯倫及迪爾克本人等激進都市自由主義者所倡導的社會政策。「如果我不稱自己是激進分子，」費迪南解釋，

> 這代表我認為，像張伯倫和你這樣的偉大領袖不值得透過主張廢除狩獵法等瑣碎的措施來爭取群眾的支持，也不該刺激人們對社會與金錢平等的有害欲望，其災難性的結果在法國可見一斑，還不如以大原則治理人民，並引導他們思考更廣泛的議題。❺

就連張伯倫提到地方政府強制購買土地再分配給勞工階級，也使納弟感到不安。羅斯柴爾德家族遠離格萊斯頓式的自由主義，不只反映了他們對格萊斯頓冷淡的帝國主義不滿，也反映出他們不信任其政黨的國內政治傾向。愛爾蘭問題之所以在一八八〇和九〇年代的政治中發揮關鍵作用，原因就在於改善愛爾蘭佃戶命運的提議喚起了羅斯柴爾德家族等英國地主對地產保障的擔憂。

聯合主義

雖然有些當代人傾向認為愛爾蘭是英格蘭的第一個殖民地，但自十七世紀以來，愛爾蘭一直是英國必不可少的一部分。從一八〇〇年開始，愛爾蘭議員就入席西敏的下議院。羅斯柴爾德家族並不熟悉這個地方，他們在那裡沒有相關經濟利益，幾乎沒有成員去過那裡。一八六五年，安東尼和女兒到那裡度假，而他參觀的一些莊園美景讓他留下良好的印象。三年後，費迪南去到那裡時，對「極為荒涼」的景觀不太感興趣，但他發現

那裡的人「很好客」，即便他被誤認是都柏林的天主教徒，讓他很困惑。然而，該家族的大多數成員認為這是**未知的領域**。夏洛特在一八六五年將此處寫得像遙遠又陌生的偏僻殖民地：這是一個處處「管理不善」的國度，人們舉止粗魯，普遍酗酒，還有不理智的暴力。即使納弟去過那裡，也沒有保存下來的拜訪紀錄。

但事實證明，愛爾蘭在當時的所有議題中對他的政治行為影響最深。有兩個原因。不只鞏固愛爾蘭佃戶相對於地主的地位似乎威脅到所有業主的權利，給愛爾蘭「地方自治權」（下放立法機關和政府的形式）似乎也威脅到英國的完整性，意味著整個帝國的權力大幅分散。正是愛爾蘭問題的雙重意義吸引到像「年輕輝格黨人」納弟、「保守民主黨人」蘭道夫・邱吉爾勛爵、「激進自由黨人」約瑟・張伯倫等不可思議的政治盟友，因此摧毀了格萊斯頓式的自由主義，並重新塑造後迪斯瑞利時代的保守主義。

羅斯柴爾德在愛爾蘭造反的初步跡象出現於一八八〇年。當時，納弟加入了主要由貴族組成的「年輕輝格黨」團體，投票反對格萊斯頓的《愛爾蘭土地法》（Irish Land Bill），該法案旨在補償因未付租金而被地主驅逐的佃戶。他們的反對意見依據的原則是，任何事都不該侵犯契約的神聖性。納弟告訴迪斯瑞利，這項議案意味著不折不扣的「沒收」。納弟在自由黨領導階層的政策中是六位堅定反對者之一，兩次投票反對《補償法案》（Compensation for Disturbance Bill），兩次投票支持敵對的修正案。這使他與鄧達斯（J. C. Dundas）、費茲威廉（C. W. Fitzwilliam）、艾伯特・格雷（Albert H. G. Grey，後來的第四任格雷伯爵）等輝格黨大人物為伍。一八八五年十二月的選舉結束後（使帕奈爾〔Parnell〕的愛爾蘭民族主義者在西敏獲得平衡的權力），格萊斯頓開始考慮更激進的地方自治解決方案，可以預測納弟將和該計畫的反對者結盟。

---

❹ 其他常客包括亨利・卡克萊夫特（Henry Calcraft，造訪二十次）、貿易委員會常務秘書、銀行家霍勒斯・法庫爾、奧地利外交官門斯多夫、俄羅斯大使斯塔爾男爵（Baron de Staal）。

❺ 哈寇特的《狩獵法》（Ground Game Act）給佃戶和地主平等的狩獵權利，引發了像羅斯柴爾德家族這種狩獵狂的不滿。

事後來看，格萊斯頓的構想很明智（「愛爾蘭立法機構的管理有別於帝國事務」），在阿爾斯特（Ulster）的「羅馬統治」剛開始遭遇反對時，他大概已經減輕了愛爾蘭民族主義的負擔。依照預想，愛爾蘭國會只有非常有限的權力，國防、外交政策及海關事務則交給「帝國」政府，同時取消或削弱愛爾蘭在西敏的代表權。如果托利黨更有遠見，他們可能會提供帕奈爾類似的權力（確實考慮過這麼做）。不過，反對地方自治的立場主要是與英國政黨政治的內部動態有關，其次才是愛爾蘭的抱負，至少這是納弟針對此問題寫的信留給人的印象。

納弟對格萊斯頓重新掌控自由黨感到失望。他曾希望自由黨由哈廷頓領導（德文郡公爵的典型輝格黨繼承人）。在十一月二十九日的神祕信件中，他告訴哈廷頓：「格萊斯頓的名字很可能被改成伊卡博德（Ichabod）。」隨信附上《舊約聖經》的註釋：「以利（Eli）的孫子被稱為伊卡博德或『離開以色列的榮耀』，他在以色列人被非利士人打敗後出生。〈撒母耳記〉（Samuel Chap.）第四章，第二十一節。」一八八五年十二月十七日，也就是格萊斯頓的兒子暗示說父親對愛爾蘭的預想五天後，納弟與蘭道夫・邱吉爾開會，為了索爾茲伯里的利益，便向他簡短說明了潛在的自由黨分裂情況：「約翰・莫萊（John Morley）和張伯倫分開了。莫萊缺錢，只想領薪水，這代表完全服從資深前輩……帕奈爾和格萊斯頓的關係密切。格萊斯頓也做出了承諾。」這場會議的目標很明顯。邱吉爾和德拉蒙德・沃爾夫爵士（邱吉爾潛在「第四方」的其他關鍵人物之一）都考慮過「透過羅斯柴爾德（與輝格黨人）討論結盟」，不過邱吉爾加強愛爾蘭和大陸政治「融合」的想法，使許多輝格黨人感到震驚並認為過於偏激。

懸而未決的問題是，有哪些輝格黨人願意離棄格萊斯頓？分離主義者和持續執政到一月三十日的保守黨人之間的關係會如何？羅斯柴爾德家族在《地方自治法案》（Home Rule Bill）於六月八日被否決前的關鍵幾個月裡充當政治中間人的角色。例如，拜西里爾・弗勞爾所賜，邱吉爾在一月八日能從自由黨陣營提供新情報給索爾茲伯里，弗勞爾才剛聽說格萊斯頓譴責邱吉爾是「沒有原則的年輕惡棍之類」。還有納弟告訴布雷特：

「哈寇特和迪爾克認為……格萊斯頓先生會放棄地方自治，改為接受同事的觀點。」阿爾弗烈德為了鼓勵意見不同的人，於是告知哈廷頓，索爾茲伯里願意在他領導的聯盟中擔任外交部長。他向邱吉爾保證：「說哈廷頓會讓步完全不是真相，事實恰恰相反。」

到了三月，焦點轉移到張伯倫的立場。他有一段時間很想和格萊斯頓絕交。在布雷特家的一次晚宴上，貝爾福見到張伯倫以及輝格黨的兩位重要人物：艾伯特・格雷和納弟。貝爾福告訴索爾茲伯里，在場的人都「公開認為張伯倫要離開政府了」。格萊斯頓已經充分傳達自己的愛爾蘭計畫，並表示他「要讓喬（Joe，即張伯倫）相信，他沒辦法輕易接受！」在討論的過程中，納弟和格雷確定「倫敦市即將有大型的反地方自治會議」，但納弟和張伯倫都認為會議沒有幫助。四月二日，會議在市政廳進行。下個月，納弟在西敏宮舉行的第二次會議上表明了自己的立場。他在這次會議被選為自由統一黨總務委員會成員，象徵著他與格萊斯頓在政治上的最終決裂。也有其他傑出的猶太議員加入他的陣營，包括堂親費迪南和法蘭西斯・葛斯密德（Francis Goldsmid），但關鍵因素並不是他們的猶太血統，而是因為倫敦市機關（包括喬治・戈申〔George Goschen〕、雷夫爾斯托克等人）幾乎都是自由統一黨人。

如阿爾豐斯所提到的，羅斯柴爾德的理想其實是「哈廷頓－索爾茲伯里式政府」，也就是整合自由統一黨人和保守黨人。但事實證明這是很難做到的事。邱吉爾和納弟試著在計畫中納入哈寇特，但效果不彰。六月十三日，也就是地方自治法在下議院落空的五天後，張伯倫在沃德斯登的會議上告訴貝爾福，他認為自由統一黨人和保守黨人「不可能」結盟。他樂意做的事是「明確並完全理解哈廷頓，並讓他充分（雖然不完全）地理解我」，以確保雙方能在議長席位後協商，行動充分統一。這也是納弟在三天後聽到哈廷頓分享的觀點。

「擺脫格萊斯頓」的共同目標是以復仇的方式實現。對格萊斯頓和地方自治法而言，當年七月的大選結果是一場「打擊」。三百一十六名保守黨人、七十八名自由統一黨人當選，只有一百九十一名格萊斯頓式自由主義者和八十五名愛爾蘭民族主義者當選。蘇格蘭的失敗十分慘重（被稱為「老頭的糞堆」）——納弟勸邱吉爾和張伯倫參加競選。在農村選區，例如費迪南在艾爾斯伯里的選區，資深前輩的競選失敗也很明顯。而自由統一黨人的和諧很短暫——布雷特捕捉到令人難忘的畫面：邱吉爾、納弟以及張伯倫「密切地共同執行帝國的事務」。「讓一大群自由統一黨人」在蒙特莫爾合照是很容易的事，但要他們在政府部門合作就沒那麼容易了。早在十二月，索爾茲伯里、邱吉爾及張伯倫就為了政府的縣議會法案而發生爭執。當月，邱吉爾因國防預算問題辭掉大臣的職務。次年二月，納弟對政府的愛爾蘭政策很失望，他認為政策「卑劣地」結合了高壓政治和新的土地法。「你會發現舊同事因守夜而筋疲力盡，而且有越來越多人要求在愛爾蘭塑造強大的政府。」他告訴邱吉爾。他預測，如果政府不「謹慎，很容易讓人有『地方自治比目前的混亂和不滿更好』的感受」。

在這個階段，納弟似乎一直對哈廷頓很忠誠。布雷特告訴哈廷頓，納弟、邱吉爾以及張伯倫達成的共識是「維持自由統一黨，因此你的期望和意見應該是他們列入考量的主要因素……蘭道夫說，重要的是『要把格萊斯頓那一派的人都趕下台』」。納弟以地主的混合隱喻在三月告知邱吉爾，只要自由統一黨人發起或支持的議案落實了，他便心滿意足：

哈廷頓不是小波比（Little Bo Peep），他沒有失去羊群（指支持者）。他和喬都熱情且盡力地支持政府，包括犯罪法案和後來出現的大型採購計畫。有一些園子裡的馬的血統令人懷疑。母馬已經有二或三匹種馬了（亦即有些立法議案在下議院有不同的倡議者）。如果有人問我，我會說這些議案的來源很可疑，但倡議者一定包括喬。

愛德華．漢彌爾頓在八月與納弟一起用餐時，有人明確地告訴他：「哈廷頓很快就會擔任首相，而且是真正『自由黨』的首相，現在所謂的保守黨人才是其正規代表。哈廷頓再也不會被迫為激進分子從事不法勾當了，他很後悔出於對政黨的忠誠而忍受屈辱。」然而，納弟也透露自己漸漸懷疑起張伯倫，後者仍說得像舊的自由黨派系可以重新團結起來一樣：

> 張伯倫無法成為大人物。他就像披著托利黨羊皮的激進派野狼，也是典型的民主黨人，就是揮金如土的沙文主義者，與蘭道夫·邱吉爾形成很大的對比。在經濟和外交方面，邱吉爾是不折不扣的皮爾黨人。至於格萊斯頓先生，他沒救了，連續兩年、甚至兩個月都不了解自己的想法，持續對國家不利。

也難怪像漢彌爾頓這麼忠誠的格萊斯頓式自由主義者對此嗤之以鼻（即便他不能否認納弟「很熟悉正在發生的事」）。但有趣的是，漢彌爾頓的下一場約會是在蒙特莫爾與羅斯伯里享用晚餐。此時，他認為羅斯伯里是上議院未來的自由黨領袖。

換句話說，爭論的焦點在於自由黨的命運。哈廷頓走某一條路，張伯倫走了另一條路，而羅斯伯里卡在中間，試著從格萊斯頓式自由主義的廢墟中搶救一些東西。當然，納弟希望以某種方式讓邱吉爾和哈廷頓聚在一起成為真正的自由黨門票，但是因為邱吉爾的生理與心理健康惡化，導致他的期望注定落空。不過在這個階段依然有機會避免保守黨人全面接管自由統一黨，要不然為什麼納弟提議給哈廷頓用於一八九〇年自由統一黨的選舉資金，並鼓勵德比勛爵也這樣做呢？就像納弟於一八八八年假定格萊斯頓已經「完全被趕下台」，以及「他的離開會導致地方自治無疾而終」，這些並不是那麼不切實際。即使自由黨在一八九二年獲勝後，格萊斯頓在政界的重生也只是曇花一現。羅斯伯里的繼任應該謹慎地慶祝，因為他對地方自治和上議院改革的承諾很膚淺。

邱吉爾與羅斯伯里

在一八八〇年代的複雜政黨政治中，納弟最引人注目的特點或許是他遠離了銀行家的身分。我們可以說，第一次有羅斯柴爾德將政治當成職業，但是在關於愛爾蘭或社會政策的辯論和他身為富有地主的利益之間的關係只有脆弱可言。

不過重點是要記住，在這一切發生的同時，納弟繼續在新廷度過大部分的工作日。身為銀行家，他最關心的政治問題是外交政策，其次才是國內政策。即使在我們試著揭露和重建他於地方自治辯論中的角色時，也應該記住帝國主義的外交對他更重要。在這段時期，羅斯柴爾德家族能在多大的程度上利用政治人脈來影響外交政策呢？要了解此問題的方法在於，思考他們和後迪斯瑞利時代的兩位政治家之間的關係。這兩位政治家應該和他們來往密切：蘭道夫．邱吉爾和羅斯伯里。此外，也有必要簡單介紹一下維多利亞時代的英國帝國最重要的屬地——印度。

在一八八〇年之前，羅斯柴爾德家族對印度沒什麼興趣，但他們和當地的企業做了一些生意。他們的親戚加百列（Gabriel）和莫里斯．沃姆斯（Maurice Worms）離開錫蘭二十五年後，於一八六五年回到錫蘭時，夏洛特不僅對他們的外表感到震驚，「又老又醜的英國高加索印度人」，也對他們描述的茶園生活很吃驚。那裡有赤裸著身子的苦力、酷熱、蛇、大象、豪豬以及吃珍珠的昆蟲，彷彿來自另一個星球。沃姆斯家族將其中一處種植地稱為「羅斯柴爾德」是一種恭維，並不是象徵該家族在英屬印度參與金融事務。然而，在一八八〇年之後，情況發生變化。從一八八一至八七年，夏洛特的兒子們負責發行印度鐵路的股票，總價值為六百四十萬英鎊。

自由黨人的離開，以及索爾茲伯里勛爵在一八八五年夏季任命邱吉爾擔任印度的國務大臣，似乎預示著羅斯柴爾德家族對印度逐漸濃厚的興趣。儘管邱吉爾迅速發展的政治生涯充滿矛盾，但他在印度事務上立即與納弟和他的兄弟建立起關係，但以前他還指責過格萊斯頓的政府在埃及問題方面與巴爾林兄弟建立這種關係。當他打算為印度的美聯鐵路發放貸款時，他特地告訴總督達弗林勛爵（Lord Dufferin）：「如果明年的貸款發放時，我還沒離職，我會和貝特朗．庫里（Bertram Currie）一決高下，以便將貸款交給羅斯柴爾德家族。英格蘭銀行的金融知識有多貧乏，羅斯柴爾德家族的金融知識就有多豐富，客戶也很多。」

邱吉爾的傳記作者羅伊．福斯特（Roy Foster）認為，羅斯柴爾德家族確實有助於新公司的股票發行。當代人也認為，邱吉爾在一八八六年元旦宣布要併吞緬甸的決定與他和該家族越來越密切的關係有關。愛德華．漢彌爾頓諷刺地提到：「只要能帶來利益，沙文主義就是受歡迎的。」當然，他們在宣布併吞後的一週內就申請接管「所有緬甸鐵路，並建造通往邊境的路線」。邱吉爾向索爾茲伯里保證，他們「很感興趣」。事實似乎不言自明：一八八九年，羅斯柴爾德家族負責發行極為成功的緬甸紅寶石礦股票。當時，有意認購的人越來越多，據說納弟要爬梯子才進得了銀行，而股票的溢價達到百分之三百。布雷特不是在一八八六年告訴哈廷頓，「邱吉爾和納弟似乎打算密切地共同執行帝國的事務，並與張伯倫協商」嗎？後來，漢彌爾頓不是告訴羅斯伯里，讓邱吉爾「陷入麻煩」的是他「和某家金融機構過從甚密」嗎？索爾茲伯里夫人不是也在與赫伯特．俾斯麥、羅斯伯里的談話中，先表示「反對蘭道夫將所有事告訴納弟」，並「暗示人們不會無緣無故提供政治情報給大型的金融機構」嗎？關係太過密切的證據似乎很有說服力，尤其是考慮到邱吉爾的個人財務狀況不穩定。眾所周知，雖然他以前的傳記作者隱瞞了事實，即他過世時積欠倫敦分行「一筆驚人的六萬六千九百零二英鎊」，雖然他曾經採納羅斯柴爾德的建議，從礦業股票賺到一些錢。

但是，如果我們深入研究，就會發現邱吉爾在印度的辦公室和財政部工作似乎對羅斯柴爾德家族身為銀行家的重要性不大。同理，該家族的銀行家身分對邱吉爾而言，也只有在他離職後才發揮重要的作用。緬甸的紅寶石礦股票發行價只有三十萬英鎊，而且是在邱吉爾結束印度辦公室的短暫四年任期後發行。同樣地，該家族在一八九六年才發行二百萬英鎊的緬甸鐵路股票。十年前，他們原本向印度財政委員會提出的建議被拒絕了。在索爾茲伯里的第二屆政府財政部，邱吉爾徵求他們對財務政策的意見（任命納弟加入委員會，調查公共支出）。然而，如果要把邱吉爾對軍事開支表示反對的立場（終極的自我毀滅式、極端的格萊斯頓式的反對）當成對羅斯柴爾德有利的方式，並不容易。事實上，他對埃及和貨幣政策的觀點很快就與納弟產生分歧。一八八六年十二月，羅斯柴爾德家族也沒有干涉他離職的重要決定。布雷特問他能不能將消息轉達給納弟時，「他拒絕了，因為他對阿爾弗烈德很不滿，似乎是因為阿爾弗烈德堅決反對他的意見。『阿爾弗烈德抱怨我沒有找羅斯柴爾德家族商量。不管怎麼說，我很高興和他們交朋友，但我還沒變得像瑞佛斯．威爾森，也還沒收到他們給的報酬。』」納弟認為，邱吉爾的辭職決定應該似乎只是「一時衝動」，但邱吉爾堅稱「這純粹是誤會……他不知道索爾茲伯里有『錦囊妙計』，也就是他準備派戈申填補空缺」。

這表示他在離職後才開始向羅斯柴爾德家族借大筆資金。一八八八年，他的透支額只有九百英鎊；直到一八九一年，這個數字才飆升到一萬一千英鎊。雖然納弟繼續鼓勵邱吉爾，相信他有朝一日會返回工作崗位，但考慮到這位前任大臣的行為越來越古怪，他應該是在自欺欺人。漢彌爾頓在一八八八年八月說過：「蘭道夫．邱吉爾什麼事都找羅斯柴爾德幫忙……但身為他的主要導師，羅斯柴爾德已經放棄他了，認為他是個無能的政治家。」如果我們將一八八六年之後納弟對邱吉爾的資助視為一種友誼行為，似乎沒什麼錯，當時邱吉爾的梅毒症狀正日益嚴重。畢竟以政治和經濟層面來看，他現在更像是負債而非資產。一八九一年，邱吉爾在羅斯柴爾德的協助下，從馬紹納蘭考察歸來後，卻公開譴責該地區的經濟前景。我們接下來會看到他的失態行為激怒了納弟。羅斯柴爾德家族對他野心勃勃的兒子的事業感興趣，與其說是出於算計，不如說是他們同情變得可悲的邱吉爾。不過年輕的溫斯頓在一九〇四年以曼徹斯特的自由黨議員身分反對《外國人法案》（Aliens Bill）時，他們確實很滿意。

羅斯伯里的情況沒什麼不同，但關於羅斯柴爾德的影響程度也有類似的疑問。他在格萊斯頓的第三、第四部門擔任外交大臣，並在一八九四年接替首相的職務，那麼與羅斯柴爾德家族女性成員結婚在政治層面有意義嗎？就和邱吉爾的例子一樣，有些當代人確實這麼認為。「在這個關鍵時刻，」一八九三年九月，自由派期刊《正義》（*Justice*）在格萊斯頓造訪特靈後評論道：「外交大臣透過婚姻和同一家吸引人的金融機構有密切往來，眼見格萊斯頓先生與羅斯柴爾德勛爵相談甚歡，並不是好事。」

無庸置疑，從他和漢娜結婚的那一刻起，家族中更有政治傾向的成員就對羅斯伯里的事業感興趣。一八七八年九月，也就是婚禮結束後的六個月，費迪南向羅斯伯里透露他多有興趣：

像平常一樣，納弟提到許多關於你的事，並盡力從我這邊打聽你的競選和政治活動。他特別想知道，如果自由黨人又參加競選，你是否還會接受擔任下屬的職位。我以不知情當藉口。阿爾弗烈德在今天上午十一點出現了，似乎很熟悉我的行程……他已經知道我們昨晚見面……宗教法庭被廢除了，真可惜！我的親戚會打聽情報！

在邱吉爾的例子中，私人的財務關係出現於他任職後；但羅斯伯里的例子則是在那之前。一八七八年十一月，費迪南建議羅斯伯里：「如果你有多餘的幾千英鎊（九千到一萬英鎊），你可以投資到新的埃及貸款，議院下週會說明。」納弟在一八八〇年寫的信進一步闡明羅斯伯里從姻親那裡得到了「不錯的投資建議」。「我要高興地說，」他調皮地寫道，「在我聽說部長要做什麼事之前，我什麼都不知情。我只能告訴你，我今天為新廷買了十萬。我想建議你請梅先生（May，羅斯伯里的經紀人或羅斯柴爾德的行員）幫你付款。」這應該可以解釋，為什麼格萊斯頓在一八八四年提供羅斯伯里工程專員的職位、內閣的掌璽大臣席位時，他拒絕了。他援引政府即將針對埃及財政所做的決定，告訴格蘭維爾：「你可以猜到我和這個問題的關係有多麼微妙。雖然我不是羅斯柴爾德家族的成員，但因為親屬關係和友誼而變得緊密，所以我強烈地感受到在此刻進入內閣的困難度……」然而，戈登將軍被謀殺後，羅斯伯里接受了格萊斯頓的提議，而他和羅斯柴爾德家族都沒有嘗試斷絕財務關係。在他加入政府後的兩週內，他至少見了該家族成員四次，包括兩次與納弟共享晚餐。一八八五年八月，就在格萊斯頓辭職兩個月後，他又被暫時解除職務，而羅斯伯里從倫敦分行剛發放的埃及貸款分到了五萬英鎊。有趣的是，「按照羅斯伯里的意願，這筆埃及的錢被存入銀行，記在漢娜名下。」

羅斯伯里在一八八六年當上外交大臣後，這種模式再度出現。這次是納弟公開表達自己的保留意見，他在一月告訴布雷特，「以羅斯伯里和羅斯柴爾德家族的關係來看」，他「不可能當上自由黨外交部長。」一八八七年，他在甘納斯伯瑞的晚餐會上讓漢彌爾頓很困惑，漢彌爾頓以為他會「吹捧羅斯伯里，**出於姻親的親密**

關係的自豪感」。結果，他反而指責道：「羅斯伯里不適合上台演講，因為他講話平淡無奇。身為外交大臣，他的名聲被高估了，其實是他自己毀掉自己的名聲，因為他報告關於巴統（Batum）的事時，像是令人焦躁的咆哮，卻無意或無力咬人。俾斯麥對他很失望。」但我們不該只從表面判斷。一如既往，羅斯伯里和羅斯柴爾德家族在外交問題（尤其是阿富汗）上保持密切聯繫。阿爾弗烈德從新廷振奮地寫道：「從四面八方，甚至從遙遠的地方，我們只聽到對新任外交部長的提名感到滿意的言論。」《地方自治法案》失敗後，羅斯伯里又離職了。這時，納弟鼓勵他去當新倫敦郡議會的主席來維持政治影響力。他在一八九二年返回政府前不久，也與阿爾豐斯討論勞資關係，這些討論預示著他會在次年干涉礦工的罷工。德國大使說過，羅斯柴爾德家族似乎也不太可能勸阻羅斯伯里回到外交部。根據這段時期留下來的信件，他們繼續提供金融與外交情報給羅斯伯里，例如關於埃及的消息。格萊斯頓離職後，法國的羅斯柴爾德家族對他升任首相表示歡迎。阿爾弗烈德採取了出乎意料的措施，代表首相針對一箱證券與英格蘭銀行起了爭執。據說，該銀行的前出納組長將證券放錯了地方（他的調解導致庭外賠償高達二萬英鎊）。[6]納弟對羅斯伯里後來辭掉首相一事感到遺憾，尤其是因為這代表哈寇特獲勝了，「比以前更浮誇和喧鬧，也更不誠實」，而他的財政政策也漸漸趨向進步派。

羅斯伯里和格萊斯頓式自由主義者並肩作戰的時間比納弟長。但他在一九〇二年成立的帝國主義自由派聯盟，暗示了他的支持傾向和自由統一黨人從來沒差那麼多。一九〇五年，他和自由黨徹底分道揚鑣後，他的政治生涯和納弟很相似，例如兩人都在一九〇九年反對勞合．喬治的預算，以及削弱上議院權力的國會法案。

然而，就像邱吉爾，問題依然在於羅斯柴爾德家族是否從他們和羅斯伯里的關係中得到實質的好處。答案基本上是否定的。我們能確定的是，現有的信件顯示羅斯柴爾德家族提供財務和外交情報給羅斯伯里，但很少直接要求部長採取行動，除非羅斯伯里的天賦帶來榮譽後有一些次要的資助業務。近年針對羅斯伯里外交政策的相關研究也沒有顯示出羅斯柴爾德影響力的證據，因此我們很容易得出這樣的結論：更偏激的自由主義者對羅斯伯里和「迷人」羅斯柴爾德家族的關係所表示的擔憂毫無根據。不過羅斯伯里至少有一次確實事先提醒了他們重要的外交決定。一八九三年一月，身為外交大臣的他利用布雷特向新廷傳達政府有意加強埃及駐防。「我見到納弟和阿爾弗烈德，」布雷特報告，

> 並告訴他們，你很感謝他們提供可用的情報，因此希望他們從報紙讀到加強駐防前，**先知道這則消息**……當然，他們很高興也感激不已。納弟希望我告訴你，他提供的所有情報和幫助都是你可以任意使用的。

也許這是特例。另一方面，我們不能忽視的這種內幕消息可能經常是經由口頭或信件傳達，只不過這些信件沒有留存下來。

法國的保守主義

英國羅斯柴爾德家族的政治活動和法國堂親確實很相似。當然，就像阿爾豐斯經常在信中提到的，法蘭西共和國是截然不同的政治環境，那裡的左派和右派都採取比英國更極端的立場。此外，法國羅斯柴爾德家族經歷了頻繁的政權更迭，因此他們在意識形態的中立性（或靈活度）更高。在本質上，阿爾豐斯和兄弟都跟母親一樣是奧爾良派，他們在信件中提到許多有關君主政體復辟的想法可以證實這一點。但與父親相同的是，他們很樂意和共和黨政治家共事。他們將溫和或保守的共和黨人和極端或激進的共和黨人區分開來。當他們得知一八七三年麥克馬洪元帥取代提也爾成為共和國總統時，並不覺得遺憾。四年後的五月十六日政變失敗後，他們為麥克馬洪的倒台深表惋惜。在後來的選舉中，共和黨的勝利喚起了阿爾豐斯對公社的回憶。只有他們的老朋友利昂·賽伊在十二月被任命為財政部長時，阿爾豐斯才沒有疑慮。雖然賽伊準備將利率百分之三的新長期公債直接賣給公眾，降低了他們的傳統承銷佣金，但羅斯柴爾德家族是熱衷的認購者。他們對一八八一年中期

❻ 要了解這件不尋常事件的細節是不可能的事，因為相關文件存放在部長的壁櫥抽屜了。

的政府貸款也給予同樣的支持，認購了一億多法郎。❼

如果納弟認為對地產的「尊重」是保守主義的檢驗標準，那麼法國的羅斯柴爾德家族也同樣重視法國的私營鐵路公司。當然，他們持續持有這些公司的主要股權。一八七〇年代早期，每當有大量的新支線建設時，阿爾豐斯就會擔心北方鐵路公司被其他公司取代。後來，更嚴重的鐵路國有化威脅（一八四八年的舊目標）讓他耿耿於懷。如同在英國，「社會主義」成了「受威脅的國家侵犯迄今不受限的財產權」的簡稱。

從這個角度來看，羅斯柴爾德家族對一八七〇年戰爭中的共和黨英雄甘必大的態度，比較容易理解。儘管甘必大的名聲可追溯到一八六九年的瘋狂貝爾維爾（Belleville）計畫，但只要他專注於為法國規劃帝國政策，該家族很樂意鼓勵他。在甘必大的短暫總理任期（一八八一至八二年），有一段著名的故事是關於有人看到他和阿爾豐斯共享晚餐：

> 兩位君主——法國真正的主人甘必大和羅斯柴爾德，在窗邊的壁龕愉快地聊天……甘必大想進行海軍演示：五艘砲艇駛向突尼西亞港，五家公司登陸並親切地對高級官員說：「接受攝政統治，不然請滾開。」要再二十四小時內完成……接著，阿爾豐斯開口了，他有見識地談到義大利和英國的政治家。甘必大聽著，內心既欽佩又驚訝。他萬萬沒想到阿爾豐斯·德·羅斯柴爾德的思維這麼豐富又活躍。他們聊到德普雷蒂斯（Depretis）、凱洛利（Cairoli）、賽拉（Sella）、迪斯瑞利、格萊斯頓、克里斯皮（Crispi）、哈廷頓、格蘭維爾……乾杯時，甘必大說：「敬法國回歸！」阿爾豐斯·德·羅斯柴爾德回應：「敬實現這件事的人！」這句話並不明確，既可用來指加利費（Galliffet）將軍，也可用來指甘必大。甘必大認為這句話是指他自己。他想了一會兒，但想不出合適的回答，於是很乾脆地回應：「我敬這個人！」要是貝爾維爾的選舉委員會能看見在王子和侯爵的陪同下的甘必大就好了。

當然，這則軼事的重點是暗示甘必大放棄了掌權的目標。雖然他同時奉行的國內政策偏離社會主義，但對羅斯柴爾德家族而言沒有比征服突尼西亞更容易接受。首先，甘必大設想了大規模的兌換業務：百分之五利率的六十億法郎長期公債。由於高級私人銀行有反對的跡象，所以賽伊不接受甘必大領導下的財政部長職位。根據警方的報告，阿爾豐斯確實在一八八一年十二月告訴記者：「我要發起一場全面的運動，務必在甘必大打敗我們之前先打敗他。」我們已經看見聯合興業銀行的倒閉是如何促成他的倒台。其次，甘必大似乎有意使鐵路國有化。他下台後，雙方才達成協議：在政府行使買回路線的權利之前，多給公司三十年的時間。像甘必大這種左派政治家，可能和右派政治家一樣願意奉行帝國主義政策。但羅斯柴爾德家族主要是出於國內政治的因素，比較希望帝國主義偏保守。另一方面，他們有充分的理由對法國右派的沙文主義傾向保持警惕。他們不喜歡布朗熱將軍（General Boulanger）在一八八七年五月被解除軍政大臣的職務後，有人煽動支持他。就像之前的波拿巴主義，此舉結合了國內政治的激進主義和外國侵略性，羅斯柴爾德家族認為這與法國的實力不相稱。直到一八八九年，這位「沒價值」、「無能」的將軍下台後，他們才開始當他的私人銀行家。

與英國的羅斯柴爾德家族相比，法國羅斯柴爾德家族對工會和社會主義黨的興起顯然更震驚，但這大概反映了法國在歷史上更容易受到革命性政治的影響。一八九二年，埃德蒙驚恐地寫到直言不諱的社會主義者對「金權政治」的抨擊越來越強烈，並警告即將到來的「無政府」局面。阿爾豐斯則預測，「社會主義的氾濫」在法國比在英國更「有害」。一八九二年，阿爾豐斯和羅斯伯里討論勞資關係時，特別強調自己反對政府干涉勞資糾紛。顯然，他認為羅斯伯里是難解之謎，並在會面結束後挖苦地說：「我們國家沒有住豪宅又年收入十萬英鎊的激進分子。」阿爾豐斯在一八九七年告訴作家朱爾斯·胡勒（Jules Huret），「我不相信這種勞工階級的運動」：

❼ 布維爾（Bouvier）提到，羅斯柴爾德家族當時和幾間精選合資銀行共享發行政府債券的好處，這些銀行包含里昂信貸銀行、法國興業銀行、貼現銀行、巴黎投資銀行。

一般來說，我相信勞工對自己的命運很滿意，毫無怨言。他們對所謂的社會主義一點興趣也沒有。有一些主謀很明顯試圖引人注意，想吸引擁護者，但這些人對誠實、通情達理、勤奮的勞工毫無影響力。他們應該要區分好勞工和壞勞工。那些要求只工作八小時的人都很懶惰、無能。其他人則是家中的經濟支柱，會希望工時足以養活自己和家人。但如果他們每天被迫只工作八小時，你知道他們多半會做什麼事嗎？喝酒！……不然你指望他們做什麼事呢？

也許胡勒錯誤地引用了阿爾豐斯說的話，但他在寫給倫敦的信中表明，這大概就是他的想法：對勞動力市場有不妥協、粗魯、自由放任的觀點，就和當時許多實業家的意見一樣。阿爾豐斯對經濟不平等的辯護也平淡無奇：

我一直不明白「高級私人銀行」的意思。那到底是什麼意思？世界上有富人，也有窮人，就這樣！只是有些人今天有錢明天窮……所有人都逃不掉這種變化，沒有例外！沒有人能吹噓自己能避開這個命運。至於聚集的資本，在流通的是金錢……並帶來好結果，是國家的財富！如果有人使出恐嚇或威脅的手段，資本就會消失。到那一天，一切都會不見，變成國家繁榮的末日。資本**就是**勞動力！除了一些不幸的例外……每個人都有一部分可用資本，是他的智慧、精力以及勤奮所應得的。

這種自滿的辯解充分說明了新世紀臨近時，羅斯柴爾德家族在社會和政界面臨孤立。隨之而來的是新時代，政權不再那麼容易侷限於俱樂部的餐廳和郊區宅邸了。

十一、帝國的風險與報酬（一八八五－一九〇二）

如果可以，採用耶穌會信徒的章程，讓大英帝國掌控羅馬天主教吧。

——塞西爾・羅茲致羅斯柴爾德勛爵，一八八八年

一八八九年，英國財政部長喬治・戈申承諾將利率百分之三的五億英鎊永續債券兌換為利率百分之二・五，此舉涉及近一半的公債。這種轉換似乎象徵著已經在英國建立起的特別良性的循環，即帝國擴張和財政緊縮結合起來。自拿破崙戰爭以來，公債逐漸下跌到最低點，維多利亞時代的人似乎在沒有過度擴張的情況下就塑造了帝國。

戈申此舉也證明了NM羅斯柴爾德家族銀行在倫敦債券市場的持續主導地位。儘管愛德華・漢彌爾頓（目前在財政部）對以前的主子格萊斯頓很忠誠，卻毫不猶豫地建議戈申「信任……羅斯柴爾德家族」和巴爾林兄弟。讓漢彌爾頓吃驚的是，納弟不願意考慮財政部提出二千到二千五百萬、利率百分之二・五、面額比九十九高一點的條件，認為「潛在的淨利率和風險完全不相稱」，並說服比較好講話的雷夫爾斯托克堅持價格不高於九十七・五。漢彌爾頓認為在利率漸漸下降的情況下，這似乎是種吝嗇的手段；直到一年後，人們才看懂了納弟的精明。

非正式帝國的風險：巴爾林危機

長久以來，歷史學家持續爭論的是，在帝國主義中，究竟是「殖民地促進帝國貿易」，還是帝國促進殖

民地的貿易。在埃及，國家跟著債務走（債務跟著貿易走），但從投資到入侵的轉變並非不可避免。在其他海外市場，歐洲投資者的利益從來都不是施加外部政治控制的藉口或理由。有關這一點的經典例證是拉丁美洲：門羅主義（Monroe Doctrine）[10]發布後，歐洲帝國的影響力免不了變成「非正式的」，因此主要涉及經濟層面，而非「正式」的政治層面。（蓋亞那的英國、法國及荷蘭殖民地是例外。）一八九〇年的事件見證巴爾林兄弟因阿根廷的呆帳而瀕臨破產，說明了用非正式方式建造帝國的缺點。如果阿根廷是中東或亞洲國家，那麼政治不穩定的情況很可能促使帝國進行政治干涉，維護巴爾林兄弟等主要債券持有者的利益。拉丁美洲的特殊中立地位排除了這種解決方案。

經常有人提到巴爾林危機的故事。在羅斯柴爾德家族的歷史背景下，需要提出三個問題。首先，當代所謂的「猶太人之主」（指羅斯柴爾德家族）在某些方面引發昔日對手垮台，此說法是否屬實？第二，是什麼原因最終促使納弟參與拯救巴爾林的行動？第三，為什麼類似的災難沒有降臨到羅斯柴爾德家族身上？他們對政治上同樣不穩定的鄰國巴西的承諾，可以與巴爾林對阿根廷的承諾相提並論。

巴爾林參與的阿根廷業務在一八五〇年後的幾十年中逐漸增長，整體上非常成功（從一八八〇至八九年，平均利潤為資本的百分之十三），因此到了一八八〇年代晚期，開始出現了有害的過度自信，而其他人察覺到烏雲正逐漸罩頂。早在一八八八年，《銀行家雜誌》（*Bankers Magazine*）就對阿根廷邦聯（Argentine Confederation）的穩定性表示懷疑。一八八九年中期，《統計學者》（*Statist*）便警告經濟崩潰是「無可避免」的事。雖然邱吉爾後來聲稱，納弟大概在一八八九年告訴他巴爾林的「狀況很好，沒有出問題」，但這只是在微妙的話題上保持謹慎的說法。事實上，羅斯柴爾德家族在巴爾林危機爆發的兩年前就預料到它的發生。一八八八年十月，阿爾豐斯提到，阿根廷「必須迅速變得富有」才能償還不斷增加的債務。而古斯塔夫預測「阿根廷基金即將崩盤，並對其他市場產生不良反應」。他也希望（事實證明希望落空）這種前景能「冷卻巴爾林先生、巴黎銀行以及其他人對阿根廷業務的熱情」。（其實他們自己也並非完全不參與阿根廷事務，一八八九年，威廉．卡爾在法蘭克福被任命為政府的金融代理人。）一八八九年的下半年，英格蘭銀行的貼現率從百分之四提升到百分之六，被總裁威廉．利德達爾（William Lidderdale）視為對拉丁美洲形勢感到「緊張」的表現。另外，戈申擔心黃金在危機爆發時會流失，因此提議發行一英鎊紙幣。

一八九〇年，巴爾林的投資組合中有許多不同的阿根廷證券，包括阿根廷銀行為了抵押貸款給地主而提供的匯票和債券。致命的交易是巴爾林為布宜諾斯－艾利斯供水暨排水公司（Buenos Aires Water and Drainage Company）發行的龐大的二百萬股，該公司的成立宗旨是要將都市的供水和排水設備現代化。銀行提供大眾的股票不僅不超過十五萬英鎊（即便採用了後來飽受批評的「市場機制」），約翰．巴爾林（John Baring）在一八八九年底造訪布宜諾斯－艾利斯時，也驚訝地發現新供水系統的工程進展緩慢。該公司變成激烈的政治批評對象，而住戶迴避以強勢貨幣匯率支付，這本來應該保證股東能獲得不錯的股利。即使政治條件保持穩定，巴爾林仍免不了陷入困境。然而，財政部長在一八九〇年七月因總統米格爾．塞爾曼（Miguel Celman）的通膨政策而辭職，危機驟然加劇。匯率暴跌，而一場受到海軍軍官支持的革命迫使塞爾曼逃離。「無政府狀態」逼近，隨之而來的是違約。

但是問題的嚴重性卻直到最後一刻才被發現。十月八日，也就是銀行又將利率調升到百分之六的隔天，漢彌爾頓和納弟共享晚餐時，納弟坦白表示自己「對倫敦市的現狀感到很不安」。但漢彌爾頓接著說：「沒有人知道為何瀰漫著一種不安的感覺。除此之外，許多人擔憂某些大型銀行的處境並不輕鬆，主要是因為阿根廷危機和證券普遍下跌……」十月十三日，雷夫爾斯托克找格林米爾斯銀行（Glyn, Mills）的貝特朗．庫里辦理即期貸款時，後者初估巴爾林的承兌和投資組合中的票據之間有一百萬英鎊的差距，很容易就能彌補，所以他立即預付了四分之三的金額。截至十一月二日，少數知道這筆貸款的銀行家（包括納弟）相當樂觀。而實際差

10 譯注：美國政府認為歐洲列強不該再殖民美洲，或涉足美洲國家的主權相關事務。

距後來才被揭露。庫里和前任的英格蘭銀行總裁本傑明・巴克・格林（Benjamin Buck Greene）仔細檢查帳簿時，發現應付票據（一千五百萬八千英鎊）和應收票據（七百萬英鎊）之間的差額遠遠超過之前提及的數字。這只是問題的一部分。巴爾林的總負債接近二千一百萬英鎊（包含俄羅斯政府從一八八九年晚期開始提取的大筆存款），而該銀行的資產還包括與塞繆爾・黑爾公司（Samuel Hale & Co.）的布宜諾斯－艾利斯企業共同持有的四百萬英鎊阿根廷證券。

考量巴爾林兄弟在一八九〇年的資本只有二百九十萬英鎊，這些數字代表慘重的失敗：資本與負債的比率只有百分之十四，而NM羅斯柴爾德家族銀行在一八八〇至八九年期間的平均比率是百分之三十九。累積比自己企業所有資本還多的阿根廷證券投資組合是非常愚蠢的行為。利德達爾說過：「這種沒有條理的管理方式一定會讓企業失敗。」危機最終公諸於世時，《泰晤士報》也表示贊同：「巴爾林已經遠遠超出審慎的範圍。」在這種情況下，埃弗拉德・漢布羅在十一月八日早上聯繫納弟時，後者一開始主張讓霸菱銀行破產，駁斥利德達爾的建議（羅斯柴爾德家族可以說服阿根廷政府支持「大量拖垮股市且信譽不佳的南美洲證券」），並反對庫里的建議（要他們「和另外三、四家銀行借霸菱銀行四百萬，協助他們度過難關」），也就不足為奇了。這並不是敵意的問題（雖然羅斯柴爾德和雷夫爾斯托克之間無疑有個人和職業上的競爭），而是因為對該銀行無力償還感到失望。❶

雷夫爾斯托克的哥哥羅伯特・巴爾林上校（Colone Robert Baring）說過，羅斯柴爾德家族要對俄羅斯政府從霸菱銀行提取大量現金並導致危機惡化負起責任。這種說法也純屬無稽之談。新廷收到巴黎寄去的信件顯示，羅斯柴爾德家族確實打算「盡全力預防災難」，前提是不危及其他銀行的處境。這表示納弟不願意做出任何承諾，除非他確定英格蘭銀行和財政部都願意支持救援行動。他在十一月二十九日向布雷特說明，從霸菱銀行提取的一部分俄羅斯存款最後都落到了新廷。「他們現在有一大筆屬於俄羅斯政府的錢，」布雷特表示：

他們當然對巴爾林在阿根廷從事的投機活動感到震驚，因為巴爾林之前持有俄羅斯政府的所有證券。在有人質疑霸菱銀行的那一刻，斯塔爾收到了一封指示他取出俄羅斯存款的電報。如果納弟支持庫里最初的提議，指令可能會延伸到羅斯柴爾德家族，並可能對他們造成災難性的衝擊。

因此，納弟的考量具有私利因素。

人們通常將功勞歸於「針線街的辛巴達」——戈申的繼任者哈寇特如此稱呼英格蘭銀行的總裁，因為他將霸菱銀行從被灰飛煙滅中拯救出來，也讓倫敦市「從規模空前的恐慌」中解脫。但利德達爾坦白說，這麼說其實低估了納弟在說服政府採取行動方面發揮的作用。戈申最初的反應（得到第一財政大臣史密斯的支持）是拒絕利德達爾提出一百萬英鎊的要求，並主張「涉及大筆款項的交易」要有「專屬的解決方案」。他在十一月十一日告訴利德達爾，如果銀行的預備金流失太大，他頂多僅能授權暫停實施銀行法案（提議被拒絕了）。但戈申提醒索爾茲伯里：「羅斯柴爾德家族一定會施壓。」十一月十二日，首相派人去找納弟時，遭到了猛烈的攻擊。納弟輕蔑地告訴索爾茲伯里：巴爾林完蛋了。合夥人每年最多領一萬英鎊，而且「寧願削減剩餘資本並退居國內，這樣一來每人每年領百分之四……」風險在於他們的損失太大了，因此有可能導致「一場災難，終結倫敦用票據處理世界交易的商業習慣」。納弟後來提出了與布雷特相似的觀點：「如果巴爾林獲准倒閉，大多數的倫敦大銀行也會跟著倒閉。」他的結論是，只有政府的干涉才能避開比一八六六年更嚴重的危機。如同在一九一四年又會再度發生的情況，倫敦承兌市場的危機被描繪成倫敦市、甚至整個國家的危機。

在缺乏政府支持的情況下，納弟頂多僅願意在危機消息傳開時，協助英格蘭銀行找到所需的黃金。他馬

---

❶ 一八九〇年二月，雷夫爾斯托克是特靈的客人。「看到互相競爭的兩大金融機構負責人在一起是很有趣的事，」愛德華．漢彌爾頓說，「他們用嫉妒的眼光互相打量，有點掩飾不住妒意。」

上使用了古老的方式，立刻要求阿爾豐斯從法蘭西銀行發放為期三個月的二百萬英鎊黃金貸款給位於針線街的英格蘭銀行。十一月十二日，利德達爾要求納弟再安排寄出一百萬英鎊。法蘭西銀行也立即採取行動，在適當發行短期國庫券之前以永續債券作為擔保。[2]此舉緩解了該銀行的壓力，有助於將其預備金從十一月七日的低點一千一百萬英鎊，提高到一個月後的一千六百六十萬英鎊。然而，阿爾豐斯提到，這不該被視為「一種解決所有困難的辦法」。關鍵是要讓索爾茲伯里加入，這代表要克服戈申的反對意見。十一月十二日，納弟有了一點進展：他和索爾茲伯里會面後，內閣同意通過賠償法案，條件是英格蘭銀行被迫違反章程，提供阿根廷證券給巴爾林「……只要它事先得到格萊斯頓的同意」。這有助於說明為什麼納弟認為自己與索爾茲伯里的面談「令人滿意」，他覺得自己在克服政府的頑固態度。隔天，銀行家約翰·畢杜爾夫·馬丁（John Biddulph Martin）表示，「一些嚴重意外事件」引起的擔憂在擴散，「一直在流傳的許多謠言漸漸鎖定巴爾林兄弟的名字。」但他離開倫敦市時又說：「一切照常進行。」直到十四日（星期五），大量的巴爾林票據才開始在英格蘭銀行貼現，也因此決定性地加強了政府直接採取行動的理由。那天下午，戈申在前往蘇格蘭參加例行演講的路上，索爾茲伯里和史密斯同意從下午二點開始的二十四小時內，承擔該銀行收取巴爾林票據後產生的一半損失。

下一步是設立保證基金，以便分攤巴爾林資產最後換成現金時可能留下的損失費用。這項決定是在英格蘭銀行的總裁辦公室達成共識，討論者有財務委員會成員以及主要的商業銀行家。談判再度達到微妙的平衡。利德達爾在出價一開始表示銀行會承諾一百萬英鎊，條件是至少有三百萬英鎊由倫敦市的其他企業擔保。庫里隨即出價五十萬英鎊，條件是羅斯柴爾德家族也這樣做。巴爾林的命運又落在納弟的手中了。湯姆·巴爾林（Tom Baring，並不中立的那一方）表示納弟很猶豫，只是因為庫里同意了，才在「羞慚之下」同意。庫里的紀錄較可靠：「納弟猶豫不決，想問兄弟的意見。」——羅斯柴爾德用來拖延時間的老把戲。他接著寫道：「但在壓力下，他最後被說服了。」根據漢彌爾頓的說法，壓力來源是利德達爾告訴納弟：「沒有你，我們也應付得來。」

或許他們應付得來。但納弟的同意讓任務變得更容易（即便他不情願）。在此之後，保證基金快速成長，所有重要的商人都加入出資名單。隔天，合資銀行也加入了。在二十四小時的「窗口」結束前，已經累積了一千萬英鎊（這個數字後來上升到一千七百萬英鎊，但實際上只需要七百五十萬英鎊），如阿爾豐斯的評論，

> 那些英國銀行很清楚本身的責任。他們阻止威脅到霸菱銀行的災難時，其實是為了私利，就像霸菱銀行現在是英國商業信用的基礎。這家銀行的衰敗將為英國在世界各地的貿易帶來可怕的災難。

更重要的是，政府擔保和聯合組織成立的消息讓巴爾林背書的票據持有者放下心來，因為他們能領到錢。但這並不是故事的圓滿結局。巴爾林危機的後果顯示了為什麼納弟在關鍵時刻猶豫不決。阿根廷大幅違約的可能性依然存在，能使巴爾林五分之一的資產價值化為泡影。即便如此，阿根廷證券的價值在一八九一年七月已經降到一八八九年三月的百分之四十。納弟現在是銀行家委員會的會長，其任務是維護英國債券持有者在布宜諾斯－艾利斯的利益。❸雖然他贊成對政府實施以海關收入擔保契約為依據的貨幣穩定方案，但最後採用的做法顯得零碎。一八九二年，預付新貸款給政府獲准了，因此政府能購買水廠，進而清償巴爾林最繁重的義務之一，不過這只是使阿根廷的外債增加到三千八百萬英鎊。一八九三年的另一筆貸款又進一步推高了外債總額。這第二筆號稱羅米洛協議（Romero agreement）的貸款條件是掌控阿根廷鐵路網的財務。直到一八九七

❷ 像平常一樣，羅斯柴爾德家族收取了總共六千英鎊的費用，但這筆錢其實沒有匯到英吉利海峽彼岸。

❸ 其他成員有J．S．摩根公司的沃爾特．伯恩斯（Walter Burns）、埃弗拉德．漢布羅、英格蘭銀行的查爾斯．戈申（Charles Goschen）、赫伯特．吉布斯（Herbert Gibbs）、倫敦銀行和拉布拉他河（River Plate）的喬治．德拉布爾（George Drabble）、法國代表卡亨．丹佛斯（Cahen d'Anvers）、德國代表漢澤曼。委員會定期開會，直到一八九七年十二月。

年，阿根廷政府才完全恢復利息支出。

這般延誤免不了使以前的巴爾林合夥企業的清算程序慢下來。阿爾豐斯在十二月二十九日指出，這正是「整個問題」的關鍵：「光是阻止霸菱銀行暫時停業是不夠的，更糟糕的是要去阻止清算……有些事務會造成尷尬的局面。」一八九三年四月，霸菱銀行的資產出售程序比預期要慢，銀行家的擔保只能延期到次年十一月（但規模縮小）。雖然塞西爾．巴爾林（Cecil Baring）說，新公司霸菱地產（Baring Estate Co.）的設立宗旨是為了將剩餘的阿根廷債券兌現時，納弟的反應「很仁慈」，但羅斯柴爾德家族肯定相當厭惡巴爾林擔保對他們的資源有持續的需求。直到一八九四年，改組後的霸菱銀行才償還了擔保者的預付款。

這有助於說明為什麼巴爾林危機提高了納弟在政界的地位，不只是因為雷夫爾斯托克的地位下降，還因為羅斯柴爾德家族在避免一場潛在的嚴重金融危機中發揮了關鍵作用。在危機爆發前，漢彌爾頓頗為鄙視羅斯柴爾德家族。一八八九年四月，財政部對國庫券進行小規模操作時，他在日記寫下：「雖然我一直認為在倫敦東區最好避開他們，我卻在新廷與他們吃過午餐。」然而，自由黨人回歸後，新任大臣哈寇特曾針對證券交易印花稅的複雜問題找納弟商量。十年後，在下一屆自由黨政府的前夕，漢彌爾頓提名納弟（與恩內斯特．卡賽爾、第二代雷夫爾斯托克勛爵）入列「第一大臣」和「城市代表人」，並且說新任的財政部長都該認識他們。

一八九〇年，依據金融市場的正規原則，某一家銀行本來應該破產，卻因英格蘭銀行發起的集體干涉行動而脫離困境，在關鍵時刻由政府資助，並由庫里和羅斯柴爾德帶領的其他倫敦銀行組成的大聯盟出資。對政府和納稅者而言，這是個省錢的解決方案，至少比派遣砲艇或入侵部隊更省錢（如果阿根廷是中東違約國便有可能這樣做）。這些銀行付出的代價也很低，成本相當於只綁定給巴爾林債權人的預付款，比讓霸菱銀行倒閉的成本低得多。但還有一個問題：為什麼羅斯柴爾德家族沒有重蹈巴爾林的覆轍？因為在許多方面，他們和拉丁美洲的財務有密切關係。比較一下巴爾林的經驗和羅斯柴爾德家族在巴西的經驗，有助於釐清非正式帝國的相對成本和利益。

一八九〇年十一月，納弟告訴索爾茲伯里，他「不感興趣……他沒有債務」。但他只是吹噓。其實羅斯柴爾德家族已經努力地克服拉丁美洲的債務危機好一段時間。我們已知萊昂內爾如何在一八六〇年代恢復羅斯柴爾德和巴西的舊有關係。一八七〇年代，在巴拉圭戰爭結束後，巴西政府的借貸陷入停滯（唯一的重大發行是一八七五年的五百三十萬英鎊貸款）。不過，羅斯柴爾德家族在一八八〇年代的新活動中又成了該政府在倫敦的唯一發行代理。從一八八三至八九年，羅斯柴爾德家族負責發行的巴西政府債券總額為三千七百萬英鎊，並為巴伊亞－舊金山鐵路公司發行三十二萬英鎊。除了協助鞏固現有的流動債務，並將早期債券轉換成較低的利率之外，這筆錢也被用來資助現有鐵路公司的利息支出以及補助運輸公司，因此至少有一部分用於開發，尤其是基礎建設方面的投資。一切看起來進展得很順利：奴隸制在一八八八年廢除，而貨幣在次年恢復了金平價。當時，皇帝佩德羅（Pedro）被一場軍隊支持的共和革命推翻，似乎使羅斯柴爾德家族措手不及，國內如同在阿根廷出現了貨幣擠兌、巴西債券的海外報價下滑等情形。一八九三年，該國陷入內戰，海軍和南部的君主派都在對抗新政府。一八九五年的穩定跡象是假象：從一八九六至九七年，東北部的農民又爆發了新的叛亂。

為什麼這沒有導致羅斯柴爾德發生和巴爾林一樣的危機？顯而易見的答案是，從絕對值來看，倫敦分行從一八九〇至九三年只損失了大約七十四萬英鎊。有一部分原因是羅斯柴爾德家族本身並未持有大量的巴西債券，例如這些債券在一八八六年只占倫敦分行總資產的百分之二·四。其次，如上所述，該家族的資本與負債比率比巴爾林高出許多：即使在一八九〇年的最低點，這個比率也有百分之十九·五。因此他們更有能力應對一八八九年發生的這類危機。最後，也許是最顯著的一點：倫敦分行的資本在一八九〇年為五百九十萬英鎊，而巴爾林的資本是二百九十萬英鎊，更不用說其他羅斯柴爾德分行的資本了。因此他們遭受的損失較少。

羅斯柴爾德家族不能和巴爾林、巴西、阿根廷相提並論。儘管一八八九年後的十年政治局勢不穩定，但巴西政府到了一八九八年才宣布暫停外債。它目前維持償債的能力讓阿爾豐斯很吃驚，但其實沒那麼了不起。

與當時的其他主要債務國相比，巴西的負債比率不算高，即使是一八九八至九九年的高點，公債總額只有稅收的百分之四百。外債的利息和分期償還通常只占政府總支出的一小部分：一八九〇至九九年的平均比率為百分之十·五，明顯低於其他借款國的可比較數字。事實上，直到一八九八至一九〇〇年的穩定局勢**之後**，真正的債務問題才開始出現。從一八九〇到一九一四年，倫敦分行發行了驚人的八千三百萬英鎊巴西公債和五百八十萬英鎊的私人企業證券。此外，納弟和兄弟們積極參與智利借貸的擴大，在一八八六到一九一四年發行了三千三百萬英鎊的智利債券。累積的債務遠遠超過這些國家能實現的經濟成長，儘管世界對其主要出口產品的需求有所增加（例如巴西的咖啡和橡膠、智利的鳥糞和銅）。一八九〇到一九一三年期間，巴西的總債務（以英鎊計算）增加了三·五倍，而GDP只增加二·七倍。此外，聖保羅的咖啡產量快速增加，從一八七〇至一九〇〇年增加三倍，導致了供過於求的危機。

顯然羅斯柴爾德家族對巴西有重要的金融槓桿作用。政府在一八九八年暫停償還現有的債券時，倫敦分行有效地提出安排延期償還的必要條款（基本上將所有償債基金的支出延至一九一一年）。該家族為了合併政府的各種債務而發行新的基金貸款，按照鄂圖曼帝國的方式以海關收據作為擔保。政府被迫執行嚴格的開支緊縮計畫。新廷在寫給候任總統坎波斯·薩萊斯（Campos-Salles）的信中認真地闡明了這一點，而這封信刊登於《泰晤士報》供大眾閱讀。該政策導致巴西貨幣米爾雷斯（milreis）快速升值，從四分之七便士上升到一九一三年的十六便士。此趨勢使本來在咖啡業已經很嚴重的危機惡化，因為世界市場的價格下跌，巴西的成本便上升了。

不過，透過這種非正式帝國主義行使的控制權很有限。首先，國際資本市場日益激烈的競爭，勢必開始削弱羅斯柴爾德家族在十九世紀以來大多時候對巴西外部資金的控制權。一九〇六年，羅斯柴爾德的地位在智利（施派爾和德意志銀行）和巴西（施羅德）都受到打擊。一九〇五年，聖保羅為了咖啡儲備計畫尋求財務支援，希望藉此改善當地主要產品不斷下跌的價格時，阿爾弗烈德卻對「穩定物價」的計畫不屑一顧，並認為這是「人為的瘋狂投機行為」，最終會導致災難。納弟也懷疑聯邦政府同時創立新的貨幣兌換所，以調整米爾雷斯和英鎊匯率的動機。然而，施羅德和克萊沃特集結了由紐約、漢堡及利哈佛咖啡商組成的聯合組織，並在一九〇六年秋季到一九〇八年五月買下至少八百萬個咖啡包，相當於全球年度消費量的一半以上。施羅德希望納弟支援清償聯合組織給聖保羅的預付款所需的一千五百萬英鎊貸款時，納弟直接地立即回應道：「我當然不會幫忙這該死的騙局。」如果他堅持不答應，施羅德就會面臨風險；沒有羅斯柴爾德的支持，巴西聯邦政府就沒有擔保；沒有擔保，貸款就很可能不順，導致施羅德必須預付六分之一的資本給聖保羅，而抵押品只有咖啡豆。納弟決定在直接資助穩定物價的計畫與發放貸款給巴西政府（儘管政府後來用這些錢支付穩定物價的計畫）之間做出微妙的區分。他讓施羅德感到不安後，最後同意分擔貸款，但他精準地判定這種計畫不可能持續順利。一九一〇年，東印度的競爭導致橡膠價格急遽下跌，任何儲備都無法緩衝，而且衍生的外匯危機使貨幣兌換所不堪重負。這場危機的影響是削弱已衰退的巴西債券市場，使羅斯柴爾德家族在一九一三年發行的一千一百萬英鎊貸款有百分之九十四交給承銷商處理。一九一四年，歐洲爆發戰爭時，一筆新的貸款正要達成協議，將以外國控制巴西銀行作為條件。

從定義上來看，非正式帝國主義通常缺乏政府干涉的終極制裁。如法國投資者在一八八八至八九年發現的，將錢投資到巴拿馬運河和埃及運河是完全不同的事。在埃及，法國的影響力相當大，儘管最終要屈服於英國的影響力。在拉丁美洲，事情彷彿要在美國控制或完全無人控制之間做選擇。例如，巴西政府在一八九五年似乎考慮併吞千里達（Trinidad）時，納弟勸索爾茲伯里的主要私人秘書肖恩伯格·麥克唐納（Schomberg McDonnell）進行外交斡旋，以便巴西將訴求交給仲裁。麥克唐納告訴索爾茲伯里：「羅斯柴爾德家族想要證明取款的政策。如果他們能做到這一點，仲裁的主要困難就會消除……羅斯柴爾德家族一定辦得到，但他們希望我們去做。」實際上，這代表納弟能決定針對這個話題發電報給巴西的財政部長。對政府而言，巴西的事其實就是羅斯柴爾德家族的事。但巴西、阿根廷以及智利都開始投入大筆資金到自己的海軍時，英國銀行家的影響力有限變得很明顯。儘管有「經濟損失」的警告，但事實證明阻止拉丁美洲的軍備競賽是不可能的事，尤其是因為英國造船商因此取得了利潤豐厚的訂單。納弟試圖控制巴西的鐵路建設時，坦率地說：「質疑政府的政策永遠是一件棘手的事。」

「堅定的單本位制論者」

來自英國的巨大資本輸出水準是十九世紀末、二十世紀初的特色，可以說是由全球貨幣體系的發展促進的：首先是金銀複本位制體系，接著是從一八七〇年代中期開始的金本位制。後者使大多數以黃金衡量的主要貨幣匯率固定下來，因而使這些貨幣和英鎊（世界的儲備貨幣）產生聯繫。直到最近，羅斯柴爾德家族在這個過程中扮演的角色仍普遍被低估，並經常被誤解。

長期以來，人們認為羅斯柴爾德家族是從金銀複本位制轉換到金本位制的堅定支持者。對美國的人民黨而言，該家族是「國際金戒指」的化身和禁止銀幣流通的幕後黑手。原因很明顯。他們仍然有提煉和經紀業務。❹我們也會看到，羅斯柴爾德家族在本世紀的最後二十年對金礦業越來越感興趣，此外，家族在這段時期發行的許多債券都和接受方採用金本位制有關。這一點在美國表現得最為明顯：他們和代理人貝爾蒙在資助恢復硬幣支付方面（內戰期間暫停）發揮了重要作用。

一八七四年七月，倫敦分行和紐約銀行家約瑟．塞利格曼合作，同意承銷價值四千五百萬美元的百分之五美國債券，並有一億二千三百萬美元的六個月選擇權。事後證明這個做法不成功時，朱尼厄斯．摩根的團隊和紐約第一國家銀行（First National Bank of New York）被納入聯合組織，進行二千五百萬美元的第二次發行，其中羅斯柴爾德家族占百分之五十五的份額。從一八七三至七七年，羅斯柴爾德家族銀行在倫敦和紐約參與的美國債券發行總額至少有二億六千七百萬英鎊。這些貸款不只是為了穩定美國的財政，也是為了使美國在短期內能夠採用金本位制。然而，第四十五屆國會在一八七七年十月召開時，起草的法案恢復了銀幣的

「自由」鑄幣制以及作為法定貨幣的地位。貝爾蒙憤怒地譴責這項議案是「公開偷竊」，也是「盲目又不誠實的瘋狂之舉」。只有規定白銀只能在嚴格管制的數量範圍內流通，並且不能用來支付未償還的債券利息，羅斯柴爾德家族才會讓步。一八七七年，財政部長約翰・謝爾曼（John Sherman）透過貝爾蒙爭取到了另一筆值五千萬美元的金幣貸款，使金本位制在一八七九年初期得以進行。這件事伴隨著進一步的債券發行，但這次朱尼厄斯・摩根野心勃勃的兒子皮爾龐特試著將羅斯柴爾德家族排除在外，激怒了萊昂內爾和納弟（他告訴布朗希普利公司的赫爾曼・霍斯基爾〔Herman Hoskier〕），因此他們不肯「加入美國聯合組織，任憑別人擺布或指揮。只有在我們可以用自己的方式做事，身邊也有一群朋友時才能接受」。❺美國對黃金的承諾持續受到質疑，這也許有助於說明為什麼在內戰後，羅斯柴爾德家族在美國鐵路股票和債券繁榮時期發揮的作用不大。❻

直到一八九三年三月，這項議題在政治上仍然有討論空間。當時，格羅弗・克里夫蘭（Grover Cleveland）試著籌集五到六千萬美元的黃金貸款，想趁著美國黃金儲備迅速減少的情況下保持可兌換性。雖然摩根家族願意聯合行動，但納弟、阿爾弗烈德與利奧卻猶豫了：即使在克里夫蘭爭取廢除《謝爾曼白銀採購法案》（Sherman Silver Purchase Act）之後（該法案持續使白銀能在限制下流通），阿爾弗烈德依然「極力反對」。最後，他們達成了有利可圖的協議（也許該歸功於兄弟們的談判技巧，他們不像摩根說的那麼小心翼翼）。這些銀行家以面額一〇四・五買進六千二百三十萬美元的百分之四美國債券，並以面額一一二・二五賣

❹有人說，由於安東尼興趣缺缺，所以羅斯柴爾德家族對金銀業務的興趣在一八七〇年代已經減弱。但值得注意的是，直到一八七五年，由於他讓提煉廠排放過多煙霧（但幾乎沒有停工的跡象），他被處以名義上的五英鎊罰款（加上一英鎊八先令的費用）。

❺皮爾龐特・摩根對羅斯柴爾德家族的傲慢態度很不滿：「這件事和羅斯柴爾德、貝爾蒙扯上關係讓我們很難接受。我願意做任何事，只要能排除他們。羅斯柴爾德家族對別人的態度從父輩開始就是這樣，我認為沒人應該忍受他們。」納弟不曾拜訪J・S・摩根公司的專職資深合夥人沃爾特・伯恩斯，但後者經常去新廷拜訪。

❻從一八六五至九〇年，倫敦的幾間投資銀行發行了值一億二千一百萬英鎊的美國鐵路股票，其中羅斯柴爾德家族只負責其中八十萬英鎊。直到一九〇八至〇九年，新廷才為賓州鐵路和太平洋大幹線（Grand Trunk Pacific）承擔總共六百萬英鎊的重要發行。

給心急的投資者（價格後來上升到一一九）。在二十二分鐘內賺六百萬美元的故事當然對人民黨有利，並有助於確保威廉．布萊恩在一八九六年被選為民主黨的總統候選人，而不是克里夫蘭。不過，布萊恩被共和黨的威廉．麥金利（William McKinley）擊敗，使美國順利轉換到金本位制。

美國的穩定是更廣泛過程的一部分。一八六八年，只有英國和一些經濟附屬國（葡萄牙、埃及、加拿大、智利及澳洲）實施金本位制。法國、拉丁貨幣同盟的其他成員，以及俄羅斯、波斯和一些拉丁美洲國家，皆實施金銀複本位制。世界上的其他大多數地方，包括大部分的中歐國家都採取銀本位制。四十年後，只有中國、波斯以及少數中美洲國家還在實行銀本位制。雖然金本位制是當時的全球貨幣體系，但有些亞洲經濟體在實務上採用金匯兌本位制（gold exchange standard，當地貨幣可兌換英鎊，而非金塊），而歐洲和美國的某些拉丁語系經濟體則根本沒有維持兌換機制。在一些歐洲主要國家如德國（一八七一至七三年）、法國（一八七八年）及俄羅斯（一八九七年），羅斯柴爾德家族在促進貨幣轉換方面發揮關鍵作用，但漢布羅於一八八一至八二年在義大利野心勃勃地搶占了先機。此後，倫敦分行和巴黎分行充當不同中央銀行的重要輔助角色，在某個或其他市場發生危機時，大量輸送貨幣橫渡英吉利海峽，而這本身就是有賺頭的生意。同時，金本位制確保了以金幣計價的外國債券能抵制匯率波動，因此對更謹慎的投資者而言具有市場價值，否則他們可能會堅持投資永續債券和國營鐵路。貨幣一體化促進了國際債券市場的發展，因為兌換機制「象徵著國家致力於合理的預算、平衡的對外支出以及可持續的國外借貸規模」，所以這對羅斯柴爾德家族的主要業務有利。

因此，在一八九〇年代初期再度興起的金銀複本位制辯論中，經常可以聽到英國的羅斯柴爾德家族為金銀通貨主義者的正統觀念辯護，這並不奇怪。例如，阿爾弗烈德在一八八六年私下寫報告給英格蘭銀行總裁：「我堅決反對……任何有關大不列顛金屬流通的劇烈變化。」四年後，納弟也極力反對戈申提出推行一英鎊紙幣的建議。其實，這項改革代表一八四四年制度的簡單現代化，也是對英格蘭銀行的需求漸漸增加的合理回應。一八九二年，格萊斯頓和財政部長哈寇特想為在布魯塞爾舉行的國際貨幣會議尋找合適的英國代表來否決

美國的金銀複本位制計畫時，阿爾弗烈德似乎是理想的人選。哈寇特表示，

> 羅斯柴爾德的名字在貨幣領域會比其他人更有分量。我並不比別人了解阿爾弗烈德對這些話題的看法，但我認為他當然是堅定的單本位制論者（格萊斯頓先生稱他為「理智者」），將誓死維護金單本位制。

阿爾弗烈德適時地向哈寇特保證，他「找不到比我更堅定的單本位制論支持者了」。他會「努力維護我們的金融優勢，而英國勢不可擋的商業優勢也得益於此」。

然而，事實證明阿爾弗烈德無法長期堅守「理智者」的角色。他在十一月提出自己的折衷方案讓許多人很驚訝，尤其是他的同伴貝特朗·庫里。儘管他受到倫敦市和財政部的敵人嘲笑，而且因為他在會議上情緒忽高忽低，所以大概注定要失敗，但在許多方面，他算是合理地嘗試透過為期五年的國際採購協議，提高並維持白銀價格，但不讓白銀和黃金有同等的地位，進而使金銀通貨主義者與金銀複本位制論者和解。阿爾弗烈德表示：「實施之後，時間能證明南非礦場的每年產量是否足以符合全世界的額外需求。印度也有時間引進使用黃金貨幣的金本位制。」❼然而，身為「苛刻的單本位制論者」的庫里認為，這並不是哈寇特希望他們帶回國的「光榮的單本位制」或「金銀複本位制的安樂死」。阿爾弗烈德的計畫確實在會議上得到了一些金銀複本位制論者有所保留的支持，但稱不上務實的提議。

此外，這項議題在一八九七年再次出現時，有謠言說納弟也在亞瑟·貝爾福（懷著金銀複本位制論者的衝動）的影響下軟化了自己的立場。他拒簽一份反對金銀複本位制的倫敦市備忘錄，該備忘錄由庫里傳閱，大

---

❼ 出席布魯塞爾會議的其他英國代表包括公債局審計長查爾斯·威爾森爵士、鑄幣廠的副廠長查爾斯·弗里曼特爾爵士（Sir Charles Fremantle）、金銀複本位制論者威廉·霍爾德斯沃思爵士（Sir William Houldsworth）。羅斯柴爾德的計畫在很多方面都比阿道夫·索伯（Adolf Soetbeer）和莫里茲·列維（Moritz Levy）交給會議的另外兩項計畫更切實可行。

多數的主要投資銀行都簽署了。讓新任大臣麥可・希克斯・比奇爵士（Sir Michael Hicks Beach）尷尬的是，他再度願意考慮對白銀迷做出有限的讓步：印度鑄幣廠重新開張，英格蘭銀行將五分之一的預備金兌換成白銀，白銀的法定貨幣上限從二英鎊提高到四英鎊（美國金銀複本位制論者的目標則是十英鎊）。

我們該如何解釋這種溫和的非正統觀點？從歷史角度來看，納弟的祖父評論過死板的金銀通貨主義論。但阿爾弗烈德和納弟做的事不只是呼應過去，他們也反映了法國夥伴的觀點。用阿爾豐斯的話來說，這些夥伴是金銀複本位制的「極端」擁護者。身為法蘭西銀行的董事，阿爾豐斯在一八六〇年代期間捍衛著金銀複本位制，抵禦紙幣支持者（佩雷爾兄弟）和拉丁貨幣同盟的抨擊。在某些方面，這算是一種貨幣保守主義，即銀行家的「傳統智慧」，反映出他的英國親戚的想法。就像納弟將一英鎊紙幣視為對英國現狀的威脅，阿爾豐斯也強烈反對一八七〇年推出的二十五法郎硬幣。然而，如弗蘭德羅指出的，羅斯柴爾德家族的明顯矛盾立場很合理。一八七三年，法國政府做出政治決定，不繼續藉著將白銀自由兌換成黃金的方式來鼓勵德國禁止白銀流通，因此金銀複本位制無效了。在一八七三年之前，金銀複本位制之所以有效是因為，「金銀複本位制的套利（由金銀複本位制國家的私人代理執行）將金銀匯率固定在區間內，反映了熔化和鑄造金屬的相關成本。」羅斯柴爾德家族是這套體系中的關鍵套利者，而該體系取決於英國實行金本位制以及法國實行雙本位制。因此，英國的羅斯柴爾德家族支持其金本位制，法國家族支持其金銀複本位制，都是合理的事。英國的羅斯柴爾德家族不曾支持全世界禁止白銀流通。即使在白銀爭奪戰失敗後，阿爾豐斯仍然主張金銀複本位制為英法貨幣政策提供了比黃金更有彈性的制度。最後一點，考慮到英國羅斯柴爾德家族對水銀的興趣（主要用於白銀提煉），即使他們在黃金產業的私人投入更多，還是有私人的理由不想徹底禁止白銀流通。

地下帝國

處理拉丁美洲債券的銀行家免不了遇到這些不算新的困難：在許多方面，這些難題和羅斯柴爾德家族於一八二〇年代遇到的問題，以及於一八三〇年代在西班牙和葡萄牙遇到的問題相似。羅斯柴爾德家族對這些債務危機的反應也不是新鮮事。一八三〇年代，他們取得阿爾馬登汞礦的控制權，並相信如果要把錢預支給西班牙這種不穩定的國家，便不可缺少有形資產。在一八八〇年代發生的事反映了類似的考量，但該家族現在以空前的規模涉足採礦業。可以說，從他們在一八三〇年代決定參與鐵路融資以來，倫敦分行和巴黎分行決定建造稱得上採礦帝國的企業是其經營模式最重要的變化。如詹姆斯已知的，控制全歐洲鐵路網和資助世紀中期幾十年的新興國家同樣重要，納弟和阿爾豐斯也明白，投資礦場以及為歐洲海外殖民地和經濟附庸國家發行債券同樣重要。如同之前的鐵路，礦場的報酬率比政府債券更高，作為資產也不太容易喪失價值（懲罰性稅收或徵收的風險確實存在，但通常比政府違約的風險更低）。有關羅斯柴爾德家族在一八八〇年後失勢的說法，幾乎沒有考慮到這個十分重要的趨勢變化。

我們已經了解倫敦分行如何在一八七〇年代重建對阿爾馬登汞礦產量的控制權。直到一九二〇年代，這些礦產持續穩定地帶來收入，例如從一八七一到一九〇七年，倫敦分行從礦產賺了約九十萬英鎊，占總產量收益的百分之八。[8]不過從合夥人的通信紀錄來判斷，與羅斯柴爾德家族參與更活躍的金礦業務相比，他們在阿爾馬登的角色比較被動。

從一八四〇年代開始，倫敦分行對新世界的黃金發現產生極大的興趣，促使他們在一八五二年收購位於倫敦的提煉廠。尤其是在加州和墨西哥，有人鼓勵戴維森兄弟密切參與有前途的礦場開發。一八七〇年代，他們在該區認識了新的商業夥伴，其中一位是採礦諮詢工程師漢彌爾頓·史密斯（Hamilton Smith）。一八八一年，他針對位於委內瑞拉的埃爾卡亞俄（El Calleo）金礦場寫的報告，說服了羅斯柴爾德家族跟著投資。大概是納弟鼓勵史密斯在一八八五年於倫敦定居，並鼓勵他和另一位採礦專家埃德蒙·德·克拉諾（Edmund de

[8] 約占羅斯柴爾德總利潤的百分之二·五。在西班牙預算總額的占比中，政府獲得的收入稍微低於百分之一。

Crano）建立合夥關係。一年後，他們成為名為探索（Exploration Company）的新公司的執行董事，而這是羅斯柴爾德家族實現其採礦抱負的關鍵途徑。

起初探索公司提供諮詢服務，為股東提供採礦的建議。然而，該公司在一八八九年以三十萬英鎊的授權資本，重新創辦了合資公司，並漸漸擔起企業的推廣者（也就是讓採礦公司在倫敦證券交易所上市，並收取授權資本的百分之二十費用）。基本上，可敬的倫敦市企業可以藉此執行許多人認定的高度投機業務，而不直接讓自己的好名聲冒險。除了羅斯柴爾德家族，公司的二十名創辦股東也包括雷夫爾斯托克勛爵、埃弗拉德・漢布羅、亨利・歐本海姆、亞瑟・瓦格。霍勒斯・法庫爾擔任董事長直到一八九六年，那時公司的資本已經增加至一百二十五萬英鎊，市值達到二百二十四萬英鎊。銀行家哈利・吉布斯說：「這家公司因此成了世界上『無同業能及』的強者。」對其創辦人而言，這是利潤豐厚的投資。在百分之十的盈餘分配完畢後，他們有權獲得剩餘的一半盈餘，並藉著擴大的表決權保留對公司的控制權。從一八八九至一九〇三年，該公司一共為二十三家企業發行了票面價值二千零七十萬英鎊的股票。從一八八九至九五年，該公司總共為三萬英鎊的最初實收資本付了百分之兩百六十五的股利，使股票的價值增加三倍，但股利在隨後的十年下降到百分之八十，並在一九〇五至一四年期間只剩百分之四十。探索公司顯然是羅斯柴爾德一手創立，納弟和兄弟們共同持有百分之三十的股票（但股價隨著公司的成長而下跌）。從一八八九到九七年，該公司在聖史威辛巷設立了辦事處。

除了羅斯柴爾德家族從探索公司的投資中獲得的利潤，他們也從公司推廣的不同採礦企業取得可觀的報酬。根據倫敦分行的一八八六年資產負債表，他們在採礦企業的持股總額只值二萬七千英鎊。這個數字在幾年內增加了。一八九一年，該家族持有南非統一金礦場（Consolidated Gold Fields）面額一英鎊的五千股。後來，他們的持股增加到一萬三千股。朱利爾斯・溫納（Julius Wernher）和阿爾弗烈德・貝特（Alfred Beit）（傑出的「蘭德主人」），在一八九三年二月讓蘭德礦場（Rand Mines）上市時，羅斯柴爾德家族從十萬股中分到二萬七千股。該公司在一八九七年進一步籌到一百萬英鎊時，他們取得了三萬五千英鎊的債券。因此，他們從龐大的「角屋」（Corner House）集團獲得大量股份，在一九〇二至一三年期間占蘭德礦場的黃金產量約百分之三十七。從這些投資賺到的利潤很可觀。蘭德礦場的股價從一八九七年的低點十五英鎊十先令，上升到一八九九年的高點四十五英鎊。同樣地，倫敦分行和巴黎分行在一八九五年剛成立的馬里瓦爾－奈傑爾金礦莊園（Marievale and Nigel Gold Mines Estates）上市前，買進了值十萬英鎊的股票，並立即以百分之二十五的利潤賣出。他們也買進面額一英鎊的五萬股，該公司上市時，面額變成四英鎊。顯然巴黎分行比較不順利，曾在一八九四年初期抱怨一些礦業股票的利潤只稍微高過其他股票的虧損。

探索公司特別重視金礦場。這是可以理解的，因為在維瓦特斯蘭（Witwatersrand）的新發現和地下礦技術成功應用之後，南非的黃金產量快速增加。❾一八九二年，該公司成立了統一深度企業（Consolidated Deep Level Co.）和格爾登休伊斯（Geldenhuis Deep），隨後在一八九三年讓蘭德礦場和馬紹納蘭金礦區（Goldfields of Mashonaland）上市，接著在一八九四年讓跳躍者（Jumpers Deep Levels）和川斯瓦總會（Transvaal and General Association）上市。羅斯柴爾德家族對這些都很感興趣。一八九二年初期，卡爾·邁爾被派到川斯瓦總會調查各種金礦。他興奮地報告，「這些礦區的前景一片大好」：

> 在接下來的十年或二十年，這個國家會比南美洲或類似的國家為歐洲資本帶來更多機會。這是一個美好的國家，有宜人的氣候，還有荷蘭人和盎格魯撒克遜人居住，才剛開始被開發，充滿了各種礦物，很適合農業的各個支系。我認為，如果羅斯柴爾德家族派機靈的代表來這裡做許多好生意，那就太划算了。

雖然羅斯柴爾德家族沒有派出所謂的機靈代表，但他們透過探索公司間接參與南非淘金熱的做法經常被低估。該公司也沒有侷限於南非，於一八九四年成立西澳總會（West Australian and General Association）作

❾ 一八八七年，南非的黃金產量占世界的百分之〇·八。一八九二和九八年，這個數字分別是百分之十五和百分之二十五。

為地區性的子公司，因而促成紐西蘭探索公司在一八九六年上市。但這兩家公司的利潤都比不上南非的公司。

基於對世界黃金市場未來的重要假設，收購如此廣泛的金礦主要股份是個大膽的舉動。阿爾豐斯說過，蘭德礦場讓人聯想到收藏珍品的寶庫。乍看之下，他沒有表現出對金屬可能供過於求的擔憂（如果蘭德的儲備有未利用的水銀或銅，也許他會擔心）。這點很奇怪，但理由很簡單：越來越多國家將黃金當成貨幣制度的基礎，對黃金的需求量依然很大。只要這種情況持續下去，黃金供應量增加不會壓低價格，只會促使貨幣擴張和所有資產的價格普遍上漲。正是在這樣的預期下，南非礦業股在一八九三至九四年出現了「礦股暴漲」（Kaffir boom）。也難怪英國的羅斯柴爾德家族想推廣金本位制。

羅斯柴爾德家族並不是單本位制論者，而是多本位制論者。同一時期，銅對他們而言越來越重要：銅是卑金屬，但隨著電機工程學快速發展，銅的需求量在十九世紀的最後二十五年不斷增加。法國的羅斯柴爾德家族可能在一八七〇年代晚期間接參與了金屬協會（Société des Métaux）和貼現銀行壟斷銅市場的初次重大嘗試，但他們更有可能是在一八八九年泡沫破裂後才進入銅市場。一八八〇年代晚期，倫敦分行和巴黎分行取得力拓礦場的控股權，增加了他們在西班牙的股份，當時該礦場占全球銅產量總額的百分之十以上。這是十分重要的投資：截至二十世紀初，力拓的價格已經成為倫敦和巴黎分行通信中經常提及的基準，頻率與半個世紀前的永續債券和長期公債價格差不多。一八九五年，倫敦的羅斯柴爾德家族也是該公司主要往來的銀行家，發行了值三百六十萬英鎊的公司債（佣金為十一萬零五百英鎊）。

這只是在銅礦開採和行銷方面取得更大進展的一部分，或許是出於保護力拓的投資不受價格下跌影響的需求，因為有人在其他地方發現了銅的新來源。同樣在一八八〇年代，巴黎分行取得了墨西哥銅礦場波麗露公司（Boleo Company）的百分之三十七．五股份。一八九五年以後，探索公司成為位於蒙大拿（Montana）的巨蟒採礦公司（Anaconda Mining Company）主要資金來源。這些利益使羅斯柴爾德家族在全球銅市場握有實權。他們與紐約的雷納德．路易森（Leonard Lewisohn）和布蘭戴斯葛舒密特公司（Brandeis, Goldschmidt

& Co.）是一個行銷聯合組織的成員，從一八九五年便開始透過直接採購和產量限制，順利地將銅價推回到每噸五十英鎊。[10]隨著新資源的發現，他們不禁對銅更感興趣。一九〇三年，探索公司在德屬西南非（German South-West Africa）為奧塔維採礦暨鐵路公司（Otavi Minen und Eisenbahn Gesellschaft）籌到了一百萬英鎊。法國的羅斯柴爾德家族也對銅的利用感興趣，投資了巴黎電車公司（Compagnie Générale de Traction de Paris）等企業。

羅斯柴爾德家族也對寶石開採感興趣，下文會討論到他們和戴比爾斯（De Beers，應該是他們接觸過最著名的採礦企業）的合作。值得一提的是，這並不是他們唯一投資的項目。一八八九年，他們為了從三年前併吞該區的英國政府那裡取得七年的採礦特許權，在漫長的爭鬥之後也讓緬甸的紅寶石礦業（Ruby Mines）公司上市了。這證明了另一項事業有利可圖：四年後，紅寶石的價格依然大幅上漲，與鑽石的價格形成鮮明對比。

在黃金和寶石方面，巴黎分行通常會採納倫敦合夥人的專業意見。一般來說，羅斯柴爾德兄弟銀行正是透過位於倫敦的探索公司在一八九五年成為法國金礦探索公司（CONFRADOR）的股東。不過，阿爾豐斯和兄弟們的礦業股份在同一期間快速獲利。例如，在一八八〇年代，巴黎分行開始擴大西班牙含銀鉛的股份，向卡塔赫納（Cartagena）的代理商購買鉛，並在利哈佛（Le havre）提煉廠提煉成商用的鉛和銀。在漢彌爾頓·史密斯的翻版、一個名叫朱爾斯·阿隆（Jules Aron）的巴黎礦業學院畢業生建議下，阿爾豐斯和兄弟們在法國提煉廠投資了二十五萬法郎，再轉而採用向西班牙生產商直接採購的制度，雖然他們遲遲不願聽從阿隆提出直接投資西班牙提煉廠的建議。直到一八八〇至八一年，阿隆才說服他們創立佩尼亞羅亞礦業暨冶金公司（Peñarroya Mining and Metallurgical Company）。該公司向西班牙的業主租用了鉛礦帝國，截至一九一三年，生產了多達百分之八十西班牙銀和百分之六十西班牙鉛。巴黎分行有佩尼亞羅亞的百分之四十股份和

[10] 價格在一八九九年的類似協議中被提高到七十九英鎊以上。

獨家經銷商，成了國際鉛市場最大型的獨立參與者之一。同時，阿爾豐斯和兄弟們以同樣的方式取得鎳公司（Nickel Company）的百分之二十五股份，該公司由澳洲企業家約翰・希金森（John Higginson）成立於新喀里多尼亞屬於法國的太平洋島。這項策略相當有野心。到了一八八四年，該公司已經收購了大多數的歐洲鎳提煉廠，但一八九一年在加拿大發現鎳礦的事實摧毀了鎳礦壟斷的願景，迫使鎳的資本價值減半，並與美加國際鎳公司（American-Canadian International Nickel Company）簽下有彈性的市場分配協議。這段時期的第三大礦業投資是上述的墨西哥（銅礦場）波麗露公司。總而言之，到了一九〇〇年左右，巴黎分行在這些採礦公司的投資票面價值為一千一百五十萬法郎（四十六萬英鎊），市值則是兩倍，相當於企業總資本的百分之四左右。

法國的羅斯柴爾德家族涉足俄羅斯石油產業的作風也差不多。他們從一八六〇年代開始感興趣，巴黎分行當時著手從美國進口石油。一八七九年，他們和精煉商德拉默爾特（Deutsch de la Meurthe）合作，在西班牙生產煤油，後來在阜姆（Fiume）建造新的煉油廠。為煉油廠尋找石油促使羅斯柴爾德第一次調查巴庫附近快速發展的俄羅斯油田，奧地利分行對加利西亞的石油產業也有興趣，但似乎沒有考慮過合作。一八八三至八四年，巴黎分行提出與諾貝爾兄弟石油公司（Nobel Brothers Petroleum Co.）合作的建議遭到拒絕後，巴黎合夥人決定收購另一家企業：巴統煉油貿易公司（Batum Oil Refining and Trading Company，通常以俄文的首字母縮略詞「BNITO」表示）。他們也建立了由二千多輛油罐車組成的龐大車隊，並在新羅西斯克（Novorossiysk）的煉油廠和奧德薩的石油庫「凍結大量資金」。麥凱（McKay）估計，在二十世紀初，巴黎分行在俄羅斯石油方面的投資價值約為五千八百萬法郎（二百三十萬英鎊）。在高點時，約有三分之一的俄羅斯石油產量由羅斯柴爾德控管。

一八九〇年代是全球石油市場快速成長的時期。羅斯柴爾德家族的俄羅斯煤油透過裏海和黑海煤油工商企業（Industrial and Commercial Caspian and Black Sea Kerosene Company）在歐洲銷售，做法與販賣西班牙鉛很相似。後來，他們也和俄羅斯的波洛克運輸公司（Pollack & Co.）、聖彼得堡國際銀行合作，共同成立名為重油（Mazout）的新公司，以便擴大銷售到俄羅斯國內市場。這代表他們不只要和諾貝爾家族競爭，也要和美國標準石油大公司（American giant Standard Oil）角逐。亞洲市場也出現類似的競賽。一八九一年，倫敦兄弟馬克斯和塞繆爾取得在蘇伊士以東銷售BNITO煤油的權利，利用他們首創的油輪，一八九七年成立的殼牌運輸暨貿易公司（Shell Transport and Trading Company）就是由此誕生。他們在亞洲的主要競爭對手是發展快速的荷蘭皇家（Royal Dutch）公司，總部設於荷屬東印度（Dutch East Indies）。

由於競爭壓低了價格，為了終結「石油戰爭」，慣常的做法是成立分紅制的同業聯盟（一八九三至九五年）。然而，與標準石油（Standard Oil）公司的談判失敗了，於是羅斯柴爾德家族勢必得參與殼牌（Shell）與荷蘭皇家的逐步合併。一九〇二年，該家族取得了這兩家石油企業創立的亞洲石油公司（Asiatic Petroleum Co.）三分之一股份，並在一九一一年用俄羅斯的所有業務換取荷蘭皇家和殼牌的股份，成為這兩家企業的最大股東。即使在當時，這似乎也是一筆好交易，因為羅斯柴爾德在BNITO和重油的股份價值為二百九十萬英鎊，而他們在皇家荷蘭或殼牌的新股份有望產生可觀的報酬。六年後，該家族從巴庫撤退的高明之處便顯得相當明顯。

汞、金、銅、鉛、銀、鑽石、紅寶石及石油：截至一九〇〇年，羅斯柴爾德家族在非鐵金屬、寶石與石油的全球市場占據出色的地位。他們不但直接或透過探索公司為新的採礦公司籌集資金，也將自己的大量資金投資到礦業股，並密切關注企業聯合或以其他方式管制國際原料市場的做法。這絕不能說是一家衰落企業的策略。反之，倫敦分行和巴黎分行敏銳地察覺到開發其傳統業務線的方式，能夠應對世界經濟的根本性結構變化。

羅茲和羅斯柴爾德家族

一八八〇和九〇年代，羅斯柴爾德家族收購的礦業帝國除了經常有很高的獲利能力，有一部分的吸引力是很明顯不受政治控制。一旦採礦公司取得特許權或出售一塊土地，似乎就能享有幾近完整的自主權，礦場位於偏遠地區（通常如此）或國家結構不夠成熟的地區時尤其如此。然而，這種帝國主義無法和地圖上繪有國旗與虛線國界等的正規帝國主義完全區隔開來。塞西爾．羅茲的想法正是如此。

羅斯柴爾德家族和羅茲的關係可以追溯至一八八二年。當時，納弟派公司的前舊金山代理人艾伯特．甘斯爾（Albert Gansl）到主要的鑽石開採中心金伯利（Kimberley），彙報英非鑽石開採公司（Anglo-African Diamond Mining Company）的事務，該公司在杜托伊斯賓（Dutoitspan）擁有所有權。這個地方是當地的四大「管道」之一，另外三處是金伯利、伯爾特方丹（Bultfontein）及戴比爾斯。幾個月內，甘斯爾得出的結論是許多小公司（總共一百多家）因生產過剩而互鬥，因此他極力主張合併。然而，儘管在倫敦成立了合併委員會，並計劃為合併後的鑽石公司發行值三百五十萬英鎊的股票，但對手的股東和董事心懷妒意，導致計畫最後失敗。除了難以針對現有股份的價值達成協議（這些股份在合併後會更新），鑽石價格在一八八二至二三年的暴跌也可能讓羅斯柴爾德家族卻步，因此法國的羅斯柴爾德家族當然對倫敦堂親推薦的英非股票虧損有怨言。

探索公司聘請了另一位美國工程師加德納．威廉斯（Gardner Williams）彙報南非的採礦前景，間接重新燃起了羅斯柴爾德家族對鑽石的興趣。此時合併的過程比五年前更進一步：金伯利實際上由金伯利中心（Kimberley Central）單獨控管，該公司在一八八七年的市值約為二百四十五萬英鎊，每車的產量為一．三克拉。第二大企業是戴比爾斯採礦公司（De Beers Mining Company），市值約為二百萬英鎊，產量稍微低一些。身為戴比爾斯的董事兼大股東、誤打誤撞的金伯利公司發起人，塞西爾．羅茲的疑問是：這兩家公司中的哪一家能順利與法國公司（Compagnie Française）合併？這家法國公司是金伯利管道的最後幾家獨立企業之一。

羅茲逐漸了解到，如果考慮到戴比爾斯和金伯利中心的有限財力，在即將到來的收購戰中，勝利的關鍵在於倫敦。他也發現，能獲得倫敦市重要銀行的資金支持就贏了。他認定威廉斯（在一八八五年在往倫敦的汽船上初次見面）能協助他進入新廷，於是急忙給了他戴比爾斯總經理的職位。兩個月後，他前往倫敦，第一次與知名的羅斯柴爾德勛爵會面。納弟很會討價還價。八月四日，羅茲發電報給金伯利告知計畫細節，該計畫能讓戴比爾斯有足夠的資金收購法國公司，但價格不菲。基本上，羅斯柴爾德家族預付七十五萬英鎊的現金，以每股十五英鎊買了五萬股的戴比爾斯新股，外加二十萬英鎊的公司債。為此，他們得到十萬英鎊的佣金，也獲得以十五英鎊買戴比爾斯股票，和其於一八八七年十月五日倫敦市場市價之間的一半差價。根據特瑞爾（Turrell）的說法，這代表額外的十五萬英鎊，因此羅斯柴爾德財團取得二十五萬英鎊後，用於預付七十五萬英鎊的收購費。巴黎的談判一直拖到九月後，法國公司的董事接受了合併條款，將法國的股份按一〇〇比一六二的比率轉換為戴比爾斯的股份。

但是羅茲尚未獲勝。金伯利中心對法國公司的還價被拒絕，但似乎是透過承諾以六十五萬六千英鎊將該公司賣給了金伯利中心。由於除了十萬英鎊，其餘是以金伯利中心的股份和股票形式支付，因此歷史學家以前認為羅茲明智地取得了金伯利中心的股份。其實金伯利中心是用低價收購該公司。許多人以為戴比爾斯當時會被金伯利中心吞併。羅茲想過買進伯爾特方丹和杜托伊斯賓的剩餘獨立礦場股，並完成戴比爾斯與金伯利中心的合併。但要做到這一點，他需要得到金伯利中心的董事長兼董事法蘭西斯．巴爾林－古爾德（Francis Baring-Gould）、熱情的最大股東巴尼．巴納托（Barney Barnato）等人的同意。如果兩人如傳言所說有所抗拒，羅茲很可能失敗。

結果，只有巴爾林－古爾德很難被說服。巴納托則是發現大賺一筆的機會，於是私下對羅茲做出承諾。十一月，克拉諾從金伯利發電報表示羅茲需要三十萬英鎊的新貸款來買進金伯利中心的股票，並強烈暗示羅斯柴爾德家族，如果他們不提供這筆錢，羅茲的夥伴阿爾弗烈德・貝特能提供。納弟就是在此時為自己買進了戴比爾斯的五千七百五十四股，成為該公司其中一位大股東（羅茲只有四千股）。整項策略應用於一八八八年期間，羅茲和納弟都在努力克服巴爾林－古爾德的反抗態度。一八八八年三月十三日，羅茲正式以三百一十萬英鎊的資本登記戴比爾斯聯合公司（De Beers Consolidated），另有一百五十萬英鎊的債權股證，但巴爾林－古爾德和金伯利中心的少數股東還是不肯妥協。一八八八年的上半年，金伯利中心和戴比爾斯的股價飆升後，除了利潤豐厚的前景，讓巴納托回心轉意的決定性因素是新公司提供了「終身董事」的職位；納弟顯然不喜歡這種特別的讓步方式。[11]即便如此，合併依然受到阻礙，首先是來自金伯利中心股東的法律挑戰。他們反對定義新公司目標的信託契約全面條款，接著是戴比爾斯礦場的可怕火災，導致兩百零二人喪命。要到一八八九年一月，金伯利中心的清算事宜才告一段落。那時戴比爾斯已取得對手的百分之九十三資本，因此最終收購金伯利中心的成本不到估值的十分之一，即五百三十萬英鎊。此後，清理剩餘的小公司就更容易了。

在這場漫長的鬥爭中，納弟的主要角色是協助羅茲找到買股票的資金，並發行二百二十五萬英鎊的第一筆債權股證，使戴比爾斯能償還舊債務並取得杜托伊斯賓和伯爾特方丹的租約。合併的總費用很明顯高於他的預期。但納弟和許多人一樣，也無法抵擋羅茲的誇張魅力。「整件案子取決於你是否對我有信心和信任我，」羅茲在一八八八年告訴他，「也許別人能做得更好。我真的不知道。但你知道，我的目標和這整件事都是信任的問題。只要你支持我，我就可以實現我說的事。但如果你的想法不是這樣，我無話可說。」合併後，這段關係持續存在。例如，探索公司在一八八九年發行戴比爾斯聯合公司的一百七十五萬抵押債券，而倫敦的羅斯柴爾德家族買下其中的百分之十七・八；一八九四年，倫敦分行自己發行了值三百五十萬英鎊的戴比爾斯公司債。這些意味著羅斯柴爾德家族已獲得新企業的大量股份，因此在財務方面對羅茲有很大的控制力。羅茲對這場收購戰必須將資產與負債比率拉到這麼高感到不安。卡爾・邁爾被任命為新戴比爾斯的董事會成員，而這件事是納弟打算密切關注公司發展的顯著跡象。至一八九九年，羅斯柴爾德家族企業已成為戴比爾斯的第二大股東（持有三萬一千六百六十六股），只比巴納托的姪子喬爾（Joel）兄弟的三萬三千五百七十六股少一點。羅茲只有一萬三千五百三十七股，貝特有一萬一千八百五十八股。事實證明這是一筆極好的投資。

董事會會議室的話題結束後，新的疑問隨即出現：新成立的戴比爾斯聯合公司目前控制南非的百分之九十八鑽石產量，但它要如何在國際鑽石市場上確立權威？從一八八七年開始，聯合組織的計畫就列入討論了，但直到一八九〇年三月，戴比爾斯才和華納貝特公司（Wernhet, Beit & Co.）率領的五家友好企業達成協議。傳統上羅斯柴爾德家族就是這麼做以維持水銀的價格，對銅也是如此。不久後，聯合組織得到納弟的支持，但該家族的參與度有限。他們堅決反對戴比爾斯囤積任何鑽石的策略。一八九一年七月，納弟告訴羅茲，他「沒有權力做鑽石的投機買賣，但我相信鑽石一定能賣得不錯」。「關於鑽石的處置方式，」他得出結論：「我越想越確定，除了遵循一般的供需定律，並盡量避免所有人為手段、組合、堆積等，沒有更好的辦法了。」後來證實金伯利的董事暗中建立「祕密儲備」要改善低迷的股價時（陷入危險者的反抗舉動），卡爾．邁爾譴責這是「不道德」的行為。結果證實這種手法是多餘的：從一八九六年開始，鑽石市場的價格開始回升，而戴比爾斯的每年股利在接下來的五年達到百分之四十（一百六十萬英鎊），在最初的棘手開端之後推高股價。納弟在一九〇〇年告訴羅茲：「戴比爾斯公司的歷史根本是童話。你們已經做到對鑽石生產的實際壟斷，成功地建立了很穩定的產品銷售市場，也順利找到了能實現目標的機智。」換句話說，羅茲還想要什麼？不過羅茲還是對自己在鑽石銷售方面受到的限制很不滿，一八九八年，他到倫敦抱怨行銷集團牟取暴利。

鑑於金伯利及附近的地區（西格利夸蘭〔Griqualand West〕）在一八七一年被英國併吞，確立了戴比爾斯在金伯利鑽石礦區的主導地位幾乎沒有政治枝節的問題。但羅茲的野心打從一開始就遠遠超出英國領土，不

⓫ 其他終身董事包括羅茲、阿爾弗列德．貝特、斯托（F. S. P. Stow）、巴爾林—古爾德，但最後一位在巴納托或羅茲的堅持下被排除了。經過多次談判，各方同意董事取得超過一百四十四萬英鎊的百分之二十五年度利潤，他們享有此權利直到一九〇一年。

只是在布爾人控制的維瓦特斯蘭發現黃金，激起了他在開普殖民地北部擴大英國影響力的欲望。其實羅茲在蘭德的投資並不順利，不久後，他的統一金礦場就鎖定更遠的地方，想要尋找尚未發現的黃金儲備（當時該公司還沒有投資戴比爾斯的股票）。確切地說，他想向北越過川斯瓦，進入馬塔貝萊族（Matebele）國王洛本古拉（Lobengula）的王國。

一八八八年一月，羅茲寫了一封長信給納弟，希望他支持剛從洛本古拉那裡取得的新特許權，目標是開發林波波河（Limpopo River）對岸「無邊無際」的大金礦場。由此可見，雖然羅茲希望羅斯柴爾德家族能「參與事業」，卻對他們的政治影響力更感興趣，其次才是錢。他說：「國內對我們的特許權範圍有很多反對意見。」反對聲浪主要來自對手，也就是由吉福德勛爵（Lord Gifford）和喬治．考斯頓（George Cawston）設立的貝專納蘭探索公司（Bechuanaland Exploration Company），以及葡萄牙政府。他聽到有人說要把他擔任開普殖民地的英國高級專員的溫順朋友海克力士．羅賓森爵士（Sir Hercules Robinson）換掉時，他很擔心，因為他的長期目標變得很明顯：

> 我發覺政策的任何新變化都有風險。羅賓森在過去八年管理得很不錯。在穩住阿非利卡人黨派的信心時，他也穩定地爭取向北擴張的機會，徹底包圍波爾共和國。我們能從瓦爾河（Vaal River）延伸到尚比西（Zambezi），幾乎要完全歸功於他。你看一下地圖，就會發現他的政策使他完全封鎖了川斯瓦共和國（Transvaal Republic），使其無法擴張。如果我們現在讓事情安安靜靜地發展，隨著川斯瓦的黃金開發，我們會漸漸在英國旗幟下達到南非的團結。到頭來，淘金者將無法忍受純粹的波爾政府，整件事只是時間的問題，但如果我們有新官上任，提出對抗附近共和國的全新政策，這一切都會被毀掉。如果政策是以麥肯基（Mackenzie）支持本土的想法為基礎，就會導致無窮的爭執。現在有無數的問題出現了，例如史瓦帝尼（Swaziland）的未來以及與馬塔貝萊族國王打交道的方式。如果這些問題處理得不好，可能會導致無休止的爭

吵。海克力士爵士有八年的經驗，我還是認為他是最合適的人選。

當年的下半年，羅茲以類似的筆調寫信給納弟，將戴比爾斯描述成「另一家東印度公司……在廣袤的偏遠地區持續發展」，並概述更多他的「願景」：

> 馬塔貝萊族國王是通往中非的唯一阻礙，我們一旦占有它的領土，其他事就會變得容易，因為剩下的只有由個別首領領導的村莊體系，各自獨立……
>
> 在蒙巴薩（Mombassa）的新東非公司應該經由坦干伊加（Tanganyika）到尚比西，從南部參與我們的開發，介入德國人和剛果自由邦之間……目前，我只希望供給不被中斷……在湖泊公司（Lake Company）或尼揚扎（Nyanza）有另一個連接環節，從尚比西到夏爾（Shire）做買賣，但關鍵當然是馬塔貝萊族的土地有黃金，相關的報告不只是根據道聽塗說……想想看，這塊土地的金礦場在兩年前能以大約十五萬英鎊買得到，現在的售價已經超過一千多萬英鎊。我向貝特和羅賓森提議我們應該整個買下來，大約三十英里長，什麼都不要遺漏。文件已經擬好了，但不幸的是我得離開。我離開之後，計畫就泡湯了。

顯然，這些計畫和一八九五年十二月的詹姆森突襲事件（Jameson Raid）慘敗有關，甚至可能和波爾戰爭在一八九九年爆發有直接的關係。羅茲執意要實施包圍和擴張的計畫與波爾共和國的獨立存在有矛盾，所以他希望納弟能夠支持。

他相信納弟能幫助他實現願景，於是在一八八八年六月修改遺囑，將所有財產留給納弟，除了戴比爾斯的二千股（留給兄弟姊妹）。將幾十萬英鎊留給世界上的富人之一或許有點不合常理，但他在附上遺囑的信中向納弟透露，這筆錢應該用來建造他的傳記作者提到的「為了帝國利益的天選者的社會」。「如果可以，採用耶穌會信徒的章程，」羅茲潦草地寫道，「讓大英帝國掌控羅馬天主教吧。」羅茲不太可能（更不用說羅斯柴爾德了）讀過聖依納爵（St Ignatius）於一五五八年起草的耶穌會信徒章程，這只是他理想中的那種忠誠情誼的簡稱。引人注目的是，就像當時其他有遠見的人如西奧多．赫茨爾，羅茲認為名聲顯赫的羅斯柴爾德勛爵是有能力靠資源實現夢想的不二人選。

許多人認為羅斯柴爾德家族一定也有羅茲的擴張主義野心，不然為什麼羅茲要告訴納弟那麼多關於他的抱負呢？無論如何，謹慎是必要的。納弟和兄弟們當然不反對擴大英屬南非的想法。羅茲和貝專納蘭探索公司的吉福德、考斯頓聯合起來，成立新的中央搜索協會（Central Search Association）要帶頭執行馬塔貝萊蘭（Matabeleland）計畫時，納弟是大股東。該公司在一八九〇年變成聯合特許公司（United Concessions Company）後，納弟的參與變得更密切。羅茲在一八八九年成立不列顛南非公司（British South Africa Company），他也是其基金會股東，並無償擔任該公司的投資顧問。[12]更重要的是，根據一八九二年一月的信件，納弟對羅茲的野心並不抱幻想。「關於南非事務，」他告訴羅茲，「我們的首要願望是由你繼續領導殖民地的事務，並執行重大的帝國政策，那也是你一生的夢想。我認為你會公正地承認，我們在執行這項政策時一向忠誠地支持你。你可以放心，我們會繼續這樣做。」

納弟確實不再願意聽人批評羅茲。一八九一年，越來越反覆無常的蘭道夫．邱吉爾從南非回來後，批評馬紹納蘭的前景，並在媒體上宣稱：「沒有其他事比投資採礦探索聯合組織更不明智或更不可靠的投機行為了。」納弟被激怒了，尤其因為是他資助了邱吉爾的旅行。威廉．哈寇特爵士的兒子路易斯（Lewis，暱稱「小狼」）在日記中描述一八九三年初期，納弟和邱吉爾在特靈發生驚人的爭執。當時，邱吉爾

> 不滿地抨擊羅茲、南非以及馬紹納蘭，聲稱國家破產了、羅茲是騙子、納弟知情、羅茲無法在倫敦市籌到開設礦場所需的五萬一千英鎊等。他當著納弟的面講這些話，讓納弟很生氣，甚至要走到室外冷靜幾分鐘。

羅茲對馬塔貝萊族和其他礙事的非洲黑人部落使用武力，這也沒有使羅斯柴爾德家族感到不安。一八九

三年十月，亞瑟．羅斯柴爾德在巴黎寫信時，典型地從帝國主義的角度將「特許公司的股價小幅上漲」連上「馬塔貝萊族發生激烈的戰鬥，其中有一百人喪命。但讓我高興的是，我們這邊的傷亡人數很少」。巴黎分行的資深夥伴也有興趣，尤其是羅茲在一八九〇年當上開普總理後展現出管理開普的專制作風。

然而，關於從開普擴大英國影響力的手段，羅茲和羅斯柴爾德之間始終有巨大的差距。從哲學角度來看，羅茲通常更接近自由帝國主義，而不是索爾茲伯里政府的政策，後者偏向使邊緣白人殖民者的野心屈服於大都市政府的外交利益。例如，他支持地方自治，那是維多利亞時代後期的政治試金石。羅茲原本對納弟寄予厚望，不久後卻失望了，羅斯柴爾德家族無法說服葡萄牙政府割讓德拉戈灣（Delagoa Bay）讓他很沮喪。德拉戈灣是莫三比克海岸的主要海港，因此也是川斯瓦未來的戰略關鍵。這個主題的談判一拖再拖，即使納弟樂觀地談到從葡萄牙買那片土地，但已經證實外交障礙難以克服。羅茲指責索爾茲伯里「在葡萄牙生意方面（對他）不友善」，但納弟極力反駁這一點。「你不能忘記，」他向這位激動的帝國建造者解釋，

> 當時整個歐洲的輿論偏向支持葡萄牙，讓索爾茲伯里勛爵引起友好強國的斥責，認為這個國家為了中非某個重要但不發達的地區，準備摧毀弱小的葡萄牙，這並不明智。說到底，你還能對自由黨政府抱著更高的期望嗎？

羅茲又試了一次，他直接聯繫葡萄牙的使節路易斯．索弗拉爾（Luiz de Soveral）時，覺得納弟的支持態度很冷淡。「看來，你同意索弗拉爾的觀點，認為我們無能為力，」一八九三年五月，他抱怨道：

> 我以為你會盡全力，就像你幾年來的認知，德拉戈灣是我們在南非的立場關鍵……恐怕我們要買下德拉

⓬ 納弟在一百萬英鎊的資金中提供了一萬英鎊。

戈灣了。我們想要，也準備付款。隨著川斯瓦的發展，我們等越久，必須支付的費用就越多。德拉戈灣的路線完工後，我們可能就永遠買不到了。

在這方面，如同許多其他方面，羅茲的行動對羅斯柴爾德家族而言太過迅速。該家族對於解釋葡萄牙政府無意出售相關領土已經感到厭煩。早在一八九一年二月，羅茲就向雷金納德·布雷特透露，他認為納弟「很誠實，但不夠明智」。不久之後，他又修改了遺囑，指定納弟以外的第二位財產受託人。「這個想法有時候讓我很痛苦，」他宣稱，「如果我過世了，我的錢都會落入某個人的口袋。不管他多麼善良，卻完全無法了解我的想法。我已經努力向他說明我的想法，但我可以從他的表情看出，他根本不懂……我只是在浪費時間。」[13]對納弟而言，羅茲開始輕率地利用戴比爾斯聯合公司來推動自己的馬塔貝萊蘭計畫，使他很不安。爭論的基本焦點是羅茲決定讓戴比爾斯成為不列顛南非公司的大股東，該公司在信件中通常稱作「特許公司」。納弟的觀點是「戴比爾斯不該持有高度投機性的證券」，這個觀點得到卡爾·邁爾的大力支持，因為他始終「對特許公司抱怨悲觀的看法」。一八九二年一月，納弟直率地闡述自己的觀點：

你是唯一能決定開普政府該不該接管北方領土的人。這不關我們的事，我們不願意針對這個話題發表意見，你應該了解你的特許公司多有可能得到女王陛下政府的批准。但我們想說的是，如果這是你的策略，而且你需要資金來實現目標，那你就必須從其他管道取得資金，而不是鎖定戴比爾斯公司的現金儲備。我們一直都把戴比爾斯公司當成純粹的鑽石開採企業……如果戴比爾斯公司借錢給特許公司的事被人知道了，有些股東可能會申請禁令，掀起軒然大波要罷免董事會成員，改成推選他們提名的人，那就大事不妙了。因此，姑且不論以這種方式運用戴比爾斯公司的資金是對是錯，實際上就是很不明智，也可能對公司和董事的信用和聲譽造成很大的傷害。

羅茲抱怨特許公司需要資金時，納弟回答：

與其讓戴比爾斯公司資助特許公司，我們更希望你對鑽石徵收小額出口稅。當然，一開始會有一些抱怨，但同行最後會習慣的。你現在要考慮的問題是該不該讓開普政府接管鑽石礦場並買斷股東的股份。當然，不能參考幾年前的高價，而是要以合理的價格出手。你先好好思考這個想法，再告訴我意見。

我們不難想像羅茲如何看待將戴比爾斯和特許公司交給這麼直接的政治控管方式。在這類協調中，納弟經常謹慎地避免激怒情緒化的羅茲。「你應該知道我不喜歡干涉戴比爾斯的內部行政，」他在一八九二年七月向羅茲保證，「我只希望公司以後能付得起不錯的股利，然後漸漸減少債務。」實際上，羅茲好幾次不理會倫敦傳來的「指示」，例如在他堅持買普雷米爾（Premier）或威塞爾頓（Wesselton）礦場的時候。但納弟沒有隱瞞羅茲的是，倫敦董事會的戴比爾斯大股東掌管著錢財。倫敦董事會和終身董事之間的類似衝突於一八九九年再次爆發。當時，羅茲希望戴比爾斯投資蘭德金礦場和鐵路，而該公司正好需要借錢付股利。納弟的反對意見以及他對終身董事制度的批評使得羅茲抱怨：「自從戴比爾斯成立以來，我為公司擬定的政策幾乎不斷受到倫敦董事會反對。」他也因此讓卡爾．邁爾受到「粗暴的對待」。但他不能否認的事實是，納弟和「大多數法國股東……代表了該公司資本的較大部分」。最後，他們堅持廢除終身董事的職位。另外值得注意的是，羅茲也欠羅斯柴爾德家族不少錢：一八九五年中期，他擔任開普殖民地的總理時，積欠他們多達一萬六千五百一十五英鎊，但他這時候已經是富豪，財源主要是他持有的戴比爾斯股

⓭ 在羅茲後來的遺囑中，這個想法變成更務實的牛津大學獎學金計畫。納弟表示：「計畫的宗旨是鼓勵殖民地居民、甚或美國人在伊西絲河（Isis）的河岸研究，並像羅茲在當地做的事，去學習如何愛自己的國家，讓國家繁榮起來。」至於羅茲的財產剩餘利息將由受託人「用於盎格魯－撒克遜種族的發展利益」。在這個最終版本中，納弟的受託人身分其實已經被取代了。

票。這個數字比蘭道夫·邱吉爾在職時欠他們的還多。

除了戴比爾斯的特定角色，納弟看待南非的未來願景和羅茲有許多本質上的差異。例如，我們很難相信羅茲在一八九一年贊同他的提議，補助幾百個逃離沙皇迫害的俄羅斯猶太家庭移居和定居。更嚴重的摩擦來自納弟不願承認羅茲的計畫排除了與波爾共和國的和平共存關係。一八九二年五月，有人突然告知羅茲，倫敦分行考慮發行二百五十萬英鎊的貸款，讓川斯瓦政府能擴大鐵路網。當年的上半年，其總統保羅·克魯格（Paul Kruger）在卡爾·邁爾造訪約翰尼斯堡期間提出了這個可能性。邁爾向新廷報告：「克魯格是個古怪的老波爾人，長相醜陋，衣衫不整，舉止粗俗。但他很優秀，也是個令人敬佩的演說家。」接著，他提出了自己的政治觀察：「老波爾黨和採礦業新成員之間的關係比以前好多了。」這些談話在羅茲待在倫敦時進行並不是巧合。

一八九二年的貸款目標是不是為了建立一個能控制川斯瓦的非正式帝國，當然存有爭議。或許羅茲支持此事。納弟向索爾茲伯里勛爵提出這項議題時，他明確強調削減克魯格的最初計畫費用，爭取到更大筆的貸款來收購葡萄牙的德拉戈灣路線。他針對此話題寫信給羅茲時，也強調：「我們擬定合約時，謹慎地按照你的建議，在未來的借款中為自己保留發言權。」他也提到：「時機成熟時，有必要和開普鐵路公司達成協議。」「我們也告訴他們，我們不同意他們為擴展納塔爾（Natal）借更多錢。你可以從公開說明書了解，我們堅持主張這些錢只在共和國的範圍內使用。當然，我們絕對不會讓他們認為我們是按照你的建議行事。」

這表明羅茲的第一個念頭是，建造鐵路連接南方能讓波爾人有機會對金礦場發號施令。顯然納弟想讓他放心，但他也承認：「我們無法規定政府，這條路線完工後他們該收多少關稅。」查普曼（Chapman）表示，波爾人不想受到新銀行家的威脅。新廷照慣例寫下警告，籌到的錢「要慎重使用並節省」、「每一筆開銷……都要受到嚴格和有效的管制」，普利托利亞（Pretoria）當局憤怒地回應：「不准管制。政府在幾次提款之前不會說明資金的用途。除非需要錢，否則政府也不同意將錢存在你們那裡。」對羅茲而言，川斯瓦債券在倫敦市場上的成功是一種打擊，這項發行取決於開普人和波爾人之間的和平。但到了一八九五年晚期，開普敦

（Cape Town）已開始計劃以川斯瓦的非波爾人（「外國人」）的名義推翻克魯格政府。⓮

其實，詹姆森突襲事件是羅茲的私人軍隊在貝專納蘭展開的失敗入侵行動。這件事使羅斯柴爾德家族很震驚，因為他們對政變計畫一無所知。雖然羅茲和張伯倫（一八九五年夏季加入索爾茲伯里政府，擔任殖民地大臣）討論過煽動外國人叛變的想法，但他顯然沒有對納弟說這些話。他和張伯倫也不熟，無法得知情報（《泰晤士報》的非洲記者也是如此）。這場災難結束後，納弟試著修復倫敦和普利托利亞之間的關係，催促克魯格到倫敦，言談之間很明顯否定了詹姆森。「如果你無條件接受邀約，」他向克魯格保證，「就能確保共和國獨立，我們希望不會有任何措施增強川斯瓦政府反對者在這裡的影響力。另外，絕對有必要預防外界對布爾政府的敵意加深。目前為止，輿論一直對你有利，我們會盡力讓你的任務變得更容易。」霍布森聲稱「金融家們」從詹姆森的越軌行為中獲利，但他錯了——事實上恰恰相反。

正式帝國的陷阱：波爾戰爭

然而，詹姆森突襲事件的失敗只是延遲了與波爾共和國之間的衝突。一八九七年，阿爾弗烈德・米爾納（Alfred Milner）以高級專員的身分抵達南非不到一年，就相信讓英國控制共和國對外政策的唯一辦法是發動戰爭。他欣然接受外國人的特許權，張伯倫則因政黨政治的考量而支持他。兩人有足夠的影響力可以勸阻納弟在一八九八年十一月發放第二筆川斯瓦貸款⓯。但米爾納認為，羅斯柴爾德家族為了化解與普利托利亞之爭端而採取的非正式外交手段令人尷尬。一八九九年六月，阿爾弗烈德直接發電報給克魯格。他的用字遣詞不受殖民地部（Colonial Office）約束，但他事先請教過張伯倫：

⓮ 一八九〇年，外國人的不滿主因在於，川斯瓦政府將選舉權所需的居住資格延伸到第一屆立法議會和總統的選舉上，實際上剝奪了他們的權利。

這個國家和政府都不想打仗，但沒有人能預測會發生什麼事，以及輿論可能迫使政府做什麼事……問題的關鍵是，外國人應該在立法議會有直接或即時的代表權，但閣下的論點有缺陷：每次的改變都拖延太久，以至於無法對當前的局勢產生影響。

克魯格並非對這些訴求充耳不聞。七月六日，張伯倫從新廷得知他做出讓步的消息：外國人將取得「有追溯效力的七年期特許權」，而「那些擔心索爾茲伯里勛爵會發動戰爭的非英國人會樂於接受這項特權」。十二天後，納弟向麥克唐納確認此事，讓張伯倫將危機描述成「已結束」。直到八月二十五日，卡爾・邁爾仍「堅持相信這次能找到暫時的解決辦法。但我想坦白說，克魯格在考驗政府的耐心……有一股危險的火藥味」。這也是羅茲的觀點。直到最後一刻，他依然自信地認為「波爾人終究會讓步」。但這次克魯格顯然不打算讓步，而羅斯柴爾德家族也盡力實現和平的解決方案。在哈廷頓（現在是德文郡公爵）的建議下，電報被發送給普利托利亞的商業夥伴塞繆爾・馬克斯（Samuel Marks），在沒有張伯倫或索爾茲伯里授權的情況下，有效地重新制定了英國政策：

大不列顛政府渴望和平。如果川斯瓦政府無條件同意五年期的特許權，便沒有理由擔心後續討論的計畫細節，肯定不會再有其他要求。戰爭現在發生了，這是克魯格的錯，不是大不列顛政府的錯……羅斯柴爾德家族企業讓我們很放心。大不列顛、英格蘭或英國政府並不希望干涉川斯瓦的完整……我們強烈敦促你們**無條件**維持特許權，我們認為只有這樣做才能防止戰爭。

這項提議不但被波爾人拒絕，應該也可能遭到索爾茲伯里駁斥。他擔心這種「地下談判」可能導致「嚴重的牽連」，於是「非常誠懇」地要求納弟停止「進一步和普利托利亞進行任何交涉」。

羅斯柴爾德的觀點，並不是基於對波爾人的自治政府深表同情。納弟告訴麥克唐納，塞繆爾・馬克斯相信只要維持和平，「川斯瓦將在十五年內屬於英國。」「克魯格是老波爾保守主義的最後一員，」馬克斯的夥伴路易斯表示，「也是川斯瓦所能擁有的最後一任總統。」此外，戰爭爆發後，納弟毫不猶豫地介入，表明經過德拉戈灣的波爾供給立即被中斷。當地的士兵從戰爭返回白金漢郡時，義不容辭的愛國言論脫口而出，而阿爾弗烈德則用自己的方式在柯芬園（Covent Garden）安排了一場盛大的晚會。納弟也和米爾納保持良好的關係，並「以妻子的名義」熱情地寫信祝賀他在南非「穩固地建立了國王陛下的領地」。但他私下譴責英國軍隊不得不發動「這場可悲的游擊戰」。和平條約在兩個月內締結後，阿爾弗烈德在餐桌上促進英國將領和波爾將領之間的和解。

霍布森等激進作家聲稱，這場戰爭是為了那些在金礦場和鑽石礦場有經濟利益的人而進行，這番話讓納弟很不安。他建議羅茲：

> 如果你的發言牽涉到戰爭的進行方式，或你和軍事當局的關係，千萬要小心。目前這個國家對於和戰爭有關的一切情緒高漲。雙方的議院都傾向於把發生的事歸咎於資本家，以及那些對南非礦業感興趣的人。火上加油很可惜，你這樣做正合反對黨的心意，但我相信你不想讓他們得逞。所以，我希望你說話要小心。如果你對陸軍部的下屬有什麼不滿，可以找機會私下說。

這有助於說明為何納弟在兩個月後寫信給貝爾福，私下敦促他：「優秀的軍政大臣給將領的錢，通常是他們要求的兩倍。」

前幾天，《每日新聞》（*Daily News*）刊登了一篇構思巧妙的文章，結尾表示國王陛下的大臣無法成功調

⓯ 後來這筆貸款在德國發放。

解，但他們更無力參戰……從長遠來看，比起冒險讓戰爭再拖延一年，現在大費周章較划算……我認為你應該了解大眾對這個話題的看法，以及非洲某些人的焦慮感。他們渴望省錢，所以我們最後可能得承擔更多開銷。

簡而言之，納弟認同羅茲對戰爭進行方式的批判。但他認為，在金伯利和蘭德礦場有大量私利的人公開發表類似的批評，是非常不明智的作為。

然而，羅斯柴爾德對戰時「虛假經濟」的警告有諷刺意味。波爾戰爭暴露了羅斯柴爾德家族對英國金融政策的影響力下降，而金融曾經是該家族最有影響力的領域。波爾戰爭是從克里米亞戰爭以來，英國第一次因公債的淨額大幅增加，而被迫提供資金的戰爭。但在一八五〇年代，人們認為財政部一定會求助於羅斯柴爾德家族企業，解決借款的需求。這種情形在半個世紀後不再確定無疑了。納弟告訴愛德華·漢彌爾頓，一開始他以為「大臣麥可·希克斯·比奇爵士準備好了就會派人找我」。但他提出在羅斯柴爾德的擔保下發行永續債券的建議被否決了。反而是恩內斯特·卡賽爾提出以九十八·五的價格，在公開市場更體面地出售國庫債券的論點獲得支持。卡其（Khaki）貸款被超額認購後，漢彌爾頓高興地察覺到「羅斯柴爾德家族嫉妒卡賽爾」。在七月出現進一步貸款的需求時，納弟跟隨卡賽爾的腳步（並對抗英格蘭銀行），主張第二次發行債券，這次是一千萬英鎊。但漢彌爾頓的意見和摩根公司的柯林頓·道金斯、復興後霸菱銀行的雷夫爾斯托克勛爵一致，同意提前在美國推出總額的一半，而這是他第二次反對羅斯柴爾德家族。因此，納弟被激怒了。他一直在爭取認購，以為倫敦市場勢必取得全額。第三次發行的一千一百萬英鎊，在售出時確實不再依賴美國市場，但政府準備發行金額更高的六千萬英鎊永續債券時，再次找摩根幫忙。其中有一半由摩根、羅斯柴爾德家族銀行及英格蘭銀行（各一千萬英鎊）以約定價格九十四·五買下。此外，摩根取得了比另兩間倫敦銀行高兩倍的佣金。霍勒斯·法庫爾（Horace Farquhar）的哥哥格蘭維爾表示，留給小公司的少量資金在「倫敦市的英國人圈子」引起很大的不滿。他們「憤怒地發現卑鄙的德國猶太人都有參與，而他們自己卻被排除在外」。但事實證明，明顯不是德國人、也不是猶太人的皮爾龐特・摩根才是主要的勝利者：一個多世紀以來，英國政府第一次被迫向外國勢力借一大筆錢，以便在自己的帝國發動戰爭。這是金融重心轉移到大西洋彼岸的早期跡象，這種轉移是新世紀的關鍵特色，也對羅斯柴爾德家族有重大的影響。

一九〇二年春季，摩根又展現了實力。當時的決定是要籌集三千二百萬英鎊的新貸款。道金斯懷疑納弟還有「很多無利可圖的剩餘永續債券」。雖然納弟主張發行新的川斯瓦擔保貸款，但道金斯在摩根親自來訪的支持下說服了希克斯・比奇堅持發行永續債券。雖然美國人同意只接受五百萬英鎊（羅斯柴爾德家族有七百萬英鎊，卡賽爾和銀行各有二百萬英鎊），但他們也發現自己能決定發行價格（九三・五）。這是新的美國對手產生敵意的跡象：納弟斷然拒絕將自己的份額分給摩根的倫敦銀行。甚至在戰爭後，羅斯柴爾德在談判中的處境看起來也很弱勢。雖然一九〇三年的三千萬英鎊川斯瓦貸款在沒有美國援助的情況下出售，但財政部認為納弟要求的百分之二・七五票息太低而駁回，並決定排除低於二千英鎊的申請。阿爾弗烈德憤怒地譴責這項策略的改變「不符合英式作風」。

波爾戰爭的勝利也不代表能在南非大都市主張絕對權威。雖然波爾人最終被迫和解，但從英國勝利中獲益的是開普敦和金伯利，而不是倫敦。在戴比爾斯公司內部，倫敦董事會和羅茲之間的最後衝突就是這種情況的縮影。就在川斯瓦的戰爭開始進行時，納弟經由電報勸羅茲，「消除流動債務，免除抵押債券，即使賺了錢也不能在此之前付股利……所以，我們建議善用有利的機會再創造五萬股的股票，目前的股東很快就會吸收。」一八個月後，納弟詳細地批判羅茲的會計方法，尤其是他累積大量盈餘的習慣。他和其他終身董事將這些盈餘「用於各種目的，有些和礦場有關，而有些和外部投資、投機活動有關」。納弟也持續對抗羅茲的野心：瓦解鑽石行銷組織在倫敦的勢力。

不過，羅茲讓他的繼任者在戴比爾斯處於幾乎無懈可擊的地位。年度股利在一八九六年和一九〇一年期間約為一百六十萬英鎊（每股百分之四十），接著在一九〇二和〇四年期間上升到二百萬英鎊。納弟也承認這些是「亮眼的成果」。此外，對在南非礦場利用中國勞工的政治攻擊（自由黨人在一九〇六年的大選中，將此事轉變為重大的競選議題），擴大了倫敦和開普敦之間的鴻溝。最後，羅斯柴爾德家族對戴比爾斯的控制受到不利的打擊，因為稅務局試著將公司的納稅義務從英國股東的股利延伸到整家公司的淨利，此舉迫使倫敦董事會正式解散，並確定了金伯利對歐洲股東有支配權。納弟驚恐地說：「如果倫敦辦事處關門大吉，戴比爾斯公司就會變成溫納貝特公司（Wernher Beit Co.），最後他會取得控制權，你們就無法得知現在發生什麼事了。」

但最不幸的發展是，羅斯柴爾德家族在波爾戰爭融資方面的作用減弱。還不過十幾年前，在戈申轉換債券利率和巴林危機之際，羅斯柴爾德家族銀行似乎像以前一樣在財務方面占優勢。現在，新世紀的曙光第一次明確地顯示該家族的主導地位即將結束。該家族是否意識到了這點？一項有力的證據指出，他們應該意識到了。在一九〇〇年十二月底的除夕，漢彌爾頓在日記寫下：

羅斯柴爾德聚在蒙特莫爾，見證十九世紀的終結。我們應該總共聚集了二十四人——羅斯伯里和三個未婚孩子、克魯（Crewe）家人、納弟和兩個兒子、利奧夫婦和三個兒子、亞瑟·沙遜……吃完晚餐，羅斯伯里發表感人的簡短演講，提議為「羅斯柴爾德家族的繁榮」乾杯時，納弟和利奧不禁落下了淚。

十二、財政與聯盟（一八八五－一九〇六）

德皇因為阿爾弗烈德對英德兩國的友好關係有所貢獻而授予他勳章，在那之後他變得狂妄自大。

——肖恩伯格・麥克唐納致索爾茲伯里勳爵，一八九九年一月

可以肯定的是，政治和金融往往密切相關。

——羅斯柴爾德勳爵

一八七〇至一九一四年的歐洲歷史經常被寫成帝國競爭的歷史，導致兩極化的聯盟體系，最終導致不幸的戰爭。然而，我們有理由對這種說法抱持懷疑。因為，如果有一場戰爭可能是因為帝國主義而引起的，那麼會是英國和俄羅斯在一八七〇和八〇年代未能爆發的戰爭，又或是英國和法國在一八八〇和九〇年代沒有爆發的戰爭。畢竟這三個強國是真正的帝國對手，從君士坦丁堡到喀布爾省（英國和俄羅斯）、從蘇丹到暹羅（英國和法國），始終不斷發生衝突，因此當時很少人會預料到他們最後會站在同一陣線作戰。

我們也不該假設有難以克服的勢力產生了毀滅性的「英德對立」。從羅斯柴爾德家族的觀點來看，相反的結果似乎比較理想，也不是不可能發生：即使不結盟，英國和德國達成的共識似乎可以合理地回應英國、法國、俄羅斯之間的帝國差異。歷史學家總是很容易輕視失敗的外交行動，假定或試圖證明它們本來就注定會失敗。在一戰爆發的前幾年，為了確保英國和德國達成共識而做的努力便經常成為這種輕視的對象。阿爾弗烈德在協調英德聯盟的過程中有重要的作用，但反而更助長人們認為這類努力是一場徒勞。如前所述，阿爾弗烈德

並沒有受到當代人景仰，他作為文藝愛好者的名聲使後來的作家傾向認為他不論做什麼都缺乏認真，彷彿他真的以為藉由「邀請張伯倫和赫茲菲爾德（Hatzfeldt）或艾克哈斯坦（Eckardstein）一起吃頓飯」就能實現結盟。赫爾曼．馮．艾克哈斯坦男爵（Baron Hermann von Eckardstein）是德國大使館的首席大臣，漢彌爾頓等當代人輕蔑地稱之只是「受羅斯柴爾德企業擺布、在英德事務上充當非正式中間人」，他的角色也經常被歷史學家低估。英德聯盟的想法被認為充其量只對某些倫敦市銀行家有吸引力，尤其是那些有德國和猶太血統的銀行家。當然，仇視德國的當代人毫不猶豫地表達了這個觀點。

然而，英國和德國的關係最後陷入一九一四至一八年的災難性戰爭，不該歸於由多種因素決定。在許多方面，即使沒有完整的聯盟，達成共識的論點依舊是建立在共同的國際利益之上。這並不是為了重提英德關係中「錯過機會」的舊論點，亦即本來可以避免戰壕的大屠殺（這個觀點往往是建立在後見之明和不可靠的回憶錄上）；這只是表示英德協議的進展失敗比較像是偶然，而非預先確定的結果，再者這並不是所有一九一四年前的外交聯盟的狀況。

未發生的戰爭

從埃及被占領的那一刻起，英國在試圖阻止帝國對手有類似的擴張時，卻發現自己處於外交劣勢。對於德國，英國並沒有真的試圖阻止；但是對於俄羅斯和法國，英國的外交態度就沒那麼順從了。

德國總理曾說過，他的非洲地圖隸屬於歐洲地圖，但他還是喜歡佯稱（他的兒子也告訴過格萊斯頓）：「如果殖民問題得到妥善解決，就不會出現有關埃及的爭論。」一八八六年九月，納弟將德國大使保羅．馮．赫茲菲爾德伯爵（Count Paul von Hatzfeldt）傳來的這類訊息轉達給蘭道夫．邱吉爾。顯然尋求殖民補償的地方是撒哈拉沙漠以南的非洲地區，比利時國王利奧波德二世（Leopold II）在那裡透過剛果國際協會（International Association of the Congo）建立了龐大的私人帝國。英國的利益在更往南的地方，但是透過鼓勵親英派葡萄牙人在下剛果（Lower Congo）主張擁有一些領土，這樣建立間接戰略據點的做法似乎相當明智：正是羅斯柴爾德家族默許這項策略，使他們不願意協助利奧波德的活動。從一八八四年開始，俾斯麥就利用埃及當藉口，對該地區進行一系列大膽的德式干涉，並在非洲以法德「中立國聯盟」為由威脅英國，主張德國控制非洲西南部的安格拉・佩克納灣（Angra Pequena），並索取開普殖民地和葡屬西非之間的所有領土。英國的反應是安撫德國，接受非洲西南部的殖民地，並在喀麥隆和東非讓出更多的領土。一八八六年，赫茲菲爾德提出的桑給巴爾（Zanzibar）議題是個典型的例子：德國在桑給巴爾沒有值得談論的經濟利益（於一八九〇年用桑給巴爾換取北海的黑爾戈蘭島〔Heligoland〕），但只要英國認為自己在埃及的處境很窘迫，那麼索求領土便是值得的事。

俄羅斯至少在兩個地區可以合法提出類似的要求：中亞和巴爾幹半島。英國在這兩個地方都沒有什麼抵抗的合理依據，因此羅斯柴爾德家族傾向於推動英國調解和讓步的政策，儘管他們對反猶太的沙皇政權有越來越強烈的敵意。

一八八五年四月，在格萊斯頓第二次執政的剩餘時光，俄羅斯在龐吉德（Penjdeh）擊敗阿富汗軍隊後，英俄衝突有可能爆發。在雷金納德・布雷特的建議下，納弟立刻試圖透過試探俄羅斯大使斯塔爾伯爵的意圖來避免戰爭。斯塔爾詢問英國要以哪種基礎進行外交妥協才「滿意」時，納弟提議「立刻將俄羅斯軍隊從有爭議的國家召回」，接著補充，「這樣做，你們多少能獲得你們俄國人為自己劃下的邊界。」斯塔爾適時地向布雷特提出這樣的建議，然後布雷特將這些話轉達給格萊斯頓。漢彌爾頓經常質疑納弟提出的方案，但他這次也不得不承認：「不管提出的方式是否正式，這是從俄羅斯大使館得到的有用情報。」按照羅斯柴爾德的典型做法，納弟試著邀請斯塔爾和一群自由黨和托利黨政治家共同用餐，想藉此加快調解的程序。受邀者包括現任的內政大臣哈寇特、布雷特、德拉蒙德・沃爾夫、保守黨的後起之秀亞瑟・貝爾福。邱吉爾於一八八五年夏季接管印度辦事處時，他急忙告訴納弟一個好消息，也就是俄羅斯人想解決阿富汗邊境的問題。九月三日，邱吉爾在雪菲爾（Sheffield）照例發表他浮誇的演講時，宣布了一項協議，然而此舉太過倉促。一八八六年一月，自由黨人才剛重掌政權，阿爾弗烈德就提醒羅斯伯里：

> 看起來阿富汗的事對英國很不利。俄羅斯人已經說服了阿富汗人……英國邊界委員會（English Boundary Commission）的立場有風險。阿富汗人公然對我們有敵意，而我們的委員會幾乎毫無防備。俄羅斯有三萬人近在咫尺，正在盡快推動他們的鐵路發展。

危機再度緩和下來，但羅斯柴爾德家族持續密切關注西北邊境。一八八八年，埃德蒙在俄羅斯的護送下前往撒馬爾罕（Samarkand），表面上是為了調查「商業狀況」，實際上有可能是為了評估俄羅斯對喀布爾省（Kabul）的軍事威脅程度。❶

保加利亞在一八八五年爆發危機時，也發生了類似的情況。羅斯柴爾德家族認為英國在面臨外交日益孤立的時期，似乎沒什麼好理由要捲入保加利亞的事務。如果英國有權管理埃及的事務，那麼俄羅斯就有權阻止保加利亞國王亞歷山大（Alexander）依照自己的意願統一保加利亞和東魯米利亞，他曾在一八八五年九月嘗試這樣做。反對俄羅斯干涉的唯一理由涉及王室（維多利亞女王的女兒嫁給亞歷山大的兄弟亨利）和道德（從格萊斯頓的專制主義活動以來，保加利亞人的命運一直是引起爭論的議題，而俄羅斯綁架亞歷山大的事件又引起了憤慨的情緒）。雖然納弟承認有必要「守住保加利亞王子的王位，並阻止塞爾維亞等小國自食其力」，但他沒多久就察覺到俄羅斯要「干涉巴爾幹半島」的意圖。基本上，他的看法是英國該容忍這種情況。

納弟和俾斯麥在這方面的意見一致。在許多方面，羅斯柴爾德家族對英德重歸於好的計畫感興趣是從這段時期開始。一八八六年九月，納弟寫信給邱吉爾時，顯然很喜歡轉達德國大使赫茲菲爾德如何反對英國的保加利亞政策：

他說你們沒道理，邏輯不好，所以才會冒很大的風險。你們的政治家和媒體說，你們對多瑙河和巴爾幹半島沒什麼興趣，你們認可俄羅斯的權利，還要求俄羅斯不要干涉埃及，只能留在亞洲的勢力範圍。但我們駐索菲亞（Sophia）的代理人今天又發電報說法蘭克・拉塞勒斯爵士（Sir Frank Lascelles，駐保加利亞的總領事）不斷暗中圖謀對俄羅斯不利。如果再這樣下去，你們可能會驚訝地發現自己在世界各地被迫插手。你們在保加利亞的行為莫名其妙。我們不該也不能支持這樣的政策。如果俄羅斯聽從法國的意見讓你們覺得困擾，你們也不必大驚小怪。

顯然納弟希望邱吉爾比外交部長伊茲利勛爵（斯塔福德・諾思科特）更傾向俾斯麥主義。後者（被納弟貶低為「老色鬼」和「嘮叨的老人」）派亞歷山大・康迪・史蒂芬（Alexander Condie Stephen）到新廷為索菲亞的反俄政權申請四十萬英鎊的貸款時，納弟很懷疑。「我當然不同意，」他告訴邱吉爾，「有這種蠢事嗎？」邱吉爾的回應是阻止史蒂芬擔任駐索菲亞的使節，甚至用外交部的密碼署名「伊茲利」發電報給索爾茲伯里。為了強調被動的論點，納弟甚至透過貝爾福，將赫茲菲爾德提出關於德國可能攻擊法國的警告轉達給索爾茲伯里，暗示英俄同時發生的衝突可能會引發一場大戰。自由黨重掌政權後，納弟在寫給布雷特和羅斯伯里的信中表達了同樣的觀點：應該默許俄羅斯的保加利亞政策。納弟也漸漸按德國的意願為此觀點辯護。他在十一月告訴羅斯伯里：「法國人充當俄國在保加利亞的保護者讓俾斯麥很不滿。」一個月後，他表示俾斯麥「孤立了法國。如果他讓英國和俄羅斯變成忠實的朋友，我一點也不驚訝」。「我相信不會發生戰爭，」他在隔年二月總結道，「法國只是暫時對俄羅斯感興趣。大家都能預料到，俾斯麥最後會讓俄羅斯在巴爾幹半島為所欲

❶ 龔固爾兄弟的評論值得注意：「在撒馬爾罕這座古城，我們不知道歐洲有一個叫法國的國家，也不知道有一位叫俾斯麥的政治家。我們只知道歐洲有一位叫羅斯柴爾德的有錢人。」

為。」

這並不是羅斯柴爾德最後一次希望英國和德國合作，但願望沒有實現。一方面是因為索爾茲伯里更願意和義大利、奧地利協商新的三國協約（Triple Entente），以維持地中海和黑海的現狀。雖然對英國而言，他們只是普通的盟友，卻足以在保加利亞的新國王當選時阻止俄羅斯採取極端行動。新國王是英國皇室的遠親（薩克森－科堡的費迪南，艾伯特親王一位表親的兒子），但更重要的是他有奧匈帝國的軍事背景。同時，索爾茲伯里認為三國協約透過德國的三國同盟（義大利和奧地利也是成員）與柏林建立間接的關係。這是一種令人不安的平衡狀態，邏輯上意味著俄羅斯和法國和解（即便俾斯麥努力保留三帝同盟的殘留部分），但實現此目標的難度有多大以及其存在是會加強還是削弱英德合作，皆有待觀察。

在其他帝國強權中，法國對英國接管埃及的反應最激烈。在許多方面，英法對抗是一八八〇和九〇年代外交界最重要的特徵。如同過去，羅斯柴爾德家族比其他國際組織更難堪，明顯的原因是兩間分別在倫敦和巴黎的羅斯柴爾德分行仍然密切合作。然而，要知道能做哪些事並不容易。一八八六年，法國遠征印度支那（Indo-China）的東京（Tonkin）時，法國的羅斯柴爾德家族不安地向赫伯特．俾斯麥預言：「英國和法國即將爆發下一場歐洲戰爭。」他們暫時希望羅斯伯里在一八九二年回歸外交部長職位時可以改善局勢，但不久就能看出，儘管羅斯伯里不願意確認英國和奧地利、義大利簽訂的反法地中海協議，但他也傾向於延續上一屆政府的反法政策。一八九三年七月，湄公河發生海軍衝突後，法國打算接管暹羅的謠言使他感到沮喪（法國的羅斯柴爾德家族極力否認）。次年一月，奧地利擔心俄羅斯對海峽的企圖時，羅斯伯里的回應是向奧地利大使保證，他「不會因為英國可能會捲入俄羅斯的戰爭而退縮」。他接著表示，如果法國支持俄羅斯，「我們應該會需要三國同盟協助制止法國。」

不出所料，埃及和南部鄰國蘇丹（已證實是英法敵對的主因）導致英國和法國在一八九五年開戰的可能性很大。如前所述，羅斯伯里在一八九三年一月向羅斯柴爾德家族透露政府打算加強埃及駐軍。一八九四年一月和二月，阿爾弗烈德也向羅斯伯里轉達他們收到的驚人報告，即開羅對英國統治的敵意與日俱增。此時，法國政府爭奪上尼羅州（Upper Nile）法紹達（Fashoda）控制權的打算益發明顯。羅斯伯里擔心法國對法紹達的控制會影響英國在埃及的地位，因此他在三月當上首相後，急忙與比利時國王達成協議，要將法紹達的南部地區租給比屬剛果，以換取西部剛果的一大片土地，意圖顯然是要阻止法國接近法紹達。在隨後的艱難談判中，法國的羅斯柴爾德家族試圖調解，向英國堂親保證法國政府並非「全是反英分子」。但他們也提醒堂親，英國的非洲政策對巴黎而言似乎「挑釁」得令人難以容忍。但一切都是徒勞：法國外交部長加百列・阿諾托（Gabriel Hanotaux）嘗試針對法紹達的問題達成妥協，卻失敗了。法國探險家馬尚（Marchand）帶領探險隊前往上尼羅州時，羅斯伯里的外交部副部長愛德華・格雷爵士（Sir Edward Grey）譴責這是「充滿敵意的行為」。正是在這個關鍵時刻（一八九五年六月），羅斯伯里辭職使英國陷入前所未有的外交孤立處境。

對新的索爾茲伯里政府而言，幸運的是阿比西尼亞（Abyssinian）勢力當時在阿杜瓦（Adowa）擊敗了義大利，使法國相當洩氣。納弟向麥克唐納闡明了原因，供索爾茲伯里考慮。「法國人唯恐義大利的失敗會導致三帝同盟重整旗鼓，」他說，「所以法國政府太軟弱了，不會帶給我們麻煩。」但他提醒索爾茲伯里：「如果強國聯合起來重新討論撤離（埃及）的問題，我們的政府不可能抵抗。」這是在鼓勵他們要迅速採取行動。一星期後，再度征服蘇丹的指令下達了。❷阿諾托的繼任者泰奧菲勒・德爾卡塞（Théophile Delcassé）對基欽納（Kitchener）在恩圖曼（Omdurman）戰勝蘇丹苦行僧做出的回應是，在占領法紹達時，羅斯柴爾德家族慫恿索爾茲伯里要求法國人攤牌。納弟在九月告訴麥克唐納，基欽納應該受命「俘虜馬尚」。兩個月後，就在危機的高峰期，阿爾弗烈德向他保證「法國人會讓步，不會發生戰爭」。麥克唐納接著說：「我認為法國軍隊的處境很糟糕，但我對法國海軍有很高的評價（羅斯柴爾德勛爵認為這種忠誠的看法是胡說八道）。俄羅斯大使**斯**

❷ 一八九七年年底，麥克唐納和納弟商討羅斯柴爾德資助蘇丹鐵路的可能性。

塔爾今天早上也告訴羅斯柴爾德勛爵，他認為不會有戰爭。」

納弟是否刻意將英國在埃及的戰略利益置於巴黎堂親的感受之上？有可能。但更合理的解釋是，如同一八八二年，法國的羅斯柴爾德家族相當滿意英國在埃及的主導地位得以確立，甚至不惜犧牲法國的尊嚴。沒有證據表明阿爾豐斯支持德爾卡塞的對抗策略。無論如何，羅斯柴爾德家族清楚地了解法國立場的弱點。在法紹達的危機期間，俄羅斯大使暗示納弟聖彼得堡永遠不會在非洲議題上支持巴黎，就像巴黎不會在黑海海峽議題上支持聖彼得堡。

法紹達之所以有趣，是因為它讓我們聯想到大國之間沒有發生，卻有可能會發生的戰爭。同樣地，重要的是要記得，英國和俄羅斯雙方都曾在一八九五和九六年考慮過利用海軍進逼海峽，主張擁有君士坦丁堡的直接控制權。結果雙方都對本身的海軍勢力缺乏信心，不敢冒這個險。不過如果有人嘗試這樣做，可能就很難避免如一八七八年那麼嚴重的外交危機。另外還有一場未發生的戰爭是在英國和俄羅斯之間。別的姑且不論，這些都表明，如果我們想了解最終英國、法國及俄羅斯三方並肩作戰的原因，帝國主義是無法給出解釋的。

法俄協約

在這段時期出現的所有外交聯盟中，法俄協約在策略和經濟方面最合乎邏輯。法國和俄羅斯有共同的敵人，就是他們之間的德國和附近的英國。此外，法國是資本輸出國，而工業化的俄羅斯渴望取得外國貸款。早在一八八〇年初期，法國外交官和銀行家就開始討論有沒有可能制定以法國貸款為基礎的法俄協約。

不過，重點是要了解這類結盟有多少障礙。首先是財務難題。巴黎交易所經常出現不穩定的情況，例如一八八二年發生聯合興業銀行危機，接著是一八八九年的貼現銀行破產，以及一八九三年的巴拿馬運河危機，使人懷疑法國是否有應對俄羅斯大規模業務的基本能力。俄羅斯那一方也有問題。直到一八九四至九七年，盧布才被納入金本位制。在此之前，匯率的波動使談判變得更複雜。[3]債券市場也持續對俄羅斯債券多加留意。

利率百分之五的俄羅斯債券價格在一八八〇年代以不尋常的速度浮動，於一八八六年年底快速下滑，又於一八八七年的上半年恢復，接著在一八八八年初期又下降到八十九・七五的低點。一八八九年五月，這個數字攀升到一〇四・二五的高點，但在一八九一年又急劇下降。在三月和十一月之間，利率百分之四的俄羅斯新債券價格從一〇〇・二五跌到九十，跌幅超過百分之十。這場危機結束後，價格才開始穩定地升值，並於一八九八年八月達到高點（一〇五，參見圖表12.i）。

法俄聯盟也有嚴重的外交困難。首先，俾斯麥的外交手段似乎取決於維持他最初在三帝同盟中建立的德、奧、俄關係。布朗熱將軍的崛起重新燃起了法德之間的仇恨，卻沒有使俄羅斯支持法國。駐柏林的俄羅斯大使彼得・舒瓦洛夫伯爵（Count Peter Shuvalov）只提到萬一德國和法國開戰，俄羅斯將保持中立。一八八〇年代初期，俄羅斯的目標是使德國和奧匈帝國分離，而非為了法國冒險疏遠俾斯麥。一八八七年六月，德國和俄羅斯私下簽訂的再保險條約（Reinsurance Treaty）實際上也許沒有用處（保證俄羅斯維持中立，除非德國進攻法國；保證德國維持中立，除非俄羅斯進攻奧地利），但至少表明了柏林和聖彼得堡都希望保持某種外交聯繫。此外，如前所述，法國和俄羅斯能相互提供的條件有重要的限制：法國從來不願意支持俄羅斯制定有關土耳其的政策，俄羅斯也從來不願意支持法國為蘇丹制定的政策。

最後還有政治的障礙，不只是因為共和法國與沙皇俄國之間的明顯差異。一八八一年三月，「沙皇解放者」亞歷山大二世被暗殺，他的保守派兒子亞歷山大三世繼位，導致帝國有四百萬猶太人的待遇明顯惡化，其中大多數人繼續被監禁於波蘭和俄羅斯西部的長期隔離屯墾帶。在亞歷山大二世時期放寬了對猶太人的住所和活動限制，但一八八一和八二年的集體屠殺浪潮使沙皇和新部長相信，有必要保護「人民」遠離猶太人的「有

❸ 從一八七四年的低點三盧布上升至一英鎊，一八八七年升值到四・六七盧布，接著在一八九〇年回到三・五七盧布。原本匯率在三・八八穩定下來，後來在一八九七年升值到九・四五。

圖表12.i：利率百分之五的俄羅斯債券的每週收盤價，1860-1900

注：從1889年11月開始，按百分之四的價格計算（似乎有百分之五票息）

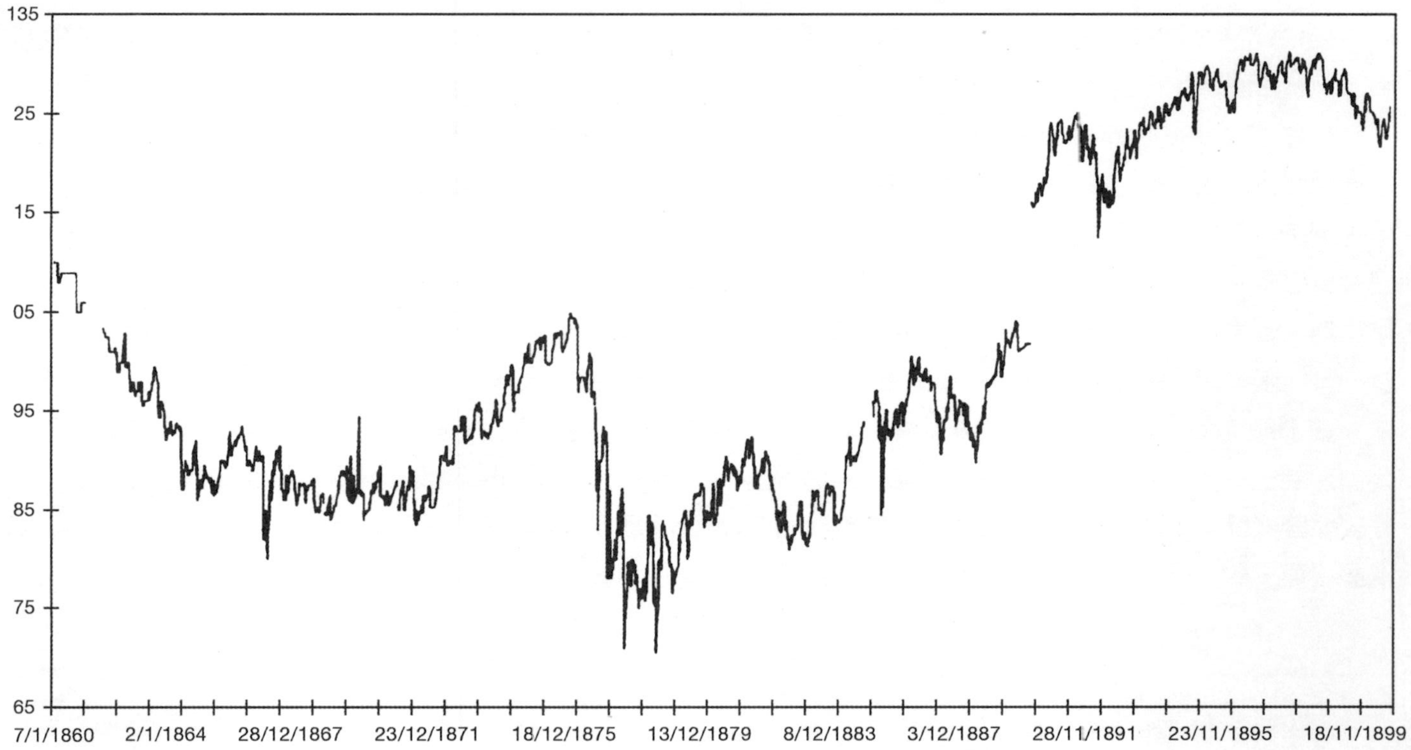

害活動」，因為猶太人「在許多方面是危險的」。一八八二年的五月臨時法規（May Laws，對猶太人的居住地點和商業活動制定新的限制條例）頒布後，出現了持久的反抗運動。接受教育的機會、擁有土地的權利、從事職業的機會、在村莊或隔離屯墾帶以外居住的權利等都受到了限制。猶太人的反應各不相同。如我們已知，大約有二百萬名猶太人移居國外。在那些留下來的人當中，大多數人努力奮鬥，但也有一些人受到社會主義革命黨、社會民主黨以及猶太聯盟（Jewish Bund）等組織的革命性政治吸引，這足以讓沙皇部長們相信，他們把猶太人當成威脅是正確的。一九〇三年，基希涅夫（Kishinev）發生新的大屠殺事件後，一九〇五年又出現了更多集體屠殺（同時還有六十多年前引發大馬士革事件的那種「活人獻祭」聲明）。有足夠的證據表明，官方的冷漠態度、甚至共謀證實了外界的印象，即沙皇政權是世界上最仇視猶太人的政權。

這些事讓羅斯柴爾德家族感到沮喪。早在一八八一年五月，奧地利、法國及英國的夥伴就開始討論該採取哪些有效的措施幫助「不幸的教友」，也許阿爾豐斯的女兒與俄裔猶太銀行家莫里斯．埃夫魯什的婚姻使他們對這個問題更感興趣。因此外交界有謠言說，駐聖彼得堡的法國大使阿佩爾（Appert）告知新的埃夫魯什夫人，沙皇認為她不適合進入宮廷時，羅斯柴爾德家族已經確定他會被免職。羅斯柴爾德的反俄態度之所以重要，是因為羅斯柴爾德兄弟銀行仍然被其他法國銀行（以及俄羅斯財政部長）視為俄羅斯政府首選的巴黎代理人，否則其重大的業務活動無法成功。一八八二年，舒瓦洛夫代表財政部長邦吉（Bunge）非正式地聯繫巴黎分行時，古斯塔夫坦白說：「我們只能回答說，我們只希望完成俄羅斯政府的金融業務，但考慮到在俄羅斯的教友遭到迫害，我們辦不到。」在接下來的幾年，倫敦的夥伴也不斷表示類似的說法。

這說明了為何埃利．德．西昂（Elie de Cyon，別名伊利亞．法德耶維奇．泰森〔Ilya Fadeyevich Tsion〕）的成功有限，這位俄裔猶太人有著強烈憎恨德國人的觀點。德國攻擊布朗熱主義法國的流言四起時，他試著充當法俄兩國政府的中間人。如他後來所表示的，他的目標是讓俄羅斯的「經濟從德國解放，並讓俄羅斯債券市場轉移到巴黎」。雖然一八八七年二月他拜訪沙皇時，發現沙皇的顧問麥可．卡特科夫

（Michael Katkov）懷疑戰爭的危險性（理由是俾斯麥的武力威脅只是一種選舉策略），但他「將自己和巴黎高級私人銀行的幾位代表討論的結果」轉達給卡特科夫（「這些代表都對俄羅斯抱有好感」），這引起了卡特科夫的興趣。他認為他的王牌是：

> 羅斯柴爾德家族的人和我討論這個話題很久，持續到一月底。他又向我保證，他們的分行隨時能為俄羅斯的財政部服務，也樂意恢復十二年前被迫中斷的關係，當時法國必須將所有資金用來解決國內的需求。

接著，西昂向新任俄羅斯財政部長韋希涅格拉德斯基（I. A. Vyshnegradsky）提出類似的要求。後者對「取得羅斯柴爾德家族合作的可能性」表示存疑，「沒有他們，巴黎市場就沒有多少價值。」韋希涅格拉德斯基透露，在取得羅斯柴爾德示好的可靠證據前（他暗示巴黎分行有可能提議兌換俄羅斯信貸銀行發行的抵押債券），他不願意直接用官方的做法接近拉菲特街。根據西昂的描述，他後來回到巴黎開始按照這些原則和羅斯柴爾德家族協調，最終圓滿成功。儘管卡特科夫於四月（布朗熱危機的高峰期）告知他，他們談論的條款難以接受，他曾匆忙地回到聖彼得堡以確保政府批准。五月五日，韋希涅格拉德斯基和一位未透露姓名的羅斯柴爾德代表簽定了一項協議，減少總額大約一億零八百萬馬克的抵押債券之利息。西昂後來發表一封來自巴黎分行的信，內容是祝賀他的功績，並且表示「我們對於這次能獲益並恢復與俄羅斯帝國財政部長的直接關係感到很滿意」。

然而，不該誇大西昂的活動意義。雖然他認為自己的動機是無私的，但羅斯柴爾德家族認為他是「名譽可疑的人」，並敏銳地評論道，「沒有證據能證明他一開始不是用我們的名義出席，就像他用部長的名義在這裡出席，他自願擔任這個雙重代表。」更重要的是，西昂很可能在回憶錄中扭曲了抵押債券的操作性質。我們應該記住，一八八七年四月和五月是布朗熱危機的高潮。從西昂的敘述也可以了解，俾斯麥知道正在進行的事情之後試圖干涉他的談判。西昂也無法在沒有得到柏林的布萊希羅德同意下達成交易，畢竟原本的抵押債券是由布萊希羅德而非羅斯柴爾德家族發行，雖然巴黎分行也有參與。考慮到德國持有債券的人比法國多，西昂做的事只不過是讓羅斯柴爾德批准一項柏林和聖彼得堡之間的交易。得到批准並不難，因為沒什麼意義；批准後，也不代表俄羅斯的財務一定會轉移到巴黎。此外，這種轉移在一八八七年九月開始發生時，羅斯柴爾德家族並沒有參與。

這是一種金融上的重整，是受俄羅斯債券低價的刺激，也受到俾斯麥決定禁止債券作為德意志帝國銀行貸款（著名的「倫巴底禁令」〔Lombardverbot〕）的抵押品所驅使。引人注目的是（與西昂的看法不同），羅斯柴爾德家族並沒有引領巴黎市場，而是在一定程度上追隨巴黎市場。後來是馬勒、奧廷格等競爭銀行組成的聯合組織提議在聖彼得堡創立法國銀行。帝國政府的第一筆大額貸款為五億法郎，由幾間存款銀行組成的聯合組織資助，包括巴黎投資銀行、里昂信貸銀行、貼現銀行，以及英國企業布朗希普利的赫爾曼・霍斯基爾。這筆貸款出現於一八八八年秋季，當時俄羅斯債券的興起似乎已經穩固下來了。

是什麼原因使法國的羅斯柴爾德家族改變了對俄羅斯的看法？他們很早就承認自己比英國堂親更難採取積極行動應付俄羅斯的反猶太主義（除了協助俄裔猶太人移居國外）。古斯塔夫解釋，有一部分的問題是宗教「不寬容」的話題在法國比在英國更敏感，因為共和黨政府努力限制宗教對教育的影響。此外，他和自己的兄弟們必須考量「我們政府與俄羅斯政府的關係」。法國的羅斯柴爾德家族也可能更容易受到俄國人提出此論點的影響：「俄羅斯境內的猶太人問題或許會有一些合理的改善，而……我們處理俄羅斯政府財務的態度，應該對改善有好處。」其次，布朗熱主義在一八八七年五月失勢，以及共和黨在一八八九年的選舉中獲勝，似乎是法國政治進入更穩定時期的前兆。第三，俾斯麥表示自己在一八八八年初期嘗試為俄羅斯塑造「退路」：「即使不破壞聯盟，至少也要破壞我國和俄羅斯現存的友誼。」阿爾豐斯對此十分震驚。如果要說是什麼事改變他對俄國的態度，那就是「英、俄、德、奧四國聯盟」的前景將使法國受到冷落。最後，其方針的改變涉及金融因素。貼現銀行的倒閉引起了法國市場的危機，因此提高了羅斯柴爾德家族在俄羅斯的聲譽。介入法蘭西銀行避免其徹底破產的人似乎是阿爾豐斯。此時俄羅斯政府提議將債券兌換成利率百分之四的證券，主要是在一八七〇年代初期透過羅斯柴爾德家族發行的。在這種情況下，巴黎分行同意在一八八九年發行兩大票面價值共約七千七百萬英鎊的俄羅斯債券也就不足為奇了。比較不容易解釋的是，倫敦分行也準備參與這些業務，並在一八九〇年參與發行第三筆一千二百萬英鎊的債券發行。

一如既往，羅斯柴爾德與俄羅斯的新關係已證實非常不穩定。不久後，聖彼得堡就出現了關於第一筆貸款條件的爭議：韋希涅格拉德斯基是否同意以超出預期的大方條款換取這筆生意的私人股份？吉勞特（Girault）指出，一八八九年發放貸款給俄羅斯財政部的成本，確實比前一年的非羅斯柴爾德貸款高一些。另一方面，透過減少債券買價及賣給大眾的售價之間的差額，羅斯柴爾德家族能吸引到更多認購者。同樣地，韋希涅格拉德斯基的「削減」其實是為了霍斯基爾，是後者安排了一八八八年的貸款，並堅持再度參與。另外值得注意的是，有些德國銀行家以平等的夥伴角色參與聯合組織，尤其是布萊希羅德和漢澤曼，因此以為俄羅斯是直接將借款從柏林轉移到巴黎有誤導的可能。一八八九年的第二筆貸款似乎是由德國人發起（阿爾豐斯認為比預期早）。到了一八九一年，布萊希羅德則熱切地期待另一大筆貸款（約二千四百萬英鎊），企圖獲得可觀的份額。

羅斯柴爾德家族和聖彼得堡重建金融關係後，便試著再度批評俄羅斯政府的反猶太政策，想藉此施壓。一八九一年五月，法國分行出乎意料地退出布萊希羅德期待已久的新貸款發放的相關協商，當時俄羅斯媒體認為原因是「巴黎的羅斯柴爾德先生針對俄羅斯的猶太人問題，向俄羅斯政府提出某些要求」，而這些要求被拒絕後，他就退出了。根據某家報社的報導，「英國的以色列人和親猶派」對阿爾豐斯施加「很大的壓力」，他們「似乎被俄羅斯對部分以色列人採取的某些行政措施激怒了」。有人認為這只是藉口，真正的目標不是迫使俄羅斯政府善待俄裔猶太人，而是讓政府同意和法國建立一個比目前在聖彼得堡設想得更有約束力的軍事聯盟。另一種可能性是，布萊希羅德的參與使法國總理里博特（Ribot）認為羅斯柴爾德財團太過「德國化」。

如果這兩種解釋中的任一個成立，便是羅斯柴爾德的金融勢力在國際關係領域持續存在的經典例證；但如果我們仔細審視，就會發現兩者都沒有說服力。

首先，法俄關係變得密切有許多非金融因素，尤其是威廉二世在一八八八年登基後、俾斯麥在兩年後被免職後，德國政府的態度越來越不友善。威廉和新總理卡普里（Caprivi）保證，萬一與俄羅斯發生戰爭，德國將支持奧地利。他們也直接拒絕私下續簽再保險條約，使金融誘因變得多餘。因此法國和俄羅斯相互吸引是有道理的，儘管俄羅斯的外交部長格爾斯（Giers）不像沙皇那麼急著締結有約束力的軍事聯盟。

其次，羅斯柴爾德家族對俄羅斯政府持續反猶太的憤怒反應似乎沒變。一八九〇年八月，納弟的兒子沃爾特寫信給布萊希羅德，催促他「利用在聖彼得堡的強大影響力阻止政府實行殘酷又愚蠢的舊法規……這些法規太嚴苛、專制了，可能就是許多猶太人變成殘暴無主義者的原因」。也許韋希涅格拉德斯基承諾過會減輕猶太人遭受的迫害，而他沒有履行承諾確實不對。倫敦的羅斯柴爾德家族認為：「鑑於這種中世紀的暴行，阿爾豐斯不可能不這樣做。」❹當埃德蒙譴責「我們可憐的教友在俄羅斯遭遇無止境的恐怖經歷時」，也沒有理由懷疑他的真誠。在阿爾豐斯寫給倫敦堂親的另一封私人信件中，他將亞歷山大三世、路易十四及西班牙的菲利普二世的宗教不寬容行為相提並論，並對極端反動分子康斯坦丁．波貝多諾斯托夫（Konstantin Pobedonostsev）在一八九二年九月試圖發表較溫和的言論深表懷疑。如果羅斯柴爾德家族退出一八九一年的貸款有外交意義，我們很難相信俄羅斯和法國的媒體會忽視這一點。然而，雙方一致認為宗教問題是關係破裂的原因。

最後，羅斯柴爾德家族對俄羅斯反覆無常的態度出於純粹的金融因素。例如在一八九〇年的巴爾林危機

❹ 利奧也透露：「如果他當時馬上拒絕，情況會更好。但是幸好這位財政部長是務實的商人，不會像別人想的那樣做出背叛羅斯柴爾德家族的事。」

期間，倫敦分行有大量的俄羅斯短期黃金儲備，迫使英國夥伴在政治批評方面保持謹慎。到了一八九一年，這項限制便解除了。法國的羅斯柴爾德家族在俄羅斯石油業不斷增加投資也要列入考量。吉勞特認為，是因為俄羅斯貿易政策的爭論，尤其是針對鐵路進口的保護性關稅及石油出口的新稅，才導致羅斯柴爾德家族放棄一八九一年的貸款。一八九一年俄國的災難性饑荒可能也是一個原因，韋希涅格拉德斯基的政策至少在一定程度上使其更為惡化。最重要的是，我們應該注意在羅斯柴爾德退出貸款的一個多月前，俄羅斯債券的價格持續下跌，這件事為其決策提供了合理的解釋。

如果說一八九一年的「事件」有潛在的政治意涵，那會和法國國內政治和巴拿馬運河公司（Panama Canal Company）的困難有關，該公司在次年的下半年協助推翻了里博特政府。我們已經知道羅斯柴爾德家族和巴拿馬事件維持著一定的距離，但有些證據指出他們也帶著敵意看待里博特的坐視不管。這次法國政府危機的外交意義在於，它延遲了法俄軍事公約的批准。根據該公約，俄羅斯同意在德國侵略時援助法國，直到一八九四年初。法國的政治持續不穩定成了外交融合的阻礙。阿爾豐斯對威特（Witte）代理人拉法洛維奇（Raffalovich）的看法感到悲觀，他認為如果政府繼續實施貿易保護主義政策和增稅，法國市場應該無法繼續支持俄羅斯。

威特擔任財政部長後才說服了羅斯柴爾德家族恢復與俄羅斯的金融關係。猶太人受到的待遇再度變成重要議題。一八九二年十月，駐巴黎的德國大使明斯特伯爵的評估提出了中肯的評估：

> 到目前為止，我一直以為俄羅斯的陛下絕對不會對民主共和國做出承諾，或是締結同盟條約，但我現在不再能確定他們是否沒有簽下某些協議。羅斯柴爾德家族之前一再聲稱沒這回事，現在卻無法確切地否認了。他們也突然改變對俄羅斯的態度，正在協商一筆五億法郎的貸款。他們一直都是保皇派，很親近共和國，現在則與政府關係密切，藉此重新獲得影響力。根據阿爾豐斯．羅斯柴爾德的說法，獲利的前景以及為俄羅斯的猶

太人創造更佳條件的期望，促使其銀行開始協商貸款……這裡的俄羅斯女士們告訴過我，新任財政部長威特的妻子是機智又迷人的猶太人，在促成與猶太銀行家的共識上很有幫助，但我不太相信。巴黎交易所擔心光彩被柏林交易所奪走。那些有影響力的猶太人則認為，如果他們能賺錢就能為卑微的猶太人提供最好的協助。結果，雖然法國市場充斥著俄羅斯證券，法國人還是用有價值的法郎兌換沒價值的盧布。

羅斯柴爾德家族私下曾提到威特的妻子有猶太血統，為這段說明增添了可信度。不過經濟因素仍持續發揮作用，明斯特在一八九二年聽說的貸款其實沒有發放。直到一八九四年，羅斯柴爾德帶領的聯合組織才發放利率百分之三·五、價值約一千六百萬英鎊（四億法郎）的貸款。接著在一八九六年，阿爾豐斯取得同樣金額的利率百分之三貸款，並因此被授予大十字勳章。那時俄羅斯基金的增長開始看起來可以持續下去，但第二筆貸款僅是緩慢地發放給投資者，即便沙皇在拜訪巴黎時及時給予了助力。威特宣稱目標是讓俄羅斯實行金本位制，這可能吸引到羅斯柴爾德家族，因為這符合他們在金礦開採和提煉方面的國際利益。事實上，一八九一年已經有人在新廷談到要聯繫利納（Lena）金礦場的所有者金茨堡男爵（Baron Gunzberg）。❺

然而其中還是有矛盾之處。羅斯柴爾德的信件顯示倫敦分行參與了一八九四年的貸款，而且不反對一八九六年的貸款；但明斯特和其他人對「倫敦分行將和俄羅斯金融毫無關係」有很深的印象，而這個印象在五年後得到證實。明斯特認為，這只能證明「優秀的猶太人很狡猾，他們很愛走後門」。近期的歷史學家傾向主張，英國的羅斯柴爾德家族在教友的權利問題上比法國夥伴的感受更強烈。不過檔案證據指出其中涉及更微妙的考量因素。基本上，羅斯柴爾德家族已經將他們支持的法俄友好關係和他們反對的英俄友好關係區分開來。這看似矛盾，但在許多方面是權力平衡原則的合理應用。納弟認為，法國和俄羅斯結盟尚可接受，但必然的結

❺ 金茨堡家族是靠伏特加酒生意致富的猶太家庭，後來涉足銀行業和採礦業。

果是英國和德國會達成共識。這說明威特考慮在倫敦發放貸款的可能性時，他和兄弟們何以對俄羅斯有敵意。

此舉源自巴黎市場的疲乏狀態。我們已經知道俄羅斯債券的價格在一八九八年八月達到高點。威特於那年夏末造訪巴黎時，阿爾豐斯表示收益率全面上升，因此他不考慮新的俄羅斯貸款。❻他的拒絕是與納弟協商後做出的決定。納弟後來詢問索爾茲伯里時提到：「鼓勵威特部長並不符合羅斯柴爾德勛爵的興趣和傾向，除非閣下認為他值得這樣做。」索爾茲伯里的回答詳細地說明債券市場和外交如何互相影響，他認同

> 從目前的情況來看，鼓勵威特先生借款並不符合我們的利益，但是某些無法預料的轉變可能會讓局勢變成這樣。所以，為了慎重起見，不要太明顯地表現出不願意幫助他，最有用的狀況是讓他相信還是有機會得到我們的幫助。

這些提醒被適時地採納了。一八九九年一月，俄羅斯人在倫敦提出貸款的想法。

若要了解羅斯柴爾德對此做法的反應，就應該記得德國在這段時期針對俄羅斯的政策處於不斷變動的狀態。儘管威廉時代早期有反俄的跡象，但德國外交部一直積極鼓勵德國銀行參與一八九四和九六年的俄羅斯貸款，這正是為了防止法國壟斷俄羅斯的財政。一八九八年，德國政府確定開始考慮恢復俄德往來的選項，因此一八九九年在倫敦出現俄羅斯貸款的想法時，這與俄德外交交易的類似建議有密切關係。這裡的意義在於，如果英國不肯發放貸款給俄羅斯，俄羅斯應該會向柏林求助。羅斯柴爾德家族因此進退兩難：一方面，他們反對英俄和解，但他們也不希望柏林和聖彼得堡的調解使他們很得意的英德和解計畫中斷。這說明了為什麼提案會讓倫敦的夥伴分裂，麥克唐納為索爾茲伯里總結如下：

> 接著問題來了：英國市場是否應該為俄羅斯籌到大約一千五百萬英鎊的貸款？仇俄的阿爾弗烈德・羅斯柴爾德先生的答案是否定的。

> 羅斯柴爾德勛爵沒那麼果斷，他認為他的銀行可以發放或破壞這類貸款。如果他們發放貸款，利潤並不多。他傾向不接受這項業務。
>
> 但如果倫敦市場保持封閉，他擔心俄羅斯可能會了解到本身的金融實力……萬不得已時，俄羅斯能獨自籌到錢，雖然這樣做會消耗國內的戰爭資金。

三天後，納弟欣慰地得知俄德協議失敗了。他說有一部分的原因是德國「希望和英國（可能還有美國和日本）在中國進行商業合作」。一週後，他興致勃勃地提到這個話題：「德國在這段期間明顯很擔心俄羅斯最近的提案，也就是向雪菲爾的維克斯（Vickers）先生訂購大量的馬克沁機槍和速射野戰炮。」他在五月告訴德國大使：「這裡沒有人會考慮把錢借給俄羅斯人，讓他們去買對付英國的武器，但相信威特和其當地代理人在倫敦付出的努力都會白費。」赫茲菲爾德將此事歸因於「該家族因猶太人的問題而產生反俄情緒」（倫敦市的其他銀行不認同這點），但外交考量同樣重要，甚至更重要。從一八九九年八月到一九〇一年五月，俄羅斯人轉向巴黎，德爾卡塞擴大了協約的條款，想「維持歐洲的權力平衡」。一九〇一年五月，羅斯柴爾德帶領的舊財團發行利率百分之四、四億二千五百萬法郎的新貸款，以便鞏固協議。德爾卡塞在一八九九年造訪聖彼得堡後，埃德蒙在一九〇一年也造訪該地，這再度象徵著聯盟體系中的外交和財政互相依賴。赫茲菲爾德向霍爾斯坦報告這筆貸款時，充分說明了羅斯柴爾德家族在國際關係中的持續影響力：「即使秉持世上最好的善意，我們也很難理解法國人要如何籌到需要的資金？他們已經投資太多錢在俄羅斯債券上了。但如果羅斯柴爾德認為這是可以辦到的事，那大概沒問題吧。」新任德國總理伯恩哈德·馮·比洛（Bernhard von Bülow）在空白處寫下：「沒錯。」

❻ 阿爾豐斯也指出沙皇熱衷於神祕學是個令人擔憂的原因。

義大利

俄法聯盟並不是戰前幾十年唯一有潛在金融涵義的外交發展。義大利的情況沒什麼太大的不同，它是唯一像俄羅斯般依賴外國資金填補赤字的另一個強國。義大利的統一多虧了詹姆斯・德・羅斯柴爾德對加富爾和皮埃蒙特的明智支持，以及透過鐵路連接義大利北部和歐洲其他地區的宏大計畫，義大利甚至在統一前就和巴黎資本市場有密切關係。然而於一八八〇年代晚期，法國在義大利的金融影響力變得比德國的影響力更小。在巴黎和柏林，義大利藉著三國同盟與德國、奧地利緊密結盟，並與法國就地中海和貿易政策起爭執時，這個趨勢顯得有強烈的政治色彩。例如，駐羅馬的德國大使在一八八九年七月抱怨「所謂的羅斯柴爾德集團」（通常包括布萊希羅德和折扣公司）竟能在義大利商界自稱「主要集團」，但事實上是「與該集團發展有關係的法國，不是德國」。他希望德意志銀行和柏林商業銀行帶領的德國銀行集團能接管義大利的債券發行業務，並在一八八九年九月與義大利總理弗朗西斯科・克里斯皮（Francesco Crispi）如期達成協議。反之，法國政府則希望羅斯柴爾德兄弟銀行拒絕任何來自羅馬的經濟援助請求。一八九〇年十月，阿爾豐斯報告駐羅馬的羅斯柴爾德代理人帕多瓦（Padoa）和義大利財政部長之間的談話時，位於奧賽堤岸的法國外交部一片歡喜，顯然義大利財政部長對德國集團支持義大利債券價格的條款感到困惑：

> 部長毫不掩飾義大利財政部的困境。他不滿地談到德國人急迫又不守信用，並強烈要求羅斯柴爾德的代表自行決定從政府的退休基金私下買利率百分之五、六百萬里拉的義大利長期公債，也就是名目上的一億二千萬里拉。羅斯柴爾德的回答是否定的……他（在信中）解釋，他不可能讓自己捲入祕密行動。不幸的是，兩國建立的友好關係似乎還不足以進展到允許公開活動的程度。

當然，法國外交部長里博特「鼓勵羅斯柴爾德維持這種心態、我們的政策……一定要善待義大利，不該製造麻煩，也要避免不必要的冒犯。但我們也不能對義大利開放交易所和市場，直到義大利充分了解目前關於三國同盟的好處給它的教訓」。

從一八九〇至九四年，里拉的匯率和債券價格大幅下滑，法國人有充分的理由對義大利人的困境幸災樂禍。不過，事實證明破壞羅馬和柏林之間的聯繫比里博特預期的更困難。一八九一年，克里斯皮下台後，有人露骨地嘗試討好他的繼任者魯迪尼侯爵（Marquis di Rudini）。後者向帕多瓦索求一億四千萬里拉的貸款時，有人建議義大利從親法的立場改變北非和關稅問題的政策，以便取得這筆貸款。魯迪尼回憶，他一聽到這項建議「的第一個反應是要抓住這個下流猶太人的脖子，把他踢到樓下」，但他克制住了衝動，因為「這種行為在魯迪尼侯爵身上並不得體」。三個月後，德國和奧地利的三國同盟更新了。直到一八九六年，德國在義大利財政中的地位持續攀升，法國的地位則下降了。部分原因是出於此，所以阿爾弗烈德聲稱義大利將於一八九七年放棄三國同盟時，麥克唐納和索爾茲伯里對此心存懷疑。

英德的友好關係

如果法國和俄羅斯能因為巴黎交易所發行沙皇債券而團結起來，那麼便值得探究哪些經濟因素促成英國和德國恢復邦交。英國和德國在一八九〇年達成的協議似乎是個振奮人心的先例，讓英國得到桑給巴爾，而回報是北海的黑爾戈蘭島，以及為德屬西南非提供通往尚比西河的狹長地帶。這項協議和其他殖民協議無法演變成聯盟，也不該被視為一定會引發戰爭。

特定形式的英德合作似乎最有可能在中國發展。從一八七四年帝制中國發起第一筆外國貸款的那天起，中國政府的主要外部資金來源便是設在香港的兩家英國企業：滙豐（Hong Kong & Shanghai Banking Corporation）與怡和洋行（Jardine, Matheson & Co.）。英國政府在羅伯特．赫德爵士（Sir Robert Hart）的代表下，也控管著帝國海關稅務（Imperial Maritime Customs）。然而，阿爾豐斯在一八八五年三月聽到謠言說，「世界大師（俾斯麥）」想「干涉中國問題。」不久，漢澤曼聯繫銀行總部和滙豐，提議將中國政府和鐵路融資平分給新聯合組織的英國成員和德國成員後，這項情報得到證實。羅斯柴爾德家族不反對。阿爾豐斯說：「過度的德國活動和野心應該導向遠東地區，我們不會為他們在這方面的征服感到不安。」在這個階段的唯一疑慮是，漢澤曼的目標可能不是平等的合夥關係。納弟轉達駐倫敦的中國大使造訪德國的消息時，勸外交部長伊茲利勛爵採取「一些措施，以確保英國製造商以後與中國政府簽合約時，能取得公平的份額」。然而，真正消除疑慮的時間點是在漢澤曼和威廉．卡爾進行協商的時候。協商的高潮是建立德華銀行（Deutsch-Asiatische Bank），該銀行於一八八九年二月成立。有超過十三家頂尖的德國銀行參與該合資企業，也包括法蘭克福分行。歐本海姆家族的一位年輕成員代表該集團前往中國調查經濟前景時，倫敦的羅斯柴爾德家族資助了他的旅程。

從一八八八至九三年，柏林發生了一連串重要的人事變動使德國的外交政策陷入混亂，並暫時擱置英國和德國在中國合作的想法。首先，在祖父很晚過世，而父親僅在位九十九天便去世後，威廉二世於一八八八年繼任德皇。法國的羅斯柴爾德家族認為，鑑於新德皇反覆無常和好戰的名聲，這簡直是一場「噩夢」。古斯塔夫甚至提出驚人的預言：

> 如果君王弗雷德里克三世過世，他的兒子威廉王子繼承王位，只要俾斯麥還活著並繼續參與，政策就不會改變。不過，如果是他自願退休或過世，大家就會相信沒有任何事能阻止威廉王子追求軍事目標了，意思就是即將發生世界大戰。[7]

如阿爾豐斯所預料的，俾斯麥的離開其實不是出自本意。一八九〇年三月，總理和新君主在外交政策和國內政策上的鴻溝再也無法消除，俾斯麥被迫辭職。「善變、愛冒險、傲慢、有自信。」羅斯柴爾德家族把俾斯麥當成歐洲秩序的守護者，但威廉似乎對歐洲秩序構成了威脅。「為了世界和平，」阿爾豐斯告訴布萊希羅德，「我們對他的離開深感遺憾，因為我們相信過去幾年，維持世界和平很大程度上是他的功勞。」布萊希羅德在三年後去世，而這種中斷的感覺變得更強烈。

許多人很容易將這類焦慮感當成先見之明。一八九〇年以後的德國的外交政策確實變得缺乏彈性，而且經常弄巧成拙，這些做法不曾在俾斯麥時期出現過。然而，在一八九〇年代的背景下，更確切的說法是阿爾豐斯和古斯塔夫習慣將俾斯麥理想化；二十年前，他們也曾認為俾斯麥是任性和冒險的化身。他們也將德皇妖魔化了。早在一八九一年九月，法國合夥人就承認他們對威廉的擔憂被誇大了。或許威廉時代的外交政策缺陷主要是受到太狡詐的弗里德里希・馮・霍爾斯坦（Friedrich von Holstein，外交部的**灰衣主教**）影響，其次才是德皇，後者的權力在制度上受到的限制經常比他自己意識到的更多。布萊希羅德過世的事實也不是無法彌補的損失。我們已知羅斯柴爾德家族對漢澤曼的評價比較高，而布萊希羅德持續發揮的外交作用也沒有受到保羅・施瓦巴赫（Paul Schwabach）干涉。因此，英德海外合作的想法不久又引起了注意。

一如往常，關鍵在於英國和法俄兩邊的帝國競爭。日本在一八九四年打敗中國，使人擔心俄羅斯在遠東地區的影響力擴大，為柏林和倫敦之間的合作創造了絕佳的機會。就像以前一樣，是由羅斯柴爾德家族和漢澤曼負責推動。基本上，納弟和漢澤曼想促進滙豐和剛成立的德華銀行合作，他們希望在雙方政府的適當官方支持下，能由此防止俄羅斯對中國的影響日益擴大。可以肯定的是，銀行家的抱負和外交官、政治家的抱負大不相同。例如，霍爾斯坦希望德國支持俄羅斯和法國，而不是支持英國，並且和他們一起反對日本於一八九五年四月在下關市併吞遼東。威廉大街（Wilhelmstrasse）的其他官員則誤會羅斯柴爾德家族想將德國銀行排除在中國市場之外。滙豐的艾文・卡麥隆（Ewen Cameron）也不認為有必要放棄其在中國財政的傳統壟斷權。但事實證明了漢澤曼與羅斯柴爾德的觀點很明智。一八九五年五月，中國宣告以一千五百萬英鎊的俄羅斯貸款向

❼ 阿爾豐斯也質疑德皇拉攏勞工階級的短暫抱負。

日本賠款（與納弟和漢澤曼支持的跨國貸款不同），就像阿爾豐斯提過的，這對英國政府和德國政府來說是不得不吞的「苦果」。鑑於俄羅斯是國際債務國，這筆貸款當然無法由俄羅斯獨力資助。實際上，這是一筆法國貸款，由巴黎投資銀行、里昂信貸銀行及奧廷格發行，但收益在俄羅斯和法國之間平均分配，前者取得將西伯利亞鐵路延伸到滿洲的權利，後者取得中國的鐵路特許權。俄羅斯銀行家羅斯汀（Rothstein）甚至在法國資金的支持下，成立了新的俄中銀行，一八九六年五月更組成正式的中俄聯盟。而英國在金融方面的唯一成效是恩內斯特・卡賽爾安排的一百萬英鎊黃金貸款，由印澳中渣打銀行（Chartered Bank of India, Australia and China）發放。

在這種逆轉之後，漢澤曼提議讓滙豐和德華銀行聯合起來似乎很有吸引力。一八九五年七月，兩家銀行簽了協議。對納弟而言，這個聯盟的主要目標是結束大國之間的競爭，將中國的外國貸款交給獨立的跨國財團，就像以前對希臘和土耳其的做法，但讓英德兩國暗中占主導地位。經過多次的外交斡旋，一八九八年發放第二筆中國貸款（這次是一千六百萬英鎊）時，他們終於達成目標。不過困難當然還是存在。納弟無法說服索爾茲伯里為這筆貸款提供政府擔保，結果英國的貸款份額難以確定。外交官也對彼此的領土野心抱有疑慮，尤其是英國在一八九八年三月似乎願意冒著與俄羅斯開戰的風險爭奪旅順港。[8]幾個月後，滙豐的卡麥隆和漢澤曼針對山東省的鐵路特許權發生激烈的爭執。但到了八月，這種緊張關係幾乎消除了，主要歸功於阿爾弗烈德和納弟的付出。

旅順港的危機在三月達到巔峰。阿爾弗烈德舉辦了一場晚宴，出席者包括張伯倫、貝爾福、哈利・卓別林、赫茲菲爾德、艾克哈斯坦，因此德國人有機會「針對中立的領土，進行友善、私密又非正式的談話」，藉此表達他們對中國的不滿。那一天，內閣的大多數成員針對旅順港問題否決了張伯倫的意見，並同意接受威海衛（旅順港對面的港口）「領土或地圖上的安慰」。[9]納弟對漢澤曼也發揮了類似的調解作用。卡麥隆曾指責漢澤曼違反德華銀行和滙豐簽訂的合約，因此激怒了漢澤曼。九月初，在倫敦召開的銀行家和政治家會議上，各方同意將中國劃分為「數個勢力範圍」，目的是要分配鐵路特許權，把長江流域留給英國銀行，把山東留給德國人，並把天津到鎮江市的路線分割開來。一八九九年一月，納弟與麥克唐納會面時向總理保證，德國真誠地「希望與英國（也許還有美國和日本）在中國進行商業合作」。

關於鐵路的爭端仍然持續著。一八九九年的年底，漢澤曼和卡爾・邁爾為這個問題爭論，但合作模式已經確立。一九〇〇年，義和團運動的發生和俄國入侵滿洲之後，德國派遣探險隊到中國，利用羅斯柴爾德家族向倫敦保證「俄羅斯不會冒險開戰」。英國和德國在十月簽下新協議，目的是維護中國的完整性以及「門戶開放」的貿易制度。這無疑是英德**政治**合作在中國展現的高點，但重要的是，商業合作在接下來的幾年持續下去。一九〇二年，進一步的爭論（由所謂的「福公司」〔peking syndicate〕入侵黃河地區而引發）在柏林的另一次銀行家會議上得到解決，而這場會議由納弟和漢澤曼安排。一九〇五年，《泰晤士報》駐北京的記者抨擊英國銀行和德國銀行相互勾結的安排時，納弟曾向編輯抱怨。

一八九八年三月的旅順港危機期間，在阿爾弗烈德家舉辦的晚宴說明了，帝國的次要議題可以當作更有野心的外交提議基礎。儘管貶低這種「業餘協商」很容易，但貝爾福的敘述表明正是在這種情況下，俾斯麥在十年前第一次宣揚的英德聯盟，在十年後煥發了新生機：

上菜期間，我們聊得很起勁。除了我們對山東鐵路的抗議使德國人感覺委屈，我幾乎聽不出友好的意味。這件事發生在三月二十五日星期五。在那天下午的內閣會議中，政府鼓起勇氣同意了威海衛政策（張伯倫不同意）。另一件事是張伯倫告訴我，有人要求他在類似的條件下與赫茲菲爾德會面。我不反對，於是展開了

❽ 一八九七年十一月，德國人占領了山東省的主要港口膠州。此舉的部分起因是索爾茲伯里不肯讓他們依照在一八九四年提出的要求交出薩摩亞（Samoa）的控制權。一八九八年三月，俄羅斯要求「租借」旅順港，引起了英國海軍的回應。

❾ 張伯倫主張列強聯合對抗俄羅斯。他預料，如果英國繼續在威海衛問題上單獨行動，中國會變得四分五裂。

> 另一次非正式的談話（我相信也是在阿爾弗烈德家）。張伯倫很容易衝動。前幾天，內閣的討論使他不得不注意到我們的孤立處境，以及偶爾因此陷入困難的外交立場。他當然清楚地表達了自己傾向於與德國結盟，他反對我們的議會政府形式使聯盟變得不穩固（此觀點顯然一直困擾著德國人），而我認為他對兩國之間可能採取的籌劃形式提出了隱約的建議。

貝爾福回想起，德國外交部長伯恩哈德・比洛王子的回應很迅速：

> 第二次訪談張伯倫時，他轉述比洛的電報答覆再度強調了議會的困難，但他也坦率地表達德國對英格蘭在歐洲體系中的地位有什麼看法。他們似乎認為我們是法國的對手，但俄羅斯與法國聯手起來就不是這麼回事了。這種競賽的議題很可疑。他們無法看著我們屈服，並不是因為他們喜歡我們，而是因為他們知道自己可能是下一批受害者。根據我接受到的資訊，整段談話的主旨是贊成各國之間更緊密的結合。

這是柏林和倫敦之間長期外交往來的開端，而羅斯柴爾德家族有關鍵作用。不只是重要會議在西摩廣場的「中立」餐廳舉行，赫茲菲爾德也把兒子送到特靈過週末，以「掌握羅斯柴爾德手中的消息」。不久，比洛就認為阿爾弗烈德和保羅・施瓦巴赫是「可靠又有用的……外交溝通管道」。

許多人認為赫茲菲爾德和張伯倫的談話目的不同：前者希望英國加入德奧義的三國同盟，而後者考慮的是「在德國和英國之間的條約或安排，基於共同了解中國和其他地方的政策，在幾年內維持防禦性質」。因此可見環環相扣，就像後來的英法協約。另一種常見的不同意見是，是其他地方的殖民爭端（例如為了葡屬莫三比克和薩摩亞群島而起的爭端）阻礙了英國和德國建立友善關係。但出於同樣的原因，這種說法缺乏說服力：英法關係受到不少殖民地的導火線干擾。我們接下來會看到，倫敦和柏林之間的大部分爭議在一九〇三年之前便已妥善解決。

許多歷史學家引用一八九七年開始實施的德國海軍計畫作為「英德開始對立」的關鍵。根據這項論點，比洛希望保有自主權，也就是建立能挑戰英國海事霸權的海軍。可以肯定的是，阿爾弗烈德．馮．鐵必制（Alfred von Tirpitz）的海軍被視為倫敦的直接威脅。我們將會看見，即使納弟熱衷於和德國建立良好的關係，也不能倖免於那個時代的無畏狂熱。不過英國在海事軍備競賽獲勝的事實很容易被忽略。早在一九〇五年，隨著第一海務大臣傑基．費雪（Jackie Fisher）最初的海軍改革完成，海軍情報局的局長自信滿滿地將英國比德國「更具海上優勢」描述成「勢不可擋」。他描述得很貼切：從一八九八至一九〇五年，德國戰艦的數量只從十三艘增加到十六艘，而英國的艦隊從二十九艘增加到四十四艘。這並沒有維持一八八九年的兩大強國標準，卻足以遏制來自德國的威脅。雖然軍艦的「恐慌」在此之後又出現，但德國人其實不曾達到鐵必制海軍立下的目標。這支海軍的規模並未大到足以使英德之間的海戰風險太高，以至於西方大國不考慮。到了一九一二年，海軍競賽算是結束了，因為德國的經濟強大，但財政薄弱，導致建設速度比不上英國。綜上所述，英德聯盟的計畫絕不是空談。

重要的是要記住，英國和德國的利益似乎不只在中國有互補性。關於葡萄牙的非洲殖民地之未來的問題（尤其是德拉戈灣），漫長的爭論最後在一八九八年達成協議。根據這項協議，英國和德國聯合發放貸款給葡萄牙，以葡萄牙的殖民地所有權作為擔保，但祕密條款將葡萄牙領土劃分為幾個勢力範圍。關於德國在西非的主張，羅斯柴爾德家族在倫敦勸各方妥協也並非不切實際，因為這裡沒有真正的利益衝突。一八九九年四月爆發的薩摩亞危機在年底得到解決，由阿爾弗烈德和施瓦巴赫擔任非正式的中間人。兩國甚至在一九〇二年共同處理委內瑞拉的外債。

另一種在策略方面更重要的地區是鄂圖曼帝國，英國與德國的合作在這裡似乎切實可行。早在一八八九年之前，德國就開始對土耳其的財政感興趣，當時是德皇初次造訪君士坦丁堡。前一年，古斯塔夫聽說德國政府希望建立土耳其的公債管理機構，「就像在埃及的那樣，差別在於由德國主導。」只要俄羅斯看似對海峽構成威脅（如羅斯柴爾德家族相信的），英國和德國在該地區進行合作的前景便依然美好。因此土耳其於一八九七年擊敗希臘後，兩國密切合作，另外制定控管雅典財務的細節。納弟坦率地敦促麥克唐納：

> 目前對英國來說，適當的政策是與德國達成希臘問題方面的協議。我們必須正視事實，我們有公開認可的法俄聯盟。雖然目前沒有人提出埃及問題，但是即使他們沒有採取行動，只是對這個國家抱有敵意，我們也要照玩下去。我並不是偏愛德國的人，也不相信國王的神聖權利，但我很確定盡快解決希臘的問題，並與老赫茲菲爾德達成協議，是目前應該做的事。

一八九九年，在德皇第二次造訪博斯普魯斯海峽的一年後，更廣為人知的合作機會出現了。當時，蘇丹同意了德意志銀行的格奧爾格・馮・西門子（Georg von Siemens）提出的鄂圖曼帝國巴格達鐵路（Imperial Ottoman Baghdad Railway）提案，因此有了柏林－巴格達鐵路。西門子和繼任者阿圖爾・馮・格溫納（Arthur von Gwinner）一向希望確保英國和法國都能參與這個計畫，但問題是他們對倫敦市不感興趣，因為英國在很大程度上已經對鄂圖曼政權的未來喪失信心。納弟回想起蘇伊士運河的例子，並建議政府「持有其一部分普通股」，但外交部長蘭斯當勛爵對此抱持懷疑態度，寧願用補助金吸引私人融資。一九〇三年三月，雙方起草了一份將路線延伸到巴斯拉（Basra）的協議，使財團中的英國成員能得到百分之二十五股份，該財團由恩內斯特・卡賽爾爵士和雷夫爾斯托克率領。但德國投資者將持有百分之三十五股份的事實引起《旁觀者》（*Spectator*）、《國家評論》（*National Review*）等右派期刊的一連串批評，使現任的首相貝爾福選擇退出。對那些回憶可以追溯到一八七〇年代的人而言，這是個奇怪的決定。基於這一點，當初迪斯瑞利要購買赫迪夫的蘇伊士運河股份可能會被否決，因為法國股東占多數。

要強調的是，羅斯柴爾德家族在這方面的行動並不積極。他們在薩摩亞、委內瑞拉或西非沒有做任何生意，對中國財政的參與也有限。一九一一年，推翻末代皇帝的革命爆發時，他們已經停止參與其中了（但卡爾・邁爾仍然是滙豐董事會的有用聯繫人）。除了巴勒斯坦的殖民問題，鄂圖曼帝國在這段時期也不太關注他們。愛德華・漢彌爾頓認為納弟沒有參與擬議的巴格達財團是因為「膽怯」，但納弟在與巴黎的通信中提到「糟糕的土耳其人」和「土耳其的混亂」，反映出他質疑鄂圖曼政權的穩定性（並不是沒道理）。「我常常擔心東方問題又被重新提起。」他在一九〇六年五月感嘆。只要有重新提出這個問題的可能，他和其他大多數倫敦市銀行家通常會對君士坦丁堡敬而遠之。「如果英國政府帶著明確的目標來找我們，」一年後，納弟向堂親說明，「我們會隨時準備審視任何交給我們的業務。如果可以，我們也會盡力做到最好。但我不希望聽到別人把我們的名字和鄂圖曼帝國盛產的各種貓肉牽扯在一起……明智的人不會急著幫鄂圖曼的貓肉打廣告。」雖然納弟熱情地歡迎一九〇八年的青年土耳其黨革命，但他的熱情沒有為革命帶來幫助，恩內斯特・卡賽爾透過財政手段「指導鄂圖曼帝國政策」的努力在新廷受到嚴厲的批評。也許這是擬議中的英德協約的主要弱點，因為其基礎應該是建立在羅斯柴爾德家族認為站不住腳的理由之上。

然而，羅斯柴爾德家族對可能發生英德衝突的一個地區感興趣：南非。除了對礦業股的有害影響，羅斯柴爾德家族認為詹姆森突襲事件尤其應該因為對英德關係不利而受到譴責。威廉二世在電報中祝賀克魯格「在沒有找友好大國幫助」的情況下擊退了入侵者，這對英德關係造成了持久的傷害。另外有一點很重要，就是羅斯柴爾德家族依靠沃伯格家族充當中間人，試圖去安撫克魯格。一八九七年，阿爾弗烈德試著加入關於外國人特許經銷權的持續辯論時，提議讓德國參與和克魯格的談判，但這項建議很快就被張伯倫駁回。在英國和川斯瓦共和國之間的戰爭期間，德國對波爾人表示同情，進一步導致了倫敦和柏林之間的緊張關係。因此，關於南非問題，英德聯盟的想法失敗了嗎？

或許吧。羅斯柴爾德反對戰爭的論點，包含這關鍵的部分：如果波爾人受到攻擊，「在德國的那個人（意指德皇）會很生氣」。一八九八年，與德國簽署關於葡屬莫三比克的協議有一部分是為了阻止德國支持克魯格，但發生大規模戰爭的可能性令人懷疑這樣的安排。阿爾弗烈德在危機期間和赫茲菲爾德保持密切的聯繫，並在九月向他保證，雖然倫敦市可能會爆發戰爭，但「這種恐慌還沒有明確的依據」。不過這也只是空洞的保證。一八九九年的年底，德國又提到要對抗英國的「大陸聯盟」。一九〇〇年一月，英國在南非水域攔截德國郵輪，無疑阻礙了英德兩國達成共識的進展。德國媒體對英國政策的抨擊變得很猛烈，因此阿爾弗烈德覺得有必要對艾克哈斯坦抗議他所謂的「『針刺』政策」：「雖然一根針不是什麼了不起的工具，但反覆戳卻能形成傷口……」同時，阿爾弗烈德試著對《泰晤士報》施壓，因為該報的駐柏林記者桑德斯（Saunders）採取了逐漸強硬的仇視德國路線。一九〇二年六月，阿爾弗烈德邀請報社的經理查爾斯・莫伯利・貝爾（Charles Moberly Bell）一起用餐，並透露國王很在意桑德斯報導的語氣。貝爾將這段話告訴記者時，桑德斯很激動，以言語說明羅斯柴爾德的親德傾向是缺乏愛國心，甚至更糟：

> 我了解德國對王朝、種族等的影響力，包括羅斯柴爾德家族。我不是在說**生意**，而是**餐飲**、**射擊**、**敬酒**、**金融**、**榮譽**、**婚姻**、**王朝的友誼**。這種影響力不像硬鋼，不能和張伯倫、蘭斯當相提並論，也不像英國作風……很遺憾的是，你告訴阿爾弗烈德・羅斯柴爾德，你會用**書面的形式**寫下決定給他……君主會看到你寫的內容。他想了解你的建議……**他們**想牽制英格蘭和你。[10]

然而，波爾戰爭對英德關係的損害並不像阿爾弗烈德擔心的那麼嚴重。像沃伯格（M. M. Warburg）這種德國銀行毫不猶豫地申請了一九〇三年的一部分川斯瓦貸款。[11]也許更重要的是，這場戰爭削弱了英國的自信，強化了結束外交孤立的論點。[12]事實上，在戰爭期間，也就是一九〇一年的最初幾個月，阿爾弗烈德又積極地讓張伯倫和新任外交部長蘭斯當聯繫上德國代表，「聯絡是為了和德國合作，並堅守三國同盟。」（張伯倫如此表示。）

現在他們認真討論的領土是摩洛哥，由張伯倫於一八九九年首次提出這項議題。因為後來發生的事件，一般很容易以為英國和德國難以避免在摩洛哥問題上有異議，但是在一九〇一年應該不會有這種情形。法國在整個西北非地區的計畫（藉由與義大利在一九〇〇年簽的祕密協議進一步發展），似乎積極地在支持某種聯合行動。英國已經開始關注西班牙在阿爾赫西拉斯（Algeciras）的防禦工事，它似乎對直布羅陀（通往地中海的重要入口）構成威脅。事實上，貝爾福曾在一八九八年要求羅斯柴爾德家族拒絕西班牙的任何貸款請求，而法國和西班牙聯合「清算」摩洛哥是有可能的事。明顯的替代方案是將摩洛哥劃分為英國和德國的勢力範圍：英國占領丹吉爾（Tangier），德國占領大西洋沿岸，這是在五月和十二月談論協議草案的基本要點。會談斷斷續續地進行到一九〇二年，霍爾斯坦又提到要運用「可靠又有用……施瓦巴赫與羅斯柴爾德的管道」。實際上，由於德國對摩洛哥不感興趣（比洛和德皇在一九〇三年初期明確地提過），因此阻礙了這類計畫的實現。

那為什麼英德協約的想法失敗了呢？為什麼英國在一九〇四年四月和法國簽範圍廣泛的殖民協議，而不是和德國簽？一個很簡單的答案是，這可能與個性有關。愛德華七世的親法傾向偶爾會被提及，而艾克哈斯坦有點不可思議地將「大筆交易向法國和俄羅斯靠攏的事實」歸咎於「謠傳德皇到英國進行外交訪問時……無禮地對待阿爾弗烈德」。關鍵障礙可能在於索爾茲伯里缺乏熱忱，甚至猜忌，而他的私人秘書麥克唐納也有相似之處。阿爾弗烈德和納弟開始煽動英德聯合對抗俄羅斯時，他非常懷疑，並告訴索爾茲伯里，德皇以阿爾弗烈德對英國和德國的友好關係有貢獻而授予他勳章後，他變得「狂妄自大」。阿爾弗烈德接受了這項榮譽（第一等王冠勳章），但他覺得有必要寫一封長信給索爾茲伯里，有點過頭地抗議：「我提供服務是因為我一心想著做對國家有利的事，所以才在英德兩國關係緊張時，在幾次場合上盡力幫助他們更融洽。」[13]到了七月，麥克

---

⑩ 但是有人懷疑納弟在一九〇七至〇八年期間參與《泰晤士報》的金融整頓，嘗試將貝爾趕出印刷廣場（Printing House Square）。這樣的質疑毫無根據。施瓦巴赫表示：「納弟一點也不像親德派，他做夢也不會想到讓德國影響報社。」

⑪ 沃伯格申請了一百萬英鎊，卻不得不接受二萬六千英鎊，這算是一筆相當可觀的金額。

⑫ 一九〇七年一月二十二日，漢彌爾頓告訴阿斯奎斯：「政府不能籌到金額不定的資金。波爾戰爭期間我們都這麼想，但我們現在知道，在戰爭時借到的金額已經嚴重損害了我們的信用。」

唐納以滑稽的舞台指導形式，報告阿爾弗烈德的方案：

德國君主

秋季鬧劇又要上演了。

第一幕

身材結實的英國朋友艾克哈斯坦已經告訴阿爾弗烈德．羅斯柴爾德，君主相信我們和川斯瓦之間的戰爭無法避免……兩天後，艾克哈斯坦又出現在舞台上，並告訴羅斯柴爾德，君主很憤怒，因為女王輕視他，不願邀請他到溫莎。他說陛下只是想和我們交朋友。但是，除非我們快速用行動向他證明我們的善意，而不是只靠言語，否則他會和俄羅斯、法國結盟。聯盟的前置作業都準備好了。

艾克哈斯坦在十月重新提出此威脅時，索爾茲伯里冷淡地記下：「我之前好像聽過這些話。」德國人明顯察覺到總理起了疑心。阿爾弗烈德要求赫茲菲爾德提供一份「關於薩摩亞、摩洛哥等爭議問題的簡短備忘錄，好轉交給貝爾福」。赫茲菲爾德告訴柏林，他懷疑「他是不是想影響外國議題，或想成功地發揮影響力。我覺得索爾茲伯里勛爵已經下定決心，目前不會和我們簽署特別的協議」。直到索爾茲伯里離開後，霍爾斯坦才發覺阿爾弗烈德「仍有用來處理政治事務的價值」。一九〇二年七月，他告訴比洛：「他和貝爾福、張伯倫的關係不錯，而索爾茲伯里以前說話常常傷到他。」

張伯倫的性格也不適合和解政策，他曾在公開場合針對「日耳曼民族和盎格魯－撒克遜民族兩大支系之間的新三國同盟」誇誇其談，但他似乎沒注意到比洛的回答多麼有限。一八九九年十二月十一日，德國總理在帝國議會表示他已經準備好，也願意「在充分互惠和相互諒解的基礎上與英國和諧共處」。但讓人難以理解的是，張伯倫認為這番話很「冷淡」。艾克哈斯坦感嘆：「雖然大多數人察覺不出言語之間透露對英格蘭的敏銳或冷淡，但在另一方面，我必須面對報紙老闆、內閣部長、羅斯柴爾德家族以及王室幾天以來的抨擊。」困難出現時，張伯倫失去了耐心，並暴躁地告訴阿爾弗烈德：「如果他們那麼短視近利，看不出這是世上新一批人才崛起的問題，那就無可救藥了。」因此，很容易得出的結論是：簽署英德協約就像在一九〇四年與法國簽的協議，這種機會看似沒必要，因此被放棄了。然而，還有其他比個人喜好更重要的因素。

協約的背後因素

與法國締結協約，到頭來似乎比與德國簽約更可取，原因有幾點。首先，法國對英國的讓步比德國可能開出的條件更有吸引力，亦即它最終接受了英國在埃及的立場。經過二十幾年的反覆摩擦，這是德爾卡塞在外交上做出的重大讓步。我們不難看出蘭斯當急著做出書面保證的原因。從財政的角度來看，卡賽爾目前在埃及是比羅斯柴爾德家族更重要的主力，正是他在一八九七年之後為亞斯文大壩和其他基礎建設的進展籌錢，因此贏得了克羅麥勛爵（Lord Cromer）的信任。然而，納弟的兒子沃爾特告訴克羅麥，「我們巴黎的堂親」樂意支持他償還部分埃及債務的計畫，「前提是得到法國政府的同意」。羅斯柴爾德家族仍發聲支持英國和法國在埃及問題上達成妥協，這項協議的代價是法國會取得「維護摩洛哥的秩序，並為可能需要的行政、經濟、金融及軍事改革用途提供援助」的權利。法國認為這樣的讓步給了他們類似在摩洛哥的實際權力，類似於英國從一八八二年以來在埃及享有的權力。在隨後關於摩洛哥的爭吵中，德國的論點經常看似有道理，但事實是英國選擇了法國，因此自然而然地支持法國的主張，即便這些主張超越了形式上的現狀。

不過，與法國締結協約的第二個（也許更重要）的理由是亞洲權力平衡的劇烈變化。如果英國繼續感受到東方俄羅斯的威脅（例如假設俄羅斯在一九〇四年擊敗日本），那麼支持英德協約的主張可能最後會占上風。但日本的出現有效地制衡了俄羅斯在滿洲的野心，彷彿在等式中置入新的變數。德國政府一直對與英國達

⓭ 他也被授予奧地利法蘭茲．約瑟夫的大十字勳章。

成協議的前景感到不安，這代表德國可能要為了英國在中國的利益，在歐洲與俄羅斯作戰。這也說明了比洛和德皇為何在一九〇一年保證，如果英國和俄羅斯的衝突在遠東地區發生，德國將保持中立。相比之下，日本有充分的理由尋找歐洲盟友。俄羅斯政府不肯在滿洲問題上妥協時，東京立即向倫敦求助，並於一九〇二年一月締結防禦同盟。這象徵著英國孤立主義結束的真正轉折點，因為法國的政策在這個階段仍是依據下列假設：如果有必要對抗英國就要在亞洲為俄羅斯提供軍事與財政支持。

歷史學家有時不明白為何羅斯柴爾德家族遲遲不把握機會借錢給日本，因為日本在亞洲國家中是經濟最活躍且具有「西方」意識的國家。NM羅斯柴爾德家族銀行和帕爾（Parr's）確實在一八七二年共同為日本第一條從江戶到橫濱的鐵路建設承保貸款，但這段關係後來中斷了。直到一八九八年，日本回頭找倫敦市時，巴爾林才占上風。英日結盟後，日本政府要求五千一百萬英鎊的貸款時，有人堅定地告知納弟，蘭斯當認為這是「事關重大的政治問題，要讓日本以合理的條件在這個國家籌到需要的資金，而不是從其他地方籌錢」。但他不肯主導，於是主動權落入霸菱銀行和滙豐手中。這件事很順利。若考慮到羅斯柴爾德家族持續對俄羅斯反感，那麼納弟錯過這個機會很奇怪，畢竟一九〇三年是基希涅夫（在羅馬尼亞邊境附近）發生大屠殺的那一年，有四十五名猶太人因此喪命。德國精準地推測這件事會加劇羅斯柴爾德對俄羅斯的厭惡感。一九〇五年，納弟身為俄猶委員會的四名成員之一，在寫給《泰晤士報》的信中譴責新一波反猶暴力：

> 猶太人在俄羅斯遭遇的不幸難以言表。他們又變成暴行的受害者，而這種暴行在歷史上大概沒有先例。他們在許多地方遭到無情的打擊和屠殺，殘忍的暴行凸顯出暴徒的心態，性命和財產的官方守護者允許他們進行謀殺、殘害及掠奪。

為了展開幫受害者籌錢的程序，新廷提供的金額相當於紐約庫恩雷波公司（Kuhn, Loeb & Co.）的雅各．希夫（Jacob Schiff）已經捐贈的一萬英鎊。此外，納弟催促貝爾福（此時他已接替索爾茲伯里擔任首相）代表「俄羅斯法律和不法行為下的猶太受害者」抗議，並勸俄羅斯政府「停止對猶太人施加殘暴的攻擊」。

羅斯柴爾德家族一開始對日本猶疑不決有三種解釋。首先，英日聯盟對於與德國和解的策略是一大打擊，甚至可謂讓這項策略變得多餘。其次，羅斯柴爾德家族沒想到日本能獨自對抗俄羅斯：一九〇三年十二月，利奧和德文郡公爵打賭俄羅斯和日本不會開戰。日本大使林董（Hayashi Tadasu）覺得這樣的賭注很有趣，並告訴艾克哈斯坦，公爵能賭贏。在戰爭爆發前不到一個月，即使林董聯繫阿爾弗烈德，羅斯柴爾德家族依然不願意做出明確的財務承諾。第三，戰爭發生時，巴黎的羅斯柴爾德家族發現自己難以承擔俄羅斯債券的價格，因此戰爭一爆發，價格就可預測地大幅下跌了。隨著俄羅斯戰役瓦解，債券價格也急劇下跌。[14]因此，羅斯柴爾德家族直到戰爭爆發後才開始對日本感興趣，以庫恩雷波公司和沃伯格銀行引領的部分財團名義，參與了五百萬英鎊的新貸款。當沃爾特告訴赫伯特·格萊斯頓（Herbert Gladstone）時，巧合的是他「非常不願意和俄羅斯貸款扯上任何關係」。此時，就連法國的羅斯柴爾德家族也拒絕他們對聖彼得堡的援助，即便沒有到不可挽回的地步。一九〇四年八月，阿爾豐斯在巴黎告訴德國大使：

> 巴黎的羅斯柴爾德家族對俄羅斯懷有敵意，目前僅遠遠觀望著俄羅斯的行動……俄羅斯曾經承諾，只要錢到手，以後便會好好對待信徒……但他的態度顯示這些承諾顯然都只是空話。不過，根據我的推斷，身為優秀的法國人，他們多少會覺得自己應該支持俄羅斯聯盟，無論多麼反對目前的情況，最後都有可能態度放軟並打開腰包。

日本在旅順、奉天獲勝，也在一九〇五年五月於對馬取得決定性的勝利，證明在經濟和宗教方面支持日

[14] 如同第三共和國的慣例，這項財政問題也涉及政治層面：保羅．康朋（Paul Cambon）聲稱魯維耶（Rouvier）猜測俄羅斯債券會上漲，因為德爾卡塞保證不會發生戰爭，「魯維耶會為了在證券交易所進行投機交易而出賣法國。」

本對抗俄羅斯的決定很明智。戰爭結束後，英國、美國及日本之間的新關係在外交和財政方面都強化了。一九〇六年，倫敦分行和巴黎分行都參與了另一筆二千五百萬英鎊的貸款，這次也吸引到法國和德國的認購。次年，他們又共同承擔了一千一百五十萬英鎊的貸款。如今納弟「對日本未來的財政和經濟繁榮充滿信心」，並向一開始深表懷疑的巴黎親戚保證：「他們有密集的人口和聰慧的人民，也很忠誠、熱情、機智，所以不久後就能在商業和製造業名列前茅。」另一方面，他幾乎不能否認「日本金融事業的成功歸功於仲裁者，後者在幾乎沒人關注日本債券時，讓世界了解日本債券的價值」。雅各・希夫目前「在東京是受歡迎的貴賓」，他「虔誠的頭上……灑著香灰」；日本貸款在漢堡進行得很順利之後，「他那住在漢堡的姪子沃伯格猶如寓言中的青蛙，充滿了虛榮心，並相信自己有能力控制歐洲市場，吸引大銀行參與每個組織。」早在羅斯柴爾德家族了解情況之前，他們和雷夫爾斯托克就已經發現日本的潛力。一九〇七年五月，納弟說：「我們一直對日本有很大的信心，相信他們在戰爭後期充分證明的軍事和海軍實力、國家擁有的資源，甚至日本統治者的智慧。」不過這樣的說法並不完全正確。

在更廣泛的外交意義上，日本戰勝也不完全符合羅斯柴爾德家族的期望。這場戰爭敗壞了俄國帝國主義的名聲，使國家陷入革命，一下子就推翻了支持英德和解的有力論點。然而，它並非如德國人希望的那樣，迫使法國「在俄羅斯、德國或英國之間做選擇」。納弟認為，日本的一九〇七年貸款是法國和日本締結殖民協約的一種方式。「我從來沒想過日本人對法國殖民地有任何企圖，或是充滿著野心勃勃的心思，」他在寫給堂親的兩封具啟發性的信件中解釋道：

但是為了達到法國政府期望的目標，當然需要提供交換條件給日本政府。你可以自欺欺人地認為向法國資本家提出兩筆貸款後，就能促成預期的結果……可以肯定的是，政治和金融經常相輔相成。如果資本家對某個國家的股票有直接興趣，自然會急著看見那個國家變得富足和進步，而這種事只會在和平與安寧的時期發生。

法國和日本之間的這種友好關係是在英日結盟後形成，並暗示英法兩國的利益一致，卻有些偏離羅斯柴爾德家族早期的英德和睦目標。

事實上，這種矛盾不是在遠東地區最明顯，而是在摩洛哥。英德兩國的和諧關係之前在摩洛哥還算不錯。「羅斯柴爾德勛爵昨天告訴我，我們很愚蠢，竟然相信英國有打仗的意圖，」一九〇五年一月，德國大使梅特涅伯爵告訴比洛，「沒這回事，這個政府很希望和我們保持良好的關係，幾天前貝爾福先生是這樣告訴他的。」不過，要做出這種保證所需要的事實本身說明了兩國的關係漸行漸遠。三月三十一日，德皇抵達丹吉爾後，要求召開國際會議，重申摩洛哥獨立，因而確定英國政策有新的親法傾向。蘭斯當沒有支持德國主張對摩洛哥實行「門戶開放」，反而擔心這場危機可能會推翻德爾卡塞，並以法國的撤退告終。英國現在關心的事情似乎是鞏固法國在摩洛哥的地位，以擊敗德國對大西洋港口的投標。一九〇六年一月，自由黨的選舉勝利讓亨利・甘貝爾－班納曼（Henry Campbell-Bannerman）上台之後，這種親法的傾向變得更為明顯。對納弟而言，這代表德國的政策在摩洛哥結束了。「頭腦清醒的人都不會相信德國君主有可能反對歐洲團結一致，」他在一月三日告訴巴黎的堂親，「既然英格蘭的自由黨政府大力支持英法協約，那就更不可能指望那種反對成功了。」納弟似乎希望「妥協的結果既能讓雙方滿意，又不傷害雙方的虛榮心」，他也試著減輕拉菲特街對比洛在考慮軍事解決方案的擔憂。但在重大的議題上（摩洛哥警力國際化以及擬議中的摩洛哥銀行），他認為德國被孤立。一九〇六年二月底，他告訴愛德華：

> 我國政府在摩洛哥相關的不同問題方面支持貴國政府。其實，我甚至想說，他們認為法國的提議既合理又適當……我國政府堅定地支持貴國政府……魯維耶先生也希望從愛德華・格雷爵士的想法中找到共鳴。完美的協約看起來有助於解決問題，卻可能讓那些在威廉大街做決策的人耿耿於懷。

納弟宣稱，他認為德國警方的提議「很危險，一定會失敗」，因為他們「無法在這裡得到認可。」然而，梅特涅將消息轉達到柏林後，德皇直接記下「我決定隱瞞警察的問題」。這種不妥協的態度經常消耗納弟對德國政府的耐心，尤其是對「條頓（或窮凶極惡的）陛下」的耐心。「如果貴國政府目前採取的和解態度沒有產生預期效果，」他告訴法國的堂親，「那唯一的原因會是史普雷河岸邊的銀行，他們判定石油不能倒進有問題的水域。」「在柏林採取的做法，或更確切地說，」他在兩週後寫道，「威廉大街的官方說法有點拐彎抹角。他們說德國已經做出了很大的犧牲，並不斷釋出善意，所以把傳達和平與讓步的責任交給法國，但他們沒有提到德國做了哪些犧牲。」如果有「暫時的解決辦法，」他接著寫道，這個辦法必須「能滿足條頓人的傲慢，同時不干涉高盧人的權利」。最後，納弟稱讚阿爾赫西拉斯會議的結果「既符合法國的政治利益，也符合貴國的金融利益」。他得出結論，除了避免戰爭，這也「證明英法協約的價值以及法俄聯盟團結一致。我個人很懷疑德國君主會無緣無故想要對法國開戰。」這與十年前在新廷流行的說詞很不一樣。

然而，法國外交地位的改善並不是純粹的外交現象。如納弟反覆強調的，這是建立在堅實的金融實力基礎上。前面提到與日本簽的協約並不是法國在巴黎資本市場發行債券所強化的唯一外交舉措。日俄戰爭結束後，曾有一段短暫的期間，君主的外交差點毀掉法國十年來的外交政策成果。一九〇五年七月，威廉二世和尼古拉二世在比約克（Björkö）見面。兩位君主都同意建立歐洲防禦同盟，一旦正式批准，這番重組將改變國際局勢。但如泰勒（A. J. P. Taylor）所說：「巴黎交易所比君主政體的團結更有吸引力。」對馬事件結束後，俄羅斯陷入了嚴重的財務困境，迫切需要新的貸款來重建軍事能力。與柏林相比，巴黎市場還是有較多存款能用來解決外國債券的問題。在柏林，德國工業和德國政府的無止境需求是很重要的事。

義大利也可以經由這種方式被拉攏。一九〇六年夏季，法國羅斯柴爾德家族領導的財團進行義大利長期公債的轉換，雖然有七家柏林銀行是該財團的成員，但德國在十億法郎業務中所占的份額比法國少。巴黎和柏林的外交官都認為這代表法國的成功。阿爾赫西拉斯會議結束後，協議才在六月二十六日簽署。義大利在這段期間始終支持法國，這象徵與德國和奧匈帝國團結的三國同盟結束了。

這些戰前的金融外交領域是眾所周知的事，反倒是財務在構成英法協約的基礎時所發揮的作用沒那麼明顯。羅斯柴爾德的資料庫顯示倫敦和巴黎在一九〇五年之後的密切合作，尤其是與貨幣有關的政策。如同過去，羅斯柴爾德家族擔任英格蘭銀行和法蘭西銀行的私人夥伴，促進這兩家金融中心的合作，對戰前金本位制的穩定性很重要。有時他們扮演的角色有直接的政治意義，比如羅斯柴爾德家族在一九〇六至〇七年促成了英格蘭銀行私下買君士坦丁堡碼頭公司（Constantinople Quay）的股份（英法聯合收購該公司控股權的一部分）。納弟認為不言而喻的是，即使他們的想法主要來自外交，但這種複雜的交易不能交給外交部的官員來進行。「也許他們適合當外交官，」他刻薄地說，「但一定不是稱職的生意人。」

不過，羅斯柴爾德家族橫跨海峽的角色經常涉及平衡兩家中央銀行黃金儲備的問題，以確保英國和法國的貨幣政策不發生衝突。例如，一九〇六年十一月，銀行利率維持在百分之六，而巴西、印度及其他英鎊餘額的大型持有者從倫敦提出大量黃金時，納弟和愛德華從法蘭西銀行安排了值六十萬英鎊的索維林（sovereign）預付款。這種「禮節暨援助政策」在倫敦大受歡迎。納弟觀察到：「重要的是要了解，在未來任何時候，如果有必要或情況很緊急，英吉利海峽的另一邊會有人伸出援手拯救針線街的老婦。」這封信一寄出，銀行就要求納弟再傳送四十萬英鎊的金幣。再度迅速安排之後，一個月內又補充了六十萬英鎊。用黃金換紙幣的做法（總額為一百四十萬英鎊）很可能避免了英格蘭銀行進一步提高利率，並且讓它在一九〇七年四月前逐漸將利率降到百分之四。要強調的一點是，羅斯柴爾德家族是在中央銀行間的直接談判破裂後才介入。

一九〇七年的下半年，英法貨幣的合作面臨重大考驗。當時危機在美國蔓延，波及了國際經濟。早在三月，納弟和愛德華就在法蘭西銀行決定提高貼現率後，一反常態地說了難聽的話。顯然愛德華的親戚要求他再為針線街提供「兩百或三百萬」法國黃金，但他無動於衷。「我很遺憾，」納弟急忙回信，「你竟然認為，我們會傻到以為法蘭西銀行會出面阻止美國因為過度投機而可能導致的經濟蕭條。」納弟知道自己何時處於困境：在四月和五月期間，他默默地屈服於法國方面的要求，將去年十二月借來的索維林歸還巴黎。但到了八月，倫敦的情況開始惡化。有人事先告知納弟銀行決定將利率調高到百分之四．五（因此能提醒他的堂親），但他後來抱怨自己提出進一步強化政策的建議被忽略了。到了十月底，隨著美國的危機全面爆發，英格蘭銀行不得不再度提高利率，而納弟又受託索取法國的黃金以補充其儲備。這次，他沒有心思面對堂親的推諉。他不耐煩地寫道，羅伯特反對重複前一年的借貸情況是「完全不合理」的事情。法國的羅斯柴爾德家族認為，危機的根源在於羅斯福（Roosevelt）總統對華爾街的不當攻擊，與法蘭西銀行無關。納弟反駁，「那乾脆立下規矩，如果火災一開始是縱火引起的，那消防隊就別去救好了。」

十一月四日，總裁威廉．坎貝爾（William Campbell）將銀行利率調高到百分之六，並派人找納弟，這證明羅斯柴爾德家族仍然在貨幣市場扮演重要角色。納弟告訴堂親：「大家一致決定讓我發電報給你們，要求你們盡全力和法蘭西銀行續簽去年執行的業務，那時候的表現很不錯。」一經要求，事情就辦成了，這次共計三百萬英鎊，其中包含羅斯柴爾德家族提供的四十萬英鎊。雖然銀行利率在十一月七日又提高一個百分點，並持續保持到新年，卻再度對穩定倫敦市場有很大的效果。坎貝爾在寫給巴黎分行的信中表示，他們的協助「阻止我採取更嚴謹的措施來保護黃金儲備。」這進一步證明羅斯柴爾德家族橫跨海峽的紐帶有持久的價值。摩根直接請求法蘭西銀行援助美國市場時，被斷然拒絕了。這證明納弟的觀點是正確的，他在十一月六日發給摩根的電報中，直率地表示美國人應該管理好自己的地方。相比之下，如果英格蘭銀行的儲備進一步減少，坎貝爾能指望透過羅斯柴爾德家族從巴黎借到更多黃金。相對地，危機在一九〇八年一月結束後，法國方面也能謹慎地暗示，讓英國利率下調比較有利，他可以依靠羅斯柴爾德家族事先警告他要降息。

一九〇七年的危機是一九一四年之前最嚴重的金融危機，揭露了英法協約的經濟面向，而這種合作也沒有跟著市場狀況的緩和而結束。例如，法蘭西銀行在一九〇八年七月透過新廷買下價值超過一百萬英鎊的永續債券。當年的下半年，英格蘭銀行向納弟諮詢法國銀行從倫敦市場大規模提取黃金的可能性。一九〇九年晚期，倫敦貨幣市場再度緊縮時，羅斯柴爾德家族討論再用紙幣換取法國黃金的可能性，這是司空見慣的事。

在一九〇七年的危機變得很嚴重時，納弟反常地寫了一封有深度的長信給巴黎親戚。他闡述自己理解的金本位制功能，以及英法關係發揮的關鍵作用。他認為，關鍵在於「國際間的貿易是靠倫敦的紙幣進行」。倫敦總是有「三百到四百萬英鎊的匯票在流通，其中大概有一半以上涉及外國帳戶」。根據經典的理論，「由於黃金外流，銀行被迫提高貼現率時……匯率自動上升，而黃金又會回到英格蘭銀行。」但這對世界其他地方有深遠的影響，尤其是法蘭西銀行。現代的金本位制歷史學家會認同納弟得出的結論，也就是中央銀行的合作對該制度的穩定性很重要：

> 我們優秀的連襟阿爾豐斯經常和我討論這個問題……他老是擔心，除非法蘭西銀行和其他銀行針對這些情況大方地採取行動，否則倫敦匯率上升的高度會導致大量的流通黃金被送到倫敦，造成更大的不便，比法蘭西銀行或其他大型機構認為在危機時刻該採取的正確措施更糟。我提這些細節來煩你們是因為，我希望盡力讓你們明白各國的關係多麼密切且必要。

換句話說，貨幣穩定的共同利益使世界上的主要債權國經濟體（法國和英國）變得關係「密切」。如果正如納弟認為的那樣，英格蘭銀行無法將黃金儲備提升到與其國際角色相稱的水準，那麼羅斯柴爾德對這套體系的貢獻就更重要了。因此，他和法國堂親依然認為自己是不同中央銀行的助手，儘管他們不再像以前一樣是最終貸方的放貸者。

英俄對立

不過，如果我們以為一九一四年的英法協約最終在政治和軍事方面達到圓滿，在某種意義上是由經濟因素決定，那就大錯特錯了。這些金融考量因素一定有助於在英國人眼中將英法關係提升到英德關係之上，但不代表已經成立了一個保證英國會在發生大陸戰爭時介入的防禦同盟。實際上，在一九一四年八月二日之前，沒有人敢保證戰爭一爆發，英國就會在軍事上支持法國（雖然外交部長愛德華・格雷爵士親自給予保證，鼓勵法國人可以期待獲得支持）。一九〇八年六月，納弟覺得有必要向巴黎的堂親指出：「沒有結盟的問題，無論是進攻或防守……沒有什麼比說出那個詞更不明智了。」他當然也確定，「德國對法國的不合理攻擊會引起任何政府都無法抵抗的同理心和感受」，但他還是認為「德國不知道這是不適當的襲擊。」

這衍生出了重要的一點。歷史學家的說法通常是德國的經濟成長在一九一四年之前很快速，暗指德國的國際實力以勢均力敵之姿在成長。但消息靈通的當代人知道得更清楚。權力下放的聯邦體制和比較民主化的帝國議會結合在一起，意味著帝國發現在一八九七年之後透過提高稅收來資助已增加的軍備開支是很困難的事。這有助於說明德國政府在戰前時期為何要高度借款，但大部分的貸款其實是由聯邦國家和地方當局承擔，用於資助非軍事支出。公營部門的高度借貸為德國資本市場帶來了壓力。同時，私人企業的投資水準很高（主要為電機工程與化學部門的快速成長提供資金），使難題更為複雜。因此，德國利率有上升的壓力（最明顯的是德國債券的殖利率上升），讓當時的人們普遍認為這是德國財政薄弱的跡象。

直到這時，納弟不再同情「德國章魚」（或他偶爾會說的「德國就是王道」）。一九〇七年四月，他告訴堂親：「我不欣賞德國的政治家風度，我也不欣賞他們的政策，更不用說相信他們稱為『世界政策』的東西了。」他十分不滿鐵必制海軍上將意圖縮小英國和德國海軍之間的差距，不過也很快就發現德國實力的侷限性。「可以肯定的是，」他說，「德國的外交政策會導致孤立。靠政治手段穩住勉強能稱為工商企業的東西是相對失敗的做法，用（海外）金融特許權來稱呼還比較合適。」此外，他很清楚德國人承擔不起持久的海軍競賽。這種財務上的弱點使德國對英國安全構成威脅的「危言聳聽」根本令人難以置信。一九〇六年四月，德國的另一筆貸款出售時，納弟提到「德國政府缺乏資金」。他也沒有忽視德意志帝國銀行在一九〇七年經歷的困難，這些困難在許多方面都比在倫敦面臨的任何困境更加嚴重。「德國人做任何事都很講究準確性和對稱，」他諷刺地寫道，「他們的銀行法也被這裡抱怨高利率的投機者奉為科學簡易性與靈活性的奇蹟。」但是，儘管

「有彈性的條件使他們能讓貨幣升值，但德國政府能發行的國庫債券和國庫票據已經是極限。」德國需要在外國資本市場出售債券，而這是英國和法國連在和平時期都沒有採取的權宜之計，因此讓納弟十分震驚。

當然，羅斯柴爾德家族明白財務限制有可能鼓勵德國政府奉行作風大膽的外交政策，因為在「劍拔弩張的局面」中，德皇和比洛期望「延遲實現許多社會主義的夢想」。但這種武力威脅只會「招致新的大規模軍事和海軍開支」，因而使內部處境惡化。這說明了為什麼德皇在一九〇七年十二月造訪英國時，阿爾弗烈德恢復了他與德國宮廷的舊關係。納弟敏銳地提到：「德國君主忙著應付社會主義者時，不太可能想爭吵。」一九〇八年四月，大規模的普魯士債券發行，加上帝國預算顯示「宏大的海軍計畫、調升公務員薪資的必要性，以及實際上稱為『誤估』的老年退休金計畫……造成了嚴重的虧損」，都迅速地證實帝國給人過度擴張的印象。難怪羅斯柴爾德家族會像漢堡的沃伯格家族，期望德國政府尋求某種限制海軍建設的協議。一九一一年發生了第二次摩洛哥危機，德國政府派豹號砲艦到阿加迪爾（Agadir）時，凸顯了柏林市場在外國資本撤出方面的弱點。銀行家認為德國看起來很弱，一點都不強大。

我們也不該理所當然地認為自由黨政府一定會在戰爭中支持俄羅斯。羅斯柴爾德家族在這方面也試圖反對英俄協約，想藉此抵制歐洲分裂成「武裝陣營」的傾向。如果一九〇五年的革命導致俄羅斯持久自由化，也許他們的態度會有所不同。法國的社會主義領袖饒勒斯（Jaurès）希望羅斯柴爾德家族利用金融實力逼迫俄羅斯走上議會化之路，並回憶說：「羅斯柴爾德家族身為普魯士國王的債權人，在一八四八年迫使他為了貸款施加議會的預算控制權和憲法的同意權。」一九〇六年一月，納弟確實表達出他期望「明智的建議會在聖彼得堡占優勢，自由的政權可能建立起來」。不過，革命後的政府聯繫巴黎分行，希望爭取到財政援助以換取改革的承諾，羅斯柴爾德家族對此心懷疑慮。為了克服英國夥伴的敵意，布蘭特博士（Dr. Brandt）採取了非正規的做法。他在倫敦的俄羅斯大使館是小人物（納弟形容他是「駝背的醜陋俄裔猶太人，自視甚高」），「來這裡向他們說明俄裔猶太人的立場，並指出他們的遭遇可以如何改善。」

> 布蘭特博士說，猶太人是俄羅斯人害怕和厭惡的對象。君主和宮廷都嫌棄他，威特和部長也討厭他。俄羅斯的人民都不喜歡他，即將被推選的杜馬（Duma）則會反映宮廷的期望和俄羅斯人民的意見。你不可能讓五百萬個俄裔猶太人移居。如果你不做點什麼事，應該會出現『特殊』的星期六，使第二個聖巴瑟米（Saint Barthélemy）與幾乎所有俄裔猶太人為神聖俄羅斯人民的憤怒和正統觀念而犧牲。根據我對他的了解，補救辦法很簡單：給俄羅斯一大筆貸款，並為猶太人做點事情！

然而，納弟以前聽過這種說法很多次了：「我告訴他的話不完全是我現在跟你說的話，但用詞都是差不多的意思。他本末倒置，以為俄裔猶太人有自由和平等的權利時，俄羅斯的財務狀況就會改善，財政部的困難也會大幅減少。」

次月，更有說服力的人物亞瑟·拉法洛維奇（Arthur Raffalovich）拜訪阿爾弗烈德的情況也差不多：

> 他說，六個月前，他的雇主威特先生和君主都很著急，急著想改善在俄羅斯的猶太人命運，但俄羅斯目前的輿論很激動。俄裔猶太人嘗試抗拒公正的父系政府，讓君主、皇室以及部長覺得難受，他們認為希伯來人是社會主義和革命運動的發起者。當俄羅斯的一切都平靜下來時，在眾多臣民之中只有他們沒有發祝賀詞表達自己對王權的忠誠度和奉獻精神，以及對這個善待他們的國家的熱愛！他自然而然認為，我們希望改善教友的命運只有一個辦法，那就是我們同意擔任國際聯合組織的首領，準備為沙皇提供龐大的資金，範圍從六十英鎊到一億二千萬英鎊！如果我們同意這項建議，他保證我們心中的改革能立即實施。我們的回答能決定教友的命運。責任在我們身上，與聖彼得堡的統治當局無關。

納弟的態度還是很強硬。巴黎分行為韋希涅格拉德斯基安排大筆貸款時，也聽過過類似的承諾，但最終沒有兌現。他們上次在巴黎見到他時，威特也沒有給埃德蒙和愛德華任何理由相信聖彼得堡的政策會有實際的改變。「考慮到各種情況，」納弟回答，「我們無法在俄羅斯需要的時候伸出援手，除非俄羅斯為我們的教友做一些事，使他們成為沙皇底下幸福、知足的臣民，以及俄羅斯帝國的富裕公民。」他補充說：「認為猶太人憎恨沙皇是件荒謬的事。許多外來的移民只想回家和住在祖國……我也告訴他，說來奇怪，沙皇繼承人在倫敦和紐約的貧民區出生時，沙皇喝醉了。大家都為新生兒表達祝福。」拉法洛維奇暗示要起草一份傳回俄羅斯的訊息時，納弟「稍微修改了內容，因為我希望只強調猶太人的問題」。最後，自稱代表教友發言的譯名俄羅斯人提出的建議也很快就被駁回：

除非教友在該國的命運確定下來，不然我們不會考慮扯上關係。我們從可靠的消息來源得知，他們目前的處境像以前一樣糟，或者更糟。猶太人生活在可能隨時出現新暴行的恐懼中，尤其是逾越節來臨時。俄羅斯的自由黨也很焦慮，巴黎或柏林的大筆貸款前景讓他們感到沮喪，他們認為通常被稱為「國防經費」的那筆錢在這種情況下是壓迫的新象徵。

最後，納弟說：「我們沒有從俄羅斯貸款中得到直接利益或經濟利益。」

或許納弟為了強調自己金援拉菲特街的理由，另外提出了金融方面的反對意見：他懷疑俄羅斯正邁向金融危機，甚至可能得放棄盧布的可兌換性。他坦白說，困難在於「世界上有很多人看待俄羅斯金融的方式和我們截然不同。我有一個朋友在星期日來見我，他是這個國家的重要激進分子。那天他告訴我，俄羅斯政府正在快速擺脫麻煩和動亂。他透露他們目前的財務狀況很糟糕，但他又笑著說，時間和國家的資源能幫助他們度過難關。」革命在一九〇五年爆發前，雷夫爾斯托克和摩根都待在聖彼得堡。可想而知，一旦秩序恢復，他們就會重新針對俄羅斯貸款進行協商。在阿斯奎斯和格雷的同意下，他們決定在倫敦市場從八千九百萬英鎊的俄羅斯債券中發行一千三百萬英鎊，當然俄羅斯的主要金融支持來源仍然是法國。納弟意識到，法國銀行和債券持有者已經投入太多資金到俄羅斯，冒著貨幣陷入危機和投資貶值的風險。然而，柏林也有以孟德爾頌為首的急切接受方，更糟的是，金融媒體大肆報導羅斯柴爾德家族私下認購了貸款。[15]

納弟有時斷言自己反對發放貸款給俄羅斯「純粹是出於金融因素」，與他的宗教疑慮無關。他堅信俄羅斯的新貸款會徹底失敗，或是認購者不久後會因為「不滿和騷亂可能在不同地方偶爾再度出現，但之後變得普遍」而虧本。他警告說，俄羅斯的政治局勢還是處於「危急和不穩定的狀態」。他也預測之後會發生「週期性的炸藥引爆、投擲炸彈以及暗殺事件」。他甚至將杜馬的第一屆選舉和一七八九年舉行的三級會議相提並論。雖然從中期來看，納弟準確地預料到另一場規模更大的俄羅斯革命，但還是有人在短期內認為這一切有主觀的成分。即使納弟提出悲觀的論點，也無法掩飾他羨慕巴爾林賺到了他預期的「可觀利潤」。但我們很快就看得出，羅斯柴爾德家族純粹出於財務因素而拒絕貸款也是情有可原。儘管一開始很穩定，但是新債券的價格在七月大幅下跌，讓雷夫爾斯托克陷入虧損的境地。「我們在很長的一段時間裡明智地避開了俄羅斯的財務，」納弟幸災樂禍地說，「也很幸運沒有被虛假的承諾誘騙去參與俄羅斯貸款。俄羅斯證券的下跌只會間接地影響我們，但是對其他證券的價格造成很大的影響，我們自然更容易受到俄羅斯不幸教友的命運，以及再次上演的暴行所影響。」

然而，如納弟熱切希望的那樣，俄羅斯的政治持續不穩定並不代表「報紙上有關英國和俄羅斯達成共識的詳細描述都是沒有事實根據的說法」。一九〇六年六月，更多俄裔猶太人遭遇「可怕屠殺」的消息傳到倫敦時，納弟去見了外交部長，「詢問他能否採取國際行動，並以此為由，表示繼續實行這種可怕的政策會把幾百、幾千名逃亡者送到不需要他們的國家，因為那裡已經有許多人在找工作了」。但格雷很明顯沒有被這個論點打動。他更重視加強英國、法國及俄羅斯之間的外交關係，並認為如果要遏制德國的野心，這種關係十分重要。他提供納弟的提議頂多是「進行非正式的口頭溝通，說明如果這些暴行重現就會背離輿論，並阻礙兩國之間本該存在的好感。」儘管納弟高興地得知「友人」似乎「很擔心俄羅斯的未來」，但這是一種錯覺。格雷堅定地投入英俄協約的政策，根本無暇顧及俄裔猶太人的困境。

隨著政府對俄羅斯的投入程度漸漸變得明顯，納弟和兄弟曾有一段時間沒那麼排斥俄羅斯。他們捐了一千畿尼給雷夫爾斯托克於一九〇七年成立的俄羅斯救濟基金（Russian Relief Fund），而且沒有指明他們的捐款只給猶太人。他們沒有採取任何使俄羅斯財務狀況惡化的做法，原因就像利奧說的：「無論我們多麼討厭這個北方大國，沒有人希望涅瓦河畔的銀行發生金融危機。」有時納弟的話聽起來像是他認為革命後的改革行動會持續下去。英俄協約在一九〇七年九月正式公布時，他的反應很冷淡，但他擔心激進派媒體的過度批評會慫恿俄羅斯人相信猶太人能掌控報社，因而「對俄羅斯教友的命運很不利」。「有些教友不贊成這種友好關係，」他在幾週後承認，「但我經常告訴他們，如果大家認為是猶太人挑起英國和俄羅斯之間的敵意，那麼猶太人在俄羅斯的處境就不會改善。」他似乎甚至準備支持倫敦市場的俄羅斯貸款計畫（不過一九〇七年和〇九年的貸款最後留給了雷夫爾斯托克和卡賽爾）。

不過這只是一時的猶疑。一九〇八年六月，利奧在埃普索姆賽馬場利用偶然的會面機會，在國王造訪聖彼得堡的前夕與他攀談。見面後，他們寄出一封措辭謹慎的長信，由三個英國兄弟簽署。羅斯柴爾德家族將近期的大屠殺歸咎於十月黨人（Octobrist）、俄羅斯人民聯盟（Union of the Russian People）等組織（但沒有否認「某些猶太人……參與了無政府主義運動」），並抱怨沒什麼懲罰罪犯的措施，結果導致

> 在法律手段刻意隱藏下的猶太人迫害行動又出現了。猶太人再度感到恐懼。俄羅斯和其他地方自然有人開始擔心移民可能會以空前的大規模形式發生，而衍生的雙重影響會使俄羅斯失去勤勞又清醒的工人，這些額外湧入的移民一定會擾亂世界各地工人的處境。

國王透過私人秘書法蘭西斯・諾利斯爵士（Sir Francis Knollys）表示，他「承諾會認真考慮此事，並與隨

---

⑮ 納弟一則補充說明透露：「當然，我已經明確否認，也盡全力阻止《國際新聞》（*International Press*）的猶太籍作者抨擊俄羅斯財政。」

行的查爾斯．哈丁爵士（Sir Charles Hardinge）、駐聖彼得堡的英國大使商量最佳方案」。最後，他們決定讓大使亞瑟．尼科爾森爵士（Sir Arthur Nicolson）向俄羅斯的新任總理斯托雷平（Stolypin）提出這個問題[16]，但納弟認為斯托雷平的回應「不盡理想」：

他確實承諾過會在一兩年內立法，但我相信法規一定不夠嚴格。其實斯托雷平先生不只將發生的一切歸咎於猶太人，也積極宣稱，如果猶太人有平等的權利，很快就會占據俄羅斯的所有土地，成為國家的主人。他還說大屠殺是不幸的債務人對現代高利貸者的起義。他的說法太荒唐了。

對此回應，國王（納弟以前喜歡用希伯來語代稱叫他「梅拉赫」〔Meilach〕）積極地說明並堅稱「短時間內，我們會為猶太人做一些事。今年保證不會有俄羅斯貸款，這是個好兆頭」。然而，在一九一二年於基輔（Kiev）的一場審判期間，活人獻祭的指控又被提起，看來「猶太人議題」的進展無望了。納弟必須重新展開活動，針對該議題與紅衣主教梅里（Merry del Val）公開通信，並擬定正式的抗議信，由羅斯伯里、克羅麥等不同的政治權貴簽名。納弟依然希望英俄協約失敗（原因如果不是猶太人受到的待遇，那就是如海峽問題的傳統爭議焦點），但他低估了格雷安撫沙皇政權以及倫敦市承擔俄羅斯新債券的意願。百分之四利率的俄羅斯債券從一九〇六年八月的低點七十一．五，在一九一〇年十二月上升到高點九十六．二五，確保了可觀的利潤，並補償了雷夫爾斯托克和其他親俄派在革命後的第一筆貸款損失。

奧地利

可以輕易得出的結論是，對英國而言，一九一四年之前在歐洲的資本流向使得與法國和俄羅斯簽訂的三國協約變成最合適的外交組合。從這個角度來看，羅斯柴爾德家族一直與強大的經濟浪潮逆向而行，試著促成英國和德國的共識，或嘗試挑撥英國和俄羅斯。他們並沒有放棄。還有一種從一八五〇年代以來沒試過的可能性，那就是恢復倫敦和奧匈帝國之間的金融關係。當然，倫敦分行曾在一八七〇年代和八〇年代多次參與匈牙利的財務，因此倫敦資本市場和哈布斯堡王室之間的重要關係並沒有完全被遺忘。但是到了二十世紀初，奧匈帝國的財政變得更狹隘，反映出哈布斯堡經濟（基本上是貿易保護主義下的中歐海關和貨幣聯盟）在一八六七年後的自給自足性。我們已知，在安謝姆去世之後，維也納分行和其他羅斯柴爾德分行之間的關係變得沒那麼緊密了。根據現存的奧地利銀行紀錄，彼此的關係到一九〇〇年幾乎不復存在。此外，與其他大國相比，高度分權管理的奧匈帝國金融體系意味著軍備開支仍然較低，因此原則上對外國貸款的需求比俄羅斯少。不過稅收停滯、因建造海軍和併吞波士尼亞－赫塞哥維納而增加的軍事費用，以及管理有分裂傾向的多元民族集團而衍生的費用，導致奧地利和匈牙利的預算經常出現赤字。「即使有新稅收，」一八八〇年代晚期，霍爾斯坦收到的報告指出，「要平衡預算顯然是異想天開。同時，他們繼續輕鬆地向羅斯柴爾德家族借錢。」

在一八九〇年代和二十世紀初期，奧地利和匈牙利發行的新長期公債幾乎都由羅斯柴爾德帶領的財團壟斷。該財團的其他成員有信貸銀行、信貸機構、匈牙利信貸銀行。即使在一九〇〇年後，這個集團也單獨或與奧地利、匈牙利共同發行了值二十八億克朗左右（約一億二千萬英鎊）的長期公債。儘管不常這麼做，但這所謂的「羅斯柴爾德集團」提供了進入外國資本市場的機會。英國或法國增加持有的奧匈帝國長期公債能不能阻止歐洲政治的兩極分化？這個問題並非完全不切實際。在一九〇七年和一〇年於巴黎發行大筆匈牙利貸款的想法經過認真的討論，但最後在政治的反對勢力下失敗了。一九一四年，倫敦的羅斯柴爾德家族與施羅德合作，成功安排奧地利和匈牙利分別發行了值一千九百五十萬英鎊的債券。

一九一四年的貸款太少且太晚出現，無法讓奧匈帝國擺脫與德國締結的德奧同盟（Dual Alliance）的因素有四個。首先，儘管奧地利和匈牙利的長期公債不斷有擴大國際市場的嘗試，但巴黎和倫敦的投資者顯然沒有

⑯ 斯托雷平含糊其辭地回答：「我在考慮透過立法來改善俄羅斯的猶太人命運。」

柏林的投資者那麼熱衷。大多時候所需的外部資金來自德國，尤其是孟德爾頌銀行、達姆施塔特銀行以及德意志銀行。維也納的羅斯柴爾德家族和上述柏林銀行的關係很密切，以至於駐布達佩斯的英國總領事在一九一〇年將羅斯柴爾德集團視為「將那個二元君主國和德國連繫在一起的鎖鏈」。其次，羅斯柴爾德集團漸漸瓦解。以前阿爾伯特的支配地位沒什麼爭議，信貸銀行的亞歷山大・史匹茲穆勒（Alexander Spitzmüller）回憶說，雖然他「沒有明確的影響力」，但每次需要做出重大決定時，很難會忽略他的建議，這反映了獨特的連鎖董事制度是奧匈帝國商業的重要特色。史匹茲穆勒後來回憶道：「阿爾伯特在董事會中有許多商界人士的代表，這些人與他來往密切……他經常藉著占據董事會的位置讓自己的影響力變成一種專制。我覺得他像特殊的混合體，既是紳士，也是暴君。」信貸機構的情況也很類似，阿爾伯特「沒有決定性的作用，但他說的話很有分量」。朱利烏斯・布魯姆（Julius Blum）認為阿爾伯特始終是羅斯柴爾德集團的主人。但在提奧多・馮・陶西格（Theodor von Taussig）和繼任者的領導下，信貸機構逐漸追求更獨立的做法，史匹茲穆勒在一九一〇年負責帶領信貸銀行後也是如此。阿爾伯特於一九一一年過世時，該集團已不復存在。

第三，部分是因為這種不團結讓奧地利政府和匈牙利政府利用新的國內融資來源，成功擺脫了羅斯柴爾德集團的支配權。一八九七年之後，新發行的長期公債都分配給郵政儲蓄銀行。六年後，奧地利財政部長博姆－巴維克（Böhm-Bawerk）允許維也納銀行（Wiener Bankverein）這類大型的非羅斯柴爾德銀行參與重大的轉換業務。一九〇八年，奧地利和匈牙利終於採用了公開認購新債券的制度，這在當時已是大多數西歐國家的常態。一九一〇年一月，羅斯柴爾德集團壟斷的最後一絲痕跡已經被一掃而空。當時奧地利新發行的長期公債只賣給郵政儲蓄銀行，促使涉及多方面的新財團成立。儘管阿爾伯特嘗試抵制新體系，信貸機構卻打破了規則。雖然他的兒子和繼任者路易（Louis）建立了一個由羅斯柴爾德帶領的新集團，包括信貸銀行、維也納銀行及奧地利銀行，卻無法重建集團以前在公共財政中的功用。

英國和奧地利不太可能恢復以財務為基礎的舊合夥關係，第四個理由純粹是政治因素。納弟在一九〇六年四月寫信給巴黎：「當然，我們不知道親愛的阿爾伯特有沒有和新的匈牙利政府來往。」這表示要在奧匈帝國這種分權管理且不穩定的政治體系中進行操作是很困難的事。納弟在一九〇七年造訪過維也納，不過似乎沒有從造訪過程中蒐集到充分的情報。從阿爾伯特開始，後續的溝通在暗藏危機的那年平淡無奇，有時甚至沒有提到重要的金融消息。雖然駐倫敦的奧地利大使希望羅斯柴爾德對《泰晤士報》和《每日電訊報》（*Daily Telegraph*）的影響力可以緩和英國對波士尼亞在一九〇八年十月被併吞的反應，但他誇大了納弟的影響力以及產生親奧情感的範圍。事實是，羅斯柴爾德家族的政治影響力在倫敦和維也納日漸減弱。「坦白說，」阿爾伯特在一九一〇年告訴西格哈特（Sieghart），「我高估了法蘭茲·斐迪南大公（Archduke Franz Ferdinand）的影響力。」這個有力的坦承表明了阿爾伯特和法蘭茲·斐迪南一樣，反對奧地利外交部長艾倫塔爾伯爵（Count Aerenthal）於一九〇六至一二年支持在巴爾幹半島與俄羅斯妥協的政策。實際上，這對維也納而言是正確的選擇：政策的特色越是仇視俄羅斯和順從德國，奧匈帝國就越逼近巴爾幹半島爆發大戰的災難。羅斯柴爾德家族從來都不太關心這個騷動區，也無法阻止這場災難。

因此，歸根究柢，其中有經濟力量在發揮影響，至少讓某些國家的組合因此更容易形成。簡單來說，淨債權國（英國與法國）、自籌資金的非資本輸出國（奧匈帝國和某方面的德國），以及必須從國外大量借款的國家（俄羅斯和義大利）之間有重要的差異。這些金融因素影響著外交。在所有大國中，俄羅斯在一九一四年之前最依賴外國貸款。法國作為俄羅斯主要外資來源的優勢，必然導致兩個大國恢復邦交，儘管他們在內政方面的共同點比其他的兩國組合更少，且他們在十九世紀的大多數時候對外交的意見也不一致。法俄協約是一八九〇年代的決定性外交發展之一，羅斯柴爾德家族在其中發揮了核心作用，雖然他們強烈反對沙皇政權的反猶太政策。類似的金融吸引力使義大利和土耳其向德國靠攏（雖然在一九一四年還不足以確保義大利的外交忠誠度）。

然而，儘管阿爾弗烈德很希望促成英德協約，英國和德國並沒有透過這種金融關係結合。事實也證明恢復英國和奧地利的舊財務關係是不可能的事。實際上，德國和奧匈帝國都不需要太多外部資金，他們可以共同應付，也確實辦到了。相比之下，即使倫敦和巴黎在殖民方面有不同意見，卻逐漸在一九〇〇年之後團結起來，不只是因為都有厭惡德國的傾向，也因為兩國作為國際金融中心在貨幣穩定方面有共同利益。關於這點，羅斯柴爾德家族在調解和支持英格蘭銀行、法蘭西銀行時，發揮了代理人的關鍵作用。只是英國對法國的軍事承諾程度並不明朗，對俄羅斯的外交承諾程度就更不用說了。

事後來看，我們可以了解羅斯柴爾德家族的理想外交組合是以英國和法國的克里米亞聯盟對抗俄羅斯，而奧地利和普魯士趨於中立，但偏向西方。不過直到克里米亞戰爭結束後將近一世紀，這種情況在冷戰的特殊條件下才重現。相比之下，最後在一九一四年出現的組合幾乎也是各世界之間最糟的組合了。

十三、軍事與財政（一九〇六－一九一四）

民主形式的政府每年不幸地增加開銷，有必要找到新的收入來源，直到（除非）地球上的各國人民厭倦了自己該承擔的負擔，並同意在千禧年全面裁減軍備。但還有很長的路要走。在這種情況下，大家要為了付清增加的費用而更努力工作。

——羅斯柴爾德勛爵，一九〇六年

關於這些事，羅斯柴爾德勛爵參與得太多了。

——勞合・喬治，一九〇九年

一九〇二年，霍布森自信滿滿地斷言：「如果羅斯柴爾德家族和他們的熟人堅決反對，歐洲國家不可能發動大戰。」羅斯柴爾德家族和其他銀行家有財力阻止一場可能損害其重大利益的戰爭，這種觀念從以前就存在，並且在第一次世界大戰爆發前的十五年之間相當普遍。一八九九年，身為銀行家的波蘭作家伊凡・布洛赫（Ivan Bloch）估計，主要大陸列強間的戰爭費用是每日四百萬英鎊。他認為不斷增加的軍備成本和破壞力，讓一場大規模戰爭「不太可能發生」。英國記者諾曼・安吉爾（Norman Angell）也有類似的觀點：他在一九一二年出版的《巨大的幻覺》（*The Great Illusion*）中指出，由於「國際金融之間微妙的依賴關係」，那種認為戰爭能成為理性外交政策工具的想法已經變成一種「幻覺」。從金融的角度反戰也不是政治左派特有的概念。在一九一四年七月的戰爭前夕，《泰晤士報》的外籍編輯亨利・威克漢姆・史蒂德（Henry Wickham

Steed）將納弟為了避免德國和英國開戰而付出的努力，描述成「德裔猶太人想用卑鄙的國際金融手段，逼迫我們主張中立」。

如果羅斯柴爾德家族曾經那麼強大又愛好和平，那麼為什麼強度和破壞力空前的「世界大戰」還是爆發了呢？霍布森暗示的論點是，這場戰爭就像之前的波爾戰爭，在某些方面使他們和其他銀行家受益。列寧（Lenin）認為這件事並無矛盾之處：第一次世界大戰的爆發是帝國主義內部矛盾的必然結果。在國內經濟利潤率下滑的刺激下，大國之間對海外市場的爭奪只能以自取滅亡的戰爭形式結束。反過來說，戰火對社會造成的後果會引發盼望已久的國際無產階級革命。德國社會民主黨員奧古斯特·貝貝爾（August Bebel）曾預言：「中產階級的諸神黃昏要來了。」這類觀點在戰爭期間廣泛地散播，不只是針對極左派。納弟在一九一五年去世後不久，《國家》（*Nation*）發表了一篇感嘆「貨幣國籍」的文章，回顧戰前的帝國主義衝突：

> 一個明顯的事實是，只要政治為貿易服務，貨幣就不得不發展出民族特性。也許金融的本質具有國際性，但現代世界促使金融冠上國籍……在實行保護主義和爭取領土的世界中，金融家被迫組成國家性集團。顯然是這種經濟競爭促成了帝國主義，而帝國主義本身構成了權力平衡鬥爭的基礎。或許國家性的金融家集團不希望發生戰爭，但他們很希望未來擴張所依賴的外交手段有效，足以奪取和掌握他們期望的特許權或滲透領域。這種競爭有助於維持互相牽制的武裝和平，而這種武裝和平在適當的時機就會爆發為世界大戰。

我們很容易認同以上的定論。在許多方面，愛德華時代的羅斯柴爾德家族確實敗給了「中產階級軍事化」，而歷史學家長期以來譴責這種軍事化是戰爭的原因。羅斯柴爾德家族第四代之前的成員一直都不甚熱衷軍事，不過納弟在一八六二年被任命為巴克斯騎兵隊（Bucks Yeomanry）的少尉，後來分別在一八七一和八四年晉升為中尉和上尉。他的兒子跟隨他的腳步，在一九〇三年升到少校。身為白金漢郡的郡尉，納弟依然對軍隊感興趣，曾以一席頌揚和免費菸草歡迎在波爾戰爭中服役的牛津郡輕裝步兵歸來。在埃及，於基欽納手下作戰的第二內近衛騎兵團士兵也感激地收下過羅斯柴爾德的「舒緩菸草」。更重要的是，納弟支持軍隊改革，也熱烈支持皇家海軍增強實力。一九〇八年，他向法國親戚保證，「鞏固海軍對各個階層而言，一直都是受歡迎的事。」一年後，他在市政廳的大型會議公開發言，贊成建造八艘無畏戰艦；亞瑟・貝爾福也在同一個場合進行致辭。

可以肯定的是，羅斯柴爾德家族在重整軍備方面能得到經濟利益。一八八八年，倫敦分行為海軍建設暨軍備公司（Naval Construction and Armaments Company）發行價值二十二萬五千英鎊的股票，隨後為了資助馬克沁機槍公司（Maxim Gun Company）與諾典飛爾德速射砲暨彈藥公司（Nordenfelt Guns and Ammunition Company）的合併，發行了一百九十萬英鎊的股票和公司債。這是羅斯柴爾德家族與恩內斯特・卡賽爾達成的首批交易之一，象徵長期直接參與的開端。納弟在剛成立的馬克沁－諾典飛爾德（Maxim-Nordenfelt）公司保留了大量股權，對企業管理產生直接的影響。關於這點，更廣泛的意義在於馬克沁－諾典飛爾德的旗艦產品是殺傷力強的自動槍，對英國從蘇丹到馬塔貝萊蘭進行帝國擴張的反對勢力有摧毀作用。希萊爾・貝洛克（Hilaire Belloc）著名地稱之為歐洲霸權的關鍵。❶同樣地，卡賽爾和羅斯柴爾德家族也資助維克斯兄弟於一八九七年接管該公司（以及海軍建設暨軍備公司），他們是在回應深植於帝國政策中的英國海軍建設的增長。納弟很早就意識到加強海軍建設的重要性：一八八八年，他嘗試說服未來的第一海務大臣傑基・費雪（當時他只是個海軍上校，但也是軍械暨魚雷部的領袖）離開海軍，加入惠特沃斯（Whitworths）。即使費用很有可能導致更高的稅收，納弟仍然熱衷於海軍建設。

奧地利的羅斯柴爾德家族也對國防工業感興趣。除了鐵路利益，他們還保留了威科維茲煉鐵廠的大量股份。這間煉鐵廠是奧地利海軍的重要鋼鐵供應商，後來也為奧地利軍隊提供子彈。有來源透露，煉鐵廠的負責

❶ 納弟也告知索爾茲伯里勳爵有關外國買馬克沁機槍的消息，並認為這是挑釁的跡象。

人保羅・庫帕爾維澤（Paul Kupelwieser）認為阿爾伯特「對其銀行擁有的工業設施不感興趣，似乎覺得這些設施像不愉快的責任」。庫帕爾維澤要求將四十萬荷蘭盾投資到生產裝甲鋼板的工廠時，阿爾伯特回答，如果有四十萬荷蘭盾，他「寧願為自己買的鄉村地產」。阿爾伯特與馬克斯・馮・古特曼（Max von Gutmann）在不同工業活動中建立了合夥關係，而維也納分行在這些活動中也有股份時，阿爾伯特明顯希望能將責任委託給他們。不過，他的持續參與和他缺乏個人熱忱的事實一樣值得注意。如果十九世紀晚期的帝國主義有其「軍事工業複合體」（military-industrial complex），羅斯柴爾德家族無疑也是其中一部分。

然而，其中的矛盾之處在於，軍事開銷增加所產生的政治後果並不太讓羅斯柴爾德家族所屬的富裕菁英階層滿意。

約莫在一八九〇年之前，帝國建設的成本相對較低，像格萊斯頓在一八八二年派往埃及的考察隊都是靠微薄的資金進行。一八九〇年代初期，列強的軍事預算並沒有比一八七〇年代初期高多少。根據表格13a，這種情形在一九一四年之前的二十年內發生了變化。如果將英國、法國及俄羅斯加起來，軍事總開銷（以英鎊計算）增加了百分之五十七。德國和奧地利加總後的增幅更高，約為百分之一百六十。

即使考慮到大多數經濟體在這段時期經歷的顯著經濟成長，這也代表所有大國的「軍事負擔」明顯增加。根據表格13b，英國、法國、俄羅斯、德國及義大利的國防開支相對整體經濟的比例而言，也從一八九三年之前占國民生產

表格13a：列強的軍事開銷，1890-1913（百萬英鎊）

	英國	法國	俄羅斯	德奧協約	三國協約	德國	奧地利	義大利	德奧同盟	三國同盟
1894	33.4	37.6	85.8	123.4	156.8	36.2	9.6	14.0	45.8	59.8
1913	72.5	72.0	101.7	173.7	246.2	93.4	25.0	39.6	118.4	158.0
英鎊增值	39.1	34.4	15.9	50.3	89.4	57.2	15.4	25.6	72.6	98.2
增加比例	117.1	91.5	18.5	40.8	57.0	158.0	160.4	182.9	158.5	164.2

資料來源：Hobson, “Wary Titan”, pp.464f.

淨值的百分之二至三，增加到一九一三年的百分之三至五。奧匈帝國是例外，因為高度分權的雙重制度使「共同」的奧匈帝國國防預算落在較低的水準。

為這些增加的開銷提供資金是這段時期的核心政治問題之一。從象徵意義來看，正是不斷增加的軍事開銷促使蘭道夫．邱吉爾在一八八六年辭掉大臣職務，也讓格萊斯頓在一八九四年辭掉首相職務。在新的軍事財政複合體中，他們就是第一批政治傷亡者。

如何負擔不斷增加的軍事費用的問題，因政府的整體費用上漲而變得更複雜。在國家和地方層級，以及像德國、奧地利等聯邦制度的區域層面，一八九〇年代見證了「守夜人國家」（nightwatchman state）時代結束，這個時代在大多數歐洲國家的特徵都是國家規模比不上其經濟規模。無論是為了安撫政治強大（或有潛在危險）的社會團體，或是為了提高「國家效率」，政府都開始在都市基礎建設、教育、供應糧食給病人、窮人及老年人方面投入更多資金。雖然支出的金額以現代標準衡量並不大，但支出的增加通常超過了經濟成長總額。解決開銷增加的方法有兩種，而這兩種都對政治有深遠的影響。

當然，增加公共收入的其中一種方式是增加稅收。一個重要的問題在於，是要間接徵稅（主要是對麵包、啤酒等消費品徵收關稅和消費稅）還是直接徵稅（例如對較高的收入或遺產徵稅）。英國比其他國家更明確地脫離了保護貿易主義，儘管張伯倫等人努力賦予關稅一個帝國主義的理

表格13b：國防開銷占國民生產淨值的百分比，1873-1913

	英國	法國	俄羅斯	德國	奧地利	義大利
1873	2.0	3.1		2.4	4.8	1.9
1883	2.6	4.0		2.7	3.6	3.6
1893	2.5	4.2	4.4	3.4	3.1	3.6
1903	5.9	4.0	4.1	3.2	2.8	2.9
1913	3.2	4.8	5.1	3.9	3.2	5.1
1870-1913	3.1	4.0	-	3.2	3.1	3.3

資料來源：同表格13a。

由，但選民還是排斥對進口食品徵稅。責任自然而然落到富人身上，當然也包括家財萬貫的羅斯柴爾德家族。大約在一九〇五年後，納弟面臨政治邊緣化的關鍵便在於此。一方面，他大力支持增加海軍開銷；另一方面，他不願意付錢。一九〇九年三月，他在向董事學會和倫敦商會的海軍暨軍事防禦委員會（Naval and Military Defence Committee）發表的演講中，闡明了他終究站不住腳的觀點：

> 目前我們面臨大幅增加稅收的威脅。他（納弟）不知道收入是否能達到預期，但是已經有一大筆支出。他認為還需要更多收入，因為所有人都贊成要讓艦隊維持在最高效率的狀態。（歡呼聲）既然如此，整個社區就會有更沉重的負擔。或許這類機構能傳達幾句話給財政部長，以防止稅收的影響對國家的商業安排造成不必要的干擾。（歡呼聲）

一個月後，他在市政廳告訴倫敦市的大批聽眾要「支持政府在任何必要的財務計畫，以保持我們的海軍主權」。但他沒有說清楚他指的是哪些計畫。納弟很了解「預算和海軍估值……這兩個容易理解的問題密切相關」，但他低估了這種緊密關係的政治和憲法意義。

相比之下，德意志帝國通常只能透過間接稅籌資（也是為了德國陸軍和海軍），因此關稅有上漲的趨勢。但勞工階級對「工資」和「軍國主義」結合的不滿受到社會民主黨利用，以至於政府不久後不得不考慮在帝國層次上推出不動產稅。在這方面，納弟又誤解了「軍國主義」增強的涵義。一九〇七年，他將比洛王子在選舉中戰勝社會民主黨的事實，解讀成戰略歷史學家所謂的「社會帝國主義」的勝利：

> 上週末在德國舉行的選舉是一個顯著的例子，表明了民族情緒和帝國主義對社會主義思想的潰敗有極大的影響。十之八九，德皇和他最喜歡的親信比洛王子會繼續推行世界政策（Welt-Politik），也會因為劍拔弩張的局面衍生出大規模的軍事與海軍開銷。英國和法國當然會察覺到這筆支出。對歐洲的財政狀況而言，這筆支

出一定會延遲實現許多社會主義的夢想。

實際上，一九〇七年的結果是短暫的勝利，是各方「中產階級」在非洲西南部聯手戰勝赫雷羅人（Herero）後取得的勝利。到了下次的一九一二年大選，這種團結就因為軍事開銷的資金爭論而瓦解了。與許多德國右派成員的假設相反，增加陸軍和海軍的支出往往會增強社會民主黨的地位，因為選民的注意力會集中在資助國防開支的方式是如何倒行逆施上。

當然，另一種支付國內外政策上漲成本的方式是借款。根據表格13c，某些國家與其他國家相比更喜歡這種做法。德國和俄羅斯在一八九〇年後大舉借款，公債在一九一三年前的這段期間幾乎增加一倍。不過，以英鎊計算的盧布貶值進行調整後，俄羅斯的債務負擔只增加了三分之二，增幅顯然較小。從絕對值來看，法國也借了很多錢，但負債的起點比德國高（因此增幅較小）。在大國中，英國的公債水準從一八八七至一九一三年降低了，讓人意想不到。一九〇〇至〇三年期間，波爾戰爭的費用抬高了政府借貸總額，高達一億三千二百萬英鎊，使人對此更人印象深刻。

在空前的經濟成長時期，這些負擔不算不堪負荷。根據

表格13c：以數百萬國家貨幣（和英鎊）計算的公債，1887-1913

	法國（法郎）	英國（英鎊）	德國*（馬克）	俄羅斯（盧布）
1887	23,723	655	8,566	4,418
	（£941）		（£419）	（£395）
1890	-	618	10,540	4,905
			（£516）	（£572）
1913	32,976	625	21,679	8,858
	（£1,308）		（£1,061）	（£937）
增加比例†	39	-5	153	137

*德國：帝國加上聯邦國家。

†增幅按英鎊計算。

資料來源：Schremmer, “Public finance,” pp. 398; Mitchell, *British historical statistics*, pp. 402f; Hoffmann *et al., Wachstum*, pp. 789f.; Apostol, Bernatzky and Michelson, *Russian public finances*, pp. 234, 239.

表格13d，四個案例的債務總額與國民生產淨值相比，確實有下降的趨勢。按照現代標準，只有法國的債務占國民生產淨值的比率很高，而這種負擔有減少的趨勢。

然而，當代人對政府借貸的增加感到不安。這是因為債券價格下降或是殖利率上升（參見表格13e），大概在一八九〇年後顯露。

下降的主因其實是通貨膨脹加速，這是黃金產量增加引起的貨幣現象。更重要的是，銀行仲裁的快速發展也使紙幣和無現金的交易方式變得頻繁，尤其是銀行間的清算。然而，當代人將升高的債券殖利率解讀成市場對寬鬆財政政策的一種抗議；只有在公共部門的債券發行傾向在資本市場「排擠」，或與私人企業的所有權競爭，並抬高整體借貸成本時，這種解讀方式才是正確的。但是左派和右派的評論家一再指責大多數政府（甚至包括英國政府）在財政方面不節制。根據表格13f，殖利率上升是個普遍現象。更引人注目的是，不同國家的債券殖利率之間有著明顯的利差。考慮到革命、戰爭及破產風險之間的傳統密切關係，殖利率的差

表格13d：公債占國民生產淨值的百分比，1887-1913

	法國	英國	德國*	俄羅斯
1887	119.3	55.3	50.0	65.0
1890	-	44.6	51.2	77.1
1913	86.5	27.6	44.4	47.3

*德國：帝國加上聯邦國家。
資料來源：同表格13c，Hobson, “Wary Titan,” pp. 505f.

表格13e：主要歐洲債券價格，約於1896-1914

	最高價格	日期	最低價格	日期	百分比變化
英國百分之二．七五永續債券*	113.50	1896年7月	78.96	1913年12月	-30.4
法國百分之三長期公債	105.00	1897年8月	80.00	1914年7月	-23.8
俄羅斯百分之四	105.00	1898年8月	71.50	1906年8月	-31.9
德意志帝國百分之三	99.38	1896年9月	73.00	1913年7月	-26.5

*一九一三年的百分之二．五價格按百分之二．七五的票息重新計算。
資料來源：*Economist*（每週收盤價）

異不只顯示出市場對財政政策的評估，也更籠統地表現了市場對政治穩定性和外交政策的評估。或許可以預測的是，由於俄羅斯在一九〇四至〇五年的經歷，以及更普遍的經濟與政治「落後」問題，它被視為列強中最具有信用風險者。更令人驚訝的是，德國債券的殖利率和英國、法國有很大的差距（後兩者的殖利率相似）。這不能以德國私人企業對柏林資本市場的需求增加來說明，因為這些是倫敦的價格（無論如何，投資者通常是在不同的政府債券之間做選擇，而不是挑選工業證券或工業債券）。投資者似乎贊同當時更有見識的政治觀察家的觀點，認為威廉時代的德國在財政方面比不上西方對手。

「羅斯柴爾德勛爵參與得太多了」

二十世紀初之際，羅斯柴爾德逐漸開始認同保守黨。桃樂絲．平托（後來嫁給埃德蒙的兒子詹姆斯）回憶說：「小時候，我以為羅斯柴爾德勛爵住在外交部，因為我每天下午都從教室的窗戶看到他的馬車停在外面；但他其實是在和亞瑟．貝爾福密談。」可以確定的是，這兩個人意見不同，例如納弟於一九〇一年寫信抱怨貝爾福在下議院發表的演講對戴比爾斯的批評不準確，他們似乎對移民控管的問題也有不同想法。但是在貝爾福擔任首相的三年期間，他們大多時候都密切合作。

這種親近感是有風險的。早在一九〇二年七月索爾茲伯里退休前，愛德華．漢彌爾頓就評論道：「納弟是忠誠的政黨成員。如果現在有另一黨參與，他就會被『冷落』。」他的評論很精闢。羅斯柴爾德家族以前擅長讓政府與反對派保持

表格13f：主要大國的債券殖利率，1911-1914

	英國 永續債券	法國 長期公債	德國 百分之三	俄羅斯 百分之四	德英利差	俄英利差
1911年3月	3.08	3.13	3.56	4.21	0.48	1.13
1914年7月	105.00	3.81	4.06	4.66	0.72	1.32
平均值	99.38	3.36	3.84	4.36	0.55	1.07

資料來源：*Economist*（倫敦每月平均價格）

溝通；但到了二十世紀初，新一代的自由黨人嶄露頭角，納弟和兄弟卻幾乎沒有與他們建立社交或政治關係。如果羅斯伯里保有自由黨的領導權就不會有問題，但是他在一八九五年辭掉首相職務，隔年以自由黨領袖的身分上任時，影響力下降了。身為帝國主義的自由派聯盟主席，他不支持該黨更激進的「新」自由派。該黨在一九〇六年重新掌權時，這些人占據了大多數的部長職位。那時羅斯伯里已經離開自由黨，前一年他曾譴責英法協約及愛爾蘭地方自治權。作為漢娜女兒佩姬（Peggy）的丈夫，羅斯伯里的女婿克魯伯爵（Earl of Crewe）自然屬於更廣泛的羅斯柴爾德家族圈子中的一分子，但幾乎沒有證據表明他在政界與納弟有密切關係。新任大臣赫伯特．阿斯奎斯獲邀與羅斯柴爾德勛爵、雷夫爾斯托克在倫敦市長舉辦的年度晚宴用餐是一件很自然的事，不過無論是阿斯奎斯或倫敦市的權貴，都對彼此的意見分歧不抱幻想。納弟說過，「在場的金融市大亨得出的簡單結論是……阿斯奎斯先生不太懂商業。我希望他講話引起的冷淡反應能給他輕率熱情的顧問們澆一盆冷水。」他和兄弟都沒有徹底被排除在權力核心之外，但無論他們的觀點冷淡與否都沒什麼分量。羅斯柴爾德家族曾經與效忠不同黨派的政治家來往，目的是盡量取得有效的政治情報並影響金融與外交政策；現在，納弟自己成了政治家，頻繁地發表公開演講，並向托利黨領導核心捐贈大量資金。但他的黨派傾向太過明顯，以至於在自由黨政府的領導下，他的情報和影響力反而都受到阻礙。

自由黨在一九〇六年的選舉中大獲全勝，通常歸因於被擊敗的政黨太疲憊和不團結，而不是因為勝利者自身的計畫。保守黨由盛轉衰的關鍵原因在於帝國政策的費用在一八九九年後不斷增加，但他們又無法在付款方面達成共識。這不只是打倒波爾人和建造新戰艦的問題。南非戰爭暴露的行政、甚或物質的缺陷，在左派和右派引起了普遍的批評，甚至引發國家危機感。保守黨人沒有連貫的回應。常見的情況是，張伯倫要求主持財政部委員會，考慮改善缺乏條理的養老金制度，而納弟明顯懷疑依照德國模式制定國家捐助制度的可能性，他甚至反對給年長者非捐助性質的款項。張伯倫改成提出以增加貿易保護主義的關稅當成解決英國內部和帝國問題的方法後，羅斯柴爾德家族和整個政黨的反應都很矛盾。

十九世紀下半葉，該家族堅定地投入自由貿易之中。阿爾豐斯在一八九〇年代刻薄地評論美國和法國的關稅政策，顯露這種態度在二十世紀初依然鮮明。「法國即將在貿易保護主義下窒息，」他在一八九六年警告，「社會主義最好的一點是提出國際生產的自由交換。如果社會主義領袖饒勒斯不宣揚其他事，我們會一致支持他的意見。」但到了一九〇三年，他的倫敦堂親開始對於是否要繼續擁護「自由貿易的神聖原則」感到動搖。七月三日，納弟向愛德華・漢彌爾頓坦承：「張伯倫的計畫讓我折服。」他曾經把這位殖民地大臣貶低成「披著托利黨羊皮的激進派野狼、典型民主黨人、揮金如土的沙文主義者」，這真是驚人的轉變。九月十七日，張伯倫因這項議題而從內閣辭職時，納弟幫他和貝爾福反駁德文郡公爵的怨言，認為德文郡伯爵「在內閣應該早就知道張伯倫的計畫……但他要不是睡著了，就是心不在焉」。十月七日，也就是張伯倫呼籲在格拉斯哥進行帝國優惠關稅制度（imperial preference）政策的隔天，他的熱烈支持者哈利・卓別林與阿爾弗烈德、另外兩名金融人員一起用餐：

> 我只是單純問他們對那場在倫敦的格拉斯哥演講有什麼看法，他們就不假思索地全說出來了。只有一種看法！有些表示反對的知名傑出自由貿易主義者和其他人突然改變主意，大家都很滿意，事情也隨之好轉。永續債券上漲一或四分之三。我記不得倫敦市的事務細節，但這不重要。後來我私下問阿爾弗烈德・羅斯柴爾德，完全證實了這些事。他今天在倫敦市，認為你們確實在那些圈子留下了深刻印象。畢竟，倫敦市很重要。

實際上，張伯倫的提議使倫敦市的菁英意見不合。支持張伯倫和羅斯柴爾德兄弟的人有卡賽爾、J・S・摩根公司的柯林頓・道金斯、埃弗拉德・漢布羅（後來成為關稅改革聯盟的名譽司庫）、吉布斯家族、羅伯特・班森（Robert Benson）、愛德華・史特恩（Edward Stern）以及菲利普・沙遜（Philip Sassoon）。當然，這些人都是有影響力的人物。至於反對者，不只包括漸漸樹立權威的倫敦聯合銀行總裁、倫敦市的忠實自由黨人菲利克斯・舒斯特（Felix Schuster），也包括埃夫伯里勛爵、詹姆斯・麥凱爵士（Sir James Mackay，後來的英之傑勛爵（Lord Inchcape））等保守的自由貿易主義者，這些人都是強勢的對手。或許正是因為他們對張伯倫的排斥，才說服了納弟放棄最初的支持立場。一九〇四年一月，張伯倫在市政廳的公開會議發言後，如道金斯所說：「銀行業的整體輿論很明顯對他不利。」這或許可以理解。他不得體地告訴聽眾：「銀行業並沒有為我們創造繁榮，它的產物……也不是我們致富的原因，而是結果。」值得注意的是，德文郡公爵兩週後在同一處的自由貿易會議致辭時，納弟也在台上。這似乎證實了漢彌爾頓的惡意評論（關於另一個財政問題），即納弟現在認為「有必要諮詢所有經紀人」、「他沒有自己的意見」。

也許納弟不糊塗，比較有可能的情況是他像貝爾福一樣，出於策略的原因而保持觀望姿態，期望維持表面上的政黨團結。無論如何，他都無法控制張伯倫帶來的損害。在選舉於一九〇六年一月展開前，納弟已經很確定「亨利·甘貝爾－班納曼爵士的票會過半數」。羅斯柴爾德家族沒有預料到的是保守黨慘敗的程度：自由黨人不只將得票率從百分之四十五提高到四十九，更重要的是贏得了下議院的大多數席位，在六百七十個席位中拿下四百個，而保守黨人只有一百五十七個席位。考慮到自由黨人在關鍵議題上與工黨、愛爾蘭民族主義黨沒有隔閡，可以將他們的議員（分別為三十人和八十三人）視為支持政府。與利奧的預期相反，貝爾福失去了職位（但他不久後就獲准代替阿爾班·吉布斯成為倫敦市議員）。納弟在得知最終結果前曾感嘆，結果「太糟了，讓人出乎意料」。

為什麼會發生這種事？除了「這個國家已經有二十年的聯邦統一黨政府而且自然而然想要改變」這明顯的一點外，納弟還列出一長串因素：

> 教育、相關的宗教問題、超新教（ultra protestantism）、天主教集團在某些情況下指示勞工投票給激進派和社會黨人、（南非的）中國勞工、禁酒問題、猶太選民對《外來移民法》的不滿。最後同樣重要的是，塔夫谷（Taff Vale）案的裁決……工會可能因罷工造成的損失而被起訴，資金並不如想像的不可剝奪。

但關鍵無疑是托利黨在關稅問題上的意見分歧。即使是羅斯柴爾德家族內部也有意見不合的時候：納弟的兒子沃爾特是統一派自由貿易主義者，甚至在一九〇六年三月投票支持自由黨政府對抗張伯倫派。在倫敦市的選區，保守黨的選票在關稅改革家吉布斯和自由貿易主義者愛德華・克拉克爵士（Sir Edward Clarke）之間平分。納弟分析結果時，有時候會試著淡化關稅問題的重要性。他堅決認為沃爾特的多數票只是表明當地人對該家族的「忠心」，而不是支持自由貿易。至於倫敦市的結果，他表示「絕非代表支持關稅改革，當然也不代表支持張伯倫主義」。但他私下不否認這種分歧是有害的。他對這個話題的評論透露了他的支持傾向。「我能確定的是，」他不滿地說，「許多免費食品提倡者和自由貿易主義者都對自己協助創造的局面不滿意，例如德文郡公爵。」納弟也間接批判張伯倫，對照了他「塑造新政黨和新政策的野心」，以及貝爾福「僅為增強反對派目前勢力的務實期望」。他和利奧都認同「剛下台的首相」必須繼續擔任托利黨領袖，原因是「他看待財政問題的觀點比張伯倫先生更符合國情」。但在原則問題上，他們偏向支持張伯倫，而不是德文郡。納弟贊同「靜觀事態發展」的策略，不贊同「提出政策」，他的態度與戰術而非意識形態有關。顯然他希望在貝爾福的領導下，最終能實現對關稅議題的共識。因此，在一九一〇年（貝爾福不再保持中立，轉而支持貿易保護主義），納弟能更坦然地談論「關稅改革的好處」。「這是目前最熱門的話題，」他告訴法國堂親，「可能會改變選舉局勢。」

納弟在自由黨時代的通信很常顯現出這種政治上的錯誤判斷，這時的他不再是年輕人，寫這些事的時候正值七十歲，相信在貿易保護主義的綱領下能贏得大選並不是他犯過最嚴重的政治誤判。自由黨人之間針對各種不同的議題當然會有爭論，讓納弟高興的是，他們對於南非的中國勞工議題幾乎馬上就產生了不同意見。在教育方面，納弟表示「真的很難制定一種措施，讓不順從國教者、教會以及不信奉國教的新教徒都滿意」。有些自由派的商人勢必會反對工會法案，根據該法案，「工會遵循的法律將與其他社區不同。」最重要的是，沒什麼理由指望甘貝爾－班納曼能比格萊斯頓更容易處理地方自治的問題。但納弟太過樂觀地認為，分歧能使

「這個政府的存在變得短暫，統一黨可能會比預期的更快恢復實力和權力」。當然，保守黨人只能從一九〇六年的低谷振作起來，從當地的補選結果受到鼓舞也很合理。不過同樣有幾個因素很可能讓自由黨人團結起來，其中一點是稅收問題。

納弟並不是沒意識到這一點的重要性。「除了教育問題，」他早在一九〇六年投票開始前就預測，「主要的爭論焦點是預算會變得很有激進派性格。」他很早就發現一些喧嚷的工黨議員會對政府施壓，要政府考慮「大型而全面的養老金計畫，以及每天為所有學童提供一頓豐盛的餐點等措施」。他形容這些議員是「戴著紅色領帶的紳士，卻不能摘下弗里基亞帽[11]」。雖然他傾向認為政府「不會做出魯莽或殘暴的事」，但他明白任何意味著增加政府開銷的措施，一定也代表著某種直接徵稅的負擔增加。畢竟自由黨人是以明確的自由貿易主義者身分獲選，因此很難指望他們加重間接徵稅。

首先，財政問題多少處於擱置狀態。政府接收了資產，納弟不認為「財政會出現什麼輕率的實驗，可能有人會暗示累進所得稅制相關的困難，也可能有人提到地價稅，但一切幾乎都會以同樣單調的方式進行」。「關於新的徵稅或徵收形式，無疑流傳著許多粗淺的概念。」他漫不經心地告訴巴黎的堂親，「而且我不能保證政府不會實行，因為政府有可能認為這些概念行得通，或是能夠獲利。」但政府應該不會這樣做，因為這種措施「和他們的目標背道而馳，只是虛幻的收入來源，還會造成很大的損失」。納弟對阿斯奎斯提出的第一筆預算相當不以為然，該預算讓有些期待更激進的財政緊縮措施的評論家感到失望。起初，舒斯特、荷頓（Holden）等人希望「阿斯奎斯先生增加額外稅收，以便大量買進公債，但現在他們對財政部長以德報怨」，因為他的預算減少了稅收。納弟將此事歸因於存款銀行持有大量的永續債券，而這些銀行希望債券價格上漲。更讓他震驚的是，阿斯奎斯決定設立下議院的委員會，「負責處理所得稅的問題，為了將討厭的稅款分等級而制定的不同方案。」但即使是在這個階段，累進稅制和對高收入徵收附加稅的前景也沒有讓他太擔心，「因為富豪非常少，他們已經付了很沉重的遺產稅，其中很多人可能會把財富轉移到美國或其他不徵稅的地方。」

考慮到政府得到下議院多數人支持，納弟的平靜態度很反常。這其實有兩大因素：首先，他保有羅斯柴爾德的傳統信念，即太過激進的財政政策會受到金融市場的懲罰。資金會被送到海外以避免更高的稅收，永續債券的價格則會下跌，讓激進派大臣陷入必須妥協的尷尬境地。自由黨上台時，永續債券的低價似乎進一步證實了這個論點。更令人欣慰的是，價格在夏季下降了兩個百分點。納弟在寫給巴黎的一連串信件中概述了他對這個主題的看法：

> 英國的證券不甚活躍，所以我希望財政部長深思，並相信政府的激進計畫有一大部分很荒唐……二十一又四分之三是開戰以來的永續債券最低價格。這是對勞合．喬治的諷刺性回應。前幾天，他才在曼徹斯特吹噓說永續債券上漲能證明全國對陛下的部長有信心……這種狀況應該會對財政部和地方政府委員會產生有益的影響，因為不管他們是否願意，市政當局都不太可能借到錢。缺乏資金，他們就無法實施社會主義計畫並杜絕私人企業。我認為財政大臣也會了解他提到的社會主義稅收對政府信用不利……沒有什麼比國內證券貶值更可能使社會主義的立法失效。

納弟也不認為這是英國政治的特點。這段期間，他在寫給巴黎的信中不斷提到，英國的事件和中間偏左派的法國政府試著推行所得稅或加強政府對鐵路的管控之間有相似之處。他認為這在資本主義經濟中是民主政治的普遍規則：「現代立法機構的社會主義傾向導致的財政緊張……是讓人反感的事，卻可能是糾正社會主義傾向的最好方法。」另外，「對社會主義立法的擔憂是造成兩個半球經濟蕭條的真正原因。」納弟他經常希望「英國證券的少數忠實持有者」集體反對政府的財政政策，「當中有許多人曾協助激進派政府執政。」一九〇

11 譯注：弗里基亞帽在十八世紀的美國革命和法國大革命中象徵著自由和解放。

七年十月，他甚至在接受偏左派的《每日新聞》採訪時概述自己的論點。這是記者第一次獲准進入新廷的場合之一，也是為了接觸更多受眾而精心策劃的嘗試。羅斯柴爾德勛爵坦率地表示：「股市低迷，因為全世界的政府都把焦點放在資本上。」

這代表公眾反對政府財政政策的活動開始擴張了。政府提議徹底改革授權法時（安撫戒酒遊說團體），納弟主持了啤酒廠債券持有者的會議，抗議負面的金融後果。勞合．喬治當上大臣後，暗示要「不擇手段地」湊足資金才能支付非捐助性質的新養老金時，仍在談論同樣的舊主題。一九〇九年，他公布了所謂的「人民預算」，成為他競選的高潮。該預算的主要特點是要將「非勞動」收入的稅收提高到一先令二便士，對五千英鎊以上的收入徵收附加稅，增加遺產稅，並徵收地價稅。除了最後一項（暗示著幾個世紀以來首次對土地價值進行有條理的調查），這些變化其實都不是前所未有。阿斯奎斯在一九〇七年就推行了有區別的稅收，而所得稅的門檻持續有分級原則。一八八九年，保守派大臣戈申也率先徵收遺產稅。但整體的預算很明顯有激進的意圖，促使納弟進行高調的政治活動，備受關注的程度甚至超越了他父親為猶太人進入下議院進行的活動。

財政法案才剛推行，他就安排將由二十一位倫敦市主要人物（代表十四家倫敦市銀行，包括巴爾林、吉布斯、漢布羅、J．S．摩根）簽署的信交給阿斯奎斯。信中內容警告新稅只會耗費資本，尤其是「遺產稅的大幅增加和分等級」，會「嚴重損害國家的商業和產業」，也會「阻礙私人企業和儲蓄銀行，因而從長遠來看是就業機會變少、工資降低」。接著，他在六月二十三日召開並主持一場「代表倫敦市各個利益集團且獨立於政治組織之外」的抗議會議，在坎農街旅館（Cannon Street Hotel）通過決議：「預算中的主要提案削弱了私有財產的保障，阻礙企業和儲蓄銀行，將證實會對國家的商業和產業造成嚴重的損害。」[2]他在這場會議的發言採取不同策略，並認為大臣以前沒有為不明目的提高盈餘的權利，以及徵收土地稅是確立社會主義和集體主義原則的卑劣手段。但納弟後來在上議院發言時，又回到最初的經濟批判，並向同儕保證建築業的資本外流和失業率上升是由於勞合．喬治對「信用」和「信心」造成的損害。托利黨在一九一〇年的第一次選舉中證實無法贏得多數票時，他的做法依然不變。

納弟堅信倫敦市銀行業菁英的勢力，也相信上議院能「大幅改變或捨棄」太過激進的措施。早在一九〇六年一月，他就這樣安慰自己：「下議院發生什麼事並不重要，因為上議院會把事情處理好。」「上議院會暗中動手腳，」一九〇七年初期，利奧在自由黨的第二次會議前夕宣稱，「所以推行許多極端的措施後……不管這些措施是怎麼推行的，能不能通過都很難說。」如他所預期，即使這些措施包括「廢除上議院、愛爾蘭的地方自治權、授權法案、以其他許多社會主義措施來增加稅收」等，首相都必須「打太極」。他們並不真的認為上議院的否決權有可能受到挑戰。那年夏季，納弟漫不經心地宣稱：「我不認為上議院有什麼危險。」他認為在下議院討論「實際削弱其權力和影響力」是「一場鬧劇，可能幾天後大家就忘了」。他向堂親提及此事，只是「為了顯示我們的政府一定會很軟弱。如果他們認真推行一項沒有成功機會的計畫，只會落得受大家嘲笑，除了他們忠實的支持者以外」。因此，納弟在一九〇八年十一月與其他托利黨成員投票否決政府的授權法案時，毫無顧忌。他和兄弟們也很高興他們的親戚和朋友羅斯伯里加入了對抗「人民預算」的活動，譴責該預算是「一切的終結，是對信念、家庭、財產、君主制及帝國的否定」，簡單來說就是「革命」。十一月二十二日，納弟將預算抗議聯盟的請願書（有一萬四千人的簽名）交給上議院，刻意象徵倫敦市和上議院的反對派之間的關係。

但納弟高估了倫敦市和上議院的力量。首先，將「英國基金的低價」歸咎於政府的「社會主義信條」缺乏說服力。李普曼（**Lipman**）參照一八五九至一九一四年期間的情況，指出保守黨政府執政時期的永續債券平均殖利率和自由黨政府執政時期有差異，但差異不大（不到十個基本點）。通貨膨脹和國際形勢的變化更能

❷ 這場會議不是僅為了保守黨的事務而召開。舒斯特和埃夫伯里都在場，之前也簽了請願書，但他們對預算的評判與納弟截然不同。舒斯特不肯加入為了讓該活動持續下去而設立的預算抗議聯盟（Budget Protest League）。

說明這一點。在甘貝爾－班納曼和阿斯奎斯的帶領下，永續債券的價格下降了，從一九〇六年二月的高點九十・四，下降到一九一三年年底戰前的低點七十一・八。不過很難將這種下滑歸咎於自由黨的財政政策，它並沒有對阿斯奎斯或更激進的繼任者勞合・喬治產生約束作用。納弟偶然坦承：「政治對我們的證券交易所沒什麼影響。」也許市場上的一些人看空是「受到對未來立法、節制措施及各種與養老金有關的瘋狂計畫的擔憂」影響，但倫敦市和證券交易所的主要疑慮一直都是貨幣市場，而貨幣市場受到黃金儲備狀況、銀行的貼現政策、全球經濟債務增加量的影響更大。

市場順應局勢，一而再再而三地下跌，並沒有證實納弟對自由黨財政政策的譴責。儘管納弟指責阿斯奎斯的一九〇七年預算「傷風敗俗」並造成「私人財產逐漸消失」，但其他人沒有批評該預算。後來他只好承認：「目前的市場有沒有受到政治消息影響很難說。價格上升或下降取決於當天的金融消息、貨幣市場的狀況，以及從其他金融中心收到的消息。」一九〇八年初期，市場又拒絕被授權法案左右時，他坦白表示：「從長遠來看，容易得來的錢總是能說明問題。」一九〇八年的預算也遭到納弟嚴厲譴責，但在報告發表後，市場「沒什麼問題」，證券交易所似乎不在乎新任大臣明確警告「要針對他認定有閒有錢的人進一步增加稅收」。永續債券的價格在那年夏末稍微下跌以及在下半年持續下跌，給了納弟的解釋一些支持，但兩者都不僅是由勞合・喬治提到的「不擇手段地湊足資金」所引起。實際上，勞合・喬治的意圖越明確，永續債券價格下跌的幅度就越小，價格在一九〇九年的前五個月還上漲了。最明顯的例子是在「人民預算」公開的前六個月，倫敦市低估了預算，儘管如此，其效果也不大且短暫。《西敏公報》（*Westminster Gazette*）無情地總結納弟的立場很荒謬。卡通漫畫家描繪納弟「偽裝成企鵝，逃到南極地區，以便避開勞合・喬治的稅款」（參見圖13.i）。

只有在徵稅措施有可能直接影響金融交易時，「財務政策重創股市」的論點才有說服力。因此，納弟（以及勞合・喬治諮詢的許多倫敦市代表）反對提高國內和國外匯票的印花稅時，他有充分的理由，因為這會導致「生意大幅減少」，連帶影響收入。最後大臣接受這個論點，修改最初的稅務標準以減少「平均規模的交易」（高於一千英鎊的交易）的費用。銀行家在這方面有著實際的影響力，不過勞合．喬治更重要的提議顯然「沒有引起大眾（指整體的投資者）的不安」。即使納弟發起運動，整體市場在一九〇九年的預算之後還算「穩定」。事實上，倫敦郡委員會（London County Council）的貸款是在預算經過超額認購才發放。納弟聲稱上議院否決預算的消息使市場好轉，但他的說法也不能當真。《經濟學人》指出，證券交易所「已知其本身的利益不會受到太大的影響，因此價格在很大的程度上只受到市場影響」。只要市場看起來是中立的，政府支持者聲稱上議院的否決將引發金融危機就僅是一種可能。

圖13.i：喬裝打扮的議員：羅斯柴爾德勛爵，「預算革命導致英國資本都輸出到南極，羅斯柴爾德勛爵從聖斯威辛巷出發，順利地偽裝成企鵝，逃到了南極地區」，《西敏公報》（1909年）。

納弟反對自由黨的財政，最終卻失敗的關鍵在於：儘管自由黨的稅務政策展先出前所未有的進步，但增加稅收的目的很正當，通常是為了平衡預算，減少公債。勞合．喬治擔任大臣時，承擔了主要由一九〇七年經濟衰退、新養老金計畫以及國防開銷增加造成的赤字。「人民預算案」的主要目標是減少赤字，而大多數對永續債券感興趣的投資者認為此目標十分重要，至於如何籌到資金沒那麼重要。納弟聲稱任何盈餘都會被浪費在「迎合下層階級的社會主義支出」上，但這是個荒謬的說法。將「資本毀滅」和「穩固又輝煌的市場」寫在同一封信裡，其實是概括了其論點的矛盾之處。

納弟也誇大了上議院在財政問題方面的勢力。他坦承：「上議院不能修改（財政法案），只能一概拒絕，通常那代表事態嚴重。」如果預算被否決，主要是因為它對上議院代表人數過多的社會群體（富裕的菁英）增加稅收，那麼就有充分的理由進行憲法改革。早在一九〇六年十二月，蘭斯當就表示他不希望看到與政府發生正面衝突，他認為交易糾紛法案是「上次選舉的考驗」。上議院和下議院之間的開始針對議員的教育法案提出的修正而產生衝突時，納弟當然會覺得緊張，但他誤以為衍生的「騷動」會「對政府造成很大的傷害」。若是如他在一九〇七年二月所猜測的，政府希望煽動上議院拒絕「非常受歡迎的措施」以在憲法問題上爭取新的選舉，那麼風險確實很高。嘲笑「養尊處優且不會操勞過度的英國勞工」是一回事，但現在已經有夠多的低收入選民有權利從政治上衝擊「撈到油水的人」（納弟對富人的委婉說法）的地位。

納弟反對提高所得稅和遺產稅的論點也站不住腳。「收入減少代表可以花的錢變少，就業機會也變少了，」他推論，「遺產稅增加則代表資本減少，所得稅也減少；所得稅增加代表可存下來的錢變少，必須繳遺產稅的資本也變少了。」若是要說明讓富人可放心地享有大部分不勞而獲、繼承而來的財富，這個藉口並沒有說服力。在逐漸民主化的體系中，「使資本家和富人對所得稅更反感」的政策有不容置疑、不易反駁的吸引力。納弟認為相對溫和的遺產稅上調是有害的開端，即使他的認知不全然是錯的，卻注定要輸掉這場辯論，尤其因為他也坦承「稅收的負擔應該落在有能力承擔者」這個論點很有說服力。同理，羅斯柴爾德家族反對土地改革的論點（增加不列顛群島的業主數量），從經濟角度來看很合理，但在當時聽起來像是大地主的特殊請求。這是將過時的實際代表權原則擴展得太遠，想以反對黨的順利補選為由來為上議院反對政府措施辯護。可以肯定的是，一九一〇年的選舉使自由黨人在下議院的多數席位縮減了，但最後是上議院失去否決財政法案的權力。當然，勞合·喬治的稅款最終得以落實。納弟在一九一〇年一月若有所思地說：「我無法想像大眾會同情那些要繳稅的富人。」這似乎是他最近領悟到的事。

為了讓自由黨人的日子好過一點，納弟甚至在「人民預算案」公布前，就無意間讓政府知道自己的把柄。如果政府在執政的頭兩年持續有盈餘，的確很難證明徵收新稅是合理的事。如果預算「因為養老金及（政府的）民主支持者要求的各種措施而失衡」，反對調高直接稅也同樣合理。但實際情況是，喬治試著填補的漏洞有很大一部分是因為國防支出增加，而這是納弟和倫敦市的夥伴大力支持的事。納弟曾公開支持理查·霍爾丹的軍隊改革計畫（雖然他私下反對將舊的民兵部隊轉變為特殊預備軍）。❸他和利奧對增加海軍支出的決定更感興趣，尤其是因為能讓激進派顯得不重要。但在一九〇九年初期，納弟參與要求購買八艘（而非四艘）無畏戰艦的活動，犯下了嚴重的策略錯誤。他坦承「已經花了一大筆開銷。如果要讓海軍保持最高效率的狀態，還會有更多支出」。這番話其實給了喬治一個大好話柄。納弟在反對預算的會議上指責大臣支持「社會主義和集體主義」的隔天，大臣在霍爾本餐廳演講反駁「勢不可擋的羅斯柴爾德勛爵」時，並沒有錯過這個機會：

關於這些事，羅斯柴爾德勛爵參與得太多了。我們沒有要在這個國家實施戒酒改革。為什麼？因為羅斯柴爾德勛爵已經將此事告知議員。（笑聲）我們必須有更多艘無畏戰艦。為什麼？因為羅斯柴爾德勛爵在倫敦市的會議上提到這一點。（笑聲）我們有戰艦時，不該付錢。為什麼？因為羅斯柴爾德勛爵在另一場會議是這麼說的。（笑聲和歡呼聲）你們不能有遺產稅和附加稅。為什麼？因為羅斯柴爾德勛爵代表銀行家簽了一份抗議書，表示他無法忍受。（笑聲）你們不能徵收繼承稅。為什麼？因為羅斯柴爾德勛爵是保險公司的董事長，他說過行不通。（笑聲）你們不能對未開發的土地徵稅。為什麼？因為羅斯柴爾德勛爵是工業住宅公司的董事長。（笑聲）你們不應該有養老金。為什麼？因為羅斯柴爾德勛爵所屬的委員會說這是不可能的事。（笑聲）我現在想知道，羅斯柴爾德勛爵是這個國家的獨裁者嗎？（歡呼聲）我們是不是真的要讓改革之路被一塊告示牌阻礙，上面寫著「奉納坦尼爾·羅斯柴爾德之命，禁止通行」？（笑聲和歡呼聲）有些國家清楚地表明，他們不會讓大金融家決定政策。如果這種事持續下去，這個國家會加入其他國家的行列。（歡呼聲）除了純黨派之爭，實際上沒有反對預算的行動。

---

❸ 利奧評論道：「一定要機智地避開進退兩難的境地，譬如在週五為霍爾丹工作，在週二公開反對他的政策。」

這番話很精闢，其言詞更是極具煽動性（尤其是如果他提到的其他國家也包括俄羅斯），但他指出了羅斯柴爾德活動的最大弱點。納弟想要更多無畏戰艦，如果部分費用不是自掏腰包，那他該建議如何付款呢？

喬治知道自己的對手疲於奔命。十二月十八日，他在倫敦沃爾沃思廳的會議發言時，他也以這番話來炒熱主題：

> 誰要求更多無畏戰艦？他（勞合・喬治）記得羅斯柴爾德勛爵在倫敦市主持重要的會議，要求立即建造八艘無畏戰艦。政府訂購四艘，而羅斯柴爾德勛爵不肯付錢。（笑聲）以前也曾有一位殘酷的國王命令羅斯柴爾德勛爵的祖先做無米之炊。（哄堂大笑）這比沒錢建造無畏戰艦還容易辦到。

許多人指出最後這句嘲諷的話有明顯的反猶太意味，讓人想起湯瑪斯・卡萊爾多年前提到國王約翰對待猶太人的方式，以及格萊斯頓在保加利亞動亂期間對迪斯瑞利的抨擊。在這種情況下，言行不當並沒有大幅降低攻擊的效果。政府的一位猶太成員，蘭卡斯特公國的大臣赫伯特・塞繆爾（Herbert Samuel）提醒納弟，上議院可恥地反對父親進入國會時，納弟也沒有明確的回應。在東區的選舉會議上，納弟的回應沒有什麼說服力，他表示反對「政府希望在這個國家推行的新官僚作風，這跟在場的人過去想『逃離俄羅斯』的官僚作風很像！」他們在全國各地奔波，從一場演講趕到下一場演講，而他和喬治之間的謾罵也變得越來越粗俗。差別在於，喬治在爭論中贏了。[4]在羅斯柴爾德家族的歷史上，從來沒有哪個成員讓自己在政界陷入風險如此之高的處境之中。

然而不到五年，局勢便發生了逆轉。也許喬治的「破壞性金融政策」引起的市場恐慌還不如給羅斯柴爾德家族的資助還多，但到了一九一四年夏季，由於自由黨政府在下議院的多數席位因補選而逐漸減少，大臣遭遇難堪的失敗：財政法案被否決了。納弟在七月十日幸災樂禍地說：「勞合・喬治先生……在政府支持者的眼裡是喪失信譽的人。」此外，大臣即將捲入大規模的金融危機，只好向受到鄙視的羅斯柴爾德勛爵求助。

這場危機的起因是一件在塞拉耶佛（Sarajevo）無法預料且不甚被重視的事件。

「釋放仇恨」

戰爭在一九一四年不是必然。帝國主義、聯盟制度或其他非個人的外力，不一定會讓戰爭發生，這只是一種可能性。問題是會發生什麼樣的戰爭？另一場巴爾幹戰爭嗎？一場涉及俄羅斯和奧地利的大陸戰爭，可能也牽扯到法國和德國？重要的是要記住第三種可能性，即大英帝國捲入世界大戰在所有可能的情況中是最不可能發生的事。對包括羅斯柴爾德家族在內的大多數倫敦觀察家而言，愛爾蘭的內戰似乎是更急迫的危險。

即使在一九〇九和一〇年，上議院和下議院之間的財政與憲法衝突已經爆發，納弟也沒有忽視土地改革、愛爾蘭的地方自治等老問題。由於愛爾蘭議員在西敏有舉足輕重的地位（兩大政黨幾乎勢均力敵），一九一〇年的選舉重新討論起了愛爾蘭問題，因此導致納弟看待憲法問題的態度變得更謹慎。為了讓保守黨重新掌權，他願意做許多事，甚至提議如果下議院的自由黨人不願意援助，他可以借錢給少數派的貝爾福政府。這是個很特別的提議。但他也跟蘭斯當和貝爾福一樣擔心自由黨議員大批湧入。國會才剛重新召開，前一年的預算之爭就被當成注定失敗的事而被擱置。相比之下，如果上議院的統一派多數席位保留下來，難堪的愛爾蘭老問題似乎能像之前一樣迎刃而解，因此有必要約束「魯莽的年輕人和老一輩，因為他們通常不考慮行動的後果」。

有些人偶爾會問，納弟本人面對阿爾斯特的話題是否也很急躁。他是否與保守黨中鼓勵阿爾斯特統一派

---

❹ 一九一〇年一月十日，摘自《西部水星日報》（*Western Daily Mercury*）：「羅斯柴爾德勛爵知道這個自由貿易的國家有很多閒錢，並湊錢貸款給外國人。沒錯！不久前，他在上議院的演講中引用父親的話，表示對國家的貿易而言，沒有其他事比把錢預付到國外更有成效了。我不知道他為什麼要引用父親的話，莫非他想證明智慧不一定能遺傳？（笑聲）」兩人公開爭吵了好幾個月。一九一三年，納弟批評喬治利用國民保險計畫的資金，將建造房屋搞得像「建築投機活動」。

考慮採取武力抵抗地方自治的人有任何交集？有一種說法是，他「私下捐了至少一萬英鎊支持阿爾斯特志願軍反抗」。這個說法是依據米爾納在報告中提出的證據，但這個證據是有問題的。如果在阿爾斯特防禦基金捐贈者的名單上以字母「D」標示的人是納弟，這點可以理解。但是讓人覺得不太可能的原因是，納弟在寫給巴黎堂親的信中沒有好戰的跡象。一九一四年三月十九日，他告訴堂親：

> 我讀到雙方都在為戰爭做準備，船員和炮兵談論得像是英國要展開一場很嚴肅的軍事行動，這是個很不愉快的消息，真令人難受。目前為止，雙方的常識和善意在關鍵時刻已證明是重要的因素，因此能避開危險和解決問題。這次歷史會重演嗎？我深切期盼如此。

幾個月後，他堅決認為「大多數統一派的觀點可以用三言兩語概括：『我們必須盡力阻止內戰。』」到了七月初，他樂觀地說：「『和平的氣壓表』明顯上升。」他也向巴黎報告「倫敦市的人都相信阿爾斯特不會發生內戰」。「不管怎麼樣，阿爾斯特的問題暫時能得到解決。」他「誠心」希望情況是如此，也「期待幾個月以來籠罩這個國家的內戰陰影」會消散。

事實是，除了納弟與自由黨人的關係受損，一九一四年保守黨的領導階層不再經常提供他情報。貝爾福一直是他的密友，但繼任者格拉斯哥人博納・勞（Bonar Law）不是。因此，貝爾福在一九一一年十一月決定辭掉領導職務時，納弟感到「痛苦」。納弟與勞不熟，而一九一一和一二年的幾次見面也沒有改變這一點。他們在個人和政治上的差異也很明顯。保守黨主席亞瑟・斯提爾–梅特蘭爵士（Sir Arthur Steel-Maitland）表示，羅斯柴爾德家族每年捐「一萬二千英鎊，並為選舉捐出大筆款項，還為自由統一黨人提供大量資金」，同時控制著海斯至少一個議會席位，但該家族欣賞的席位人選菲利普・沙遜不再得到領導階層的認可。[5]一九一一年十月，赫伯特・吉布斯向納弟提出為倫敦市的中央總部籌集更多資金時，納弟沒有答覆。吉布斯建議請博納・勞向倫敦解釋他的財政政策時，納弟不贊同。

這種冷淡態度不只是私人問題。在博納・勞的指引下，保守黨人不只在阿爾斯特的問題方面變得更有侵略性，在外交政策方面也很積極，尤其是與德國有關的事務。這種心態受到越來越多厭惡德國、支持托利黨的媒體鼓勵。在一九〇九年主張擴大無畏戰艦計畫的人竟然還抱著維護英德和平的希望，似乎有點奇怪，但納弟確實是如此。（畢竟他曾強調「我提倡強大的海軍時，並不鼓勵採取侵略政策」。）一九一二年，納弟在一本文集《英國與德國》（*England and Germany*）中發表了一篇發自肺腑的文章，透露他長期以來的親德傾向：「我們和德國有什麼不一樣？也許是他們的陸軍和我們的海軍。但最強大的軍事國家和最強大的海軍國家結合，應該能贏得全世界的尊重並確保世界和平。」事後看來，這似乎有點可悲。然而，一九一二年，也就是德國人放棄海軍競賽的那年，保羅・施瓦巴赫又開始努力促進英德合作。直到一九一四年八月，他持續與羅斯柴爾德家族保持定期聯繫。

即使在一九一四年，似乎也沒什麼理由預期英國和德國開戰的災難。也許愛德華・荷頓爵士（Sir Edward Holden）擔心德國位於斯潘道（Spandau）尤利烏斯塔的「戰爭資金」規模，並敦促倫敦市的銀行將黃金集中起來，為英格蘭銀行提供充足的戰爭預備金。但納弟認為這些是「很荒謬的想法」。到了三月，他在特靈見到德國大使時，「果斷地表示，據他所知沒有理由擔心戰爭，未來也沒有什麼複雜的難題。」一九一四年六月和七月，阿爾斯特的擔憂和巴西的貸款協商主宰著新廷。馬克斯・沃伯格曾到倫敦三次確定公司在業務活動中扮演的角色，這只是當時英國和德國之間常見的良好財務關係跡象。

有人認為羅斯柴爾德家族不了解七月危機的重要性，直到演變成八月戰爭。卡西斯注意到，從六月二十九日到七月二十三日期間，新廷和拉菲特街之間的二十五封通信中，只有五封提到法蘭茲・斐迪南大公在塞拉耶佛被暗殺後的外交影響。納弟多餘地說道：「這是個令人悲傷的例子，顯示塞爾維亞人很殘暴，希臘教會對

❺ 儘管如此，沙遜還是被選為保守黨和統一黨候選人，並贏得了席位。

信仰天主教者的人有敵意，另外還有無政府主義政黨的道德準則和信條。」不過早在七月六日，納弟就不安地琢磨：「奧地利君主國和人民能保持平靜嗎？還是會引發戰爭，誰也無法預料到後果？」八天後，他報告說：「在某些圈子，奧地利和塞爾維亞的關係引起深深的焦慮。」即使在七月二十二日，納弟仍信心滿滿地認為：「可以想像得到，有影響力的團體有充分的理由相信，除非俄羅斯支持塞爾維亞，否則塞爾維亞會忍氣吞聲，而俄羅斯有保持沉默的傾向，所以那裡的情況應不會有進一步的發展。」然而，這在當時也不是完全不合理的假設。隔天他轉述的「大意」也算合理：「各種爭議事項不訴諸武力就能解決」。奧地利向塞爾維亞發出最後通牒的細節被得知前，塞爾維亞人似乎很可能「滿足所有要求」。納弟沒有沾沾自喜。七月二十七日，他告訴堂親：「除了歐洲局勢以及如果不採取嚴格措施阻止歐洲發生衝突可能衍生的後果之外，沒有人在考慮或談論其他事。」但「普遍的看法是，奧地利向塞爾維亞提出的要求很合理。如果因為考慮不周，倉促行動，做出了可能被視為縱容殘酷的謀殺」，那麼奧地利將無法成為強國，雖然奧地利「長久以來就不那麼擅長運用外交技巧」，他相信阿斯奎斯的政府會「不遺餘力地維護歐洲和平。在這項政策中，雖然兩個對立黨派的分歧比以前更嚴重，但阿斯奎斯能得到全國的支持」。

從六月二十八日到八月三日的關鍵期間，納弟希望透過外交途徑解決危機。當然，有人指責他天真地相信德國政府不想打仗。「很難表達積極的看法，」他在六月二十九日告訴法國親戚，「但我想說，我們相信你們錯了，不是個人的錯，而是法國人的想法錯了，不該認為德國君主有邪惡的動機和從事不正當的交易。根據某些條約和約定，如果奧地利受到俄羅斯攻擊，德國君主必須支援奧地利，但他根本不想做這件事。」沙皇和德皇確實為了和平而「直接透過電報聯繫」。納弟犯的錯在於，他認為德皇的大臣們（尤其是將軍們）真心希望將戰爭控制在「特定的範圍」。「大國仍在互相溝通和談判，並努力使殺戮和苦難地方化，」他在七月三十日滿懷希望地說，「即使奧地利不夠圓滑，但如果為了使謀殺理論（塞爾維亞人犯下殘忍的謀殺）神聖化而犧牲幾百萬人的性命，那麼就是罪大惡極。」從這些信件的筆調可以推斷出，他很難說服巴黎家族相信此觀點。

隔天，他最後一次暗示要讓法國約束俄羅斯，表明了納弟仍然有親德傾向，也值得被引用為最後一次徒勞地表達對羅斯柴爾德金融槓桿的信心：

倫敦市一直有謠言說，德皇正利用他在聖彼得堡和維也納的影響力，想找出一種不會讓奧地利和俄羅斯反感的解決辦法。我也相信這個值得稱讚的例子在這裡是榜樣。現在，我冒昧地問你們，法國政府目前在做哪些事？政策是什麼？我希望也相信龐加萊（Poincaré）「對沙皇很好」，他不但指出問題，還讓俄羅斯政府印象深刻。一：不管盟友是多麼強大的國家，戰爭的結果如何是未知數。但無論結果是什麼，隨之而來的犧牲和不幸很驚人，難以言表。在這種情況下，災難的嚴重程度是前所未有的。二：法國是俄羅斯最大的債權國。其實，兩國的財政和經濟狀況密切相關。我們希望你們盡量發揮影響力，甚至在緊急關頭對政治家施壓，以阻止可怕的鬥爭發生，並指出俄羅斯在這方面虧欠法國。

然而，這在當時並不像現在看起來那麼簡單。一方面，類似的調解嘗試在過去已多次避免戰爭（例如摩洛哥的問題）。同時，納弟的評論表明了他對戰爭的持續時間和激烈程度不抱幻想。考慮到歷史學家普遍認為許多人在一九一四年八月都預期戰爭不長，這一點很重要。更重要的是，他的見解在倫敦市一點都不稀奇，沒有什麼比七月危機引發的金融危機嚴重性更清楚地證明金融界的悲觀氣息。

早在七月十三日，維也納證券交易所就開始出現問題，但直到七月二十七日，也就是奧地利對塞爾維亞宣戰的前一天，倫敦才察覺到危機。「今天所有外國銀行都從證券交易所提取大筆金額，尤其是德國的銀行，」納弟告知巴黎分行，「雖然經紀人找到了他們需要的大部分資金，但市場一度陷入低潮，許多判斷力不佳的投機者拋售股票，所有外國投機者都在拋售永續債券……」這只是開端。隔天，事情的發展出乎納弟的意料，巴黎分行發送一份加密電報，要求「為法國政府和儲蓄銀行出售大量永續債券」。他拒絕了，首先是出於技術因素：「根據我們的市場實際情況，不太可能實現目標，因為價格只是票面上的，重要的交易其實很少出現。」接著他提出了更有政治色彩的論點：「大家都在談論『戰爭』時，如果我們為了增強歐陸大國的實力而輸送黃金……會產生不幸的後果。」儘管納弟向法國的羅斯柴爾德家族保證電報會嚴格保密，但他還是立刻把事情告訴阿斯奎斯。阿斯奎斯萬分保守地說這是「不祥的預兆」。這時逐漸明朗的可能性是，由承兌銀行引發的嚴重流動性危機有可能威脅到整個英國金融體系。

七月二十九日，在拉菲特街索求黃金的隔天，永續債券的價格從七十四以上暴跌至六十九・五，並在市場重新開盤後持續下跌。到了三十日那天，英格蘭銀行已經預付一千四百萬英鎊給貼現市場，也預付了差不多的金額給其他銀行，但不得不將銀行利率從百分之三上調到百分之四，才能守住預備金。納弟報告說，已經有人「零零散散地談到關閉證券交易所」。克萊沃特、施羅德等處理許多大陸承兌業務的企業都陷入困境，有大約三億五千萬英鎊的未償付匯票，其中有不明的比例不可能承兌。銀行利率在七月三十一日上調到百分之八，隔天又上調百分之二時，布洛赫、安吉爾、霍布森等作家顯然想錯了——銀行無法阻止戰爭，但戰爭能阻礙銀行。為了避免徹底崩盤，證券交易所在三十一日關閉。即使是一百年前最嚴重的危機也沒有走到這一步。隔天（如同在一八四七年、五七年及六六年），勞合・喬治寫信給銀行總裁，允許他在必要時超越銀行特許狀法令規定的紙幣發行限額。幸好，八月一日是週六，下週一是銀行假日，將假期延長到那週剩下的幾天提供了緩衝空間。證券交易所保持關閉，「直到另行通知。」

金融危機無可避免。直到八月三日，還不確定的是英國是否會參戰。我們可以推斷得出，如果英國不參戰，倫敦市接下來會發生什麼事。從七月十八日到八月一日（最後一天公布報價），所有大國的債券價格都大幅下跌，但有些國家的跌幅更大。利率百分之四的俄羅斯債券下跌百分之八・七，利率百分之三的法國債券下跌百分之七・八，而利率百分之三的德國債券只下跌百分之四。在英國不干涉的情況下，倫敦市把錢押在毛奇身上，如同一八七〇年的做法。巴黎人也記得一八七〇年的事。八月時，愛德華擔心巴黎再度遭到圍困，於是將家人送到英國。（雖然他們後來返回了，但愛德華在馬恩省的第二次戰役期間再次感到緊張，所以又送家人離開，但這次是送到他的拉菲酒莊。）同時，他將銀行的辦公室暫時移到波爾多。

但英國決定透過干涉，使局勢轉而支持法國——這是分裂嚴重的內閣經過長時間的辯論後做出的決定。羅斯柴爾德家族或其他銀行家都無法影響這項決定。七月三十一日，納弟請求《泰晤士報》留意有關「逼國家陷入戰爭」的頭條新聞措辭是否溫和，但威克漢姆．史蒂德和業主諾斯克利夫勛爵（Lord Northcliffe）都認為，這是因為「卑鄙的德裔猶太人有國際金融企圖，想逼我們主張中立」，並且得出結論：「最適合的答案是在明天發表一篇措辭更強硬的頭條新聞。」「我們可不敢袖手旁觀，」週六的負責人適時吼道，「我們對自我保護的原則最感興趣。」英國此時似乎有可能干涉。施瓦巴赫在八月一日對阿爾弗烈德感嘆道：「雖然目前好像沒有理由這樣做……但我們都知道自己已經盡力改善兩國的關係了。」納弟甚至以個人名義向德皇發出和平呼籲。德皇不切題地記下：「納弟是我尊敬的老熟人，大概七十五歲或八十歲了。」這也都是徒勞，在還沒收到答覆前，通訊就中斷了。格雷在八月三日向下議院致詞，大意是英國不會「袖手旁觀」。納弟告訴堂親，德國入侵比利時「是英格蘭無法容忍的行為」。當然，政府做此決定還有其他更有說服力的理由：如果德國擊敗法國，他們相信英國的安全就會受到威脅，或許也是為了不讓統一派掌權。但是在一八三九年簽約之前曾多次參與相關事件的羅斯柴爾德家族強調比利時的中立態度是英國干涉的原因，這點是可以理解的。

新廷並沒有興高采烈的氣氛。如納弟所說，他們已經準確預料到會發生「世界歷史上最大的軍事戰鬥」，這是「一場可怕的戰爭」，誰也無法預測這場戰爭會持續多久。「沒有政府遇過這麼嚴肅又痛苦的任務，」阿爾弗烈德寫信給巴黎，他很難想像「我們眼前的軍事和道義局面，會出現哪些痛苦的細節……令人不寒而慄」。這次，他和自由黨堂親安妮的意見終於一致。歐洲戰爭的可怕悲劇讓她覺得「不可思議」。「人們不禁想問，」她感嘆，「如果戰爭是唯一的仲裁者，那麼外交、仲裁、老生常談的『文明源泉』還有什麼用呢？」她和丈夫於七月底到卑爾根（Bergen）度假，而納弟的兒子查爾斯和妻子（土生土長的匈牙利人）待在匈牙利，象徵著戰爭將中斷羅斯柴爾德家族與歐洲大陸的傳統聯繫。

這裡有任何慰藉嗎？在羅斯柴爾德家族中，安妮的姊姊康斯坦絲一反常態地迅速發覺，狂熱的反德情緒在宣戰後席捲全國。她也欣然接受戰爭，認為這顯然是解決阿爾斯特危機的辦法：

八月五日：愛德華．格雷表現得很好。雷德蒙德發表了不錯的演講。目前愛爾蘭的危機已經結束，北部和南部聯合起來支援我們。真慷慨啊！我們希望基欽納勳爵被授予軍隊的指揮權，無論該組織的情況如何。

八月七日：戰爭部長基欽納。謝天謝地。

八月十三日：仇恨**釋放出來了**。比利時人的行為真了不起。德國人太殘忍。

九月九日：昨晚的消息比較好。要是俄羅斯人能迅速抵達柏林就好了。

九月三十日：關於法令全書的地方自治法案，卡森（Carson）和博納．勞表示十分厭惡，但下議院上演了精彩又戲劇化的戲碼！真希望立約者和民族主義者能並肩作戰。

然而，沒有跡象表明納弟或他的兄弟們感到寬慰。畢竟他們對愛爾蘭的看法與狂熱的格萊斯頓表親截然不同。對新廷的成員而言，在無法避免災難的情況下，唯一可能的慰藉是他們至少能扮演傳統的羅斯柴爾德角色，為戰爭提供資金。

但他們能做到嗎？當然，政治家不久後就要求他們協助解決戰爭帶來的金融後果，就像他們在昔日的危機中做的事。例如，喬治在他寫的《戰爭回憶錄》（*War Memoirs*）中，以富有詩意的筆調回憶戰爭如何使他和以前的敵人和解：

羅斯柴爾德勳爵是我尋求建議的其中一人。我之前聯繫他，並不是為了討好他……不過現在不是讓政治爭吵干擾商議的時候。國家處於險境。我邀請他到財政部聊聊，他很快就來了。我們握手之後，我說：「羅斯柴爾德勳爵，我們在政治方面有過不愉快的爭執。」他打斷我說：「勞合．喬治先生，現在不是回憶那些事的時候。我能幫上什麼忙嗎？」我告訴他後，他答應馬上處理。事情解決了。

喬治在八月第一週接見了許多倫敦市的銀行家，但很少人讓他印象深刻。愛德華・荷頓爵士是其中一個例子，看似納弟則是另一個例子。儘管「老猶太人」在回憶錄中變成「偉大的以色列王子」，有人聽到喬治告訴私人秘書：「只有老猶太人言之有理。」一九一五年，他在《雷諾斯週報》（*Reynolds Weekly Newspaper*）進一步闡述了納弟的貢獻：

> 羅斯柴爾德勛爵對政府懷著高度的責任感。雖然他對最有利於國家的解釋不一定與我的一致，但戰爭在我們眼前發生時，他欣然將過去的爭論和遭遇拋諸腦後……他已經準備好為自己的信念做出犧牲。因此當他建議為戰爭開銷徵收雙重所得稅和更沉重的附加稅時，認識他的人都不會覺得驚訝。

多年後，他的兒子要求為「理想的內閣」提名時，他提名納弟為財政部長，與溫斯頓・邱吉爾、詹・史瑪茲（Jan Smuts）並列。霍爾丹也在回憶錄中給人留下類似的印象。一九一五年，他在外交部代替格雷的職位時，得知「一艘輪船從南美洲出發，儘管他的立場中立，還是有理由認為船上有要給德國人的補給品」，這時霍爾丹

> 開車到羅斯柴爾德勛爵的皮卡迪利街房子後，發現他躺著休息，顯然病得很重。但他在我開口前，就伸出手說：「霍爾丹，我不知道你除了來見我之外還有什麼事。但我告訴自己：『如果霍爾丹要我開一張二萬五千英鎊的支票，而且不提任何問題，那我會馬上處理。』」我告訴他，我來不是為了支票，只是為了讓船停下來。他立刻派人停船。

如果這一切聽起來難以置信，尤其是喬治想像異教徒放棄反對附加稅的畫面，那麼線索就在霍爾丹提到

納弟的身體狀況。其實喬治和霍爾丹都在回憶錄中做出了訃聞作者般的美化。實際情況是，戰爭使羅斯柴爾德家族、甚至整個倫敦市陷入讓人難以忘懷的危機。凱因斯當時的分析很簡潔：「清算銀行……很依賴承兌銀行和貼現銀行。貼現銀行很依賴承兌銀行。承兌銀行很依賴無法匯款的外國客戶。」表格13g顯示出問題的嚴重程度，也揭露克萊沃特和施羅德面臨的風險很高，羅斯柴爾德家族銀行同樣也受到影響。納弟在八月六日向喬治保證，他對大臣、銀行總裁及清算銀行之間的辯論「完全不感興趣」的說法沒什麼說服力。

引起喬治向納弟尋求建議的爭議屬於技術層面：大型清算銀行希望全面暫停黃金的兌換機制，如同一七九七年在英國發生的事，也像一九一四年在俄羅斯、德國及法國已經實際發生的事。因此，他們能以較低的利率（銀行利率在八月六日降到百分之六）為客戶提供流動性。財政部和銀行則偏向遵循一八四四年後的慣例，盡量避免暫停的決定。納弟協助經紀人達成的妥協是保持可兌換性，但銀行利率又下調百分之一。一週後，進一步的決定緩解了承兌市場的壓力，銀行將按照新的較低利率對八月四日前承兌的票據進行貼現。這件事進行地很順利。八月十三日，阿爾弗烈德和利奧祝賀喬治的話語背後確實有某種慰藉。他們「非常讚賞你用有效的方式處理有史以來最困難的國家財政問題」，而這是可以理解的；儘管在一九〇九至一〇年的譴責後，這麼快就提到大臣「眼光精準」和「技藝高超」，顯得有點誇張。八月二十七日，喬治有效地拒絕了納弟的建議，又過兩個多星期之後，納弟用更慎重的筆調提到延期償付已結束，以及證券交易所重新開放。

表格13g：倫敦的承兌市場：年底的承兌債務，1912-1914（百萬英鎊）

	巴爾林	克萊沃特	施羅德	漢布羅	NM羅斯柴爾德家族	吉布斯	布蘭特	七家銀行的總額	承兌總額
1912	6.58	13.36	11.95	3.45	3.49	1.38	3.19	43.40	133
1913	6.64	14.21	11.66	4.57	3.19	2.04	3.33	45.64	140
1914	3.72	8.54	5.82	1.34	1.31	1.17	0.72	22.62	69

資料來源：Chapman, *Merchant Banking*, p. 209.

然而，與一八九〇年沒那麼嚴重的危機相比，納弟的實際角色揭示了倫敦市權力平衡的變化。他在喬治的辦公室談判時，曾告訴英格蘭銀行總裁：「他們可以對你耍卑劣的伎倆，他們很有影響力。」有人說納弟指的是羅斯柴爾德家族本身，但他其實是指清算銀行。同樣驚人的是，儘管NM羅斯柴爾德家族企業採取了穩定承兌市場的措施，卻在一九一四年損失了將近一百五十萬英鎊，這一大筆錢相當於其資本的百分之二十三。就資本而論，沒有一間倫敦市的其他重要銀行受到戰爭爆發帶來的如此劇烈影響。

可以確定的是，英國財政部開始資助法國的戰事後，不缺橫跨海峽的生意，雖然通訊在戰爭的第一週很困難。直到一九一五年初，透過外交電報服務才建立起規律又可靠的通訊方式。不過英國不久就經羅斯柴爾德家族的同意，提供法國一百七十萬英鎊的初步貸款。隨後，英國在一九一四年十月和一九一七年十月期間用八百萬英鎊的短期國庫券抵押預付款。但是在同盟國間的大型金融計畫中，這只是杯水車薪。戰爭期間，法國總共向英國借了六億一千萬英鎊，這個金額與從美國借的七億三千八百萬英鎊相比，仍是相形見絀。其實英國借出的大部分資金是從美國借的九億三千六百萬英鎊再利用。籌措戰爭經費的關鍵不在倫敦或巴黎，而是紐約，這一點很快就變得相當明顯：波爾戰爭期間最早顯露金融重心的跨大西洋轉移在此時成真了。就這點來看，愛德華於八月一日發電報給摩根，要求給法國政府一億美元的貸款時，他沒有回應，這並非毫無意義。摩根沒有忘記十二年前他的倫敦子公司被拒絕在南非貸款中分一杯羹的事。比起喬治的遺產稅和其他稅收，羅斯柴爾德家族在華爾街的糟糕表現使他們陷入其迄今遇過最快速的經濟萎縮期。「在這段痛苦的經歷中，」戰爭爆發時，納弟寫信給巴黎，「得知你和我們同心協力，我非常滿意。」「我們在戰場上團結，也在財政方面團結！」次年，愛德華發電報給新廷，但這些戰鬥號令聽起來很空洞。一九一四年後，讓羅斯柴爾德家族團結在一起的因素是衰落，而此一衰落至少持續了半個世紀。

第 3 部

後代

十四、湧現（一九一五－一九四五）

這確實是恐怖又充滿磨難的時刻。

——康斯坦絲，巴特西女士（**Lady Battersea**），致姊姊安妮·約克（**Annie Yorke**），一九一六年

邱吉爾所謂第一次世界大戰的「世界危機」與羅斯柴爾德家族內部的深層危機同時發生，並且使危機惡化了。阿爾豐斯於一九〇五年過世和阿爾弗烈德於一九一八年過世之間，從一八七五年左右開始主導羅斯柴爾德金融的世代消失了。在巴黎，古斯塔夫的哥哥去世後才過了六年，他也去世了，只留下埃德蒙。在詹姆斯的兒子當中，埃德蒙的年紀最小，也最缺乏商業思維。雖然他活到一九三四年，但他在一九一四年也已經六十九歲了。在維也納，安謝姆最後一個存活的兒子阿爾伯特於一九一一年過世。萊昂內爾的三個兒子納弟、利奧及阿爾弗烈德於一九一五、一七及一八年相繼辭世。許多觀察家認為，這些離別象徵著一個時代的結束。「羅斯柴爾德勳爵離世是連戰爭都無法掩蓋的事件。」《西部晨報》（*Western Morning News*）宣稱：

這位金融家的王子、國王愛德華的朋友，大概比我們遇過的偉大政治家們更了解歐洲戰爭和外交的內部歷史。在過去的半個世紀，國家每次制定重大的政策前，都有簡短但意義重大的公告：「羅斯柴爾德勳爵昨天拜訪了首相。」重大的決策懸而未決時，這多少顯露了誰是幕後人士。

根據《金融家與金銀通貨主義者》（*Financier and Bullionist*）：「他是國王和內閣大臣的心腹……這是人盡皆知的祕密。他們不斷詢問他的寶貴建議，並持續採納他的建議。」在威爾斯登舉行的葬禮有許多資深政治

家出席，證實了納弟的影響力。有三位內閣大臣出席葬禮：大臣勞合・喬治、地方政府委員會會長赫伯特・塞繆爾、高等法院法官雷丁勛爵（Lord Reading）。前任托利黨領袖（未來的外交部長）亞瑟・貝爾福也有出席。「對我來說，」貝爾福向威姆斯（Wemyss）夫人透露：「納弟過世帶來的打擊比大多數人想像的更大。我真的很喜歡他，也很欣賞他獨立又有點沉悶的性格。他對公共責任有著崇高的理想，卻對世俗的浮華和虛榮無動於衷。」首席拉比在幾週後的紀念布道中明確表示，納弟簡直是「世上最重要的猶太人」。

然而，那些讚揚納弟的人都沒有提到他是偉大的銀行家。《新見證》（*New Witness*）的倫敦市編輯用略帶讚美的口吻譴責納弟：

> 他比同齡的金融家犯得錯更少，他的直覺總是很準，他很有榮譽感。即使是公司有機會獲利，只要是他不贊成的事，他絕不做……他在世界上最大的商業城市中，當上最大型企業的老闆。他成為國王和統治者的顧問。他控管帝國的政策，過世時沒有半個敵人。這不是個偉大的成就嗎？

可能吧。事實是，NM羅斯柴爾德家族企業在納弟的領導下的表現漸漸比不上倫敦市的對手。或許這些對手是他對政治很執著以及他和兄弟對商業自滿的受害者。某些觀察家確實認為納弟的過世促使人們對羅斯柴爾德家族身為金融勢力的未來進行悲觀的反思。「在英國，」《每日新聞》表示：

> 合資銀行上陣了。不再有羅斯柴爾德支配的問題，更不用說羅斯柴爾德壟斷了。同樣值得注意的是，整個公債業務的重要性已經降低。現代金融機構賺取豐厚的利潤，並在工商業融資方面發揮極大的影響力。羅斯柴爾德家族沒有忽視這種企業形式，但並沒有像美國、德國的大型銀行或公司那樣熱情地參與。種種傾向的效果相對降低了羅斯柴爾德家族在金融界的地位。

自由派的《國家》更直率，它帶著鄙視指出納弟的品味代表著「大部分的英國鄉紳……後來的這種保守傾向與世上許多新生意沒有落入羅斯柴爾德家族手中的事實有關嗎？當然，其英國分支機構的成員中都沒有偉大的金融家。在社交生活上，他們有偉大的農夫、收藏家、組織者，但他們稱不上現代的理財王」。

第五代

如果前面那段話是為了與納弟的祖父進行對照，那描述得很貼切。大約在一世紀前的世界大戰中，他的祖父發起了（被神話化）的著名政變。納弟的作風一直都與納坦不同。他去世時，銀行已經變得越來越僵化。其中一位資深職員約瑟夫・瑙海姆（Joseph Nauheim）反對採用複式記帳法。當時負責「調查帳戶體系的委員會」提出這種方法，他們「研究哪些辦法可以加快編制資產負債表的速度，以及哪些改善措施可應用到記帳的系統，以提高效率並保持與時俱進」。如果一家企業擁有像羅斯柴爾德家族銀行的資源，並在一九一五年仍然使用單式記帳法是相當難以置信的事。但瑙海姆反對委員會的建議（包括整頓分類帳制度、廢除刮刀的使用、帳簿規模標準化），理由是這些改變太耗時。這份委員會的報告不尋常還有另一個原因：它是羅斯柴爾德早期採用打字，而非手寫的文件之一。事實上，新廷在一九一五年只有一台打字機。

不過真正的問題在於下一代。華特・白芝浩在一八七〇年代寫道，他問「大型私人銀行」在與合資銀行的競爭中能堅持多久時，就預料到了問題：

> 我很遺憾他們辦不到，但我不能忽略他們必須克服的難題。首先，世襲的大事業有風險。管理這種企業不只需要一般的勤奮態度，也需要超越一般的能力。但不可能每一代都具備這些條件……如果銀行的規模擴大，並且需要更優秀的才能，這種世襲制度的持續困境就會開始顯現。「父親很聰明，創造了事業。但兒子沒那麼聰明，把事業搞垮了或使利潤減少。」所有君主政體的偉大歷史皆是如此，大型私人銀行的歷史可能也是。

這很明顯是羅斯柴爾德家族第五代的歷史。一九〇一年，柯林頓．道金斯直言不諱：「羅斯柴爾德家族的下一代令人失望。」

納弟的長子沃爾特從六歲開始蒐集動物標本和活生生的動物。他先後在波昂大學和劍橋大學研讀自然科學時，已經是知識淵博的動物學家。在這方面，他經常受到父母無條件的鼓勵。他二十一歲生日時，父親給他的禮物是在特靈建造一座博物館，讓他用來存放收藏品。但是許多人期待他能跟隨祖先的腳步進入銀行。直到一九〇八年，他們發現「可悲的胖沃爾特」在證券交易所瘋狂進行投機買賣，並造成悲慘的後果後，才不再看好他。❶當他徒勞地付錢給勒索他的前任情婦時，他的財務過失變得更嚴重了，而這是他犯過的幾次可恥的私通之一，與他的笨拙舉止和憨厚外表不相符。雖然他是孜孜不倦的科學家，在一千多部出版品中描述了五千個尚未分類的物種，但他不適合擔任家族企業的領導人，無法帶領企業度過難關，就像他在皮卡迪利街駕著斑馬馬車一樣格格不入。他擔任議員時，甚至在同一場演講中激怒了貝爾福和格萊斯頓。

他的弟弟查爾斯比較能接受倫敦市的生活負擔，並盡責地準備繼承新廷的合夥人身分，他也擔任銀行會計系統現代化的委員會主席。但查爾斯骨子裡也是一位科學家。❷身為盡心盡力的業餘植物學家和昆蟲學家，他發表了一百五十篇論文，描述了五百種新的跳蚤。他也是國內早期喜歡阿什頓沃爾德（Ashton Wold）周圍林地的現代自然環境保護主義者之一，並在那裡為自己建造了風景如畫的退隱處。❸納弟過世後，其他人決定讓查爾斯繼承父親的職位，成為資深合夥人。但是兩年後，他罹患一九一七至一九年席捲歐洲的西班牙流感，感染了流行性腦炎（由病毒引起的神經系統疾病）。他經過長期虛弱的患病期後，於一九二三年與世長辭。❹

❶ 謠傳他的債務超過七十五萬英鎊，此後沃爾特被資遣，得到了一筆用於研究和特靈博物館的津貼。
❷ 值得注意的是，他和哥哥一樣在劍橋大學的成績不出色，期末考試只得了第三名。他們的才華並不適合既有的學術機構。
❸ 他偶然發現這處地產時，很高興得知此地已為父親所持有。

知性能力從商業轉向科學（或藝術，例如阿比·沃伯格〔Aby Warburg〕）的轉向是世紀末商業家族的普遍現象，尤其是猶太家庭，反映出那個猶太人階級和世代受教育的機會很多。在沃爾特和查爾斯的例子中，人們很容易提出進一步的基因解釋。十九世紀期間，羅斯柴爾德家族的許多成員都表現出了對收藏和園藝的偏好。在沃爾特和查爾斯身上，這些傾向融合在一起產生了對動植物進行分類的特殊才能。他們的堂親萊昂內爾（利奧的長子）也有類似的愛好，一生的大部分時間都花在園藝（但他也喜歡飆車和快艇）。他的弟弟安東尼也在學術方面有天賦，方向卻大不相同：他曾在劍橋大學獲得兩門歷史學科的優等成績（但據說他每週有五天會外出打獵），後來許多人認為他當大學教師會比當銀行家更快樂。

在「長江後浪推前浪」的過程中，法國分行也遭遇了類似的問題。戰爭發生前，埃德蒙的兒子吉米（Jimmy）在英國定居並結婚。他對銀行業不感興趣，把時間分別花在協助父親執行巴勒斯坦計畫、擔任無挑戰性的自由黨後座議員以及賽馬。當時看來更不可能繼承家業的是埃德蒙的次子莫里斯，他二十六歲時從遠房表親茱莉（阿道夫的遺孀）那裡繼承了一大筆財產，包括位於普雷尼的城堡。他似乎很喜歡將財富用於收藏畢卡索、布拉克（Braque）及夏卡爾（Chagall）等人的現代藝術作品，而這項投資策略在當時並不受重視。因此，吉米在一九一三年決定為倫敦的自家餐廳委託達基列夫（Diaghilev）的劇場設計師里昂·巴克斯（Léon Bakst）設計一系列以《睡美人》（*The Sleeping Beauty*）為主題的鑲板時，引起了某種騷動。一些家庭成員充當模特兒，包括吉米的妻子桃樂絲、他的妹妹米利安、愛德華的妻子吉爾曼娜、羅伯特的妻子奈莉、埃德蒙的妻子阿德海特，還有克魯侯爵和他的妻子佩姬（漢娜·羅斯伯里的女兒）。選擇這個主題純粹是異想天開嗎？人們很容易認為這是個適合的決定，因為許多當代人覺得羅斯柴爾德家族似乎陷入了脫離現實的狀態。

在法國定居的家族支系（英國籍納特的後裔）在銀行沒有一席之地。雖然納特的孫子亨利仍然是合夥人，但他實際上是第五代科學家的一分子。身為遁世的合格醫生，他有自己的私人實驗室，並發表大量許多關於嬰兒營養的研究。他對居禮夫婦對鐳的醫學應用很感興趣。此外，他贊助了達基列夫的俄羅斯芭蕾舞團在一九〇九年舉辦的著名巡迴演出，並以業餘劇作家的筆名安德烈・帕斯卡（André Pascal）涉足戲劇。他擁有巴黎的犬舍城堡（Château de la Muette）、多維爾（Deauville）的仿都鐸式別墅，以及有著充滿暗示名稱的遊艇：厄洛斯（Eros）。他活著不是為了賺錢，而是為了花錢。在創業方面，他的各種嘗試皆以商業慘敗告終，譬如在不同時期嘗試著製造汽車、芥末、肥皂及野雞罐頭。

這代表自一九〇五年後，羅斯柴爾德兄弟銀行的大部分經營責任都轉移到阿爾豐斯的獨子愛德華身上。不過，他做生意的方式可說是腳踏實地。他一絲不苟、作風保守（甚至在北方鐵路的年度股東大會上穿著長外衣），並反對提供投資建議給客戶：「如果獲利，他們會認為是應得的；如果虧錢，就會說是被羅斯柴爾德家族害的。」他也喜歡參與業外活動，但這些活動比亨利的更傳統，例如在鎮上玩橋牌、在費律耶狩獵、在朗尚（Longchamp）賽馬。

維也納的情況也差不多，羅斯柴爾德家族的第五代往往忽略了高雅文化或高品質生活的「會計」部分。阿爾伯特在一九一一年去世後，儘管他的次子路易還不到三十歲，但銀行的控管權幾乎都傳給了他。就像安謝姆之前將權力交給阿爾伯特，基本上排擠了另外兩個兒子一樣。據說，路易為維也納分行帶來現代化的精神，涉足紐約跨區地鐵公司（New York Interborough Rapid Transit Company）等陌生的活動領域。但他不當工作的奴隸。他六十多歲才結婚，是典型尋歡作樂的單身漢、出色的騎士和登山家，也習慣撥出時間涉獵解剖學、植物學及藝術。他的兄弟們幾乎擺脫了商業責任，因此更能放縱追求自己喜愛的事物。年長的阿爾豐斯曾是訓練有素的律師，但他在戰後過著紳士學者的生活，專攻古典文學。弟弟尤金最著名的成就是寫了一本關於提香的專著。

---

❹ 我非常感謝米利安・羅斯柴爾德提供她父親的生活詳情。

戰爭的影響

有哪個歐洲家庭沒有受到第一次世界大戰的影響嗎？不太可能。即使是歐洲大陸最富有的家族，也無法避免在大屠殺的歲月中犧牲成員、時間及錢。

表面上羅斯柴爾德家族是受到愛國情操影響，歷史學家通常認為這是一九一四年的典型「心境」。雖然他們在戰爭爆發時已三十幾歲，但利奧的三個兒子（在巴克斯騎兵隊擔任軍官）都渴望為國家而戰。次子伊夫林很早就在西方戰線參戰，並於一九一五年十一月因傷病返鄉。幾個月內，他又回到戰壕，並於一九一六年三月在戰報中受到表揚。隨後他被派到巴勒斯坦，在那裡遇到弟弟安東尼。安東尼之前在加里波利半島（Gallipoli）受傷，戰爭結束後成為參謀部少校。讓萊昂內爾沮喪的是，他必須留在新廷，為了替自己的好戰傾向找出口，所以他在倫敦市安排招募猶太人。法國的羅斯柴爾德家族中，最後至少有四人穿上了軍服，吉米被調到英國第三軍團擔任口譯員。與英國親戚相似的是，他也在戰爭結束前到巴勒斯坦服役。亨利隱瞞了慢性蛋白尿的病情，成為醫療團隊的長官，但因接種斑疹傷寒的副作用而退役。他的哥哥詹姆斯在巴爾幹戰區擔任飛行員，而古斯塔夫的兒子羅伯特在西方戰線擔任口譯員。在奧地利家族當中，阿爾豐斯和尤金在義大利前線的第六龍騎兵擔任軍官。因此，羅斯柴爾德家族成員之間並沒有互鬥。參戰的英國和法國成員只活躍於西方戰線和中東地區，但詹姆斯應該發現了：如果他被調到偏西部的地方，就有可能遇到奧地利堂親。羅斯柴爾德家族中只有一位成員喪命：一九一七年十一月，利奧的兒子伊夫林在對抗土耳其陣地的埃爾穆格哈爾戰役中，於騎兵衝鋒中不幸喪命。這場戰役也奪走了另外兩位近親的性命：漢娜・羅斯伯里（Hannah Rosebery）的兒子尼爾・普里姆羅斯（Neil Primrose）也在巴勒斯坦喪命[5]；查爾斯的匈牙利嫂子的兒子也有同樣的遭遇。

即使是遠離前線的家庭成員，戰爭對他們而言也是慘痛的經歷。阿爾弗烈德和表親康斯坦絲與安妮（納坦的最後一位孫女）生活在德國空襲的恐懼中。在他的堅持下，新廷的股利處長廊堆滿沙袋，用於保護下方的貴重金屬室。抽籤還本債券部門的角落也有供他使用的私人避難所。另外還有特殊設計的系統，能夠將皇家鑄幣廠（暫時改為軍需品製造廠）的官方空襲警報傳遞到新廷。阿爾弗烈德甚至在屋頂上架起鐵絲網，希望能攔截落下來的炸彈。康斯坦絲在戰爭時期寫給妹妹的信上充滿對相同險境的擔憂。「如果有齊柏林飛船，」她在一九一五年一月寫道：「真希望飛行員瞎了，（被雪）凍死……我們可以搭地鐵了……我經常戴著珍珠項鍊，深怕在災難中搞丟。晚上的時候，我會在床尾放一件毛皮披風、一條圍巾和一雙暖和的拖鞋，旁邊放蠟燭和火柴。」即使她不在倫敦，「心裡也總是有緊張的不祥預感……整個晚上好像都聽到了飛船的聲音，海面上不斷傳來爆炸聲和砲火聲。」❻當然，她的擔憂有點誇張，因為空襲還處於初期階段。阿爾弗烈德在戰爭結束一個月後過世，康斯坦絲則持續活到一九三一年。

不過，留在祖國的人還是努力為戰爭盡一己之力。早在一九一四年九月，康斯坦絲就把位於阿斯頓克林頓的宅邸提供給比利時難民（她向他們宣講德國戰爭的邪惡目標和禁酒的美德），並協助紅十字會經營小型醫院。「僕人都遵守節約時期的某些必要條件，」她誇口說，顯然忽略了把奉獻事宜交給傭人的諷刺意味：「萊斯特沒有男僕伺候。聰明又漂亮的年輕女僕取代了他們……我有一間鋼鐵餐廳……板球館經常被用來當作撞球室和閱覽室，網球館經常被用來當作村裡的圖書館。」她更有自知之明後，甚至在一九一七年贊成限量供應食物。「我猜大型機構和公共場所會有一些困難，例如餐廳，」她深思後說，「但如果是在我的小家庭，這個實驗會很有趣。天啊，我們遇到了多麼奇怪的經歷！」

查爾斯繼續在銀行工作，也在志願彈藥旅的委員會任職，並以金融專家的身分為勞合・喬治的新軍火部服務。阿爾弗烈德抱著同樣的精神，將請願書交給喬治，呼籲宣布棉花為違禁品，防止棉花進入德國。他的哈

---

❺ 在他喪命的那天，伊夫林也在醫院因重傷過世。
❻ 科恩說：「她的優秀管家萊斯特（Lester）以前常常開門宣告：『齊柏林飛船，我的夫人。』彷彿在宣告有訪客。」

爾頓莊園變成了軍營。一九一七年，在他的建議下，那裡的山毛櫸樹被砍伐用作戰壕工具。在這方面，喬治對戰事的積極態度受到許多人肯定。一九一五年十月，也就是他當上首相的一年多前，康斯坦絲貶低他的前輩阿斯奎斯，認為他「真沒用，無法適應局勢……我認為越來越多人對政府不滿了。如果阿斯奎斯先生辭職，只有勞合．喬治能接他的位置」。「天啊，」兩個月後，她感嘆，「我們需要另一個作風不同的首相。」阿爾弗烈德似乎也成了追隨者。相比之下，吉米仍然是忠誠的阿斯奎斯派；阿斯奎斯倒台一年後，吉米是其中一位大力支持他的朋友。

然而，家族成員間站不同邊免不了使德國統一戰爭當初引起忠誠與身分的老問題重新浮上檯面。在邁爾．卡爾的七個女兒當中（皆於法蘭克福長大），有五個嫁給法國人或英國人。愛黛兒嫁給詹姆斯的兒子薩羅蒙，艾瑪嫁給納弟，蘿拉．泰蕾斯嫁給納特的兒子詹姆斯．愛德華，瑪格麗塔嫁給格拉蒙公爵，貝爾塔嫁給瓦格拉姆王子。威廉．卡爾的女兒阿德海特嫁給法國遠親埃德蒙，維也納人阿爾伯特娶了阿爾豐斯的女兒貝蒂娜。在每一個例子中，新娘和新郎的對國家的忠誠度（至少在出生地方面）在戰爭中是對立的。若說到這些婚姻衍生的三個孩子，問題就更複雜了。一九〇七年，納弟的兒子查爾斯娶了匈牙利人蘿西卡．馮．韋特海姆施泰因（Rozsika von Wertheimstein）。三年後，埃德蒙的女兒米利安嫁給德國親戚阿爾伯特．馮．葛舒密特－羅斯柴爾德（Albert von Goldschmidt-Rothschild）。一九一二年，阿爾伯特的兒子阿爾豐斯娶了英國人克拉瑞斯．塞巴格－蒙蒂費歐里（Clarice Sebag-Montefiore，也是遠親）。當時這些婚姻在歐洲猶太人的「堂親關係」中都很合理，例如米利安和阿爾伯特是表親（他的母親是米娜．羅斯柴爾德）。然而，在一九一四年，祖國的訴求比堂親關係更重要。戰爭爆發後，阿爾伯特離開留在巴黎的妻子，回到了德國。

此外，大眾對「敵方」的敵意使德國人的名字和口音在倫敦和巴黎備受質疑（英國人和法國人的名字則在柏林和維也納受到質疑）。雖然羅斯柴爾德家族沒有跟著英國皇室將德國姓氏英語化，但他們一位名叫舒恩費爾德（Schönfelder）的職員被選上要改名為費爾菲爾德（Fairfield），這可以視為被「愛國」職員施壓後的回應。《每日郵報》刊登了寫著「扣押所有人」（Intern Them All）的海報後，在新廷的午休時間便無法再用德語交談了。沃爾特辭掉了特靈議會的職務，因為他不在時，一項決議以同樣的精神通過。法國也有類似情況：羅斯柴爾德家族在下議院被指控從法國的軍事失利中獲利，並協助提供新喀里多尼亞的違禁鎳礦給德國人。

宗教問題使情況變得更複雜。過去三代以來皆致力於同化的倫敦羅斯柴爾德家族，迅速加強了英裔猶太人社區的愛國主義，他們在那裡繼續發揮領導的影響力。❼英國代表委員會的猶太招募委員會（Jewish Recruiting Committee）製作的海報文字透露了當時的氛圍：

> **國家的號召受到各階級的猶太人熱烈響應。你還在猶豫嗎？自由和寬容的志業**，也就是英國的志業，取決於**盟友的勝利**。請到**聖斯威辛巷的羅斯柴爾德——新廷**，向招聘處申請。萊昂內爾·德·羅斯柴爾德議員負責徵募。**我們不歡迎猶太裔懶惰蟲。年輕的猶太人！**請為自己的信念和國家盡責。所有英裔猶太人都要參軍。**別忘了——**請向猶太招募委員會的**萊昂內爾·德·羅斯柴爾德**議員徵詢意見。

然而我們可以從這段話的語氣推斷，有些人傾向於質疑猶太人對戰事的奉獻，因此戰爭帶來了許多難堪的諷刺情況。在德國出生、在英國或美國定居的猶太人因出生地而受到質疑，留在德國的人則因為信仰而受到質疑。

使萊昂內爾和他父親等文化同化主義者感到尷尬的明顯原因是，自由派英格蘭與沙皇俄國在同一陣線作戰。由於猶太人受到的待遇，沙皇俄國是羅斯柴爾德的批判對象。猶太作家以色列·桑威爾在寫給《泰晤士

❼ 沃爾特在猶太監護委員會與猶太和平協會（Jewish Peace Society）任職，萊昂內爾接替利奧擔任代表委員會的財務主管。直到一九四二年，聯合猶太會堂的會長持續由羅斯柴爾德擔任。

報》的信中譴責與俄羅斯簽署協約時，納弟公開撇清了自己和代表委員會的關係。他甚至不認同美國裔猶太領袖奧斯卡・施特勞斯（Oscar S. Straus）的提議：英國應該催盟友授予猶太人公民權利和政治權利。他認為他們的命運在戰後一定能改善。根據《猶太紀事報》，「鄰國俄羅斯的軍國主義……基本上是俄羅斯反對改革的一大原因」。但俄羅斯隔離屯墾帶的新猶太移民不認同，也不是所有家庭成員都這麼想。一九一五年初期，在俄羅斯財政部長巴克（P. L. Bark）來訪之前，利奧試著就俄羅斯猶太社區的問題遊說基欽納和其他部長。訊息及時轉達到彼得格勒（Petrograd）：巴克在交給部長會議的報告中，將基欽納「不斷強調戰爭勝利的重要條件之一是改善俄羅斯的猶太人命運」歸因於強大的利奧波德・德・羅斯柴爾德。在巴黎，埃德蒙似乎也向末代沙皇的內政部長普羅托波波夫（Protopopov）提出類似的表示。

當然，阻止羅曼諾夫（Romanov）政權進行改革的各種禁令都是徒勞。但是新的議會共和制在俄羅斯出現，已經證實無法解決問題。起初新廷樂觀地認為臨時政府的財政部長能證明自己是「猶太人的朋友」，他是一位名叫米哈伊爾・特列什岑科（Mikhail Tereshchenko）的不知名烏克蘭商人，曾寫信「要求我們延續……並擴展彼此的商業關係」。後來，羅斯柴爾德家族為了維持俄羅斯參戰，認購了克倫斯基（Kerensky）發放的一百萬盧布「自由貸款」。十月的布爾什維克革命（Bolshevik Revolution）粉碎了這些希望。列寧摒棄帝國債務時，法國的債券持有者實際上被剝奪了所有權，而俄裔猶太人發現國家陷入殘酷的內戰時，困境進一步惡化了。直到一九二四年，在新經濟政策時期，羅斯柴爾德對蘇聯的看法仍有敵意，甚至不接受新蘇聯國家銀行的存款。

許多評論家認為矛盾之處在於，從彼得格勒向西席捲的革命在一九一七至一九年似乎主要是猶太人的功勞，雖然有猶太血統的布爾什維克領導人數量往往被誇大了。其實該家族的某些成員很希望中歐君主國滅亡。一九一八年十一月七日，德國和奧地利的革命情勢走向高潮時，根深柢固的自由派樂觀主義者康斯坦絲在寫給妹妹的信中，坦承自己的感受：

我讀到晨報上的好消息時，欣喜若狂。一切都亂了。這是劇烈的大變動，就像《愛麗絲夢遊仙境》或《愛麗絲鏡中奇遇》的效應。我好像經常看到許多君主、國王以及他們的配偶在逃亡，他們的寶座也不保了。這不是很奇妙嗎？

但是，對那些仍然與家族企業密切相關的羅斯柴爾德成員而言，面臨明確的反資本主義革命時不可能保持這種樂觀。康斯坦絲也承認，「從財務角度來看」，這場革命對維也納分行「不利」。還有一種不大但可以理解的可能性是，「這個國家的革命要素」可能受到歐洲大陸啟發。沃爾特冷酷地警告八歲的姪子維克多（未來的繼承人），戰爭結束時，他會「靠牆站著被槍斃」。從漢娜．瑪蒂德和被廢黜的德國王室成員間的長期友誼來看，法蘭克福的其餘少數羅斯柴爾德成員較認同被廢黜的霍亨索倫家族，而不是新的威瑪共和國。

「親愛的羅斯柴爾德勛爵」：《貝爾福宣言》

另一方面，戰爭加劇的認同衝突或許與巴勒斯坦的未來有關，尤其是與猶太復國主義者想在巴勒斯坦建立猶太民族國家的抱負有關。我們已知，儘管埃德蒙的殖民計畫在某些方面與猶太復國主義相稱，但沒有羅斯柴爾德成員完全接受赫茨爾和魏茲曼（Weizmann）的方案。戰爭讓英、法、俄三國共同對抗鄂圖曼帝國（在現代是前所未有的組合），似乎使埃德蒙對於在巴勒斯坦建立猶太政府的猶太復國主義夢想不再那麼保留。一九一七年，他說自己一直期待

> 也許有一天，巴勒斯坦的命運能達到平衡。我希望全世界在這個時刻正視那裡的猶太人。在過去的十年到十五年，我們做了很多事，我們打算在接下來的幾年做更多事。目前的危機使我們忙著參與不同活動，但人們還是得正視事實。現在，我們得要利用這個千載難逢的機會。

同理，戰爭促使英國的羅斯柴爾德家族更傾向猶太復國主義，不過因為沃爾特是一九一七年《貝爾福宣言》（Balfour declaration）的接收方，所以他們的轉變程度經常被誇大，而倫敦的熱烈支持者包括吉米和查爾斯的妻子蘿西卡。一九一五年七月，吉米將蘿西卡介紹給魏茲曼。透過蘿西卡，魏茲曼結識了許多有影響力的人物，例如克魯夫人、羅伯特·塞西爾勛爵（Lord Robert Cecil，外交部副部長）以及後來被稱為耶路撒冷「解放者」的艾倫比將軍（General Allenby）。查爾斯直接參與了外交部長格雷於一九一六年三月提出的計畫，要在巴勒斯坦建立猶太聯邦。然而，根據魏茲曼的說法，要將「猶太社區中最出色的家族名稱……與頒布解放猶太人的《大憲章》聯繫起來」，最佳方式顯然是贏得沃爾特的支持，因為身為「羅斯柴爾德勛爵」，他在英國的猶太社區彷彿是納弟的君主制繼承人。考量到這個目標，從十一月十五日到一月二十六日，猶太人奮力地起草又修改了在巴勒斯坦的目標宣言。

沃爾特參與的理由很複雜。他去世前不久，他父親根據赫伯特·塞繆爾於一九一五年一月寫的「巴勒斯坦的未來」內閣備忘錄進一步改變了他對此議題的看法。塞繆爾在備忘錄中主張巴勒斯坦應該成為英國的保護國：「分散的猶太人終究會從世界各地蜂擁返回，並在適當的時候取得地方自治權。」這與猶太復國主義和英國的帝國主義都有很大的關係，沃爾特通常與父親一樣認為這兩者相輔相成。沃爾特在外交部與馬克·賽克斯爵士（Sir Mark Sykes）展開重要的會議前不久寫信給魏茲曼，表示反對巴勒斯坦的權力與英國、法國瓜分。「英國必須有獨立的控制權，」他主張要由他設想的發展公司（Development Company）來掌管巴勒斯坦的經濟，並且應該要穩定地「接受英國行政機關指導和控管」。這也是《曼徹斯特衛報》（*Manchester Guardian*）編輯史考特（C. P. Scott）的思考方向，他認為如果不想在埃及重複不愉快的雙重主權實驗，就必須抵制英法對戰後巴勒斯坦實行雙重控制的想法。或許就是這個論點吸引了沃爾特的堂親萊昂內爾。根據康斯坦絲在當年三月的說法，「連他也相信我們應進軍耶路撒冷，並在那裡尋找保護國。我暗示猶太復國主義已經結束了，因為俄羅斯展開了精彩的新（革命）行動，他回說一定不會……」姑且不論其他，儘管布爾什維克有反教權主義的言論，但萊昂內爾意識到革命實際上不太可能對俄裔猶太人有利。

但是倫敦和巴黎的其他猶太機構成員更謹慎，萊昂內爾自己不久後就改變了語氣。在倫敦，反對猶太復國主義的運動由呂西安·沃爾夫（Lucien Wolf）帶領，他是盎格魯猶太協會（一九一八年後改為聯合外務委員會）的聯合外交委員會秘書，也是代表委員會的「特別部門」負責人。他認為猶太復國主義會助長反猶太主義，並危及在西歐被同化的猶太人地位。沃爾夫的某些支持者很有影響力，包括自由黨部長埃德溫·蒙塔古（Edwin Montagu，於一九一七年七月重返內閣）、聯合委員會主席克勞德·蒙提費歐里與大衛·亞歷山大（David Alexander）。一九一七年五月二十四日，亞歷山大寫了一封強烈反對猶太復國主義的信給《泰晤士報》，據說傳達了「盎格魯猶太人」的觀點。在利奧過世前不久，他暗示他同意蒙提費歐里和亞歷山大的觀點：「對猶太復國主義採取和解態度是明智的做法，同時維持我們本身立場的基本觀點，也就是我們不接受任何暗示讓猶太人有巴勒斯坦國籍的提案，也不同意給予對其他居民不利的特權。」利奧去世後，他的遺孀瑪麗保持同樣的原則，萊昂內爾也漸漸效仿。在巴黎，以色列聯盟（Alliance Israelite）的秘書雅克·畢嘉（Jacques Bigart）同樣採取類似的做法。

最後，米利安·羅斯柴爾德指出沃爾特占了上風，這表明他不像別人迄今認為的那樣不諳世事。他回信給《泰晤士報》，回應蒙提費歐里和亞歷山大於一九一七年五月寫的信，否定猶太國家會削弱猶太人對出生地和居住國家的忠誠度。接著，他在代表委員會以些微差距贏得反對蒙提費歐里和亞歷山大的譴責票，導致亞歷山大辭職，並於七月二十日被選為代表委員會的副會長。

當然，最終的結果取決於內閣各方力量的平衡，但這也是沃爾特能發揮影響力的地方。反對猶太復國主義的蒙塔古此時已升遷到印度辦事處，另一位反對者是熟悉印度的老手、前任總督寇松伯爵，他認為巴勒斯坦的經濟資源太有限，無法維持猶太國家，也認為朝此方向邁出的任何一步都會激怒該地區的阿拉伯人。因此，取得更有力的支持是件很重要的事，沃爾特為此聽取了現任首相喬治和外交部長貝爾福的意見，貝爾福建議他們交一份宣言供內閣考慮。經過多次起草和修改，這件事於七月十八日如期完成。事情進展得很緩慢，因為緊迫的軍事問題比戰後的白日夢更重要，而且現在也有必要徵求華盛頓的意見。即使是在一九一七年十月的重要會議上，巴勒斯坦的未來也排在內閣排滿的議程末尾。然而，喬治在最後轉念支持讓英國控制巴勒斯坦的想法。他和另外兩名戰時內閣的內部成員南非籍的詹．史瑪茲和米爾納開始擔心，（如沃爾特之前有說服力地警告）德國人可能會為了贏得美國和俄羅斯猶太人的支持，而先發表支持猶太復國主義的宣言。貝爾福透露蒙塔古依然堅持己見，於是沃爾特在十月三日呈上另一份備忘錄給外交部，而貝爾福隔天在內閣採取進一步行動。三週後，內閣終於授權貝爾福「尋找合適的機會發表以下聲明，表示理解猶太復國主義者的抱負」：

陛下的政府贊成在巴勒斯坦為猶太人建立民族家園，並盡力促進此目標實現。採取的行動明顯不能損害巴勒斯坦現有非猶太社區的公民權利和宗教權利，或是猶太人在其他國家享有的權利和政治地位。

戰時內閣的助理秘書利奧．艾默里（Leo Amery）準備好此聲明，由貝爾福在十一月二日交給沃爾特。因此，以色列政府的起源確實可追溯到一封寫給羅斯柴爾德勛爵的信。為了強調羅斯柴爾德家族對這歷史性突破的貢獻，柯芬園歌劇院在十二月二日有一場盛大的慶祝活動，而沃爾特和吉米都有在場致辭。沃爾特告訴興奮的聽眾，「這是過去一千八百年來在猶太歷史上最偉大的事件」，吉米則宣稱「英國政府已經批准了猶太復國主義的計畫」。

猶太人不再需要計畫，而是行動。他希望在不久的將來，現代的馬加比家族（Maccabees）能從猶太的群山殺出一條血路。猶太人的主張是為了正義，也是阿拉伯人和亞美尼亞人的主張基礎，猶太人完全認同並大力支持這些主張。英國就像新生猶太民族的養母，期待著這個在逆境中飽受磨練、卻懷著希望的民族，有朝一日憑著努力證明自己是名正言順的女兒。

然而，羅斯柴爾德家族的其他成員並不認同這種如預兆般的言詞。利奧的遺孀瑪麗憤怒地譴責沃爾特是家族主張同化主義原則的叛徒。在宣言公布以後的一週內，萊昂內爾帶頭建立英裔猶太人聯盟，以「維護信奉猶太教者的地位，要抵抗關於猶太人構成獨立政治國籍的指控」，也要「反抗迫使猶太人接受不是其出生地或生活、工作場所的國籍」。追隨他的人包括菲利普・馬格努斯爵士（Sir Philip Magnus）和斯韋夫靈勛爵（Lord Swaythling），分別是聯合猶太會堂、改革會堂及猶太會堂聯邦的會長和即將上任的會長，以及另一位有影響力的反猶太復國主義者羅伯特・韋利－科恩（Robert Waley-Cohen）。後者挖苦猶太復國主義者，他的目標是「讓待在這個國家、為自己的國籍感到自豪的英裔猶太人，獨立表達他們對居住在這個國家、卻對本身的英國國籍沒有依戀感的外來猶太人有什麼看法。」

憑著同樣的精神，聯合外務委員會接受了《貝爾福宣言》，但有明確的保留意見：「信中沒有暗示要讓猶太人在世界各地構成獨立政治國籍，也沒有提到在巴勒斯坦以外國家的猶太公民，在政治上要效忠於哪個國家的政府。」大約在這個時候，韋利－科恩和斯韋夫靈寫信給萊昂內爾，提議建造一所猶太學院，作為「永久的戰爭紀念碑，紀念在戰爭中倒下的大英帝國猶太人」，以便「傳承和詮釋猶太與英國的傳統，使他們成為大英帝國猶太公民後代生活中的永久高貴力量」。埃德蒙也有疑慮。他擔心讓猶太復國主義者掌管巴勒斯坦，等同於「將民族家園的控制權交給歐洲的布爾什維克派」。

這些分歧在一九一九年的巴黎和平會議期間越演越烈。沃爾特試著將蒙提費歐里排除在猶太代表團之外，而魏茲曼憑著「貧民窟將出現顛覆性和反體制的力量」的警告（如果猶太復國主義者受挫，這個警告就有優勢）來對抗同化主義者的論點。同化主義者在巴黎的爭論中占上風。沃爾特本來應該代表支持猶太復國主義的盎格魯猶太民族，但他不在；而沃爾夫順利地對在場的不同猶太團體發揮了主導的協調影響力，尤其是關於猶太人在中歐和東歐的新繼承國的權利和少數民族地位的問題。

事實上，《貝爾福宣言》不像猶太復國主義者宣稱、同化主義者擔心的那麼有革命性。貝爾福本人「希望猶太人能在巴勒斯坦成功，最終建立起猶太國家。」和羅伯特・塞西爾勛爵一樣，他的親猶主義有一點迪斯瑞利的風格。一九一七年，他表示「猶太人是從五世紀的希臘人以來，人類見過最有天賦的種族」。但他認為該宣言是想「建立英國、美國或其他國家的保護國」，不一定「涉及獨立猶太國家的初步建立，因為建立國家要依循政治演變的一般規律而逐步發展的問題」。一九一九年一月，他向寇松保證任何有關「巴勒斯坦猶太政府」的想法「肯定難以被接受」。此外，寇松對猶太人和阿拉伯人之間摩擦的擔憂已經被證明有事實根據。一九一八年十二月，沃爾特宴請埃米爾[12]費薩爾（Feisal，出席者也包括魏茲曼、米爾納、塞西爾、克魯以及勞倫斯〔T. E. Lawrence〕）。儘管他們表達了自己的期望，魏茲曼和費薩爾之間的協議也於次月簽署，但不久後就出現了麻煩。早在一九二一年，猶太人和阿拉伯人就已發生暴力衝突（導致英國當局限制移民），並於一九二九年再次發生衝突。沃爾特傾向於將這些問題歸咎於政府的高級官員赫伯特・塞繆爾，尤其遺憾他任命阿明・侯賽尼（Haj Amin al Husseini）擔任耶路撒冷大穆夫提（Grand Mufti）的決定。另一方面，他在調解猶太復國主義者和同化主義者的努力方面受到阻礙。一九二一年七月，激進分子在世界猶太復國主義者大會（World Zionist Conference）上呼籲將巴勒斯坦的所有土地國有化。

到了一九二四年，沃爾特漸漸對這整個棘手問題感到厭倦。雖然他在一九二〇年是巴勒斯坦基金（Palestine Foundation Fund，亦稱克倫・海耶索德〔Keren Heyesod〕）的第一個簽署者，但他拒絕了一九二五年應邀主持希伯來大學的開幕式。吉米則比較積極，向喬治和保守黨繼任者博納・勞說明了巴勒斯坦和敘利亞的問題。例如一九一九年，他勸喬治不要讓財政部阻斷海法（Haifa）經濟發展所需的資金，以免疏遠阿拉伯人。一九二二年十月，他聽說喬治倒台的消息後，就急忙將自己在巴勒斯坦方面的專業意見提供給博納・勞。吉米的父親埃德蒙也繼續參與巴勒斯坦事務，將猶太殖民協會的舊巴勒斯坦委員會重組為巴勒斯坦猶太殖民協會（Palestine Jewish Colonisation Association），成為在他（後來是吉米）控管下的自治組織。❽然而，埃德蒙表示我擔心英國政策的風險是「在敘利亞問題上偏袒阿拉伯人，犧牲法國人的利益，疏遠了法國的輿論……唯一的疑慮是保持英法聯盟完整的重要性，因為強大的天主教勢力正在使勁地破壞」。即使是這項議題，父子的意見也不一致，正好說明了巴勒斯坦未來的問題如何分裂羅斯柴爾德家族。

停滯

不過若是只從戰爭引發的忠誠度衝突來說明一九一四年以後的羅斯柴爾德家族的經濟困境，那就錯了。羅斯柴爾德的影響力減弱與戰爭的經濟後果有關，也與一九〇五至一八年的世代變化、同時期的忠誠度分裂有關。

雖然羅斯柴爾德家族確實從戰爭中的一兩個方面獲益（戰爭促進了維克斯槍械、新喀里多尼亞鎳礦、戴比爾斯鑽石的需求），但最終導致的卻是負面結果。如果說羅斯柴爾德家族的繁榮在一九一四年走向盡頭，雖然有點誇張，但也相去不遠。首先，戰爭最終摧毀了維也納分行及其倫敦和巴黎前任夥伴之間僅存的合作關係。更嚴重的是，戰爭中斷了羅斯柴爾德家族和布萊希羅德、沃伯格、折扣公司等德國銀行的關係。一個世紀以來，他們和其他承兌銀行資助的海外貿易幾乎沒中斷過，卻突然受阻了，先是因為重要的金融市場出現恐慌，其次是因為封鎖和潛艇。以金本位制為基礎的貨幣體系（與羅斯柴爾德的許多業務有關）停止運作，因為大多數重要參戰者暫停貨幣兌換成硬幣的機制，並實施外匯管制。他們協助修建的橫跨西歐的鐵路被用來運送軍隊進入戰場。此外，為期四年的屠殺代價加速了歐洲稅收體系變得更進步的過程（在戰前十年就已看得出來）。羅斯柴爾德家族第一次發現要為自己的收入和遺產繳交高額稅款。

12 譯注：某些穆斯林國家的統治者。

❽ 他和妻子要求在過世後（分別是一九三四和三五年）葬於巴勒斯坦，卻在一九五四年才實現。吉米在一九五七年去世後，協會的資產被捐贈給以色列國。

表格14a顯示倫敦分行在戰爭期間經歷的急遽萎縮。將近一世紀以來，NM羅斯柴爾德家族企業是全國最大的銀行，但資本方面最後於一九一五年被美聯銀行超越。一九一八年，克萊沃特的規模也超越了NM羅斯柴爾德家族銀行，而施羅德緊隨其後。可得的資產負債表顯示，霸菱銀行的資產規模在一九一五至一八年超過了NM羅斯柴爾德家族銀行。儘管施羅德也受到戰爭的沉重打擊，但其資產負債表的萎縮幅度不及NM羅斯柴爾德家族銀行嚴重。若仔細研究羅斯柴爾德的餘額，便會發現銀行持有的英國政府債券數量大幅減少了。

表格14b證實了萎縮有很大一部分（但非全部）出自羅斯柴爾德家族在一九一三至一五年遭受的重大虧損。巴爾林和美聯的表現好得多。如果利潤以占資本的百分比表示，差額就更大（但施羅德的整體表現更差）。當然，銀行資本萎縮的另一個原因是三位夥伴的過世，尤其是阿爾弗烈德決定將龐大的部分遺產留給家族以外的人。這說明了資本在一九一八年減少一百萬英鎊以上的原因，儘管那三年的利潤還算不錯。

然而其中還是有難以理解的部分。第一次世紀大戰的資金籌措方式在許多方面與十九世紀的戰爭沒什麼不同，

表格14a：六大英國銀行的資本，1913-1918（英鎊）

	NM羅斯 柴爾德家族	巴爾林兄弟	施羅德	克萊沃特－ 格蘭菲	摩根	美聯
1913	7,844,642	1,025,000	3,544,000	4,406,160	1,053,201	4,349,000
1914	6,367,906	1,025,000	3,535,000	4,423,149	924,490	4,781,000
1915	4,618,511	1,025,000	3,095,000	4,399,534	1,127,367	4,781,000
1916	4,521,846	1,025,000	3,054,000	4,332,986	1,185,942	4,781,000
1917	4,720,609	1,025,000	3,104,000	4,507,339	1,413,702	5,189,000
1918	3,614,602	1,025,000	3,159,000	4,669,483	1,454,205	7,173,000

資料來源：RAL, RFamFD/13F; RFamFD/13E; Ziegler, *Sixth great power, pp. 372-8; Roberts, Schroders*, pp. 527-35; Wake, *Kleinwort Benson*, pp. 472f.; Burk, *Morgan Grenfell*, pp. 260-70, 278-81; Holmes and Green, *Midland*, pp. 331-3.

從嚴格的財務角度來看，相對於可得的經濟資源，這場戰爭的規模並不比拿破崙戰爭的成本高太多，不過後者的延續時間較長，戰爭也較不激烈。政府推行新稅籌到了一些資金，但大部分還是靠借貸。這裡就舉三個例子：從一九一四至一九年，德國公債增加了約一百九十億美元，法國公債增加了二百五十億美元，英國公債增加了三百二十億美元，因此在戰爭結束時，這些國家的公債總額接近其各自GNP的百分之兩百。債券殖利率變得太高時，所有參戰的政府都要求中央銀行印鈔票以換取短期國庫券。這在很大的程度上是可能的事，因為拿破崙時期就曾為了防止銀行危機而暫停紙幣兌換黃金的機制。如同當時的情況，結果是通貨膨脹，物價上漲了一倍或兩倍。那麼為什麼羅斯柴爾德家族無法利用第一次世界大戰的金融契機呢？畢竟在一個世紀前，拿破崙戰爭給了邁爾·阿姆謝爾和他的兒子們很重要的商業機會。

答案顯而易見。法國在拿破崙戰爭中失敗的主因是，英國向奧地利、俄羅斯及普魯士提供貸款和補貼。羅斯柴爾德家族在法蘭克福、倫敦及巴黎都設有分支機構，在促進轉帳方面處於獨特的有利地位。在第一次世界大戰中，同盟國的失敗也涉及到從英國轉移資金（總計九十七億美元）給盟友。但羅斯柴爾德家族只有在法國真正發揮了作用，而且作用不大。他們

表格14b：五大英國銀行的利潤，1913-1918（英鎊）

	NM羅斯柴爾德家族	巴爾林兄弟	施羅德	摩根	美聯
1913	-92,962	359,673	428,000	-108,917	1,311,000
1914	-1,476,737	78,813	379,000	-229,742	1,192,000
1915	-117,195	1,094,436	69,000	438,782	1,211,000
1916	213,320	764,192	77,000	185,942	1,637,000
1917	230,123	589,913	35,000	177,508	1,968,000
1918	208,673	413,008	36,000	191,748	3,314,000

資料來源：同表格14a

曾經是盟軍之間國際轉帳的主要代理人，但是現在英國戰事很依賴美國的信貸，於是摩根接替了羅斯柴爾德家族銀行成為戰時財政的中樞——這證明不在大西洋對岸設立羅斯柴爾德分行是多麼大的策略錯誤。

一八一五年和一九一八年之後的戰後時期也有相似之處。兩者都曾經試著讓戰敗方承擔戰爭的部分費用，而戰時的通貨膨脹也都減少了戰敗方的內部債務，因此戰敗方比普遍認知的更付得起這類款項。一八一五年以後，充足的英國資本可用來資助已重建的歐陸政權。一九一八年之後，中歐（不只德國，還有奧地利、匈牙利以及捷克斯洛伐克）的不同「繼承國」都可以利用美國資本。不過，戰敗國的新政權在這兩段時期都被證實並不穩定。威瑪共和國就像已重建的波旁法國，只維持了十五年；英國像一八二〇年代的奧地利，缺乏金融資源來「管制」戰後的歐洲；而美國就像一八二〇年代的英國，逐漸退出對歐洲大陸的付出，儘管實際上有能力負擔。一八二〇年代和一九二〇年代之間最大的差異在於，英國勾銷了盟友的大部分戰爭債務，不像一九一八年以後的美國。一八一五年，強加給法國的戰爭賠款負擔在國民所得中占的比例（約百分之七），比在一九二一年強加給德國的比例（約百分之三百）小得多。最後，必須在一九二〇年代處理問題的各體系都民主化了。換句話說，銀行家、債券持有者以及直接納稅者在政界不再像一八二〇年代那樣有過多的代表人數。部分是因為如此，讓摩根無法在一九三〇年代扮演類似羅斯柴爾德家族在一八三〇年代扮演的角色，利用對債券市場的金融影響力去阻止積極的外交政策。一九三〇年代的經濟與政治危機，以一種十九世紀所無法比擬的方式暴露了金融力量的侷限性。

這一切為羅斯柴爾德家族在兩次世界大戰間的困境提供了一些藉口。然而，如果這段時期能讓銀行的發展更平穩，那麼它有可能會變得更成功。隆納・帕林（Ronald Palin）在一九二五年以年輕職員身分加入銀行時，似乎屬於董貝父子（Dombey & Son）的時代。除了午餐時間，只要玻璃門捲起綠色百葉窗，就能看到合夥人們在有豪華鑲板的「房間」裡，坐在辦公桌前。但帕林認為他們看起來就像「更高等的生物」，很少有機會能和他們交流。他們有專屬的入口、餐廳，連辦公桌都裝上一排電鈴可以用來召喚任何工作人員。頂樓甚至有特殊的辦公室，稱為私人帳戶部（被員工戲稱為「妓女與騎師」），負責處理合夥人的私人事務。萊昂內爾的兒子埃德蒙於一九三九年加入銀行，他曾說過，「坐在『房間』裡的家族成員和坐在普通辦公室或大廳的職員是兩種人。」

職員階級的頂端是總經理。在兩次世界大戰間的大部分時期，這個職位長期由匈牙利籍的塞繆爾・史蒂芬尼（Samuel Stephany）擔任，另外不同部門的主管和資深職員則是瑙海姆兄弟等人。新廷辦公室的規劃雜亂無章，「房間」的樓上是人事經理和會計主任的辦公室，以及管理部和私人帳戶部門的辦公室。「普通辦公室」其實是一個狹小的公共櫃台，要經過狹窄的後廳才能到達，而後廳還有一個收銀暨貴重金屬部。部門名稱不一定代表負責的事務，例如股票部處理匯票業務，並且分為應收票據部和應付票據部。在一排排傾斜的高桌子前，職員費力地為票據編號和註銷，接著將票據交給走過來的人員承兌。股利辦公室的運作模式更為繁瑣，要處理外國債券發行和利息支付，以及銀行的少數企業客戶的不記名股利，例如荷蘭皇家公司。用帕林的話來說，「對研究工作效率的學生來說，這簡直是一場噩夢。」息票部有幾台過時的機器用於註銷息票，還有布倫斯維加牌的（Brunsviga）計算機和精算表。速度大幅下降了。根據傳聞，有一位合夥人問未來的股利部主管萊昂內爾・史都華（Lionel Stewart）：「一億的百分之一是多少？」他立刻回答：「一百萬。」「別瞎猜，」合夥人斥責道，「回去好好算出來！」總經理史蒂芬尼的行事準則就是培養這種心態。「所有人都會犯錯，」他很喜歡這麼說，「從來沒犯過錯的人不可能成功。求老天幫助那些檢查時沒發現錯誤的人吧。」史蒂芬尼給年輕職員的另一項建議是：「千萬不要照抄總額，一定要**自己算**。」

如果這種一絲不苟的強調不是搭配現實中悠閒的工作步調，或許會讓人更容易理解。例如，住在梅爾希（Mersea）的息票部主管喬治・利特哈勒斯（George Littlehales），他很少在中午之前上班，而且通常在下午一點吃午餐，在兩點半回家。另一個例子是帕林，作為資歷尚淺的職員，他也「很少在上午十點半前抵達公司，而且經常在週末有整整兩天的閒暇時光」。新廷的合夥人候客室依序有三台收報機：一台用於股票交易價格，一台用於一般新聞，還有一台用於體育新聞。就像是大學教師，資深職員有專屬的餐廳和管家；而資淺職員則延續小型公立學校的氛圍，為不同人取綽號（利特哈勒斯的綽號是「蛋蛋」）、搞惡作劇，也不耐煩地盼望著午休（「自由活動時間」）。喬治・蒂特（George Tite）、雪莉・斯內爾（Shirley Snell）等任職多年的羅斯柴爾德員工過著像伍德豪斯（P. G. Wodehouse）筆下角色的生活，這些角色繼承的財富不足以支持自己在倫敦市的休閒活動。蒂特明確地概括了兩次世界大戰間的氛圍，他告訴帕林：「小夥子，這是倫敦最棒的俱樂部。我們真的應該付會費，不該領薪水。」事實上，他和同事得到的不只有薪水。除了每季支付的基本年薪一百英鎊，帕林每年還能獲得四十八英鎊的「午餐津貼」、手續費（名義上是稅務局為了對外國股利徵收所得稅而衍生的費用）、合夥人們在生日和週年紀念日給的禮金、分配債券和股票給申請人，並獲得介紹申請人給銀行時收取的八分之一經紀費，還有度假津貼。

或許正是這種相對豐厚的薪酬說明了為什麼羅斯柴爾德家族仍然能招募到麥可・巴克斯（Michael Bucks，後來的總經理）、彼得・霍布斯（Peter Hobbs，後來的投資經理）等有才華的人，這兩人和帕林大約在同一時期加入該家族企業。不過招募制度通常有封建特點。某一位資深職員可以進入該銀行當雜務工的原因是，他的母親多年來為羅斯伯里家族做家務。帕林之所以被介紹到該企業則是因為他的父親認識英格蘭銀行的董事，他受邀面試時，人事經理要求他拼寫「parallel」（平行）和「acknowledgement」（承認）兩個字。許多員工都來自以前在新廷工作好幾代的家族，例如威廉斯家族、美世家族（Mercer，年輕的恩內斯特・美世〔Ernest Mercer〕通常被稱為「美世兒子弟弟的兒子」），而羅斯柴爾德的信差仍然是從以前為納坦工作的福克斯通家族中招募。新廷首批受雇的女性是兩位拉比的未婚女兒，她們只能待在銀行頂樓的隔離辦公室，並在地下室的獨立房間吃午餐（這個做法和週六休業一樣延續到一九六〇年代）。帕林的評論似乎不甚苛刻：「羅斯柴爾德家族已經變成一個……主要由親切的怪人管理的組織。這些怪人的工作量不多，工作態度不怎麼認真，採用的工作方法很落伍。」整個組織好像陷入了「附庸風雅的停滯狀態」。

這種停滯不前的風氣不只出現於倫敦分行。愛德華的兒子蓋伊於一九三一年加入巴黎銀行時，「所有人事物都拋不開過去」的工作模式讓他很震驚。他接受的培訓形式是要用分數而非小數來表示利率，指導他的職員的另一個工作是要在早晨讀報紙段落給他聽。後來他回憶道，「員工們都被顯赫的『名聲』和衍生的責任影響了。每時每刻，到處都可以看到上個世紀的殘跡，甚至有些殘跡已經沒有存在的價值。」例如，為梵蒂岡保存的瑣碎帳目可以追溯到詹姆斯男爵的時代。如同倫敦的合夥人將自己與辦事處的日常事務隔離開來，愛德華和羅伯特也在寬敞的辦公室打發工作時間，採用相同的電鈴制度與員工溝通。蓋伊說，「牆上一片空白、光線昏暗」的辦公室讓員工覺得「沉悶和單調」，也容易「讓人想起從前雜亂無章的布置，以及散發著菸味和霉味的污濁空氣。經過幾十年的『大材小用』，大家的工作步調都很慢，缺乏監督和紀律」。不久他就意識到「羅斯柴爾德兄弟銀行比較像家族秘書處，不像正常運作的銀行」，而主要活動是「溫和地延續十九世紀」。

不過這些印象派式的敘述低估了羅斯柴爾德在一九二〇、三〇年代的活動程度。從歷史的角度將「停滯」的回憶視為兩次世界大戰期間的兩大經濟創傷結果，而不是羅斯柴爾德家族特有的問題根源，也許會更準確。

在某些方面，對羅斯柴爾德家族企業而言，一九二〇和三〇年代並沒有比之前的二十年更不活躍。如果把銀行承銷的債券和股票發行面額加起來，一九二〇至三九年的總額只比一九〇〇至一九年期間低了百分之五。兩者差異展現在兩個方面。首先，兩次世界大戰之間的大部分業務是與倫敦市的其他企業合夥完成，主要是羅斯柴爾德家族以前的競爭對手巴爾林和施羅德，而不是巴黎分行和維也納分行。其他合作例子包括該家族在一九一九年加入中國的貸款財團（該領域仍由滙豐主導），他們也與施羅德、駿懋（Lloyds）、西敏、國家省級（National Provincial）等銀行，經由瑞士仲裁聯合收購各種屬於德國的土耳其鐵路公司。基於某些不明原因，事實證明羅斯柴爾德的三家分行在戰後很難恢復傳統的合作模式，這或許有助於解釋為什麼巴黎和維也納分行的持續關係最後會出現問題。第二個不同之處是，一九二〇年代的債券發行已經證實是現代最糟糕的投資之一，因為接連不斷的經濟與政治危機困擾著借款國。表格14c列出了羅斯柴爾德家族在兩次世界大戰間隔期的主要貸款和股票發行的地理分布，顯示出英國和歐洲的發行占主導地位，其次是拉丁美洲和亞洲（主要是日本）。不過羅斯柴爾德家族在此僅是由西敏銀行帶領的團體成員之一，因此表格中的數字誇大了他們的角色。

而且更仔細地檢視之後，還會發現羅斯柴爾德家族曾經借錢給兩次世界大戰間隔期中最不穩定的政權，這是戰前商業活動模式不甚嚴謹地重新開始後的意外後果。

當然，一個與中歐有如此密切歷史關係的企業，在為哈布斯堡帝國和霍亨索倫帝國的遺跡建立起的新政府資助方面發揮主導作用，也是合乎邏輯的事。不幸的是，即使是很穩定的關係也證實並不容易應付。一九二二和二三年，NM羅斯柴爾德家族銀行、施羅德銀行、基爾皮博迪（Kidder Peabody）紐約企業組成的財團（由巴爾林帶領）發行了價值約一千萬英鎊的捷克斯洛伐克債券。但布拉格市發行債券的時機不佳，第一批債券跌到了票面價值以下。羅斯柴爾德家族似乎避開了一九二〇年代早期的糟糕德國債券。由於一九二二至二三年出現惡性通貨膨脹，這些債券大部分幾乎變得毫無價值。但該家族又被吸引至德國市場（部分是受到馬克斯・沃伯格的影響，當時正值他的權力巔峰），為普魯士的西發利亞（Westphalia）籌到八十三萬五千英鎊，並於一九二六年和二七年

表格14c：NM羅斯柴爾德家族企業參與的主要貸款和股票發行，1921-1937

地區	已發行的證券總價值（英鎊）	占總額的百分比
英國	38,112,921	21.3
歐洲	38,607,700	21.5
拉丁美洲	55,438,251	30.9
日本	43,500,000	24.3
其他	3,500,000	2.0
總計	179,158,872	100.0

資料來源：RAL

與巴爾林、施羅德聯合為漢堡和柏林兩座城市發放重要貸款。此外，倫敦分行與維也納分行成為沃伯格野心勃勃的國際承兌銀行（International Acceptance Bank, IAB）股東，該銀行於一九二一年成立，旨在幫忙資助戰後德國不斷擴大的貿易逆差。後來，該銀行參與另一項沃伯格的專案，也就是屬於倫敦的產業金融與投資有限公司（Industrial Finance and Investment Corporation Ltd）。匈牙利可能是這段時期最重要的中歐客戶，新廷率先在一九二四年發放七百九十萬英鎊的貸款，在一九二五至二六年發放二百二十五萬英鎊，在一九三六年則發放了一百六十萬英鎊。

最後是奧地利。除了在一九三〇年與巴爾林、施羅德及摩根建富共同處理的三百萬英鎊政府貸款，倫敦分行也因為在維也納的姊妹公司，間接對奧地利經濟產生興趣（或許比一九三一年以前理解的更感興趣）。與馬克斯・沃伯格很相似，路易對一九二〇年代的中歐經濟評估太過樂觀。威科維茲煉鐵廠變成獨立的捷克斯洛伐克一部分後，他選擇保留煉鐵廠（如果煉鐵廠屬於波蘭，他應該會採取不同的行動）。更重要的是，他提高了羅斯柴爾德家族對信貸銀行（Creditanstalt）的參與度，該銀行在大約六十年前由他的祖父成立。一九二一年七月，他接受了信貸銀行董事會的董事長職位。維也納分行與信貸銀行合作的過程中，涉足國際承兌銀行、荷蘭的阿姆斯特爾銀行（Amstelbank）等企業。信貸銀行的前任董事兼監察委員會成員威廉・雷根丹茲（Wilhelm Regendanz）設法說服了倫敦的羅斯柴爾德家族，為在布雷根茨（Bregenz）的奧地利企業福拉爾貝格－伊爾韋克（Vorarlberger Illwerke）發行二百萬英鎊的債券。而該企業的慘敗是中歐經濟體未來的早期預警。

一九二九年十月，土地信貸機構（Bodenkreditanstalt）陷入困境，奧地利政府開口向路易求助；而路易同意了兩家銀行合併的協議。十月十八日星期三，巴黎分行寫信祝賀他的行動。「多虧你果斷又勇敢的態度，」愛德華寫道，「你拯救了維也納的財務，也避開了對你們國家很不利的事件，否則這些事一定會對其他重要金融城市和市場造成不利的後果。」如果他知道下週二將發生什麼事，他就不會說出這番祝賀的話了。他和路易都沒有察覺到歷史即將重演。就像路易的曾祖父薩羅蒙在一八四八年危機的前夕幫助阿爾斯坦與艾斯可里斯銀行脫離財務困境，路易決定幫助土地信貸機構紓困也導致維也納分行瀕臨倒閉。

倫敦分行繼續與拉丁美洲（尤其是巴西和智利）維持傳統的密切關係似乎也相當合理。[9]戰爭期間，駐巴西的美國大使評論「羅斯柴爾德家族如此抵押巴西的金融未來……他們阻礙了巴西與其他銀行或英國以外的國家建立關係」。這個誇張的說法可以理解。在兩次世界大戰之間的幾年內，倫敦分行為巴西聯邦政府發行了票面價值超過二千八百萬英鎊的債券，另外還為巴西各州和鐵路發行一千七百五十萬英鎊的債券（為智利發行的總額約為一千萬英鎊）。在巴西方面，金融和政治的穩定性主要取決於咖啡的全球市場。一九二二年的九百萬英鎊貸款（再度與巴爾林、施羅德合作）是專門用來贊助政府的咖啡價格計畫，並將咖啡出口的控制權交給倫敦市銀行的委員會（這是重複一九〇八年的嘗試，儘管羅斯柴爾德對此持保留態度）。

然而，巴西銀行的可靠性仍然引起疑慮。一九二三年，巴西政府向新廷申請另一筆二千五百萬英鎊的貸款要清償流動債務並整頓巴西的財務狀況時，萊昂內爾要求埃德溫．蒙塔古率領外交使團到巴西，期盼對巴西銀行實施「愉快的境外金融管制」。不幸的是，蒙塔古和同事能想到的最佳建議是，倫敦銀行可以購買巴西政府在巴西銀行持有的股票。萊昂內爾拒絕，理由是「國家銀行被外國人持有在巴西是件很不受歡迎的事」。無論如何，英格蘭銀行對外國貸款的臨時禁令讓計畫中的貸款價格降低了。三年後，就在巴西和英國為了德國加入國際聯盟（League of Nations）而發生爭執後，巴西政府轉而求助於華爾街。不過倫敦分行仍繼續控管咖啡支援計畫，該計畫於一九二四年轉交給聖保羅州政府。巴西於一九二七年恢復金本位制時，倫敦分行也恢復了在巴西聯邦債券發行中的主導地位，羅斯柴爾德的駐巴西經紀人亨利．林奇（Henry Lynch，因爵士頭銜而被當地人稱為「林奇爵士」）在那段時期是巴西財政的重要人物。在智利，政府財政的穩定性也與主要出口產品密切相關，例如用於化肥和炸藥的硝酸鹽。

除了這種傳統的債券市場業務，羅斯柴爾德家族也維持著戰前的採礦業利益。隨著企業的興趣從銅和黃鐵礦擴展到硫磺回收、煤渣處理、矽膠，地理範圍從西班牙延伸到比利時、羅德西亞（Rhodesia）及美洲[10]，他們作為力拓主要股東的影響力變得更大。當企業嘗試應對兩次世界大戰間隔期的原料市場波動時，董事會的主要成員與新廷密切合作，如米爾納勛爵、亞瑟・斯提爾－梅特蘭爵士（一九二〇年的公司執行董事）、奧克蘭・格迪斯爵士（Sir Auckland Geddes，於一九二五年接替米爾納的主席職位）。在南非，倫敦分行和巴黎分行仍然是戴比爾斯的主要股東，但戴比爾斯的目標漸漸由恩內斯特・歐本海默（Ernest Oppenheimer）的英美資源集團（Anglo American Corporation，於一九一七年成立）決定，因後者收購的股份比羅斯柴爾德家族更多。唯一的大改變在西班牙出現，阿爾馬登礦場於一九二九年國有化，但這早在戰前就已經不再是主要的收入來源了。

這些業務幾乎沒有停滯。羅斯柴爾德企業熟悉的股票經紀人圈子忙得不可開交，例如嘉誠（Cazenove）、梅塞爾斯（Messels）、潘繆爾戈登（Panmure Gordon）、塞巴格斯（Sebags），而公司內的律師也很忙。問題是，業務活動不一定與盈利相稱。世界經濟在一九二九至三二年陷入嚴重的通貨緊縮時（價格、生產及就業水準第一次大幅衰退），羅斯柴爾德參與最多的領域受到的影響也最大。

當然，資本主義體系這場歷來最大的危機是不是由銀行家和政治家無法控制的「結構性」因素所造成，這一點存有爭議。第一次世界大戰遺留下來的問題在於，許多主要的農業和工業產品的市場產能過剩又扭曲。但可以肯定的是，不當的財政政策和貨幣政策，加上錯綜複雜的國際戰爭債務和賠款義務，將問題大幅加劇並延續了衰退期。一九二〇年代初期，許多國家為了躲避困難的政治選擇，不惜編造誇大的公共部門赤字，並利

[9] 相比之下，羅斯柴爾德與北美洲的關聯很少。法國分行在紐約發行了一千五百萬美元的債券為北方鐵路公司籌資，並投資紐約市的跨區地鐵公司作為恭維的回報，後來被證實非明智之舉。

[10] 截至一九二八年，該企業已在二十二個不同國家經營，在冶金和化工領域有各種集團。

用印刷機為這些赤字籌資。後果是通貨膨脹和惡性通貨膨脹，隨之而來是金融不穩定，因為投資者（尤其是債券持有者）索求更高的收益來補償更高的通膨風險。奧地利的通膨率在戰後也很高。此後，維也納分行參與了穩定新先令的措施，以阻撓金融家暨實業家卡米洛．卡斯提裘尼（Camilio Castiglione）等通膨支持者的行動。但通膨後的資產負債表很可能像一九二〇年代的中歐銀行：存款很多，但缺乏預備金。從一九二〇年代中期以來常見的政策錯誤是，各國政府試圖固定無法持久的匯率，他們徒勞地模仿一九一四年以前的金本位制，卻忽視了缺乏金本位制在早期成功所需的許多必要條件。結果，政治家在經濟衰退的壓力下尋求平衡預算和並緊縮貨幣政策，將其他政策目標置於維持黃金等值之下，尤其是在一九二九年之後。

羅斯柴爾德家族當然參與了此事，但這類政策錯誤是如此普遍，以至於構成了幾乎全面的「傳統智慧」。或許倫敦分行在國際黃金市場上的持續重要性是一大因素。戰爭期間，禁止倫敦出口黃金的禁令解除時，NM羅斯柴爾德家族銀行發揮了貴重金屬市場和英格蘭銀行之間的媒介作用，南非採礦公司同意將所有黃金（約占全球產量的一半）運往英格蘭銀行。他們採用的制度是收到精煉的黃金後，NM羅斯柴爾德家族銀行便按每標準盎司預付三英鎊十七先令九便士給製造商，接著「盡量以最佳價格出售，提供投標機會給倫敦市場和貴重金屬經紀人」，並集中所有溢價，每六個月匯給礦場。由此衍生了所謂的「定價」，也就是從一九一九年九月十二日開始，全球市場的黃金價格在每天上午十一點確定——在新廷進行拍賣之後。[11]場地的選擇反映了倫敦分行的雙重作用：擔任南非供應商（最大的賣方）的精煉商和代理商。[12]因此，倫敦分行在戰後印度貨幣和英國貨幣的穩定方面扮演著關鍵角色。

然而，很難讓人相信這是羅斯柴爾德家族堅持重建金匯兌本位制的唯一原因。到頭來，他們喜歡黃金的原因與倫敦市其他人相同。他們擔心，如果英鎊的匯率自由浮動，倫敦會發現作為全球金融都市的核心作用不可挽回地轉移到紐約。他們對金本位制的理念也不隨便。一九三一年，沃爾特正當地主張，經濟大蕭條時期的體系崩潰「與資本主義或社會主義的是非無關，而是……與某些國家對黃金的貪婪有關。他們成功的地方在於，他們從世界其他地方捨棄了討價還價的手段，損害了他們的貿易」。這是很公正的評論。一九一四年以前的金本位制和一九二〇年代的金匯兌本位制之間的最大區別在於，兩個最重要的參與者（美國和法國）透過「消除」附加的儲備金來更改規則，以避開國內通貨膨脹。沒有中央銀行的合作，該體系就無法維持。

與英國不同的是，法國妥協了。只要法國納稅人堅決認為德國人不肯支付的賠款可以平衡預算，法郎就不可能恢復到戰前的匯率。直到一九二八年，經過漫長的辯論，貨幣才固定在原本對外價值的百分之二十。身為法蘭西銀行十二位董事之一，愛德華大力反對這種妥協，卻徒勞無益。一九二四年夏季，他公開批評愛德華·赫里歐（Edouard Herriot）帶領的左派同業聯盟政府，因為他認為政府對罷工的鐵路工人採取了溫和做法，而這類罷工是羅斯柴爾德兄弟銀行作為北方鐵路重要股東的一大焦點。次年初期，隨著法郎迅速貶值，他帶領銀行代表團與赫里歐討論貨幣問題。儘管愛德華巧妙地將法郎疲弱的部分缺點歸咎於「神職右派和共產主義的極端分子」，但他也批評公共部門過多的薪資協議，並呼籲左派同業聯盟與其取代的偏右派國家集團（National Bloc）結盟，以期達到平衡預算的目標。然而，埃米爾·莫羅（Emile Moreau）於一九二六年六月被任命為銀行總裁，導致羅斯柴爾德的影響力減弱。儘管愛德華繼續盼望回到戰前的平價，但莫羅更務實地主張以更接近目前匯率的水準穩定下來。次年春季，這種意見分歧差點爆發嚴重的衝突。一九二七年，法國政府試圖在倫敦籌資時，愛德華有實業家弗朗索瓦·溫德爾（François de Wendel）等人的大力支持和影響力，但他的要求在政界難以實現。即使是由龐加萊領導、經由法令授權平衡預算的新政府，也只能將法郎兌美元的匯

⓫ 在最初透過電話進行投標的一段時間後，他們決定在羅斯柴爾德的辦公室召開正式會議。出席者包括四家貴重金屬經紀商：莫卡塔與葛斯密德（Mocatta & Goldsmid）、皮克斯利與阿貝爾（Pixley & Abell）、夏普與威爾金斯（Sharps & Wilkins）以及塞繆爾·蒙塔古，另外還有重要的精煉商強森·馬西（Johnson Matthey）。奇怪的是，所有競標者都拿到了一面小英國國旗：他們需要打電話給新廷時就舉起國旗，國旗升起時便暫停出價，直到國旗又降下來。

⓬ 一九二六年，南非礦場將代理委託給南非儲備銀行（South African Reserve Bank）。一九三二年，英格蘭銀行接下主要賣方的角色，但NM羅斯柴爾德家族銀行繼續擔任該銀行的代理商。

率固定在二十五・五二。在龐加萊的領導下，利率百分之三的長期公債從四十八・二五法郎上升到六十七・六〇。羅斯柴爾德的影響力相對下降了。

愛德華的地位並沒有因為表親莫里斯（埃德蒙的次子）的政治生涯變化而有所提升。一九一九年，莫里斯在克里孟梭的國家集團被選為上庇里牛斯省選區的下議院議員。從一開始他就充分利用自己的家庭背景，在競選海報上標示口號「我的名字代表我的政綱」。為了爭取神職人員的選票，他也大膽地向盧爾德（Lourdes）的神職人員保證他會「為朝聖者安排特訓，並在政治和宗教問題上提倡宗教學校的教學自由，以及召回教書的修女」。有人告訴當地的神職人員：「沒有他的家族，政府什麼也做不了。幸好有羅斯柴爾德家族的銀行，他們就像財政部，貨真價實，我們不能沒有他們。」顯然這些策略在一九一九年奏效了，不過五年後，他們還是免不了被赫里歐的左派同業聯盟擊敗。莫里斯並不氣餒，他改變自己的政治立場，接受社會主義報社老闆路易・克呂澤爾（Louis Cluzel）的邀請，參與上阿爾卑斯省選區的補選。他贏了，但他這次的競選方法受到挑戰。在下議院收到的報告中，他被控為勝選花費一百六十萬法郎（約一萬五千英鎊），給小鎮五千法郎買消防隊的制服，甚至寄出二百封信給選民，每封信附上二十法郎。要求取消選舉的動議只以一百八十票對一百七十八票的些微差距被否決，但是調查委員會下結論說莫里斯的捐款在本質上是慈善性質因此合法的時候，這份報告被徹底否決（二〇九票對八十六票）。選舉不得不重新進行。雖然莫里斯贏了（一九二八年四月也是如此），但他的名聲與家族聲望幾乎都沒有提高。腐敗的國會和囤積黃金的中央銀行對一九二九至三二年的世界危機至少要負部分責任，而法國的羅斯柴爾德家族在這兩個地方都有代表人。

崩盤

將一九二九年十月二十四日的華爾街「黑色星期四」視為經濟大蕭條的開端很常見，不過有些偏離事實。實際上，一年多前就已經出現歐洲經濟活動的衰退跡象。另一方面，美國股市前所未有的暴跌帶來了強大的連鎖反應，在一個月內使價值八百億美元的股票蒸發三百億美元，並讓道瓊工業指數從一九二九年九月的高點三百八十一，跌到一九三二年五月的低點五十。資產價格的通貨緊縮導致美國資本大量流出歐洲，因而促成全面貨幣緊縮。各國中央銀行和政府試圖守住黃金匯率，反而使貨幣緊縮更惡化，其方式包括提高利率、削減公共開支或增加稅收，以及提高關稅以減少進口。當企業裁員、投資者訴諸流動資產、消費者省吃儉用、國際貿易惡化時，這些政策的主要後果是使失業率提高到意想不到的程度，然後又引起政界反對（有時很激烈）看似為罪魁禍首的體制複合體。

對羅斯柴爾德家族而言，經濟大蕭條的第一次大危機在巴西發生。隨著商品價格在全球的通貨緊縮中進一步下滑，政府再度向倫敦分行求助。有了熟悉的一連串條件，史蒂芬尼和帕林在一九三〇年二月被派到里約，但他們的談判力被熱圖利奧．瓦加斯（Getúlio Vargas）的政變減弱了，而這是大蕭條引發的第一個獨裁政權轉變。次年，財政部派出奧托．尼梅爾爵士（Sir Otto Niemeyer），期盼對新政權實行穩定措施，但瓦加斯在九月按照一八九八年和一九一四年的先例，暫停了外債的支付；目前頂多僅能協商某種重新計畫的協議。在與外國債券持有者理事會（Council of Foreign Bondholders）進行長期會議後，於一九三二年三月與瓦加斯達成協議，為最可靠的舊貸款提供優惠待遇。但是一直到一九三四年，他才與主要的外國銀行安排巴西債務的全面重組，例如ＮＭ羅斯柴爾德家族銀行、巴黎投資銀行以及狄龍瑞德（Dillon Read）銀行。政府發行新債券後，在一九三二至三七年期間，每年能支付大約六百萬到八百萬英鎊。但是直到一九六二年，英鎊債券才終於清算。智利也有類似的故事：一九三一年，名為智利硝石公司（Compañía del Salitre de Chile, COSACH）的新智利企業成立了，以羅斯柴爾德、巴爾林、施羅德、摩根建富等銀行聯合發行的二百萬英鎊貸款為基礎整頓硝酸鹽產業。由於出口持續減少，該計畫注定失敗。一九三三年一月，智利硝石公司進行清算，並宣布延期償還債務。二十年後，債券持有者和剛成立的智利硝酸鹽與碘銷售公司（Nitrate and Iodine Sales Corporation）才達成協議。

然而，最嚴重的打擊在歐洲出現。一九三一年五月十一日，信貸銀行的官員向奧地利政府呈上銀行的一九三〇年度資產負債表，該表預計在幾天後公布。表中顯示虧損為一億四千萬先令（約四百萬英鎊），而實收資本為一億二千五百萬先令。鑑於資產負債表的規模與中央政府的總支出一樣大，這些數字很驚人。由於這是四個月前的數據，實際損失大概接近一億六千萬先令。根據奧地利法規，如果銀行的損失超過資本的一半，只能走上停業一途。因此，持有信貸銀行約一千六百七十萬先令資本的維也納分行，前景堪憂。一百三十家外國銀行（包括羅斯柴爾德兄弟銀行）的情況也沒有多好，這些銀行占了信貸銀行負債的三分之一以上。但是奧地利政府擔心信貸銀行倒閉後，會摧毀百分之六十到八十奧地利產業（這些數字很誇張，在資本方面受到影響的大概只有不超過百分之十四的奧地利有限公司）。也有人指出，大部分虧損是政府堅持與信貸機構合併而造成的。因此，最後的決定是用一億先令補足信貸銀行的資本，以換取百分之三十三股權。作為救援方案的一部分，巴黎分行又給予信貸銀行為期六年的一億三千六百萬法郎貸款。[13]

但這不足以避免金融恐慌，這股恐慌迅速從維也納蔓延到匈牙利、德國以及整個歐洲經濟。國家銀行盡力維持奧地利銀行系統的流動性，做法是將票據折價出售，但在提高貼現率方面的進展緩慢，公信力大幅降低。十年前的惡性通膨記憶，讓奧地利人認為先令不久後就會走上之前的克朗路線，大量出逃為外國貨幣和商品。基於外交的複雜局面，從國際結算銀行（Bank of International Settlements）安排一筆三百萬英鎊的貸款給國家銀行花了三週。貸款用完之後，奧地利人只好依靠英格蘭銀行提供的四百三十萬英鎊短期貸款。七月時，類似的危機襲擊了德國的達姆施塔特與國家銀行（Darmstädter und Nationalbank）。九月時，英格蘭銀行的擠兌終結了英鎊對金本位制的短暫回歸。

因此，信貸銀行的危機很快變成戰後貨幣體系全面崩潰的一部分。但從羅斯柴爾德家族的觀點來看，這場危機代表維也納分行和倫敦分行之間的最終決裂。萊昂內爾成為倉促組成的奧地利信貸銀行委員會主席時（該委員會是為了代表外國儲戶和股東而設立），他宣稱投入更多資金到快速流失大量資金的銀行是「不智之舉」。有鑑於信貸銀行和維也納分行之間的密切關係，這相當於拒絕幫助路易脫困。一九三三年，巴黎的羅斯柴爾德家族也有同樣的觀點。埃德蒙提醒愛德華，即使是查看維也納分行的帳目也「很有風險」，「因為這代表巴黎分行要參與或支持。」他的論點表明了一八四八年的回憶還未褪去：

> 維也納分行發生的事與我們無關。我們預付了資金，維也納分行能不能償還是榮譽的問題……我們家族的榮譽問題一直都是最重要的。只要回想（一八四八年的）賣銀器的事就明白了，維也納分行和我們無關。總之，身為巴黎分行的一位領導者，我不想給他們錢，一毛都不給。

埃德蒙不想再「賣銀器」了。因此，路易別無選擇，只能再次向奧地利政府求助。一九三三年九月，他終於結束了對信貸銀行的參與。後者成了國有企業，兼併了維也納銀行和一部分的下奧地利折扣協會（Niederösterreichische-Escompte-Gesellschaft）。

可以確定的是，信貸銀行危機對羅斯柴爾德家族的戰後地位造成無比嚴重的打擊，對三家分行的資本更有深遠的影響。值得補充的是，一九二九至三一年的崩盤衝擊本來可能更糟。他們卻也很幸運，因為他們與瑞典金融家伊凡・克羅格（Ivan Kreuger）的關係不深，克羅格的金融帝國其實是建立在競賽的基礎上。一九二九年，倫敦分行與波士頓的希金斯（Lee, Higginson & Co.）銀行合作，為克羅格發行總共一千萬美元的股票。三年後，這位瑞典人自盡，他的帝國也跟著瓦解，把希金斯拖下水，至少羅斯柴爾德的分行在這場衰退中倖存了下來。馬克斯・葛舒密特－羅斯柴爾德（Max von Goldschmidt-Rothschild）與他的兒子阿爾伯特與艾里希（Erich）在一九二〇年收購的銀行就不一樣了。一九三二年，葛舒密特－羅斯柴爾德企業

⓭ 貸款利息在一九三三年底之前為百分之四，此後為百分之五。這筆錢來自法國羅斯柴爾德家族的私人財產：埃德蒙出資七千萬法郎，愛德華出資三千五百萬法郎，羅伯特出資一千五百萬法郎，亨利出資一千萬法郎，亨利的兒子詹姆斯出資三百萬法郎，菲利普也出資三百萬法郎。

（Goldschmidt-Rothschild & Co.，前身是法爾肯貝里）被交給帝國信用社（Reichs-Kredit-Gesellschaft），成為德國銀行業危機中的少數受害者。

在這種情況下，倫敦分行嘗試擴大對國內企業融資的參與也就不足為奇了，尤其是在一九三一年貨幣貶值後，英國經濟經歷了不明顯卻很實在的復甦。在一九一四年之前，羅斯柴爾德家族銀行遲遲不涉足國內經濟。直到一九二八年，這種情況才因與巴爾林、施羅德合作為不同的倫敦地下鐵路發行一連串債權股證而改變。兩年後，倫敦國家地產公司（London National Property Co.）透過羅斯柴爾德集團籌到二百萬英鎊，用於支付位於斯特蘭德（Strand）的殼牌麥克斯大樓（Shell-Mex House），然後該大樓被租給殼牌運輸暨貿易公司（Shell Transport and Trading Co.）。一年後，沃爾沃斯（Woolworths）零售連鎖商店在菲利普．希爾（Philip Hill）的勸說下，透過新廷發行了九百三十六萬英鎊的股票，其他早期的企業客戶還包括啤酒釀造商查靈頓（Charrington & Co.）。

對於一個多世紀以來幾乎只關注海外業務的銀行而言，這些都是在陌生領域的冒險，初期免不了有麻煩。倫敦國家地產公司的消息被洩露給媒體，引發了史蒂芬尼和《財經新聞》（*Financial News*）的資深倫敦市編輯之間不愉快的衝突，史蒂芬尼指責他「從鐵路公司的廁所蒐集謠言」。雖然沃爾沃斯的股票被超額認購，但在收盤前的那個週末，倫敦市發生了輕微恐慌，差點使股票報價不順。承兌函還沒發出，最後一刻的提款行動就開始在週一早上擴增。員工只好默默通宵工作，在更多認購者退出前完成並發出承兌函。當然，與廣泛投資鐵路公司和電力公司的巴黎分行相比，倫敦分行在國內的企業融資領域依然是次要勢力，但是已經朝著正確的方向邁出重要的一步，對其在一九四五年後的復甦很重要。

因此不應該誇大羅斯柴爾德家族在兩次世界大戰間隔期的相對衰弱程度，在那幾年成長的家族世代也沒有察覺到家族的財富減少。實際上，上個世紀的家族習慣完善地保存了下來。蓋伊和妹妹賈桂琳（Jacqueline）各由一個英國保母照顧，但這兩位保母有嫌隙，甚至不願意一起吃午餐。因此他們在奇怪的隔離環境中成長，不只遠離父母（每週共享一次午餐），也彼此疏遠。他們也與外界隔絕。蓋伊上小學時，由父親的其中一位私人司機開車往返法國的公立中學，還有男僕保護著。他的時間大多不是在巴黎度過，而是在家族的郊區宅邸度過。每年，一家人會從費律耶（十一月到一月）前往到坎城（二月或三月），接著再前往香緹（Chantilly，復活節、七月到九月）。同樣地，埃德蒙小時候也在兩個不同的地方生活：一處是父親在肯辛頓宮花園十八號租下的房子，另一處是位於漢普郡埃克斯伯里（Exbury）的二千五百英畝莊園。他們的父母在家族的各大莊園都像祖父母以前那樣，追求著奢華的消遣活動。在多達四百位園丁的協助下，萊昂內爾在埃克斯伯里沉浸於園藝的愛好，而愛德華在香緹擁有心愛的賽馬。同時，莫里斯的妻子諾耶米則順應潮流，在默熱沃（Megève）建造了阿爾卑斯山運動中心。因此，比較年輕的羅斯柴爾德家族他們繼承財產後，並不覺得引人注目的消費行為不妥。蓋伊認為一九三〇年代象徵著高爾夫、美國汽車、在比亞里茨（Biarritz）跳舞、在多維爾玩百家樂。菲利普在阿卡雄（Arcachon）為自己建造海濱別墅，以便有更大的空間招待其他人的妻子，並協助父親在皮加勒街（合適的奢華地點）建造自己的專屬劇院，因此花了更多錢。⓮

然而也有跡象顯示昔日的輝煌正逐漸消失。一九二二年，費迪南的未婚妹妹愛麗絲去世後，吉米出乎意料地繼承了沃德斯登莊園。但哈羅德・尼克森（Harold Nicolson）於一九三九年七月住在那裡時卻興致缺缺，並向維塔・薩克維爾－韋斯特（Vita Sackville-West）抱怨：

> 這裡從老男爵（費迪南）的時代以來，幾乎沒什麼改變。有精美的圖畫和塞夫爾瓷器，但品味很差。吉米討厭變化。廁所還是有那種你要拉上去的把手，沒有改成拉下來的鐵鏈。臥室沒有自來水。雖然食物、飲料和鮮花都很奢侈，但真的沒有比我們在威爾德（Weald）的小窩自在。

⓮ 菲利普涉足電影後，終究還是將精力用在研究父親的木桐酒莊，他在戰後引進了酒莊裝瓶的做法。

這只是審美上的保守主義，還是大房子的龐大維護費用開始縮減了？當然，羅斯柴爾德的某些老房子不得不全部讓出：哈爾頓的宅邸在戰後以十一萬二千英鎊賣給了英國皇家空軍，阿斯頓克林頓的宅邸被改造成旅館，甘納斯伯瑞的宅邸成了公園。如果有人能說服自然史博物館（Museum of Natural History）將特靈視為禮物接受，那麼特靈也會消失。[15]羅斯柴爾德位於皮卡迪利街一〇七號的第一棟倫敦西區的宅邸於一九二九年被拆除，成為一間旅館的舞廳。九年後，為了拓寬寇松街，阿爾弗烈德那間位於西摩廣場一號的大房子也被拆除。皮卡迪利街一四八號的租約在一九三七年交出，家具也被拍賣掉。[16]法國羅斯柴爾德家族的三處房產也都被捨棄了。[17]沃爾特決定以二十二萬五千美元將他在特靈收藏的大部分鳥類標本（除了二百隻鴕鳥、鶆鷞以及鶴鴕）賣給美國自然史博物館，平均每個標本不到一美元，這應該是當時最令人印象深刻的象徵。

一九三五年，《猶太紀事報》大膽地指出（有點寬慰的意味）羅斯柴爾德家族的「鼎盛時期」即將「結束」：「整頓、多元商店、化學品與石油的時代開始了……以前的統治家族勢力不再至高無上。」以前，人們對羅斯柴爾德家族的浮誇生活方式懷著勉強的敬意；現在，在一九三〇年代的拮据情況下，當初的敬意看似有點荒謬。當時有兩件與萊昂內爾最有關的軼事。據說，他對倫敦市園藝協會發表演講時，曾宣稱「無論花園多麼小，內部的原始林地不應該小於約一公頃」。他面對全套的餐具時（用作送給員工的結婚禮物），感到很困惑。「不太合適吧，」他驚呼，「用餐的人又不可能超過十二位。」人們也取笑法國羅斯柴爾德家族的奢侈洗澡習慣，艾伯特・科恩在超現實主義喜劇小說《指甲鉗》（*Mangeclous*）中也提到他們吃珍珠泥的事。就連塞西爾・羅斯這樣富有同情心的作家，也察覺到了衰落的跡象。他的著作《偉大無比的羅斯柴爾德家族》（一九三八年出版）可以被解讀為不僅是第三代和第四代的悼文（最後一位成員在前一年去世），也是家族輝煌的墓誌銘：「他們都離開了……留下的是另一個新世界。」[18]

綜上所述，或許不難理解羅斯柴爾德家族中最有才智的下一代背棄了家族事業。在某種程度上，考慮到倫敦市在一九三〇年代「死氣沉沉、單調又痛苦」的那一面，這代表對銀行業投下了不信任票。但原因也可能是就讀劍橋大學的維克多受到使徒世代的影響，包括安東尼．布朗特（Anthony Blunt）、蓋伊．伯吉斯（Guy Burgess），他們的政治傾向在本質上就對資本主義有敵意。幾年後，有人猜測維克多與劍橋間諜的關係，最終誣告他是「第五人」（英國特務組織中最後一位未曝光的蘇聯內奸）。布朗特和伯吉斯被內務人民委員部（NKVD）招募後，維克多與他們的關係依舊密切，足以為這種說法提供間接證據。戰爭期間，他們不僅租下他位於本廷克街的房子。一九四〇年八月，維克多也把布朗特推薦給軍情五處；不到一年前，他才因為信奉馬克思主義而被坎伯利的情報班開除。一九四四年，維克多在巴黎大力支持金．費爾比（Kim Philby）的論點，也就是應該把「極端」計畫情報給蘇聯人。[19]然而，他當時似乎對朋友的背叛一無所知。儘管維克多在一九三〇、四〇年代屬於政治上的中間偏左派，但他向上一代使徒凱因斯坦承，他發現共產主義並「不活躍」。（他也不是同志，這是布朗特和伯吉斯吸引俄國人的其中一個「弱點」。）一九六二年，他發現費爾比是共產主義者時，毫不猶豫地將情報轉達給軍情五處的前同事。[20]

無論如何，維克多放棄金融業的決定留下了空缺，但他的堂親年紀太小，無法填補這個空缺。萊昂內爾的兩個兒子當中，年長的埃德蒙在劍橋度過平淡無奇的生涯後，於一九三七年十月開始環遊世界，直到一九三九年五月才結束旅程。雖然這次旅行包括拜訪羅斯柴爾德的一些重要代理人，例如在巴西和智利，但他從事金融業的事實並不明顯。

此時法國分行也失去了一個夥伴，只不過情況截然不同。一九三四年，埃德蒙過世的事實在一夕之間改

[15] 根據加頓（Garton）與羅斯柴爾德合著的《羅斯柴爾德花園別墅》（*Rothschild Gardens*）第一四八頁以後的內容，這項提議被拒絕了。

[16] 我很感謝米利安．羅斯柴爾德提供這項資訊。

[17] 一九二〇年，國際聯盟（Cercle de l'Union Interallie e）收購了聖奧諾雷市郊路三十三號。兩年後，貝里爾街的房子歸國家所有。一九三四年，位於里維耶拉的埃夫魯什別墅則留給了藝術學院（Academie des Beaux Arts）。

[18] 安東尼的女兒安妮、康斯坦絲分別在一九二六年和一九三一年去世，納弟的遺孀艾瑪在一九三五年去世，利奧的遺孀瑪麗在一九三七年去世。

[19] 根據鮑爾（Bower）的說法，他甚至將一大堆「極端」（Ultra）計畫的情報文件塞進蘇聯大使館的信箱。

變了拉菲特街的權力平衡。由於埃德蒙的長子吉米已將自己的股份轉讓給父親，所以弟弟莫里斯（特立獨行的政治家）如今繼承了三分之一的股權，更不用說還有埃德蒙在拉菲酒莊持有的百分之三十三股份的一半。也許是因為政治活動，又或是他涉入聲名狼藉的不動產公司，堂親愛德華和羅伯特決定買斷他的股份。但莫里斯不願意善罷甘休。羅斯柴爾德兄弟銀行投資了八千萬法郎到一家賠本的摩洛哥公司，然而三位合夥人未能針對這件事達成協議，於是莫里斯提起訴訟，引用了祖父詹姆斯的規定：「家族的三個支系必須永遠由他的後代當代表。」一直到一九三九年九月經過仲裁之後，買斷的問題才解決，後續的進展或許令人懷疑過這種分割法國家族資源的做法是否明智。然而，莫里斯在當時顯得多餘，尤其是蓋伊已經在合夥人的辦公室安頓下來了。無論如何，巴黎分行和龐大商業帝國的日常管理漸漸委託給了外人，尤其是前公務員和公共工程部長勒內・邁爾（René Mayer）。

氾濫成災

很諷刺的是，羅斯柴爾德的權力神話在他們最脆弱的時候，卻達到了輝煌時刻。在經濟大蕭條的不幸推動下，法國、德國及奧地利的激進左派和右派都以前所未有的宣傳強度對抗該家族。當然，這種來自政治左右兩端的聯合攻擊屢見不鮮，一百多年來，羅斯柴爾德家族持續遭受這般指責。新奇的是，口頭之詞第一次轉變成了政治行動。

在法國，一九三四年的事件重新燃起了外界對羅斯柴爾德家族的敵意。一月時，一個名叫史塔維斯基（Stavisky）的二流騙子自盡，暴露了第三共和國另一樁典型的金融醜聞。次月，幾個鬆散的聯盟試圖發起右派政變，一部分是因為政府試著查明事件真相卻失敗，這些聯盟包括夏爾・莫拉斯（Charles Maurras）以前提倡的法蘭西運動，以及由弗朗索瓦・德・拉羅克上校（Colonel François de La Rocque）領導、較近期的老兵協會火十字團。儘管政變失敗了，卻迫使愛德華・達拉第（Edouard Daladier）的政府總辭。當年的下半年，達拉第在激進派的年度大會上抨擊「兩百個家族」[21]。他聲稱這些家族是「法國經濟的主人，因此也是法國政策的主人」，接著用威脅的語氣補充：「這些都是民主國家不該容忍的勢力。」一年後，共產主義報紙《人道報》（*L'Humanité*）放大此暗示，指稱羅斯柴爾德家族與拉羅克之間的關係。其實拉羅克是實業家恩內斯特・梅希爾（Ernest Mercier）的雇員，而羅伯特・德・羅斯柴爾德並不在意別人看到他們於一九三六年六月十四日，共同出現在勝利街的猶太會堂。然而，幾乎其他法國右派的成員都是反猶太主義者，包括席林（Céline）、皮埃爾・加索特（Pierre Gaxotte，《無處不在》〔*Je suis partout*〕的編輯）等作家。一九三九年一月，莫拉斯的期刊《法蘭西運動》（*L'Action Française*）指責羅斯柴爾德家族為了維護德裔猶太人的地位，煽動法國和德國開戰。

左派第一次有機會將威脅付諸行動。一九三六年，激進派、社會主義者、共產主義者聯手組成了人民陣線（Popular Front）政府，承諾要實現的目標包括「解散法蘭西銀行的董事會，藉此確立國家對該銀行的主權，將政府從金融封建主義的控制中解放出來」。羅伯特準確地預測了「艱苦的日子、星期、月份，因為有『烏雲密布』的跡象，無論是在內部、金融或外部」。人民陣線掌權後，完成的事情卻遠不如其激進支持者的

---

[20] 政府在一九八六年明確地否認維克多・羅斯柴爾德是「第五人」，但這個事實並沒有阻止一九九四年出版的書憑著間接證據堅稱他是「第五人」。在某種程度上，維克多涉足軍情五處的拜占庭內部政治是助長這種概念的主因，尤其是他與彼得・萊特（Peter Wright）的關係。維克多在中央政策審核小組（CPRS）發現萊特認定軍情五處的前總幹事羅傑・霍利斯（Roger Hollis）是蘇聯特務。（維克多也知道萊特參與了軍情五處在一九七四年之後試圖誹謗哈羅德・威爾遜〔Harold Wilson〕和其他工黨政治家是共產主義者的行動。）一九七九年，他的朋友安東尼・布朗特被曝光後，有人開始猜測他的角色，而維克多輕率地向萊特求助。當時，萊特在澳洲過著痛苦的退休生活。維克多認為對霍利斯的指控能轉移別人的注意力，於是鼓勵萊特與查普曼・平徹（Chapman Pincher）合著《背叛的交易》（*Their Trade is Treachery*，一九八一年出版）。但事與願違，五年後，萊特不顧英國政府反對，決定出版自己的著作《抓諜人》（*Spycatcher*）。隨後的審判使維克多受到更多不必要的關注。最後，維克多為了恢復名譽，寫了一封信給《每日電訊報》，要求軍情五處的負責人公開證明自己無罪。雖然柴契爾夫人（Mrs Thatcher）的回應很正式，語氣卻很冷淡，反映出她不願意對情報的問題發表評論：「我得知，我們沒有證據認定他以前是蘇聯特務。」

[21] 這個用詞是因為只有法蘭西銀行最重要的二百個股東才能在大會投票。

預期。新政府確實試著讓法蘭西銀行有新的議會，其中「專家」的人數超過股東，藉此削弱「二百個家族」的權力。但新政府並沒有使法蘭西銀行徹底國有化。即使終止私營鐵路公司擁有七條主要鐵路線的特許權，也很難說這是充公。政府接管北方鐵路的經營權時，北方鐵路公司並沒有消失；反之，該公司得到了新全國鐵路學會（Société Nationale des Chemins de Fer）的二十七萬股，有保證的年度收入特許權和董事會席位。飽受爭議的是，有一部分要歸功於勒內·邁爾的談判功力，這些公司占上風是因為政府接管了他們總共六十億法郎的債務，而這些公司能將非鐵路資產保留下來。

一九三三年，一個更加冷酷無情的聯盟在德國掌權，由國家社會主義工人黨主導。從納粹運動初期開始，對羅斯柴爾德家族的敵意就一直是宣傳活動的特點（參見第一冊前言），但事實是法蘭克福分行在希特勒還不到十二歲的時候就停業了。不久後，這種敵意轉化為行動。起初他們遭到的攻擊僅是象徵性的：一九三三年十二月，法蘭克福的羅斯柴爾德大街（Rothschildallee）被改名為卡羅林格勒大街（Karolingerallee），露意絲廣場（Luisenplatz）和瑪蒂德大街（Mathildenstrasse）也失去能識別家族成員的牌匾。直到一九三八年四月「猶太資產登記條例」頒布後，羅斯柴爾德的地產才受到直接攻擊。在接下來的十一月，精心策劃的反猶太示威活動（水晶之夜）結束後，幾乎所有羅斯柴爾德的慈善和教育基金會（約二十家）都解散了，除了已經成為法蘭克福大學一部分的卡羅萊姆牙科診所（Carolinum Dental Clinic）。其中規模最大的威廉·卡爾男爵基金會（Baron Wilhelm Carl von Rothschild Foundation）受到市政當局施壓，被「雅利安化」，因此所有提及創辦人的內容都被刪除。同時，在德國的猶太人帝國協會被迫將瑪蒂德兒科醫院（Mathilde von Rothschild Paediatric Hospital）、喬金·莎拉救助基金會（Georgine Sara von Rothschild Foundation for Infirm Foreign Israelites）及位於沃爾格拉本街二十六號的羅斯柴爾德住宅賣給法蘭克福市政府。蓋世太保也沒收了位於黑森林的肺病療養院。至少還有四家由羅斯柴爾德創辦的機構遭到同樣的下場。[22]

少數仍然居住在德國的家庭成員的私人財產也以類似方式被沒收，實際上到了一九三八年已經所剩無幾。在沒收程序開始之前，馬克斯・葛舒密特－羅斯柴爾德的兒子阿爾伯特、魯道夫及艾里希賣掉了位於綠堡和柯尼斯坦的住宅，並決定移民（阿爾伯特移居到瑞士後，於一九四一年面臨驅逐的威脅時自盡）。而九十五歲的馬克西米利安因年紀太大而無法離開，他留在位於博根海默蘭登的住處，那裡的花園是他妻子的叔公阿姆謝爾在一個多世紀前，也就是在法蘭克福的猶太解放運動初期買下的。更確切地說，他獲准在屋內占一個房間。一八一五年的夜晚，阿姆謝爾第一次在花園的「自由空氣」之中睡覺；如今，應驗了阿姆謝爾如噩夢般的悲劇，馬克西米利安被迫以減稅後的六十一萬帝國馬克（reichsmark）將地產賣給法蘭克福市。水晶之夜發生後，他也必須以減稅的兩百三十萬帝國馬克將藝術收藏品賣給法蘭克福市，並將剩餘資產的百分之二十五捐給帝國作為「贖罪款」（這是戈林〔Göring〕特有的手段，讓猶太人去賠償納粹破壞造成的財產損失）。一九四〇年，馬克西米利安去世後，其餘財產都被沒收了。五年後，盟軍的轟炸機不只摧毀了他度過晚年的房子，還摧毀了位於法爾街上的舊辦公大樓和位於柏爾納大街的**祖厝**，也因此摧毀了不再屬於羅斯柴爾德家族的遺跡。在羅斯柴爾德家族誕生之地被實際抹消的前幾年，偽合法的抹消早已開始。[23]

不難預測納粹主義的興起對維也納的羅斯柴爾德家族代表什麼。在希特勒的心目中，這座城市與猶太人構成的威脅密不可分。溫莎公爵為了華麗絲・辛普森（Wallis Simpson）退下王位後，立即與尤金一起住在恩策斯費爾德堡。據說，他曾與東道主討論過寫一本關於迫害德裔猶太人的書。不久之後，尤金離開奧地利，前往英格蘭。他的長兄阿爾豐斯後來也跟著去。路易決定留在銀行，但他採取了預防措施，將威科維茲煉鐵廠的

---

[22] 這些機構分別是位於伯恩海默－蘭德維爾（Bornheimer Landwehr）的克萊門汀跨教派女子醫院、卡爾公共圖書館、安謝姆・薩羅蒙藝術基金會以及以威廉・卡爾和瑪蒂德命名的猶太婦女養老院（Old Peoples Home for Jewish Gentewomen）。

[23] 位於綠堡的房屋於一九四四年被炸彈摧毀，但柯尼斯坦的房屋保存了下來。

所有權轉讓給聯合保險公司（Alliance Assurance，倫敦分行依然持有該公司的控股權）。[24]他也將奧地利資產的處置權轉讓給紐約的庫恩雷波公司。然而這樣的保險不夠完善。一九三八年三月十一日，在「德奧合併」後的隔天，歡呼的人群迎接希特勒的軍隊進入維也納時，路易試圖離開這座城市。他的護照被沒收，並在隔天被逮捕，然後被帶到位於莫爾津廣場（Morzin-Platz）大都會酒店的蓋世太保總部（他在那裡發現自己與前任奧地利總理庫爾特・馮・許士尼格〔Kurt von Schuschnigg〕擦肩而過，後者試著安撫希特勒卻失敗。他也遇到了社會主義領袖利奧波德・昆特夏克〔Leopold Kuntschak〕）。沒收羅斯柴爾德財產的程序隨即展開。路易被逮捕之後，黨衛軍立刻掠奪了他宮殿中的藝術品。三月三十日，奉維也納大區長官的經濟顧問瓦爾特・拉弗斯伯格（Walter Rafelsberger）之命，S M馮羅斯柴爾德企業（S.M. von Rothschild）被新的奧地利公營事業信貸協會強制管理。拉弗斯伯格後來被指控有計畫地沒收在奧地利的猶太人資產。接著，該企業受到德國的默克－芬克企業（Merck, Finck & Co.）暫時控制，最後於一九三九年十月出售給他們。

下一個目標是威科維茲煉鐵廠。戈林認為這家鐵廠對於以赫爾曼－戈林帝國工廠（Reichswerke Hermann-Göring）為中心的新興工業帝國而言，具有更有利可圖的附加價值。當然，該煉鐵廠仍然留在捷克的領土，而且就像戈林的特使奧托・韋伯（Otto Weber）很快發現的那樣，煉鐵廠早已不再屬於維也納分行，而是屬於聯合保險公司所有。此外，威科維茲董事會成功避免了讓公司持有的瑞典弗雷亞（Freya）礦場股份以及二十萬英鎊外幣被沒收，因此路易還有討價還價的籌碼。希姆萊（Heinrich Himmler）為了取悅他將一些華麗的法國家具送進監獄時，路易一邊送走家具，一邊抱怨家具讓牢房看起來像「克拉科夫的妓院」。雖然路易必須交出大部分的奧地利資產才能確保自己被釋放，但該家族還是能堅決為威科維茲煉鐵廠支付一個金額（即便是折扣後的價格），但是這些法律上的細微之處最後注定被不可抗力的納粹擱置一旁。一九三九年三月，希特勒脅迫布拉格政府接受分治時，尤金想以一千萬英鎊將鐵廠賣給捷克斯洛伐克的希望破滅了。因為工廠實際上受德國掌控，戈林的專員漢斯・克兒（Hans Kehrl）在德意志銀行董事會成員卡爾・拉斯切（Karl Rasche）的協助下施加壓力。新的監察委員會成立了，成員包括克兒、拉斯切以及保羅．普萊格（Paul Pleiger，帝國工廠的總幹事）。同時，弗里茲．克拉內夫斯（Fritz Kranefuss，希姆萊的副官、德勒斯登銀行的監察委員會成員）根據保安處的情報通知拉斯切，按照貨幣法，將威科維茲煉鐵廠的所有權轉移到國外是非法的。最後的決定是在一九三九年七月以兩百九十萬英鎊出售工廠，不過戰爭爆發給了德國人不付錢的好藉口，因此煉鐵廠成了納粹政權無償沒收的眾多羅斯柴爾德地產之一。一九四一年一月，威科維茲煉鐵廠的四萬三千三百股在巴黎分行的金庫被查封，戈林便可以進一步執行程序（但他沒有因此取得技術的控股權）。直到一九五三年，一九四八年在捷克斯洛伐克成立的共產主義政府才支付煉鐵廠的賠償金給羅斯柴爾德家族，總計一百萬英鎊。

但是希特勒及其黨羽真正覬覦的不是工業投資，而是藝術方面的投資，那些古典大師畫作、塞夫爾瓷器、路易十五風格梳妝台等。這些都是羅斯柴爾德家族經濟成功的驚人成果。阿爾豐斯逃離奧地利時，留下了精美的歐洲私人收藏品。杜文勛爵（Lord Duveen）試圖購入卻失敗（也許是代表原本的物主競標）。希特勒收購了許多古典大師作品後，打算在林茨（Linz）設立新的德國畫廊，讓帝國擁有一座羅浮宮。一九三九年六月，他授權漢斯．波瑟（Hans Posse）開始執行計畫。為此，他把從奧地利猶太人手中奪來的優秀作品納入「元首保留區」，開啟了歷史上最大宗藝術品盜竊案之一的開端。

直到戰爭在一九三九年爆發，沒收猶太人資產的必然結果是導致猶太人開始從德國領土移民出去。值得一提的是，在歐根親王大街的羅斯柴爾德宮被阿道夫．艾希曼（Adolf Eichmann）的猶太移民總公司占用，而該公司與拉弗斯伯格的資產交易辦公室密切合作。德國和奧地利自然有許多（雖非全部）猶太人想離開，而納粹黨人不反對他們離開，只要他們在這個過程中繳罰金。德國的重要猶太銀行家幾乎沒有其他選擇，只好推

㉔ 這是一項複雜的操作，原因有二：首先，必須買斷其他主要股東的股份，例如古特曼家族。其次，轉帳得經由瑞士和荷蘭的機構間接進行，以免未來爆發戰爭時被英國政府沒收。

動這個程序，尤其是馬克斯・沃伯格。然而，對於像羅斯柴爾德家族這種在德國控制範圍外的猶太人而言，這造成了一些嚴重的困境。早在一九三三年六月，萊昂內爾就成為剛成立的英國中部德裔猶太人基金會（後來的德裔猶太人理事會）上訴委員會的五位會長之一，倫敦分行一開始就捐了一萬英鎊給該會。[25]五年後，也就是一九三八年初期，據說理事會籌到了一百萬英鎊，包含羅斯柴爾德另外捐的九萬英鎊，隨後又在十一月捐五萬英鎊，然而如何妥善利用這筆錢來幫助德裔猶太人的方法並不明確。例如，代表委員會內部對於抵制德國商品的想法有不同意見，可能促使沃爾特辭掉了副會長的職務。一九三四年一月，詹姆斯・麥克唐納（James G. McDonald）和菲利克斯・瓦爾堡（Felix Warburg）在猶太商人的會議上發言時，他們發現許多人不贊成從德國移民出去的替代性策略。次年，麥克唐納回頭帶來了更有條理的計畫（由馬克斯・沃伯格策劃），提供新銀行三百萬英鎊的資金以資助德裔猶太人移民到巴勒斯坦。然而，儘管萊昂內爾起初有「驚人的熱忱」，但細節太早洩露給媒體，所以導致計畫以失敗告終。因此沃伯格後來提出英美兩國的猶太政治處計畫時，安東尼和萊昂內爾變得更謹慎，並主張「如果一個人太積極參與猶太人的世事行動，會危及他的英國公民身分」。

萊昂內爾的姪子維克多也參與了英國中央基金（Central British Fund）。「要不是因為出生的機緣，」一九三八年十月，他在猶太復國主義聯邦的會議上說，「我可能是難民，或者待在集中營，也有可能是留在維也納大都會酒店的客人。」[26]然而，他演講的其餘部分比較溫和，主要是為政府限制猶太人移民到巴勒斯坦的政策辯護。當年十二月，他在倫敦市長官邸舉行的鮑德溫伯爵難民基金（Earl Baldwin Fund for Refugees）會議上發言時，也流露了類似的矛盾情緒：

> 我知道有孩子被槍殺。我採訪過一些從集中營逃出來的人。所以，我可以告訴你們，和他們的經歷相比，我們現在聽說的許多恐怖事件根本不算什麼。我收到那麼多孩子寫的悲慘信件，還有觀察者寫的書面報告和親身經歷，讓我很難過，我很難相信自己能像以前一樣，當個自由自在又快樂的科學家。

「對六十萬人進行緩慢的謀殺，」他告訴聽眾：「是歷史上不常見的行為。」但他接著說：「儘管懷有人道主義情懷，我們應該仍會認為難民侵犯了我國的隱私，就算侵犯的期間不長，我們也不高興。」至於巴勒斯坦增加移民的問題，英國政府的立場「驚人地複雜」。一九三九年三月，維克多造訪美國會見美國難民組織後，呼籲再提供十六萬英鎊給德裔猶太人理事會，以促進他們從德國移民。但這也有條件。「不管我們有什麼疑慮，」他表示，「如果我們能讓他們有秩序地出走，並說服德國在財政上稍微讓步，我們就能在這個大問題留下讓人深刻的印象。」他對「幾十萬人被大規模殖民化」的可能性仍抱有悲觀的看法。即使在一九四六年在上議院發言時，維克多也為限制移民到巴勒斯坦的政策辯護，雖然事實是「他自己也有一個七十五歲的阿姨在滅絕營（extermination camp）外面，被黨衛軍用棍棒打死」。

法國的羅斯柴爾德家族則承受著不同的焦慮。在納粹統治的第一年，有一千多名猶太人越過邊境到法國。雖然羅伯特願意設立非正式機構（於一九三六年被改組為難民救助委員會）幫助難民，但他擔心難民湧入會對法國的猶太社區造成影響。一九三五年五月，他在巴黎紅衣主教大會上的致辭（他在兩年前擔任主席），只能被解讀為是批評新移民。他宣稱，「讓外國分子盡快融入是很重要的事……移民就像客人，要學會舉止得體，不能大肆批評……如果他們在這裡過得不開心，那最好離開。」㉗這是以前的同化主義者對新猶太移民的感慨。

因此，唯一符合邏輯的解決辦法是為猶太人尋找可以前往的替代性領土。納粹黨人想到了馬達加斯加。

㉕ 一九三九年，安東尼擔任上訴委員會的主席，同時也是難民移民規劃委員會（Emigration Planning Committee for Refugees）的主席。他、萊昂內爾與吉米也是一九三六年成立的德裔猶太人理事會的上訴委員會成員。

㉖ 維克多親身經歷過英國版的反猶太主義，他還記得自己以前在哈羅被稱為「骯髒的小猶太人」。一九三四年，他二十四歲，曾因宗教問題而無法在巴內特（Barnet）成為客棧或鄉村俱樂部的會員。

㉗ 第二句話沒有出現在官方的會議紀錄上卻被媒體報導了。

有趣的是，就像蓋伊·伯吉斯在一九三八年十二月向莫斯科如實報告的，他在軍情六處（MI6）D組的第一項任務（當時他只是個獨立的情報員）是「鼓勵羅斯柴爾德勛爵」嘗試「分裂猶太人的活動」，並「創造出反抗猶太復國主義和魏茲曼博士的勢力」。大約在此時，巴黎分行向新廷呈上了收購約八萬一千公頃的巴西馬托格羅索（Mato Grosso）土地的提案，以「用於殖民目的」。另一個提案則是將猶太人安置在位於馬拉卡勒（Malakal）和博爾（Bor）之間的蘇丹上尼羅州河谷，據說那裡是「沒有人居住的大領土，猶太人可以在那裡籌劃重要的殖民地」。他們也考慮了肯亞、北羅德西亞以及圭亞那（Guiana）。直到最後一刻，羅斯柴爾德家族才意識到接納難民進入英國和法國的必要性。一九三九年三月，愛德華的妻子吉爾曼娜（Germaine）將費律耶莊園旁邊的老房子改造成能容納大約一百五十名受難兒童的收容所。德國入侵後，他們被疏離到南方，後來走散了。某些人逃往美國。戰爭爆發前不久，有三十個兒童從法蘭克福的孤兒院獲救，並在沃德斯登找到較安全的避難所。

當然，到了一九三九年，羅斯柴爾德家族的許多成員也成了難民。一九四〇年五月德國入侵法國，大幅增加他們成為難民的人數。早在巴黎淪陷前，羅伯特就已經帶著妻子奈莉、女兒黛安（Diane）和塞西兒抵達了安全的蒙特婁。但是他的表親（七十幾歲的資深合夥人）愛德華直到七月才決定離開法國，迂迴地經過西班牙和葡萄牙，最後抵達美國。陪同他的是妻子吉爾曼娜、女兒貝特莎比（Bethsabée），至於他的大女兒賈桂琳早已和第二任丈夫在美國定居了。他們以前的夥伴莫里斯最後也去了加拿大，而他的前妻諾耶米和兒子埃德蒙則在普雷尼莊園避難。那一代的另一位法國羅斯柴爾德成員亨利已定居於葡萄牙。最後，亞蘭（Alain）懷有身孕的妻子經由西班牙和巴西抵達美國，而蓋伊的妻子阿里克斯（Alix）走了途經阿根廷的路線，不過後來又回到丈夫身邊。

年輕世代剩下的男人只好去戰鬥。羅伯特的兒子亞蘭和埃利（Elie）都被德軍俘虜，最後在呂北克（Lübeck）的戰俘營度過大部分的戰爭時間。埃利主要待在科爾迪茨（Colditz）。愛德華的兒子蓋伊比較幸運，身為騎兵軍官的他負責匆促機動化的步兵排，在法國北部經歷了激烈的戰鬥（因此被授予英勇十字勳章），至少有兩次差點被德軍俘虜。法國投降後，蓋伊回到法國尚未被占領的地區，在拉布爾布勒（La Bourboule）的奧弗涅（Auvergne）溫泉小鎮定居，而羅斯柴爾德兄弟銀行的辦公室已搬到鎮上。然而，他漸漸發覺維琪（Vichy）政權準備呼應、甚至預期了德國的反猶太措施。一九四一年，他決定離開，並在最初嘗試透過摩洛哥逃走未果後取得了必要的文件。

亨利的兩個兒子詹姆斯和菲利普也有相似的經歷。詹姆斯曾在空軍服役（如同一戰時期），後來經由西班牙逃往英國。菲利普因為疾病和滑雪時受傷而無法參與戰鬥，但他經歷了逃離法國的艱難過程。他第一次在摩洛哥被逮捕，最後徒步穿越庇里牛斯山，再從葡萄牙搭機逃到英國。接著，許多法國的羅斯柴爾德家族成員決定與戴高樂將軍（General de Gaulle）建立的自由法國（Free French）政權返回歐洲大陸（但值得注意的是，戴高樂的一部分軍隊遠非親猶人士）。[28]蓋伊加入戴高樂的決定差點害他喪命，當時他搭乘越過大西洋的船被魚雷擊中，但他活了下來。他在戴高樂的軍事聯絡處找到一份工作，並和皮耶·柯尼希（General Pierre Koenig）將軍於一九四四年回到法國。詹姆斯、他的妻子、長女及弟弟菲利普也加入了自由法國。

如同在奧地利發生的情況，勝利的德國人毫不猶豫地奪取了羅斯柴爾德家族的資產。法國被入侵前，巴黎分行已經設法將部分資產轉移到國外，例如在荷蘭皇家公司持有的股份存放在蒙特婁的銀行，但後來法國落敗，這些股份被當成敵方資產而凍結。此外，有些家庭成員逃離時隨身攜帶珠寶。據說，愛德華抵達紐約時，帶著價值一百萬美元的寶石。但對占領者而言，該家族的大部分財富仍然相對容易獲得。一九四〇年九月二十七日，德國人開始確認猶太人擁有的公司時，陸軍元帥凱特爾（Keitel）向被占領的法國軍事政府發布特殊指

㉘ 例如，一九四二年奪回阿爾及利亞後，自由法國的吉羅將軍（General Giraud）無法恢復克雷米爾的法規授予阿爾及利亞猶太人公民身分，因此激怒了愛德華。

令，要求沒收「羅斯柴爾德宮的財產」，包括交給法國政府的財產。次月，德國人下令讓管理人員負責掌管猶太人的企業。納粹空軍和後來的德國將軍占領了位於馬里尼大道二十三號的羅斯柴爾德宅邸。

但是德國人不久就發現要與自己建立的傀儡維琪政權競爭。早在凱特爾下令前，貝當（Pétain）政權就發布了一項法令，宣布所有在五月十日後離開法國本土的法國人都「解除了其民族社區成員的責任和義務」，因此他們的資產要被沒收並出售，而收益歸維琪政府所有。顯然這適用於愛德華、羅伯特及亨利的例子。此後不久，貝當接收了位於拉菲特街的羅斯柴爾德辦公室作為政府福利機構，並打算以類似的方式處理其他屬於該家族的建築物，將這些建築統統交給新的公共財產辦公室管理。

在某些方面，是德國人還是維琪政權竊取了財產，對羅斯柴爾德家族而言已經沒什麼差別。維琪的動機也是反猶太主義，這點從貝當在一九四〇年十月三日和一九四一年六月二日發布的法令就看得出來。這些法令大大限制了法裔猶太人的權利，而親德派的報紙如《巴黎晚報》（*Paris-Soir*）和《頸手枷》（*Au Pilori*）等也不斷刻薄地攻擊羅斯柴爾德家族。我們也不該斷定維琪官員在處理羅斯柴爾德的財產方面比德國人更寬容，據說貝當的公共財產辦公室負責人莫里斯．賈尼科（Maurice Janicot）阻止了德國人出售拉菲酒莊，但缺少買家似乎才是他沒有賣掉埃利的納伊馬廄、亞蘭的馬戲團街房屋、米利安的布洛涅房屋和巴黎宅邸的主因。從他在一九四一年五月對德國當局的聲明（大意是羅斯柴爾德兄弟銀行目前屬於維琪政府），可看出其目的是搶在德國人之前行動，而不是為了保護羅斯柴爾德家族。貝當的猶太問題軍需處（Commissariat for Jewish Questions）試圖將埃德蒙在一九二七年設立的物理化學研究所改造成優生學家亞歷克西．卡雷爾（Alexis Carrel）專用的實驗室。這說明了維琪和納粹德國基本上是相通的。

如果說維琪政府能趕在德國人之前取得巴黎分行的資產，那麼在搶奪法國羅斯柴爾德家族的私人藝術收藏品的競賽中，德國人擊敗了維琪政府，部分原因是有很多收藏品無法及時搬離被占領的區域。在一九四〇年五月和六月的恐慌中，米利安匆忙地將一部分收藏品埋在迪耶普的沙丘中（埋藏的畫作不曾被找到）。愛德華的收藏品則分散藏在諾曼第彭勒韋克（Pont l'Evêque）附近的雷克斯莊園及位於莫特里（Meautry）的種馬場。羅伯特從拉弗森和其他地方蒐集的收藏品則藏在西南部的馬蒙德（Marmande），而菲利普收藏的畫作主要放在波爾多；這些藏匿物不久後就被發現了。更容易找到的有費律耶的大量收藏品（但布雪的掛毯藏得很隱密，占領者沒有發現就在原地）、亨利放在犬舍城堡的收藏品、莫里斯放在阿曼維利耶的收藏品、巴黎大型住宅內的畫作（莫里斯的畫作藏在聖奧諾雷市郊路四十一號，羅伯特的畫作藏在馬里尼大道二十三號）。

阿爾弗烈德・羅森堡（Alfred Rosenberg）是納粹種族理論家，也是「納粹黨精神與哲學全面發展」的領導代表。他帶頭追查並掠奪這些收藏品，主張「羅斯柴爾德家族是敵對的猶太裔家族，他們挽回財產的計畫無法動搖我們」。在極短的時間內，他集中了二百零三處私人收藏，包括上面列出的大部分物件：總共有二萬一千九百零三件作品。後來這些收藏品被存放在國家網球場。一九〇四年十一月，戈林適時地抵達那裡充當希特勒的「買家」。帝國元帥為自己挑選了許多精品，包括愛德華收藏的一些荷蘭作品和法國作品，並將梅姆林（Memling）畫的聖母像送給妻子。至於羅斯柴爾德最珍貴的收藏品根本是專為希特勒而買：維梅爾（Vermeer）的《天文學家》（*Astronomer*）、布雪畫的《龐巴度夫人》（*Madame de Pompadour*）以及包括哈爾斯（Hals）和林布蘭的肖像畫在內的其他三十件代表作。不用說，這些根本不真的是採購，戈林為自己和主子挑選的畫作估值低得離譜。㉙一九四一年二月和三月，戈林又回來瘋狂消費，收購了屬於羅斯柴爾德的《歐羅巴被誘拐》（*Rape of Europa*）大理石群作，後來被運送到位於卡林霍爾（Carinhall）的北歐式狩獵小屋。三月二十日，羅森堡回報說自己已完成任務，並派一列滿載竊取珍寶的火車開往巴伐利亞的新天鵝堡（Neuschwanstein）。有人在戰後仔細查看他的「特遣隊」文件時，才發現羅斯柴爾德家族是他最主要的掠奪來源，從九個不同地點取走的三千九百七十八件物品確定是屬於羅斯柴爾德家庭成員所有。維琪當局的收穫沒

㉙ 據說收益捐給了法國戰爭時期的孤兒。

那麼好，但他們在塔布（Tarbes）發現了莫里斯的收藏品（價值三億五千萬法郎），也發現羅伯特、莫里斯及尤金收藏的許多畫作。

戰爭接近尾聲時，大部分失竊的作品都被進攻的盟軍找到，不過也有一些作品沒人發現，比如華鐸（Watteau）的作品，以及戈林買的《歐羅巴被誘拐》。戈林向逮捕他的美國人行賄時，梅姆林畫的聖母像才出現。但遺失的作品應該更多。黨衛軍情報局長卡爾滕布倫納（Kaltenbrunner）介入時才阻止了上多瑙（Oberdonau）的大區長官埃格魯柏（Eigruber），他為了阻止將自己藏匿的許多畫作歸還給「國際猶太人」，而瘋狂炸毀薩爾茨堡東南部的阿爾陶塞鹽礦場。

一九四〇年夏季，也就是英國最脆弱的時候，如果希特勒成功地發起「海獅計畫」（Operation Sealion），或許類似的命運也會落到英國的羅斯柴爾德家族及其留下的私人收藏品上，而且應該是更糟糕的宿命，因為如果英國被入侵，要使德國徹底慘敗更是難上加難。希特勒沒有成功。他們活了下來，但是一種脆弱的倖存狀態。第五代中只有安東尼活著見到盟軍的勝利，他在國民軍擔任二等兵。查爾斯和沃爾特在戰爭爆發前就過世了，萊昂內爾於一九四二年一月過世。下一代忙著戰鬥，無暇顧及銀行，又或者是太過年輕，比如萊昂內爾的次子利奧（一九二七年出生）、安東尼的兒子伊夫林（一九三一年出生），後者從一九四〇至四三年都待在美國。萊昂內爾的長子埃德蒙不願意像父親在一戰期間被強迫做事，因此他不參與聖史威辛巷的戰爭。身為巴克斯騎兵隊的炮兵軍官，他服役於在法國的英國遠征軍，並差點在瑟堡（Cherbourg）被逮捕，後來他隨著第七十七野戰團（位於高地）到北非和義大利打仗。維克多在軍情五處的商業組作戰，後來又參與拆彈（因此被授予喬治勳章）和首相的個人安全事宜，這使他與邱吉爾及其私人秘書喬克・科爾維爾（Jock Colville）有密切聯繫。這或許能解釋為什麼他被委託進行很敏感的調查：波蘭流亡政府首腦瓦迪斯瓦夫・西科爾斯基將軍（General Wladyslaw Sikorksi）在一九四三年七月過世的死因。一九四五年三月，吉米擔任軍需部副部長時，羅斯柴爾德與邱吉爾又有了聯繫（但事實證明，這是歷來最短暫的部長職涯）。

然而，這些事對羅斯柴爾德家族的企業沒什麼直接影響，因為第二次世界大戰取得金援的方式，比一戰時期更不需要羅斯柴爾德家族扮演的傳統角色，戰爭的資源不再被銀行家和債券持有者掌控。新的凱因斯主義時代來臨，政府能更直接地管理經濟生活、控管生產的稀缺要素分配、操縱整體的需求水準，並將貨幣當成國民經濟核算的便利單位。在這個時代，安東尼在戰爭時期掌管的企業似乎不合時宜。新廷快變成空城，一半以上的文書職員和所有現存的紀錄都轉移到特靈，遠離了倫敦大轟炸。其他像帕林這樣的年輕人都被徵召入伍，只有幾個像菲利普·霍伊蘭（Philip Hoyland）這樣的老手留下來，將地下室當作防空洞。一九四一年五月十日的夜晚，倫敦市遭到猛烈的轟炸，幸好辦公室沒有受到嚴重的破壞。當時附近的索爾特斯大廳（Salters Hall）被燃燒彈摧毀，新廷陷入一片火海。羅斯柴爾德的其他地產也被徵用：皇家鑄幣廠被改造成火砲零件製造廠，埃克斯伯里被海軍（暫時改名為長毛象號〔HMS *Mastodon*〕）接管。查爾斯和蘿西卡的阿什頓沃爾德房屋被紅十字會和軍械兵團占用。這些建築難免遭到損壞，但不一定都是敵方造成。伊夫林·沃（Evelyn Waugh）在《慾望莊園》（*Brideshead Revisited*）中，將這般戰時掠奪描述成預示了古老天主教貴族即將消失。維克多的姊姊米利安在前往布萊奇利（Bletchley）從事戰爭工作前，思考阿什頓沃爾德的花園還剩下什麼時，她覺得自己的家族在衰落：「納粹大屠殺、戰爭、父母雙亡、花園即將消失——一切似乎都不再重要了。」

有兩名家庭成員死於納粹的種族滅絕政策。在一九四六年的上議院演講中，維克多提到的阿姨是母親的長姊阿蘭卡（Aranka），她在布亨瓦德集中營（Buchenwald）喪生。另一個受害者是與菲利普分居的妻子莉莉（Lili）。「為什麼德國人要傷害我？」一九四〇年她曾問菲利普，「我來自歷史悠久的法國天主教家庭。」儘管她恢復了原本的頭銜（尚伯爾伯爵夫人），仍然在一九四四年七月被蓋世太保逮捕，成為最後一批被送到拉文斯布呂克集中營（Ravensbrück）的猶太人之一。有人後來告知她的丈夫，她被殘忍地殺害了。因此最諷刺的是，唯一被納粹黨人殺害的名為羅斯柴爾德的人並不是猶太人，而且她否認自己的姓氏幾個月後，埃德蒙・德・羅斯柴爾德少校帶領兩百名猶太人組成的野戰團（一九四四年十一月組成的猶太步兵旅的一部分）進入曼海姆時，穿越了「依舊可憎地標示著『已無猶太人』的拱道」。他們進入該城鎮時，許多人開始喊叫：「猶太人來了！猶太人來了！」幾個月後，他造訪希特勒的山中隱居地「鷹巢」。「我看到很多破碎的塞夫爾瓷器，」他後來回憶說，「不知道這些瓷器是不是從我的某個堂表親家裡偷來的？」應該是吧。

後記

家族最重要的力量是團結。

——伊夫林・德・羅斯柴爾德爵士，一九九六年

現代的訪客造訪新廷時，能夠參觀到現代風格的黑白大理石建築，不過門廳上有著威廉・阿姆菲爾德・霍布戴（William Armfield Hobday）於一八二〇年畫的納坦・羅斯柴爾德及其家人肖像畫。如果NM羅斯柴爾德集團沒有意識到或是對自身的歷史感到自豪，那麼肖像畫就不會掛在那裡，我也就不會來寫這本書了。然而，值得好奇的是一家銀行的過去與現在、未來究竟有什麼關聯。在十九世紀的大部分時期，NM羅斯柴爾德家族銀行是一間國際最大型銀行的一部分，主宰著國際債券市場。若考慮到羅斯柴爾德家族在十九世紀有穩定眾多政府財政的作用，以當代的類似機構而論，就必須合併美林證券（Merrill Lynch）、摩根史坦利（Morgan Stanley）、摩根公司，或許還有高盛（Goldman Sachs）和國際貨幣基金組織（International Monetary Fund）。相比之下，現在這間現代銀行在國際金融服務業占據的比例比較小，與滙豐、駿懋TSB（Lloyds-TSB）以及規劃中的大型花旗集團（Citigroup）等大企業商品相比，顯得相形見絀。那麼，回顧過去只是為了懷舊嗎？這就是本章後記所要回答的問題。本章不該被解讀為一九四五年以來的銀行歷史，而是關於歷史在確保銀行的戰後倖存和達到目前成就上，扮演著何種角色。*

補充

NM羅斯柴爾德家族銀行的歷史可能是在一九四〇年代結束，但這主要不是歸因於安東尼．羅斯柴爾德。他在哈羅和劍橋大學度過精彩的青年時期後，也在一戰中有卓越的表現，他以羅斯柴爾德一分子的身分努力維護家族遺產。與許多祖先相似的是，他也熱衷於收藏，非常喜愛中國陶瓷，而且是一級紅葡萄酒迷。❶他在一九二五年被選入賽馬會，並維護著父親的馬廄和位於紐馬克特的房子。一九二六年，他與伊馮．卡亨．丹佛斯（Yvonne Cahen d'Anvers）結婚。從一八五〇年代開始，她的家族就與羅斯柴爾德兄弟銀行有往來（安東尼的親戚克魯侯爵在巴黎擔任大使時，他們曾在克魯的住所見過面）。安東尼在猶太社區的角色與前幾代人很相似：他與叔叔納弟一樣擔任過百分之四工業住宅公司的董事長，也與父親和叔公安東尼一樣擔任過猶太自由學校的校長。但安東尼面臨的最大挑戰是如何保持家族最基本的角色：銀行家。

他抱持著嚴肅的勤奮態度面對這項任務，每天都搭火車從萊頓巴扎德站（Leighton Buzzard，離他的阿斯科特〔Ascott〕家園最近的車站）到尤斯頓站通勤，最後抵達新廷。哈羅德．尼克森曾描述，他在合夥人的餐廳吃完午餐後，在下午二點半被「趕出去然後開始工作，羅斯柴爾德家族的大輪又開始運轉了」。但事實上，戰爭已大幅縮小了NM羅斯柴爾德家族銀行的「輪子」規模，而安東尼的商業做法無法加快行進速度。「他們知道我們住在哪裡，」隆納．帕林記得他說過：「如果他們想跟我們做生意，叫他們來找我們談談吧。」作為戰後世界的口令，這有聽天由命的意味。埃德蒙從戰場上回來後，發現新廷的生活很平靜：夥伴們在上午十點到十點半之間抵達辦公室，早上幾乎都在讀取收到的郵件，「看看是否有任何做生意的機會。」

當年，我們的慣例是所有信件、支票、債券、匯票及其他文件都由合夥人簽署……結果老是有一大堆文件需要簽字……如果我在簽字之前，大膽地告訴東尼（Tony）：「我想對此我恐怕不太明白」。他每次都回答：「你之後就懂了。」

埃德蒙除了在紐約的擔保信託公司（Guaranty Trust）和庫恩雷波公司做過短暫又不愉快的學徒（「感覺自己像個窮親戚」），他在成為合夥人之前幾乎沒接受過財務方面的訓練。他的弟弟利奧波德於一九五六年成為合夥人，先前也曾在庫恩雷波、摩根史坦利及格林米爾斯任職，但安東尼建議他不要在劍橋大學攻讀經濟學，因為他們希望他未來能成為合夥人。駿懋銀行的前任財務主管大衛・科爾維爾（David Colville）如今已成為新廷的合夥人，嚴格來說他不是新成員。他的繼祖母是克魯侯爵夫人，也就是漢娜・羅斯伯里的女兒。大部分的日常經營事務留給了接替塞繆爾・史蒂芬尼擔任總經理的休伊・戴維斯（Hugh Davies）和他的助理麥可・巴克斯，兩人都是從NM羅斯柴爾德家族銀行的文書工作中一步步晉升上來。

但這並不是說這些事使企業在當時有排他性、甚至沉悶乏味的倫敦市獨樹一幟。當然，有一部分的問題在於戰後的英國保留了戰爭時期的諸多經濟控制，尤其是對資本輸出的限制，而這向來是羅斯柴爾德家族的業務基礎。在布列敦森林體系（Bretton Woods system）[13]之下，傳統的國際債券發行幾乎沒有發展空間。此外，這時是英國社會主義的巔峰時期，儘管艾德禮（Attlee）政府深受貝弗里奇（Beveridge）、凱因斯等自由黨人之恩，大於馬克思的貢獻，卻對倫敦市不友善。以下是某位工黨支持者在一九四八年一月接受採訪時的觀點：

> 我認為不該讓人民擁有很多錢，除非是他們靠自己賺來的。靠有錢父母給的錢不是好理由……我們已經把保守黨的統治和以下情況聯想在一起：失業、營養不良、準備不足、在國外不受歡迎、不平等的教育機會、

---

* 提醒讀者：本章內容不是根據檔案研究，而是根據已公開的資料來源和採訪，因此本章或第十四章提供的僅是羅斯柴爾德各銀行從一九一五年以來的未來歷史概述，有待其他歷史學家日後進一步研究。基於此原因，我盡量不寫附註。

❶ 感謝約翰・普朗布爵士（Sir John Plumb）提供資訊。

13 譯注：一九四四年七月至一九七三年間，大多數國家加入以美元為國際貨幣中心的制度。

> 未開發的資源、缺乏對法西斯主義的反抗……唯一糾正這些錯誤的時期是在戰爭期間，當時的形勢和內閣的工黨成員迫使政府控管基礎產業和商品……戰爭揭露了舊托利黨的思想何其愚蠢，他們認為人民只會為了個人利益而工作，所以私人企業比國有企業更有效率……我希望以前那種追求私人利益、不受限制的私人企業已經消失了……一個人有很多錢，不代表一定過得很快樂……在社會主義政府的領導下，富人不可能有那麼多不是自己賺得的錢和優勢，這對富人來說可能不方便，但不重要。我認為你們終究會發現，許多有錢人不會為這種前景太過擔憂。

這句話不是出自安奈林·貝文（Aneurin Bevan），而是出自第三任羅斯柴爾德勛爵，或許可以說明為什麼他在一九四〇、五〇年代期間與新廷保持距離。他最後在一九五九年離開學術生涯進入私人企業時，在荷蘭皇家殼牌（Royal Dutch Shell）指導科學研究，而該企業與羅斯柴爾德家族有歷史淵源。

從一九四一年開始，舊合夥制的重組一直在籌備中。那年成立的羅斯柴爾德永續有限公司（Rothschilds Continuation Ltd）宗旨是作為合法的接替者，以免其餘的兩個夥伴有一方在戰爭中喪生，而此新公司後來憑著本身的力量成為合夥者。一九四七年，NM羅斯柴爾德家族銀行跳脫原本的框架，進一步創造了一百萬英鎊無投票權的特別股和五十萬英鎊有投票權的普通股。安東尼保留了百分之六十普通股，確保自己是主要合夥人。接在他之後的是埃德蒙和維克多，每人分到百分之二十，但維克多取得較大比例的無投票權特別股。家族內部的權力平衡轉變對下一代產生了深遠的影響。

需要強調的是企業在資本方面的縮減。一戰前夕，倫敦分行的資本已經接近八百萬英鎊，減少到一百五十萬英鎊意味著急劇下滑，尤其是考慮到英鎊在這段期間的購買力下降了百分之四十，主因是商業挫敗和前所未有的稅收。萊昂內爾去世後，留下了五十萬英鎊的透支額，但他的孩子也得支付總共二十萬英鎊的遺產稅。

安東尼的策略是重建企業的傳統海外業務。考慮到戰後的資本流動方向主要是從美國流向歐洲，這並不容易做到。當時，愛德華和羅伯特確實設立了阿姆斯特丹海外公司（Amsterdam Overseas，與荷蘭公司皮爾森－海爾德林〔Pierson, Heldring & Pierson〕的彼得．弗萊克〔Peter Fleck〕合作），作為羅斯柴爾德業務在紐約的營運基地，但似乎沒有為新廷帶來很多生意。起初，大量勞力都用於解決各種戰前債務，而這些債務是智利和匈牙利等國拖欠的。新股發行很罕見（例如一九五一年為國際復興開發銀行〔International Bank for Reconstruction and Development，通常稱為世界銀行〕發行殖利率百分之三．五的五百萬股票），並且必須與倫敦市的其他分行共有。三年前，國際黃金市場重新開放時，羅斯柴爾德以前在南非黃金市場的主導地位已重新確立：國際黃金價格又在銀行總部正式確定。不過，由於國際黃金儲備的目標是使黃金價格保持在每盎司三十五美元，重要性已大幅降低。在這種情況下，企業只好專注在信用狀和承兌業務。這樣做並非無利可圖，但這曾經是該銀行的二、三線做法。

戰後最有抱負也最傳統的計畫是在加拿大。對羅斯柴爾德家族而言，加拿大算是未知的領域。約瑟．斯摩伍德（Joseph Smallwood）開發資源豐富的紐芬蘭省（Newfoundland，他是省長）的計畫，可能是該銀行與溫斯頓．邱吉爾持續聯繫所帶來的最重要金融契機❷。他的私人秘書是科爾維爾的兄弟喬克，因此這段關係變得更加緊密。一九五一年十月，邱吉爾回到唐寧街後很快就被斯摩伍德的計畫吸引。他稱讚該計畫是「偉大的帝國概念，但與帝國主義無關」。在這方面，英國的紐芬蘭有限公司（British Newfoundland Corporation Ltd，簡稱Brinco，以下以布林科稱之）呼應了過去的榮耀，讓人想起羅斯柴爾德家族銀行在大英帝國鼎盛時期扮演的角色。實際上，邱吉爾手下的運輸、燃料及電力統籌部長萊瑟斯勛爵（Lord Leathers）甚至問道：「你都處理過蘇伊士運河了，為何不能處理紐芬蘭？」即便如此，安東尼還是猶豫不決，以至於財團成員幾乎要求助於德國的銀行。主要是因為埃德蒙的努力，N M羅斯柴爾德家族銀行才能繼續留在計畫中。但有人覺得

❷ 一九四六年，吉米為了讓省長繼續住在邱吉爾的查特維爾（Chartwell）宅邸，曾捐贈五千英鎊用於收購這棟房子，當時邱吉爾很缺錢。

有必要引進其他倫敦市企業，包括施羅德、漢布羅以及摩根建富。一九五三年三月，最終達成的協議是把六萬平方英里的土地租給布林科財團，租期為二十年。調查有效排除了該地區的礦產和木材資源開發後，他們決定在漢彌爾頓瀑布（Hamilton Falls）建造水力發電廠。財團私下發行二百萬股布林科的股票時，邱吉爾買了一萬股，這是十九世紀晚期的企業特點。

然而，在接下來的幾年，事實證明不可能維持那種「帝國」關係。一方面是因為英格蘭銀行被迫限制海外投資，以對抗英鎊在戰後的長期疲軟；另一方面是因為加拿大政府希望減少外國對布林科的控制。第一次公開發行「邱吉爾瀑布發電廠」股票時，並沒有徵詢羅斯柴爾德家族的意見。雖然他們同意從已發行的股票中持有七百萬美元，但加拿大的銀行不鼓勵他們這樣做。魁北克政府的阻撓特別有破壞性，因為它控制著通往紐約的陸上電纜線路，而紐約可能會是該廠最大的客戶。雖然NM羅斯柴爾德家族銀行在一九六三年參與了後來為聯邦發展金融公司（Commonwealth Development Finance Co.）發行的公司債，並在八年後提供一大筆貸款給紐芬蘭，但這項計畫從來不曾從政治糾紛中解脫出來。[3]事實證明，邱吉爾作風的策略在非殖民地化時代是錯誤的轉折。

但是到了一九五〇年代後期，新廷出現轉變的跡象。安東尼在一九五五年中風，喪失行動能力，只好退休。他在六年後去世。同時，合夥關係加深了。他的兒子伊夫林從劍橋大學畢業後，加入海軍，並在紐約的力拓和多倫多的史密斯套利公司（R. D. Smith & Co.）待過一陣子，最後於一九五七年進入銀行。維克多的長子雅各則是在六年後加入公司。在此之前，他從牛津大學畢業後，曾與庫珀兄弟（Cooper Brothers）的會計師、摩根．史坦利共事，並與赫爾曼．羅比諾夫（Herman Robinow）、克利福德．巴克禮（Clifford Barclay）等人有投資合夥的關係。「戰爭讓我們經歷了艱苦的時期，」利奧波德回想起安東尼說過，「你們這些年輕人可以隨意決定另外找新生意。」

當時已經採取初步措施以縮小帕林所謂的「合夥人與資深員工之間的大鴻溝」。一個半世紀的傳統在一九六〇年七月結束，大衛・科爾維爾是第一個正式成為合夥人的非家族成員（不過他早已在「房間」裡占有一席之地）。一九六一年九月，總經理麥可・巴克斯也獲得類似的提拔。一九六二年四月，經驗豐富的稅務律師菲利普・謝爾柏爾納（Philip Shelbourne）協助設立了負責公司業務的新財務部。雅各的到來使夥伴總數接近法定的十人上限，因此其他資深管理者不得不接受「搭檔」的地位，直到一九六七年的公司法將合夥人的數量上限提高到二十人為止。這樣的轉變在一九七〇年九月實現，合夥企業最終成立，結束了無限責任的時代。新董事會由四名無決策權的董事和二十名常務董事組成，而決策權從合夥人轉移到新的執行委員會。

這種管理結構的「新廷革命」有實質上的對應。一九六二年十月，在伊夫林的建議下，新廷的舊辦公室最終被拆除。當時已經有必要從聖史威辛巷擴展到切特溫德府（Chetwynd House），而該企業必須在遙遠的芬斯伯里廣場（Finsbury Square）南側的倫敦市蓋特府（Gate House）花上將近三年的時間，等待目前的六層樓建築建成。新辦公室象徵著新一代要將銀行現代化的決心。儘管如此，日本報紙報導了這棟**六十層**樓建築的新建設，而這完全是外界對該銀行重要性的典型誇大印象。實際上，倫敦分行還是相對較小，已發行的合併股本只有一千萬英鎊（預備金約為二百萬英鎊），而資產負債表顯示的資產總額只有一億六千八百萬英鎊。在存款方面，NM羅斯柴爾德家族銀行也比不上倫敦市的對手，它也不像巴黎分行有那麼多的外部利益。這些都有助於說明雅各在一九六五年的聲明：「我們一定要讓銀行充滿智慧也充滿金錢。」

首先，這意味著轉移到投資銀行。羅斯柴爾德投資信託（Rothschild Investment Trust, RIT）於一九六一年七月成立，資本為三百萬英鎊，其中三分之二是從外部投資者那裡籌到。該公司在雅各的領導下蓬勃發展，最初的稅前利潤超過了資本的百分之二十。截至一九七〇年，另外四家公開上市的羅斯柴爾德投資信託也加

❸ 邱吉爾瀑布發電廠直到一九六六年才開始建造。但是在一九七四年，也就是該廠營運三年後，紐芬蘭的新政府決定實施國有化，付了一億六千萬美元的賠償金給布林科。相比之下，該廠的建設成本總額為十億美元。

入了。在此之後，羅斯柴爾德投資信託在一九七四年與三家埃勒曼（Ellerman）擁有的投資信託合併後自成一格，廣泛投資了石油、天然氣、旅館及拍賣。儘管一九七〇年代初期受到經濟衝擊，但其總收入在這十年結束前達到將近七百萬英鎊，而資產淨值接近一億英鎊。相比之下，其資產淨值在一九七〇年只有六百萬英鎊。對於在一九七六年剛滿四十歲的雅各而言，這是一項了不起的成就。但有必要強調的是，羅斯柴爾德投資信託從一開始就朝著與母公司不同的方向發展。早在一九七五年，NM羅斯柴爾德家族銀行就已將持股比例減少到只有百分之九．四。一九七九年，索爾．斯坦伯格（Saul Steinberg）的信實集團（Reliance Group）以一千六百萬英鎊收購羅斯柴爾德投資信託四分之一的股份後，與新廷的聯繫似乎有可能完全中斷了。

資產管理業務也邁出了第一步。一九五九年，該銀行效仿菲利普．希爾、希金森及羅伯特．弗萊明（Robert Fleming）的做法後，成為全國防護基金（National Group's Shield Unit Fund）的受託者，成為首批單位信託基金之一。直接的資產管理業務隨之而來。按照一九八六年的金融服務法，這些業務後來轉移給新的子公司：NM羅斯柴爾德資產管理公司（N. M. Rothschild Asset Management, RAM）。

第三個重要的成長領域是企業金融。除了一九四〇年代晚期的幾次小規模股票發行，這方面在安東尼的領導下幾乎沒什麼成果。諷刺的是，鑑於該銀行後來在私有化方面扮演的角色，邱吉爾政府於一九五三年提出鋼鐵「非國有化」時，他與科爾維爾不肯參與，並認為此想法牽涉到危險的政治。一九五八至五九年，NM羅斯柴爾德家族銀行也沒有參與為了收購英國鋁業公司的著名戰鬥。這場收購戰通常被視為收購和合併的新時代開端。然而，這種情況在一九六〇年代發生改變，該銀行選擇齊心協力改善本身與產業的關係。一九六四年，曼徹斯特甚至出現分公司（該市從一八一一年以來的第一個羅斯柴爾德辦事處）；兩年後，里茲（Leeds）也有了分公司。不過該銀行對企業融資的初步嘗試確實令人沮喪。一九六一年二月，羅斯柴爾德家族銀行建議奧德姆斯出版社（Odhams Press）抵制《每日鏡報》（*Daily Mirror*）的收購行動。最後，由沃伯格（S. G. Warburg）擔任顧問的《鏡報》（*The Mirror*）贏了。但兩年後，新廷團隊擔任南威爾斯（South

Wales）的公營鋼鐵集團理查·湯瑪斯與鮑德溫斯（Richard Thomas & Baldwins）的顧問，成功擊敗懷海德鋼鐵（Whitehead Iron and Steel）的競標。截至一九六八年，ＮＭ羅斯柴爾德家族銀行在倫敦市的收購排行榜上排名第八，且規劃的五筆交易總價值高達三億七千萬英鎊。兩年後，該銀行在發行機構的排行榜上排名第五，全年為客戶公司籌集了總共二千萬英鎊。

然而，這片海域變幻莫測，有大批鯊魚出沒。一九六九年，ＮＭ羅斯柴爾德家族銀行第一次遇上了不老實、有活力的金融家羅伯特·麥克斯威爾（Robert Maxwell），它建議索爾·斯坦伯格的萊斯科公司（Leasco）出價二千五百萬英鎊收購麥克斯威爾的帕加馬出版社（Pergamon Press），但由於競標者發現帕加馬的違法行為促使貿易局對麥克斯威爾展開調查，這筆交易最終泡湯。在一九七〇年代初期的「巴伯榮景」（Barber boom）期間，森那美（Sime Derby）對克萊夫集團（Clive Holdings）的收購也證實有問題，那時森那美的董事長丹尼斯·平德（Dennis Pinder）被指控進行內幕交易，並在一九七三年十一月被逮捕。然而，吉姆·史萊特（Jim Slater）於一九七五年十月從每況愈下的斯萊特沃克銀行（Slater Walker）辭職時，英格蘭銀行向ＮＭ羅斯柴爾德家族銀行求助，才避免了大規模的次級銀行業危機，而這表現出了首相愛德華·希思（Edward Heath）對該銀行新任董事長維克多的信任。直到那年四月，維克多才開始在家族企業中扮演積極的角色，不久便盡力整頓了陳舊的管理結構。

在這個繁忙的時期，還有兩項重要的國內活動領域。首先，ＮＭ羅斯柴爾德家族銀行持續關注本身的投資機會，尤其是在媒體、電信等有成長的領域。該銀行投資了早期的一間獨立電視公司亞洲電視（ＡＴＶ），以及不太成功的英國居家觀影公司（Telemeter Home Viewing，「收費電視」的早期先鋒），但後來失敗了。此外，伊夫林曾是比弗布魯克報社（Beaverbrook Newspapers）、《經濟學人》及後來的電訊公眾有限公司（The Telegraph plc.）的董事會成員。太陽聯盟（Sun Alliance）收購了羅斯柴爾德永續有限公司的股份，並在一九七三年以六百九十萬英鎊收購格雷舍姆（Gresham Life，六年後以一千五百萬英鎊出售），因此加強了原先與聯合保險公司的關係。

值得一提的是，NM羅斯柴爾德家族銀行此時的資產負債表大部分偏向國內資產。儘管如此，該銀行在本質上仍然是國際銀行。即使越南戰爭對美元造成壓力，導致黃金儲備出問題後，該銀行還是長期對黃金保持興趣。雖然皇家鑄幣廠賣掉了，但該銀行仍然是主要的貴重金屬經銷商，不只在倫敦市場運作，也在紐約、香港、新加坡運作，為其目前在澳洲天然資源市場的卓越地位奠定基礎（我撰寫本文時，羅斯柴爾德的澳洲市場利潤約占NM羅斯柴爾德集團利潤的三分之一）。一九六三年，利息平衡稅取消、國際債券市場發展後，該銀行引導英國資本進行海外投資的傳統業務有望復甦。在這方面，過去的關係可能是一種資產。例如，葡萄牙在一九六四年發行價值一千五百萬美元的債券時，可援引早在一八二〇年代求助於羅斯柴爾德家族銀行的先例。一九六五年，在利奧波德的指導下，該銀行在拉丁美洲為美洲開發銀行（Inter-American Development Bank）和智利分別籌到了三百萬英鎊。三年後，該銀行為老客戶巴西安排了兩筆總計四千一百萬英鎊的大型貸款，這些資金是要用於大型基礎建設計畫，比如智利的第一個原子反應爐和里約－尼泰羅伊大橋（Rio-Niteroi Bridge）。一九六六年，NM羅斯柴爾德家族銀行帶領一個大型聯合組織，為的里雅斯特和因戈施塔特（Ingolstadt，羅斯柴爾德的舊地盤）之間的跨阿爾卑斯山管道籌集第一筆資金。一九六八年，匈牙利成為第一個向西方銀行貸款的東方集團（Eastern-bloc）經濟體時，其向新廷求助的決定在歷史上有許多先例。從一九六二至六九年，埃德蒙多次造訪日本，為日立（Hitachi）、先鋒（Pioneer）等多家日本公司安排「歐洲美元」債券的發行（與野村控股〔Nomura Securities〕合作），因此恢復了一九一四年之前與日本的聯繫。

值得一提的是（這對於塑造羅斯柴爾德的態度非常重要），銀行的關注焦點是在於開發中的歐洲經濟共同體（European Economic Community, EEC）國家。大概在此時，巴黎分行的負責人蓋伊在某些地區被吹捧為「EEC銀行家羅斯柴爾德」。他的倫敦親戚也可能有同樣的評價。

一九六〇年八月，羅斯柴爾德家族銀行和沃伯格銀行在倫敦市場投資蒂森（Thyssen）鋼鐵公司三十四萬英鎊（戰後在倫敦報價的第一批德國股票），因而朝著此方向邁出了試驗性的第一步。一年後，英國才剛簽署羅馬條約，羅斯柴爾德家族銀行就承諾加入共同市場銀行集團（Common Market Banking Syndicate，一九五八年於布魯塞爾成立），顯然它預期這種情況遲早會發生。一九六七年九月，海峽研究小組（Channel Study Group）成立，其宗旨是與摩根建富、拉扎德以及巴爾林共同努力恢復維多利亞時代在英吉利海峽下建造隧道的夢想。雖然這項計畫像之前的計畫一樣失敗了，但NM羅斯柴爾德家族銀行仍然有興趣，並充當歐洲海底隧道集團（European Channel Tunnel Group）的顧問，該集團於一九八一年創造了目前的「隧道」。另一個受到歐洲啟發的計畫是在一九七二年花二千萬英鎊設立的新廷歐洲投資信託。當時歐洲共同體法案正在國會審議，以期吸引英國投資者投資歐洲大陸的證券。最具遠見的是羅斯柴爾德的「歐洲複合單位」（eurco）新貨幣計畫，以歐洲九種主要貨幣的價值為基礎。這是後來的歐洲通貨單位和歐元的前身，主要呼應了英鎊相對於德國馬克的貶值問題，其概念是提供票面價值三千萬歐洲複合單位（約一千五百萬英鎊）、票息百分之八・五的十五年期債券給投資者。這次的試驗很成功：價值二千萬歐洲複合單位的債券為大都會地產（Metropolitan Estates and Property）發行時，被大量超額認購。從後來的辯論來看，《每日電訊報》贊同這個想法，並稱之為「振奮人心的從草根邁向貨幣聯盟的行動」，頗有諷刺意味。

促進英國的金融與歐洲大陸結合的合理方式是建立某種跨海峽的制度關係。例如，羅斯柴爾德家族銀行和國家省級銀行（National Provincial Bank）在一九六六年聯合創立了一間新的歐洲銀行，資本為一百萬英鎊。兩年後，漢諾威信託（Manufacturers Hanover Trust Co.）和義大利保險公司（Riunione Adriatica di Sicurtà）也嘗試了類似的做法。不過，策略明顯是要重建英國和法國羅斯柴爾德家族之間橫跨海峽的舊紐帶，問題在於雙方的舊合夥關係是否還能相容。

法國羅斯柴爾德家族的戰後經歷與英國親戚大不相同。戰爭結束後，年長的夥伴不久就去世了：羅伯特於一九四六年年底去世，而愛德華於三年後去世。儘管一九四〇年之後發生劇變，新的三位負責人（蓋伊、他的表親亞蘭和埃利）發現自己繼承了可觀的投資組合。一九四六年六月，羅斯柴爾德兄弟銀行的資產經過重新評估後（考慮到法郎貶值）為二億五千萬法郎，大概是一百萬英鎊。但這個數字不包括該家族持有的北方鐵路公司股份，以及在力拓、佩尼亞羅亞（Peñarroya）、鎳（Le Nickel）等跨國公司的投資。新法規允許蓋伊和合夥人將所有資產集中在單一的投資基金——北方投資公司（Société d'Investissement du Nord，一九五三年）時，資本總額高達四十億法郎，約為四百萬英鎊。他們的金融利益範圍很大，截至一九六四年，北方鐵路公司持有冷藏庫、建築等一百一十六個不同企業的股份，但採礦和礦產仍然和過去一樣很重要。雖然因為茅利塔尼亞（Mauritania）和阿爾及利亞的去殖民化過程而遭遇挫折，但蓋伊在這個領域的宏大策略在一九六〇年代後期奏效。當時，鎳公司兼併了佩尼亞羅亞和其他不同的採礦公司。亨利・凱撒（Henry Kaiser）鋁業公司退出鎳公司的擴張計畫時，蓋伊將公司的一半賣給公營企業，並為羅斯柴爾德的礦業集團（IMETAL）創造了新的保護傘。該集團不久也開始擴張，經過一番努力後，取得總部位於匹茲堡的柯普維（Copperweld）三分之二的股份，以及英國鉛業集團（Lead Industries Group）的一部分股份。

這段時期，蓋伊的另一個主要目標是與法國合資銀行競爭。從一戰開始，法國合資銀行就持續吸引存款、增加股東權益並發展分支網絡，藉此超越羅斯柴爾德兄弟銀行。雖然巴黎分行的存款在戰後的頭二十年增加了七倍，但在一九六五年首次公布資產負債表時，總額只有四億二千一百五十萬法郎（三千一百萬英鎊），而里昂信貸銀行的總額為二百億法郎。一九六七年，投資銀行和存款銀行之間的法規區別被消除後，增加了縮小這種差距的可能性。過了一百五十年後，羅斯柴爾德兄弟銀行變成羅斯柴爾德金庫（Banque Rothschild），一間資本約三百五十萬英鎊的有限責任公司，以嶄新的現代辦公室取代拉菲特街的歷史建築。蓋伊說，他的目標是「盡量從廣泛的領域和顧客那裡聚集的流動資產」。形式上，新結構意味著家族控股的稀釋。三位合夥人只持有百分之三十股份，而目前其餘股份由擁有大約二萬名股東的北方鐵路公司持有。然而，只要羅斯柴爾德家族控制著北方鐵路，「民主化」就只是一種概念。一九七三年，埃利委婉地向採訪者保證：「你不能將羅斯柴爾德銀行在一八五〇年的勢力和一九七二年相比。當時……我們**獨占鰲頭**。如今，**我們**不會蠢到認為自己是第一，因為我們事實上排名第十五。」但考慮到北方鐵路公司的規模已有效成為銀行的母公司，他的說法可謂輕描淡寫。從一九六六至六八年，該公司的資本從五千二百八十萬法郎迅速增加到三億三千五百萬法郎（約二千五百萬英鎊）。羅斯柴爾德金庫從與詹姆斯．葛史密斯（James Goldsmith，已加入董事會）的關係中獲得額外的力量，以五百萬英鎊取得了其貼現銀行百分之七十二的股份，並繼續收購其他三家銀行，使分行總數達到二十一家，職員約兩千人。羅斯柴爾德金庫在一九七八年兼併北方鐵路公司時，資產總額為一百三十億法郎，約十三億英鎊。

要不是因為持續的分裂導致莫里斯在一九三〇年代被排除在巴黎分行之外，法國的羅斯柴爾德家族勢力本來會更大。戰爭期間，這位所謂的「敗家子」在紐約發大財，成功地進行大宗商品的投機生意，並幸運地繼承財產，因此他在一九五七年過世時，應該是羅斯柴爾德家族中最富有的人。雖然他兒子埃德蒙曾在羅斯柴爾德兄弟銀行當過金融學徒，也曾在泛洋鑽探（Transocean）工作，不久後卻決定成立自己的創投公司，名為金融公司（Compagnie Financière），用來資助經營得有聲有色的地中海俱樂部（Club Méditerranée）度假公司。

法國的羅斯柴爾德復興也不純粹是在金融層面。如同英國的情形，雖然該家族的某些分行必須在戰後出售或贈予政府❹，但蓋伊和堂親們沒過多久就在巴黎「社會」的高峰恢復了羅斯柴爾德的傳統角色。最明顯的是，蓋伊和第二任妻子的活動開始頻繁地出現在八卦或賽車的專欄上，和在財經版上一樣頻繁。她勸他重新開

❹ 一九四四年，安東尼將紐馬克特的別墅交給賽馬會；一九五〇年，他將阿斯科特的別墅交給國民信託（National Trust）。一九五七年，吉米將沃德斯登莊園交給國民信託。一九七七年，蒙特摩爾莊園和內部的家具都出售了；此時，特靈成了藝術教育信託（Arts Education Trust）經營的學校。在法國，坎城的羅斯柴爾德別墅、布洛涅的房屋、方丹斯城堡、犬舍城堡、拉弗森城堡，以及位於聖弗洛朗坦街、聖奧諾雷市郊路的房子，都已不再屬於家族所有。

放費律耶，舉辦奢華的化裝舞會，例如普魯斯特舞會（一九七一年）和超現實主義舞會（一九七二年）。同時，該家族的另一個法國支系主要關注木桐酒莊的葡萄園。一九四七年，菲利普的父親亨利過世後，他繼承了木桐酒莊及鄰近的單人舞城堡（chateau d'Armailhac，於一九三三年收購）。至於較舊的拉菲酒莊葡萄園，仍然是詹姆斯的男性後代的共同地產，但主要由埃利、後來由亞蘭的兒子艾瑞克（Eric）管理。（該家族的支系在木桐酒莊和拉菲酒莊有曠日持久的鬥爭，主因是前者的產品分類吸引到的關注幾乎和費律耶的派對一樣多。）

法國羅斯柴爾德家族的高調也牽涉到政治層面。一九五四年，前公務員喬治．龐畢度（Georges Pompidou）受聘經營境況不佳的泛洋鑽探子公司，在當時並不引人注目。龐畢度身為觀光局的副局長只是個小公務員，但他將自己升任總經理一職與戴高樂將軍的精心栽培融合在一起，接著自願退出政界。阿爾及利亞的政治危機將戴高樂重新推上剛成立的第五共和國總統時，龐畢度離開了羅斯柴爾德金庫，轉而管理戴高樂的員工辦公室六個月，直到憲法修改後才回到銀行。一九六二至六八年期間，他重返政壇，成為戴高樂的第二任總理。儘管龐畢度以前與拉菲特街的關係沒有重大意義，卻支持了羅斯柴爾德在左派和右派發揮權力的迷思。諷刺的是，龐畢度繼戴高樂一九六九年去職後擔任總統期間，羅斯柴爾德金庫的危機加劇了。

儘管羅斯柴爾德金庫和ＮＭ羅斯柴爾德家族銀行有結構上的差異，但巴黎和倫敦的羅斯柴爾德家族早在一九六二年就恢復聯繫，當時法國分行投資六十萬英鎊成立由蓋伊擔任要職的新公司，很明顯是為了促進羅斯柴爾德重聚：羅斯柴爾德第二永續公司（Rothschilds Second Continuation）。隨後又有幾家合資企業相繼成立。巴黎分行持有五箭（Five Arrows）的百分之六十股份：五箭是控股公司，成立宗旨是要管理英國羅斯柴爾德家族的加拿大採礦集團。後來倫敦分行加入沃伯格銀行和另外兩家企業，成為法國羅斯柴爾德家族的科吉豐（Cogifon）地產財團成員。次年，兩家分行共同設立了歐洲地產公司（European Property Company）。一九六八年，蓋伊成為ＮＭ羅斯柴爾德家族銀行的合夥人，伊夫林則被任命為羅斯柴爾德金庫的董事。在這種情況下，一個重要發展是紐約子公司阿姆斯特丹海外公司轉型為新廷證券（New Court Securities），股東不只包括羅斯柴爾德金庫，還有埃德蒙的日內瓦私人服務銀行。國家省級銀行被國民西敏銀行（National Westminster Bank）兼併後，於一九六九年縮減參與規模時，一個更大的實體以類似的做法成立：羅斯柴爾德國際銀行（Rothschild International Bank, RIB）不只聚集了倫敦分行（有百分之二十八股份）和巴黎的羅斯柴爾德金庫（有百分之六．五股份），也聚集了埃德蒙的私人服務銀行（有百分之二．五股份）、皮爾森－海爾德林，以及兩家與羅斯柴爾德家族有歷史淵源的歐洲大陸企業，即布魯塞爾的蘭伯特銀行（Banque Lambert）和科隆的薩爾歐本海姆公司（Sal. Oppenheim jnr of Cologne）。

羅斯柴爾德國際銀行被視為其更廣泛的全球策略的一部分。一九七一年，羅斯柴爾德國際銀行發放了一億美元的貸款給墨西哥。此外，羅斯柴爾德也努力重建在亞洲的人脈。例如，NM羅斯柴爾德家族銀行在一九七〇年與美林證券、野村控股設立了東京資本控股公司（Tokyo Capital Holdings），發放貸款給菲律賓和南韓。然而，羅斯柴爾德國際銀行在一九七五年以一千三百萬英鎊被賣給美國的金融龍頭企業美國運通國際（Amex International），其全球策略似乎動搖了。

有一種可能的解釋在於，一九七〇年代初期的經濟環境變化特徵是，西方經濟體有通貨膨脹的問題。一九七三年十一月，石油輸出國組織（OPEC）決定將油價提高四倍，因此加劇了這個問題。石油危機對銀行家有好處，因為石油輸出國會將大部分大幅增加的收入存入西方銀行，然後這些銀行能透過借錢給艱困的石油進口國而「再利用」這些錢。然而，羅斯柴爾德家族在此事上處於劣勢。一九六三年，由於該家族與以色列政府的關係，包括一些重要石油輸出國組織成員國在內的阿拉伯聯盟（Arab League）已經正式將羅斯柴爾德的所有銀行列入黑名單。這項禁令在一九七五年再度實施。該家族與以色列的關聯意味著他們無法在「再利用阿拉伯賣石油賺到的錢」方面扮演卓越的角色（不過他們仍有可能間接參與其中）。

在許多方面，阿拉伯聯盟的黑名單反映出有關羅斯柴爾德的迷思繼續存在。事實上，該家族並不是所有支系都對猶太復國主義的態度一樣強烈。吉米不曾放棄英國和推翻巴勒斯坦命令（於一九五五年提議讓以色列加入聯邦）的以色列政治家達成和解的希望。他在遺囑中留下六百萬英鎊，資助以色列國會和特拉維夫市的魏茲曼科學研究機構（Weizmann Scientific Institute）修建新大樓，他的遺孀桃樂絲則設立了亞德・哈納迪夫教育基金會（Yad Hanadiv Educational Foundation）；雅各和其他人都持續資助該基金會。其實，有一名羅斯柴爾德成員在以色列定居，那就是蓋伊的妹妹貝特比。埃德蒙與同名的祖父一樣都對新政府有很高的忠誠度。一九五八年，他造訪以色列討論紅海的油管融資問題。在一九六七年的六日戰爭期間，他甚至為了公開支持以色列政府而飛往耶路撒冷。相比之下，倫敦的羅斯柴爾德家族比較謹慎，但有報導指出他們曾在一九六七年捐款給猶太－巴勒斯坦呼籲組織（Jewish Palestine Appeal）。

另一方面，越來越多的羅斯柴爾德家族成員與信仰不同者結婚，首次包括男性成員。蓋伊的第一任妻子繼承了該家族的傳統——阿里克斯・科羅姆拉（Alix Schey von Koromla）的母親屬於葛舒密特－羅斯柴爾德（蓋伊的第三位堂表親曾移除此姓氏）家族。戰爭發生前，兩人都活躍於法國的猶太人社區。然而，他在一九五七年離婚，與瑪麗・伊蓮娜（Marie-Hélène van Zuylen de Nyevelt）再婚。她是關係較近的遠親（祖母伊蓮娜是詹姆斯的兒子薩羅蒙的女兒），但她是天主教徒。不久後，蓋伊辭掉了猶太紅衣主教會議的會長職務，不過他持續擔任統一猶太社會基金（Fonds Social Juif Unifié）的主席直到一九八二年。後來，該家族在法國和英格蘭的其他成員也像他一樣與非猶太人結婚。然而，埃德蒙與天主教徒娜汀・洛皮塔利耶（Nadine Lhopitalier）結婚後，她皈依猶太教；瑪麗亞－碧翠斯（Maria-Beatrice Caracciolo di Forino）在一九八三年與艾瑞克結婚後亦然。蓋伊的兒子大衛也娶了天主教徒，名叫奧林皮婭・阿爾多布蘭迪尼（Olimpia Aldobrandini）。他們達成的妥協是將兒子亞歷山大當成猶太人撫養，卻沒有如此對待三個女兒。大衛認為，與信仰不同者結婚和投入大量時間到法國與以色列聯合運動（Joint Campaign for France and Israel）、法國猶太教基金會（French Foundation for Judaism）這類猶太機構之間並沒有矛盾。不過在這方面，家族的傳統勢力多少逐漸減弱了。

NM羅斯柴爾德家族集團

直到一九七〇年代後期，NM羅斯柴爾德家族銀行和羅斯柴爾德金庫邁向截然不同的轉折點。在英國，瑪格麗特·柴契爾政府的當選對市場撤銷管制有堅定的承諾，預示著倫敦市將發生重大的變化，尤其是外匯管制於一九七九年取消，以及證券交易所的限制性做法於一九八六年終止（也就是所謂的「金融大改革」）。問題在於該如何妥善應對這些變化。雅各認為羅斯柴爾德的分支機構如羅斯柴爾德投資信託和羅斯柴爾德國際銀行之所以能成功，似乎意味著要邁向嶄新的銀行類型，完全不同於納坦當年創立的企業。他認為傳統的倫敦商業銀行目前規模太小，無法撐下去。另一方面，他後來又表示，像美國運通國際這種龍頭企業，會讓英國最大的清算銀行顯得不起眼。其他則是倫敦市的商業銀行：克萊沃特·班森（Kleinwort Benson，市值為二億三千五百萬英鎊）、薩繆爾·希爾（Hill Samuel）、漢布羅以及施羅德。也許他還會在清單尾端加上NM羅斯柴爾德家族有限公司（N. M. Rothschild & Sons Limited）。雅各以六百六十萬英鎊出售他持有的銀行股份時，意味著估值總額只有六千萬英鎊。（年度報告顯示的數字更小，只有四千萬英鎊。）這時，羅斯柴爾德投資信託已超越母公司，估值約為八千萬英鎊。

從一九七〇年代中期開始，雅各就希望將羅斯柴爾德家族銀行與另一家更新的商業銀行合併，而這家銀行就是沃伯格（一九二〇年代，創辦人在羅斯柴爾德的新廷當過學徒）[5]羅斯柴爾德與沃伯格的合併計畫能最大程度地擴大其金融服務的業務範圍，但是稱為「戰爭與和平」的這個計畫受到伊夫林和雅各的父親維克多反對。另一種策略（圈內人稱之為「潘朵拉」）是將NM羅斯柴爾德家族銀行和羅斯柴爾德投資信託合併，這樣

[5] 早在一九五五年，西格蒙德·沃伯格就向埃德蒙提出類似的合併方案。

一來，原本的銀行就不再是家族控管的私人銀行。但在伊夫林和維克多的反對下，這項計畫也失敗了。他們認為保持家族控制權比擴張更重要。

這些都有助於說明雅各在一九八〇年離開新廷的原因。鑑於羅斯柴爾德投資信託仍然持有羅斯柴爾德永續有限公司的百分之十一・四股份（目前的價值為五千七百萬英鎊），與羅斯柴爾德家族銀行的百分之八・二股份相比，這注定是痛苦的分離。另外也需要區分兩個目前都帶有「羅斯柴爾德」名字的獨立實體。經過漫長又困難的討論後，達成的共識是讓名為「J羅斯柴爾德企業」（J. Rothschild & Company）的新公司管理羅斯柴爾德投資信託的資產。這在該家族的英國支系內部是個重大的分裂。

一九七六年六月，伊夫林從維克多那裡接下NM羅斯柴爾德家族銀行的主席職位後，他設想的替代性策略是什麼？有些觀察者質疑他是否真的有策略。實際上，有人認為雅各的離開對NM羅斯柴爾德家族銀行會是不利的打擊。但策略確實存在，在本質上與發揮該銀行的傳統優勢有關。

從一開始，NM羅斯柴爾德家族銀行就致力於滿足政府的財務需求，但主要與政府的貸款有關，只是偶爾參與政府資產出售（如國有鐵路出售）。但在一九八〇年代，柴契爾政府（急著減少政府對經濟的干預，並以減少直接徵稅的方式來獎勵保守黨的支持者）發現後來所謂的私有化具有財政利益時，此事變成該銀行最重要的活動領域之一。

羅斯柴爾德家族參與私有化的起源其實可追溯到柴契爾夫人擔任首相前的時期。雖然維克多只有間接貢獻，但他在一九七〇至七三年期間擔任愛德華・希思的中央政策審查小組（或稱為「智囊團」）的負責人，為羅斯柴爾德家族帶回了與政治家直接溝通、對他們在十九世紀的成功不可或缺的角色。或許這能說明希思政府在一九七一年七月委託羅斯柴爾德家族銀行出售工業重組企業（Industrial Reorganisation Corporation）的部分原因。一年後，代表接管人出售破產的勞斯萊斯汽車公司（Rolls-Royce Motors）是一項更困難的任務。該銀行無法取得三千五百萬英鎊以上的報價，因此冒險公開發行三千八百四十萬英鎊的股票。在員工「占領工廠」和工黨發言人東尼・本恩（Tony Benn）重新國有化的威脅下，上市並不容易，但當中有著寶貴的教訓。接下來的幾年，NM羅斯柴爾德家族銀行與政界的接觸增加了。一九七六年八月，邁爾斯・艾姆利（Miles Emley）臨時從該銀行被調去擔任東尼・本恩的顧問。那時，能源部開始出售北海油田的股份，並於次年開始出售英國石油公司的股份。不到十二個月後，前任農業部長及後來的農業協會主席克里斯多福・索姆斯（Christopher Soames）以非常務董事的身分加入該銀行，而克勞斯・莫瑟（Claus Moser）爵士在一九七八年離開政府統計局（Government Statistical Service），成為副主席。這些來自公共部門的新成員為新廷帶來了專業知識和人脈，在政府業務量增加的時候很有用。❻

也有從新廷到公共部門與政府的反向活動。柴契爾政府在一九七九年掌權後，常務董事彼得・拜倫（Peter Byrom）不久就被基思・約瑟夫（Keith Joseph）任命為英國造船公司（British Shipbuilders）的董事。約翰・里德伍德（John Redwood）的角色特別重要，他從牛津大學萬靈學院加入羅斯柴爾德家族銀行，並在一九八〇年出版的《危機中的公營企業》（*Public Enterprise in Crisis*）中，為私有化奠定了深厚的政治基礎。一九八三年八月，里德伍德退出羅斯柴爾德股票研究團隊，加入柴契爾夫人的唐寧街政策組。三年後，他返回擔任海外私有化的負責人。一九八一年，他和麥可・理查森（Michael Richardson）從嘉誠等證券經紀商加入NM羅斯柴爾德家族銀行，對於將私有化的概念轉變為政治經歷可謂功不可沒，不過公司在他們加入前就已參與私有化了。

儘管如此，聲稱NM羅斯柴爾德家族銀行引領柴契爾政府的資產出售案的說法則是偏離了事實。實際上，新政府在一九七九年十月進一步出售英國石油公司的股份，以及出售持有的大東電信（Cable &

❻ 這段時期的其他例子包括電力理事會（Electricity Council）的前任會長法蘭西斯・圖姆斯爵士（Sir Francis Tombs）。他在一九八〇年是非常務董事。一九八三年，前任貿易部副部長伊恩・斯普羅特（Iain Sproat）在選舉中失去席位後，到NM羅斯柴爾德家族銀行擔任顧問。

Wireless）股份時，該銀行被忽略了。但羅斯柴爾德家族銀行確實在一九八〇年七月管理過出售國家電力委員會（National Electricity Board）持有的費蘭提（Ferranti）股份。更重要的是，該銀行也處理了一九八二年二月的首次私有化。當時，高科技公司阿麥斯罕國際（Amersham International）被出售，這是第一次有完全公營的公司上市。部分是因為如此，一上市就引起了政治爭議。傑佛瑞・侯艾（Geoffrey Howe）身為大臣的決定是要以每股一百四十二便士的固定價格出售股票，但發行的股票被大量超額認購超過二十三倍，使股價抬高到一百九十三便士時，工黨發起了判斷失當的攻擊。影子大臣羅伊・哈特斯利（Roy Hattersley）呼籲進行公開調查，不明智地暗示「給托利黨的捐款和企業從政府那裡取得的款項之間的關聯」不只是巧合。ＮＭ羅斯柴爾德家族銀行被證實對保守黨沒有捐獻，他只好收回之前說過的話。一九八二年，英國國家石油公司（ＢＮＯＣ）出售股份時，這種攻擊依然持續，但這次的股份是以最低價格投標的方式出售。引人注目的是，英國國家石油公司的負責人是羅斯柴爾德家族銀行的前任董事菲利普・謝爾柏爾納，但該銀行只是六家承銷商之一，為能源部長尼格爾・勞森（Nigel Lawson）提供諮詢服務的是沃伯格銀行。一年後，ＮＭ羅斯柴爾德家族銀行在一九八三年十二月取得史密斯兄弟（Smith Brothers）股票經紀公司的百分之二十九・九股份，為共同擁有的史密斯新廷（Smith New Court）股票經紀公司的創立做好了準備。[7]而雅各似乎不是羅斯柴爾德家族中唯一能為金融大改革做好準備的人。

儘管ＮＭ羅斯柴爾德家族銀行在英國電信的合約中被忽略，卻在一九八五至八六年間獲得空前的成功，在為英國天然氣（British Gas）的六十億英鎊拋售事宜提供諮詢的「選拔大賽」中勝出。這或許是保守派政府為促進「持股民主」的理念而做出的最有效的嘗試，表現為無所不在的錫德（Sid）廣告。透過向所有申請者保證至少兩百五十英鎊的股份，並將海外與機構投資者限制在總額的百分之三十五，有望避免長期的超額認購問題。十二月三日上市時，總共有四百萬個投資者申請價值五十六億的股份。這項交易的顯著特點在於，ＮＭ羅斯柴爾德家族銀行和其他相關銀行對國內採購所收取的承銷佣金很低，從最初四億英鎊的百分之〇・二五到二十五億英鎊的百分之〇・〇七五不等。許多人認為，這些銀行接受這麼低的利率是對政府的收費過低，但作為私有化市占率的競標算是一種精明的做法。

不該低估這種大規模行動所涉及的風險。後來，英國國家審計署批評NM羅斯柴爾德家族銀行，因為該銀行建議政府在一九八五年以一億九千萬英鎊出售皇家兵工廠給英國航太公司（British Aerospace），理由是價值較高。但兩年後，英國石油公司最終的銷售經歷表明了這樣估值的難度極高。一九八七年四月，羅斯柴爾德家族銀行贏得了出售政府持有英國石油公司剩餘百分之三十一・五股份的合約（價值約五十七億英鎊），並發行十五億英鎊的新股。這項計畫是以一百二十便士的固定價格向一般英國投資者發售大部分股份，其餘股份則拍賣給機構和海外買家。截至九月，有人信心十足地說投資者將獲得百分之二十收益，而政府獲得最低的承銷費。接著，就在出售前夕，一九八七年十月十九日，股市崩盤了。該銀行主張取消銷售，準確地預測到股價會急劇下跌。但財政部長尼格爾・勞森堅持繼續施壓，經過幾番周折，才被說服設定七十便士的「下限」，英格蘭銀行同意維持下限以上的價格。但這仍然意味著重大虧損，史密斯新廷損失了超過八百五十萬英鎊。

但新廷的私有化支持者不受影響。一九八七年，該銀行負責為電力理事會提供關於十二個地區性電力委員會私有化的諮詢服務，成功反抗了能源部秘書塞西爾・帕金森（Cecil Parkinson）的「爆炸式」或「封裝式」私有化計畫，也就是將這些委員會當成一個獨立單元出售。同年，該銀行承擔了十個水務署私有化的任務。次年，又有英國鋼鐵公司（British Steel）二十五億英鎊的拋售。一九九一年，羅斯柴爾德家族銀行獲派擔任英國煤炭公司（British Coal）私有化的顧問時，再次引發爭議，因為銀行報告只有十四個礦坑適合上市，這直接促使麥可・夏舜霆（Michael Heseltine）在一九九二年十月宣布關閉剩餘的礦坑，導致多達四

❼ NM羅斯柴爾德家族銀行以九百二十萬美元買下史密斯兄弟的百分之九・九股份，並以七百萬美元買下後來的史密斯新庭百分之五十一股份，投資額共約一千萬英鎊。金融大改革終結了銀行、經紀商（與公眾打交道）與股票經紀商（執行證券交易所的交易）之間的徹底分離。

萬四千人失業。此後，該銀行又參與了英國國家鐵路（British Rail）和北愛爾蘭電力公司（Northern Ireland Electricity）的私有化，並建議政府出售住房協會貸款和學生貸款。

如果政府和倫敦市沒有密切聯繫，像私有化這種激進的計畫便難以實施。同樣不可思議的是，政府的批評者可能忽視了這種聯繫關係。柴契爾夫人在一九九〇年下台後，保守黨政府得到的政治支持迅速減少，新廷和西敏之間的關係免不了成為反對派批評的新話題。一九九二年的選舉結束後，保守黨以些微差距獲勝，引人注目的是，大臣諾曼・拉蒙特（Norman Lamont）、副部長托尼・尼爾森（Tony Nelson）及環境部長約翰・里德伍德都曾是ＮＭ羅斯柴爾德家族銀行的員工，其他人則是以保守黨候選人的身分參與競選，例如奧利弗・萊特溫（Oliver Letwin）和後來的羅伯特・蓋伊（Robert Guy）。但引發輿論的是前部長（以及資深公務員）在新廷的任職。威爾斯前國務大臣彼得・沃克（Peter Walker）成為該銀行的威爾斯子公司和史密斯新廷的非常務董事。一九九三年，諾曼・拉蒙特的大臣職位被取代後，加入了ＮＭ羅斯柴爾德家族銀行的董事會。內政部前常務秘書克萊夫・惠特莫爵士（Sir Clive Whitmore）、國防部前常務秘書法蘭克・庫珀爵士（Sir Frank Cooper）也加入董事會。前能源部秘書韋克姆勛爵（Lord Wakeham）之前委託過ＮＭ羅斯柴爾德家族銀行評估英國煤炭公司的發展潛力及私有化的可能性，如今也成為其董事。

然而，作為政策的私有化無可置疑的成果，明顯轉移了對這些任用的批評。不只是工黨徹底放棄將私有化產業重新國有化的想法，許多外國政府也紛紛效仿英國的做法。過程中，很多人求助於該領域的頂尖專家：ＮＭ羅斯柴爾德家族銀行。光是在一九八八年，該銀行就處理了八個不同國家的十一個私有化案。從一九九六至九七年，該銀行建議巴西政府出售持有的淡水河谷公司（Companhia Vale do Rio Doce）鐵礦股份，建議尚比亞將銅礦業私有化，並建議德國讓六十億英鎊的德國電信公司（Deutsche Telekom）上市（澳洲電信公司〔Telstra〕也採取了類似的行動）。整體上，這種從公共部門轉向私人企業的大規模資產轉移是二十世紀晚期世界經濟體的最重要發展之一，可與十九世紀形成的公債國際市場媲美，後者以類似的方式分配政府債務。

NM羅斯柴爾德家族銀行對私有化革命的貢獻，讓人聯想到其早期作為現代債券市場的主要締造者角色。

不過自一九七九年以來，為政府提供私有化建議只是該銀行企業融資業務的一部分。對該企業的利潤而言，更重要的大概是在私人部門內的持續成效。一九九六年，NM羅斯柴爾德家族銀行連續第二年在《收購月刊》（*Acquisitions Monthly*）的合併與收購諮詢排行榜上排名第五，處理了價值超過九十億英鎊的二十四筆交易，與市場領導者巴爾林不相上下。七年前，這家銀行排名第十一。

如同一九六〇和七〇年代，NM羅斯柴爾德家族銀行的新分支機構在一九八〇年代成長。其中一個重要的例子是，羅斯柴爾德資產管理公司在此時成為該銀行各種海外投資基金的保護傘。一九八七年，羅斯柴爾德集團在這種管理下，擁有的資金總額已超過一百零三億英鎊，其中約四十三億英鎊由羅斯柴爾德資產管理公司處理。對維克多的小兒子阿姆謝爾來說，不幸的事是他在一九九〇年一月被任命為執行長時，恰逢國際經濟衰退的開端，使羅斯柴爾德資產管理公司的績效變差。總行和羅斯柴爾德資產管理公司的利潤加在一起時，NM羅斯柴爾德家族銀行和競爭對手之間的差距似乎迅速擴大了。另一方面，史密斯新廷從一九八七年的股市崩盤恢復過來，利潤在一九九〇年代初期達到創紀錄的水準。一九九五年，羅斯柴爾德將持有的史密斯新廷股份出售給美林證券時，售得一億三千五百萬英鎊；不到十年前，它的買價才一千萬英鎊（該公司從事的證券行銷業務現由羅斯柴爾德家族銀行與荷蘭銀行〔ABN AMRO〕共同執行）。值得一提的是一九八〇年代初期，生物技術投資公司（Biotechnology Investments）在維克多．羅斯柴爾德的指引下成立，這是一家專業的創投基金企業。另一項他會同意的方案是讓該銀行成為塔特薩爾公司（Tattersalls）領導的財團成員。一九九二年，該公司競標經營新的國家彩票，但沒有成功。身為一九七八年皇家賭博委員會的會長，維克多曾建議設計類似的彩票。

一九八〇年代的最後一項發展是英法羅斯柴爾德家族聯合設在紐約的附屬機構——新廷證券（New Court Securities）轉變成羅斯柴爾德股份有限公司（Rothschild Incorporated）。該公司在執行長鮑伯．皮里（Bob

Pirie）及其繼任者漢克．圖頓（Hank Tuten）的指導下，迅速累積了一大批企業客戶。❽一九九〇年代初期，該公司是奧林匹亞約克公司和專門發行「垃圾債券」的德崇投資銀行（Drexel Burnham Lambert）等經濟衰退受害者的貸方代理時，幾乎賺到了同樣多的錢。

一九八〇年代晚期，ＮＭ羅斯柴爾德家族企業在伊夫林擔任主席的十年內持續成長，否定了那些認為公司在現代金融界沒有前途的預言家。資產負債表價值四十四億英鎊，有一億五千二百萬英鎊的股本，股利總額為一千二百萬英鎊，淨利為五百萬英鎊，可見該銀行並非龍頭企業。但這家有六百位員工、三十九位主管以及二十六位非常務董事的公司，也沒有佯裝是龍頭企業。此外，為了在一九八〇年代存活，該公司是否有必要成為「巨頭」仍是疑問。雅各與銀行總部斷絕關係後的經歷，表明了可能無此必要。

首先，雅各似乎一心實現他的願景，建立新型的金融集團。一九八一年，羅斯柴爾德投資信託（ＲＩＴ）與大北方投資（Great Northern Investment）合併成「RIT & Northern」。三年期間，他取得了早晨時段的新電視公司「TV-am」的百分之九．六股份、無親戚關係的紐約投資銀行ＬＦ羅斯柴爾德托賓（L.F. Rothschild, Unterberg, Towbin）的百分之五十股份、倫敦市經紀公司奇巧艾特肯（Kitcat & Aitken）的百分之二十九．九股份，並與查特豪斯集團（Charterhouse Group）合併成查特豪斯．J．羅斯柴爾德（Charterhouse J. Rothschild）公司，市值為四億英鎊，是ＮＭ羅斯柴爾德家族銀行的兩倍多。一九八三年，在他離開新廷三年後的一場演講中，他預測隨著國際金融持續放寬管制，「兩大類型的大型機構，即全球金融服務公司以及有國際交易能力的國際商業銀行，最終可能會匯聚成強大的多頭金融集團。」他自己的帝國也開始邁近於這段描述。

然而，帝國很快就解體了。轉折點出現在一九八四年四月。當時，雅各公布了另一項合併計畫：與馬克．溫伯格（Mark Weinberg）的漢布羅人壽（Hambro Life）保險公司合併。倫敦市批評這項複雜的計畫後，捨棄掉了這項交易，導致查特豪斯．J．羅斯柴爾德公司的股價暴跌。幾個月後，雅各賣掉了在查特豪斯集團和奇巧艾特肯持有的股份。一九八七年，輪到ＬＦ羅斯柴爾德托賓公司被售出（後來申請破產）。一年後，雅各擔任投資經理時，將羅斯柴爾德投資信託資本合夥公司（RIT Capital Partners）從核心企業羅斯柴爾德控股公司（J. Rothschild Holdings，以下簡稱ＪＲＨ）分離出來。這種縮減規模的過程持續到一九九〇年，而ＪＲＨ分成了兩個獨立的公司：單位信託基金公司主教門成長企業（Bishopsgate Growth）和聖詹姆斯地方資本公司（St James's Place Capital）。顯然，驚人的績效與經濟週期有很大的關係，尤其是一九八七年的股市崩盤（不過雅各和股東透過各種收購獲得了可觀的利潤）。但這也反映了一些具體的挫折，比如他與詹姆斯．葛史密斯、凱利．帕加在一九八九年為菸草巨頭英美菸草公司（British American Tobacco, BAT）進行的一百三十億英鎊競標失敗，使稅前利潤急劇下降。雖然此後一直有新的投機活動，但雅各（於一九九〇年接替父親的位置成為第四任羅斯柴爾德勛爵）漸漸將精力轉向公共事務，尤其是在一九九二至九八年期間擔任國家遺產紀念基金會的會長。

　　更明顯的對比是法國羅斯柴爾德家族在一九八〇年代的經歷，其中的寓意很相似——規模不一定是優勢。蓋伊在一九七九年以銀行和「IMETAL」的董事長身分退休，而亞蘭在次年離開其最後的商務職位（貼現銀行的董事長）後，新一代在埃利的領導下脫穎而出，尤其是蓋伊的兒子大衛，他於一九六八年在佩尼亞羅亞展開商業生涯，並在擔任北方鐵路公司董事長期間掌管該公司與羅斯柴爾德金庫的合併。但這種高層的變化是在危機惡化的時候發生。羅斯柴爾德金庫的利潤從一九七六年的二千萬法郎下滑到一九七七年的八百五十萬法郎，接下來的三年也沒有好轉：一九八〇年的利潤為一千八百三十萬法郎（一百九十萬英鎊）。對於像ＮＭ羅

❽ 客戶包括詹姆斯．葛史密斯爵士、萊希曼（Reichmann）兄弟的奧林匹亞約克公司（Olympia & York）與漢森信託（Hanson Trust），當然也有羅伯特．麥克斯威爾，他收購皮里支持的一間美國出版社，在過程中賺了一千七百萬美元。他在一九九一年去世後，留下涉及貪污的遺產和龐大債務，而ＮＭ羅斯柴爾德家族銀行被派去調查他的帳簿，並安排他的繼承者出售其持有的鏡報集團（Mirror Group Newspapers）百分之五十四股份。

斯柴爾德家族銀行這種規模的企業而言，這些數字值得尊敬。但羅斯柴爾德金庫是法國第十大存款銀行，有大約三十四億法郎（三億四千六百萬英鎊）的存款，這樣的表現令人失望不已。[9]一九八一年五月的法國總統大選，社會主義者弗朗索瓦．密特朗（François Mitterrand）擊敗了季斯卡．德斯坦（Giscard d'Estaing）當選。次月，勝利再度上演，他的政黨在國民議會以絕對多數的優勢獲勝。結果證明，銀行規模和弱點的結合會釀成大禍。

自從社會主義者在一九七三年與共產主義者達成協議以來，就持續致力於將「所有銀行和金融界」國有化，「尤其是商業銀行和金融控股公司」。根據民意調查，只有百分之二十九的選民反對這項政策。現在，密特朗有能力履行這個承諾了，事實上他的政府有四位共產黨部長，所以他也非採取行動不可。羅斯柴爾德家族遲來但倉促地試圖分拆工業和銀行業的利益，但此舉被政府禁止，並將有超過十億法郎存款的銀行國有化。包括羅斯柴爾德金庫在內的三十九家銀行都逃不出羅網。因此，詹姆斯．羅斯柴爾德創立的銀行成了公營的歐洲銀行企業（Compagnie Europeenne de Banque）。可以肯定的是，這不是納粹風格的徵用：補償金以一九八〇年結束前的股票價值和股利分配來計算，並根據通貨膨脹進行調整。以羅斯柴爾德金庫為例，應付金額為四億五千萬法郎（四千一百萬英鎊），其中該家族獲得三分之一，與其在銀行股權中的份額成比例。有些觀察者認為，對一家走下坡的企業而言，國有化是件「看似壞事的好事」。然而，蓋伊對四十多年來的第二次政治攻擊耿耿於懷。「在貝當統治下的猶太人、在密特朗統治下的賤民，」他憤怒地在《世界報》（*Le Monde*）頭版發表的文章表示：「我受夠了！」

故事的轉折在於，負責將羅斯柴爾德金庫國有化的政府部長之一亨利．艾曼內利（Henri Emmanuelli）曾是埃德蒙的瑞士金融公司的巴黎分行董事，該公司由埃德蒙與兒子班傑明共同經營。埃德蒙是否對父親留下的銀行有如此的下場感到幸災樂禍，我們不得而知，但他無疑是羅斯柴爾德家族所有成員中，於一九八〇年代在財務方面最成功的人。一九九二年，他的金融公司有大約十一億英鎊的資產，而他的私人服務銀行在一九九五年受到管理的資產約有一百零八億英鎊。

如果羅斯柴爾德旗下的不同銀行業務互相失去聯繫，巴黎的家族成員會很難從國有化的打擊中恢復常態。但是在羅斯柴爾德金庫被摧毀的三年內，巴黎出現了新分行。巴黎新分行的母公司是叫做巴黎奧爾良（Paris-Orléans Gestion）的控股企業，是國有化前在羅斯柴爾德金庫體系之外由大衛和艾瑞克設立。現在，這兩位堂親與大衛有一半親緣的弟弟愛德華決定共同成立小型基金管理公司，作為擁有葡萄酒企業（拉菲羅斯柴爾德男爵集團〔Domaines Barons de Rothschild〕）的巴黎奧爾良的子公司。他們花了三年才說服不情願的財政部長雅克・德洛爾（Jacques Delors）授予銀行業執照。那時政府仍厚顏無恥地禁止使用該家族姓氏，因此新事業不得不在一九八四年七月以「巴黎奧爾良銀行」的名義成立。該企業的所有權表明，這間企業在很大的程度上是跨國羅斯柴爾德實體：羅斯柴爾德永續控股公司（Rothschilds Continuation Holdings，參見下文）出資百分之十二・五，埃德蒙的金融公司出資百分之十，而羅斯柴爾德銀行股份有限公司（Rothschild Bank AG，在蘇黎世）出資百分之七・五。該企業的信紙有五個箭頭符號和「羅斯柴爾德集團」（Groupe Rothschild）的字樣，尤其凸顯了這一點。公司成功了：股票價值在最初兩年增加了兩倍；一九八六年，該企業管理大約二億七千三百萬英鎊的客戶基金，資本超過四百萬英鎊。

一九八六年三月，法國社會黨在選舉中落敗，戴高樂主義者賈克・席哈克（Jacques Chirac）在日益保守的密特朗領導下擔任總理的「共治」時期到來，促進大規模的報復行動產生。新法國銀行仿效英國的做法參與私有化，提供政府關於巴黎投資銀行上市的諮詢服務，並於一九八六年十月更名為羅斯柴爾德聯合銀行

❾ 具有的象徵意義是，法國家族的許多珍貴房子在這段時期被處理掉了，包括費律耶，蒙梭路的房屋也被摧毀。一九七五年，馬里尼大道二十三號被賣給政府。同年，費律耶被授予索邦（Sorbonne）。一九七七年，古維約（Gouvieux）的忘憂宮（Sanssouci）被出售，目前是一家旅館，而沃德塞爾奈修道院也是如此。一九八〇年代，阿曼維利耶莊園被賣給摩洛哥國王。

（Rothschild & Associés Banque），恢復了家族姓氏，後來又恢復過去的合夥結構，更名為羅斯柴爾德Ｃｉｅ銀行（Rothschild & Cie Banque）。從那時起，這家巴黎新銀行漸漸開始參與法國的企業融資。該銀行有一億五千萬法郎（一千九百萬英鎊）的資本，管理著大約一百五十億法郎（十九億英鎊），因此也是法國五大企業融資銀行之一。用倫敦市的術語來說，就是「精品銀行」，但交易十分活絡。

在巴黎的第二次復興只是伊夫林發起的更廣泛行動的一部分，目標是重建國際合夥體系——羅斯柴爾德家族在十九世紀的最大優勢。用他的話來說，就是要「重組家庭」。在這方面，羅斯柴爾德永續瑞士控股公司（Rothschilds Continuation Holdings AG，作為不斷擴張的「羅斯柴爾德投資銀行集團」的母公司，總部位於瑞士）的成立具有歷史意義。從第一次世界大戰之前以來，這是首次採取正式措施，將四分之三個世紀以來因政治不穩定而四分五裂的不同家族利益結合起來。可以說伊夫林的策略關鍵在於，他相信羅斯柴爾德家族可以透過建構現代版的舊羅斯柴爾德體系，將家族企業的傳統美德與真正的全球影響力結合起來，其核心是緊密交織的家族控管企業集團，有不斷擴展的代理網絡和有不同自主程度的夥伴。

我寫本書時，該集團的結構可以簡化如下。「金字塔」的頂端是總部位於蘇黎世的羅斯柴爾德永續瑞士控股公司，其主要投資以下十九家企業，按地理位置分類：

- ＮＭ羅斯柴爾德家族有限公司、羅斯柴爾德永續有限公司、ＮＭ羅斯柴爾德企業融資有限公司（N. M. Rothschild Corporate Finance Ltd）、羅斯柴爾德資產管理有限公司（英國）
- ＮＭ羅斯柴爾德家族ＣＩ有限公司、羅斯柴爾德資產管理ＣＩ有限公司（海峽群島）
- 羅斯柴爾德Ｃｉｅ銀行、羅斯柴爾德Ｃｉｅ（Rothshcild & Cie）（法國）
- 羅斯柴爾德銀行股份有限公司（瑞士）

- 羅斯柴爾德歐洲ＢＶ（Rothschild Europe BV）、羅斯柴爾德資產管理國際控股ＢＶ（Rothschild Asset Management International Holdings BV）（荷蘭）
- 羅斯柴爾德北美洲股份有限公司（Rothschild North America Inc.）、羅斯柴爾德資產管理股份有限公司（Rothschild Asset Management Inc.）（美國）
- ＮＭ羅斯柴爾德家族澳洲有限公司、ＮＭ羅斯柴爾德澳洲控股私人有限公司（N. M. Rothschild Australia Holdings Pty Ltd）、羅斯柴爾德澳洲資產管理有限公司（Rothschild Australia Asset Management Ltd）（澳洲）
- ＮＭ羅斯柴爾德家族香港有限公司、羅斯柴爾德資產管理香港有限公司（香港）
- ＮＭ羅斯柴爾德家族新加坡有限公司（新加坡）

因此，ＮＭ羅斯柴爾德家族集團是跨國實體（日前有百分之五十以上的資產在英國以外），有廣泛的地理影響力，這再次讓人想起邁爾．阿姆謝爾的兒子們在一八一五年之後開發的分行體系。但該家族也透過另一家瑞士公司（羅斯柴爾德康考迪亞〔Rothschild Concordia AG〕控管集團）由家族控管。該公司持有羅斯柴爾德永續瑞士控股公司的多數股權（百分之五十二．四）。巴黎奧爾良控股公司與這個結構密切相關。該公司控管著巴黎羅斯柴爾德Ｃｉｅ銀行的百分之三十七股份、羅斯柴爾德北美洲企業約百分之四十股份、羅斯柴爾德加拿大企業的百分之二十二股份，以及羅斯柴爾德歐洲企業的百分之四十股份。金融公司的財務參與度較低，但埃德蒙的兒子班傑明被任命為羅斯柴爾德永續瑞士控股公司和羅斯柴爾德銀行股份有限公司的董事，表明了參與度可能會提高。

除了上方列出的公司，還有一些較小型的子公司，讓人想起十九世紀的舊代理處。一九八九年五月，倫敦和巴黎的羅斯柴爾德家族將在法蘭克福開設子公司羅斯柴爾德有限責任公司（Rothschild GmbH）的消息，這是另一項具有歷史意義的事。兩個月後，羅斯柴爾德義大利股份公司（Rothschild Italia SpA）成立了。一九九〇年九月，西班牙（羅斯柴爾德西班牙股份公司〔Rothschild España SA〕）和葡萄牙也有類似的業務。這些公司的網絡不限於歐洲。一九九七年，阿根廷、百慕達、巴西、加拿大、智利、哥倫比亞、捷克共和國、印尼、曼島（Isle of Man）、日本、盧森堡、馬來西亞、馬爾他（Malta）、墨西哥、紐西蘭、波蘭、俄羅斯、南非以及辛巴威也設有辦事處。

當然，目前羅斯柴爾德家族集團的結構與十九世紀中期羅斯柴爾德五大分行在巔峰時期經營的體系之間有顯著的差異。但在許多方面，兩者有相似之處。在歐洲、美洲以及亞洲的子公司履行的職能，與羅斯柴爾德代理處在一個半世紀前履行的職能很類似，而且通常是在同樣的地方。或許最重要的是（與大多數大型金融機構不同），該集團的所有權和領導權是由重要的家族成員共享。十九世紀，五位兄弟和兒子們會以偶爾簽訂的合夥契約來團結家族與各分行。現在六位家族成員在羅斯柴爾德家族集團的十五家主要組成公司中，總共有三十七個董事會席位，包括主席和副主席職位。十九世紀，該家族的合夥人只有名義上的平等。在股本方面，甚至在領導權方面，往往有一位占主導地位的合夥人。現在也是如此，伊夫林是羅斯柴爾德康考迪亞公司、羅斯柴爾德永續瑞士控股公司、羅斯柴爾德銀行股份有限公司、羅斯柴爾德家族有限公司、羅斯柴爾德永續有限公司的重要人物，即董事長，同時也是該集團其他公司的董事。如同過去，伊夫林快要退休時，接班人的問題便十分重要。而這裡的重點是，大衛於一九九二年一月被任命為NM羅斯柴爾德家族企業的副董事長。倫敦市的其他舊成員漸漸失去原本建立的企業控制權，該家族正在重新確立主導地位。五個月後，伊夫林向《世界報》表明了繼承順序：「萬一我出了什麼事，還有大衛。萬一大衛出了什麼事，還有阿姆謝爾。一家人一起工作一直都是我們的特色。」一九九六年七月，阿姆謝爾在某一次討論將羅斯柴爾德家族的國際資產管理業務合併的會議之後過世，這個消息是個悲慘的打擊。但是可以合理推斷，大衛會在伊夫林決定退休之後接替他擔任重要的職位。現在大衛定期前往倫敦，比詹姆斯當年的旅程更方便、更快速。

要整合不同的羅斯柴爾德企業當然並非沒有問題，尤其是蘇黎世的羅斯柴爾德銀行在一九九一至九二年發生的危機。羅斯柴爾德金庫國有化之後，埃利成為蘇黎世銀行的董事長，任命阿爾弗烈德・哈特曼（Alfred Hartmann）先擔任總經理，後來擔任副董事長。困境的初步跡象出現於一九八四年，當時該銀行因參與非法的五千萬瑞士法郎貸款而受瑞士銀行委員會（Swiss Banking Commission）譴責。六年後，就在羅斯柴爾德支持菲利普・莫里斯（Philip Morris）競購蘇查德公司（Suchard）的前夕，蘇黎世銀行買下該公司的股份，因此陷入尷尬的境地。一九九一年七月，ＮＭ羅斯柴爾德家族銀行為了阻止蘇黎世銀行的衰敗，買下其百分之五十一股份，並讓伊夫林接任董事長職務。伊夫林在那裡的發現，可與安謝姆於一八四八年抵達維也納後的經歷進行對照（或者是萊昂內爾遇到信貸銀行危機時的經歷）。最初的宣布是，該銀行的帳外預備金中有六千三百五十萬瑞士法郎要進行清算，才能彌補約一億瑞士法郎（四千萬英鎊）的不良貸款損失。與企業的一億八千五百萬法郎（七千四百萬英鎊）資本相比，這些數字實在驚人。但解決長期難題的程序才剛開始。一九九二年九月，他發現該銀行的資深主管約格・赫爾（Jürg Heer）批准了一些大型非法貸款，主要提供給兩名德裔加拿大地產金融家。起初這些交易的總虧損估值為二億瑞士法郎（八千萬英鎊），但後來不得不上調為二億七千萬瑞士法郎，此數字超過該企業的整體資本。如果羅斯柴爾德銀行股份有限公司是完全獨立的實體，大概已經走向終結。不過，作為更廣大的羅斯柴爾德結構一部分，這家分行可以憑著一億二千零五萬瑞士法郎的挹注被挽救，隨後收回大部分損失的錢。

蘇黎世銀行的危機讓人聯想到，以家族企業為核心的跨國結構其實有所風險，小小的失誤可能造成嚴重的後果。然而，與羅斯柴爾德家族歷史上的競爭對手霸菱銀行在一九九五年陷入的災難相比（因「失常」的經銷商在新加坡參與非法投機活動而破產），蘇黎世的危機顯得微不足道。後來被荷蘭國際集團（ＩＮＧ）收購的霸菱銀行，其宿命是傳統倫敦市商業銀行可能出錯的極端案例。不過，該銀行並不是唯一落入非英國人手中的公司：瑞士銀行收購了沃伯格，德意志銀行收購了摩根建富，德勒斯登銀行收購了克萊沃特·班森，法國興業銀行收購了漢布羅銀行集團（Hambros Banking Group）。在曾經組成承兌銀行委員會（Acceptance Houses Committee）的倫敦市企業菁英當中，羅斯柴爾德是僅有四個成功保持獨立的企業菁英之一。[10]

我又想到了歷史上的相似例子。十九世紀期間，羅斯柴爾德家族能撐過金融危機最關鍵的因素在於，革命和戰爭使他們的許多競爭對手消失，但一間羅斯柴爾德分行遭遇的危機，卻可以在其他分行的協助下遏制和解決。一八三〇年和一八四八年分別在巴黎分行、維也納分行進行的挽救行動，就是兩個典型例子。蘇黎世的羅斯柴爾德銀行重建，讓人想到了早期事件。

因此，羅斯柴爾德家族集團的發展，有一部分可以看作，這是在不斷擴展的金融龍頭企業組成的世界中捍衛羅斯柴爾德獨立傳統的一種方式，而非龍頭企業的策略。我寫這本書時，羅斯柴爾德永續控股公司的股東權益為四億六千萬英鎊（資本、預備金及累計利潤）；如果採用更廣泛的定義，資金來源的總額約為八億英鎊。此外，巴黎奧爾良控股公司有大約一億英鎊的資本。當然，該集團遠遠落後全球最大的銀行滙豐，後者的總市值約為五百五十億英鎊，但是這種比較並不是同類互相對照。比較好的比較對象是施羅德，這間倫敦市的其他少數獨立投資銀行之一，其排名不過稍微領先。另一個適合的比較對象是於一九七〇年成立的NM羅斯柴爾德家族有限公司，資本和預備金從一千二百萬英鎊增加到四億六千萬英鎊並不是平庸的成就，而是代表了經通貨膨脹調整後的成長，約百分之四百。剩下的問題是，隨著國際金融市場一體化的程度越來越高，伊夫林在過去幾十年創造的家族控制的「迷你跨國」結構將如何發展。

人們常說現代的金融界與過去大不相同。有人認為電子通訊的進步使交易規模比以前更大，執行速度也達到前所未有的水準，公共與私人管制體系追不上衍生性金融商品等創新的成果。許多中央銀行的預備金與國際外匯市場的龐大交易量相比顯得遜色多了。在「全球化」的時代，民族國家已過時，家族企業更是如此，未

萊昂內爾・德・羅斯柴爾德於1858年7月26日由約翰・羅素勛爵與約翰・阿貝爾・史密斯介紹至下議院。亨利・巴羅繪，1874年。

萊昂內爾・德・羅斯柴爾德生命的最後一年，WFH，1879年。

邁爾・德・羅斯柴爾德，佚名畫家，時間不詳。

費律耶的城堡，由約瑟・帕克斯頓和其他人為詹姆斯・德・羅斯柴爾德建造。俾斯麥認為它看起來像「一個翻倒的五斗櫃」。

《城市之柱—「匯兌」的場景》，洛克哈特・博格爾於1891年5月9日刊登於《Graphic》雜誌的作品，描繪了第一任羅斯柴爾德勛爵（「納弟」）背對著柱子、他體型龐大的兒子瓦特，以及在他們之間的卡爾・邁爾。

詹姆斯・德・羅斯柴爾德老年時期的照片，約1866年。

阿爾豐斯·德·羅斯柴爾德，古特於《浮華世界》刊登之作品，1894年9月20日。

斐迪南・德・羅斯柴爾德，約1880年。

哈爾頓的城堡，由威廉・羅傑斯為阿爾弗烈德・德・羅斯柴爾德設計，建於1882－1888年之間。

第二代羅斯柴爾德勛爵沃爾特與他的馬車和斑馬。

阿爾弗烈德・德・羅斯柴爾德，朱利烏斯・盧茨繪，約1880年。

路易・馮・羅斯柴爾德，約1930年，於信貸危機前不久。

來是屬於大型國際企業的。但讀完這段歷史的讀者可能會質疑這種粗略的假設。可以肯定的是，與一九一四至四五年之間的時期相比，或許也與一九七九年之前的時期相比，金融界已經徹底改變了。但與一戰前的一百年相比，一九八〇和九〇年代似乎沒那麼出色。相對於十九世紀的世界人口和經濟發展（當然也相對於民族國家的有限金融資源），十九世紀的國際資本流動非常大。與過去相比，十九世紀的通訊方式大幅加快了商業的進行速度。債券市場和股票市場的管制遠遠落後於創新。市場不穩定，而微乎其微的錯誤可能對個別企業造成嚴重的後果。在十九世紀的大部分時期，只有像邁爾・阿姆謝爾・羅斯柴爾德成立的企業在拿破崙作風般的兒子納坦帶領下，從貧窮邁向榮耀時刻，最有機會蓬勃發展，並且持續經營十幾二十年。其根源是獨特的家族團結精神、深植於宗教的道德感以及勤奮的態度。儘管所有大家庭都有分裂的傾向，社會同化有腐敗的影響，以及有數不盡的財富誘惑，但這種精神特質經證實是歷久不衰的。同時，跨國結構賦予了企業獨特的靈活性，使其能承受得住嚴重的經濟與政治危機。

現代金融企業可以複製這種靈活性。或許透過我們稱為「管理」的各種官僚整頓的衍生做法，甚至能在原本的基礎上有所改進。但要複製早期結構的風氣並不容易，因為再多的官方說詞也無法將廣泛分散的股東、董事、高階主管以及員工變成一個大家庭。法蘭西斯・福山（Francis Fukuyama）等人認為現代西方機構（例如大公司）的其中一項缺點是，無法贏得個別員工或投資者的信任和忠誠。也許家族企業在這方面做得比較好，儘管代價是要放棄規模經濟。

銀行家是否能從了解本身的歷史中受益，這個問題有待商榷。泰勒說過，人們從歷史中學到的只有如何犯新的錯。過多的金融史知識會導致專業投資者太過重視規避風險。在NM羅斯柴爾德家族集團中，至少有一位資深人物注意到自己對羅斯柴爾德家族的未來更感興趣，過去的歷史是其次。他是對的。另外，NM羅斯柴

---

❿ 其他是施羅德、弗萊明以及拉扎德。

爾德家族企業和其他分行的歷史在某方面對他和同事有當代的相關性，甚至是實用性。在許多方面，羅斯柴爾德這個名字和羅斯柴爾德集團資產負債表上的資產一樣顯著，這是一個國際金融業的獨特品牌，至少這本書說明了這一點。

此外，除了作為企業宣傳素材的價值，過去的歷史對現在也有更微妙的影響。這是一種需要保持的價值，需要維護的聲譽，這往往在商業中與更普遍、有時更短視近利的動機一樣可取。這份研究的一個比較驚人的發現是，羅斯柴爾德分行在十九世紀下半葉取得的資本報酬率不高，促成此現象的部分原因在於，這些分行維持了較高的資產負債率。當然，銀行業長期成功的一部分祕訣是不陷入破產。該家族的相對風險規避是他們在金融業長期成功的一大因素，而且根源在於家族企業的心理層面，確切地說：投資期限較長，既有利於後代，也有利於現在的股東。

一八三六年，納坦．邁爾．羅斯柴爾德去世後，他的兄弟、兒子與姪子們達成新的合夥協議。過程中，他們回想起父親邁爾．阿姆謝爾在大約三十年前說過，「行動一致是他們在工作中取得成功的必要手段」，他「總是鼓勵兄弟之間保持和諧，因為這是福祉的泉源」。以下是他們告誡後代要牢記的原則：

> 願我們的孩子和子孫在未來能朝著共同的目標前進。唯有保持團結一致，羅斯柴爾德家族才能成功發展，邁向成熟……願他們像我們一樣牢記高尚祖先的神聖訓誡，並向後代展現團結友愛和合作的崇高形象。

值得注意的是，在納坦第一次抵達英國的兩個世紀後，這些話仍持續產生有意義的共鳴。

附錄一：匯率

對經濟歷史學家而言，幸虧十九世紀的特點是貨幣趨同的過程很漫長。一八二〇年代，英鎊回到一七九七年前牛頓時代的金平價（gold parity）後，其他主要貨幣相繼與英鎊建立還算穩定的匯率。應當強調的是，金本位制是十九世紀晚期的產物。直到一八七〇年代，法國才和拉丁貨幣同盟的其他成員（比利時、瑞士及義大利）共同實施金銀複本位制。俄羅斯、希臘、西班牙及羅馬尼亞也是採用金銀複本位制的國家，大多數美國州亦然。德國各邦、荷蘭、亞洲國家及斯堪地那維亞半島則是採用銀本位制。一八六八年，只有英國、葡萄牙、加拿大、澳洲及智利嚴格實施金本位制。然而，儘管有這些差異，歐洲的匯率仍相對穩定。法國法郎、比利時法郎及瑞士法郎大概都相當於二十五分之一英鎊（一英鎊等同約二十五法郎。法郎兌英鎊的匯率在二十五·一六和二十五·四〇法郎之間波動）。普魯士塔勒幣也穩定落在大約六·八塔勒幣兌一英鎊的匯率。然而，奧地利、義大利、俄國、希臘及西班牙的貨幣額沒有那麼穩定，容易受到無法兌換和貶值時期的影響。表格 a 提供了歐洲主要貨幣在中世紀兌英鎊的匯率近似值，但應當謹慎使用。

從金銀複本位制到金本位制的轉變中，德國統一的過程是關鍵。德國決定使用以黃金為基準的馬克，不將以白銀為基準的塔勒幣推廣到德意志國的其他地方，此舉在法國產生了連鎖反應。基於政治因素，法國不肯接受德國順利改用黃金，所以持續接受白

表格a：十九世紀中期，主要貨幣兌英鎊的匯率

普魯士 荷蘭盾	法國 塔勒幣	奧地利 法郎	那不勒斯 達克特	羅馬 斯庫多	俄國 盧布	西班牙 雷亞爾	土耳其 皮亞斯特
6.8	25.2	9.6	5.8	4.7	6.3	504.0	114.5

資料來源：羅斯柴爾德書信。

銀。即便如此，直到本世紀末，許多主要貨幣並非持續以金屬本位制為基準，也容易受到兌英鎊貶值時期的影響（適用於盧布和美元）。直到一戰前的二十年，世界上的大多數經濟體才採用非正式制定的固定匯率制度，也就是金本位制；只有中國、波斯及一些拉丁美洲經濟體仍然採用銀本位制。表格b顯示大多數貨幣在一九一四年前採用的平價（嚴格來說，義大利和奧地利貨幣不能合法地兌換成黃金，但匯率仍然相對穩定）。

表格b：主要貨幣的英鎊匯率（每英鎊），1913

德國 馬克	法國 法郎	義大利 里拉	奧地利 克朗	俄羅斯 盧布	美國 美元
20.43	25.22	25.22	24.02	9.45	4.87

資料來源：Hardach, *First World War*, p.293.

附錄二：幾項財務統計數據

羅斯柴爾德家族五家分行組成的私人合夥企業，沒有義務在以下統計數據涵蓋的期間編制資產負債表或損益帳目。表格c和表格d列出了五家分行的資本，這些數字取自現有的合夥協議。羅斯柴爾德家族企業的損益帳目是根據始於一八二九年的摘要（用途不明）。帳目簡單明瞭：一邊是全年的商品銷售額、股票及股份，另一邊是全年的採購與其他費用，差額則計入年度利潤或虧損。表格e提供了「盈虧底線」資料以及合夥人的撥款淨額（提款和新資本）。表格f的資產負債表數字是根據一八七三年以來一系列類似的摘要編制。

十九世紀的銀行並沒有以標準化的方式擬定資產負債表或損益帳目，因此與其他有數據的銀行進行比較時，必須非常謹慎。

表格c：羅斯柴爾德的合併資本，1818-1904（特定年份，千英鎊）

	1818	1825	1828	1836	1844	1852	1862	1874	1879	1882
法蘭克福	680	1,450	1,534	2,121	2,750	2,746	6,694	4,533	4,225	4,735
巴黎	350	1,490	1,466	1,774	2,311	3,542	8,479	20,088	16,815	23,589
倫敦	742	1,142	1,183	1,733	2,005	2,500	5,355	6,509	6,102	5,922
維也納			25	110	250	83	457	3,229	3,115	4,137
那不勒斯			130	268	463	661	1,328			
總額	**1,772**	**4,082**	**4,338**	**6,008**	**7,778**	**9,532**	**22,313**	**34,359**	**30,258**	**38,384**

	1887	1888	1896	1898	1899	1900	1901	1902	1903	1904
法蘭克福	4,407	3,173	2,600	2,327	2,294					
巴黎	22,974	18,878	23,793	24,254	24,947	22,328	22,665	23,136	23,736	21,086
倫敦	6,149	5,674	7,296	7,545	7,704	7,779	7,641	8,057	7,196	8,429
維也納	4,507	4,154	6,443	6,382	6,507	6,845	7,021	7,196	7,367	7,621
總額	**38,038**	**31,880**	**40,131**	**40,507**	**41,452**	**36,953**	**37,327**	**38,388**	**38,298**	**37,136**

注：由於四捨五入，欄位中的數字加起來不一定與總額一致。

資料來源：CPHDCM, 637/1/3/1-11; 1/6/5; 1/6/7/7-14; 1/6/32; 1/6/44-5; 1/7148-69; 1/7/115-20; 1/8/1-7; 1/9/1-4; RAL, RFamFD/3, B/1; AN, 132 AQ 1, 2, 3, 4, 5, 6, 7, 9, 10, 13, 15, 16, 17, 19; Gille, *Maison Rothschild*, vol.11, pp.568-72

表格d：羅斯柴爾德合夥人的股本（百分比），1852-1905

1852年9月		1855年12月		1863年9月	
萊昂內爾		萊昂內爾		萊昂內爾	
安東尼		安東尼		安東尼	
納特		納特		納特	
邁爾	20.0	邁爾	25.8	邁爾	25.0
阿姆謝爾	20.0	安謝姆	25.8	安謝姆	25.0
薩羅蒙	20.0	詹姆斯	25.7	詹姆斯	25.0
詹姆斯	19.9	邁爾・卡爾		邁爾・卡爾	
		阿道夫		阿道夫	
卡爾	19.9	威廉・卡爾	22.7	威廉・卡爾	25.0

1879年9月		1882年10月		1886年6月		1887年10月		1888年4月
納弟		納弟		納弟		納弟		
阿爾弗烈德		阿爾弗烈德		阿爾弗烈德		阿爾弗烈德		
利奧	15.7	利奧	17.1	利奧	20.4	利奧	29.5	22.5
詹姆斯・愛德華								
亞瑟	7.9	亞瑟、亨利	7.1	亞瑟、亨利	6.6	亞瑟、亨利	6.6	7.3
阿爾伯特		阿爾伯特		阿爾伯特		阿爾伯特		
費迪南		費迪南		費迪南		費迪南		
納坦尼爾	22.7	納坦尼爾	17.1	納坦尼爾	23.0	納坦尼爾	23.0	25.3
阿爾豐斯		阿爾豐斯		阿爾豐斯		阿爾豐斯		
古斯塔夫		古斯塔夫		古斯塔夫		古斯塔夫		
埃德蒙	31.4	埃德蒙	34.3	埃德蒙	31.8	埃德蒙	31.8	35.0
邁爾・卡爾		邁爾・卡爾		邁爾・卡爾				
威廉・卡爾	22.3	威廉・卡爾	24.4	威廉・卡爾	18.1	威廉・卡爾	9.1	10.0

1896年12月		1898年1月	1899年1月	1899年12月	
納弟 阿爾弗烈德 利奧	17.5	23.1	18.0	納弟 阿爾弗烈德 利奧	18.0
亞瑟、亨利	7.3	6.8	7.5	亞瑟、亨利	7.5
阿爾伯特 費迪南 納坦尼爾	25.3	23.6	23.1	阿爾伯特 費迪南 納坦尼爾	23.1
阿爾豐斯 古斯塔夫 埃德蒙	35.0	32.6	36.0	阿爾豐斯 古斯塔夫 埃德蒙	36.0
威廉・卡爾	14.9	13.9	15.4	威廉・卡爾	15.4

1900年12月		1901年1月	1902年1月	1904年10月	1905年7月	
納弟 阿爾弗烈德 利奧	21.3	21.3	21.3	22.5	納弟 阿爾弗烈德 利奧	23.4
亞瑟、亨利	8.9	8.9	8.9	3.7	亞瑟、亨利	3.9
阿爾伯特 納坦尼爾	27.3	27.3	27.3	28.9	阿爾伯特 納坦尼爾	25.9
阿爾豐斯 古斯塔夫 埃德蒙	42.5	42.5	42.5	44.9	阿爾豐斯 古斯塔夫 埃德蒙	46.8

注：一八五五年的數據是根據那不勒斯和倫敦的數據來估計。

資料來源：CPHDCM，637/1/7/115-20, Societàts-Übereinkunft; Oct.31, Societàts-Übereinkunft, Oct. 31, 1852; AN, 132 AQ 3/1, undated document, c. Dec. 1855; AN, 132 AQ 2, Partnership act, no.2, Sept. 1879; Oct. 24, 1883; June 28, 1887; April 2, 1888; Nov. 23, 1899; Dec. 24, 1900; Dec. 16, 1901; Nov. 27, 1902; July 24, 1903; Gille, *Maison Rothschild*, vol. II, p. 568-72.

表格e：NM羅斯柴爾德家族企業的損益帳目，1849-1918（英鎊）

	損益	撥款淨額資本	曆年年底
1849	334,524		1,952,018
1850	52,713		2,004,731
1851	54,891		2,059,622
1852	-30,969*		1,799,372
1853	276,814*		2,075,436
1854	45,092		2,120,528
1855	88,372		2,208,901
1856	60,355		2,269,255
1857	8,128*		2,261,127
1858	406,736		2,667,863
1859	66,242		2,734,105
1860	116,659		2,850,764
1861	135,775		2,986,539
1862	1,420,638		4,407,178
1863	-26,148	-500,000	3,881,029
1864	8,036		3,889,066
1865	-615		3,888,450
1866	37,615		3,926,065
1867	70,571		3,996,637
1868	306,235		4,302,872
1869	144,012	-600,000	3,846,885
1870	409,085		4,255,970
1871	597,180		4,853,150
1872	356,864	-700,000	4,510,014
1873	1,999,214		6,509,228
1874	137,192*		6,646,420
1875	834,713	-1,577,299	5,903,834
1876	-*		5,903,834
1877	194,464*	-2,203,295	3,899,147
1878	143,080*	246,381	4,145,527
1879	11,286		4,156,813
1880	639,686		4,796,499
1881	933,508		5,730,007
1882	-26,713	-600,000	5,103,295
1883	-76,207		5,027,087
1884	3,351		5,030,438

	損益	撥款淨額資本	曆年年底
1885	-160,261		4,870,177
1886	1,228,234		6,098,412
1887	-101,634		5,996,778
1888	14,697	-475,000	5,536,475
1889	1,213,525		6,750,000
1890	-77,063		5,922,937
1891	-100,589	-750,000	5,822,349
1892	-361,940		5,460,408
1893	-203,155	-400,000	4,857,254
1894	50,243		4,907,497
1895	107,500		5,014,997
1896	2,058,648		7,073,645
1897	-556	-569,129	6,503,959
1898	814,228		7,318,187
1899	157,315		7,475,502
1900	449,850	-243,352	7,682,001
1901	-40,878		7,641,123
1902	415,675		8,056,797
1903	-861,114		7,195,683
1904	1,233,343		8,429,027
1905	742,317		7,634,063
1906	664,025		8,298,088
1907	-1,396,414		6,901,674
1908	1,093,439	-512,719	7,482,394
1909	353,830	7,698	7,843,922
1910	470,673	-390,000	7,924,595
1911	264,451	-264,452	7,924,595
1912	193,010	180,000	7,937,605
1913	-92,962		7,844,642
1914	-1,476,737		6,367,906
1915	-117,195*		4,618,511
1916	213,320*		4,521,846
1917	230,123*		4,720,609
1918	208,673*	-679,129	3,614,602

注：損益數據是按照總支出與總收入的差額計算。

* 帳目的資訊不太明確，例如在一八三四年，利潤的資產淨值與實際帳目不同，而在一八三九年的年底資本數據與利潤不一致。

資料來源：RALm, RFamFD/13F; RFamFD/13E。

表格f：NM羅斯柴爾德家族企業的資產負債表，1873-1918（英鎊，曆年年底）

	負債	資產	資本
1873	15,595,035	9,085,807	6,509,228
1874	14,755,232	8,108,812	6,646,420
1875	18,487,727	12,583,893	5,903,834
1876	13,389,106	7,476,272	5,903,834
1877	13,389,489	7,291,198	6,098,297*
1878	13,592,698	7,351,321	6,241,377*
1879	13,022,317	8,865,504	4,156,813
1880	10,857,738	6,061,239	4,769,499
1881	12,177,367	6,447,359	5,730,007
1882	12,511,291	7,407,997	5,103,295
1883	12,734,390	7,707,303	5,027,087
1884	13,491,790	8,461,352	5,030,438
1885	11,446,012	6,575,835	4,870,177
1886	14,126,858	8,028,446	6,098,412
1887	16,984,901	10,988,123	5,996,778
1888	19,638,633	14,102,158	5,536,475
1889	23,986,545	17,236,545	6,750,000
1890	30,433,369	24,510,432	5,922,937
1891	22,080,046	16,257,697	5,822,349
1892	18,395,602	12,935,194	5,460,408
1893	16,424,287	11,567,033	4,857,254
1894	18,530,735	13,623,238	4,907,497
1895	19,260,482	14,245,485	5,014,997
1896	19,004,363	11,930,718	7,073,645
1897	17,280,561	10,776,602	6,503,959
1898	16,698,744	9,380,557	7,318,187
1899	17,273,769	9,798,267	7,475,502
1900	17,222,588	9,297,235	7,925,353*
1901	18,661,398	11,020,275	7,641,123
1902	20,000,321	11,943,524	8,056,797
1903	25,078,358	17,882,675	7,195,683
1904	25,492,080	17,063,053	8,429,027

	負債	資產	資本
1905	33,960,845	26,326,782	7,634,063
1906	30,590,780	22,292,692	8,298,088
1907	28,485,025	21,583,351	6,901,674
1908	24,367,808	15,885,415	8,482,393*
1909	26,420,446	18,222,693	8,197,753*
1910	29,435,027	21,120,432	8,314,595*
1911	26,059,641	17,870,594	8,189,047*
1912	26,003,274	17,885,669	8,117,605*
1913	25,011,664	17,167,022	7,844,642
1914	20,621,650	14,253,744	6,367,906
1915	17,834,043	13,215,533	4,618,510
1916	16,345,942	11,824,096	4,521,846
1917	12,465,925	7,745,315	4,720,610
1918	12,701,677	9,087,075	3,614,602

注：資產是指未到期的應收票據、現有的貴重金屬、股票、股份、減少後的帳款餘額等借項。負債是指承兌後的應付票據、應付股利、增加後的帳款餘額等貸項。

*與損益帳目的數字略有不同。

資料來源：RAL, RFamFD/13A/1; 13B/1; 13C/1; 13D/1; 13D/2; 13/E.

致謝

我已將完整的致謝名單寫進《羅斯柴爾德家族》第一冊「金錢的先知」之中。不過，我還是想藉機謝謝芭芭拉．格羅斯曼（Barbara Grossman）、莫莉．史特恩（Molly Stern）以及在企鵝普特南（Penguin Putnam）服務的其他人。我很感謝他們編制美國版的兩部分。

注釋

平裝版的原註數量已大幅減少。若希望尋求詳細參考資料的學者可以參閱原文之精裝版，其中包含完整的參考書目。

圖片來源

- 1.i: Anon., *Der 99ste Geburtstag der Großmutter, Fliegende Blätter* (c. 1848). Source: Fuchs, *Juden in der Karikatur*, p. 146. (Stadt- und Universitätsbibliothek, Frankfurt am Main.)
- 1.ii: Anon., *ONE OF THE BENEFITS OF THE JEWISH EMANCIPATION*. Source: Fuchs, Juden in der Karikatur, D. 55. (Stadt- und Universitätsbibliothek, Frankfurt am Main.)
- 8.i: C. Léandre, Dieu protège Israel, Le Rêve (April 1898). Source: Herding, "Rothschilds in der Karikatur," p. 55, illustration 28. (Stadt- und Universitätsbibliothek, Frankfurt am Main.)
- 8. ii: Lepneveu, *Nathan Mayer ou l'origine des milliards, cover of Musée des Horreurs*, no. 42 (c. 1900). Source: Herding, "Rothschilds in der Karikatur," illustration 30. (Duke University Libraries, duke:302172)
- 8.iii: "Coin" Harvey, *The English Octopus: It Feeds on Nothing but Gold!* (1894). Source: Harvey, *Coir's financial school*, p. 215. (Wikimedia commons: https://commons.wikimedia.org/wiki/File:English-Octopus-Coin-1894.jpg)

- 8.iiii: Christian Schöller, *Die Kinder Israels ziehen ins Gelobte Land, um eine Republik zu gründen* (1848). Source: Herding, "Rothschilds in der Karikatur," illustration 26. (Wien Museum Inv.-Nr. 48318, CC0: https://sammlung.wienmuseum.at/objekt/16574/)
- 8.v: Anon., *Auszug der Juden aus Deutschland', Politischer Bilderbogen,* Nr. 17 (1895). Source: Herding, "Rothschilds in der Karikatur," illustration 27. (United States Holocaust Memorial Museum Collection, Gift of the Katz Family)
- 13.i: *Potted Peers: Lord Rothschild,* "The whole of the British capital having been exported to the South Pole as a result of the Budget Revolution, Lord Rothschild fies from St Swithin's Lane and succeeds in escaping to the Antarctic regions disguised as a Penguin," *Westminster Gazette* (1909). Source: Rothschild, *Dear Lord Rothschild,* illustration 21. (Stadt- und Universitätsbibliothek, Frankfurt am Main.)

亞當斯密 019

羅斯柴爾德家族：歐洲金融帝國橫跨三世紀的神祕傳奇（世界銀行家）

The House of Rothschild: The World's Banker 1849-1999

作者　尼爾・弗格森（Niall Ferguson）
譯者　辛亞蓓

堡壘文化有限公司
總 編 輯　簡欣彥
副總編輯　簡伯儒
責任編輯　張詠翔
協力編輯　謝汝萱
行銷企劃　許凱棣、曾羽彤、游佳霓
封面設計　萬勝安
內頁排版　家思編輯排版工作室
內文校對　魏秋綢

讀書共和國出版集團
社長　郭重興
發行人　曾大福
業務部總經理　李雪麗
業務部副總經理　李復民
版權部　黃知涵
印務部　江域平、黃禮賢、李孟儒

出版　堡壘文化有限公司
發行　遠足文化事業股份有限公司
地址　231新北市新店區民權路108-2號9樓
電話　02-22181417
傳真　02-22188057
Email　service@bookrep.com.tw
郵撥帳號　19504465 遠足文化事業股份有限公司
客服專線　0800-221-029
網址　http://www.bookrep.com.tw
法律顧問　華洋法律事務所　蘇文生律師
印製　呈靖彩印有限公司
初版1刷　2023年1月
初版2刷　2023年4月
定價　新臺幣1600元
ISBN　978-626-7092-90-3
EISBN　9786267092897（EPUB）
EISBN　9786267092880（PDF）

國家圖書館出版品預行編目（CIP）資料

羅斯柴爾德家族：歐洲金融帝國橫跨三世紀的神祕傳奇/尼爾.弗格森（Niall Ferguson）作；徐立妍, 辛亞蓓譯. -- 初版. -- 新北市：堡壘文化有限公司出版：遠足文化事業股份有限公司發行, 2022.12
冊；　公分
譯自：The house of Rothschild.
ISBN 978-626-7092-90-3（全套：平裝）

1. CST: 羅斯柴爾德家族（Rothschild, family） 2. CST: 銀行家　3. CST: 金融業　4. CST: 家族史

562　　111015983